U0446717

本项成果得到中国语言资源保护工程和华中师范大学语言与语言教育研究中心、中国语言文学国家"双一流"建设学科的资助

中国语言资源集

湖北

汪国胜 主编

口头文化卷 三

中国社会科学出版社

襄 阳 市

襄　阳

一　歌谣

0001 歌谣
板凳娃儿歪歪，［pan³⁵ tʰən⁰ uar⁵³ uai²⁴ uai⁰］板凳娃儿：小板凳，"娃儿"为小称后缀
我是奶奶的乖乖。［uo³⁵ sʅ³¹ nai³⁵ nai⁰ ti⁰ kuai²⁴ kuai⁰］
奶奶不给我饭吃，［nai³⁵ nai⁰ pu⁵³ kɯ³⁵ uo⁰ fan³¹ tsʰʅ⁵³］
捡个驴屎蛋吃。［tɕian³⁵ kə⁰ ny⁵³ sʅ⁰ tan³¹ tsʰʅ⁵³］
奶奶不给我水喝，［nai³⁵ nai⁰ pu⁵³ kɯ³⁵ uo⁰ suei³⁵ xə⁵³］
扎到井里尽喝。［tsa⁵³ tau⁰ tɕin³⁵ ni⁰ tɕin³⁵ xə⁵³］尽：一直
意译：小板凳歪歪，我是奶奶的乖乖。奶奶不给我饭吃，捡个驴屎蛋吃。奶奶不给我水喝，把头扎进井里一直喝。

0002 歌谣
推个浪，摇个浪，［tʰei²⁴ kə⁰ naŋ³¹，iau⁵³ kə⁰ naŋ³¹］
接个丈母花当当。［tɕie⁵³ kə⁰ tsaŋ⁰ mu⁰ xua²⁴ taŋ⁵³ taŋ⁰］花当当：特别花哨
丈母丈母不在家，［tsaŋ³¹ mu⁰ tsaŋ³¹ mu⁰ pu⁵³ tsai³¹ tɕia²⁴］
一接接了娘儿仨。［i⁵³ tɕie⁵³ tɕie⁵³ nau⁰ niaŋ⁵³ ɚ⁰ sa²⁴］
娘儿仨，不喝酒，［niaŋ⁵³ ɚ⁰ sa²⁴，pu⁵³ xə⁰ tɕiəu³⁵］
捏倒鼻子杠杠儿扭。［nie²⁴ tau⁰ pi⁵³ tsʅ⁰ kaŋ³¹ kãr⁰ niəu³⁵］倒：着，助词。杠杠儿：一直
意译：推一推，摇一摇，去接花枝招展的丈母娘。丈母娘不在家，把娘儿仨接回了家。娘儿仨不会喝酒，捏着鼻子喝得直扭。

0003 歌谣
月亮婆婆打算盘，［ye⁵³ niaŋ⁰ pʰo⁵³ pʰo⁰ ta³⁵ san³¹ pʰan⁰］

舅舅回来吃啥饭。[tɕiəu³¹ tɕiəu⁰ xuei⁵³ nai⁰ tsʰŋ⁵³ sa³¹ fan³¹]

打鸡蛋，烙油馍，[ta³⁵ tɕi²⁴ tan⁰，nuo²⁴ iəu⁵³ mo⁰] 油馍：油烙的饼

舅舅吃得撑不过。[tɕiəu³¹ tɕiəu⁰ tsʰŋ⁵³ ti⁰ tsʰən²⁴ pu⁵³ kuo⁰] 撑不过：撑得很

意译：月亮婆婆心里盘算，舅舅回来吃什么饭。打鸡蛋，烙油饼，舅舅吃撑了。

0004 歌谣

三岁的娃儿，穿红鞋，[san²⁴ sei³¹ ni⁰ uar⁵³，tsʰuan²⁴ xuŋ⁵³ xai⁵³] 娃儿：小孩儿

摇摇摆摆上学来。[iau⁵³ iau⁵³ pai³⁵ pai³⁵ saŋ³¹ ɕyo⁵³ nai⁰]

先生先生莫打我，[ɕian²⁴ sən⁰ ɕian²⁴ sən⁰ mo⁵³ ta³⁵ uo⁰] 先生：老师

回去吃个妈妈儿来。[xuei⁵³ kʰɯ⁰ tsʰŋ⁵³ kə⁰ ma²⁴ mar⁰ nai⁰] 妈妈儿：奶

意译：三岁的小男孩儿，穿着红色的鞋子，摇摇摆摆地去上学。老师老师，你别打我，等我回去吃了奶再来。

0005 歌谣

三岁的娃儿，会打铁，[san²⁴ sei³¹ ti⁰ uar⁵³，xuei³¹ ta³⁵ tʰie⁵³]

打把镰刀送姐姐。[ta³⁵ pa⁰ nian⁵³ tau²⁴ sən³¹ tɕie³⁵ tɕie⁰]

姐姐留我歇一夜。[tɕie³⁵ tɕie⁰ niəu⁵³ uo⁰ ɕie⁵³ i⁰ ie³¹] 歇：住宿

我不歇，我要回去割大麦。[uo³⁵ pu⁰ ɕie⁵³，uo³⁵ iau⁵³ xuei⁵³ kʰɯ⁰ kə⁰ ta³¹ mə⁰]

意译：三岁的小男孩儿，会打铁，打把镰刀送姐姐。姐姐留我住一宿。我不住，我要回去割大麦。

0006 歌谣

天上雾雾沉啰，[tʰian²⁴ saŋ⁰ u³¹ u³¹ tsʰən⁵³ nuo⁰]

地上打麻城啰，[ti³¹ saŋ⁰ ta³⁵ ma⁵³ tsʰən⁰ nuo⁰]

麻城打不开哟，[ma⁵³ tsʰən⁰ ta⁵⁵ pu⁵³ kʰai²⁴ yo⁰]

叫你小鬼儿调过来哟。[tɕiau³¹ ni³⁵ ɕiau³⁵ kuər³⁵ tiau³¹ kuo³¹ nai⁵³ yo⁰]

意译：天上的雾往下沉，地上打麻城。麻城打不开，把小鬼儿调过来。

0007 歌谣

丁丁脚儿，银银脚儿。[tin²⁴ tin⁰ tɕyor⁵³，in⁵³ in⁰ tɕyor⁵³]

摆花箩儿，摆卜箩儿。[pai³⁵ xua²⁴ nuor⁵³，pai³⁵ pu⁵³ nuor⁰] 花箩儿：柳条编的盛东西的器具

卜箩儿山上种荞麦，[pu⁵³ nuor⁰ san²⁴ saŋ⁰ tsuŋ³¹ tɕʰiau⁵³ mə⁰] 卜箩儿：柳条编的盛东西的器具

荞麦开花一大片。[tɕʰiau⁵³ mə⁰ kʰai²⁴ xua²⁴ i⁵³ ta²⁴ pʰian³¹]

笃儿起，马儿起，[tur⁵³ tɕʰi⁰，mar³⁵ tɕʰi⁰] 笃儿起：骑马时的拟声词。马儿起：骑马时的拟声词

大小脚儿，蜷一只。[ta³¹ ɕiau⁵⁵ tɕyor⁵³，tɕʰyan⁵³ i⁵³ tsʅ²⁴]

木锨板儿，钉窟眼儿，[mu⁵³ ɕian²⁴ per³⁵，tin³¹ kʰu²⁴ iɐr⁰] 木锨板儿：木锨的头儿

钉到谁，谁做贼。[tin³¹ tau⁰ sei⁵³，sei⁵³ tsəu³¹ tsei⁵³]

意译：丁丁脚儿，银银脚儿。摆放花箩儿，摆放卜箩儿。卜箩儿山上种荞麦，荞麦开花一大片。笃儿起，马儿起，大小脚，缩回一只。木锨头儿，钉窟窿，钉到谁，谁做贼。

0008 歌谣

绿莺哥儿，嘎嘎！[nəu⁵³ in²⁴ kɤr⁵³，ka²⁴ ka⁰] 莺哥儿：鹦鹉

做什么？糊楼门儿。[tsəu²⁴ sən³¹ mə⁰？xu⁵³ nəu⁵³ mər⁰]

楼门儿楼门儿几丈高？[nəu⁵³ mər⁰ nəu⁵³ mər⁰ tɕi³⁵ tsaŋ³¹ kau²⁴]

四十八年挂金条。[sʅ³¹ sʅ⁰ pa⁵³ nian⁵³ kua³¹ tɕin²⁴ tʰiau⁵³]

什么瓦？琉璃瓦。[sən³¹ mə⁰ ua³⁵？niəu⁵³ ni⁰ ua³⁵]

什么砖？菜花砖。[sən³¹ mə⁰ tsuan²⁴？tsʰai³¹ xua²⁴ tsuan²⁴]

老爷老爷你姓啥？[nau³⁵ ie⁰ nau³⁵ ie⁰ ni³⁵ ɕin³¹ sa³¹]

我姓潘，襻个莲花我看看。[uo³⁵ ɕin³¹ pʰan²⁴，pʰan²⁴ kə⁰ nian⁵³ xua²⁴ uo³⁵ kʰan³¹ kʰan⁰] 襻：绣

不会襻，打开城门老爷钻。[pu⁵³ xuei³¹ pʰan²⁴，ta³⁵ kʰai²⁴ tsʰən⁵³ mən⁰ nau³⁵ ie⁰ tsan²⁴]

意译：绿鹦鹉，嘎嘎叫。做什么？糊楼门。楼门楼门几丈高？四十八丈挂金条。什么瓦？琉璃瓦。什么砖？菜花砖。老爷老爷你姓什么？我姓潘，襻个莲花我看看。不会襻，打开城门让老爷钻。

0009 歌谣

扯锯，拉锯，接干妈看戏。[tsʰə³⁵ tɕy³¹，na²⁴ tɕy³¹，tɕie⁵³ kan²⁴ ma⁰ kʰan²⁴ ɕi³¹]

干妈来了，谢了台了。[kan²⁴ ma⁰ nai⁵³ nau⁰，ɕie³¹ nau⁰ tʰai⁵³ nau⁰]

干妈走了，开了台了。[kan²⁴ ma⁰ tsou³⁵ nau⁰，kʰai²⁴ nau⁰ tʰai⁵³ nau⁰]

意译：扯锯，拉锯，请干妈来看戏。干妈来了，谢幕了。干妈走了，戏又开

始了。

0010 歌谣

轱辘轱辘圆圆，［ku²⁴nəu⁰ku²⁴nəu⁰yan⁵³yan⁰］

腰里别个铜钱。［iau²⁴ni⁰pie⁵³kə⁰tʰəŋ⁵³tɕʰian⁰］

铜钱掉了，我不要了；［tʰəŋ⁵³tɕʰian⁰tiau³¹nau⁰，uo³⁵pu⁵³iau³¹nau⁰］

铜钱来了，我发财啰。［tʰəŋ⁵³tɕʰian⁰nai⁵³nau⁰，uo³⁵fa⁵³tsʰai⁵³nəu⁰］

意译：轱辘轱辘很圆，腰里别个铜钱，铜钱掉了，我不要了；铜钱来了，我发财了。

0011 歌谣

猜中指，打十片儿。［tsʰai²⁴tsuŋ²⁴tsʅ⁵³，ta³⁵sʅ⁵³pʰiɐr³⁵］ 片儿：下，量词

不打不打二十片儿。［pu⁵³ta³⁵pu⁵³ta³⁵ɚ³¹sʅ⁵³pʰiɐr³⁵］

拿篾来，拴老鼠儿，［na⁵³mie⁵³nai⁰，suan²⁴nau³⁵sur⁰］

老鼠儿拴得唧唧叫，［nau³⁵sur⁰suan²⁴ni⁰tɕi²⁴tɕi⁰tɕiau³¹］

养个儿子戴纱帽儿。［iaŋ³⁵kə⁰ɚ⁵³tsʅ⁰tai³¹sa²⁴maur³¹］

纱帽儿戴歪了，儿子养跩了；［sa²⁴maur³¹tai³¹uai²⁴nau⁰，ɚ⁵³tsʅ⁰iaŋ³⁵pai²⁴nau⁰］

跩：瘸

纱帽儿戴正了，儿子养笨了。［sa²⁴maur³¹tai²⁴tsən³¹nau⁰，ɚ⁵³tsʅ⁰iaŋ³⁵pən³¹nau⁰］

意译：猜中指，打十下（猜不到受罚）。不打不打二十下。拿篾来，拴老鼠，老鼠拴得唧唧叫，养个儿子戴纱帽。纱帽戴歪了，儿子养瘸了；纱帽戴正了，儿子养笨了。

0012 歌谣

揪一下儿，掐一下儿，［tɕiəu²⁴i⁰xar⁰，tɕʰia⁵³i⁰xar⁰］

晒⁼不⁼椒，辣一下儿。［sai³¹pu⁰tɕiau²⁴，na⁵³i⁰xar⁰］ 晒⁼不⁼椒：辣椒

梳子儿梳一下儿，［su²⁴r̩⁰su²⁴i⁰xar⁰］

篦子儿篦一下儿。［pi³¹r̩⁰pi³¹i⁰xar⁰］

意译：揪一下，掐一下，辣椒，辣一下。梳子梳一下，篦子篦一下。（逗趣婴幼儿的儿歌）

0013 歌谣

这儿苦，这儿甜，［tsər³¹kʰu³⁵，tsər³¹tʰian⁵³］

这儿杀猪，这儿过年。[tsər³¹sa⁵³tsu²⁴，tsər³¹kuo³¹nian⁵³]

这儿的麻雀儿掏不完。[tsər³¹ni⁰ma⁵³tɕʰyor⁰nau²⁴pu⁰uan⁵³]

意译：这儿苦，这儿甜，这儿杀猪，这儿过年，这儿的麻雀掏不完。（逗趣婴幼儿的儿歌）

0014 歌谣

雉鸡翎，玩大刀。[tsʅ³¹tɕi²⁴nin⁵³，uan⁵³ta³¹tau²⁴] 雉鸡翎：戏曲中武将帽子上所插的雉尾

你的人马给我挑。[ni³⁵ni⁰zən⁵³ma⁰kuɯ³⁵uo³⁵tʰiau²⁴]

挑谁个？[tʰiau²⁴sei⁵³kə⁰] 谁个：谁

就挑那个小胖子儿。[təu³¹tʰiau²⁴na³¹kə⁰ɕiau³⁵pʰaŋ³¹ɻ̍⁰]

意译：雉鸡翎，玩大刀。你的人马给我挑。挑谁？就挑那个小胖子。

二　规定故事

0021 牛郎和织女

讲一个牛郎织女的故事。[tɕiaŋ³⁵i⁵³kə⁰niəu⁵³naŋ⁵³tsʅ⁵³ny³⁵ni⁰ku³¹sʅ⁰]

古代有一个牛郎，[ku³⁵tai³¹iəu³⁵i⁵³kə⁰niəu⁵³naŋ⁵³]

哦，不，有一个小伙子儿，[o⁰，pu³¹，iəu³⁵i⁵³kə⁰ɕiau³⁵xuo³⁵ɻ̍⁰]

父母双亡，孤苦伶仃，[fu³¹mu³⁵suaŋ²⁴uaŋ⁵³，ku²⁴kʰu³⁵nin⁵³tin²⁴]

一个人与一个老牛为生，相依为命。[i⁵³kə³¹zən⁵³y⁵³i⁵³kə³¹nau³⁵niəu⁵³uei³¹sən²⁴，ɕiaŋ²⁴i²⁴uei³¹min³¹]

老牛呢，就觉得他这个娃子儿呢，[nau³⁵niəu⁵³nai⁰，təu³¹tɕyo⁵³tə⁰tʰa²⁴tsə³¹kə⁰ua⁵³ɻ̍⁰nai⁰] 娃子儿：孩子

勤劳啊，善良，[tɕʰin⁵³nau⁵³ua⁰，san³¹niaŋ⁰]

就想帮他成个家儿，找个媳妇儿吧。[təu³¹ɕiaŋ³⁵paŋ²⁴tʰa²⁴tsʰən⁵³kə⁰tɕiar²⁴，tsau³⁵kə⁰ɕi⁵³fur⁰pa⁰]

有一天呢，这个老牛呢，[iəu³⁵i⁰tʰian²⁴nai⁰，tsə³¹kə⁰nau³⁵niəu⁵³nai⁰]

老牛得知，[nau³⁵niəu⁵³tə⁵³tsʅ²⁴]

天上的这个仙女要下凡。[tʰian²⁴saŋ³¹ni⁰tsə³¹kə⁰ɕian²⁴ny³⁵iau³¹ɕia³¹fan⁵³]

要下来到村东头儿的池子儿里洗澡，[iau³¹ɕia³¹nai⁵³tau³¹tsʰən²⁴təŋ²⁴tʰəur⁰ni⁰tsʰʅ⁵³ɻ̍⁰ni⁰ɕi³⁵tsau³⁵]

游泳，洗澡哇啥子。[iəu⁵³yn³¹，ɕi³⁵tsau³⁵ua⁰sa³¹tsʅ⁰] 啥子：什么

呃，就给这个小伙子儿说：[ə⁰, təu³¹kɯ³⁵tsə³¹kə⁰ɕiau³⁵xuo³⁵r̩⁰suo⁵³]

你明天啦去村东头儿去，[ni³⁵min⁵³tʰian²⁴na⁰kʰɯ³¹tsʰuen²⁴təŋ²⁴tʰəur⁵³kʰɯ³¹]

有几个天上的美女，[iəu³⁵tɕi³⁵kə⁰tʰian²⁴saŋ³¹ni⁰mei³⁵ny³⁵]

呃，你把那衣裳拿一件，[ə⁰, ni³⁵pa⁵³na³¹i²⁴saŋ⁰na³¹i⁰tɕian³¹]

你头莫回，[ni³⁵tʰəu⁵³mo⁵³xuei⁵³] 莫：别

你就直接，直接回来。[ni³⁵təu³¹tsʅ⁵³tɕie⁵³, tsʅ⁵³tɕie⁵³xuei⁵³nai⁰]

这个你拿了她衣裳的，[tsə³¹kə⁰ni³⁵na⁵³nau⁰tʰa²⁴i²⁴saŋ⁵³ni⁰]

她就要成为你的媳妇儿，[tʰa²⁴təu³¹iau³¹tsʰən⁵³uei⁵³ni³⁵ni⁰ɕi⁵³fur⁰] 媳妇儿：妻子

成你老婆儿。[tsʰən⁵³ni³⁵nau³⁵pʰor⁰]

这个呢，他就半信半疑。[tsə³¹kə³¹nai⁰, tʰa²⁴təu³¹pan³¹ɕin³¹pan³¹i⁵³]

第二天，他就跑到村东头儿的池子儿里一看哪，[ti²⁴ɚ³¹tʰian²⁴, tʰa²⁴təu³¹pʰau³⁵tau⁰tsʰuen²⁴təŋ²⁴tʰəur⁰ni⁰tsʅ⁵³r̩⁰ni⁰i⁵³kʰan³¹na⁰] 池子儿：池塘

果然有几个美女在。[kuo³⁵zan⁵³iəu³⁵tɕi³⁵kə⁰mei³⁵ny³⁵tsai³¹]

他拿，拿了一件粉红色的衣裳啊，[tʰa²⁴na⁵³, na⁵³nau⁰i⁵³tɕian³¹fən³⁵xuŋ⁵³sə⁵³ni⁰i²⁴saŋ⁰a⁰]

头也不回，就走到家里。[tʰəu⁵³ie³⁵pu⁵³xuei⁵³, təu³¹tsəu³⁵tau³¹tɕia²⁴ni⁰]

这样呢，就这个，[tsə³¹iaŋ³¹nai⁰, təu³¹tsə³¹kə⁰]

这是天上的一个织女。[tsə³¹sʅ³¹tʰian²⁴saŋ³¹ni⁰i⁵³kə⁰tsʅ⁵³ny³⁵]

哦，呃，她肯定就是给天上的玉皇大帝啊，[o⁰, ə⁰, tʰa²⁴kʰən³⁵tin³¹təu³¹sʅ⁰kɯ⁵³tʰian²⁴saŋ³¹ni⁰y³¹xuaŋ⁵³ta²⁴ti³¹a⁰]

仙女们织衣服的吧。[ɕian²⁴ny³⁵mən⁰tsʅ⁵³i²⁴fu⁰ni⁰pa⁰]

这样啊，一晃过了三年，[tsə²⁴iaŋ³¹a⁰, i⁵³xuaŋ³⁵kuo³¹nau⁰san²⁴nian⁵³]

他们得了一男一女。[tʰa²⁴mən⁰tə⁵³nau⁰i⁵³nan⁵³i⁵³ny³⁵]

一男一女呢，因为他这个事儿，[i⁵³nan⁵³i⁵³ny³⁵nai⁰, in²⁴uei³¹tʰa²⁴tsə³¹kə⁰sər³¹]

过得很美满啦很幸福。[kuo³¹ti⁰xən³⁵mei³⁵man³⁵na⁰xən³⁵ɕin³¹fu⁵³]

但是这个事儿呢，[tan³¹sʅ³¹tsə³¹kə³¹sər³¹nai⁰]

被天上的玉皇大帝发现了。[pei³¹tʰian²⁴saŋ³¹ni⁰y³¹xuaŋ⁵³ta²⁴ti³¹fa⁵³ɕian³¹nau⁰]

就派了这个，[təu³¹pʰai³¹nau⁰tsə³¹kə⁰]

这一天呢，天就下了很大的雨，[tsə³¹i⁰tʰian²⁴nai⁰, tʰian²⁴təu³¹ɕia³¹nau⁰xən³⁵ta³¹ni⁰y³⁵]

狂风大雨，[kʰuaŋ⁵³fəŋ²⁴ta³¹y³⁵]

这样把他的这个，把这个织女就，[tsə³¹iaŋ³¹pa³⁵tʰa²⁴ni⁰tsə³¹kə⁰, pa³⁵tsə³¹kə⁰tsʅ⁵³ny³⁵təu³¹]

那咋，［na³¹tsa³⁵］咋：怎么

吹走了也找不倒是弄走了。［tsʰuei²⁴tsəu³⁵nau⁰ie³⁵tsau³⁵pu⁰tau⁰sʅ³¹nəŋ³¹tsəu³⁵nau⁰］找不倒：不知道

这两个小孩儿都哭得很，［tsə³¹niaŋ³⁵kə⁰ɕiau³⁵xɚ⁵³təu³¹kʰu⁵³ni⁰xən³⁵］

哭得很，咋要找妈妈。［kʰu⁵³ni⁰xən³⁵，tsa³⁵iau³¹tsau³⁵ma²⁴ma⁰］

这个，这个老牛就给，那个，老，［tsə³¹kə⁰，tsə³¹kə⁰nau³⁵niəu⁵³təu³¹kɯ³⁵，na³¹kə⁰，nau³⁵］

它这个老牛呢，我要说一下儿，［tʰa²⁴tsə³¹kə⁰nau³⁵niəu⁵³nai⁰，uo³⁵iau³¹suo⁵³i⁰xar⁰］

这个老牛呢，［tsə³¹kə⁰nau³⁵niəu⁵³nai⁰］

是天上的这个金牛星。［sʅ³¹tʰian²⁴saŋ³¹ni⁰tsə³¹kə⁰tɕin²⁴niəu⁵³ɕin²⁴］

它也就是个神牛，是吧。［tʰa²⁴ie³⁵tɕiəu³¹sʅ³¹kə⁰sən⁵³niəu⁵³，sʅ³¹pa⁰］

它就给他说："我这，［tʰa²⁴təu³¹kɯ³⁵tʰa⁰suo⁵³：uo³⁵tsə³¹］

我这两个角可以变成两个箩筐，［uo³⁵tsə³¹niaŋ³⁵kə⁰kə⁵³kʰə³¹i⁰pian³¹tsʰən⁵³niaŋ³⁵kə⁰nuo⁵³kʰuaŋ²⁴］

你给两个娃子儿装上，［ni³⁵kɯ³⁵niaŋ³⁵kə⁰ua⁵³ʅ̩⁰tsuaŋ²⁴saŋ⁰］给：把

去赶快追去。"［kʰɯ³¹kan³⁵kʰuai³¹tsuei²⁴kʰɯ⁰］

这样儿，他就把两个，［tsə²⁴iãr³¹，tʰa²⁴təu³¹pa³⁵niaŋ³⁵kə⁰］

呃，把两个孩子啊挑起来。［ə⁰，pa³⁵niaŋ³⁵kə⁰xai⁵³tsʅ⁰a⁰tʰiau²⁴tɕʰi³⁵nai⁰］

呃，变成了，［ə⁰，pian³¹tsʰən⁵³nau⁰］

老牛的两个角变成了箩筐。［nau³⁵niəu⁵³ni⁰niaŋ³⁵kə⁰kə⁵³pian³¹tsʰən⁵³nau⁰nuo⁵³kʰuaŋ²⁴］

他把两个孩子装在箩筐里，［tʰa²⁴pa³⁵niaŋ³⁵kə⁰xai⁵³tsʅ⁰tsuaŋ²⁴tsai³¹nuo⁵³kʰuaŋ²⁴ni⁰］

这样儿，就是腾云驾雾就飞起来了。［tsə²⁴iãr³¹，təu³¹sʅ³¹tʰən⁵³yn⁵³tɕia²⁴u³¹təu³¹fei²⁴tɕʰi³⁵nai⁰nau⁰］

眼看，就快要追到了。［ian³⁵kʰan³¹，təu³¹kʰuai³¹iau³¹tsuei²⁴tau⁰nau⁰］

这样儿比，一伙子被这个，［tsə²⁴iãr³¹pi³⁵，i⁵³xuo³⁵tsʅ⁰pei³¹tsə³¹kə⁰］一伙子：一下子

王母娘娘，王母娘娘呢，［uaŋ⁵³mu³⁵niaŋ⁵³niaŋ⁰，uaŋ⁵³mu³⁵niaŋ⁵³niaŋ⁰nai⁰］

又弄那个银簪子儿一划，［iəu³¹nəŋ³¹na³¹kə⁰in⁵³tsan²⁴ʅ̩⁰i⁵³xua³¹］

就是我们所说的，划了个银河。［təu³¹sʅ³¹uo³⁵mən⁰suo³⁵suo⁵³ni⁰，xua³¹nau⁰kə⁰in⁵³xə⁵³］

为啥子儿现在天上的银河，[uei²⁴sa³¹ɹ̩⁰ɕian²⁴tsai³¹tʰian²⁴saŋ⁰ni⁰in⁵³xə⁵³] 为啥子儿：为什么

这面一个牛郎星，一个织女星呢，[tsə³¹man⁰i⁵³kə⁰niəu⁵³naŋ⁵³ɕin²⁴，i⁵³kə⁰tsʅ⁵³ny³⁵ɕin²⁴nai⁰]

他们就，他们不能相见。[tʰa²⁴mən⁰təu³¹，tʰa²⁴mən⁰pu⁵³nən⁵³ɕiaŋ²⁴tɕian³¹]

不能相见，这样儿，[pu⁵³nən⁵³ɕiaŋ²⁴tɕian³¹，tsə²⁴iãr³¹]

它规定每年的七月初七定为他们相见。[tʰa²⁴kuei²⁴tin³¹mei³⁵nian⁵³ni⁰tɕʰi⁵³ye⁵³tsʰu²⁴tɕʰi⁵³tin³¹uei³¹tʰa²⁴mən⁰ɕiaŋ²⁴tɕian³¹]

怎么相见呢？[tsən³⁵mə⁰ɕiaŋ²⁴tɕian³¹nai⁰]

天上的这个喜鹊儿感动了。[tʰian²⁴saŋ³¹ni⁰tsə⁰kə⁰ɕi³⁵tɕʰyor⁵³kan³⁵təŋ³¹nau⁰]

它们一只接一只啊，[tʰa²⁴mən⁰i⁵³tsʅ²⁴tɕie⁵³i⁵³tsʅ²⁴a⁰]

这个咬倒它的，[tsə³¹kə⁰iau⁵⁵tau⁰tʰa²⁴ni⁰] 倒：着，助词

一个咬倒一个尾巴儿，[i⁵³kə⁰iau³⁵tau⁰i⁵³kə⁰uei³⁵par⁰]

这样儿形成了一个鹊桥儿。[tsə³¹iãr³¹ɕin⁵³tsʰən⁵³nau⁰i⁵³kə⁰tɕʰyo³¹tɕʰiaur⁵³]

每年七月七的鹊桥相会，他们。[mei³⁵nian⁵³tɕʰi⁵³ye⁵³tɕʰi⁵³ni⁰tɕʰyo³¹tɕʰiau⁵³ɕiaŋ²⁴xuei³¹，tʰa²⁴mən⁰]

这就是一个美丽的爱情故事的传说。[tsə³¹təu³¹sʅ³¹i⁵³kə⁰mei³⁵ni³¹ni⁰ai³¹tɕʰin⁵³ku³¹sʅ⁰ni⁰tsʰuan⁵³suo⁵³]

意译：讲一个牛郎织女的故事。古时候有一个牛郎，哦，不，有一个小伙子，父母双亡，孤苦伶仃，一个人与老牛为生，相依为命。老牛就觉得他这个孩子勤劳善良，就想帮他成个家，找个老婆。有一天，老牛得知，天上的仙女要下凡。要下来到村东头儿的池塘里洗澡，游泳什么的。就对这个小伙子说：你明天去村东头儿，有几个天上的美女，你把那衣裳拿一件，不要回头，直接回来。你拿了谁的衣服谁会成为你的妻子。

牛郎就半信半疑。第二天，他跑到村东头儿的池塘里一看，果然有几个美女在。他拿了一件粉红色的衣裳，头也不回地就走到家里。这是天上的一个织女。她肯定就是给天上的玉皇大帝啊、仙女们织衣服的吧。这样啊，一晃过了三年，他们生了一儿一女。因为这个事儿，他们过得很美满幸福。

但是这个事呢，被天上的玉皇大帝发现了。这一天呢，天啊下了很大的雨。狂风大雨，这样把这个织女就不知道是吹走了还是弄走了。这两个小孩儿就使劲哭，哭着要找妈妈。它这个老牛呢，我要解释一下，这个老牛是天上的金牛星。它就是个神牛。它就跟牛郎说：我这两个牛角可以变成两个箩筐，你把两个孩子装上，赶快追去。这样，他就把两个孩子啊挑起来。老牛的两个角变成了箩筐，

他把两个孩子装在箩筐里，这样，腾云驾雾就飞起来了。眼看，就快要追到了，一下儿被这个王母娘娘发现了，王母娘娘弄那个银簪子一划，划了个银河。所以现在天上的银河两边，一边有个牛郎星，一边有个织女星，他们不能相见。规定每年七月初七，牛郎和织女才能相见。

怎么相见呢？天上的喜鹊感动了。它们一只接一只，一个咬着一个的尾巴，结成了一个鹊桥。牛郎和织女每年七月七日通过鹊桥相会。这就是一个美丽的爱情故事传说。

三　其他故事

0022 其他故事

我出生在湖北的襄阳，[uo³⁵ tsʰu⁵³ sən²⁴ tsai³¹ xu⁵³ pə⁵³ ni⁰ ɕiaŋ²⁴ iaŋ⁵³]

嗯，出生在襄阳檀溪。[ən⁰, tsʰu⁵³ sən²⁴ tsai³¹ ɕiaŋ²⁴ iaŋ⁵³ tʰan⁵³ ɕi²⁴]

那我就讲一个发生在襄阳的三国故事——马跃檀溪。[na³¹ uo³⁵ təu³¹ tɕiaŋ³⁵ i⁵³ kə⁰ fa⁵³ sən²⁴ tsai³¹ ɕiaŋ²⁴ iaŋ⁵³ ni⁰ san²⁴ kuo⁵³ ku³¹ sɿ⁰——ma³⁵ ye³¹ tʰan⁵³ ɕi²⁴]

这个故事，很多人都听过。[tsei³¹ kə⁰ ku³¹ sɿ⁰, xən³⁵ tuo²⁴ zən⁵³ təu²⁴ tʰin²⁴ kuo⁰]

呃，刘备被曹操打败以后，[ə⁰, niəu⁵³ pei³¹ pei³¹ tsʰau⁵³ tsʰau²⁴ ta³⁵ pai³¹ i³⁵ xəu³¹]

带倒他的那个二弟三弟，[tai³¹ tau³¹ tʰa²⁴ ni⁰ nei³¹ kə⁰ ə³¹ ti³¹ san²⁴ ti³¹] 倒：着，助词

关羽和张飞，[kuan²⁴ y³⁵ xə⁵³ tsaŋ²⁴ fei²⁴]

还有这个赵云，[xai⁵³ iəu³⁵ tsei³¹ kə⁰ tsau³¹ yn⁵³]

啊，投奔荆州的刘表。[a⁰, tʰəu⁵³ pən³¹ tɕin²⁴ tsəu²⁴ ni⁰ niəu⁵³ piau³⁵]

刘表待刘备也还不错，[niəu⁵³ piau³⁵ tai³¹ niəu⁵³ pei³¹ ie³⁵ xai⁵³ pu⁰ tsʰuo³¹]

把他安顿在新野。[pa³⁵ tʰa⁰ an²⁴ tən³¹ tsai³¹ ɕin²⁴ ie³⁵]

呃，那这个，[ə⁰, na³¹ tsei³¹ kə⁰]

刘表每次有啥比较重要的事情，[niəu⁵³ piau³⁵ mei³⁵ tsʰɿ³¹ iəu³⁵ sa³¹ pi³⁵ tɕiau⁰ tsuŋ³¹ iau³¹ ni⁰ sɿ³¹ tɕʰin⁰] 啥：什么

他也会请刘备过来商量。[tʰa²⁴ ie³⁵ xuei³¹ tɕʰin³⁵ niəu⁵³ pei³¹ kuo³¹ nai⁵³ saŋ²⁴ niaŋ⁰]

呃，刘表的身体越来越差以后呢，[ə⁰, niəu⁵³ piau³⁵ ni⁰ sən²⁴ tʰi³¹ ye⁵³ nai⁵³ ye⁵³ tsʰa²⁴ i³⁵ xəu³¹ nai⁰]

他就在考虑，呃，[tʰa²⁴ təu³¹ tsai⁰ kʰau³⁵ ny³¹, ə⁰]

他将来的这个位子，[tʰa²⁴ tɕiaŋ²⁴ nai⁵³ ni⁰ tsei³¹ kə⁰ uei³¹ tsɿ⁰]

是传给他的长子还是小儿子。[sɿ³¹ tsʰuan⁵³ kuɯ³⁵ tʰa²⁴ ni⁰ tsaŋ³⁵ tsɿ³⁵ xai⁵³ sɿ⁰ ɕiau³⁵ ə⁵³ tsɿ⁰]

他就想把这个，[tʰa²⁴təu⁰ɕiaŋ³⁵pa³⁵tsə³¹kə⁰]

呃，找这个刘备来商量一下儿。[ə⁰, tsau³⁵tsei³¹kə⁰niəu⁵³pei³¹nai⁵³saŋ²⁴niaŋ⁰i⁵³xar⁰]

他是想传给这个小儿子。[tʰa²⁴sʅ³¹ɕiaŋ³⁵tsʰuan⁵³kuɯ³⁵tsei³¹kə⁰ɕiau³⁵ə⁵³tsʅ⁰]

问刘备的意见。[uən³¹niəu⁵³pei³¹ni⁰i³¹tɕian⁰]

刘备听了以后呢，就劝他，[niəu⁵³pei³¹tʰin²⁴nau⁰i⁵³xəu³¹nai⁰, təu³¹tɕʰyan³¹tʰa⁰]

让他不要废长立幼。[zaŋ³¹tʰa²⁴pu⁵³iau⁵³fei³¹tsaŋ³⁵ni³¹iəu³¹]

让他还是应该把这个位子传给这个长子。[zaŋ³¹tʰa²⁴xai⁵³sʅ³¹in³¹kai²⁴pa³⁵tsei³¹kə⁰uei³¹tsʅ⁰tsʰuan⁵³kuɯ³⁵tsei³¹kə⁰tsaŋ³⁵tsʅ³⁵]

那刘备的这番话呢，[na³¹niəu⁵³pei³¹ti⁰tsə³¹fan²⁴xua³¹nai⁰]

就被这个刘表的老婆儿，[təu³¹pei³¹tsei³¹kə⁰niəu⁵³piau³⁵ti⁰nau³⁵pʰor⁰]

呃，刘表的老婆儿姓蔡，[ə⁰, niəu⁵³piau³⁵ni⁰nau³⁵pʰor⁰ɕin³¹tsʰai³¹]

蔡氏听到了。[tsʰai³¹sʅ³¹tʰin²⁴tau⁰nau⁰]

蔡氏就对这个刘备是怀恨在心。[tsʰai³¹sʅ³¹təu³¹tei³¹tsə³¹kə⁰niəu⁵³pei³¹sʅ³¹xuai⁵³xən³¹tsai³¹ɕin²⁴]

她把她的弟弟蔡瑁叫过来，[tʰa²⁴pa⁵³tʰa⁵³ni⁰ti³¹ti⁰tsʰai²⁴mau³¹tɕiau³¹kuo⁰nai⁵³]

跟他商量说，一定要把刘备除掉。[kən²⁴tʰa²⁴saŋ²⁴niaŋ⁵³suo⁵³, i⁵³tin³¹iau³¹pa³⁵niəu⁵³pei³¹tsʰu⁵³tiau³¹]

啊，让她的这个弟弟找个机会除掉刘备。[a⁰, zaŋ³¹tʰa²⁴ni⁰tsə³¹kə⁰ti³¹ti⁰tsau³⁵kə⁰tɕi²⁴xuei⁰tsʰu⁵³tiau³¹niəu⁵³pei³¹]

好，终于有一天这个机会来了。[xau³⁵, tsuŋ²⁴y⁵³iəu³⁵i⁵³tʰian²⁴tsə³¹kə⁰tɕi²⁴xuei⁰nai⁵³nau⁰]

每年的这个秋天，[mei³⁵nian⁵³ni⁰tsei³¹kə⁰tɕʰiəu²⁴tʰian²⁴]

呃，刘表都会召集各地的官员来举办一个宴会，[ə⁰, niəu⁵³piau³⁵təu²⁴xuei³¹tsau³¹tɕi⁵³kə⁵³ti³¹ni⁰kuan²⁴yan⁵³nai⁵³tɕy³⁵pan³¹i⁵³kə⁰ian²⁴xuei³¹]

啊，宴请各地官员。[a⁰, ian³¹tɕʰin³⁵kə⁵³ti⁵³kuan²⁴yan⁵³]

那这个宴会会在哪儿举行哪？[na³¹tsei³¹kə⁰ian²⁴xuei³¹xuei³¹tsai³¹nar³⁵tɕy³⁵ɕin⁵³na⁰]

就在我们湖北的襄阳城里头。[təu³¹tsai³¹uo³⁵mən⁰xu⁵³pə⁵³ni⁰ɕiaŋ²⁴iaŋ⁵³tsʰən⁵³ni³⁵tʰəu⁰]

呃，那因为这个刘表身体不好，[ə⁰, na³¹in²⁴uei³¹tsei³¹kə⁰niəu⁵³piau³⁵sən²⁴tʰi⁰pu⁵³xau³⁵]

他就想请这个刘备来主持这个宴会。[tʰa²⁴təu³¹ɕiaŋ³⁵tɕʰin³⁵niəu⁵³pei³¹nai⁵³tsu³⁵ tsʰɿ⁵³ tsə³¹ kə⁰ ian²⁴ xuei³¹]

刘备当然是欣然答应了。[niəu⁵³ pei³¹ taŋ²⁴ zan⁵³ sɿ³¹ ɕin²⁴ zan⁵³ ta⁵³ in⁰ nau⁰]

啊,那么,[a⁰, nə³¹ mə⁰]

当天这个刘备就带倒他的五弟赵云,[taŋ²⁴ tʰian²⁴ niəu⁵³ pei³¹ təu⁰ tai³¹ tau⁰ tʰa²⁴ ni⁰ u³⁵ ti³¹ tsau³¹ yn⁵³]

带了三千兵士,[tai³¹ nau⁰ san²⁴ tɕʰian²⁴ pin²⁴ sɿ³¹]

就前往这个襄阳城。[təu³¹ tɕʰian⁵³ uaŋ³⁵ tsei³¹ kə⁰ ɕiaŋ²⁴ iaŋ⁵³ tsʰən⁵³]

进了襄阳城以后,他还不知道,[tɕin³¹ nau⁰ ɕiaŋ²⁴ iaŋ⁵³ tsʰən⁵³ i⁵³ xəu³¹, tʰa²⁴ xai⁵³ pu⁵³ tsɿ²⁴ tau³¹]

这个时候,[tsei³¹ kə⁰ sɿ⁵³ xəu⁰]

蔡瑁已经在襄阳城的三个城门,[tsʰai²⁴ mau³¹ i³⁵ tɕin⁵³ tsai³¹ ɕiaŋ²⁴ iaŋ⁵³ tsʰən⁵³ ni⁰ san²⁴ kə⁰ tsʰən⁵³ mən⁵³]

都布置了重兵埋伏。[təu²⁴ pu³¹ tsɿ³¹ nau⁰ tsuŋ³¹ pin²⁴ mai⁵³ fu⁰]

襄阳有四个门可以出去,[ɕiaŋ²⁴ iaŋ⁵³ iəu³⁵ sɿ³¹ kə⁰ mən⁵³ kʰə³⁵ i⁰ tsʰu⁵³ kʰɯ³¹]

东南西北。[təŋ²⁴ nan⁵³ ɕi²⁴ pə⁵³]

那蔡瑁在东门、南门和北门,[na³¹ tsʰai²⁴ mau³¹ tsai³¹ təŋ²⁴ mən⁵³、nan⁵³ mən⁵³ xə⁵³ pə⁵³ mən⁵³]

都埋伏了重兵。[təu²⁴ mai⁵³ fu⁰ nau⁰ tsuŋ³¹ pin²⁴]

只有西门没得这个埋伏。[tsɿ⁵³ iəu³⁵ ɕi²⁴ mən⁵³ mei²⁴ tə⁰ tsə³¹ kə⁰ mai⁵³ fu⁰] 没得:没有

因为这个西门一出去,就是檀溪。[in²⁴ uei³¹ tsei³¹ kə⁰ ɕi²⁴ mən⁵³ i⁵³ tsʰu⁵³ kʰɯ³¹, təu³¹ sɿ⁰ tʰan⁵³ ɕi²⁴]

檀溪虽然名字里边儿有个"溪",[tʰan⁵³ ɕi²⁴ suei²⁴ zan⁵³ min⁵³ tsɿ⁰ ni³⁵ piɐr⁰ iəu³⁵ kə⁰ ɕi²⁴]

但它实际上是条很宽的大河,[tan³¹ tʰa²⁴ sɿ⁵³ tɕi⁵³ saŋ⁰ sɿ³¹ tʰiau⁵³ xən³⁵ kʰuan²⁴ ni⁰ ta³¹ xə⁵³]

水又深,流得也急。[suei³⁵ iəu³¹ sən²⁴, niəu⁵³ ni⁰ ie³⁵ tɕi⁵³]

所以如果没得船的话,[suo³⁵ i⁰ zu⁵³ kuo³⁵ mei²⁴ tə⁰ tsʰuan⁵³ ni⁰ xua³¹]

是不可能过这个檀溪的。[sɿ³¹ pu⁵³ kʰə³⁵ nən⁵³ kuo³¹ tsə⁰ kə⁰ tʰan⁵³ ɕi²⁴ ni⁰]

所以,[suo³⁵ i⁰]

这个蔡瑁他在这个西门这儿呢,[tsə³¹ kə⁰ tsʰai²⁴ mau³¹ tʰa²⁴ tsai³¹ tsə³¹ kə⁰ ɕi²⁴ mən⁵³ tsər³¹ nai⁰]

他都没有,啊,这个埋伏重兵。[tʰa²⁴ təu³¹ mei²⁴ iəu³⁵, a⁰, tsə³¹ kə⁰ mai⁵³ fu⁰ tsuŋ³¹ pin²⁴]

啊，他想到这个刘备，［a⁰，tʰa²⁴ ɕiaŋ³⁵ tau⁰ tsə³¹ kə⁰ niəu⁵³ pei³¹］

从这儿他也逃不走。［tsʰuŋ⁵³ tsər³¹ tʰa²⁴ ie³⁵ tʰau⁵³ pu⁰ tsəu³⁵］

好，这个刘备并不知道这个，［xau³⁵，tsei³¹ kə⁰ niəu⁵³ pei³¹ pin³¹ pu⁰ tsʅ³⁵ tau⁰ tsə³¹ kə⁰］

自己已经受了埋伏。［tsʅ³¹ tɕi⁰ i³⁵ tɕin⁵³ səu³¹ nau⁰ mai⁵³ fu⁰］

他在宴请宾客的时候，［tʰa²⁴ tsai³¹ ian³¹ tɕʰin³⁵ pin²⁴ kʰə³¹ ni⁰ sʅ⁵³ xəu³¹］

啊，这个荆州的幕僚，叫伊籍的，［a⁰，tsei³¹ kə⁰ tɕin²⁴ tsəu²⁴ ti⁰ mu³¹ niau⁵³，tɕiau³¹ i³⁵ tɕi⁵³ ni⁰］

他知道了这个事情。［tʰa²⁴ tsʅ³⁵ tau⁰ nau⁰ tsei³¹ kə⁰ sʅ³¹ tɕʰin⁰］

他就，啊，［tʰa²⁴ təu³¹，a⁰］

趁倒给刘备敬酒的这个机会，［tsʰən³¹ tau⁰ kɯ³⁵ niəu⁵³ pei³¹ tɕin³¹ tɕiəu³⁵ ti⁰ tsə³¹ kə⁰ tɕi²⁴ xuei⁰］

啊，给刘备说，啊，请出去如厕。［a⁰，kɯ³⁵ niəu⁵³ pei³¹ suo⁵³，a⁰，tɕʰin³⁵ tsʰu⁵³ kʰɯ⁰ zu⁵³ tsʰə³¹］

意思就说，你去上个厕所儿，［i³¹ sʅ⁰ təu⁰ suo⁵³，ni³⁵ kʰɯ³¹ saŋ³¹ kə⁰ tsʰə⁵³ suor³⁵］

我有事儿跟你说。［uo³⁵ iəu³⁵ sər³¹ kən²⁴ ni³⁵ suo⁵³］

啊，然后刘备听了以后，［a⁰，zan⁵³ xəu³¹ niəu⁵³ pei³¹ tʰin²⁴ nau⁰ i⁵³ xəu³¹］

心想是不是有啥重要的事儿。［ɕin²⁴ ɕiaŋ³⁵ sʅ³¹ pu⁰ sʅ³¹ iəu³⁵ sa³¹ tsuŋ³¹ iau⁰ ti⁰ sər³¹］

那过了一会儿，他就找了个机会，［na³¹ kuo³¹ nau⁰ i⁵³ xuər³¹，tʰa²⁴ təu³¹ tsau³⁵ nau⁰ kə⁰ tɕi²⁴ xuei⁰］

他就出去了。［tʰa²⁴ təu³¹ tsʰu⁵³ kʰɯ⁵³ nau⁰］

出去见到伊籍了以后，［tsʰu⁵³ kʰɯ⁰ tɕian³¹ tau⁰ i²⁴ tɕi⁵³ nau⁰ i⁵³ xəu³¹］

伊籍就告诉他说，［i²⁴ tɕi⁵³ təu³¹ kau⁵³ su⁰ tʰa²⁴ suo⁵³］

你还不快走，［ni³⁵ xai⁵³ pu⁵³ kʰuai³¹ tsəu³⁵］

啊，这个蔡瑁都已经在这个襄阳城三个门都布置了重兵，［a⁰，tsə³¹ kə⁰ tsʰai²⁴ mau³¹ təu³¹ i³⁵ tɕin³¹ tsai³¹ ɕiaŋ²⁴ iaŋ³¹ tsʰən⁵³ san²⁴ kə⁰ mən⁵³ təu²⁴ pu³¹ tsʅ⁰ nau⁰ tsuŋ³¹ pin²⁴］

要埋伏，要除掉你。［iau³¹ mai⁵³ fu⁰，iau³¹ tsʰu⁵³ tiau³¹ ni⁰］

啊，只有西门没得埋伏，［a⁰，tsʅ⁵³ iəu³⁵ ɕi²⁴ mən⁵³ mei²⁴ tə⁰ mai⁵³ fu⁰］

你赶快从西门逃走。［ni³⁵ kan³⁵ kʰuai³¹ tsʰuŋ⁵³ ɕi²⁴ mən⁵³ tʰau⁵³ tsəu³⁵］

刘备一听，非常紧张。［niəu⁵³ pei³¹ i⁵³ tʰin²⁴，fei²⁴ tsʰaŋ⁵³ tɕin³⁵ tsaŋ⁰］

他赶快，来不及去喊他的这个，［tʰa²⁴ kan³⁵ kʰuai³¹，nai⁵³ pu⁵³ tɕi⁵³ kʰɯ³¹ xan³⁵ tʰa²⁴ ni⁰ tsə³¹ kə⁰］

呃，赵云，来不及去找赵云。［ə⁰，tsau³¹ yn⁵³，nai⁵³ pu⁵³ tɕi⁵³ kʰɯ³¹ tsau³⁵ tsau³¹ yn⁵³］

啊，赶快自己就到马厩里，[a⁰，kan³⁵kʰuai³¹tsʅ³¹tɕi³⁵təu³¹tau³¹ma³⁵tɕiəu³¹ni⁰]

牵了他的的卢马，[tɕʰian²⁴nau⁰tʰa²⁴ni⁰ti⁵³nu⁵³ma³⁵]

啊，骑上的卢马就奔西门去了。[a⁰，tɕʰi⁵³saŋ⁰ti⁵³nu⁵³ma³⁵təu³¹pən³¹ɕi²⁴mən⁵³kʰɯ³¹nau⁰]

诶，出西门，的确还是很顺利。[ei⁰，tsʰu⁵³ɕi²⁴mən⁵³，ti⁵³tɕʰye³¹xai⁵³sʅ³¹xən³⁵suən³¹ni⁰]

因为西门没得埋伏嘛。[in²⁴uei³¹ɕi²⁴mən⁵³mei²⁴tə⁰mai⁵³fu⁰ma⁰]

但是他出了以后，没走几步，[tan²⁴sʅ³¹tʰa²⁴tsʰu⁵³nau⁰i⁵³xəu³¹，mei²⁴tsəu³⁵tɕi³⁵pu³¹]

他发现不对了。[tʰa²⁴fa⁵³ɕian³¹pu⁵³tei³¹nau⁰]

前面儿横了一条大河，[tɕʰian⁵³miɐr⁵³xən⁵³nau⁰i⁵³tʰiau⁵³ta³¹xɤ⁵³]

河水流的很急，又宽又深，[xɤ⁵³suei³⁵niəu⁵³ni⁰xən³⁵tɕi⁵³，iəu³¹kʰuan²⁴iəu³¹sən²⁴]

他根本过不出，过不去。[tʰa²⁴kən²⁴pən³⁵kuo³¹pu⁰tsʰu⁵³，kuo³¹pu⁰kʰɯ³¹]

他这时候就想往回走。[tʰa²⁴tsə³¹sʅ⁵³xəu⁰təu⁰ɕiaŋ³⁵uaŋ³¹xuei⁵³tsəu³⁵]

刚想掉转马头往回走，[kaŋ²⁴ɕiaŋ³⁵tiau³¹tsuan³⁵ma³⁵tʰəu⁵³uaŋ³¹xuei⁵³tsəu³⁵]

回头一看，啊，[xuei⁵³tʰəu⁵³i⁵³kʰan³¹，a⁰]

蔡瑁都已经领倒这个追兵啊，[tsʰai²⁴mau³¹təu³¹i³⁵tɕin⁰nin³⁵tau⁰tsə³¹kə⁰tsuei²⁴pin²⁴a⁰]

远远地都已经往这边儿追过来了。[yan³⁵yan³⁵ni⁰təu³¹i⁵³tɕin⁵³uaŋ³¹tsə³¹piɐr⁰tsuei²⁴kuo⁰nai⁰nau⁰]

他想，这往回走也不行啊。[tʰa²⁴ɕiaŋ³⁵，tsei³¹uaŋ³¹xuei⁵³tsəu³⁵ie³⁵pu⁰ɕin⁵³na⁰]

没得办法，只有硬倒头皮，[mei²⁴tə⁵³pan³¹fa⁰，tsʅ⁵³iəu³⁵ən³¹tau⁰tʰəu⁵³pʰi⁵³]

打马就下河。[ta³⁵ma³⁵təu³¹ɕia³¹xɤ⁵³]

这个的卢马呢，[tsei³¹kə⁰ti⁵³nu⁵³ma³⁵nai⁰]

就载倒这个刘备，啊，下河。[təu³¹tsai³¹tau⁰tsə³¹kə⁰niəu⁵³pei³¹，a⁰，ɕia³¹xɤ⁵³]

在水里没走两步，[tsai³¹suei³⁵ni⁰mei²⁴tsəu³⁵niaŋ³⁵pu³¹]

突然，它的这个前蹄往下一沉，[tʰu⁵³zan⁵³，tʰa²⁴ni⁰tsə³¹kə⁰tɕʰian⁵³tʰi⁵³uaŋ³¹ɕia³¹i⁵³tsʰən⁵³]

这个水一伙子就没到刘备的脖子那儿。[tsə³¹kə⁰suei³⁵i⁵³xuo³⁵tsʅ⁰təu³¹mo³¹tau⁰niəu⁵³pei³¹ni⁰po⁵³tsʅ⁰nar³¹]一伙子：一下子

那这个刘备当时心里一惊，说：[na³¹tsə³¹kə⁰niəu⁵³pei³¹taŋ³¹sʅ⁵³ɕin²⁴ni⁰i⁵³tɕin²⁴，suo⁵³]

"完了，完了，[uan⁵³ nau⁰，uan⁵³ nau⁰]

我这伙子肯定是要死到这儿了。"[uo³⁵ tsə³¹ xuo³⁵ tsɿ⁰ kʰən³⁵ tin³¹ sɿ³¹ iau³¹ sɿ³⁵ tau⁰ tsər³¹ nau⁰]这伙子：这下

这个时候，他想起了这个，[tsə³¹ kə⁰ sɿ⁵³ xəu⁰，tʰa²⁴ ɕiaŋ³⁵ tɕʰi³⁵ nau⁰ tsei³¹ kə⁰]

他那时候得到这匹的卢马的时候，[tʰa²⁴ nei³¹ sɿ⁵³ xəu⁰ tə⁵³ tau³¹ tsei³¹ pʰi⁵³ ti³¹ nu⁵³ ma³⁵ ni⁰ sɿ⁵³ xəu⁰]

伊籍曾经警告过他说，[i²⁴ tɕi⁵³ tsʰən⁵³ tɕin²⁴ tɕin³⁵ kau³¹ kuo⁰ tʰa²⁴ suo⁵³]

你不要，劝过他，[ni³⁵ pu⁵³ iau³¹，tɕʰyan³¹ kuo⁰ tʰa²⁴]

让他不要骑这匹马。[zaŋ³¹ tʰa²⁴ pu⁵³ iau³¹ tɕʰi⁵³ tsə³¹ pʰi⁵³ ma³⁵]

说"的卢防主"，会给他带来不幸。[suo⁵³ ti⁵³ nu⁵³ faŋ⁵³ tsu³⁵，xuei³¹ kɯ³⁵ tʰa⁰ tai³¹ nai⁵³ pu⁵³ ɕin³¹]

但是，他没有相信。[tan³¹ sɿ⁰，tʰa²⁴ mei²⁴ iəu³⁵ ɕiaŋ²⁴ ɕin³¹]

他还是，啊，一直在骑这个的卢马。[tʰa²⁴ xai⁵³ sɿ³¹，a⁰，i⁵³ tsɿ⁵³ tsai³¹ tɕʰi⁵³ tsei³¹ kə⁰ ti⁵³ nu⁵³ ma³⁵]

他这个时候回想起来还是觉得，[tʰa²⁴ tsei³¹ kə⁰ sɿ⁵³ xəu⁰ xuei⁵³ ɕiaŋ³⁵ tɕʰi³⁵ nai⁰ xai⁵³ sɿ³¹ tɕye⁵³ tə⁵³]

哇，的卢果然是防主啊。[ua⁰，ti⁵³ nu⁵³ kuo³⁵ zan⁵³ sɿ³¹ faŋ⁵³ tsu³⁵ ua⁰]

它今儿的肯定会要害我。[tʰa²⁴ tɕiər²⁴ ni⁰ kʰən³⁵ tin³¹ xuei³¹ iau³¹ xai³¹ uo³⁵]今儿的：今天

然后，想到这儿，他是又气，[zan⁵³ xəu³¹，ɕiaŋ³⁵ tau⁰ tsər³¹，tʰa²⁴ sɿ³¹ iəu³¹ tɕʰi³¹]

啊，又急又气。[a⁰，iəu³¹ tɕi⁵³ iəu²⁴ tɕʰi³¹]

啊，扬起马鞭，[a⁰，iaŋ⁵³ tɕʰi³¹ ma³⁵ pian²⁴]

在马屁股上狠狠地抽了两鞭。[tsai³¹ ma³⁵ pʰi³¹ ku⁰ saŋ⁰ xən³⁵ xən³⁵ ni⁰ tsʰəu²⁴ nau⁰ niaŋ³⁵ pian²⁴]

那这个的卢马被抽得很厉害，[na³¹ tsei³¹ kə⁰ ti⁵³ nu⁵³ ma³⁵ pei³¹ tsʰəu²⁴ ni⁰ xən³⁵ ni³¹ xai⁰]

哦，可能是很疼，然后是一惊，[o⁰，kʰə³⁵ nən⁵³ sɿ³¹ xən³⁵ tʰən⁵³，zan⁵³ xəu³¹ i⁵³ tɕin²⁴]

啊，这个，两个前蹄往前一跃，[a⁰，tsei³¹ kə⁰，niaŋ³⁵ kə⁰ tɕʰian⁵³ tʰi⁵³ uaŋ³¹ tɕʰian⁵³ i⁵³ ye³¹]

竟然跃过了这个檀溪河，[tɕin³¹ zan⁵³ ye³¹ kuo³¹ nau⁰ tsei³¹ kə⁰ tʰan⁵³ ɕi²⁴ xə⁵³]

啊，一伙子跃到河西边儿去了。[a⁰，i⁵³ xuo³⁵ tsɿ⁰ ye³¹ tau⁰ xə⁵³ ɕi²⁴ piɐr⁰ kʰɯ³¹ nau⁰]

啊，帮这个刘备摆脱了这个追兵。[a⁰，paŋ²⁴ tsei³¹ kə⁰ niəu⁵³ pei³¹ pai³⁵ tʰuo⁵³ nau⁰ tsei³¹kə⁰tsuei²⁴pin²⁴〕

啊，这个蔡瑁追到河岸边一看，〔a⁰, tsə³¹kə⁰tsʰai²⁴mau³¹tsuei²⁴tau⁰xə⁵³an³¹pieʴ²⁴i⁵³kʰan³¹〕

刘备居然过了河。〔niəu⁵³pei³¹tɕy³¹zan⁵³kuo³¹nau⁰xə⁵³〕

他觉得很奇怪，〔tʰa²⁴tɕye⁵³tə⁵³xən³⁵tɕʰi⁵³kuai³¹〕

这么深的河水，刘备是咋过去的？〔tsə³¹mə⁰sən²⁴ni⁰xə⁵³suei³⁵, niəu⁵³pei³¹sɿ³¹tsa³⁵kuo³¹kʰɯ⁰ni⁰〕

然后，他看到刘备还在河对岸，〔zan⁵³xəu³¹, tʰa²⁴kʰan³¹tau⁰niəu⁵³pei³¹xai⁵³tsai³¹xə⁵³tei²⁴an³¹〕

就假惺惺地喊他说：〔təu³¹tɕia³⁵ɕin²⁴ɕin²⁴ni⁰xan³⁵tʰa⁰suo⁵³〕

"啊，这个，呃，〔a⁰, tsei³¹kə⁰, ə⁰〕

百官都还在等倒你呀，〔pai⁵³kuan²⁴təu²⁴xai⁵³tsai⁰tən³⁵tau⁰ni³⁵ia⁰〕

宴会才过了一半儿，〔ian²⁴xuei³¹tsʰai⁵³kuo³¹nau⁰i⁵³peʴ³¹〕

你咋就走了呢？"〔ni³⁵tsa³⁵təu³¹tsəu³⁵nau⁰nai⁰〕咋：怎么

边说，他就偷偷地拿这个箭，〔pian²⁴suo⁵³, tʰa²⁴təu³¹tʰəu²⁴tʰəu²⁴ni⁰na⁵³tsei³¹kə⁰tɕian³¹〕

就要去射刘备。〔təu³¹iau³¹kʰɯ³¹sə³¹niəu⁵³pei³¹〕

啊，这个一箭射出去没射中。〔a⁰, tsə³¹kə⁰i⁵³tɕian³¹sə³¹tsʰu⁵³kʰɯ⁰mei²⁴sə³¹tsuŋ³¹〕

刘备赶紧打倒他的这个，〔niəu⁵³pei³¹kan³⁵tɕin³⁵ta³⁵tau⁰tʰa²⁴ni⁰tsə³¹kə⁰〕

啊，打马扬鞭呀，〔a⁰, ta³⁵ma³⁵iaŋ⁵³pian²⁴ia⁰〕

骑倒的卢马都奔西南方向，〔tɕʰi⁵³tau⁰ti⁵³nu⁵³ma³⁵təu³¹pən³¹ɕi²⁴nan⁵³faŋ²⁴ɕiaŋ⁰〕

奔去了。〔pən²⁴kʰɯ³¹nau⁰〕

啊，也不知道这个跑了好久，〔a⁰, ie³⁵pu⁵³tsɿ³⁵tau⁰tsei³¹kə⁰pʰau³⁵nau⁰xau³⁵tɕiəu³⁵〕

啊，因为他怕蔡瑁追上嘛，〔a⁰, in²⁴uei³¹tʰa²⁴pʰa³¹tsʰai²⁴mau³¹tsuei²⁴saŋ⁰ma⁰〕

所以就骑倒马拼命地跑，〔suo³⁵i⁰təu³¹tɕʰi⁵³tau⁰ma³⁵pʰin²⁴min³¹ni⁰pʰau³⁵〕

朝西南方向拼命地跑。〔tsʰau⁵³ɕi²⁴nan⁵³faŋ²⁴ɕiaŋ⁰pʰin²⁴min³¹ni⁰pʰau³⁵〕

也不知道跑了好长时间，〔ie³⁵pu⁵³tsɿ³⁵tau⁰pʰau³⁵nau⁰xau³⁵tsʰaŋ⁵³sɿ⁵³tɕian⁰〕好长：多长

也不知道跑到哪儿了。〔ie³⁵pu⁵³tsɿ³⁵tau⁰pʰau³⁵tau⁰nar³⁵nau⁰〕

一直到最后，〔i⁵³tsɿ⁵³tau³¹tsuei²⁴xəu³¹〕

累得实在是，〔nei²⁴ni⁰sɿ⁵³tsai³¹sɿ³¹〕

人和马都累得疲惫不堪了，[zən⁵³ xə⁵³ ma³⁵ təu²⁴ nei²⁴ ni⁰ pʰi⁵³ pei³¹ pu⁵³ kʰan²⁴ nau⁰]

他才下马，[tʰa²⁴ tsʰai⁵³ ɕia³¹ ma³⁵]

在这个路边儿找了块儿石头，[tsai³¹ tsə³¹ kə⁰ nəu³¹ piɚ²⁴ tsau³⁵ nau⁰ kʰuɚ³⁵ ʂʅ⁵³ tʰəu⁰]

坐下来歇一会儿。[tsuo³¹ ɕia³¹ nai⁵³ ɕie⁵³ i⁵³ xuɚ³¹]

他想，[tʰa²⁴ ɕiaŋ³⁵]

这个蔡瑁应该是追不上他了。[tsei³¹ kə⁰ tsʰai²⁴ mau³¹ in³¹ kai²⁴ ʂʅ³¹ tsuei²⁴ pu⁵³ saŋ³¹ tʰa²⁴ nau⁰]

他这个时候再看看那匹的卢马，[tʰa²⁴ tsei³¹ kə⁰ ʂʅ⁵³ xəu⁰ tsai³¹ kʰan³¹ kʰan⁰ na³¹ pʰi²⁴ ti⁵³ nu⁵³ ma³⁵]

浑身也是湿透了，[xuən⁵³ sən²⁴ ie³⁵ ʂʅ³¹ ʂʅ⁵³ tʰəu³¹ nau⁰]

汗气呀直往上冒，[xan²⁴ tɕʰi³¹ ia⁰ tsʅ⁵³ uaŋ²⁴ saŋ³¹ mau³¹]

心里面儿充满了这个感激。[ɕin²⁴ ni³⁵ miɚ⁰ tsʰuŋ²⁴ man³⁵ nau⁰ tsei³¹ kə⁰ kan³⁵ tɕi⁵³]

他想，如果不是这匹的卢马，[tʰa²⁴ ɕiaŋ³⁵, zu⁵³ kuo³⁵ pu⁵³ ʂʅ³¹ tsə³¹ pʰi²⁴ ti⁵³ nu⁵³ ma³⁵]

他今天可能都要，[tʰa²⁴ tɕin²⁴ tʰian²⁴ kʰə³⁵ nən⁵³ təu³¹ iau³¹]

啊，死在这个襄阳城了。[a⁰, ʂʅ³⁵ tsai³¹ tsei³¹ kə⁰ ɕiaŋ²⁴ iaŋ⁵³ tsʰən⁵³ nau⁰]

从今以后，[tsʰuŋ⁵³ tɕin²⁴ i³⁵ xəu³¹]

他就对这个的卢马是更加地珍爱。[tʰa²⁴ təu³¹ tei³¹ tsei³¹ kə⁰ ti⁵³ nu⁵³ ma³⁵ ʂʅ³¹ kən⁵³ tɕia²⁴ ni⁰ tsən²⁴ ai³¹]

啊，并且再也不相信所谓的"的卢防主"的这个说法。[a⁰, pin³¹ tɕʰie³⁵ tsai³¹ ie³⁵ pu⁵³ ɕiaŋ²⁴ ɕin⁵³ suo⁵³ uei³¹ ni⁰ ti⁵³ nu⁵³ faŋ⁵³ tsu³⁵ ni⁰ tsei³¹ kə⁰ suo⁵³ fa⁰]

这就是著名的"马跃檀溪"的故事。[tsə³¹ təu³¹ ʂʅ³¹ tsu⁵¹ min⁵³ ni⁰ ma³⁵ ye³¹ tʰan⁵³ ɕi²⁴ ni⁰ ku³¹ ʂʅ⁰]

意译：我出生在湖北襄阳的檀溪，那我就讲一个发生在襄阳檀溪的三国故事——马跃檀溪。这个故事，很多人都听过。刘备被曹操打败以后，带着他的二弟关羽、三弟张飞，还有赵云，投奔荆州刘表。刘表对刘备很好，把他安顿在新野。刘表每次有重要的事情，都会请刘备商量商量。刘表的身体越来越差，考虑他将来的位子，是传给长子还是小儿子。他想传给小儿子，问刘备的意见。刘备听了以后就劝他不要废长立幼，应该把这个位子传给长子。刘备的话被刘表的老婆蔡氏听见了，蔡氏就对刘备怀恨在心。她把她的弟弟蔡瑁叫过来，跟他商量说，一定要把刘备除掉，让她的这个弟弟找个机会除掉刘备。

好，终于有一天机会来了。每年的秋天，刘表都会召集各地的官员来举办一个宴会，宴请各地官员。那这个宴会会在哪儿举行呢？就在我们湖北的襄阳城里头。因为这个刘表身体不好，他就想请刘备来主持这个宴会。刘备当然是欣然答应了。当天刘备就带着他的五弟赵云，带了三千兵士就前往襄阳城。进了襄阳城以后，他还不知道，这个时候蔡瑁已经在襄阳城的三个城门都布置了重兵埋伏。

襄阳有东南西北四个门可以出去。蔡瑁在东门、南门和北门都埋伏了重兵，只有西门没有埋伏，因为西门一出去就是檀溪。檀溪虽然名字里有个"溪"，但它实际上是条很宽的大河，水又深，流得也急，所以如果没有船的话，是不可能过这个檀溪的，所以蔡瑁他在西门这儿呢就没有埋伏重兵，他想刘备从这儿也逃不走。刘备并不知道自己已经受了埋伏。

在宴请宾客的时候，有个荆州的幕僚，叫伊籍，他知道了这个埋伏的事情。他趁给刘备敬酒的时候，叫刘备去如厕，意思是，你去上个厕所，我有事跟你说。然后刘备听了以后，担心有啥重要的事儿，过了一会儿，他就找了个机会出去了。出去见到这个伊籍了以后，伊籍就告诉他说："你还不快走，蔡瑁已经在襄阳城三个门布置了重兵，要除掉你。只有西门没有埋伏，你赶快从西门逃走。"刘备一听，非常紧张，他来不及喊赵云，赶快到马厩，牵出的卢马，骑上就奔西门去了。出西门的确很顺利，因为西门没有埋伏。但是他没走几步，发现不对了，前面儿横了一条大河，河水流得很急，又宽又深，他根本过不去。他这个时候就想往回走。刚想掉转马头往回走，回头一看，蔡瑁已经领着追兵追过来了。他想，这往回走也不行啊，只有硬着头皮，打马下河。的卢马载着刘备下了河，在水里没走两步，忽然，它的前蹄往下一沉，水一下子没到刘备的脖子。刘备心里一惊，说完了完了，我这次肯定是要死在这儿了。这时，他想起当初得到这匹的卢马的时候，伊籍曾经警告过他，劝过他，叫他不要骑这匹马，说的卢防主，会给他带来不幸，但是他没有相信，他还是一直骑着的卢马。他现在回想起来还是觉得的卢果然是防主啊，今天肯定要害我。想到这儿，他又急又气，扬起马鞭，在马屁股上狠狠抽了两鞭。那的卢马可能是被抽疼了，被抽疼了然后一惊，两个前蹄往前一跃，居然跃过了檀溪河，一下子跃到河西边了，帮刘备摆脱了追兵。

蔡瑁追到河岸边一看，刘备居然过了河。他觉得很奇怪，这么深的河水，刘备是怎么过去的？随后，他看见刘备还在河对岸，就假惺惺地喊他说："这百官还等着你呢，这宴会才开始一半儿，你怎么走了呢？"他一边说，一边偷偷地拿箭去射刘备。这一箭没射中，刘备赶紧打马扬鞭呀，骑着的卢马奔西南方向去了。也不知道跑了多久，因为他怕蔡瑁追上，所以就骑着马拼命地朝西南方向跑，也不知道跑了多长时间，也不知道跑到哪儿了。到最后，人和马都累得疲惫不堪，他才下马在路边找块儿石头坐下来歇一会儿。他想，蔡瑁应该是追不上了。这时，他再看看那匹的卢马，浑身湿透，汗气往上冒，心里面充满了感激。他想，如果不是这匹的卢马，他今天可能就要死在襄阳城了。从此以后，他对的卢马更加珍爱，并且再也不相信所谓"的卢防主"的说法。这就是著名的"马跃檀溪"的故事。

0023 其他故事

讲一个成语故事——自相矛盾。[tɕiaŋ³⁵ i⁵³ kə⁰ tsʰən⁵³ y³⁵ ku³¹ sʅ⁰——tsʅ³¹ ɕiaŋ²⁴ mau⁵³ tən³¹]

说是，战国的时候儿，[suo⁵³ sʅ⁰，tsan³¹ kuo⁵³ ni⁰ sʅ⁵³ xəur⁰]

有一个楚国人，[iəu³⁵ i⁵³ kə⁰ tsʰu³⁵ kuo⁵³ zən⁰]

他以卖兵器为生。[tʰa²⁴ i³⁵ mai³¹ pin²⁴ tɕʰi³¹ uei³¹ sən²⁴]

欸，有一天呢，[ai⁰，iəu³⁵ i⁵³ tʰian²⁴ nai⁰]

他就拿倒他的这个兵器，[tʰa²⁴ təu³¹ na⁵³ tau⁰ tʰa²⁴ ni⁰ tsei³¹ kə⁰ pin²⁴ tɕʰi³¹] 倒：着，助词

到大街上去叫卖。[tau³¹ ta³¹ kai²⁴ saŋ⁰ kʰɯ³¹ tɕiau²⁴ mai³¹]

他卖啥兵器呢？[tʰa²⁴ mai³¹ sa³¹ pin²⁴ tɕʰi³¹ nai⁰] 啥：什么

他先拿出他的那个盾牌，[tʰa²⁴ ɕian⁵³ na⁵³ tsʰu⁵³ tʰa²⁴ ni⁰ nei³¹ kə⁰ tən³¹ pʰai⁵³]

大声吆喝。[ta³¹ sən²⁴ iau²⁴ xuo⁰]

他说："来呀，来呀，来呀！[tʰa²⁴ suo⁵³：nai⁵³ ia⁰，nai⁵³ ia⁰，nai⁵³ ia⁰]

都来看看我的这个盾牌呀！[təu²⁴ nai⁵³ kʰan³¹ kʰan⁰ uo³⁵ ni⁰ tsə³¹ kə⁰ tən³¹ pʰai⁵³ ia⁰]

我这个盾牌那是用上等的材料做成的，[uo³⁵ tsei³¹ kə⁰ tən³¹ pʰai⁵³ na³¹ sʅ⁰ yŋ³¹ saŋ³¹ tən³⁵ ni⁰ tsʰai⁵³ niau⁰ tsəu³¹ tsʰən⁵³ ni⁰]

坚固无比。[tɕian²⁴ ku³¹ u⁵³ pi³⁵]

再锋利的那个矛啊，[tsai³¹ fəŋ²⁴ ni³¹ ni⁰ na³¹ kə⁰ mau⁵³ ua⁰]

兵器啊，都戳不穿它。"[pin²⁴ tɕʰi³¹ ia⁰，təu²⁴ tsʰuo⁵³ pu⁵³ tsʰuan²⁴ tʰa²⁴]

这个时候儿呢，周围的那些行人，[tsə³¹ kə⁰ sʅ⁵³ xəur⁰ nai⁰，tsəu²⁴ uei⁵³ ni⁰ na³¹ ɕie²⁴ ɕin⁵³ zən⁵³]

欸，都围过来看，[ei⁰，təu²⁴ uei⁵³ kuo³¹ nai⁰ kʰan³¹]

想看下儿他这个盾牌，[ɕiaŋ³⁵ kʰan³¹ xar⁰ tʰa²⁴ tsə³¹ kə⁰ tən³¹ pʰai⁵³]

欸，有啥不一样的。[ei⁰，iəu³⁵ sa³¹ pu⁵³ i⁵³ iaŋ³¹ ni⁰]

这个时候儿，这个楚国人一看，[tsə³¹ kə⁰ sʅ⁵³ xəur⁰，tsei³¹ kə⁰ tsʰu³⁵ kuo⁵³ zən⁰ i⁵³ kʰan³¹]

欸，人们都围过来了。［ei⁰，zən⁵³mən⁰təu²⁴uei⁵³kuo³¹nai⁰nau⁰］

欸，他就赶快又拿起他的那个长矛，［ei⁰，tʰa²⁴təu³¹kan³⁵kʰuai³¹iəu³¹na⁵³tɕʰi⁰tʰa²⁴ni⁰na³¹kə⁰tsʰaŋ⁵³mau⁵³］

再对倒过往的行人喊，说：［tsai³¹tei³¹tau⁰kuo³¹uaŋ³⁵ni⁰ɕin⁵³zən⁵³xan³⁵，suo⁵³］

"来，来，来，［nai⁵³，nai⁵³，nai⁵³］

再来看看我的这个长矛。［tsai³¹nai⁵³kʰan³¹kʰan⁰uo³⁵ni⁰tsei³¹kə⁰tsʰaŋ⁵³mau⁵³］

我这个长矛，那是锋利无比。［uo³⁵tsə⁰kə⁰tsʰaŋ⁵³mau⁵³，na³¹sʅ⁰fəŋ²⁴ni³¹u⁵³pi³⁵］

不管你是多坚固的盾，［pu⁵³kuan³⁵ni⁵³sʅ³¹tuo⁵³tɕian²⁴ku³¹ni⁰tən³¹］

都能给它戳穿了。"［təu²⁴nən⁵³kuu³⁵tʰa⁰tsʰuo⁵³tsʰuan²⁴nau⁰］

这个时候儿呢，［tsei³¹kə⁰sʅ⁵³xəur⁰nai⁰］

这个人群当中啊，［tsei³¹kə⁰zən⁵³tɕʰyn⁵³taŋ²⁴tsuŋ²⁴a⁰］

就走出来一个大汉。［təu³¹tsəu³⁵tsʰu⁵³nai⁰i⁵³kə⁰ta²⁴xan³¹］

指倒这个楚国人就问啦。［tsʅ³⁵tau⁰tsei³¹kə⁰tsʰu³⁵kuo⁵³zən⁵³təu²⁴uen³¹na⁰］

他说："你说你这个盾坚固无比，［tʰa²⁴suo⁵³：ni³⁵suo⁵³ni³⁵tsə¹kə⁰tən³¹tɕian²⁴ku³¹u⁵³pi³⁵］

任何矛都戳不穿。［zən³¹xə⁵³mau⁵³təu²⁴tsʰuo⁵³pu⁵³tsʰuan²⁴］

你又说你这个矛呢，锋利得很。［ni³⁵iəu³¹suo⁵³ni³⁵tsei³¹kə⁰mau⁵³nai⁰，fəŋ²⁴ni³¹ni⁰xən³⁵］

啊，啥盾都能给它戳穿。［a⁰，sa³¹tən³¹təu²⁴nən⁵³kuu³⁵tʰa²⁴tsʰuo⁵³tsʰuan²⁴］

那我问你，［na³¹uo³⁵uən³¹ni³⁵］

那你用你的这个长矛戳你的这个盾牌，［na³¹ni³⁵yŋ³¹ni³⁵ni⁰tsə³¹kə⁰tsʰaŋ⁵³mau⁵³tsʰuo⁵³ni³⁵ni⁰tsei³¹kə⁰tən³¹pʰai⁵³］

会咋样儿呢？"［xuei³¹tsa³⁵iãr³¹nai⁰］咋样儿：怎么样

这个楚国人一听哪，［tsə³¹kə⁰tsʰu³⁵kuo⁵³zən⁵³i⁵³tʰin²⁴na⁰］

满脸涨得通红，［man³⁵nian³⁵tsaŋ³¹ni⁰tʰuŋ²⁴xuŋ⁵³］

啊，哑口无言。［a⁰，ia³⁵kʰəu³⁵u⁵³ian⁵³］

赶快就，啊，［kan³⁵kʰuai³¹təu³¹，a⁰］

收起他的矛和他的那个盾牌，［səu²⁴tɕʰi³⁵tʰa²⁴ni⁰mau⁵³xə⁵³tʰa²⁴ni⁰na³¹kə⁰tən³¹pʰai⁵³］

灰溜溜儿地就跑了。［xuei²⁴niəu⁵³niəur²⁴ni⁰təu³¹pʰau³⁵nau⁰］

这就是自相矛盾的故事。［tsə³¹təu³¹sʅ⁰tsʅ³¹ɕiaŋ³¹mau⁵³tən⁰ni⁰ku³¹sʅ⁰］

这个故事呢，就想告诉我们，［tsə³¹kə⁰ku³¹sʅ⁰nai⁰，təu³¹ɕiaŋ³⁵kau³¹su⁰uo³⁵mən⁰］

做事儿呀，还是说话呀，[tsəu²⁴sər³¹ia⁰，xai⁵³sɿ³¹suo⁵³xua³¹ia⁰]

啊，都应该前后一致。[a⁰，təu²⁴in³¹kai²⁴tɕhian⁵³xəu³¹i⁵³tsɿ³¹]

呃，这就是自相矛盾的故事。[ə⁰，tsə³¹təu³¹sɿ⁰tsɿ³¹ɕiaŋ²⁴mau⁵³tən⁰ni⁰ku³¹sɿ⁰]

意译：讲一个成语故事——自相矛盾。据说，战国的时候，有一个楚国人，他以卖兵器为生。有一天，他拿着他的兵器，到大街上去叫卖。他卖什么兵器呢？他先拿出他的那个盾牌，大声吆喝。他说："来，来，来！都来看看我的这个盾牌呀！我这个盾牌是用上等的材料做成的，坚固无比。再锋利的矛啊，兵器啊，都戳不穿它。"这个时候，周围的行人，都围过来看。想看他这个盾牌有什么不一样的。

这个时候，这个楚国人一看，人们都围过来了，他就赶快又拿起他的那个长矛，再对着过往的行人喊，说："来，来，再来看看我的这个长矛。我这个长矛锋利无比，不管你是多坚固的盾，都能被它戳穿。"这个时候，人群当中走出来一个大汉，指着这个楚国人就问。他说："你说你这个盾坚固无比，任何矛都戳不穿。你又说你这个矛特别锋利，什么盾都能被它戳穿。那你用你的这个长矛戳你的这个盾牌，会怎么样呢？"这个楚国人一听，满脸涨得通红，哑口无言，赶快就收起他的矛和盾，灰溜溜儿地跑了。

这就是自相矛盾的故事。这个故事就想告诉我们，无论做事还是说话，都应该前后一致。这就是自相矛盾的故事。

0024 其他故事

讲一个成语故事——杯弓蛇影。[tɕiaŋ³⁵i⁵³kə⁰tshən⁵³y³⁵ku³¹sɿ⁰——pei²⁴kuŋ²⁴sə⁵³in³⁵]

说是，在西晋的时候儿，[suo⁵³sɿ³¹，tsai³¹ɕi²⁴tɕin³¹ni⁰sɿ⁵³xəur⁰]

有一个，有一个人哪，叫岳广。[iəu³⁵i⁵³kə⁰，iəu³⁵i⁵³kə⁰zən⁵³na⁰，tɕiau³¹ye⁵³kuaŋ³⁵]

他特别喜欢交朋友。[tha²⁴tə³¹pie⁵³ɕi³⁵xuan⁰tɕiau²⁴phəŋ⁵³iəu⁰]

经常呢会，啊，[tɕin²⁴tshaŋ⁵³nai⁰xuei³¹，a⁰]

请一些朋友到他家里去谈天说地，[tɕhin³⁵i⁵³ɕie⁰pəŋ⁵³iəu⁰tau³¹tha²⁴tɕia²⁴ni⁰ku³¹than⁵³thian²⁴suo⁵³ti³¹]

啊，聊聊天儿。[a⁰，niau⁵³niau⁰thiɐr²⁴]

这一天啊，这个岳广啊，[tsə³¹i⁰thian²⁴a⁰，tsə³¹kə⁰ye⁵³kuaŋ³⁵a⁰]

又请了他的一个朋友到他屋里来喝酒。[iəu³¹tɕhin³⁵nau⁰tha²⁴ni⁰i⁵³kə⁰phəŋ⁵³iəu⁰tau³¹tha²⁴u⁵³ni⁰nai⁵³xə⁵³tɕiəu³⁵]屋里：家里

他这个朋友端起酒杯儿的时候，[tʰa²⁴ tsə⁰ kə⁰ pʰəŋ⁵³ iəu⁰ tan²⁴ tɕʰi³⁵ tɕiəu³⁵ pər²⁴ ni⁰ sʅ⁵³ xəu⁰]

一伙子看到那个酒里头啊，[i⁵³ xuo³⁵ tsʅ⁰ kʰan³¹ tau⁰ na³¹ kə⁰ tɕiəu³⁵ ni³⁵ tʰəu⁰ a⁰] 一伙子：一下子

像是有一条小蛇，[ɕiaŋ³¹ sʅ⁰ iəu³⁵ i⁵³ tʰiau⁵³ ɕiau³⁵ sə⁵³]

小蛇的影子在那儿晃啊晃。[ɕiau³⁵ sə⁵³ ni⁰ in³⁵ tsʅ⁰ tsai³¹ nar³¹ xuaŋ³¹ a⁰ xuaŋ³¹]

这个朋友呢，心里就觉得很不舒服。[tsei³¹ kə⁰ pʰəŋ⁵³ iəu⁰ nai⁰, ɕin²⁴ ni⁰ təu³¹ tɕyo⁵³ tə⁵³ xən³⁵ pu⁰ su²⁴ fu⁰]

但是因为这个酒杯儿已经端起来了嘛，[tan³¹ sʅ⁰ in²⁴ uei⁵³ tsə⁰ kə⁰ tɕiəu³⁵ pər²⁴ i³⁵ tɕin⁰ tan²⁴ tɕʰi⁰ nai⁵³ nau⁰ ma⁰]

他也只好勉强把那杯酒就喝下去了。[tʰa²⁴ ie³⁵ tsʅ⁵³ xau³⁵ mian³⁵ tɕʰiaŋ³⁵ pa³⁵ na³¹ pei²⁴ tɕiəu³⁵ təu³¹ xə⁵³ ɕia³¹ kʰɯ³¹ nau⁰]

喝了以后呢，他就总觉得，[xə⁵³ nau⁰ i⁵³ xəu³¹ nai⁰, tʰa²⁴ təu³¹ tsuŋ³⁵ tɕyo⁵³ tə⁰]

心里面儿总觉得不对劲儿。[ɕin²⁴ ni³⁵ pər⁰ tsuŋ³⁵ tɕyo⁵³ tə⁰ pu⁵³ tei²⁴ tɕiər³¹]

他回去了以后，[tʰa²⁴ xuei⁵³ kʰɯ³¹ nau⁰ i⁵³ xəu³¹]

这个朋友呢，就生病了。[tsə³¹ kə⁰ pʰəŋ⁵³ iəu⁰ nai⁰, təu³¹ sən²⁴ pin³¹ nau⁰]

啊，卧床不起啊。[a⁰, uo³¹ tsʰuaŋ⁵³ pu⁵³ tɕʰi³⁵ a⁰]

过了几天，[kuo³¹ nau⁰ tɕi³⁵ tʰian²⁴]

这个岳广听说他这个朋友生病了，[tsə³¹ kə⁰ ye⁵³ kuaŋ³⁵ tʰin²⁴ suo⁵³ tʰa²⁴ tsə³¹ kə⁰ pʰəŋ⁵³ iəu⁰ sən²⁴ pin³¹ nau⁰]

就去探望这个朋友。[təu³¹ kʰɯ⁵³ tʰan⁵³ uaŋ⁰ tsə³¹ kə⁰ pʰəŋ⁵³ iəu⁰]

他到这个朋友家里就问啦：[tʰa²⁴ tau³¹ tsə³¹ kə⁰ pʰəŋ⁵³ iəu⁰ tɕia²⁴ ni⁰ təu³¹ uən³¹ na⁰]

说："前几天在我屋里吃饭，[suo⁵³: tɕʰian⁵³ tɕi³⁵ tʰian²⁴ tsai³¹ uo³⁵ u⁵³ ni⁰ tsʰʅ⁵³ fan³¹]

还好好儿的，[xai⁵³ xau³⁵ xaur⁵³ ni⁰]

嗯，这咋突然就病了呢？"[ən⁰, tsə³¹ tsa³⁵ tʰu⁵³ zan⁵³ təu³¹ pin³¹ nau⁰ nai⁰] 咋：怎么

他这个朋友开始还不好说。[tʰa²⁴ tsə³¹ kə⁰ pʰəŋ⁵³ iəu⁰ kʰai²⁴ sʅ³⁵ xai⁵³ pu⁵³ xau⁵³ suo⁵³]

后来才跟岳广说，[xəu³¹ nai⁵³ tsʰai⁵³ kən²⁴ ye⁵³ kuaŋ³⁵ suo⁵³]

啊，是因为上次在他屋里喝酒，[a⁰, sʅ³¹ in²⁴ uei³¹ saŋ³¹ tsʰʅ⁰ tsai³¹ tʰa²⁴ u⁵³ ni⁰ xə⁵³ tɕiəu³⁵]

酒里面儿有条小蛇。[tɕiəu³⁵ ni³⁵ miɐr⁰ iəu³⁵ tʰiau⁵³ ɕiau³⁵ sə⁵³]

他把那个小蛇喝进去了，[tʰa²⁴ pa³⁵ na³¹ kə⁰ ɕiau³⁵ sə⁵³ xə⁵³ tɕin³¹ kʰɯ⁰ nau⁰]

他就觉得这几天啦，[tʰa²⁴ təu³¹ tɕyo⁵³ tə⁵³ tsə³¹ tɕi³⁵ tʰian²⁴ na⁰]

肚子里面儿总像是有那个虫子啊，[tu³¹tsʅ⁰ni³⁵miɐr⁰tsuŋ³⁵ɕiaŋ³¹sʅ⁰iəu³⁵na³¹kə⁰tsʰuŋ⁵³tsʅ⁰a⁰]

在那儿动弹。[tsai³¹nar⁰təŋ³¹kʰan⁰] 动弹：动

好，这个岳广听了以后，[xau³⁵，tsə³¹kə⁰ye⁵³kuaŋ³⁵tʰin²⁴nau⁰i⁵³xəu³¹]

就觉得不可能。[təu³¹tɕyo⁵³tə⁰pu⁵³kʰə³⁵nən⁵³]

他说，他心想，[tʰa²⁴suo⁵³，tʰa²⁴ɕin²⁴ɕiaŋ³⁵]

我那个酒里边儿咋可能有蛇呢？[uo³⁵na³¹kə⁰tɕiəu³⁵ni³⁵piɐr⁰tsa³⁵kʰə³⁵nən⁵³iəu³⁵sə⁵³nai⁰]

岳广就回去想查看下儿，[ye⁵³kuaŋ³⁵təu³¹xuei⁵³kʰɯ⁰ɕiaŋ³⁵tsʰa⁵³kʰan³¹xar⁰]

到底是咋回事儿。[tau³¹ti³⁵sʅ³¹tsa³⁵xuei⁵³sər³¹]

那他回去以后呢，[na³¹tʰa²⁴xuei⁵³kʰɯ⁰i⁵³xəu³¹nai⁰]

他就坐到他那个朋友当时坐的那个位子，[tʰa²⁴təu³¹tsuo³¹tau⁰tʰa²⁴nai³¹kə⁰pʰəŋ⁵³iəu⁰taŋ²⁴sʅ⁵³tsuo³¹ni⁰na³¹kə⁰uei³¹tsʅ⁰]

然后四周观察了一下儿，[zan⁵³xəu³¹sʅ³¹tsəu²⁴kuan²⁴tsʰa⁵³nau⁰i⁵³xar⁰]

发现没有看到有啥东西。[fa⁵³ɕian³¹mei²⁴iəu⁰kʰan³¹tau⁰iəu³⁵sa³¹təŋ⁰ɕi⁰]

然后呢，他又倒了一杯酒，[zan⁵³xəu³¹nai⁰，tʰa²⁴iəu³¹tau³¹nau⁰i⁵³pei²⁴tɕiəu³⁵]

端起来正要喝的时候，[tan²⁴tɕʰi³⁵nai⁵³tsən³¹iau³¹xə⁵³ni⁰sʅ⁵³xəu⁰]

咦？看到那酒杯儿里头好像真是有一条蛇在动。[i³⁵？kʰan³¹tau⁰na³¹tɕiəu³⁵pɐr²⁴ni³⁵tʰəu⁰xau³⁵ɕiaŋ³¹tsən²⁴sʅ⁰iəu⁰i⁵³tʰiau⁵³sə³¹tsai²⁴təŋ³¹]

他再仔细一看，[tʰa²⁴tsai³¹tsʅ³⁵ɕi³¹i⁵³kʰan³¹]

哦，发现那其实不是一条蛇，[o³¹，fa⁵³ɕian³¹na³¹tɕʰi⁵³sʅ⁵³pu⁵³sʅ³¹i⁵³tʰiau⁵³sə⁵³]

是他那个墙上挂的一张弓，[sʅ³¹tʰa²⁴nə³¹kə⁰tɕʰiaŋ⁵³saŋ⁰kua³¹ni⁰i⁵³tsaŋ²⁴kuŋ²⁴]

弓的影子啊，映到他的酒里头了，[kuŋ²⁴ni⁰in³⁵tsʅ⁰a⁰，in³¹tau⁰tʰa²⁴ni⁰tɕiəu³⁵ni³⁵tʰəu⁰nau⁰]

看起来像小蛇一样。[kʰan³¹tɕʰi³⁵nai⁰ɕiaŋ³¹ɕiau³⁵sə⁵³i⁵³iaŋ³¹]

岳广明白以后啊，[ye⁵³kuaŋ³⁵min⁵³pə⁰i⁵³xəu³¹a⁰]

就赶紧去他朋友家，[təu³¹kan³⁵tɕin³⁵kʰɯ³¹tʰa²⁴pʰəŋ⁵³iəu⁰tɕia²⁴]

把这个情况给朋友解释清楚了。[pa³⁵tsə³¹kə⁰tɕʰin⁵³kʰuaŋ⁰kɯ³⁵pʰəŋ⁵³iəu⁰tɕie³⁵sʅ⁰tɕʰin²⁴tsʰu³⁵nau⁰]

啊，解释完了以后呢，[a⁰，tɕie³⁵sʅ⁰uan⁵³nau⁰i⁵³xəu³¹nai⁰]

他这个朋友的病啊，很快就好了。[tʰa²⁴tsə³¹kə⁰pʰəŋ⁵³iəu⁰ni⁰pin³¹a⁰，xən³⁵kʰuai³¹təu³¹xau³⁵nau⁰]

那，这个故事呢，它就告诉我们哪，[na³¹，tsə³¹kə⁰ku³¹sʅ⁰nai⁰，tʰa²⁴təu³¹kau³¹

su⁰uo³⁵mən⁰na⁰]

不能疑神疑鬼的，[pu⁵³nən⁵³i⁵³sən⁵³i⁵³kuei³⁵ni⁰]

啊，免得到最后是，[a⁰，mian³⁵tə⁰tau³¹tsuei²⁴xəu³¹sʅ⁰] 免得：以免

啊，自己吓自己。[a⁰，tsʅ³¹tɕi⁰xə²⁴tsʅ³¹tɕi⁰]

啊，这就是"杯弓蛇影"的故事。[a⁰，tsə³¹təu³¹sʅ⁰pei²⁴kuŋ²⁴sə⁵³in³⁵ni⁰ku³¹sʅ⁰]

意译：讲一个成语故事——杯弓蛇影。据说，在西晋的时候儿，有一个人叫岳广。他特别喜欢交朋友，经常会请一些朋友到他家里去谈天说地，聊聊天儿。

这一天，这个岳广，又请了他的一个朋友到他家里来喝酒。他这个朋友端起酒杯儿的时候，一下子看到那个酒里头，像是有一条小蛇，小蛇的影子在那儿晃动。这个朋友心里就觉得很不舒服。但是因为这个酒杯已经端起来了，他也只好勉强把那杯酒都喝下去了。喝了以后，心里面总觉得不对劲儿，他回去了以后就生病了，卧床不起。

过了几天，这个岳广听说他这个朋友生病了，就去探望这个朋友。他到这个朋友家里就问："前几天在我家里吃饭，还好好的。怎么突然就生病了呢？"他这个朋友开始还不好意思说出实情，后来才跟岳广说，是因为上次在他家里喝酒，酒里面有条小蛇，他把那个小蛇喝进去了。他就觉得这几天，肚子里面儿总像是有那个虫子在那儿动弹。

这个岳广听了以后，就觉得不可能。他心想：我那个酒里面怎么可能有蛇呢？岳广就回去想查看一下到底是怎么回事儿。那他回去以后呢，他就坐到他那个朋友当时坐的那个位子，然后四周观察了一下，发现没看到有什么异样。然后呢，他又倒了一杯酒，端起来正要喝的时候，咦？看到那酒杯里头好像真有一条蛇在动。他再仔细一看，发现那其实不是一条蛇，是他墙上挂的一张弓。弓的影子映到他的酒里头了，看起来像小蛇一样。岳广明白以后啊，就赶紧去他朋友家，把这个情况给朋友解释清楚了。解释完了以后，他这个朋友的病很快就好了。

这个故事就告诉我们，不能疑神疑鬼的，免得到最后是自己吓自己。这就是"杯弓蛇影"的故事。

四 自选条目

0031 自选条目

石头缝儿里山药——吃不成给你沤个稀巴烂。[sʅ⁵³tʰəu⁰fɚr³¹ni⁰san²⁴yo⁵³——

tsʰʅ⁵³ pu⁰ tsʰən⁵³ kuɚ³⁵ ni⁰ əu²⁴ kə⁰ ɕi²⁴ pa⁰ nan³¹]

意译：石头缝儿里的山药——吃不成还沤个稀巴烂（喻自己不落好，也不让别人得逞）。

0032 自选条目

十八亩地里一棵苗儿——独种儿。[sʅ⁵³ pa⁵³ mu³⁵ ti³¹ ni⁰ i⁵³ kʰuo³⁵ miauɚ⁵³——tu⁵³ tsũɚ³⁵]

意译：十八亩地里一棵苗儿——独种儿（独生子）。

0033 自选条目

老鼠子儿闹⁼木锨——大头子儿在后头。[nau³⁵ su⁰ ɻ̍⁰ nau³¹ mu⁵³ ɕian²⁴——ta³¹ tʰəu⁵³ ɻ̍⁰ tsai²⁴ xəu³¹ tʰəu⁰] 闹⁼：拖拽

意译：老鼠拖拽木锨——大头儿在后面（喻更好的事情在后面）。

0034 自选条目

正月间洗被子儿——正被湿（真背时）。[tsən²⁴ ye⁵³ tɕian⁰ ɕi³⁵ pei³¹ ɻ̍⁰——tsən²⁴ pei³¹ sʅ⁵³]

意译：正月里洗被子——真背时（真倒霉、不走运）。

0035 自选条目

砖头瓦碴儿都绊人。[tsuan²⁴ tʰəu⁵³ ua³⁵ tsʰuaɚ⁵³ təu²⁴ pʰan³¹ zən⁵³] 瓦碴儿：小瓦片儿

意译：砖头和小瓦片儿都能绊人。喻说话做事要谨慎，以免得罪人。

0036 自选条目

夜蚊子儿嘴长——好挨一巴掌。[ie³¹ uən⁰ ɻ̍⁰ tsei³⁵ tsʰaŋ⁵³——xau³¹ ai⁵³ i⁵³ pa²⁴ tsaŋ⁰] 夜蚊子儿：蚊子

意译：蚊子的嘴长——容易挨一巴掌（喻不要多说话）。

0037 自选条目

金银花儿攀倒桂花儿树上——攀高接桂（贵）。[tɕin²⁴ in⁵³ xuaɚ²⁴ pʰan²⁴ tau⁰ kuei³¹ xuaɚ²⁴ su³¹ saŋ⁰——pʰan²⁴ kau²⁴ tɕie⁵³ kuei³¹]

意译：金银花攀在桂花树上——攀高接贵（喻攀附权贵）。

0038 自选条目

曹操背时遇蒋干，蚕豆背时遇稀饭。[tsʰau⁵³tsʰau²⁴pei³¹sʅ⁵³y³¹tɕiaŋ³⁵kan³¹, tsʰan⁵³təu³¹pei³¹sʅ⁵³y³¹ɕi²⁴fan⁰] 背时：倒霉，不走运

意译：曹操倒霉遇到了蒋干，蚕豆倒霉遇到了稀饭（指人倒霉）。

0039 自选条目

饿老鹰儿流鼻血——毛病雀子儿。[ə³¹nau⁰iər²⁴niəu⁵³pi⁵³ɕie⁰——mau⁵³pin⁰tɕʰyo⁵³ɻ̩⁰] 雀子儿：鸟

意译：饿老鹰流鼻血——有毛病的鸟（喻人的毛病多）。

0040 自选条目

公鸡窝里走一趟——不捡蛋（简单）。[kuŋ²⁴tɕi⁰uo²⁴ni⁰tsəu³⁵i⁰tʰaŋ³¹——pu⁵³tɕian³⁵tan⁰]

意译：公鸡窝里走一趟——不简单。

0041 自选条目

对倒马屁股作揖——巴结不上。[tei³¹tau⁰ma³⁵pʰi³¹ku⁰tsuo³¹i⁵³——pa²⁴tɕie⁰pu⁵³saŋ³¹] 倒：着，助词

意译：对着马屁股作揖——巴结不上。

0042 自选条目

鸭子儿头上长包——鹅（恶）头儿。[ia⁵³ɻ̩⁰tʰəu⁵³saŋ⁰tsaŋ³⁵pau²⁴——ə⁵³tʰəur⁰]

意译：鸭的头上长包——恶头儿（喻人很坏、很恶）。

0043 自选条目

扳倒树逮老鸹——呆脑筋。[pan²⁴tau³⁵su³¹tai³⁵nau³⁵kua⁰——ai⁵³nau³⁵tɕin⁰] 老鸹：乌鸦

意译：扳倒树逮乌鸦——呆脑筋（喻人呆板，不灵活）。

0044 自选条目

马号儿里没得马——逮个驴子儿当差。[ma³⁵xaur³¹ni⁰mei²⁴tə⁰ma³⁵——tai³⁵kə⁰ny⁵³ɻ̩⁰taŋ²⁴tsʰai²⁴] 没得：没有。驴子儿：驴

意译：马号儿里没有马——逮只驴当差（喻冒名顶替）。

0045 自选条目

萝卜丁儿掷色子儿——没得点儿。[nuo⁵³pu⁰tiər²⁴tsʅ⁵³sə⁵³r̩⁰——mei²⁴tə⁰tiɐr³⁵] 没得：没有

意译：萝卜丁儿掷色子儿——没有点儿（喻做事情没有谱儿、不靠谱）。

0046 自选条目

黄瓜打锣——去了半头儿。[xuaŋ⁵³kua⁰ta³⁵nuo⁵³——kʰɯ³¹nau⁰pan³¹tʰəur⁵³] 半头儿：一半

意译：黄瓜打锣——打掉了一半（喻所剩无几）。

0047 自选条目

断胳膊儿作揖——下独（毒）手。[tan³¹kə⁵³paur²⁴tsuo³¹i⁵³——ɕia³¹tu⁵³səu³⁵]

意译：断胳膊儿作揖——下毒手。

0048 自选条目

腰里别个死老鼠子儿——假充打猎的。[iau²⁴ni⁰pie⁵³kə⁰sʅ³⁵nau³⁵su⁰r̩⁰——tɕia³⁵tsʰuŋ²⁴ta³⁵nie⁵³ni⁰] 假充：假装、冒充

意译：腰里别个死老鼠——冒充打猎的（喻装模作样）。

0049 自选条目

卖豆芽儿的不带秤——乱抓。[mai³¹təu²⁴iar⁵³ni⁰pu⁰tai²⁴tsʰən³¹——nan³¹tsua²⁴]

意译：卖豆芽儿的不带秤——乱抓（喻瞎估摸）。

0050 自选条目

三十儿的黑了洗了波罗盖儿的——巧得很。[san²⁴sər⁵³ni⁰xə⁵³nau⁰ɕi³⁵nau⁰po²⁴nuo⁵³kɐr³¹ni⁰——tɕʰiau³⁵ni⁰xən³⁵] 黑了：晚上。波罗盖儿：膝盖

意译：三十儿的晚上洗了膝盖的——巧得很。

宜 城

一 歌谣

0001 歌谣

轱辘儿轱辘儿锤，轱辘儿轱辘儿叉。[ku²² nəur⁰ ku²² nəur⁰ tsʰueɪ⁵³，ku²² nəur⁰ ku⁴¹ nəur⁰ tsʰa²⁴]

轱辘儿轱辘儿一个，轱辘儿轱辘儿仨。[ku²² nəur⁰ ku²² nəur⁰ i⁵³ ko⁴¹，ku²² nəur⁰ ku⁴¹ nəur⁰ sa²⁴]

前方打美帝，后方打傻瓜。[tɕʰian⁵³ faŋ²⁴ ta⁵⁵ meɪ⁵⁵ ti⁴¹，xəu⁴¹ faŋ²⁴ ta⁵⁵ sa⁵⁵ kua²⁴]

傻瓜不在家，放屁臭死他。[sa⁵⁵ kua²⁴ pu⁵³ tsɛ⁴¹ tɕia²⁴，faŋ²⁴ pʰi⁴¹ tsʰəu⁴¹ sɿ⁰ tʰa²⁴]

意译：轱辘轱辘锤，轱辘轱辘叉。轱辘轱辘一个，轱辘轱辘仨。前方打美帝，后方打傻瓜。傻瓜不在家，放屁臭死他。

0002 歌谣

背背驮，换酒喝。[peɪ²² peɪ⁰ tʰuo⁵³，xuan⁴¹ tɕiəu⁵⁵ xuo⁵³]

酒冷了，我不喝。[tɕiəu⁵⁵ nən⁵⁵ nɔ⁰，uo⁵⁵ pu⁵³ xuo⁵³]

还是要我的背背驮。[xɛ⁵³ sɿ⁴¹ iɔ⁴¹ uo⁵⁵ ti⁰ peɪ²² peɪ⁰ tʰuo⁵³]

意译：背着小娃娃，用小娃娃去换酒喝。酒冷了，我不喝，我还是要我背的小娃娃。

0003 歌谣

推磨儿，拐磨儿，[tʰeɪ²⁴ muor⁴¹，kuɛ⁵⁵ muor⁴¹]

一升麦子儿做两个。[i⁵³ sən²⁴ me⁵³ r̩⁰ tsəu⁴¹ niaŋ⁵⁵ ko⁴¹]

爹一个，妈一个，[tie²⁴ i⁵³ ko⁴¹，ma²⁴ i⁵³ ko⁴¹]

奶奶回来没得了。[nɛ⁵⁵ nɛ⁰ xueɪ⁵³ nɛ⁰ meɪ²⁴ te⁵³ nɔ⁰]

灶里还有个糊馍馍，[tsɔ⁴¹ ni⁰ xɛ⁵³ iəu⁵⁵ ko⁰ xu⁵³ muo⁵³ muo⁰] 馍馍：馒头

猫儿吃了。[mɔr⁵³ tsʰɿ⁵³ nɔ⁰]

猫儿唻？[mɔr⁵³ nɛ⁰] 唻：呢，语气词

猫儿拱洞。[mɔr⁵³ kuəŋ⁵³ təŋ⁴¹] 拱：钻

洞唻？[təŋ⁴¹ nɛ⁰]

洞雪塎。[təŋ²⁴ ɕie⁵³ uaŋ²⁴] 塎：盖

雪咹？［ɕie⁵³ nɛ⁰］
雪化水。［ɕie⁵³ xua⁴¹ fɛɪ⁵⁵］
水咹？［fɛɪ⁵⁵ nɛ⁰］
水和泥。［fɛɪ⁵⁵ xuo²⁴ ni⁵³］
泥咹？［ni⁵³ nɛ⁰］
泥板墙。［ni⁵³ pan⁵⁵ tɕʰiaŋ⁵³］ 板：用力甩、扔
墙咹？［tɕʰiaŋ⁵³ nɛ⁰］
墙猪轰。［tɕʰiaŋ⁵³ tsu²⁴ xuəŋ²⁴］ 轰：用身体撞
猪咹？［tsu²⁴ nɛ⁰］
猪狗吃。［tsu²⁴ kəu⁵⁵ tsʰɿ⁵³］
狗咹？［kəu⁵⁵ nɛ⁰］
狗剥皮。［kəu⁵⁵ puo²⁴ pʰi⁵³］
皮咹？［pʰi⁵³ nɛ⁰］
皮鞔鼓。［pʰi⁵³ man²⁴ ku⁵⁵］
鼓咹？［ku⁵⁵ nɛ⁰］
鼓打破。［ku⁵⁵ ta⁵⁵ pʰuo⁴¹］
嘣噔！［pəŋ⁵⁵ təŋ⁵⁵］

意译：推磨，拐磨，一升麦子做了两个馒头。爸爸一个，妈妈一个，奶奶回来没有馒头了。骗奶奶说灶里还有一个糊的馒头被猫吃了。猫呢？猫钻洞里了。洞呢？洞被雪盖上了。雪呢？雪化成水了。水呢？水用来和泥了。泥呢？泥甩在墙上了。墙呢？墙被猪拱倒了。猪呢？猪被狗吃了。狗呢？狗被剥了皮。皮呢？皮用来做鼓面了。鼓呢？鼓被打破了。嘣噔（鼓破的声音）！

0004 歌谣

雀儿雀儿飞，屙屎一大堆。［tɕʰyor⁵³ tɕʰyor⁵³ fɛɪ²⁴, uo²² sɿ⁵⁵ i⁵³ ta⁴¹ tɛɪ²⁴］
雀儿雀儿跑，逮不到。［tɕʰyor⁵³ tɕʰyor⁵³ pʰɔ⁵⁵, tɛ⁵⁵ pu⁵³ tɔ⁵⁵］
意译：麻雀飞来了，拉屎拉了一大堆。麻雀跑了，逮不到了。

0005 歌谣

娃娃儿睡着着，买个大馍馍。［ua⁵³ uᴀr⁰ fɛɪ²⁴ tsuo⁵³ tsuo²⁴, mɛ⁵⁵ ko⁰ ta²⁴ muo⁵³ muo²⁴］
娃娃儿睡醒醒，买个大饼饼。［ua⁵³ uᴀr⁰ fɛɪ⁴¹ ɕin⁵⁵ ɕin⁰, mɛ⁵⁵ ko⁰ ta⁴¹ pin⁵⁵ pin⁰］
意译：娃娃睡着了，买个大馒头。娃娃睡醒了，买个大饼子。

0006 歌谣

点脚儿捂脚儿，蒜瓣轱辘儿。[tiɑn⁵⁵ tɕyor⁵³ u²⁴ tɕyor⁵³，san²⁴ pan²⁴ ku²⁴ nuor⁵³]

拉弓射箭，射到樊城。[na²⁴ kuəŋ²⁴ sʅ²⁴ tɕiɑn⁴¹，sʅ²⁴ tɔ²⁴ fan⁵³ tsʰən⁰]

樊城不易，小脚儿弹蹄。[fan⁵³ tsʰən⁵³ pu²⁴ i⁵³，ɕiɔ⁵⁵ tɕyor⁵³ tʰan²⁴ tʰi⁵³]

意译：点脚捂脚，小脚丫围一圈像蒜瓣轱辘儿一样。拉弓射箭，射到樊城。射到樊城不容易，小脚弹蹄。

0007 歌谣

月亮哥哥跟我走走，[ie⁵³ niɑŋ⁵³ ko²² ko⁰ kən²² uo⁵⁵ tsəu⁵³ tsəu⁰]

走到汉江口口。[tsəu⁵³ tɔ⁰ xan⁴¹ tɕiɑŋ²⁴ kʰəu⁵⁵ kʰəu⁰]

哪儿里有？[nʌr⁵⁵ ni⁰ iəu⁵⁵]

堰里有。[iɑn⁴¹ ni⁰ iəu⁵⁵]

堰里开花儿结石榴。[iɑn⁴¹ ni⁰ kʰɛ²⁴ xuʌr²⁴ tɕie⁵⁵ sʅ⁵³ niəu⁰]

意译：月亮哥哥跟我走，走到汉江口。哪里有？堰里有，堰里开花儿结石榴。

0008 歌谣

老表老表，下河抹澡。[nɔ⁵⁵ piɔ⁵⁵ nɔ⁵⁵ piɔ⁵⁵，ɕia²⁴ xuo⁵³ ma⁵³ tsɔ⁵³] 抹澡：游泳

看到螃蟹儿，爬起就跑。[kʰan⁴¹ tɔ⁴¹ pʰaŋ²⁴ xɐr⁵³，pʰa⁵³ tɕʰi⁵³ təu⁴¹ pʰɔ⁵⁵]

意译：老表老表，下河游泳。看到螃蟹，爬起来就跑。

0009 歌谣

我们两个儿好哇，[uo⁵⁵ mən⁰ niɑn⁵³ kɤr⁰ xɔ⁵⁵ ua⁰]

上街买手表哇，[saŋ⁴¹ kɛ²⁴ mɛ⁵⁵ səu⁵⁵ piɔ⁵⁵ ua⁰]

你戴戴，我戴戴，[ni⁵⁵ tɛ⁴¹ tɛ⁰，uo⁵⁵ tɛ⁴¹ tɛ⁰]

你是地主儿老太太。[ni⁵⁵ sʅ⁴¹ ti⁴¹ tsur⁵⁵ nɔ⁵⁵ tʰɛ⁴¹ tʰɛ⁰]

意译：我们两个人关系好，上街买了一块手表，你戴一戴，我戴一戴，你是地主老太太。

0010 歌谣

黄毛丫儿，[xuaŋ⁵³ mɔ⁵³ iər²⁴] 黄毛丫儿：黄毛丫头，小女孩儿

多多怪，[tuo²² tuo⁵⁵ kuɛ⁴¹]

端起碗来就要菜。[tan²⁴ tɕʰi⁵³ uan⁵⁵ nɛ⁰ təu⁴¹ iɔ²⁴ tsʰɛ⁴¹]

要啥菜？[iɔ²⁴ sa⁴¹ tsʰɛ⁴¹]

要菠菜。[iɔ⁴¹ puo²⁴ tsʰɛ⁴¹]

给你两钉拐。[ki²² ni⁵⁵ niaŋ⁵³ tin²² kuɛ⁰] 钉拐：用手指关节敲打

意译：黄毛丫头，多作怪，端起碗来就要菜。要什么菜？要菠菜。给你两钉拐。

0011 歌谣

月亮圆，黄巴巴。[ie⁵³ niaŋ⁵⁵ ian⁵³, xuaŋ⁵³ pa²² pa⁰]

姐织布，妈纺花。[tɕie⁵⁵ tsɿ⁵³ pu⁴¹, ma²² faŋ⁵⁵ xua²⁴]

小乖乖，快快睡，[ɕiɔ⁵⁵ kuɛ²² kuɛ⁰, kʰuɛ²⁴ kʰuɛ²⁴ fei⁴¹]

猫儿来了妈打它。[mɔ²⁴ ɚ⁵³ nɛ⁵³ nɔ⁰ ma²² ta⁵⁵ tʰa⁰]

意译：月亮圆圆的，黄黄的。姐姐织布，妈妈纺花。小乖乖，快快睡，猫来了妈打它，把它赶走。

0012 歌谣

绿麻雀儿，洞里钻。[nu²⁴ ma⁵³ tɕʰyor⁰, təŋ⁴¹ ni⁰ tsan²⁴]

大姐逮来二姐翻；[ta⁴¹ tɕie⁵⁵ tɛ⁵⁵ nɛ⁰ ɚ⁴¹ tɕie⁵⁵ fan²⁴]

三姐烧水四姐揎；[san²² tɕie⁵⁵ sɔ²² fei⁵⁵ sɿ⁴¹ tɕie⁵⁵ ɕian⁵³] 揎：拔

五姐剁，六姐煎；[u⁵⁵ tɕie⁵⁵ tuo⁴¹, nu⁵³ tɕie⁵⁵ tɕian²⁴]

七姐开柜拿油盐；[tɕʰi⁵³ tɕie⁵⁵ kʰɛ²⁴ kuei⁴¹ na⁵³ iəu⁵³ ian⁵³]

八姐盛，九姐端；[pa⁵³ tɕie⁵⁵ tsʰən⁵³, tɕiəu⁵⁵ tɕie⁵⁵ tan²⁴]

端到十姐床面前。[tan²⁴ tɔ⁵³ sɿ⁵³ tɕie⁵⁵ tsʰuaŋ⁵³ mian⁴¹ tɕʰian⁰]

尝一口，[tsʰaŋ⁵³ i⁵³ kʰəu⁵⁵]

也不咸，也不淡，[ie⁵⁵ pu⁵³ ɕian⁵³, ie⁵⁵ pu⁵³ tan⁴¹]

十个姐姐好手段。[sɿ⁵³ ko⁵³ tɕie⁵⁵ tɕie⁰ xɔ⁵⁵ səu⁵⁵ tan⁵⁵]

意译：绿麻雀，钻进了洞里，大姐逮来二姐翻，三姐烧水四姐拔毛，五姐剁，六姐煎，七姐开柜拿油盐，八姐盛，九姐端，端到十姐床面前，尝一口，也不咸，也不淡，十个姐姐好手艺。

0013 歌谣

张打铁，李打铁，[tsaŋ²² ta⁵⁵ tʰie⁵³, ni⁵⁵ ta⁵⁵ tʰie⁵³]

打把刀娃儿送姐姐。[ta⁵⁵ pa⁵³ tɔ²⁴ uʌr⁵³ fəŋ⁴¹ tɕie⁵⁵ tɕie⁰] 刀娃儿：小刀

姐姐留我过个夜，[tɕie⁵⁵ tɕie⁰ niəu⁵³ uo⁵⁵ kuo⁴¹ ko⁰ ie⁴¹]
我要回去瞧大麦。[uo⁵⁵ iɔ⁴¹ xuei⁵³ kʰi⁵³ tɕʰiɔ⁵⁵ ta⁴¹ me⁰]
大麦大麦还没黄，[ta⁴¹ me⁰ ta⁴¹ me⁰ xɛ⁵³ meɪ²⁴ xuaŋ⁵³]
我要回去瞧我儿娘。[uo⁵⁵ iɔ⁴¹ xuei⁵³ kʰi⁵³ tɕʰiɔ⁵⁵ uor⁵⁵ niaŋ⁵³] 娘：妈妈
我儿娘不在家，[uor⁵⁵ niaŋ⁵³ pu⁵³ tsɛ⁴¹ tɕia²⁴]
气死你和他。[tɕʰi⁴¹ sʅ⁰ ni⁵⁵ xuo⁵³ tʰa²⁴]
意译：张打铁，李打铁，打把小刀送给姐姐。姐姐留我过个夜，我要回去看看大麦熟了没有。大麦还没黄，我要回去看我妈。我妈不在家，气死你和他。

0014 歌谣
七不吵，八不闹，[tɕʰi⁵³ pu⁵³ tsʰɔ⁵⁵，pa⁵³ pu⁵³ nɔ⁴¹]
三十儿吵闹犯胡躁。[san²⁴ sər⁵³ tsʰɔ⁵⁵ nɔ⁴¹ fan²⁴ xu⁵³ tsɔ⁰] 胡躁：不得安宁
意译：七不吵，八不闹，三十儿吵闹不得安宁。

0015 歌谣
公鸡叫，母鸡叫，[kuəŋ²⁴ tɕi⁵³ tɕiɔ⁴¹，mu⁵⁵ tɕi⁵³ tɕiɔ⁴¹]
各人捡到各人要。[kuo⁵³ zən⁵³ tɕian⁵⁵ tɔ⁰ kuo⁵³ zən⁵³ iɔ⁴¹] 各人：各自
意译：公鸡叫，母鸡叫，各自捡到各自要。

二　规定故事

0021 牛郎和织女
牛郎和织女的故事。[niəu⁵³ naŋ⁵³ xuo⁵³ tsʅ⁵³ ni⁵⁵ ti⁰ ku⁴¹ sʅ⁰]
古时候儿有一个小伙子，[ku⁵⁵ sʅ⁵³ xəur⁰ iəu⁵⁵ i⁵³ ko⁰ ɕiɔ⁵⁵ xuo⁵⁵ tsʅ⁰]
父母都死了，[fu⁴¹ mu⁵⁵ təu²² sʅ⁵⁵ nɔ⁰]
只有他一个儿孤苦伶仃的，[tsʅ⁵³ iəu⁵⁵ tʰa²⁴ i⁵³ kɤr⁴¹ ku²² kʰu⁵⁵ nin⁵³ tin²⁴ ti⁰]
家里还有一头老牛，[tɕia²² ni⁰ xɛ⁵³ iəu⁵⁵ i⁵³ tʰəu⁵⁵ nɔ⁵⁵ niəu⁵³]
大家都叫他牛郎。[ta⁴¹ tɕia²⁴ təu²⁴ tɕiɔ⁴¹ tʰa²⁴ niəu⁵³ naŋ⁵³]
牛郎唻和这个老牛唻以耕田为生，[niəu⁵³ naŋ⁵³ nɛ⁰ xuo⁵³ tse⁴¹ ko⁰ nɔ⁵⁵ niəu⁵³ nɛ⁰ i²² kən²⁴ tʰian⁵³ ueɪ⁴¹ sən²⁴]
和老牛相依为命。[xuo⁵³ nɔ⁵⁵ niəu⁵³ ɕiaŋ⁴¹ i²⁴ ueɪ²⁴ min⁴¹]
这个老牛唻是天上的神仙，[tse⁴¹ ko⁰ nɔ⁵⁵ niəu⁵³ nɛ⁰ sʅ⁴¹ tʰian²⁴ saŋ⁰ ti⁰ sən⁵³ ɕian⁰] 唻：呢，语气词

是金牛星。［sʅ⁴¹ tɕin²⁴ niəu⁵³ ɕin²⁴］

金牛星哎喜欢牛郎的勤劳善良，［tɕin²⁴ niəu⁵³ ɕin²⁴ nɛ⁰ ɕi⁵⁵ xuan⁰ niəu⁵³ naŋ⁵³ ti⁰ tɕʰin⁵³ nɔ⁵³ san⁴¹ niaŋ⁵³］

就想帮忙他成个家。［təu⁴¹ ɕiaŋ⁵⁵ paŋ²⁴ maŋ⁵³ tʰa⁰ tsʰən⁵³ ko⁰ tɕia²⁴］

有一天哎金牛星打听到了，［iəu⁵⁵ i⁵³ tʰian²⁴ nɛ⁰ tɕin²⁴ niəu⁵³ ɕin²⁴ ta⁵⁵ tʰin¹⁰ tɔ⁴¹ nɔ⁰］

天上的仙女要到城东的湖里去洗澡，［tʰian²⁴ saŋ⁵³ ti⁰ ɕian²² ni⁵⁵ iɔ⁴¹ tɔ⁴¹ tsʰən⁵³ təŋ²⁴ ti⁰ xu⁵³ ni⁰ kʰi⁴¹ ɕi⁵⁵ tsɔ⁵⁵］

他就托梦给牛郎，［tʰa²⁴ tɕiəu⁴¹ tʰuo⁵³ məŋ⁴¹ keɪ⁵⁵ niəu⁵³ naŋ⁵³］

说是仙女们在那儿洗澡的时候儿，［suo⁵³ sʅ⁵³ ɕian²² ni⁵⁵ mən⁰ tsɛ⁴¹ nɐʳ⁴¹ ɕi⁵⁵ tsɔ⁵⁵ ti⁰ sʅ⁵³ xəuʳ⁰］

你去抢一件衣服就回家，［ni⁵⁵ tɕʰi⁴¹ tɕʰiaŋ⁵⁵ i⁵³ tɕian⁴¹ i²⁴ fu⁵³ tɕiəu²⁴ xueɪ⁵³ tɕia²⁴］

往回跑，不要回头，［uaŋ⁵⁵ xueɪ⁵³ pʰɔ⁵⁵，pu⁵³ iɔ⁴¹ xueɪ⁵⁵ tʰəu⁵³］

你就会得到一个仙女做为你的妻子。［ni⁵⁵ tɕiəu⁴¹ xueɪ⁵⁵ te⁵³ tɔ⁰ i⁵³ ko⁰ ɕian²² ni⁵⁵ tsuo⁵³ ueɪ⁵³ ni⁵⁵ ti⁰ tɕʰi²² tsʅ⁵⁵］

牛郎哎半信半疑。［niəu⁵³ naŋ⁵³ nɛ⁰ pan²⁴ ɕin⁴¹ pan²⁴ i⁵³］

第二天早晨哎，［ti²⁴ ɚ⁴¹ tʰian²⁴ tsɔ⁵⁵ tsʰən⁵³ nɛ⁰］

就跑到城东的，村东的这个湖边儿，［tɕiəu⁴¹ pʰɔ⁵⁵ tɔ⁰ tsʰən⁵³ təŋ²⁴ ti⁰，tsʰən²⁴ təŋ²⁴ ti⁰ tsɛ⁴¹ ko⁰ xu⁵³ pieʳ²⁴］

朦胧胧看到七个仙女在水里嬉戏。［məŋ⁵³ nəŋ⁵³ nəŋ⁵³ kʰan⁴¹ tɔ⁰ tɕʰi⁵³ ko⁰ ɕian²² ni⁵⁵ tsɛ⁴¹ sueɪ⁵⁵ ni⁰ ɕi²⁴ ɕi⁵³］

他上去了，［tʰa²⁴ saŋ⁴¹ kʰi⁴¹ nɔ⁰］

把挂在树上的一件粉红色的衣裳，［pa⁵⁵ kua⁴¹ tsɛ²⁴ fu⁴¹ saŋ⁰ ti⁰ i⁵³ tɕian⁴¹ fən⁵⁵ xuəŋ⁵³ se⁵³ ti⁰ i²² saŋ⁰］

拿了就往家里跑。［na⁵³ nɔ⁰ tɕiəu⁴¹ uaŋ⁵⁵ tɕia²² ni⁰ pʰɔ⁵⁵］

跑回去了以后当天晚上，［pʰɔ⁵⁵ xueɪ⁵³ tɕʰi⁵³ nɔ⁰ i⁵³ xəu⁴¹ taŋ²⁴ tʰian²⁴ uan⁵⁵ saŋ⁰］

就有一个仙女哎敲开了他的门，［tɕiəu⁴¹ iəu⁵⁵ i⁵³ ko⁰ ɕian²² ni⁵⁵ nɛ⁰ tɕʰiɔ²⁴ kʰɛ²⁴ nɔ⁰ tʰa²² ti⁰ mən⁵³］

和他结为了夫妻。［xuo⁵³ tʰa²⁴ tɕie⁵³ ueɪ⁵³ nɔ⁰ fu²⁴ tɕʰi²⁴］

这个仙女哎就是织女。［tsɛ⁴¹ ko⁰ ɕian²² ni⁵⁵ nɛ⁰ tɕiəu⁴¹ sʅ⁴¹ tsʅ⁵³ ni⁵⁵］

一晃哎就三年，［i⁵³ xuaŋ⁴¹ nɛ⁰ tɕiəu⁴¹ san²⁴ nian⁵³］

牛郎和织女生下了一对儿女。［niəu⁵³ naŋ⁵³ xuo⁵³ tsʅ⁵³ ni⁵⁵ sən²⁴ ɕia⁴¹ nɔ⁰ i⁵³ teɪ⁴¹ ɚ⁵³ ni⁵⁵］

这件事情哎，［tse⁴¹ tɕian⁵⁵ sʅ⁴¹ tɕʰin⁰ nɛ⁰］

被天上的玉皇大帝知道了，［peɪ⁴¹ tʰian²⁴ saŋ⁵³ ti⁰ i⁴¹ xuaŋ⁵³ ta²⁴ ti⁴¹ tsʅ⁵⁵ tɔ⁴¹ nɔ⁰］

就派天兵天将下来把织女捉走。［tɕiəu²⁴ pʰɛ⁴¹ tʰian²⁴ pin²⁴ tʰian²⁴ tɕiaŋ⁴¹ ɕia⁴¹ nɛ⁵³ pa⁵⁵ tsʅ⁵³ ni⁰ tsuo⁵³ tsəu⁵⁵］

牛郎的两个儿女唻就哭着要妈妈。［niəu⁵³ naŋ⁵³ ti⁰ niaŋ⁵⁵ ko⁰ ɚ⁵³ ni⁵⁵ nɛ⁰ tɕiəu⁴¹ kʰu⁵³ tsuo⁰ iɔ⁴¹ ma²² ma⁰］

牛郎唻不知所措。［niəu⁵³ naŋ⁵³ nɛ⁰ pu⁵³ tsʅ²⁴ suo⁵⁵ tsʰuo⁴¹］

这时候儿唻老牛说话了，［tse²⁴ sʅ⁵³ xəur⁵³ nɛ⁰ nɔ⁵⁵ niəu⁵³ suo⁵³ xua⁴¹ nɔ⁰］

说："你把我的两个角放下来变成箩筐。"［suo⁵³：ni⁵⁵ pa⁵⁵ uo⁵⁵ ti⁰ niaŋ⁵⁵ ko⁰ tɕyo⁵³ faŋ⁴¹ ɕia⁰ nɛ⁰ pian⁴¹ tsʰən⁵³ nuo⁵³ kʰuaŋ⁰］

牛郎诧异。［niəu⁵³ naŋ⁵³ tsʰa²⁴ i⁵³］

这时候儿牛角已经落地，［tse²⁴ sʅ⁵³ xəur⁵³ niəu⁵³ tɕyo⁵³ i⁵⁵ tɕin⁵³ nuo⁵³ ti⁴¹］

变成了两个箩筐。［pian⁴¹ tsʰən⁵³ nɔ⁰ niaŋ⁵⁵ ko⁰ nuo⁵³ kʰuaŋ⁰］

牛郎把儿女放在两个箩筐里，［niəu⁵³ naŋ⁵³ pa⁵⁵ ɚ⁵³ ni⁵⁵ faŋ⁴¹ tse⁴¹ niaŋ⁵⁵ ko⁰ nuo⁵³ kʰuaŋ⁰ ni⁰］

用扁担挑着。［yəŋ⁴¹ pian⁵⁵ tan⁰ tʰiɔ²² tsuo⁰］

一阵清风，［i⁵³ tsən⁴¹ tɕʰin²⁴ fəŋ²⁴］

这两个箩筐唻就飞起来了，［tse⁴¹ niaŋ⁵⁵ ko⁰ nuo⁵³ kʰuaŋ⁰ nɛ⁰ tɕiəu⁴¹ feɪ²⁴ tɕʰi⁵⁵ nɛ⁵³ nɔ⁰］

腾云驾雾，［tʰən⁵³ in⁵³ tɕia²⁴ u⁴¹］

向天空追去。［ɕiaŋ⁴¹ tʰian²⁴ kʰuəŋ²⁴ tsuer²⁴ tɕʰi⁴¹］

眼看就要追到织女了，［ian⁵⁵ kʰan⁴¹ təu⁴¹ iɔ⁰ tsuer² tɔ⁵³ tsʅ⁵³ ni⁰ nɔ⁰］

这时候儿王母娘娘发现了，［tse²⁴ sʅ⁵³ xəur⁵³ uaŋ⁵³ mu⁵⁵ niaŋ⁵³ niaŋ⁵³ fa⁵³ ɕian⁴¹ nɔ⁰］

就把从头上拔下来了金钗，［tɕiəu²⁴ pa⁵⁵ tsʰuəŋ⁵³ tʰəu⁵³ saŋ⁵³ pa⁵³ ɕia⁰ nɛ⁵³ nɔ⁰ tɕin²⁴ tsʰɛ²⁴］

在牛郎和织女的面前划了一道印，［tsɛ²⁴ niəu⁵³ naŋ⁵³ xuo⁵³ tsʅ⁵³ ni⁵⁵ ti⁰ mian⁴¹ tɕʰian⁰ xua²⁴ nɔ⁰ i⁵³ tɔ²⁴ in⁴¹］

这就成了一道天河，［tse⁴¹ tɕiəu⁴¹ tsʰən⁵³ nɔ⁰ i⁵³ tɔ⁴¹ tʰian²⁴ xuo⁵³］

而且唻望不到边。［ɚ²⁴ tɕʰie⁵³ nɛ⁰ uaŋ⁴¹ pu⁵³ tɔ⁰ pian²⁴］

从此唻，［tsʰuaŋ⁵³ tsʰʅ⁵⁵ nɛ⁰］

牛郎和织女就在天河两边。［niəu⁵³ naŋ⁵³ xuo⁵³ tsʅ⁵³ ni⁵⁵ tɕiəu⁴¹ tse⁴¹ tʰian²⁴ xuo⁵³ niaŋ⁵⁵ pian²⁴］

喜鹊儿同情牛郎和织女，［ɕi⁵⁵ tɕʰyor⁵³ tʰəŋ⁵⁵ tɕʰin⁵³ niəu⁵³ naŋ⁵³ xuo⁵⁵ tsʅ⁵³ ni⁰］

每到农历七月初七，［meɪ⁵⁵ tɔ⁴¹ nəŋ⁵³ ni⁵³ tɕʰi⁵³ ie⁵³ tsʰu²⁴ tɕʰi⁵³］

就上天架起鹊桥，[tɕiəu²⁴saŋ⁴¹tʰian²⁴tɕia⁴¹tɕʰi⁵⁵tɕʰyo⁵³tɕʰiɔ⁵³]

让他们两个人相会。[zaŋ⁴¹tʰa²²mən⁰niaŋ⁵⁵ko⁰zən⁵³ɕiaŋ²⁴xuei⁴¹]

意译：牛郎和织女的故事。古时候有一个小伙子，父母都死了，只有他一个儿孤苦伶仃的，家里还有一头老牛，大家都叫他牛郎。牛郎和这个老牛以耕田为生，和老牛相依为命。这个老牛是天上的神仙，是金牛星。金牛星喜欢牛郎的勤劳、善良，就想帮他成个家。

有一天金牛星打听到了，天上的仙女要到城东的湖里去洗澡，他就托梦给牛郎，说是仙女们在那儿洗澡的时候，你去抢一件衣服就回家，往回跑不要回头，你就会得到一个仙女做你的妻子。牛郎半信半疑。第二天早晨，牛郎就跑到村东的湖边儿，朦朦胧胧看到七个仙女在湖里嬉戏。他上去了把挂在树上的一件粉红色的衣裳，拿了就往家里跑。跑回去了以后，当天晚上就有一个仙女敲开了他的门，和他结为了夫妻。这个仙女就是织女。

一晃就三年，牛郎和织女生下了一对儿女。这件事情被天上的玉皇大帝知道了，就派天兵天将下来把织女捉走。牛郎的两个儿女就哭着要妈妈。牛郎不知所措。这时候老牛说话了，说："你把我的两个角放下来变成箩筐。"牛郎诧异。这时候牛角已经落地，变成了两个箩筐。牛郎把儿女放在两个箩筐里，用扁担挑着。一阵清风，这两个箩筐就飞起来了，腾云驾雾，向天空追去。眼看就要追到织女了，这时候王母娘娘发现了，就从头上拔下来了金钗，在牛郎和织女的面前划了一条线，这就成了一条天河，而且望不到边。从此牛郎和织女就在天河两边。喜鹊同情牛郎和织女，每到农历七月初七，就上天架起鹊桥，让他们两个人相会。

三　其他故事

0022　其他故事

下面儿我给大家讲一个小皮匠的故事。[ɕia⁴¹mier²⁴uo⁵⁵ki⁵⁵ta⁴¹tɕia²⁴tɕiaŋ⁵⁵i⁵³ko⁰ɕiɔ⁵⁵pʰi⁵³tɕiaŋ⁰ti⁰ku⁴¹sɿ⁰]

在很久以前唻，[tsɛ⁴¹xən⁵⁵tɕiəu⁵⁵i⁵⁵tɕʰian⁵³nɛ⁰] 唻：呢，语气词

在一个小村庄儿里，[tsɛ⁴¹i⁵³ko⁴¹ɕiɔ⁵⁵tsʰən²⁴tsuãr²⁴ni⁰]

有一个小皮匠，[iəu⁵⁵i⁵³ko⁰ɕiɔ⁵⁵pʰi⁵³tɕiaŋ⁰]

也就是做皮鞋做皮具的。[ie⁵⁵tɕiəu⁴¹sɿ⁴¹tsuo⁵³pʰi⁵³ɕie⁵³tsuo⁵³pʰi⁵³tɕi⁴¹ti⁰]

但是唻村子小，[tan²⁴sɿ⁴¹nɛ⁰tsʰən²²tsɿ⁰ɕiɔ⁵⁵]

过去唻穿皮鞋的人少，[kuo²⁴tɕʰi⁴¹nɛ⁰tsʰuan²⁴pʰi⁵³ɕie⁵³ti⁰zən⁵³sɔ⁵⁵]

他唻为了养家糊口唻，[tʰa²⁴ nɛ⁰ ueɪ⁴¹ nɔ⁰ iaŋ⁵⁵ tɕia²⁴ xu²² kʰəu⁵⁵ nɛ⁰]

他就是说听人家说，[tʰa²⁴ tɕiəu⁴¹ sʅ⁴¹ suo⁵³ tʰin²⁴ zən⁵³ tɕia⁵⁵ suo⁵³]

京城里唻这个达官贵人多，[tɕin²⁴ tsʰən⁵³ ni⁰ nɛ⁰ tse²² ko⁰ ta⁵³ kuan²⁴ kueɪ⁴¹ zən⁰ tuo²⁴]

商人们、有钱的人多，[saŋ²⁴ zən⁵³ mən⁰、iəu⁵⁵ tɕʰian⁵³ ti⁰ zən⁵³ tuo²⁴]

穿皮鞋用皮具的比较多，[tsʰuan²⁴ pʰi⁵³ ɕie⁵³ yəŋ²⁴ pʰi⁵³ tɕi⁴¹ ti⁰ pi⁵⁵ tɕiɔ⁵³ tuo²⁴]

他就想唻到京城里去闯一下。[tʰa²⁴ tɕiəu⁴¹ ɕiaŋ⁵⁵ nɛ⁰ tɔ⁴¹ tɕin²⁴ tsʰən⁵³ ni⁰ tɕʰi⁴¹ tsʰuaŋ⁵⁵ i⁵³ ɕia⁴¹]

但是唻他又不知道京城怎么走，[tan²⁴ sʅ⁴¹ nɛ⁰ tʰa²⁴ iəu⁵³ pu⁵³ tsʅ⁵⁵ tɔ⁴¹ tɕin²⁴ tsʰən⁵³ tsən⁵⁵ muo⁵³ tsəu⁵⁵]

恰逢这个时候儿唻，[tɕʰia⁵³ fəŋ⁵³ tse²⁴ ko⁵³ sʅ⁵³ xəuɹ⁵³ nɛ⁰]

朝廷里唻三年一次的这个会考，[tsʰɔ⁵³ tʰin⁵³ ni⁰ nɛ⁰ san²⁴ nian⁵³ i⁵³ tsʰʅ⁴¹ ti⁰ tse⁴¹ ko⁰ xueɪ⁴¹ kʰɔ⁵⁵]

秀才们唻都要往京城上去赶考，[ɕiəu⁴¹ tsʰɛ⁰ mən⁵³ nɛ⁵³ təu²⁴ iɔ⁴¹ uaŋ⁵⁵ tɕin²⁴ tsʰən⁵³ saŋ⁰ tɕʰi⁴¹ kan⁵⁵ kʰɔ⁵⁵]

所以唻他就跟在几个秀才的后边儿呀，[suo⁵⁵ i⁵³ nɛ⁰ tʰa²⁴ tɕiəu⁴¹ kən²² tsɛ⁰ tɕi⁵⁵ ko⁵³ ɕiəu⁴¹ tsʰɛ⁰ ti⁰ xəu⁴¹ pieɹ²⁴ ia⁰]

就往京城里走。[tɕiəu⁴¹ uaŋ⁵⁵ tɕin²⁴ tsʰən⁵³ ni⁰ tsəu⁵⁵]

这几个秀才唻，[tse⁴¹ tɕi⁵⁵ ko⁰ ɕiəu⁴¹ tsʰɛ⁰ nɛ⁰]

在走的时候儿唻反来是，[tsɛ⁴¹ tsəu⁵⁵ ti⁰ sʅ⁵³ xəuɹ⁴¹ nɛ⁰ fan⁵⁵ nan⁵³ sʅ⁵⁵] 反来：反正

他秀才往哪儿走唻他（小皮匠）就跟倒往哪儿走，[tʰa²⁴ ɕiəu⁴¹ tsʰɛ⁰ uaŋ⁵⁵ nʌɹ⁵⁵ tsəu⁵⁵ nɛ⁰ tʰa²⁴ tɕiəu⁴¹ kən²² tɔ⁰ uaŋ⁵⁵ nʌɹ⁵⁵ tsəu⁵⁵]

秀才在什么地方歇脚他也在什么地方歇脚。[ɕiəu⁴¹ tsʰɛ⁰ tse²⁴ sən⁴¹ muo⁵⁵ ti⁴¹ faŋ⁰ ɕie⁵³ tɕyo⁵³ tʰa²⁴ ie⁵⁵ tsɛ⁴¹ sən⁴¹ muo⁵⁵ ti⁴¹ faŋ⁰ ɕie⁵³ tɕyo⁵³]

他唻没有学过文化，[tʰa²² nɛ⁰ meɪ²² iəu⁵⁵ ɕyo⁵³ kuo⁰ uən⁵³ xua⁴¹]

但是唻也比较聪明，[tan²⁴ sʅ⁴¹ nɛ⁰ ie⁵⁵ pi⁵⁵ tɕiɔ⁰ tsʰuəŋ²⁴ min⁵³]

也好学。[ie⁵⁵ xɔ²⁴ ɕyo⁵³]

有一天唻，[iəu⁵⁵ i⁵³ tʰian²⁴ nɛ⁰]

几个秀才唻在一个地方旅馆里住下来了，[tɕi⁵⁵ ko⁰ ɕiəu⁴¹ tsʰɛ⁰ nɛ⁰ tsɛ⁴¹ i⁵³ ko⁰ ti⁴¹ faŋ⁰ ni⁵⁵ kuan⁵⁵ ni⁰ tsu⁴¹ ɕia⁰ nɛ⁵³ nɔ⁰]

他也就跟倒住下来。[tʰa²⁴ ie⁵⁵ tɕiəu⁴¹ kən²² tɔ⁰ tsu⁴¹ ɕia⁰ nɛ⁰]

秀才们唻在一起打牌。[ɕiəu⁴¹ tsʰɛ⁰ mən⁵³ nɛ⁰ tsɛ⁴¹ i⁵³ tɕʰi⁵⁵ ta⁵⁵ pʰɛ⁵³]

打牌唻第二天早晨唻，[ta⁵⁵ pʰɛ⁵³ nɛ⁰ ti²⁴ ɚ⁴¹ tʰian²⁴ tsɔ⁵⁵ tsʰən⁰ nɛ⁰]

其中一个秀才问另一个秀才：[tɕʰi⁵³ tsuaŋ²⁴ i⁵³ ko⁰ ɕiəu⁴¹ tsʰɛ⁰ uən²⁴ nin⁴¹ i⁵³ ko⁵³ ɕiəu⁴¹tsʰɛ⁰]

"你昨天怎么样？"［ni⁵⁵tsuo⁵³tʰian⁰tsən⁵⁵muo⁰iaŋ⁴¹］

他说："我昨天手气不好，［tʰa²⁴suo⁵³：uo⁵⁵tsuo⁵³tʰian⁰səu⁵⁵tɕʰi⁰pu⁵³xɔ⁵⁵］

围倒输。"［uei⁵³tɔ⁰fu²⁴］

这个小皮匠唻也不懂得什么意思，［tse⁴¹ko⁰ɕiɔ⁵⁵pʰi⁵³tɕiaŋ⁰nɛ⁰ie⁵⁵pu⁵³təŋ⁵⁵te⁰sən⁴¹muo⁰i⁴¹sɿ⁰］

但是说这个"围倒输"蛮好听的，［tan²⁴sɿ⁴¹suo⁵³tse⁴¹ko⁰uei⁵³tɔ⁰fu²⁴man⁵⁵xɔ⁵⁵tʰin²⁴ti⁰］蛮：挺

就记下来了。［təu²⁴tɕi⁴¹ɕia⁰nɛ⁵³nɔ⁰］

他们又聚倒继续往前走。［tʰa²²mən⁰iəu⁰tɕi⁴¹tɔ⁰tɕi⁴¹ɕi⁵³uaŋ⁵⁵tɕʰian⁵³təu⁵⁵］

走到一个地方唻，［tsəu⁵⁵tɔ⁰i⁵³ko⁵³ti⁴¹faŋ⁰nɛ⁰］

往北走唻天干。［uaŋ⁵⁵pe⁵³tsəu⁵⁵nɛ⁰tʰian²⁴kan²⁴］

秀才唻就感慨地说了一声唻：［ɕiəu⁴¹tsʰɛ⁰nɛ⁰tɕiəu⁴¹kan⁵⁵kʰɛ⁴¹ti⁰suo⁵³nɔ⁰i⁵³sən²⁴nɛ⁰］

"天干地裂册。"［tʰian²⁴kan²⁴ti²⁴nie⁵³tsʰe⁵³］

就是说天干了以后地上唻夯册了。［təu⁴¹sɿ⁴¹suo⁵³tʰian²⁴kan²⁴nɔ⁰i⁵³xəu⁴¹ti⁴¹saŋ⁰nɛ⁰tsa²⁴tsʰe⁵³nɔ⁰］

欸，小皮匠觉得"天干地裂册"也比较好听，［ei²⁴，ɕiɔ⁵⁵pʰi⁵³tɕiaŋ⁰tɕyo⁵³te⁰tʰian²⁴kan²⁴ti⁴¹nie⁵³tsʰe⁵³ie⁵⁵xən⁵⁵xɔ⁵⁵tʰin²⁴］

也就给它默默地记下来了。［ie⁵⁵tɕiəu⁴¹ki²²tʰa⁰me⁵³me⁵³ti⁰tɕi⁴¹ɕia⁰nɛ⁵³nɔ⁰］

好，又再往前继续向前走。［xɔ⁵⁵，iəu⁴¹tse⁴¹uaŋ⁵⁵tɕʰian⁵³tɕi⁴¹ɕi⁴¹ɕiaŋ²⁴tɕʰian⁵³təu⁵⁵］

走到北方的一个地方，［tsəu⁵⁵tɔ⁰pe⁵³faŋ²⁴ti⁰i⁵³ko⁵³ti⁴¹faŋ⁰］

秋风吹过来，［tɕʰiəu²⁴fəŋ²⁴tsʰuei²⁴kuo⁵³nɛ⁰］

地上的这个落叶儿唻被吹走了。［ti⁴¹saŋ⁰ti⁰tse⁴¹ko⁵³nuo⁵⁵ier⁵³nɛ⁰pei⁴¹tsʰuei²²təu⁵⁵nɔ⁰］

其中一个秀才唻就说是"秋风扫落叶"。［tɕʰi²⁴tsuaŋ²⁴i⁵³ko⁰ɕiəu⁴¹tsʰɛ⁰nɛ⁰tɕiəu⁴¹suo⁵³sɿ⁴¹tɕʰiəu²⁴fəŋ²⁴sɔ⁵⁵nuo⁵³ie⁵³］

欸，小皮匠觉得"秋风扫落叶"也比较好听，［ei²⁴，ɕiɔ⁵⁵pʰi⁵³tɕiaŋ⁰tɕyo⁵³te⁰tɕʰiəu²⁴fəŋ²⁴sɔ⁵⁵nuo⁵³ie⁵³ie⁵⁵pi⁵⁵tɕiɔ⁵³xɔ⁵⁵tʰin²⁴］

也给它记下来了。［ie⁵⁵ki⁵⁵tʰa⁰tɕi⁴¹ɕia⁴¹nɛ⁵³nɔ⁰］

记下来了以后唻，［tɕi⁴¹ɕia⁰nɛ⁵³nɔ⁰i⁵³xəu⁴¹nɛ⁰］

好，这就慢慢儿地又继续往前走。［xɔ⁵⁵，tse²⁴tɕiəu⁵³man⁴¹mɤr²⁴ti⁰iəu²⁴tɕi⁴¹ɕi⁴¹ uaŋ⁵⁵ tɕʰian⁵³ tsəu⁵⁵〕

过一天，〔kuo⁴¹ i⁵³ tʰian²⁴〕

天晚了，〔tʰian²² uan⁵⁵ nɔ⁰〕

坐下来这个住旅馆。〔tsuo⁴¹ ɕia⁴¹ nɛ⁵³ tse⁴¹ ko⁰ tsu⁴¹ ni⁵⁵ kuan⁵⁵〕

秀才们，（小皮匠）跟秀才一起住旅馆。〔ɕiəu⁴¹ tsʰɛ⁰ mən⁰，kən²⁴ ɕiəu⁴¹ tsʰɛ⁰ i⁵³ tɕʰi⁵⁵ tsu⁴¹ ni⁵⁵ kuan⁵⁵〕

秀才唻就在灯下看书，〔ɕiəu⁴¹ tsʰɛ⁰ nɛ⁰ tɕiəu⁴¹ tsɛ⁴¹ tən²⁴ ɕia⁴¹ kʰan⁴¹ fu²⁴〕

小皮匠就凑过去唻在看。〔ɕiɔ⁵⁵ pʰi⁵³ tɕiaŋ⁰ tɕiəu²² tsʰəu⁴¹ kuo⁰ tɕʰi⁰ nɛ⁰ tsɛ²⁴ kʰan⁴¹〕

秀才唻就说："给，你看一下儿。"〔ɕiəu⁴¹ tsʰɛ⁰ nɛ⁰ təu⁴¹ suo⁵³：keɪ⁵⁵，ni⁵⁵ kʰan⁴¹ i⁰ ɕiAr⁴¹〕

他（小皮匠）说是："我不认识字。"〔tʰa²⁴ suo⁵³ sʅ⁰：uo⁵⁵ pu⁵³ zən⁴¹ sʅ²⁴ tsʅ⁴¹〕

小皮匠说："我不认识字。"〔ɕiɔ⁵⁵ pʰi⁵³ tɕiaŋ⁰ suo⁵³：uo⁵⁵ pu⁵³ zən⁴¹ sʅ²⁴ tsʅ⁴¹〕

他（秀才）说："你不认识字，〔tʰa²⁴ suo⁵³：ni⁵⁵ pu⁵³ zən⁴¹ sʅ²⁴ tsʅ⁴¹〕

你目不识丁。"〔ni⁵⁵ mu⁵³ pu⁵³ sʅ⁵³ tin²⁴〕

小皮匠说："不懂得什么意思。"〔ɕiɔ⁵⁵ pʰi⁵³ tɕiaŋ⁰ suo⁵³：pu⁵³ təŋ⁵⁵ te⁰ sən⁴¹ muo⁰ i⁴¹ sʅ⁰〕

他（秀才）说："你一字不识啊。"〔tʰa²⁴ suo⁵³：ni⁵⁵ i⁵³ tsʅ⁴¹ pu⁵³ sʅ⁵³ za⁰〕

他（小皮匠）说："也不知道。"〔tʰa²⁴ suo⁵³：ie⁵⁵ pu⁵³ tsʅ⁵⁵ tɔ⁴¹〕

秀才就说是：〔ɕiəu⁴¹ tsʰɛ⁰ tɕiəu²⁴ suo⁵³ sʅ⁵³〕

"通俗地说就是一个字儿也不认识。"〔tʰəŋ²⁴ su⁵³ ti⁰ suo⁵³ tɕiəu²⁴ sʅ⁵³ i⁵³ ko²⁴ tsər⁴¹ ie⁵⁵ pu⁵³ zən⁴¹ sʅ⁰〕

他（小皮匠）说："哦，这个我知道了。"〔tʰa²⁴ suo⁵³：ɔ⁵³，tse⁴¹ ko⁰ uo⁵⁵ tsʅ⁵⁵ tɔ⁴¹ nɔ⁰〕

好，第二天唻他们就走到了京城。〔xɔ⁵⁵，ti²⁴ ɚ⁴¹ tʰian²⁴ nɛ⁰ tʰa²² mən⁰ təu⁴¹ tsəu⁵⁵ tɔ⁴¹ nɔ⁰ tɕin²⁴ tsʰən⁵³〕

京城的这个城墙边儿唻，〔tɕin²⁴ tsʰən⁵³ ti⁰ tsɛ⁴¹ ko⁰ tsʰən⁵³ tɕʰiaŋ⁵³ piɐr²⁴ nɛ⁰〕

有几个武士唻就在那儿里站岗。〔iəu⁵⁵ tɕi⁵⁵ ko⁰ u⁵⁵ sʅ⁴¹ nɛ⁰ təu⁴¹ tsɛ²⁴ nAr⁴¹ ni⁰ tsan⁴¹ kaŋ⁵⁵〕

在城墙边儿唻，〔tsɛ²⁴ tsʰən⁵³ tɕʰiaŋ⁵³ piɐr²⁴ nɛ⁰〕

贴了一个公主唻就是招亲，〔tʰie⁵³ nɔ⁰ i⁵³ ko⁰ kuəŋ²² tsu⁵⁵ nɛ⁰ tɕiəu⁴¹ sʅ⁴¹ tsɔ²⁴ tɕʰin²⁴〕

所以写了一百个梅花儿篆字。〔suo⁵⁵ i⁵³ ɕie⁵⁵ nɔ⁰ i⁵³ pe⁵³ ko⁰ meɪ⁵³ xuAr²⁴ tsuan⁴¹ tsʅ⁴¹〕

谁要是认识了以后唻，〔sueɪ⁵³ iɔ²⁴ sʅ⁵³ zən⁴¹ sʅ⁴¹ nɔ⁰ i⁵³ xəu⁴¹ nɛ⁰〕

就招谁为驸马。〔tɕiəu⁴¹ tsɔ²⁴ sueɪ⁵³ ueɪ²⁴ fu⁴¹ ma⁵⁵〕

可是哝，[kuo⁵⁵ sʅ⁴¹ nɛ⁰]

贴了两三个月呀，[tʰie⁵³ nɔ⁰ nian⁵⁵ san²⁴ ko⁴¹ ie⁵³ ia⁰]

有的认几个字儿，[iəu⁵⁵ ti⁰ zən⁴¹ tɕi⁵⁵ ko⁴¹ tsər⁴¹]

有的认几十个字儿，[iəu⁵⁵ ti⁰ zən⁴¹ tɕi⁵⁵ sʅ⁵³ ko⁰ tsər⁴¹]

但是哝都没有给它认清。[tan²⁴ sʅ⁴¹ nɛ⁰ təu⁰ meɪ⁵⁵ iəu⁰ ki⁵⁵ tʰa⁰ zən⁴¹ tɕʰin²⁴]

还有很多人都凑上去，[xɛ⁵³ iəu⁵⁵ xən⁵⁵ tuo²⁴ zən⁵³ təu²⁴ tsʰəu⁴¹ san⁰ tɕʰi⁴¹]

秀才们也凑上去认，[ɕiəu⁴¹ tsʰɛ⁰ mən⁰ ie⁵⁵ tsʰəu⁴¹ san⁰ tɕʰi⁴¹ zən⁴¹]

小皮匠哝挑着担子哝也往前凑。[ɕiɔ⁵⁵ pʰi⁵³ tɕian⁰ nɛ⁰ tʰiɔ²⁴ tsuo⁰ tan⁴¹ tsʅ⁰ nɛ⁰ ie⁵⁵ uan⁵⁵ tɕʰian⁵³ tsʰəu⁴¹]

他也哝把他学的这个东西哝，[tʰa²² ie⁵⁵ nɛ⁰ pa²² tʰa⁰ ɕyo⁵³ ti⁰ tse⁴¹ ko⁰ təŋ²⁴ ɕi⁵³ nɛ⁰]

也，也，也想说一遍哝。[ie⁵⁵，ie⁵⁵，ie⁵⁵ ɕian⁵⁵ suo⁵³ i⁰ pian⁴¹ nɛ⁰]

他从上看到下，[tʰa²⁴ tsʰuan⁵³ san⁴¹ kʰan⁴¹ tɔ²⁴ ɕia⁴¹]

最后说了一句哝："我一字不识。"[tsueɪ²⁴ xəu²⁴ suo⁵³ nɔ⁰ i⁵³ tɕi⁴¹ nɛ⁰：uo⁵⁵ i⁵³ tsʅ⁴¹ pu⁵³ sʅ⁵³]

欸，几个武士哝也文化也不是很深，[eɪ²⁴，tɕi⁵⁵ ko⁰ u⁵⁵ sʅ⁴¹ nɛ⁰ ie⁵⁵ uən⁵³ xua⁴¹ ie⁵⁵ pu⁵³ sʅ⁴¹ xən⁵⁵ sən²⁴]

觉得很好，[tɕie⁵³ te⁵³ xən⁵⁵ xɔ⁵⁵]

只有一个字儿不认识，[tsʅ⁵³ iəu⁵⁵ i⁵³ ko⁴¹ tsər⁴¹ pu⁵³ zən⁴¹ sʅ⁰]

理解的只有一个字儿不认识，[ni⁵⁵ kɛ⁵⁵ ti⁰ tsʅ⁵³ iəu⁵⁵ i⁵³ ko⁴¹ tsər⁴¹ pu⁵³ zən⁴¹ sʅ⁰]

就把这个小皮匠的挑子给他一甩，[tɕiəu⁴¹ pa⁵⁵ tse⁴¹ ko⁰ ɕiɔ⁵⁵ pʰi⁵³ tɕian⁰ ti⁰ tʰiɔ²² tsʅ⁰ ki²² tʰa⁰ i⁵³ fɛ⁵⁵]

把人就给他往皇宫里拉。[pa⁵⁵ zən⁵³ təu⁴¹ ki⁵⁵ tʰa⁰ uaŋ⁵⁵ xuan⁵³ kuəŋ²⁴ ni⁰ na²⁴]

小皮匠直个儿说：[ɕiɔ⁵⁵ pʰi⁵³ tɕian⁰ tsʅ⁵³ kɤr⁰ suo⁵³] 直个儿：一直，不停地

"哎呀，不能甩呀，[ɛ⁵³ ia⁰，pu⁵³ nən⁵³ fɛ⁵⁵ ia⁰]

那是我吃饭的东西呀！"[na⁴¹ sʅ⁴¹ uo⁵⁵ tsʰʅ⁵³ fan⁴¹ ti⁰ təŋ²⁴ ɕi⁵³ ia⁰]

这个武士们就说：[tse²⁴ ko⁰ u⁵⁵ sʅ⁴¹ mən⁰ tɕiəu²⁴ suo⁵³]

"没事儿没事儿，[meɪ²⁴ ʂər⁴¹ meɪ²⁴ ʂər⁴¹]

你这当了驸马，[ni⁵⁵ tse⁴¹ taŋ²² nɔ⁰ fu⁴¹ ma⁵⁵]

绫罗绸缎，[nin⁵³ nuo⁵³ tsʰəu⁵³ tan⁴¹]

有吃有喝你还要这干什么。"[iəu⁵⁵ tsʰʅ⁵³ iəu⁵⁵ xuo⁵³ ni⁵⁵ xɛ⁵³ iɔ²⁴ tse⁴¹ kan²⁴ sən⁴¹ muo⁰]

好，就给他拉进宫了。[xɔ⁵⁵，tɕiəu⁴¹ ki⁵⁵ tʰa⁰ na²⁴ tɕin⁴¹ kuəŋ²⁴ nɔ⁰]

拉进宫了以后哝，[na²⁴ tɕin⁴¹ kuəŋ²⁴ nɔ⁰ i⁵³ xəu⁴¹ nɛ⁰]

和公主见了面，[xuo⁵³ kuaŋ²² tsu⁵⁵ tɕian⁴¹ nɔ⁰ mian⁴¹]

但是唻过去唻就是男女授受不亲，[tan²⁴ sʅ⁴¹ nɛ⁰ kuo²⁴ tɕʰi⁴¹ nɛ⁰ təu⁴¹ sʅ⁴¹ nan⁵³ ni⁵⁵ səu⁴¹ səu⁴¹ pu⁵³ tɕʰin²⁴]

公主儿唻也没有多问。[kuaŋ²² tsur⁵⁵ nɛ⁰ ie⁵⁵ mei⁵⁵ iəu⁰ tuo²⁴ uən⁴¹]

隔了一段时间了以后唻（公主）就问：[ke⁵³ nɔ⁰ i⁵³ tan⁴¹ sʅ⁵³ tɕian⁰ nɔ⁰ i⁵³ xəu⁴¹ nɛ⁰ tɕiəu²⁴ uən⁴¹]

"相公，你哪一个字不认识？[ɕiaŋ⁴¹ kuəŋ²⁴, ni⁵⁵ na⁵⁵ i⁵³ ko⁴¹ tsʅ⁴¹ pu⁵³ zən⁴¹ sʅ⁰]

我来教你。"[uo⁵⁵ nɛ⁵³ tɕio²⁴ ni⁰]

这小皮匠唻就跪下说：[tse²⁴ ɕiɔ⁵⁵ pʰi⁵³ tɕiaŋ⁴¹ nɛ⁰ təu²⁴ kuei⁴¹ ɕia⁴¹ suo⁵³]

"公主哇，[kuəŋ²² tsu⁵⁵ ua⁰]

对不起我是一字不识。"[tei⁴¹ pu⁰ tɕʰi⁵⁵ uo⁵⁵ sʅ⁴¹ i⁵³ tsʅ⁴¹ pu⁵³ sʅ⁵³]

她（公主）就说："你哪个字不识？"[tʰa²⁴ tɕiəu⁴¹ suo⁵³: ni⁵⁵ na⁵⁵ ko⁰ tsʅ⁴¹ pu⁵³ sʅ⁵³]

他（小皮匠）说："就给你说是一个字儿都不认识。"[tʰa²⁴ suo⁵³: tɕiəu⁴¹ ki⁵⁵ ni⁵⁵ suo⁵³ sʅ⁴¹ i⁵³ ko⁴¹ tsər⁴¹ təu⁴¹ pu⁵³ zən⁴¹ sʅ⁰]

她（公主）："啊！这伙儿算是……"[tʰa²⁴: a⁴¹! tse⁴¹ xuor⁵⁵ san²⁴ sʅ⁴¹]

公主也没办法。[kuəŋ²² tsu⁵⁵ ie⁵⁵ mei²⁴ pan⁴¹ fa⁰]

好最后也没办法唻，[xɔ⁴¹ tsuei²⁴ xəu⁴¹ ie⁵⁵ mei²⁴ pan⁴¹ fa⁰ nɛ⁰]

但是唻已经拉进宫来了，[tan⁴¹ sʅ⁰ nɛ⁰ i⁵³ tɕin⁵³ na²⁴ tɕin⁴¹ kuəŋ²⁴ nɛ⁵³ nɔ⁰]

怎么办唻？[tsən⁵⁵ muo⁰ pan⁴¹ nɛ⁰]

好就开始唻，[xɔ⁵⁵ tɕiəu⁴¹ kʰɛ²⁴ sʅ⁵⁵ nɛ⁰]

（公主）就说："算了，[tɕiəu⁴¹ suo⁵³: san⁴¹ nɔ⁰]

那我就开始教你吧。[na⁴¹ uo⁵⁵ tɕiəu⁴¹ kʰɛ²² sʅ⁵⁵ tɕio²⁴ ni⁰ pa⁰]

那就教你什么开天地，[na⁴¹ tɕiəu⁴¹ tɕio²⁴ ni⁵³ sən⁴¹ muo⁰ kʰɛ²⁴ tʰian²⁴ ti⁴¹]

三，什么三山五岳，[san²⁴, sən⁴¹ muo⁰ san²⁴ san²⁴ u⁵⁵ yo⁵³]

这个四经五书，[tse⁴¹ ko⁰ sʅ⁴¹ tɕin⁰ u⁵⁵ fu²⁴]

这些东西唻从基础的教给你吧。"[tse⁴¹ ɕie²⁴ təŋ²⁴ ɕi⁰ nɛ⁰ tsʰuaŋ⁵³ tɕi²² tsʰu⁵⁵ ti⁰ tɕio²⁴ ki⁵⁵ ni⁵³ pa⁰]

但是唻，[tan²⁴ sʅ⁴¹ nɛ⁰]

第二天就要召开这个宴会，[ti²⁴ ə⁴¹ tʰian²⁴ tɕiəu⁴¹ iɔ⁴¹ tsɔ²⁴ kʰɛ²⁴ tse⁴¹ ko⁰ ian²⁴ xuei⁴¹]

怎么才教得好唻？[tsən⁵⁵ muo⁰ tsʰɛ⁵³ tɕio²⁴ ti⁰ xɔ⁵⁵ nɛ⁰]

好，他唻，[xɔ⁵⁵, tʰa²⁴ nɛ⁰]

教他一会儿唻，[tɕio²⁴ tʰa⁰ i⁵³ xuər⁴¹ nɛ⁰]

他没得文化哝，[tʰa²⁴ meɪ²⁴ te⁰ uən⁵³ xua⁴¹ nɛ⁰]

就要氽瞌睡。[təu⁴¹ iɔ⁴¹ tsʰan²⁴ kʰuo⁵³ feɪ⁰] 氽瞌睡：困，打盹儿

最后实在没办法了，[tsueɪ²⁴ xəu⁴¹ sʅ⁵³ tsɛ⁵³ meɪ²⁴ pan⁴¹ fa⁰ na⁰]

公主就教他一个哝就是说是哝，[kuəŋ²⁴ tsu⁵⁵ tɕiəu⁴¹ tɕiɔ²⁴ tʰa⁰ i⁵³ ko⁴¹ nɛ⁰ tɕiəu⁴¹ sʅ⁴¹ suo⁵³ sʅ⁴¹ nɛ⁰]

最简单的，[tsueɪ⁴¹ tɕian⁵⁵ tan⁰ ti⁰]

"你就是说是自古以来是谁开天地，[ni⁵⁵ tɕiəu⁴¹ sʅ⁴¹ suo⁵³ sʅ⁴¹ tsʅ⁴¹ ku⁵⁵ i⁵³ nɛ⁵³ sʅ⁴¹ sueɪ⁵³ kʰɛ²⁴ tʰian²⁴ ti⁴¹]

你就说是，[ni⁵⁵ tɕiəu⁴¹ suo⁵³ sʅ⁴¹]

别人问你，[pie⁵³ zən⁵³ uən⁴¹ ni⁵⁵]

你就说是盘古开天地。"[ni⁵⁵ tɕiəu⁴¹ suo⁵³ sʅ⁴¹ pʰan⁵³ ku⁵⁵ kʰɛ²⁴ tʰian²⁴ ti⁴¹]

他（小皮匠）说："好，记得，记下来了。"[tʰa²² suo⁵³：xɔ⁵⁵，tɕi⁴¹ te⁰，tɕi⁴¹ ɕia⁰ nɛ⁵³ nɔ⁰]

记下来了以后哝，[tɕi⁴¹ ɕia⁰ nɛ⁵³ nɔ⁰ i⁵³ xəu⁴¹ nɛ⁰]

隔了一会儿，[ke⁵³ nɔ⁰ i⁵³ xuər⁴¹]

公主又问："自古以来谁开天地？"[kuəŋ²² tsu⁵⁵ iəu⁴¹ uən⁴¹：tsʅ⁴¹ ku⁵⁵ i⁵³ nɛ⁵³ sueɪ⁵³ kʰɛ²⁴ tʰian²⁴ ti⁴¹]

他又忘记了。[tʰa²⁴ iəu⁴¹ uaŋ⁴¹ tɕi⁰ nɔ⁰]

公主没办法哝，[kuəŋ²² tsu⁵⁵ meɪ²⁴ pan⁴¹ fa⁰ nɛ⁰]

就给他编了用篾哝，[tɕiəu⁴¹ ki²² tʰa⁰ pian²² nɔ⁰ yəŋ²⁴ mie⁵³ nɛ⁰]

就是竹子竹篾，[tɕiəu⁴¹ sʅ⁴¹ tsu⁵³ tsʅ⁰ tsu⁵³ mie⁵³]

给他编了一个小盘盘儿。[ki²² tʰa⁰ pian²⁴ nɔ⁰ i⁵³ ko⁴¹ ɕiɔ⁵⁵ pʰan⁵³ pʰɐr⁰]

叫他装在，[tɕiɔ⁴¹ tʰa²⁴ tsuaŋ²⁴ tsɛ⁵³]

过去哝就用这个袖兜儿，[kuo²⁴ tɕʰi⁴¹ nɛ⁰ tɕiəu²⁴ yəŋ⁴¹ tsɛ²⁴ ko⁰ ɕiəu⁴¹ təur²⁴]

装在袖子那个兜儿里。[tsuaŋ²⁴ tsɛ⁵³ ɕiəu⁴¹ tsʅ⁰ na⁴¹ ko⁰ təur²⁴ ni⁰]

"如果人家问你什么开天地，[zu⁵⁵ kuo⁵⁵ zən⁵³ tɕia⁰ uən⁴¹ ni⁵⁵ sən⁴¹ muo⁰ kʰɛ²⁴ tʰian²⁴ ti⁴¹]

你要记不起来哝，[ni⁵⁵ iɔ⁴¹ tɕi⁴¹ pu⁰ tɕʰi⁵⁵ nɛ⁵³ nɛ⁰]

你就看下儿你的那个袖兜儿，[ni⁵⁵ tɕiəu⁴¹ kʰan⁴¹ xʌr⁵⁵ ni⁵⁵ ti⁰ nɛ⁴¹ ko⁰ ɕiəu⁴¹ təur²⁴]

袖兜儿里边儿就是个盘子，[ɕiəu⁴¹ təur²⁴ ni⁵⁵ piɐr⁰ tɕiəu⁴¹ sʅ⁴¹ ko⁰ pʰan⁵³ tsʅ⁰]

你就是盘古开天地。"[ni⁵⁵ tɕiəu⁵¹ sʅ⁰ pʰan⁵³ ku⁵⁵ kʰɛ²⁴ tʰian²⁴ ti⁴¹]

他（小皮匠）："好，这个好！[tʰa²⁴：xɔ⁵⁵，tsɛ⁴¹ ko⁰ xɔ⁵⁵]

这个办法好，[tsɛ⁴¹ ko⁰ pan⁴¹ fa⁰ xɔ⁵⁵]

我记住了。"［uo⁵⁵ tɕi⁴¹ tsu⁰ nɔ⁰］

第二天早晨起来，［ti²⁴ ɚ⁴¹ tʰian²⁴ tsɔ⁵⁵ tsʰən⁰ tɕʰi⁵⁵ nɛ⁰］

就问他，［tɕiəu²⁴ uən⁴¹ tʰa²⁴］

公主儿问小皮匠：［kuəŋ²² tsur⁵⁵ uən⁴¹ ɕiɔ⁵⁵ pʰi⁵³ tɕiaŋ⁰］

"自古以来什么开天地？"［tsʅ⁴¹ ku⁵⁵ i⁵⁵ nɛ⁵³ sən⁴¹ muo⁵⁵ kʰɛ²⁴ tʰian²⁴ ti⁴¹］

小皮匠摸了摸脑袋，［ɕiɔ⁵⁵ pʰi⁵³ tɕiaŋ⁰ muo²⁴ nɔ⁰ muo²⁴ nɔ⁵⁵ tɛ⁰］

半天说不出来。［pan⁴¹ tʰian²⁴ suo⁵³ pu⁰ tsʰu⁵⁵ nɛ⁵³］

公主儿唻就指了他的袖子，［kuəŋ²² tsur⁵⁵ nɛ⁰ tɕiəu⁴¹ tsʅ⁵⁵ nɔ⁰ tʰa²⁴ ti⁰ ɕiəu⁴¹ tsʅ⁰］

他（小皮匠）就说，［tʰa²⁴ tɕiəu²⁴ suo⁵³］

他一看，［tʰa²⁴ i⁵³ kʰan⁴¹］

里的是个盘子，［ni⁵⁵ ti⁰ sʅ⁴¹ ko²⁴ pʰan⁵³ tsʅ⁰］

他就说："是盘古开天地。"［tʰa²⁴ tɕiəu⁴¹ suo⁵³：sʅ⁴¹ pʰan⁵³ ku⁵⁵ kʰɛ²⁴ tʰian²⁴ ti⁴¹］

"啊好，这就记到了。"［a²⁴ xɔ⁵⁵，tse²⁴ tɕiəu⁵³ tɕi⁴¹ tɔ⁰ nɔ⁰］

上午唻他们就举行宴会，［saŋ⁴¹ u⁵⁵ nɛ⁰ tʰa²² mən⁰ təu⁴¹ tɕi⁵⁵ ɕin⁵³ ian²⁴ xueɪ⁵³］

招待宾客。［tsɔ²⁴ tɛ⁵³ pin²⁴ kʰe⁵³］

来的文武大臣唻都在一起。［nɛ⁵³ ti⁰ uən⁵³ u⁵⁵ ta⁴¹ tsʰən⁵³ nɛ⁰ təu²⁴ tsɛ⁴¹ i⁵³ tɕʰi⁵⁵］

他（小皮匠）唻虽然没有文化，［tʰa²⁴ nɛ⁰ sueɪ²⁴ zan⁵³ meɪ²² iəu⁵⁵ uən⁵³ xua⁰］

但是他会打牌，［tan²⁴ sʅ⁴¹ tʰa²⁴ xueɪ⁴¹ ta⁵⁵ pʰɛ⁵³］

他跟在几个人在一起打牌，［tʰa²⁴ kən²⁴ tsɛ⁰ tɕi⁵⁵ ko⁰ zən⁵³ tsɛ⁴¹ i⁵³ tɕʰi⁵⁵ ta⁵⁵ pʰɛ⁵³］

袖子甩呀甩呀。［ɕiəu⁴¹ tsʅ⁰ fɛ⁵⁵ ia⁰ fɛ⁵⁵ ia⁰］

打了一会儿，［ta⁵⁵ nɔ⁰ i⁵³ xuər⁴¹］

有一个老学究，［iəu⁵⁵ i⁵³ ko⁰ nɔ⁵⁵ ɕyo⁵³ tɕiəu²⁴］

就上前来问：［tɕiəu⁴¹ saŋ²⁴ tɕʰian⁵³ nɛ⁵³ uən⁴¹］

"先生，［ɕian²² sən⁰］

你这么有文化，［ni⁵⁵ tse⁴¹ muo⁰ iəu⁵⁵ uən⁵³ xua⁴¹］

一百个梅花篆字你就认得九十九个，［i⁵³ pe⁵³ ko⁰ meɪ⁵³ xua²⁴ tsuan⁴¹ tsʅ⁴¹ ni⁵⁵ təu⁴¹ zən⁴¹ te⁰ tɕiəu⁵⁵ sʅ⁵³ tɕiəu⁵⁵ ko⁴¹］

我就要问你，［uo⁵⁵ tɕiəu⁴¹ iɔ⁰ uən⁴¹ ni⁵⁵］

自古以来什么开天地？"［tsʅ⁴¹ ku⁵⁵ i⁵³ nɛ⁵³ sən⁴¹ muo⁵⁵ kʰɛ²⁴ tʰian²⁴ ti⁴¹］

小皮匠唻一下儿愣了，［ɕiɔ⁵⁵ pʰi⁵³ tɕiaŋ⁰ nɛ⁰ i⁵³ ɕiʌr⁵³ nən⁴¹ nɔ⁰］

但是唻也想不起来，［tan²⁴ sʅ⁴¹ nɛ⁰ ie⁵⁵ ɕiaŋ⁵⁵ pu⁰ tɕʰi⁵⁵ nɛ⁵³］

突然公主儿唻一指他的袖子，［tʰu⁵³ zan⁵³ kuəŋ²² tsur⁵⁵ nɛ⁰ i⁵³ tsʅ⁵⁵ tʰa⁵⁵ ti⁰ ɕiəu⁴¹ tsʅ⁰］

他就把袖子一看，［tʰa²⁴ tɕiəu⁴¹ pa⁵⁵ ɕiəu⁴¹ tsʅ⁵⁵ i⁵³ kʰan⁴¹］

原来唻，[iaŋ⁵³ nɛ⁵³ nɛ⁰]

袖子里个盘盘儿唻，[ɕiəu⁴¹ tsɿ⁰ ni⁵⁵ ko⁰ pʰan⁵³ pʰɚr⁰ nɛ⁰]

他在打牌的时候儿唻，[tʰa²⁴ tsɛ⁵³ ta⁵⁵ pʰɛ⁵³ ti⁰ sɿ⁵³ xəur⁰ nɛ⁰]

甩了以后压瘪了。[fɛ⁵⁵ nɔ⁰ i⁵³ xəu⁴¹ ia²⁴ pie⁵⁵ nɔ⁰]

他就不假思索地就说了：[tʰa²⁴ tɕiəu⁴¹ pu⁵³ tɕia²⁴ sɿ²⁴ suo⁵⁵ ti⁰ tɕiəu⁴¹ suo⁵³ nɔ⁰]

"是瘪古开天地"。[sɿ⁴¹ pie⁵⁵ ku⁵⁵ kʰɛ²⁴ tʰian²⁴ ti⁴¹]

欸，这个老学究说：[eɪ²⁴, tsɛ⁴¹ ko⁰ nɔ⁵⁵ ɕyo⁵³ tɕiəu²⁴ suo⁵³]

"我们只听说过说盘古开天地，[uo⁵⁵ mən⁰ tsɿ⁵³ tʰin²⁴ suo⁵³ kuo⁰ pʰan⁵³ ku⁵⁵ kʰɛ²⁴ tʰian²⁴ ti⁴¹]

怎么还有个瘪古开天地唻？"[tsən⁵⁵ muo⁵³ xɛ⁵³ iəu⁵⁵ ko⁰ pie⁵⁵ ku⁵⁵ kʰɛ²⁴ tʰian²⁴ ti⁴¹ nɛ⁰]

他（小皮匠）说："你知道个屁呀！[tʰa²⁴ suo⁵³：ni⁵⁵ tsɿ⁵⁵ tɔ⁰ ko⁵³ pʰi⁴¹ ia⁰]

盘古没得瘪古大，[pʰan⁵³ ku⁵⁵ meɪ²⁴ te⁵³ pie⁵⁵ ku⁵⁵ ta⁴¹]

瘪古是盘古的妈。"[pie⁵⁵ ku⁵⁵ sɿ⁴¹ pʰan⁵³ ku⁵⁵ ti⁰ ma²⁴]

欸，老学究一听，[eɪ²⁴, nɔ⁵⁵ ɕyo⁵³ tɕiəu⁰ i⁵³ tʰin²⁴]

啊？他连盘古的妈他都知道，[a²⁴？tʰa²⁴ nian⁵³ pʰan⁵³ ku⁵⁵ ti⁰ ma²⁴ tʰa²⁴ təu⁴¹ tsɿ⁵⁵ tɔ⁴¹]

这个人唻真是很有学问，[tsɛ⁴¹ ko⁰ zən⁵³ nɛ⁰ tsən²⁴ sɿ⁴¹ xən⁵⁵ iəu⁵⁵ ɕyo⁵³ uən⁰]

也就不敢再往下问了。[ie⁵⁵ tɕiəu⁴¹ pu⁵³ kan⁵⁵ tsɛ⁴¹ uaŋ⁵⁵ ɕia⁴¹ uən⁴¹ nɔ⁰]

隔了一会儿唻，[ke⁵³ nɔ⁰ i⁵³ xuər⁴¹ nɛ⁰]

又一个文官再问：[iəu⁴¹ i⁵³ ko⁵³ uən⁵³ kuan²⁴ tsɛ²⁴ uən⁴¹]

"先生哪，[ɕian²² sən⁰ na⁰]

你这么有学问，[ni⁵⁵ tsən⁴¹ muo⁰ iəu⁵⁵ ɕyo⁵³ uən⁰]

你读的是最经典的书，[ni⁵⁵ tu⁵³ ti⁰ sɿ⁴¹ tsueɪ⁴¹ tɕin²² tian⁵⁵ ti⁰ fu²⁴]

是什么书？"[sɿ²⁴ sən⁴¹ muo⁰ fu²⁴]

小皮匠唻把在路上听到的这个话唻就说：[ɕiɔ⁵⁵ pʰi⁵³ tɕiaŋ⁰ nɛ⁰ pa⁵⁵ tsɛ²⁴ nu⁴¹ saŋ⁰ tʰin²² tɔ⁰ ti⁰ tsɛ⁴¹ ko⁰ xua⁴¹ nɛ⁰ tɕiəu²⁴ suo⁵³]

"围倒输。"[ueɪ⁵³ tɔ⁰ fu²⁴]

欸，大家一听都愣了，[eɪ²⁴, ta⁴¹ tɕia²⁴ i⁵³ tʰin²⁴ təu²⁴ nən⁴¹ nɔ⁰]

什么是"围倒输"哇，[sən⁴¹ muo⁵⁵ sɿ⁵³ ueɪ⁵³ tɔ⁰ fu²⁴ ua⁰]

就没听说过的书他怎么会读到了？[təu⁴¹ meɪ²⁴ tʰin²⁴ suo⁵³ kuo⁰ ti⁰ fu²⁴ tʰa²⁴ tsən⁵⁵ muo⁰ xueɪ⁴¹ tu⁵³ tɔ⁰ nɔ⁰]

这会儿，一起问他问他，[tsɛ⁴¹ xuər⁵⁵, i⁵³ tɕʰi⁵⁵ uən⁴¹ tʰa²⁴ uən⁴¹ tʰa²⁴]

继续往下问，［tɕi⁴¹ɕi⁵³uaŋ⁵⁵ɕia²⁴uən⁴¹］

"你读了《围倒输》有多少册？"［ni⁵⁵tu⁵³nɔ⁰ueɪ⁵³tɔ⁰fu²⁴iəu⁵⁵tuo²²sɔ⁵⁵tsʰe⁵³］

他说是"天干地裂册"。［tʰa²⁴suo⁵³sɿ⁴¹tʰian²⁴kan²⁴ti²⁴nie⁵³tsʰe⁵³］

啊，天干地裂册这册数儿好多呀，［a²⁴，tʰian²⁴kan²⁴ti²⁴nie⁵³tsʰe⁵³tse²⁴tsʰe⁵³fur⁴¹xɔ⁵⁵tuo²⁴ia⁰］

搞不清楚是怎么回事儿。［kɔ⁵⁵pu⁰tɕʰin²⁴tsʰu⁵³sɿ⁴¹tsən⁵⁵muo⁰xueɪ⁵³ʂər⁴¹］

他（文官）说："那每册有多少页呀？"［tʰa²⁴suo⁵³：na⁴¹meɪ⁵⁵tsʰe⁵³iəu⁵⁵tuo²²sɔ⁵⁵ie²⁴ia⁰］

小皮匠把路上学的秀才的话，［ɕiɔ⁵⁵pʰi⁵³tɕiaŋ⁰pa⁵⁵nu⁴¹saŋ⁰ɕyo⁵³ti⁰ɕiəu⁴¹tsʰɛ⁰ti⁰xua⁴¹］

"秋风扫落叶。"［tɕʰiəu²⁴fəŋ²⁴sɔ⁵⁵nuo⁵³ie²⁴］

啊？大家唻就不敢再问他了，［a²⁴？ta⁴¹tɕia²⁴nɛ⁰tɕiəu⁴¹pu⁵³kan⁵⁵tsɛ²⁴uən⁴¹tʰa²⁴nɔ⁰］

因为别人都不懂，［in²⁴ueɪ⁴¹pie⁵³zən⁰təu²⁴pu⁵³təŋ⁵⁵］

他说的唻大家都没见过，［tʰa²⁴suo⁵³ti⁰nɛ⁰ta⁴¹tɕia²⁴təu⁰meɪ⁵⁵tɕian⁴¹kuo⁰］

所以说唻他就那个幸运地把这一关给闯过了。［suo⁵⁵i⁰suo⁵³nɛ⁰tʰa²⁴tɕiəu⁴¹nɛ⁴¹ko⁰ɕin⁴¹in²⁴ti⁰pa⁵⁵tse⁴¹i⁰kuan²⁴ki²²tsʰuaŋ⁵⁵kuo⁴¹nɔ⁰］

但是唻，［tan²⁴sɿ⁴¹nɛ⁰］

还有一关唻，［xɛ⁵³iəu⁵⁵i⁵³kuan²⁴nɛ⁰］

还是非常不好转，闯的。［xɛ⁵³sɿ⁴¹feɪ²⁴tsʰaŋ⁵³pu⁵³xɔ⁵⁵tsuan⁵⁵，tsʰuaŋ⁵⁵ti⁰］

因为那个公主的哥哥是个大学问家，［in²⁴ueɪ⁴¹nɛ⁴¹ko⁰kuaŋ²²tsu⁵⁵ti⁰ko²²ko⁰sɿ⁴¹ko⁰ta²⁴ɕyo⁵³uən⁰tɕia²⁴］

他要唻，［tʰa²⁴iɔ⁴¹nɛ⁰］

得到他的通过，［te⁵³tɔ⁵³tʰa²⁴ti⁰tʰəŋ²⁴kuo⁴¹］

他（小皮匠）才能跟公主儿成婚。［tʰa²⁴tsʰɛ⁵³nən⁵³kən²⁴kuaŋ²²tsur⁵⁵tsʰən⁵³xuən²⁴］

他（公主的哥哥）唻是住在庙里。［tʰa²⁴nɛ⁰sɿ⁴¹tsu⁴¹tsɛ⁰miɔ⁴¹ni⁰］

他唻说禅语，［tʰa²⁴nɛ⁰suo⁵³tsʰan⁵³i⁵⁵］

就是不说话。［təu⁴¹sɿ⁰pu⁵³suo⁵³xua⁴¹］

第二天唻，［ti²⁴ə⁴¹tʰian²⁴nɛ⁰］

他们就给他引到庙里去，［tʰa²²mən⁰tɕiəu⁴¹ki²⁴tʰa⁰in⁵⁵tɔ⁰miɔ⁴¹ni⁰tɕʰi⁴¹］

和这儿的大舅哥见面。［xuo⁵³tser⁴¹ti⁰ta²⁴tɕiəu⁴¹ko²⁴tɕian²⁴mian⁴¹］

他一进门，［tʰa²⁴i⁵³tɕin⁴¹mən⁵³］

他大舅哥唻就向天上一指，[tʰa²⁴ta⁴¹tɕiəu⁴¹ko²⁴nɛ⁰təu⁴¹ɕiaŋ⁴¹tʰian²⁴saŋ⁰i⁵³tsʅ⁵⁵]

因为这个是禅语，[in²⁴ueɪ⁴¹tse⁴¹ko⁰sʅ⁴¹tsʰan⁵³i⁵⁵]

他就是说指唻就是说我能懂得天文。[tʰa²⁴tɕiəu⁴¹sʅ⁴¹suo⁵³tsʅ⁵⁵nɛ⁰tɕiəu⁴¹sʅ⁴¹suo⁵³uo⁵⁵nən⁵³təŋ⁵⁵te⁵³tʰian²⁴uən⁵³]

这个小皮匠唻一看，[tse⁴¹ko⁰ɕiɔ⁵⁵pʰi⁵³tɕiaŋ⁰nɛ⁰i⁵³kʰan⁴¹]

大舅哥指天，[ta²⁴tɕiəu⁴¹ko²⁴tsʅ⁵⁵tʰian²⁴]

是往上指唻，[sʅ⁴¹uaŋ⁵⁵saŋ⁴¹tsʅ⁵⁵nɛ⁰]

他说是大舅哥一见面儿就叫我给他做帽子。[tʰa²⁴suo⁵³sʅ⁴¹ta²⁴tɕiəu⁴¹ko²⁴i⁵³tɕian²⁴mieɪ⁴¹tɕiəu⁴¹tɕiɔ⁴¹uo⁵⁵ki²⁴tʰa⁰tsəu²⁴mɔ⁴¹tsʅ⁰]

他说我不会做帽子，[tʰa²⁴suo⁵³uo⁵⁵pu⁵³xueɪ⁴¹tsəu²⁴mɔ⁴¹tsʅ⁰]

我只会做皮鞋，[uo⁵⁵tsʅ⁵³xueɪ⁴¹tsəu⁴¹pʰi⁵³ɕie⁵³]

就往地下一指。[təu⁴¹uaŋ⁵⁵ti⁴¹ɕia⁰i⁵³tsʅ⁵⁵]

但是唻他大舅哥理解唻就是说他能懂得地理。[tan²⁴sʅ⁴¹nɛ⁰tʰa²⁴ta²⁴tɕiəu⁴¹ko²⁴ni⁵⁵tɕie⁵⁵nɛ⁰tɕiəu⁴¹sʅ⁰suo⁵³tʰa²⁴nən⁵³təŋ⁵⁵te⁵³ti⁴¹ni⁵⁵]

大舅哥唻就伸了三个指拇儿，[ta²⁴tɕiəu⁴¹ko²⁴nɛ⁰tɕiəu⁴¹sən²²nɔ⁰san²²ko⁰tsʅ⁵³muɻ⁰] 指拇儿：手指头

三个指头，说，[san²²ko⁰tsʅ⁵³tʰəu⁰，suo⁵³]

他这个意思唻，[tʰa²⁴tse⁴¹ko⁰i⁴¹sʅ⁰nɛ⁰]

就是说唻我能懂得前三朝。[tɕiəu⁴¹sʅ⁴¹suo⁵³nɛ⁰uo⁵⁵nən⁵³təŋ⁵⁵te⁰tɕʰian⁵³san²⁴tsʰɔ⁵³]

小皮匠认为唻就是说，[ɕiɔ⁵⁵pʰi⁵³tɕiaŋ⁰zən²⁴ueɪ⁴¹nɛ⁰tɕiəu²⁴sʅ⁵³suo⁵³]

要我给你做皮鞋，[iɔ⁴¹uo⁵⁵ki²⁴ni⁰tsəu⁴¹pʰi⁵³ɕie⁵³]

还要给我三个钱儿。[xɛ⁵³iɔ⁴¹ki²⁴uo⁵⁵san²²ko⁰tɕʰieɻ⁵³]

这都是自家人，[tse²⁴təu⁵⁵sʅ⁵³tsʅ⁴¹tɕia²⁴zən⁵³]

不要钱不要钱，[pu⁵³iɔ⁴¹tɕʰian⁵³pu⁵³iɔ⁴¹tɕʰian⁵³]

所以说唻抻了五个指头儿。[suo⁵⁵i⁰suo⁵³nɛ⁰tsʰən²²nɔ⁰u⁵⁵ko⁰tsʅ⁵³tʰəuɻ⁰] 抻：伸出

用手唻抻了五个指头直个儿晃，[yəŋ⁴¹səu⁵⁵nɛ⁰tsʰən²²nɔ⁰u⁵⁵ko⁰tsʅ⁵³tʰəu⁰tsʅ⁵³kɤɻ⁰xuaŋ⁴¹]

说不要钱不要钱。[suo⁵³pu⁵³iɔ⁴¹tɕʰian⁵³pu⁵³iɔ⁴¹tɕʰian⁵³]

但是他大舅哥理解的唻是他能懂得后五代。[tan²⁴sʅ⁴¹tʰa²⁴ta⁴¹tɕiəu⁴¹ko²⁴ni⁵⁵kɛ⁵⁵ti⁰nɛ⁰sʅ⁴¹tʰa²⁴nən⁵³təŋ⁵⁵te⁵³xəu⁴¹u⁵⁵tɛ⁴¹]

这家伙儿还是挺厉害的。[tse⁴¹tɕia²⁴xuoɻ⁵³xɛ⁵³sʅ⁴¹tʰin⁵⁵ni⁴¹xɛ⁴¹ti⁰]

但是大舅哥唻心里还是很不服气。[tan²⁴sʅ⁴¹ta⁴¹tɕiəu⁴¹ko²⁴nɛ⁰ɕin²²ni⁰xɛ⁵³sʅ⁴¹

xən⁵⁵ pu⁵³ fu⁵³ tɕʰi⁴¹]

就把胸前一拍，[tɕiəu⁴¹ pa⁵³ ɕyəŋ²⁴ tɕʰian⁵³ i⁵³ pʰe²⁴]

跟他意思说唻我能打下江山。[kən²² tʰa⁰ i⁴¹ sŋ⁰ suo⁵³ nɛ⁰ uo⁵⁵ nən⁵³ ta⁵⁵ ɕia⁴¹ tɕiaŋ²⁴ san²⁴]

小皮匠说唻，[ɕiɔ⁵⁵ pʰi⁵³ tɕiaŋ⁰ suo⁵³ nɛ⁰]

理解的为唻，[ni⁵⁵ tɕie⁵⁵ ti⁰ uei⁴¹ nɛ⁰]

就是牛的胸脯儿的这个皮做皮鞋不好。[tɕiəu²⁴ sŋ⁵³ niəu⁵³ ti⁰ ɕyəŋ²⁴ pʰur⁵³ ti⁰ tse²² ko⁰ pʰi⁵³ tsuo²⁴ pʰi⁵³ xɛ⁵³ pu⁵³ xɔ⁵⁵]

应该唻，[in⁴¹ kɛ²² nɛ⁰]

就往屁股上一拍，[tɕiəu⁴¹ uaŋ⁵⁵ pʰi⁴¹ ku⁰ saŋ⁰ i⁵³ pʰe²⁴]

就是说屁股上的皮唻做皮鞋最好。[tɕiəu⁴¹ sŋ⁴¹ suo⁵³ pʰi⁴¹ ku⁰ saŋ⁰ ti⁰ pʰi⁵³ nɛ⁰ tsəu⁴¹ pʰi⁵³ xɛ⁵³ tsuei⁴¹ xɔ⁵⁵]

他的大舅哥唻一看唻，[tʰa²⁴ ti⁰ ta⁴¹ tɕiəu⁴¹ ko²⁴ nɛ⁰ i⁵³ kʰan⁴¹ nɛ⁰]

他能稳坐江山。[tʰa²⁴ nən⁵³ uən⁵⁵ tsuo⁴¹ tɕiaŋ²⁴ san²⁴]

说这家伙真厉害唻，[suo⁵³ tse⁴¹ tɕia²² xuo⁰ tsən²⁴ ni⁴¹ xɛ⁴¹ nɛ⁰]

就一摆手就让他回去了。[təu⁴¹ i²⁴ pɛ⁵⁵ səu⁵⁵ təu⁴¹ zaŋ⁴¹ tʰa²⁴ xuei⁵³ tɕʰi⁰ nɔ⁰]

所以说唻，[suo⁵⁵ i⁰ suo⁵³ nɛ⁰]

这以后唻，[tse²⁴ i⁵³ xəu⁴¹ nɛ⁰]

小皮匠唻就和公主成婚了，[ɕiɔ⁵⁵ pʰi⁵³ tɕiaŋ⁰ nɛ⁰ tɕiəu⁴¹ xuo⁵³ kuaŋ²² tsu⁵⁵ tsʰən⁵³ xuən²⁴ nɔ⁰]

成了当朝的驸马。[tsʰən⁵³ nɔ⁰ taŋ²⁴ tsʰɔ⁵³ ti⁰ fu⁴¹ ma⁵⁵]

意译：下面儿我给大家讲一个小皮匠的故事。在很久以前，在一个小村庄儿里，有一个小皮匠，也就是做皮鞋做皮具的。但是呢村子小，过去呢穿皮鞋的人少，他呢为了养家糊口，他就是说听人家说，京城里这个达官贵人多，商人们、有钱的人多，穿皮鞋用皮具的比较多，他就想到京城里去闯一下。但是他又不知道京城怎么走，恰逢这个时候，朝廷里三年一次的会考，秀才们都要往京城去赶考，所以他就跟在几个秀才的后边儿，就往京城里走。

这几个秀才呢，在走的时候呢，反正是，秀才往哪儿走小皮匠就跟着往哪儿走，秀才在什么地方歇脚，小皮匠也在什么地方歇脚。小皮匠呢没有学过文化，但是呢也比较聪明，也好学。有一天呢，几个秀才在一个地方旅馆里住下来了，他也就跟着住下来。秀才们在一起打牌。打完牌第二天早晨，其中一个秀才问另一个秀才："你昨天怎么样？"他说："我昨天手气不好，围倒输。"这个小皮匠呢也不懂得什么意思，但是说这个"围倒输"挺好听的，就记下来了。他们又聚着继续往前走，走到一个地方，往北走天干，秀才就感慨地说了一声："天干地裂册。"就是说天干了以后地上裂开了。欸，小皮匠觉得"天干地裂册"也很好听，也就给它默默地记下来了。好，又继续向前走，走到北方的一个地方，秋风吹过来，地上的落叶儿被吹走了。其中一个秀才就说"秋风扫落叶"。欸，小皮匠觉得"秋风扫落叶"也比较好听，也把它记下来了。记下来了以后，好，这就慢慢儿地又继续往前走。一天，天晚了，（小皮匠）停下来住旅馆，跟秀才一起住旅馆。秀才在灯下看书，小皮匠就凑过去看。秀才就说："给，你看。"他说："我不认识字。"小皮匠说："我不认识字。"他（秀才）说："你不认识字，你目不识丁。"小皮匠说："不懂得什么意思。"他（秀才）说："你一字不识呀。"小皮匠说："也不知道。"秀才就说："通俗地说就是一个字儿也不认识。"小皮匠说："这个我知道了。"

　　第二天他们就走到了京城。京城的这个城墙边儿呢，有几个武士就在那儿站岗。在城墙边儿，贴了一个公主招亲，写了一百个梅花篆字。谁要是认识，就招谁为驸马。可是，贴了两三个月，有的认识几个字儿，有的认识几十个字儿，但是都没有全部认识的。还有很多人都凑上去，秀才们也凑上去认，小皮匠挑着担子也往前凑。他也呢把他学的这个东西，也想说一遍。他从上看到下，最后说了一句："我一字不识。"欸，几个武士文化也不是很好，觉得很好，只有一个字儿不认识，理解的只有一个字儿不认识，就把这个小皮匠的挑子给他一扔，把人就往皇宫里拉。小皮匠一个劲儿说："哎呀，不能扔呀，那是我吃饭的东西呀！"这个武士们就说："没事儿没事儿，你这当了驸马，绫罗绸缎，有吃有喝你还要这干什么。"好，就给他拉进宫了。

　　拉进宫了以后，和公主见了面，但是过去呢讲究男女授受不亲，公主也没有多问。隔了一段时间了以后就问（小皮匠）："相公，你哪一个字不认识？我来教你。"这小皮匠就跪下说："公主哇，对不起，我是一字不识。"她（公主）就说："你哪个字不认识？"他（小皮匠）说："就给你说是一个字儿都不认识。"她（公主）："啊！这算是……"公主也没办法。好最后也没办法，已经拉进宫来了，怎么办呢？就开始呢，就算了，"那我就开始教你吧。""那就教你什么开天地，什么三山五岳，这个四经五书，这些东西呢从基础的教给你吧。"但是呢，第二天就要召开宴会，怎么才教得好呢？好，她呢，教他（小皮匠）一会儿，他没有文化，就要打瞌睡。最后实在没办法了，公主就教他一个最简单的，"你就说自古以来是谁开天地，你就说是，别人问你你就说是盘古开天地。"他（小皮匠）说："好，记下来了。"记下来了以后呢，隔了一会儿，公主又问："自古以来谁开天地？"他又忘记了。公主没办法，就给他编了，用篾，就是竹子竹篾，给他编了一个小盘子,让他装在过去用的这个袖兜儿,装在袖子那个兜儿里。"如果人家问你什么开天地,你要记不起来呢,你就看下你的那个袖兜儿,袖兜儿里边儿就是个盘子,你就是盘古开天地。"他说:"好,这个好!这个办法好,我记住了。"第二天早晨起来,就问他,公主儿问小皮匠:"自古以来什么开天地?"小皮匠摸了摸脑袋,半天说不出来。公主就指了他的袖子,他就说,他一看,里边是个盘子,他就说:"是盘古开天地。""啊好!这就记住了。"

上午他们就举行宴会,招待宾客。来的文武大臣都在一起。他(小皮匠)虽然没有文化,但是他会打牌,他跟着几个人在一起打牌,袖子甩呀甩呀。打了一会儿,有一个老学究,就上前来问:"先生,你这么有文化,一百个梅花篆字你就认得九十九个,我要问你,自古以来什么开天地?"小皮匠一下子愣了,但是也想不起来,突然公主一指他的袖子,他就把袖子一看,原来,袖子里的盘子呢,他在打牌的时候,甩了以后压瘪了。他就不假思索地就说:"是瘪古开天地"。欸,这个老学究说:"我们只听说过盘古开天地,怎么还有个瘪古开天地呢?"他(小皮匠)说:"你知道个屁呀!盘古没有瘪古大,瘪古是盘古的妈。"欸,老学究一听,啊?他连盘古的妈他都知道,这个人真是很有学问,也就不敢再往下问了。隔了一会儿,又一个文官再问:"先生哪,你这么有学问,你读的是最经典的书,是什么书?"小皮匠把在路上听到的话拿来说:"围倒输。"欸,大家一听就愣了,什么是围倒输,都没听说过的书他怎么会读到了?这会儿,一起问他问他,继续往下问,"你读了《围倒输》有多少册?"他(小皮匠)说是:"天干地裂册。"啊?天干地裂册这册数儿好多啊,搞不清楚是怎么回事儿。他(文官)说:"那每册有多少页呀?"小皮匠把路上学的秀才的话,"秋风扫落叶。"啊?大家就不敢再问他了,因为别人都不懂,他说的大家都没见过。所以说他就幸运地把这一关给闯过了。

但是呢,还有一关,还是非常不好闯的。因为那个公主的哥哥是个大学问家,他要呢,得到他的通过,才能跟公主成婚。他是住在庙里,他说禅语,就是不说话。第二天,他们就把小皮匠引到庙里去,和这儿的大舅哥见面。他一进门,他大舅哥就向天上一指,因为这个是禅语,他指呢就是说我能懂得天文。这个小皮匠一看,大舅哥指天,是往上指,他以为是大舅哥一见面儿就让他给他做帽子。他说我不会做帽子,我只会做皮鞋。就往地下一指。但是他大舅哥理解的就是他能懂得地理。大舅哥就伸了三根手指,三个指头,说,他这个意思就是说我能懂得前三朝。小皮匠认为就是说,要我给你做皮鞋,还要给我三个钱儿。这都是自家人,不要钱不要钱,所以说伸了五个指头儿。用手呢伸了五个指头一直晃,说不要钱不要钱。但是他的大舅哥理解的是他能懂得后五代。这家伙儿还是挺厉害的。但是大舅哥心里还是很不服气，把胸前一拍，跟他意思是说我能打下江山。小皮匠说呢，理解为，就是牛的胸脯儿的这个皮做皮鞋不好，应该呢，就往屁股上一拍，就是说屁股上的皮做皮鞋最好。他的大舅哥一看，他能稳坐江山。说这家伙真厉害！一摆手就让他回去了。所以说，这以后呢，小皮匠呢就和公主成婚了，成了当朝的驸马。

0023 其他故事

下面儿我给大家讲一个富家女招亲的故事。[ɕia⁴¹ miɐr⁰ uo⁵⁵ kɛr⁵⁵ ta⁴¹ tɕia²⁴ tɕiaŋ⁵⁵ i⁵³ ko⁰ fu⁴¹ tɕia²⁴ ni⁵⁵ tsɔ²⁴ tɕʰin²⁴ ti⁰ ku⁴¹ sʅ⁰]

在很久以前，[tsɛ⁴¹ xən⁵⁵ tɕiəu⁵⁵ i⁵⁵ tɕʰian⁵³]

有个员外，[iəu⁵⁵ ko⁰ ian⁵³ uɛ⁰]

是个非常富裕的员外。[sʅ⁴¹ ko⁰ fɛɪ²⁴ tsʰaŋ⁵³ fu⁴¹ i⁵⁵ ti⁰ ian⁵³ uɛ⁰]

他有一个姑娘，[tʰa²⁴ iəu⁵⁵ i⁵³ ko⁰ ku²² niaŋ⁰]

想招个女婿。[ɕiaŋ⁵⁵ tsɔ²² ko⁰ ni⁵⁵ ɕi⁰]

因为他家很有钱唻，[in²⁴ uɛɪ⁴¹ tʰa²⁴ tɕia²⁴ xən⁵⁵ iəu⁵⁵ tɕʰian⁵³ nɛ⁰] 唻：呢，语气词

所以说唻来上门儿的人就很多。[suo⁵⁵ i⁰ suo⁵³ nɛ⁰ nɛ⁵⁵ saŋ⁴¹ mər⁵³ ti⁰ zən⁵³ təu⁴¹ xən⁵⁵ tuo²⁴]

但是唻，[tan²⁴ sʅ⁴¹ nɛ⁰]

这个小姐唻就出了一个题目。[tsɛ⁴¹ ko⁰ ɕiɔ⁵⁵ tɕiɛ⁵⁵ nɛ⁰ təu⁴¹ tsʰu⁵³ nɔ⁰ i⁵³ ko⁰ tʰi⁵³ mu⁰]

就跟过去做作文一样，[tɕiəu⁴¹ kən⁵⁵ kuo²⁴ tɕʰi⁴¹ tsuo⁵³ tsuo⁵⁵ uən⁵³ i⁵³ iaŋ⁴¹]

说了个题目，[suo⁵³ nɔ⁰ ko⁰ tʰi⁵³ mu⁰]

每个人要说四句话，[mɛɪ⁵⁵ ko⁰ zən⁵³ iɔ²⁴ suo⁵³ sʅ⁴¹ tɕi²⁴ xua⁴¹]

还非常体贴，[xɛ⁵³ fɛɪ²⁴ tsʰaŋ⁵³ tʰi⁵⁵ tʰiɛ⁵³]

要切贴、实在、符合实际。[iɔ²⁴ tɕʰiɛ⁵³ tʰiɛ⁵³、sʅ⁵³ tsɛ⁰、fu⁵⁵ xuo⁵³ sʅ⁵³ tɕi⁴¹]

这四句话中唻要包含着弯如弓、一点儿红、成双对、扑通通。[tsɛ²⁴ sʅ⁴¹ tɕi²⁴ xua⁴¹ tsuəŋ²⁴ nɛ⁰ iɔ⁴¹ pɔ²⁴ xan⁵³ tsuo⁰ uan²⁴ zu⁵³ kuəŋ²⁴、i²⁴ tiɐr⁵⁵ xuəŋ⁵³、tsʰən⁵³ faŋ²⁴ tɛɪ⁴¹、pʰu²⁴ tʰəŋ⁵³ tʰəŋ²⁴]

好，有个文弱的书生唻，[xɔ⁵⁵，iəu⁵⁵ ko⁰ uən⁵³ zuo⁵³ ti⁰ fu²⁴ sən²⁴ nɛ⁰]

看起来唻像个大病初愈的一个人。[kʰan⁴¹ tɕʰi⁵⁵ nɛ⁵³ nɛ⁰ ɕiaŋ⁴¹ ko ta²⁴ pin⁴¹ tsʰu²⁴ i⁵³ ti⁰ i⁵³ ko⁵³ zən⁵³]

他唻说："我先来说。"[tʰa²⁴ nɛ⁰ suo⁵³：uo⁵⁵ ɕian²⁴ nɛ⁵³ suo⁵³]

他就说唻：[tʰa²⁴ tɕiəu⁴¹ suo⁵³ nɛ⁰]

"天上的月牙儿弯如弓；[tʰian²⁴ saŋ⁵³ ti⁰ iɛ⁵³ iɐr⁵³ uan²⁴ zu⁵³ kuəŋ²⁴]

太阳出来一点儿红；[tʰɛ⁴¹iaŋ⁰tsʰu⁵³nɛ⁰i⁵³tiɐr⁵⁵xuəŋ⁵³]

牛郎织女成双对；[niəu⁵³naŋ⁵³tsʅ⁵³ni⁰tsʰən⁵³faŋ²⁴teɪ⁴¹]

下起雨来扑通通。"[ɕia⁴¹tɕʰi⁰i⁵⁵nɛ⁰pʰu²⁴tʰəŋ⁵³tʰəŋ²⁴]

他这说的是天气变化情况。[tʰa²⁴tse⁴¹suo⁵³ti⁰sʅ¹tʰian²⁴tɕʰi⁵³pian⁴¹xua⁰tɕʰin⁵³kʰuaŋ⁴¹]

第二个人唻，[ti²⁴ɚ⁴¹ko⁰zən⁵³nɛ⁰]

长得五大三粗的一个彪形大汉，[tsaŋ⁵⁵tiºu⁵⁵ta⁴¹san²⁴tsʰu²⁴tiºi⁵³ko⁰piɔ²⁴ɕin⁵³ta²⁴xan⁴¹]

他唻一脸横肉，[tʰa²²nɛ⁰i⁵³nian⁵⁵xən⁵³zəu⁴¹]

看起来吓人，[kʰan⁴¹tɕʰi⁵⁵nɛ⁰ɕia²⁴zən⁵³]

是个武将。[sʅ⁴¹ko⁰u⁵⁵tɕiaŋ⁴¹]

他说："我手里拿的就是一张弓；[tʰa²⁴suo⁵³：uo⁵⁵səu⁵⁵ni⁰na⁵³ni⁰təu⁴¹sʅ⁴¹i⁵³tsaŋ⁵⁵kuəŋ²⁴]

我的箭靶上的圆心一点儿红；[uo⁵⁵ti⁰tɕian⁴¹pa⁵⁵saŋ⁰ti⁰ian⁵³ɕin²⁴i⁵³tiɐr⁵⁵xuəŋ⁵³]

我的双锤唻成双对；[uo⁵⁵ti⁰faŋ²⁴tsʰueɪ⁵³nɛ⁰tsʰən⁵³faŋ²⁴teɪ⁴¹]

擂起战鼓是扑通通。"[neɪ⁵³tɕʰi⁰tsan⁴¹ku⁵⁵sʅ⁴¹pʰu²⁴tʰəŋ⁵³tʰəŋ²⁴]

有一个唻纨绔的子弟，[iəu⁵⁵i⁵³ko⁰nɛ⁰uan⁵³kʰu⁴¹ti⁰tsʅ⁵⁵ti⁴¹]

是个富人的孩子，[sʅ⁴¹ko⁰fu⁴¹zən⁵³ti⁰xɛ⁵³tsʅ⁰]

长得尖脸猴腮的。[tsaŋ⁵⁵ti⁰tɕian²⁴nian⁵⁵xəu⁵³sɛ²⁴ti⁰]

他也说唻：[tʰa²⁴ie⁵⁵suo⁵³nɛ⁰]

"我来说两个。"[uo⁵⁵nɛ⁵³suo⁵³nian⁵⁵ko⁴¹]

"我的大门楼儿的门檩儿弯如弓；[uo⁵⁵ti⁰ta⁴¹mən⁵³nəur⁵³ti⁰mən⁵³niɐr⁵³uan²⁴zu⁵³kuəŋ²⁴]

我手上戴的宝石戒指一点儿红；[uo⁵⁵səu⁵⁵saŋ⁰tɛ⁴¹ti⁰pɔ⁵⁵sʅ⁵³tɕie⁴¹tsʅ⁰i⁵³tiɐr⁵⁵xuəŋ⁵³]

门前的狮子成双对；[mən⁵³tɕʰian⁵³ti⁰sʅ²²tsʅ⁰tsʰən⁵³faŋ²⁴teɪ⁴¹]

门前的狮子成双对；[mən⁵³tɕʰian⁵³ti⁰sʅ²²tsʅ⁰tsʰən⁵³faŋ²⁴teɪ⁴¹]

元宝石，元宝，[ian⁵³pɔ⁵⁵sʅ⁵³，ian⁵³pɔ⁵⁵]

我的元宝倒如黄铜的扑通通。"[uo⁵⁵ti⁰ian⁵³pɔ⁵⁵tɔ⁴¹zu⁵³xuaŋ⁵³tʰəŋ⁵³ti⁰pʰu²⁴tʰəŋ⁵³tʰəŋ²⁴]

他们这几个人一说以后唻，[tʰa²²mən⁰tse⁴¹tɕi⁵⁵ko⁵³zən⁵³i⁵³suo⁵³i⁵³xəu⁴¹nɛ⁰]

有个放牛的小伙子，[iəu⁵⁵ko⁰faŋ⁴¹niəu⁵³ti⁰ɕiɔ⁵⁵xuo⁵⁵tsʅ⁰]

长得还浓眉大眼，[tsaŋ⁵⁵ti⁰xɛ⁵³nəŋ⁵³meɪ⁵³ta⁴¹ian⁵⁵]

非常健壮。[feɪ²⁴tsʰaŋ⁵³tɕian²⁴tsuaŋ⁴¹]

他说："你们这我也会说。"[tʰa²⁴suo⁵³：ni⁵⁵mən⁰tse⁴¹uo⁵⁵ie⁵³xueɪ⁴¹suo⁵³]

他本身就没有大指望去当这个女婿，[tʰa²⁴pən⁵⁵sən²⁴təu⁴¹meɪ²²iəu⁵⁵ta⁵⁵tsɿ⁵⁵uaŋ⁰kʰi⁴¹taŋ²⁴tse⁴¹ko⁰ni⁵⁵ɕi⁴¹]

因为他是个穷汉。[in²⁴ueɪ⁵³tʰa²⁴sɿ⁴¹ko⁰tɕʰyəŋ⁵³xan⁴¹]

他就为了想调戏下儿这个小姐。[tʰa²⁴tɕiəu⁴¹ueɪ⁴¹nɔ⁰ɕiaŋ⁵⁵tʰiɔ⁵³ɕi⁴¹xAr⁰tse⁴¹ko⁰ɕiɔ⁵⁵tɕie⁰]

他（员外）就是说："那你说。"[tʰa²⁴tɕiəu⁴¹sɿ⁰suo⁵³：na²⁴ni⁵⁵suo⁵³]

"小姐的眉毛弯如弓；[ɕiɔ⁵⁵tɕie⁵⁵ti⁰meɪ⁵³mɔ⁰uan²⁴zu⁵³kuəŋ²⁴]

小姐的嘴唇儿一点儿红；[ɕiɔ⁵⁵tɕie⁵⁵ti⁰tsueɪ⁵⁵tsʰuəɹ⁵³i⁵³tiɐɹ⁵⁵xuəŋ⁵³]

小姐的妈妈成双对；[ɕiɔ⁵⁵tɕie⁵⁵ti⁰ma²²ma⁰tsʰən⁵³faŋ²⁴teɪ⁴¹] 妈妈：乳房

小姐屙尿是扑通通。"[ɕiɔ⁵⁵tɕie⁵⁵uo²⁴niɔ⁴¹sɿ⁰pʰu⁴¹tʰəŋ⁵³tʰəŋ²⁴]

小姐听了反而不生气，[ɕiɔ⁵⁵tɕie⁰tʰin²²nɔ⁰fan⁵⁵ɚ⁵³pu⁵³sən²⁴tɕʰi⁴¹]

还觉得还怪喜欢。[xɛ⁵³tɕie⁵³te⁰xɛ⁵³kuɛ⁴¹ɕi⁵⁵xuan⁰] 怪：挺，很

这个员外唻一看，[tse²²ko⁰ian⁵³uɛ⁴¹nɛ⁰i⁵³kʰan⁴¹]

这小伙子怪健壮，[tse⁴¹ɕiɔ⁵⁵xuo⁵⁵tsɿ⁰kuɛ⁴¹tɕian²⁴tsuaŋ⁴¹]

可以是个好的劳动力，[kʰuo⁵⁵i⁰sɿ⁴¹ko⁰xɔ⁵⁵ti⁰nɔ⁵³təŋ⁵³ni⁵³]

就招他为女婿了。[tɕiəu⁴¹tsɔ²⁴tʰa⁰ueɪ⁴¹ni⁵⁵ɕi⁰nɔ⁰]

意译：下面儿我给大家讲一个富家女招亲的故事。在很久以前，有个员外，是个非常富有的员外。他有一个女儿，想招个女婿。因为他家很有钱，所以说上门的人就很多。但是呢，这个小姐就出了一个题目，就跟过去做作文一样，说了个题目，每个人要说四句话，还非常体贴，要切贴、实在、符合实际。这四句话中要包含着"弯如弓""一点儿红""成双对""扑通通"。

好，有个文弱的书生，看起来像个大病初愈的人。他说："我先来说。"他就说："天上的月牙儿弯如弓；太阳出来一点儿红；牛郎织女成双对；下起雨来扑通通。"他这说的是天气变化情况。第二个人呢，长得五大三粗的一个彪形大汉。他一脸横肉，看起来吓人，是个武将。他说："我手里拿的就是一张弓；我的箭靶上的圆心一点儿红；我的双锤成双对；擂起战鼓是扑通通。"有一个纨绔子弟，是个富人的孩子，长得尖脸猴腮的，他也说："我来说两个。"他也说："我来说两个。""我的大门楼的门檐儿弯如弓；我手上戴的宝石戒指一点儿红；门前的狮子成双对；门前的狮子成双对；元宝石，元宝，我的元宝倒如黄铜的是扑通通。"

他们这几个人说完以后，有个放牛的小伙子，长得浓眉大眼，非常健壮。他说："你们这些我也会说。"他本身就没有指望去当这个女婿，因为他是个穷汉。

他就为了想调戏下这个小姐。他（员外）就说："那你说。""小姐的眉毛弯如弓；小姐的嘴唇儿一点儿红；小姐的乳房成双对；小姐屙尿是扑通通。"小姐听了反而不生气，还觉得怪喜欢。这个员外一看，这个小伙子很健壮，可以是个好的劳动力，就招他为女婿了。

四　自选条目

0031 自选条目

天上起了鲤鱼斑，[tʰian²² saŋ⁰ tɕʰi⁵⁵ nɔ⁰ ni⁵⁵ i⁵³ pan²⁴]

晒谷不用翻。[sɛ²⁴ ku⁵³ pu⁵³ yəŋ⁴¹ fan²⁴]

意译：天上出现鱼鳞形状的云，晒稻谷都不用翻动（指会出大太阳）。

0032 自选条目

早晨放霞，等水烧茶；[tsɔ⁵⁵ tsʰən⁰ faŋ²⁴ ɕia⁵³, tən⁵⁵ fei⁵⁵ sɔ²⁴ tsʰa⁵³]

晚上放霞，干死蛤蟆。[uan⁵⁵ saŋ⁰ faŋ²⁴ ɕia⁵³, kan²² sɿ⁵⁵ kʰe⁵³ ma⁰]

意译：早晨放霞，等水烧茶（指会下雨）；晚上放霞，干死蛤蟆（指大晴天）。

0033 自选条目

月亮长毛，大水淹桥。[ie⁵³ niaŋ⁰ tsaŋ⁵⁵ mɔ⁵³, ta⁴¹ fei⁵⁵ ian²⁴ tɕʰiɔ⁵³]

意译：月亮看起来像长毛了就要发洪水了。

0034 自选条目

有雨山戴帽儿。[iəu⁵⁵ i⁵⁵ san²⁴ tɛ²⁴ mɔr⁴¹]

意译：要下雨时，山像戴了帽子一样。

0035 自选条目

饭后百步走，活到九十九。[fan²⁴ xəu⁴¹ pe⁵³ pu⁴¹ tsəu⁵⁵, xuo⁵³ tɔ⁵³ tɕiəu⁵⁵ sɿ⁵³ tɕiəu⁵⁵]

意译：饭后百步走，能活到九十九。

0036 自选条目

老鸹笑猪黑，自己不觉得。[nɔ⁵⁵ ua⁵³ ɕiɔ⁴¹ tsu²⁴ xe⁵³, tsɿ⁴¹ tɕi⁵⁵ pu⁵³ tɕyo⁵³ te⁰] 老鸹：乌鸦

意译：乌鸦笑话猪长得黑，不觉得自己黑。指人没有自知之明。

0037 自选条目

心里无冷病，不怕吃西瓜。[ɕin²² ni⁰ u⁵³ nən⁵⁵ pin⁴¹，pu⁵³ pʰa⁴¹ tsʰʅ⁵³ ɕi²² kua⁰]

意译：心里没有怕冷的病，就不怕吃冷的西瓜。指心里没有芥蒂就不会产生矛盾。

0038 自选条目

两口儿搭个娃儿，[niaŋ⁵⁵ kʰəur⁵⁵ ta⁵³ ko⁰ uʌr⁵³]

快活儿得没得法儿。[kʰuɛ⁴¹ xuor⁰ ti⁰ meɪ²² te⁰ fʌr⁵³] 没得法儿：没有办法

意译：两口儿生一个孩子，快活得没办法（生活会过得非常快活）。

0039 自选条目

清明前后，种瓜点豆。[tɕʰi²⁴ min⁵³ tɕʰian⁵³ xəu⁴¹，tsuaŋ⁴¹ kua²⁴ tian⁵⁵ təu⁴¹]

意译：清明前后是种瓜种豆的时间。

0040 自选条目

种子不选好，收成一定少。[tsuaŋ⁵⁵ tsʅ⁰ pu⁵³ ɕian⁵⁵ xɔ⁵⁵，səu²² tsʰən⁰ i⁵³ tin⁴¹ sɔ⁵⁵]

意译：种子如果不选好，收成一定少。

0041 自选条目

早饭雨不歇中，一直下到鸡上笼。[tsɔ⁵⁵ fan⁴¹ i⁵⁵ pu⁵³ ɕie⁵³ tsuaŋ²⁴，i⁵³ tsʅ⁵³ ɕia⁴¹ tɔ⁰ tɕi²⁴ saŋ²⁴ nəŋ⁵³]

意译：早饭时候开始下雨，中午不停，一直下到鸡进笼的时间。

0042 自选条目

春雨日日暖，秋雨日日寒。[tsʰuən²² i⁵⁵ zʅ⁵³ zʅ⁵³ nan⁵⁵，tɕʰiəu²² i⁵⁵ zʅ⁵³ zʅ⁵³ xan⁵³]

意译：下春雨后，一天比一天暖和，下秋雨后，一天比一天寒冷。

0043 自选条目

十月杨不落，必定春雨多。[sʅ⁵³ ie⁵³ iaŋ⁵³ pu⁵⁵ nuo⁵³，pi⁵⁵ tin⁴¹ tsʰuən²² i⁵⁵ tuo²⁴]

意译：十月杨树还不落叶，来年必定春雨多。

0044 自选条目

雨种豆子晴种棉，[i⁵⁵ tsuəŋ²⁴ təu⁴¹ tsŋ⁰ tɕʰin⁵³ tsuəŋ²⁴ mian⁵³]

种菜最好连阴天。[tsuəŋ²⁴ tsʰɛ⁴¹ tsueɪ⁴¹ xɔ⁵⁵ nian⁵³ in²⁴ tʰian²⁴]

意译：雨天适合种豆子，晴天适合种棉花，种菜最好是连阴天。

0045 自选条目

人上一百，各种各色。[zən⁵³ saŋ⁴¹ i⁵³ pe⁵³，kuo⁵³ tsuəŋ⁵⁵ kuo⁵³ se⁵³]

意译：只要超过一百个人，就什么样的人都有了。

0046 自选条目

猪嘴扎得住，人嘴扎不住。[tsu²² tsueɪ⁵⁵ tsa⁵³ te⁰ tsu⁴¹，zən⁵³ tsueɪ⁵⁵ tsa⁵³ pu⁰ tsu⁴¹]

意译：猪嘴扎得住，人嘴堵不住。指消息很容易走漏、传出。

0047 自选条目

家有老，是个宝。[tɕia²⁴ iəu⁵⁵ nɔ⁵⁵，sŋ⁴¹ ko⁰ pɔ⁵⁵]

意译：家里有老人，是个宝贝。喻老人是个百宝箱，老人的经历和感悟能给年轻人带来人生启示。

0048 自选条目

路遥知马力，日久见人心。[nu²⁴ iɔ⁵³ tsŋ²⁴ ma⁵⁵ ni⁵³，zŋ⁵³ tɕiəu⁵⁵ tɕian⁴¹ zən⁵³ ɕin²⁴]

意译：路途遥远，能知马的力气大小，日子长了，能看出人心的好坏。

0049 自选条目

底肥上不足，催肥也难促。[ti⁵⁵ feɪ⁵³ saŋ⁴¹ pu⁵³ tsu⁵³，tsʰueɪ²⁴ feɪ⁵³ ie⁵⁵ nan⁵³ tsʰu⁵³]

意译：如果底肥没上够，庄稼很难长得肥。

0050 自选条目

不放春风，没得夜雨。[pu⁵³ faŋ⁴¹ tsʰuən²⁴ fəŋ²⁴，meɪ²⁴ te⁵³ ie⁴¹ i⁵⁵]

意译：不刮春风，就不会有夜雨。

0051 自选条目

狗子儿坐轿子儿——不服抬举。[kəu⁵⁵ r̩⁰ tsuo²⁴ tɕiɔ⁴¹ r̩⁰——pu⁵³ fu⁵³ tʰɛ⁵³ tɕi⁰]

意译：狗坐轿子——不服抬举（喻不识抬举）。

0052 自选条目

哈巴狗儿吃牛屎——不顾堆头儿。[xa⁵⁵pa⁰kəur⁵⁵tsʰʅ⁵³niəu⁵³sʅ⁰——pu⁵³ku⁴¹teɪ²²tʰəur⁰]

意译：哈巴狗吃牛屎——不顾堆头（喻自不量力）。

0053 自选条目

癞蛤蟆垫床腿儿——硬撑。[nɛ²⁴kʰe⁵³ma⁰tian²⁴tsʰuaŋ⁵³tʰər⁵⁵——ən²⁴tsʰən⁴¹]

意译：癞蛤蟆垫床腿儿——硬撑。

0054 自选条目

猪八戒照镜子儿——里外不是人。[tsu²⁴pa⁵³kɛ⁴¹tsɔ²⁴tɕin⁴¹ʅ̩⁰——ni⁵⁵uɛ⁴¹pu⁵³sʅ⁴¹zən⁵³]

意译：猪八戒照镜子——里外不是人。

0055 自选条目

电线杆子儿上戴手表——高钟（中）。[tian⁴¹ɕian⁴¹kan²²ʅ̩⁰saŋ⁵³tɛ⁴¹səu⁵⁵piɔ⁵⁵——kɔ²⁴tsuəŋ²⁴]

意译：电线杆子上戴手表——高钟（中）。

0056 自选条目

瞎子儿点灯——白费蜡。[ɕia⁵³ʅ̩⁰tian⁵⁵tən²⁴——pe⁵³feɪ²⁴na⁵³]

意译：瞎子点灯——白费蜡（喻做无用功）。

0057 自选条目

孔夫子的徒弟——贤（闲）人。[kʰuəŋ⁵⁵fu²²tsʅ⁵⁵ti⁰tʰu⁵³ti⁰——ɕian⁵³zən⁵³]

意译：孔夫子的徒弟——贤（闲）人。

0058 自选条目

肚脐眼儿放屁——腰（妖）气。[tu⁴¹tɕʰi⁵³ier⁵⁵faŋ²⁴pʰi⁴¹——iɔ²⁴tɕʰi⁴¹]

意译：肚脐眼儿放屁——腰（妖）气（喻人妖里妖气）。

0059 自选条目

月窝儿的娃子儿眨眼儿——认人儿。[ie^{53}uor^{24}ni^{0}ua^{53}ʐ̩^{0}tsa^{55}iɐr^{55}——zən^{24}zər^{53}] 月窝儿：未满月

意译：未满月的娃娃眨眼睛——认人。

0060 自选条目

狗子儿过门槛——嘴擿在头里。[kəu^{55}ʐ̩^{0}kuo^{24}mən^{53}kʰan^{55}——tsuer^{55}tsʰʅ^{22}tsɛ^{0}tʰəu^{53}ni^0] 擿：伸

意译：狗过门槛——嘴伸在前面（喻人好吃、嘴馋）。

0061 自选条目

脱裤子儿放屁——多此一举。[tʰuo^{53}kʰu^{41}ʐ̩^{0}faŋ^{24}pʰi^{41}——tuo^{24}tsʰʅ^{53}i^{53}tɕi^{55}]

意译：脱裤子放屁——多此一举。

0062 自选条目

杉木杆子儿钓黑鱼——不瓤⁼杆儿。[sa^{22}mu^{0}kan^{22}ʐ̩^{0}tiɔ^{24}xe^{53}i^0——pu^{53}zaŋ^{53}kɐr^{55}] 瓤⁼：软、不硬实

意译：杉木杆子钓黑鱼——杆儿一点儿不会弯（喻轻而易举）。

0063 自选条目

高粱杆子儿夹粉条儿——又飘又滑。[kɔ^{22}niaŋ^{0}kan^{55}ʐ̩^{0}tɕia^{53}fən^{55}tʰiɔr^{53}——iəu^{41}piɔ^{24}iəu^{24}xua^{53}]

意译：高粱杆子夹粉条——又飘又滑（喻人精明狡猾）。

0064 自选条目

荷叶包鳝鱼——溜之大吉。[xuo^{53}ie^{53}pɔ^{24}san^{41}i^0——niəu^{22}tsʅ^{0}ta^{24}tɕi^{53}]

意译：荷叶包鳝鱼——溜之大吉。

0065 自选条目

半天空里挂灯笼——高明。[pan^{41}tʰian^{24}kʰuaŋ^{22}ni^{0}kua^{41}tən^{24}nəŋ^{53}——kɔ^{24}min^{53}]

意译：半天空里挂灯笼——高明。

0066 自选条目

狗子儿啃炸弹——吃嘴的亏。[kəu⁵⁵ r̩⁰ kʰən⁵⁵ tsa²⁴ tan⁴¹——tsʰʅ⁵³ tsueɪ⁵⁵ ti⁰ kʰueɪ²⁴]

意译：狗啃炸弹——吃嘴的亏。

0067 自选条目

打着灯笼捡粪——找屎（死）。[ta⁵⁵ tsuo⁰ tən²⁴ nəŋ⁵³ tɕian⁵⁵ fən⁴¹——tsɔ⁵⁵ sʅ⁵⁵]

意译：打着灯笼捡粪——找屎（死）。

0068 自选条目

麻子儿打呵息——总动圆（员）。[ma⁵³ r̩⁰ ta⁵⁵ xuo²⁴ ɕin⁵³——tsuəŋ⁵⁵ təŋ⁴¹ ian⁰] 呵息：哈欠

意译：麻子打哈欠——总动圆（员）。

0069 自选条目

秋后买柿子——拣软的捏。[tɕʰiəu²⁴ xəu⁴¹ mɛ⁵⁵ sʅ⁴¹ tsʅ⁰——tɕian⁵⁵ zuan⁵⁵ ti⁰ nie²⁴]

意译：秋后买柿子——拣软的捏（喻欺软怕硬）。

0070 自选条目

闷母鸡儿啄白米——心中有数儿。[mən⁴¹ mu⁵⁵ tɕiər²⁴ tsuo⁵³ pe⁵³ mi⁵⁵——ɕin²⁴ tsuəŋ²⁴ iəu⁵⁵ fur⁴¹]

意译：闷母鸡啄白米——心中有数儿。

0071 自选条目

麻虾过河——牵须（谦虚）。[ma⁵³ ɕia²⁴ kuo²⁴ xuo⁵³——tɕʰian²⁴ ɕi²⁴] 麻虾：指河虾

意译：河虾过河——牵须（谦虚）。

0072 自选条目

阎王爷的幺女儿——鬼精儿。[ian⁵³ uaŋ⁵³ ie⁵³ ti⁰ iɔ²⁴ ni⁵⁵ ɚ⁰——kueɪ⁵⁵ tɕiər²⁴]

意译：阎王爷的小女儿——鬼精儿（喻精明、狡猾）。

0073 自选条目

儿不嫌母丑，狗不嫌家贫。[ɚ⁵³ pu⁵³ ɕian⁵³ mu⁵⁵ tsʰəu⁵⁵，kəu⁵⁵ pu⁵³ ɕian⁵³ tɕia²⁴ pʰin⁵³]

意译：儿子不嫌母亲丑，狗不嫌主人家穷。

0074 自选条目

杀猪杀尾巴，各有各的搞法；[sa⁵³tsu²⁴sa⁵³ie⁵⁵pa⁰, kuo⁵³iəu⁵⁵kuo⁵³ti⁰kɔ⁵⁵fa⁰]

杀猪杀屁股，各有各的技术。[sa⁵³tsu²⁴sa⁵³pʰi⁴¹ku⁰, kuo⁵³iəu⁵⁵kuo⁵³ti⁰tɕi⁴¹fu⁰]

意译：杀猪从尾巴开始，各有各的搞法；杀猪从屁股开始，各有各的技术。

0075 自选条目

田误误一季子儿，人误误一辈子儿。[tʰian⁵³u⁴¹u⁴¹i⁵³tɕi⁴¹ɻ̩⁰, zən⁵³u⁴¹u⁴¹i⁵³pei⁴¹ɻ̩⁰]

意译：田耽误了是误一季，人耽误了是误一辈子。

保　康

一　歌谣

0001 歌谣

娃娃睡着着，[ua⁵³ua⁰ʂuei³¹tʂuo⁵³tʂuo⁰]

买个大馍馍；[mai⁵⁵kə⁰ta³¹muo⁵³muo⁰] 馍馍：包子、馒头、饼子等面食的统称

娃娃睡醒醒，[ua⁵³ua⁰ʂuei³¹ɕin⁵⁵ɕin⁰]

买个大饼饼；[mai⁵⁵kə⁰ta³¹pin⁵⁵pin⁰]

娃娃你莫汪，[ua⁵³ua⁰ni⁵⁵muo⁵³uaŋ²⁴] 莫：否定副词，别。汪：哭

买个大酒缸。[mai⁵⁵kə⁰ta³¹tɕiəu⁵⁵kaŋ²⁴]

意译：娃娃睡着吧，买个大馒头；娃娃睡醒吧，买个大饼子；娃娃你别哭，买个大酒缸。

0002 歌谣

背坨坨，换茶喝；[pei²²tʰuo⁵³tʰuo⁰, xuan³¹tʂʰa⁵³xuo²⁴] 坨坨：此处指小婴儿，也说成"肉坨坨"

茶冷了，我不喝；[tʂʰa⁵³nən⁵⁵nau⁰, uo⁵⁵pu⁵³xuo²⁴]

还是要我的背坨坨。[xai⁵³ʂ̩⁰iau³¹uo⁵⁵ni⁰pei²²tʰuo⁵³tʰuo⁰]

意译：背着小宝宝，去换茶喝；茶冷了，我就不喝了；还是要我的小宝宝。

0003 歌谣

丁丁脚，排花箩；[tin²² tin²² tɕyo⁵³，pʰai⁵³ xua²² nuo⁵³]

包儿北，包儿南，[pau²² pe⁵³，pau²² nan⁵³] 包儿：山坡

包儿南上种荞麦；[pau²² ɚ⁰ nan⁵³ ʂaŋ⁰ tʂuəŋ³¹ tɕʰiau⁵³ me⁰]

荞麦开花紫蓝紫，[tɕʰiau⁵³ me⁰ kʰai²² xua²⁴ tsʅ⁵⁵ nan⁵³ tsʅ⁵⁵]

虫小脚，冲一只。[tʂʰuəŋ³¹ ɕiau⁵⁵ tɕyo⁵⁵，tʂʰuəŋ³¹ i⁵³ tʂʅ²⁴]

意译：丁丁脚，摆花箩，坡儿北，坡儿南，坡的南边种荞麦，荞麦开花又紫又蓝，小虫子的小脚，蜷一只起来（儿童面对面坐着，双脚合并，相对摆放玩耍时的一种游戏歌谣）。

0004 歌谣

月亮走，我也走，[ye⁵³ niaŋ⁰ tʂəu⁵⁵，uo⁵⁵ ie⁵⁵ tʂəu⁵⁵]

我给月亮撽笆篓，[uo⁵⁵ ki²⁴ ye⁵³ niaŋ⁰ kʰuan⁵⁵ pa²² nəu⁵⁵] 撽：提，拎

一撽撽到马家口。[i⁵³ kʰuan⁵⁵ kʰuan⁵⁵ tau⁰ ma⁵⁵ tɕia²² kʰəu⁵⁵]

马家口，开后门，摘石榴，[ma⁵⁵ tɕia²² kʰəu⁵⁵，kʰai²⁴ xəu³¹ mən⁵³，tse⁵³ ʂʅ⁵³ niəu⁰]

石榴树上一碗油。[ʂʅ⁵³ niəu⁰ ʂu³¹ ʂaŋ⁰ i⁵³ uan⁵⁵ iəu⁵³]

大姐梳金头，二姐梳银头，[ta³¹ tɕie⁵⁵ ʂu²² tɕin²² tʰəu⁵³，ɚ³¹ tɕie⁵⁵ ʂu²² in⁵³ tʰəu⁵³]

三姐不会梳，梳个乱鬏鬏。[san²² tɕie⁵⁵ pu⁵³ xuei³¹ ʂu²⁴，ʂu²² kə⁰ nan³¹ tɕiəu²² tɕiəu⁰]

鬏鬏：头发盘起来的结

大姐戴金环，二姐戴银环，[ta³¹ tɕie⁵⁵ tai³¹ tɕin²⁴ xuan⁵³，ɚ³¹ tɕie⁵⁵ tai³¹ in⁵³ xuan⁵³]

三姐没得戴，戴个烂圈圈。[san²² tɕie⁵⁵ mei²² te⁵³ tai³¹²，tai³¹ kə⁰ nan³¹ tɕʰyɛn²² tɕʰyɛn⁰] 没得：没有

大姐抱金娃，二姐抱银娃，[ta³¹ tɕie⁵⁵ pau³¹ tɕin²² ua⁵³，ɚ³¹ tɕie⁵⁵ pau³¹ in⁵³ ua⁵³]

三姐抱个癞蛤蟆。[san²² tɕie⁵⁵ pau³¹ kə⁰ nai³¹ xa⁵³ ma⁰]

走一走，呱一呱，[tʂəu⁵⁵ i⁰ tʂəu⁵⁵，kua²² i⁰ kua²⁴]

走一走，呱一呱，[tʂəu⁵⁵ i⁰ tʂəu⁵⁵，kua²² i⁰ kua²⁴]

拎起胯子摔死它。[nin²² tɕʰi⁵⁵ kʰua⁵⁵ tsʅ⁰ ʂuai⁵⁵ sʅ⁵⁵ tʰa²⁴] 胯子：腿

意译：月亮走，我也走，我给月亮提笆篓，一提提到马家口。马家口，开后门，摘石榴。石榴树上一碗油，大姐和二姐的头发都梳得很精致，三姐却不会梳，随便把头发盘成一个结。大姐戴着金环，二姐戴着银环，三姐没什么可戴，只好戴一个烂圆圈。大姐抱着金娃娃，二姐抱着银娃娃，三姐抱只癞蛤蟆。一边走，蛤蟆一边呱呱叫，三姐气得拎起它的腿儿把它摔死了。

0005 歌谣
呃，呃，娃娃你莫汪呃，[ə⁰, ə⁰, ua⁵³ua⁰ni⁵⁵muo⁵³uaŋ²⁴ə⁰] 莫：否定副词，别。汪：哭

买个大酒缸呃；[mai⁵⁵kə⁰ta³¹tɕiəu⁵⁵kaŋ²⁴ə⁰]

娃娃你莫哭哦，[ua⁵³ua⁰ni⁵⁵muo⁵³kʰu⁵³uo⁰]

买个大酒壶哦；[mai⁵⁵kə⁰ta³¹tɕiəu⁵⁵xu⁵³uo⁰]

娃娃睡醒醒呢，[ua⁵³ua⁰ʂuei³¹ɕin⁵⁵ɕin⁰ne⁰]

买个大饼饼呢；[mai⁵⁵kə⁰ta³¹pin⁵⁵pin⁰ne⁰]

娃娃睡着着哟，[ua⁵³ua⁰ʂuei³¹tʂuo⁵³tʂuo⁰yo⁰]

买个大馍馍哟。[mai⁵⁵kə⁰ta³¹muo⁵³muo⁰yo⁰] 馍馍：包子、馒头、饼子等面食的统称

意译：哦，哦，娃娃你别哭哦，买个大酒缸哦；娃娃你别哭哦，买个大酒壶哦；娃娃睡醒吧，买个大饼子；娃娃睡着哟，买个大馒头哟。

0006 歌谣
娃娃乖，门墩儿跩，[ua⁵³ua⁰kuai²⁴, mən⁵³tər²⁴tʂuai²⁴] 门墩儿：门边上的石头墩子。跩：蹲

娃娃狂，麦子黄，[ua⁵⁵ua⁰kʰuaŋ⁵³, me⁵³tsɿ⁰xuaŋ⁵³]

你吃馍馍我吃王。[ni⁵⁵tʂʰɿ⁵³muo⁵³muo⁰uo⁵⁵tʂʰɿ⁵³uaŋ⁵³] 馍馍：包子、馒头、饼子等面食的统称

意译：娃娃乖，在门边蹲着。娃娃调皮，麦子黄了，你吃馒头，我就吃王。

0007 歌谣
能在坡里汪，[nən⁵³tsai³¹pʰuo²²ni⁵⁵uaŋ²⁴] 能：宁愿。汪：哭

莫砍换⁼香香；[muo⁵³kʰan⁵⁵xuan³¹ɕiaŋ²²ɕiaŋ²⁴] 莫：否定副词，别。换⁼香香：树木名称

能在坡里哭，[nən⁵³tsai³¹pʰuo²²ni⁵⁵kʰu⁵³]

莫砍夜蒿木。[muo⁵³kʰan⁵⁵ie³¹xau²²mu⁵³]

意译：宁愿在坡里哭，也别砍换⁼香树和夜蒿木。喻这两种木材不值钱。

0008 歌谣
推个磨，拐个磨，[tʰei²²kə⁰muo³¹², kuai⁵⁵kə⁰muo³¹²]

一升面，做两个，[i⁵³ʂən²⁴miɛn³¹², tsəu³¹niaŋ⁵⁵kə³¹²]

爹一个，妈一个。[tie²⁴i⁵³kə³¹², ma²⁴i⁵³kə³¹²]

爷爷回来顶笡箩，[ie⁵³ ie⁰ xuei⁵³ nai⁰ tin⁵⁵ puo⁵³ nuo⁰] 笡箩：用竹子或篾条编制的圆形浅帮簸箕

奶奶回来打破锅。[nai⁵⁵ nai⁰ xuei⁵³ nai⁰ ta⁵⁵ pʰuo³¹ kuo²⁴]

鸡子回来啄磨眼，[tɕi²² tsʅ⁰ xuei⁵³ nai⁰ tʂua⁵⁵ muo³¹ iɛn⁵⁵]

狗子回来舔磨盘。[kəu⁵⁵ tsʅ⁰ xuei⁵³ nai⁰ tʰiɛn⁵⁵ muo³¹ pʰan⁵³]

意译：推磨，拐磨，一升面，做两个饼子，给爸爸一个，妈妈一个。爷爷回来了没有吃的，把笡箩顶着，奶奶回来没有吃的，把锅打破了。鸡回来了去啄磨眼，狗回来了去舔磨盘。

0009 歌谣

烤个脚，上羊坡。[kʰau⁵⁵ kə⁰ tɕyo⁵³，ʂaŋ³¹ iaŋ⁵³ pʰuo²⁴]

羊坡有个野鸡窝，[iaŋ⁵³ pʰuo²⁴ iəu⁵⁵ kə⁰ ie⁵⁵ tɕi²² uo²⁴]

野鸡窝，十二个蛋。[ie⁵⁵ tɕi²² uo²⁴，ʂʅ⁵³ ɚ³¹ kə⁰ tan³¹²]

爹要吃，妈要看，[tie²⁴ iau³¹ tʂʰʅ⁵³，ma²⁴ iau³¹ kʰan³¹²]

奶奶急得团团儿转。[nai⁵⁵ nai⁰ tɕi⁵³ ni⁰ tʰan⁵³ tʰɚ⁵³ tʂuan³¹²]

意译：烤了脚，到羊坡上去玩。羊坡上有个野鸡窝，野鸡窝里有十二个蛋，爹要吃，妈要看，奶奶也急得团团转。

0010 歌谣

花喜鹊儿，尾巴长，[xua²² ɕi⁵⁵ tɕʰyɚ⁰，i⁵⁵ pa⁰ tʂʰaŋ⁵³]

娶了媳妇儿忘了娘。[tɕʰy⁵⁵ nau⁰ ɕi⁵³ fur⁰ uan³¹ nau⁰ niaŋ⁵³]

把娘驮在墙头儿上，[pa⁵⁵ niaŋ⁵³ tʰuo⁵³ tsai⁰ tɕʰiaŋ⁵³ tʰəur⁵³ ʂaŋ⁰]

自己住着大瓦房。[tsʅ³¹ tɕi⁰ tʂu⁵³ tʂuo⁰ ta³¹ ua⁵⁵ faŋ⁰]

意译：花喜鹊，尾巴长，娶了媳妇忘了娘。把娘放在墙头上不养活，自己却住着大瓦房。

0011 歌谣

老表老表，下河洗澡。[nau⁵⁵ piau⁵⁵ nau⁵⁵ piau⁵⁵，ɕia³¹ xuo⁵³ ɕi⁵⁵ tsau⁵⁵] 老表：表兄弟

看见乌龟，爬起就跑。[kʰan³¹ tɕiɛn⁰ u²² kuei⁰，pʰa⁵³ tɕʰi⁰ təu³¹ pʰau⁵⁵]

老表老表，你跑啥子？[nau⁵⁵ piau⁵⁵ nau⁵⁵ piau⁵⁵，ni⁵⁵ pʰau⁵⁵ ʂa³¹ tsʅ⁰] 啥子：什么

乌龟是你的瓢把子。[u²² kuei⁰ ʂʅ³¹ ni⁵⁵ ni⁰ pʰiau⁵³ pa³¹ tsʅ⁰] 瓢把子：背称，女子丈夫的哥哥，带有戏谑意味

意译：表兄弟表兄弟，到河里洗澡。看见乌龟，爬起来就跑。表兄弟表兄

弟，你跑什么？乌龟是你的哥哥。

0012 歌谣

尿床袋，顶被晒。[niau³¹ tʂʰuaŋ⁵³ tai³¹², tin⁵⁵ pei³¹ ʂai³¹²] 尿床袋：爱尿床的孩子

晒不干，打一千；[ʂai³¹ pu⁵³ kan²⁴, ta⁵⁵ i⁵³ tɕʰiɛn²⁴]

晒不热，打一百。[ʂai³¹ pu⁵³ ʐe⁵³, ta⁵⁵ i⁵³ pe⁵³]

意译：爱尿床的孩子，把被子顶着晒。如果晒不干，就打一千下；如果晒不热，就打一百下。

二　规定故事

0021 牛郎和织女

古时候儿，有一个小伙子，[ku⁵⁵ ʂ̩⁵³ xər³¹², iəu⁵⁵ i⁵³ kə⁰ ɕiau⁵⁵ xuo⁵⁵ tsʅ⁰]

他的爹妈呢，都去世了。[tʰa²² ni⁰ tie²⁴ ma²⁴ ne⁰, təu²⁴ tɕʰy³¹ ʂ̩³¹² nau⁰]

他一个儿孤苦伶仃。[tʰa²⁴ i⁵³ kə³¹² ku²² kʰu⁵⁵ nin⁵³ tin²⁴]

但他的家呢，养了一头老牛，[tan³¹ tʰa²² ni⁰ tɕia²⁴ ne⁰, iaŋ⁵⁵ nau⁰ i⁵³ tʰəu⁵³ nau⁵⁵ niəu⁵³]

所以呢，人们就叫他牛郎。[suo⁵⁵ i⁰ ne⁰, ʐən⁵³ mən⁰ təu³¹ tɕiau³¹ tʰa²⁴ niəu⁵³ naŋ⁰]

牛郎呢以种地为生。[niəu⁵³ naŋ⁰ ne⁰ i⁵³ tʂuaŋ³¹ ti³¹² uei³¹ sən²⁴]

他跟老牛起早睡晚都是在一起。[tʰa²² kən²⁴ nau⁵⁵ niəu⁵³ tɕʰi⁵⁵ tsau⁵⁵ ʂuei³¹ uan⁵⁵ təu²⁴ ʂʅ³¹ tsai³¹ i⁵³ tɕʰi⁵⁵] 起早睡晚：从早到晚

其实这头老牛呢，[tɕʰi⁵³ ʂ̩⁵³ tʂe³¹ tʰəu⁵³ nau⁵⁵ niəu⁵³ ne⁰]

是天上的金牛星下凡。[ʂ̩³¹ tʰiɛn²² ʂaŋ⁰ ni⁰ tɕin²² niəu⁵³ ɕin²⁴ ɕia³¹ fan⁵³]

它看到牛郎啊这么勤劳，[tʰa²² kʰan³¹ tau⁰ niəu⁵³ naŋ⁵³ a⁰ tʂe³¹ mə⁰ tɕʰin⁵³ nau⁵³]

就想给他成个家儿。[təu³¹ ɕiaŋ⁵⁵ ki²² tʰa²⁴ tʂʰən⁵³ kə⁰ tɕiar²⁴]

呃，那一天呢，[e⁰, na³¹ i⁵³ tʰiɛn²⁴ ne⁰]

它晓得天上的牛郎，织女们啦，[tʰa²⁴ ɕiau⁵⁵ te⁰ tʰiɛn²² ʂaŋ⁰ ni⁰ niəu⁵³ naŋ⁰, tsʅ⁵³ ny⁰ mən⁰ na⁰] 晓得：知道

仙女要下东头儿河里来洗澡，[ɕiɛn²² ny⁵⁵ iau³¹ ɕia³¹ təŋ²² tʰər⁵³ xuo⁵³ ni⁰ nai⁵³ ɕi⁵⁵ tsau⁵⁵] 东头儿：东边。洗澡：游泳

就，呃，给牛郎托梦。[təu³¹, e⁰, ki²² niəu⁵³ naŋ⁰ tʰuo⁵³ məŋ³¹²]

它说你，它说：[tʰa²⁴ ʂuo⁵³ ni⁵⁵, tʰa²² ʂuo⁵³]

"你明儿的早上起早，[ni⁵⁵ mər⁵³ ni⁰ tsau⁵⁵ ʂaŋ⁰ tɕʰi⁵⁵ tsau⁵⁵] 明儿的：明天

到，呃，村东头儿湖边儿里，[tau³¹² , e⁰ , tʂʰən²²təŋ²²tʰər⁵³ xu⁵³pier²⁴ni⁵⁵]
有仙女在那儿洗澡。[iəu⁵⁵ɕyɛn²²ny⁵⁵ tsəu³¹nar³¹ ɕi⁵⁵tsau⁵⁵]
你拿走她们其中的一件衣裳呢，[ni⁵⁵ na⁵³tsəu⁵⁵ tʰa²²mən⁰ tɕʰi⁵³tʂuaŋ⁰ni⁰ i⁵³tɕiɛn³¹ i²²ʂaŋ⁰ne⁰]
你就会得到一位美丽的仙女妻子。"[ni⁵⁵təu³¹xuei³¹te⁵³tau⁰i⁵³uei³¹mei⁵⁵ni⁰ni⁰ɕyɛn²²ny⁵⁵tɕʰi²²tsɻ⁰]
这样呢，牛郎呢似信非信。[tsɤ³¹iaŋ⁰ne⁰ , niəu⁵³naŋ⁰ne⁰sɻ³¹ɕin³¹fei²²ɕin³¹²]
他第二的早晨呢，[tʰa²²ti³¹ɚ⁰ni⁰tsəu⁵⁵tʂʰən⁰ne⁰] 第二的：第二天
呃，就跑到河边儿一看啦。[e⁰ , təu³¹pʰau⁵⁵tau⁵³xə⁵³pier²⁴i⁵³kʰan³¹na⁰]
咦？朦朦胧胧看见，[i⁵⁵? məŋ⁵³məŋ⁵³nəŋ⁵³nəŋ⁵³kʰan³¹tɕiɛn⁰]
果然看见那个，呃，[kuo⁵⁵ʐuan⁵³kʰan³¹tɕiɛn⁰na³¹kə⁰ , e⁰]
河边儿其有七个仙女正在洗澡。[xuo⁵³pier²⁴tɕʰi⁰iəu⁵⁵tɕʰi⁵³kə⁰ɕyɛn²²ny⁵⁵tʂən³¹tsai⁰ɕi⁵⁵tsau⁵⁵] 边儿其：旁边。
他，呃，就手，手，[tʰa²⁴ , e⁰ , tɕiəu³¹səu⁵⁵ , səu⁵⁵] 就手：顺手
拿着一件挂在树上的粉红衣裳，[na⁵³tʂuo⁰i⁵³tɕiɛn⁰kua³¹tsai⁰ʂu³¹ʂaŋ⁰ni⁰fen⁵⁵xuəŋ⁵³i²²ʂaŋ⁰]
拿起就跑。[na⁵³tɕʰi⁰təu³¹pʰau⁵⁵]
其实，他拿起的，[tɕʰi⁵³ʂɻ⁵³ , tʰa²²na⁵³tɕʰi⁰ni⁰]
拿走的这件粉红衣裳呢，[na⁵³tsəu⁵⁵ni⁰tsɤ³¹tɕiɛn⁰fen⁵⁵xuəŋ⁵³i²²ʂaŋ⁵⁵ne⁰]
呃，仙女的衣裳呢，[e⁰ , ɕyɛn²²ny⁵⁵ni⁰i²²ʂaŋ⁵⁵ne⁰]
就是，名字就叫织女。[təu³¹ʂɻ⁰ , min⁵³tsɻ⁰təu³¹tɕiau³¹tsɻ⁵³ny⁵⁵]
呃，赶到夜里了呢，[e⁰ , kan⁵⁵tau⁰ie³¹ni⁰nau⁰ne⁰] 赶到：等到。夜里：晚上
织女就去敲开牛郎的门。[tsɻ⁵³ny⁵⁵təu³¹kʰi³¹tɕʰiau²²kʰai²⁴niəu⁵³naŋ⁰ni⁰mən⁵³]
他们就是成为了一对，[tʰa²²mən⁰təu³¹ʂɻ³¹tʂʰən⁵³uei⁵³nau⁰i⁵³tei³¹²]
嗯，很恩爱的夫妻。[en⁰ , xən⁵⁵en²²ai³¹ni⁰fu²²tɕʰi²⁴]
呃，时间过得很快，[e⁰ , ʂɻ⁵³tɕʰiɛn²⁴kuo⁰ni⁰xən⁵⁵kʰuai³¹²]
转眼一晃就几年了。[tsuan⁵⁵iɛn⁵⁵i⁵³xuaŋ³¹²təu³¹tɕi⁵⁵niɛn⁵³nau⁰]
他们呢，又，又生了一对，[tʰa²²mən⁰ne⁰ , iəu³¹ , iəu³¹sən²⁴nau⁰i⁵³tei³¹²]
呃，儿女。[e⁰ , ɚ⁵³ny⁵⁵]
呃，一个家庭过得非常恩爱。[e⁰ , i⁵³kə⁰tɕia²²tʰin⁰kuo³¹ni⁰fei²²tʂʰaŋ⁵³en²²ai³¹²]
但是，织女下凡的事儿呢，[tan³¹ʂɻ³¹² , tsɻ⁵³ny⁵⁵ɕia³¹fan⁵³ni⁰sər³¹²ne⁰]
被玉皇大帝，嗯，知道了。[pei³¹y³¹xuaŋ⁵³ta³¹ti³¹² , en⁰ , tsɻ⁵³tau³¹nau⁰]
他恼羞成怒。[tʰa²⁴nau⁵⁵ɕiəu²⁴tʂʰən⁵³nəu³¹²]

在一天夜里呀，它，呃，[tʂai³¹i⁵³tʰiɛn²⁴ie³¹ni⁰ia⁰，tʰa²⁴，e⁰] 夜里：晚上

雷公火闪啦，风雨交加。[nei⁵³kuaŋ²⁴xuo⁵⁵ʂan⁵⁵na⁰，feŋ²²y⁵⁵tɕiau²²tɕia²⁴] 雷公火闪：电闪雷鸣

突然呢，呃，织女呢，[tʰu⁵³ʐuan⁵³ne⁰，e⁰，tʂʅ⁵³ny⁵⁵ne⁰]

呃，不知去向。[e⁰，pu⁵³tʂʅ²⁴tɕʰy³¹ɕiaŋ⁰]

两个娃子喊倒到处找妈，[niaŋ⁵⁵kə⁰ua⁵³tʂʅ⁰xan⁵⁵tau⁰tau³¹tʂʰu⁰tʂau⁵⁵ma²⁴] 喊倒：哭喊着

找，牛郎呢也急得到处找妈。[tʂau⁵⁵，niəu⁵³naŋ⁰ne⁰ie⁵⁵tɕi⁵³ni⁰tau³¹tʂʰu⁰tʂau⁵⁵ma²⁴]

这时呢，[tʂe³¹ʂʅ⁵³ne⁰]

他家养的那头老牛呢，[tʰa²²tɕia²⁴iaŋ⁵⁵ni⁰na³¹tʰəu⁵³nau⁵⁵niəu⁵³ne⁰]

开始说话了。[kʰai²²ʂʅ⁵⁵ʂuo⁵³xua³¹²nau⁰]

老牛说：[nau⁵⁵niəu⁵³ʂuo⁵³]

"你把我头上的两只角，[ni⁵⁵pa⁵⁵uo⁵⁵tʰəu⁵³ʂaŋ⁰ni⁰niaŋ⁵⁵tʂʅ²⁴tɕyo⁵³]

呃，割下来，[e⁰，ke³¹ɕia⁰nai⁰] 割：锯

呃，变成两个箩筐，[e⁰，piɛn³¹tʂʰən⁵³niaŋ⁵⁵kə⁰nuo⁵³kʰuaŋ²⁴]

呃，你就能，嗯，[e⁰，ni⁵⁵təu³¹nən⁵³，en⁰]

追上到天，天上，[tʂuei²²ʂaŋ⁰tau³¹tʰiɛn²⁴，tʰiɛn²²ʂaŋ⁰]

天宫的天上找，[tʰiɛn²²kuaŋ²⁴ni⁰tʰiɛn²²ʂaŋ⁰tʂau⁵⁵]

找你的妻子去了。"[tʂau⁵⁵ni⁵⁵ni⁰tɕʰi²²tsʅ⁰kʰi³¹nau⁰]

呃，牛郎还正在，呃，迟疑。[e⁰，niəu⁵³naŋ⁰xai²²tʂən³¹tsai⁰，e⁰，tʂʰʅ⁵³i⁰]

突然，那牛上牛角呢，[tʰu⁵³ʐuan⁵³，na³¹niəu⁵³ʂaŋ⁰niəu⁵³tɕyo⁵³ne⁰]

两只牛角呢当真掉在地上。[niaŋ⁵⁵tʂʅ²⁴niəu⁵³tɕyo⁵³ne⁰taŋ³¹tʂən²⁴tiau³¹tsai⁰ti³¹ʂaŋ⁰] 当真：真的

掉在地了，[tiau³¹tsai⁰ti³¹nau⁰]

真正地变成了两只箩筐。[tsən²²tsən³¹²ni⁰piɛn³¹tʂʰən⁵³nau⁰niaŋ⁵⁵tʂʅ²⁴nuo⁵³kʰuaŋ⁰]

牛郎呢就把，呃，[niəu⁵³naŋ⁰ne⁰təu³¹pa⁵⁵，e⁰]

拿了一根扁担，[na⁵³nau⁰i⁵³kən²⁴piɛn⁵⁵tan⁰]

把一头儿装儿子，[pa⁵⁵i⁵³tʰər⁵³tʂuaŋ²⁴ɚ⁵³tsʅ⁰]

一头儿装女儿，[i⁵³tʰər⁵³tʂuaŋ²⁴ny⁵⁵ɚ⁵³]

挑起扁担就准备走。[tʰiau²²tɕʰi⁵⁵piɛn⁵⁵tan⁰təu³¹tʂuən⁵⁵pei⁰tsəu⁵⁵]

那扁担朝起一挑，[na³¹piɛn⁵⁵tan⁰tʂʰau⁵³tɕʰi⁵⁵i⁵³tʰiau²⁴] 朝起：往上

那简直像一阵风一刮，[na³¹tɕiɛn⁵⁵tʂʅ⁵³ɕiaŋ³¹i⁵³tʂən³¹fəŋ²⁴i⁵³kua⁵³]

他飘飘地就，呃，上了天。[tʰa²⁴pʰiau²²pʰiau²⁴ni⁰təu³¹²，e⁰，ʂaŋ³¹nau⁰tʰiɛn²⁴]

他追呀追呀，[tʰa²⁴ tʂuei²⁴ ia⁰ tʂuei²⁴ ia⁰]

眼看就要追上那个，呃，织女了。[iɛn⁵⁵ kʰan⁰ təu³¹ iau³¹ tʂuei²² ʂaŋ⁰ na³¹ kə⁰，e⁰，tʂʅ⁵³ ny⁵⁵ nau⁰]

王母娘娘看到了，[uaŋ⁵³ mu⁰ niaŋ⁵³ niaŋ⁰ kʰan³¹ tau⁰ nau⁰]

立忙拔起头上的一根簪子啊，[ni⁵³ maŋ⁵³ pa⁵³ tɕʰi⁵⁵ tʰəu⁵³ ʂaŋ⁰ ni⁰ i⁵³ kən²⁴ tsan²² tsʅ⁵⁵ a⁰] 立忙：立刻

朝下一扎。[tʂʰau⁵³ ɕia³¹ i⁵³ tʂa⁵³]

这时啊，天空里就出现了一道，[tʂe³¹ ʂʅ⁵³ a⁰，tʰiɛn²² kʰuaŋ²⁴ ni⁵⁵ təu³¹ tʂʰu⁵³ ɕiɛn⁰ nau⁰ i⁵³ tau⁰]

滚，波涛汹涌的一条河呀。[kuən⁵⁵，puo²² tʰau²⁴ ɕyəŋ²² yəŋ⁵⁵ ni⁰ i⁵³ tʰiau⁵³ xə⁵³ ia⁰]

呃，我们现在就叫它银河。[e⁰，uo⁵⁵ mən⁰ ɕiɛn³¹ tsai⁰ təu³¹ tɕiau⁵³ tʰa²⁴ in⁵³ xə⁵³]

这支河又宽，望不到对面儿。[tʂe³¹ tʂʅ²⁴ xə⁵³ iəu³¹ kʰuan²⁴，uaŋ³¹ pu⁰ tau³¹ tei³¹ miɛr³¹²] 支：条

把他们牛郎和织女呢，[pa⁵⁵ tʰa²² mən⁰ niəu⁵³ naŋ⁰ xə⁵³ tʂʅ⁵³ ny⁵⁵ ne⁰]

隔在两边。[ke⁵³ tsai⁰ niaŋ⁵⁵ piɛn²⁴]

呃，呃，天上的喜鹊儿啊，[e⁰，e⁰，tʰiɛn²² ʂaŋ⁰ ni⁰ ɕi⁵⁵ tɕʰyər⁵³ a⁰]

看到以后就非常同情他们这对恩爱夫妻。[kʰan³¹ tau⁰ i⁵³ xəu³¹ təu³¹ fei⁵³ tʂʰaŋ⁵³ tʰəŋ⁵³ tɕʰin⁵³ tʰa²² mən⁰ tʂe³¹ tei³¹ ən²² ai⁵³ fu⁰ tɕʰi²⁴]

就，每年的阴历呢七月七日，[təu³¹²，mei⁵⁵ niɛn⁰ ni⁰ in²² ni⁵³ ne⁰ tɕʰi⁵³ ye⁵³ tɕʰi⁵³ zʅ⁰]

都全部自觉地呢上天空。[təu²⁴ tɕʰyɛn⁵³ pu⁰ tsʅ³¹ tɕyo⁵³ ni⁰ ne⁰ ʂaŋ³¹ tʰiɛn²² kʰuaŋ²⁴]

鹊儿的一个尾巴接着一个，[tɕʰyər⁵³ ni⁰ i⁵³ kə⁰ uei⁵⁵ pa⁰ tɕie⁵³ tʂuo⁰ i⁵³ kə⁰]

把所有的喜鹊儿都去搭成一座天桥，[pa⁵⁵ suo⁵⁵ iəu⁵⁵ ni⁰ ɕi⁵⁵ tɕʰyər⁵³ təu²⁴ kʰi³¹² ta⁵³ tʂʰən⁵³ i⁵³ tsuo³¹ tʰiɛn²² tɕʰiau⁵³]

让牛郎织女，[zaŋ³¹ niəu⁵³ naŋ⁰ tʂʅ⁵³ ny⁵⁵]

呃，从那桥上过，[e⁰，tsʰuəŋ⁵³ na³¹ tɕʰiau⁵³ ʂaŋ⁰ kuo³¹²]

好见，见一面。[xau⁵⁵ tɕiɛn³¹²，tɕiɛn³¹ i⁰ miɛn³¹²]

所有，这都，[suo⁵⁵ iəu⁵⁵，tʂe³¹ təu²⁴]

自从传下来到现在呢，[tsʅ³¹ tsʰuəŋ⁵³ tsʰuan⁵³ ɕia³¹ nai⁰ tau³¹ ɕiɛn³¹ tsai⁰ ne⁰]

那就是叫鹊桥会。[na³¹ təu³¹ ʂʅ⁰ tɕiau³¹ tɕʰye³¹ tɕʰiau⁵³ xuei³¹²]

所以都，这都一直，[suo⁵⁵ i⁵⁵ təu²⁴，tʂe³¹ təu²⁴ i⁵³ tʂʅ⁵³]

牛，牛郎织女呢，[niəu⁵³，niəu⁵³ naŋ⁰ tʂʅ⁵³ ny⁵⁵ ne⁰]

这个故事呢一直流浪到现在。[tʂe³¹ kə⁰ ku³¹ sʅ⁰ ne⁰ i⁵³ tʂʅ⁵³ niəu⁵³ naŋ³¹ tau⁰ ɕiɛn³¹ tsai³¹²］流浪：此处为"流传"的口误

意译：古时候，有一个小伙子，爹妈都去世了。他一个人孤苦伶仃。他的家养了一头老牛。所以，人们叫他牛郎。牛郎以种地为生。他和老牛一天到晚都在一起。其实，这头老牛是天上的金牛星下凡。它看到牛郎这么勤劳，就想帮他成个家。

有一天，它知道天上的仙女们要下凡去东边河里游泳，就给牛郎托梦。它说："你明天早上起早到村东头的河边去，有仙女在那儿洗澡。你拿走其中的一件衣服，就会得到一位美丽的仙女妻子。"牛郎半信半疑。他第二天早晨跑到河边去一看。咦？朦朦胧胧果然看见河边有仙女在那儿洗澡。他顺手拿了一件挂在树上的粉红衣服，拿走就跑了。其实，他拿的这件粉色衣服呢，是织女的。等到晚上的时候，织女就去敲牛郎家的门。他们成为了一对恩爱夫妻。

时间过得很快，转眼几年过去了。他们生了一对儿女。一个家庭非常恩爱美满。但是，织女下凡的事被玉皇大帝知道了，他恼羞成怒。一天晚上，电闪雷鸣，风雨交加。突然，织女不知去向。两个孩子哭着到处找妈妈。牛郎也急得到处找孩子的妈妈。这时，他家养的那头老牛开始说话了。老牛说："你把我头上的两只角锯下来，会变成两个箩筐，你就能追到天上，到天宫找你的妻子去了。"牛郎正在迟疑。突然，两只牛角掉在地上，真的变成了两只箩筐。牛郎就拿了一根扁担，一头装着儿子，一头装着女儿。挑起来就准备走。刚挑起来，一阵风来，他就飘飘然上了天。他追呀追，眼看就要追上织女了。王母娘娘看见后，拔出头上的簪子，一划，天上划出了一条波涛汹涌的河。我们现在叫它银河。这条河非常宽，看不到对面，把牛郎和织女隔在两边。

天上的喜鹊看到后，非常同情这对夫妻，每年的七月七日，都自觉地到天上。一个尾巴接着一个，搭成一座天桥，让牛郎织女从那桥上过，好见一面。这个传说到现在就是鹊桥会。所以，牛郎织女这个故事一直流传到现在。

三　其他故事

0022 其他故事

我讲一个关于保康官山的故事。［uo⁵⁵ tɕiaŋ⁵⁵ i⁵³ kə⁰ kuan²² y⁵³ pau⁵⁵ kʰaŋ²⁴ kuan²² ʂan²⁴ ni⁰ ku³¹ sɿ⁰］

保康县政府后边这个山，［pau⁵⁵ kʰaŋ²⁴ ɕiɛn³¹ tʂən³¹ fu⁵⁵ xəu³¹ piɛn²⁴ tʂe³¹ kə⁰ ʂan²⁴］

名为官山。［min⁵³ uei³¹ kuan²² ʂan²⁴］

在四百多年前保康县建县。［tsai³¹ sɿ³¹ pe⁵³ tuo²² niɛn⁵³ tɕʰiɛn⁵³ pau⁵⁵ kʰaŋ²² ɕiɛn³¹ tɕiɛn³¹ ɕiɛn³¹²]

来了第一任县令，姓李。[nai⁵³ nau⁰ ti³¹ i⁵³ ʐən³¹ ɕiɛn³¹ nin³¹², ɕin³¹ ni⁵⁵]

他比较讲究风水。[tʰa²⁴ pi⁵⁵ tɕiau⁰ tɕiaŋ⁵⁵ tɕiəu⁰ fəŋ²² ʂuei⁵⁵]

派衙役到东辖区内东南西北四个地方儿，[pʰai³¹ ia⁵³ y³¹² tau³¹ təŋ²⁴ ɕia⁵³ tɕʰy²⁴ nei³¹² təŋ²⁴ nan⁵³ ɕi²⁴ pe⁵³ sɿ³¹ kə⁰ ti³¹ fãr²⁴]

取一杯土回来，用秤称。[tɕʰy⁵⁵ i⁵³ pei²² tʰu⁵⁵ xuei⁵³ nai⁰, yəŋ³¹ tʂʰən³¹² tʂʰən²⁴]

哪个地方儿的土重些，[na⁵⁵ kə⁰ ti³¹ fãr²⁴ ni⁰ tʰu⁵⁵ tʂuəŋ³¹ ɕie²⁴]

就在哪个地方儿建县衙门。[təu²⁴ tsai³¹ na⁵⁵ kə⁰ ti³¹ fãr²⁴ tɕiɛn³¹ ɕiɛn ia⁵³ mən⁰]

结果在官山上取回来的一杯土，[tɕie⁵³ kuo⁵⁵ tsai³¹ kuan²² san²⁴ saŋ²⁴ tɕʰy⁵⁵ xuei⁵³ nai⁰ ni⁰ i⁵³ pei²² tʰu⁵⁵]

比其他三个地方儿的土都重。[pi⁵⁵ tɕʰi⁵³ tʰa²⁴ san²² kə⁰ ti³¹ fãr²⁴ ni⁰ tʰu⁵⁵ təu²⁴ tʂʰuəŋ³¹²]

官山在保康县政府的东面。[kuan²² san²⁴ tsai³¹ pau⁵⁵ kʰaŋ²² ɕiɛn³¹ tʂən³¹ fu⁵⁵ ni⁰ təŋ²² miɛn⁰]

在这个地方儿建了县衙以后，[tsai³¹ tʂe³¹ ke⁰ ti³¹ fãr⁰ tɕiɛn³¹ nau⁰ ɕiɛn³¹ ia⁵³ i⁵³ xəu³¹²]

一直到现在的县人民政府，[i⁵³ tʂɿ⁵³ tau³¹ ɕiɛn³¹ tsai³¹² ni⁰ ɕiɛn³¹ ʐən⁵³ min⁵³ tʂən³¹ fu⁵⁵]

仍然在县衙原址。[ʐən³¹ ʐan⁵³ tsai³¹ ɕiɛn³¹ ia⁵³ yɛn⁵³ tʂɿ⁵⁵]

据传说，[tɕy³¹ tʂʰuan⁵³ suo⁵³]

在官山这个地方做居住地可以做官，[tsai³¹ kuan²² san²⁴ tʂe³¹ kə⁰ ti³¹ faŋ²⁴ tsəu³¹ tɕy³¹ tʂu³¹ ti³¹² kʰuo⁵⁵ i⁰ tsəu³¹ kuan²⁴]

埋坟茔后辈子也可以做官。[mai⁵³ fən⁵³ iɛn⁰ xəu³¹ pei³¹ tsɿ⁰ ie⁵⁵ kʰuo⁵⁵ i⁰ tsəu³¹ kuan²⁴]

埋坟茔：做墓地

从此，保康人民都认为官山这个地名好。[tsʰəŋ⁵³ tsɿ⁵⁵, pau⁵⁵ kʰaŋ²⁴ ʐən⁵³ min⁰ təu²⁴ ʐən³¹ uei⁰ kuan²² san²⁴ tʂe³¹ kə⁰ ti³¹ min⁵³ xau⁵⁵]

所以在保康官山这个地方儿建了一个云塔坡。[suo⁵⁵ i⁰ tsai³¹ pau⁵⁵ kʰaŋ²⁴ kuan²² san²⁴ tʂe³¹ kə⁰ ti³¹ fãr²⁴ tɕiɛn³¹ nau⁰ i⁵³ kə⁰ yn⁵³ tʰa⁵³ pʰuo²⁴]

那就是在殡仪馆死的人，[na³¹ tɕiəu³¹ sɿ⁰ tsai³¹ pin²² i³¹ kuan⁵⁵ sɿ⁵⁵ ni⁰ ʐən⁵³]

都埋葬在云塔坡，[təu²⁴ mai⁵³ tsaŋ³¹ tsai³¹ yn⁵³ tʰa⁵³ pʰuo²⁴]

也就是在官山的东北面。[ie⁵⁵ tɕiəu³¹ sɿ⁰ tsai³¹ kuan²² san²⁴ ni⁰ təŋ²² pe⁵³ miɛn³¹²]

意译：我讲一个关于保康官山的故事。保康县政府后面的这个山，名为官山。在400多年前保康县建县来的第一任县令姓李。他比较讲究风水。派衙役到辖区内东南西北四个方向各取一杯土回来，用秤称。哪里的土重就在哪里建县衙。结果在官山上取回来的一杯土比其他三个地方儿的都重。

官山在保康县政府的东面。在这个地方儿建了县衙以后，一直到现在的县人民政府仍然在县衙原址。据传说，在官山这个地方，做居住地可以做官，埋坟茔后辈子也可以做官。从此，保康人民都认为官山这个地名好。所以在保康官山这个地方儿建了一个云塔坡。那就是去世的人都埋葬在云塔坡，也就是在官山的东北面。

0023 其他故事

我讲一个，这个，［uo⁵⁵ tɕiaŋ⁵⁵ i⁵³ kə⁰，tʂe³¹ kə⁰］

保康马良断缰这个地方儿的一个故事。［pau⁵⁵ kʰaŋ²⁴ ma⁵⁵ niaŋ⁵³ tan³¹ tɕiaŋ²⁴ tʂe⁰ kə⁰ ti³¹ fãr²⁴ ni⁰ i⁵³ kə⁰ ku³¹ sʅ⁰］

保康县有个马良镇，［pau⁵⁵ kʰaŋ²² ɕien⁰ iəu⁵⁵ kə⁰ ma⁵⁵ niaŋ⁵³ tʂən³¹²］

马良镇有个断缰管理区。［ma⁵⁵ niaŋ⁵³ tʂən³¹² iəu⁰ kə⁰ tan³¹ tɕiaŋ²⁴ kuan⁵⁵ ni⁵⁵ tɕʰy²⁴］

据传说，在三国时期，［tɕy³¹ tʂʰuan⁵³ ʂuo⁵³，tsai³¹ san²² kue⁵³ sʅ⁵³ tɕʰi²⁴］

在蜀国大将关羽镇守襄阳。［tsai²² ʂu⁵⁵ kue⁵³ ta³¹ tɕiaŋ³¹² kuan²² y⁵⁵ tʂən³¹ ʂəu⁵⁵ ɕiaŋ²² iaŋ⁰］

他从襄阳回四川成都，［tʰa²⁴ tsʰən⁵³ ɕiaŋ²² iaŋ⁰ xuei⁵³ sʅ³¹ tʂʰuan²⁴ tʂʰən⁵³ təu²⁴］

向刘备汇报工作，［ɕiaŋ³¹ niəu⁵³ pei³¹² xuei³¹ pau⁰ kuəŋ²² tsuo⁰］

路过保康的断缰。［nəu³¹ kuo⁰ pau⁵⁵ kʰaŋ²⁴ ni⁰ tan³¹ tɕiaŋ²⁴］

在走的路上，他的马缰绳断了。［tsai³¹ tsəu⁵⁵ ni⁰ nəu³¹ ʂaŋ⁰，tʰa²⁴ ni⁰ ma⁵⁵ tɕiaŋ²² ʂən⁰ tan³¹ nau⁰］

他看到一个农夫在耕地。［tʰa²⁴ kʰan³¹ tau⁰ i⁵³ kə⁰ nən⁵³ fu²⁴ tsai³¹ kən²² ti³¹²］

他向这个农夫索要了一个绳子，［tʰa²⁴ ɕiaŋ³¹ tʂe⁰ kə⁰ nən⁵³ fu⁰ suo⁵³ iau³¹² nau⁰ i⁵³ kə⁰ ʂən⁰ tsʅ⁰］

做马缰绳。［tsəu³¹ ma⁵⁵ tɕiaŋ²² ʂən⁰］

这个农夫把牛牮绳解下来，［tʂe³¹ kə⁰ nən⁵³ fu²⁴ pa⁵⁵ niəu⁵³ pʰie⁵³ ʂən⁰ kai⁵⁵ ɕia⁰ nai⁰］

送给关羽做缰绳。［səŋ³¹ ki²⁴ kuan²² y⁵⁵ tsəu³¹ tɕiaŋ²² ʂən⁰］

因为他的缰绳在这个地方儿断了，［in²² uei⁰ tʰa²⁴ ni⁰ tɕiaŋ²² ʂən⁰ tsai³¹ tʂe³¹ kə⁰ ti³¹ fãr²⁴ tan³¹ nau⁰］

这个地方儿的地名儿叫断缰。［tʂe³¹ kə⁰ ti³¹ fãr²⁴ ni⁰ ti³¹ miər⁵³ tɕiau³¹ tan³¹ tɕiaŋ²⁴］

而这个地方儿的牛耕地不用牮绳。［ɚ⁵⁵ tʂe³¹ kə⁰ ti³¹ fãr²⁴ ni⁰ niəu⁵³ kən²² ti³¹² pu⁰ yəŋ³¹ pʰie⁵³ ʂən⁰］

当时农夫问这个关羽：［taŋ²² sʅ⁵³ nən⁵³ fu²⁴ uən³¹ tʂe³¹ kə⁰ kuan²² y⁵⁵］

"我把辔绳给了你，[uo⁵⁵ pa⁵⁵ pʰie⁵³ ʂən⁰ ki²² nau⁰ ni⁵⁵]

我的牛不听话怎么办？"[uo⁵⁵ ni⁰ niəu⁵³ pu⁵³ tʰin²² xua³¹² tsən⁵⁵ mə⁰ pan³¹²]

关羽说："没得事儿，[kuan²² y⁵⁵ ʂuo⁵³：mei²² te⁵³ sər³¹²] 没得：没有

你的牛从此后不需要用辔绳。"[ni⁵⁵ ni⁰ niəu⁵³ tsʰəŋ⁵³ tsʅ⁵⁵ xəu³¹² pu⁵³ ɕy²² iau⁰ yəŋ³¹ pʰie⁵³ ʂən⁰]

所以现在断缰的农民耕地，[suo⁵⁵ i⁰ ɕiɛn³¹ tsai³¹² tan³¹ tɕiaŋ²⁴ ni⁰ nən⁵³ min⁰ kən²² ti³¹²]

牛只要耕绳不要辔绳。[niəu⁵³ tsʅ⁵³ iau³¹ kən²² ʂən⁰ pu⁵³ iau³¹ pʰie⁵³ ʂən⁰]

意译：我讲一个关于保康马良断缰这个地方的故事。保康县有个马良镇。马良镇有个断缰管理区。

据传说，三国时期蜀国大将镇守襄阳。他从襄阳回四川成都向刘备汇报工作，路过保康的断缰。在走的路上，他的马缰绳断了。他看到一个农夫在耕地。他向这个农夫索要了一个绳子做马缰绳。

这个农夫把牛辔绳解下来，送给关羽做缰绳。因为他的缰绳在这个地方儿断了，这个地方就叫断缰。而这个地方儿的牛耕地时也不用辔绳。当时农夫问关羽："我把辔绳给了你，我的牛不听话怎么办？"关羽说："没事儿，你的牛从此后不需要用辔绳。"

所以现在断缰的农民耕地，只要耕绳不要辔绳。

0024 其他故事

我讲一个保康乌吼垭的故事。[uo⁵⁵ tɕiaŋ⁵⁵ i⁵³ kə⁰ pau⁵⁵ kʰaŋ⁰ u²² xəu ia⁵⁵ ni⁰ ku³¹ sʅ⁰]

保康县政府对面山上有一个山垭，[pau⁵⁵ kʰaŋ⁰ ɕiɛn³¹² tʂən³¹ fu⁵⁵ tei³¹ miɛn³¹ ʂan²² ʂaŋ⁰ iəu⁵⁵ i⁵³ kə⁰ ʂan²² ia⁵⁵] 山垭：山崖

叫乌吼垭。[tɕiau³¹ u²² xəu⁵⁵ ia⁵⁵]

据传说，三国时期，[tɕy³¹ tʂʰuan⁵³ ʂuo⁵³，san²² kue⁵³ sʅ⁵³ tɕʰi²⁴]

蜀国大将张飞，[ʂu⁵⁵ kue⁵³ ta³¹ tɕiaŋ³¹ tʂaŋ²⁴ fei²⁴]

受刘备的军令开辟大西南。[ʂəu³¹ niəu⁵³ pei³¹ ni⁰ tɕyn²² nin³¹² kʰai²² pʰi²⁴ ta³¹ ɕi²² nan⁵³]

他在作战的途中路过保康。[tʰa²² tsai³¹ tsuo⁵³ tʂan³¹ ni⁰ tʰu⁵³ tʂuaŋ²⁴ nəu³¹ kuo⁰ pau⁵⁵ kʰaŋ⁰]

他走到乌吼垭的时候，[tʰa²⁴ tsəu⁵⁵ tau⁰ u²² xəu⁵⁵ ia⁵⁵ ni⁰ sʅ⁵³ xəu⁰]

他的部队没有跟上。[tʰa²⁴ ni⁰ pu³¹ tei³¹ mei iəu⁵⁵ kən²² ʂaŋ³¹²]

过去科学不发达，[kuo²² tɕʰy³¹² kʰuo²² ɕyo⁵³ pu⁵³ fa⁵³ ta⁵³]

也没有电台，也没有军号。[ie⁵⁵mei²²iəu⁵⁵tiɛn³¹tʰai⁵³, ie⁵⁵mei²²iəu⁵⁵tɕyn²²xau³¹²]

刘，张飞为联系他的部队，[niəu⁵³, tʂaŋ²²fei²⁴uei³¹niɛn⁵³ɕi⁰tʰa²⁴ni⁰pu³¹tei⁰]

他打了一个乌吼，[tʰa²⁴ta⁵⁵nau⁰i⁵³kə⁰u²²xəu⁵⁵] 乌吼：大吼

发出一个信号儿，[fa⁵³tʂʰu⁵³i⁵³kə⁰ɕin³¹xaur⁰]

让他的部队听到他已经到了这个地方。[ʐaŋ³¹tʰa²⁴ni⁰pu³¹tei⁰tʰin²²tau⁰tʰa²²i⁵⁵tɕin⁰tau³¹nau⁰tʂe³¹kə⁰ti³¹faŋ²⁴]

他的部队听到他的信号儿以后，[tʰa²⁴ni⁰pu³¹tei⁰tʰin²²tau⁰tʰa²²ni⁰ɕin³¹xaur⁰i⁵⁵xəu³¹²]

陆续地就赶上来了。[nəu⁵³ɕy⁰ni⁰təu³¹kan⁵⁵ʂaŋ³¹nai⁰nau⁰]

从此以后，[tsʰən⁵³tsʅ⁵⁵i⁵⁵xəu³¹²]

这个地方儿取名儿就叫乌吼垭。[tʂe³¹kə⁰ti³¹fãr²⁴tɕʰy⁵⁵miər⁵³təu³¹tɕiau³¹u²²xəu⁵⁵ia⁵⁵]

意译：我讲一个保康乌吼垭的故事。保康县政府对面山上有一个山垭，叫乌吼垭。

据传说，三国时期，蜀国大将张飞，受刘备的军令开辟大西南，他在作战途中路过保康。他走到乌吼垭的时候，他的部队还没有跟上他。

过去，科学不发达，既没电台，也没军号。张飞为联系他的部队，他大吼一声，发出一个信号，让他的部队知道他已经到了这个地方。他的部队听到他的信号以后陆续地赶上来了。从此以后，这个地方儿就叫乌吼垭。

0025 其他故事

我讲一个藏妖洞和拿妖岭的故事。[uo⁵⁵tɕiaŋ⁵⁵i⁵³kə⁰tsʰaŋ⁵³iau²⁴təŋ³¹xə⁵³na⁵³iau²⁴nin⁵⁵ni⁰ku³¹sʅ⁰]

保康县的东方有一个黄堡镇。[pau⁵⁵kʰaŋ⁰ɕiɛn³¹ni⁰təŋ²²faŋ²⁴iəu⁵⁵i⁵³kə⁰xuaŋ⁵³pau⁵⁵tʂən³¹²]

黄堡镇有一个张家沟村儿。[xuaŋ⁵³pau⁵⁵tʂən³¹iəu⁵⁵i⁵³kə⁰tʂaŋ²²tɕia²⁴kəu²⁴tsʰər²⁴]

张家沟村儿有一个很大的山洞，[tʂaŋ²²tɕia²⁴kəu²⁴tsʰər²⁴iəu⁵⁵i⁵³kə³¹xən⁵⁵ta³¹ni⁰ʂan²²təŋ³¹²]

名为藏妖洞。[min⁵³uei³¹tsʰaŋ⁵³iau²⁴təŋ³¹²]

还有一个山梁子，[xai⁵³iəu⁵⁵i⁵³kə⁰ʂan²²niaŋ⁵³tsʅ⁰] 山梁子：山脊

名为拿妖岭。[min⁵³uei³¹na⁵³iau²⁴nin⁵⁵]

据传说呀，[tɕy³¹tʂʰuan⁵³ʂuo⁵³ia⁰]

孙悟空儿保唐僧到西天取经，[sən²²u⁵³kʰuə̃r⁵⁵pau⁵⁵tʰaŋ⁵³sen²⁴tau³¹ɕi²²tʰiɛn²⁴tɕʰy⁵⁵tɕin²⁴]

路过保康的天空。[nəu³¹kuo⁰pau⁵⁵kʰaŋ⁰ni⁰tʰiɛn²²kʰuəŋ²⁴]

孙悟空儿按下云头一看啦，[sən²²u⁵³kʰuə̃r⁵⁵an³¹ɕia³¹yn⁵³tʰəu⁵³i⁵³kʰan³¹na⁰]

看到一个堰塘里边，[kʰan³¹tau i⁵³kə⁰iɛn³¹tʰaŋ⁵³ni⁵⁵piɛn⁰] 堰塘：池塘

有几个妖精在那里洗澡戏水。[iəu⁵⁵tɕi⁵⁵kə⁰iau²²tɕin²⁴tsai³¹na³¹ni⁰ɕi⁵⁵tsau⁵⁵ɕi³¹ʂuei⁵⁵] 洗澡：游泳

他落下云头，[tʰa²⁴nuo⁵³ɕia³¹yn⁵³tʰəu⁵³]

准备去捉拿这几个妖精。[tʂuən⁵⁵pei⁰kʰi³¹tʂʰuo⁵³na⁵³tʂe³¹tɕi⁵⁵kə⁰iau²²tɕin²⁴]

可是落到地面以后，[kʰə⁵⁵ʂʅ³¹²nuo³¹tau³¹ti³¹miɛn³¹i⁵³xəu³¹²]

几个妖精没得影儿了。[tɕi⁵⁵kə⁰iau²²tɕin²⁴mei²²te⁵³iər⁵⁵nau⁰] 没得影儿：不见

他顺倒妖精的气味儿，[tʰa²⁴ʂun³¹tau iau²²tɕin²⁴ni⁰tɕʰi³¹uər⁰] 顺倒：顺着，沿着

寻找到了一个山洞。[ɕyn⁵³tʂau⁵⁵tau³¹nau⁰i⁵³kə⁰ʂan²²təŋ³¹²]

这个山洞被封住了。[tʂe³¹kə⁰ʂan²²təŋ³¹²pei³¹fəŋ²²tʂu⁰nau⁰]

孙悟空儿用他的金箍棒，[sən²²u⁵³kʰuə̃r⁵⁵yəŋ³¹tʰa²²ni⁰tɕin²²ku⁰paŋ³¹²]

打开了这个洞门，[ta⁵⁵kʰai²⁴nau⁰tʂe³¹kə⁰təŋ²²mən⁵³]

进到洞里搜寻。[tɕin³¹tau təŋ³¹ni⁰səu²²ɕyn⁵³]

但是没有发现妖精。[tan³¹ʂʅ³¹mei²²iəu fa⁵³ɕiɛn³¹iau²²tɕin⁰]

发现了后山有一个出口儿，[fa⁵³ɕiɛn³¹nau⁰xəu³¹ʂan³¹iəu⁵⁵i⁵³kə⁰tʂʰu⁵³kʰər⁵⁵]

几个妖精从后山逃跑了。[tɕi⁵⁵kə⁰iau²²tɕin²⁴tsʰəŋ⁵³xəu³¹ʂan²⁴tʰau⁵³pʰau⁵⁵nau⁰]

孙悟空儿驾起跟头云，[sən²²u⁵³kʰuə̃r⁵⁵tɕia³¹tɕʰi⁵⁵kən²²tʰəu⁵³yn⁵³] 跟头云：筋斗云

撵上了妖精。[niɛn⁵⁵ʂaŋ³¹nau⁰iau²²tɕin²⁴] 撵：追

在这后边一个山梁子上发现了妖精。[tsai³¹tʂe³¹xəu³¹piɛn²⁴i⁵³kə⁰ʂan²²niaŋ⁵³tsʅ⁰ʂaŋ⁰fa⁵³ɕiɛn³¹nau⁰iau²²tɕin²⁴]

他把几个妖精捉住了。[tʰa²⁴pa⁵⁵tɕi⁵⁵kə³¹iau²²tɕin²⁴tʂuo⁵³tʂu⁰nau⁰]

以后把这个山梁子起了一个名字，[i⁵³xəu³¹pa⁵⁵tʂe³¹kə⁰ʂan²²niaŋ⁵³tsʅ tɕʰi⁵⁵nau⁰i⁵³kə⁰min⁵³tsʅ⁰] 把：给

叫拿妖岭。[tɕiau³¹na⁵³iau²⁴nin⁵⁵]

意译：我讲一个藏妖洞和拿妖岭的故事。保康县的东方有一个黄堡镇。黄堡镇有一个张家沟村儿。张家沟村儿有一个很大的山洞，名为藏妖洞。还有一个山脊，名为拿妖岭。

据传说，孙悟空儿保唐僧到西天取经路过保康的天空。孙悟空按下云头一看，看到一个池塘里边有几个妖精在那里游泳戏水。他落下云头，准备去捉拿这

几个妖精。可是，落到地面以后，几个妖精不见了。他顺着妖精的气味儿寻找到了一个山洞。这个山洞被封住了。孙悟空儿用他的金箍棒打开了这个洞门。进到洞里搜寻，但是没有发现妖精，发现了后山有一个出口儿，几个妖精从后山逃跑了。孙悟空儿驾起跟头云追上了妖精。在这后边一个山脊上发现了妖精，他把几个妖精捉住了。以后给这个山脊起了一个名字，叫拿妖岭。

0026 其他故事

我讲一个餐馆儿匾额的故事。[uo⁵⁵ tɕiaŋ⁵⁵ i⁵³ kə⁰ tsʰan²² kuɐr⁵⁵ piɛn⁵⁵ e⁵³ ni⁰ ku³¹ sʅ⁰]

据传说呀，[tɕy³¹ tsʰuan⁵³ ʂuo⁵³ ia⁰]

古时候儿保康老城区有一家餐馆，[ku⁵⁵ ʂʅ⁵³ xəur⁰ pau⁵⁵ kʰaŋ⁰ nau⁵⁵ tʂʰən⁵³ tɕʰy²⁴ iəu⁵⁵ i⁵³ tɕia²⁴ tsʰan²² kuan⁵⁵]

挂了一个匾额名为"圣贤愁"。[kua³¹ nau⁰ i⁵³ kə⁰ piɛn⁵⁵ e⁵³ min⁵³ uei³¹ ʂən³¹ ɕiɛn⁵³ tsʰəu⁵³]

为啥子挂这样一个匾额？[uei³¹ ʂa³¹ tsʅ⁰ kua³¹ tʂe³¹ iaŋ⁰ i⁵³ kə⁰ piɛn⁵⁵ e⁵³]

它还是有些讲究。[tʰa²⁴ xai⁵³ ʂʅ⁰ iəu⁵⁵ ɕie²⁴ tɕiaŋ⁵⁵ tɕiəu⁰] 讲究：原因

因为在这个街上啊，[in²² uei⁰ tsai³¹ tʂe³¹ kə⁰ kai²² ʂaŋ⁰ a⁰] 街上：城里

有几个混混儿、地痞。[iəu⁵⁵ tɕi⁵⁵ kə⁰ xuən³¹ xuər⁰、ti³¹ pʰi⁵⁵] 混混儿：游手好闲、不务正业的人

不管什么人在这个餐馆就餐，[pu⁵³ kuan⁵⁵ ʂən³¹ mə⁰ ʐən⁵³ tsai³¹ tʂe³¹ kə⁰ tsʰan²² kuan⁵⁵ tɕiəu³¹ tsʰan²⁴]

他们都要来参加吃，也不付钱。[tʰa²⁴ mən⁰ təu⁰ iau³¹ nai⁵³ tsʰan²² tɕia²⁴ tʂʰʅ⁵³，ie⁵⁵ pu⁵³ fu³¹ tɕʰiɛn⁵³]

餐馆儿老板恼火至极呀，[tsʰan²² kuan⁵⁵ nau⁵⁵ pan⁵⁵ nau⁵⁵ xuo⁵⁵ tʂʅ³¹ tɕi⁵³ ia⁰]

所以就请先生给他写了一个匾额，[suo⁵⁵ i⁰ təu³¹ tɕʰin⁵⁵ ɕiɛn²² sən⁰ ki³¹ tʰa²⁴ ɕye⁵⁵ nau⁰ i⁵³ kə⁰ piɛn⁵⁵ e⁵³]

名为"圣贤愁"。[min⁵³ uei³¹ ʂən³¹ ɕiɛn⁵³ tsʰəu⁵³]

传说有一天，两个神仙，[tʂʰuan⁵³ ʂuo⁵³ iəu⁵⁵ i⁵³ tʰiɛn²⁴，niaŋ⁵⁵ kə⁰ ʂən³¹ ɕyɛn⁰]

一个叫张果老，一个叫吕洞宾，[i⁵³ kə⁰ tɕiau³¹ tʂaŋ²² kuo⁵⁵ nau⁵⁵，i⁵³ kə⁰ tɕiau³¹ ny⁵⁵ təŋ³¹ pin²⁴]

云游到这个地方。[yn⁵³ iəu⁵³ tau⁰ tʂe³¹ kə⁰ ti³¹ faŋ⁰]

他们落下云头，[tʰa²⁴ mən⁰ nuo⁵³ ɕia⁰ yn⁵³ tʰəu⁵³]

在街上看到了这个餐馆的匾额。[tsai³¹ kai²² ʂaŋ⁰ kʰan³¹ tau⁰ nau⁰ tʂe³¹ kə⁰ tsʰan²² kuan⁵⁵ ni⁰ piɛn⁵⁵ e⁵³] 街上：城里

觉得好奇，[tɕyo⁵³ te⁰ xau³¹ tɕʰi⁵³]

就进到这个餐馆准备就餐。[təu³¹ tɕin³¹ tau⁰ tʂe³¹ kə⁰ tsʰan²² kuan⁵⁵ tʂuən⁵⁵ pei⁰ tɕiəu³¹ tsʰan²⁴]

店小二就上了一壶酒。[tiɛn³¹ ɕiau⁵⁵ ɚ³¹² tɕiəu³¹ ʂaŋ³¹ nau⁰ i⁵³ xu⁵³ tɕiəu⁵⁵]

这个混混儿看到有人在这儿就餐，[tʂe³¹ kə⁰ xuən³¹ xuər⁰ kʰan³¹ tau⁰ iəu⁵⁵ zən⁵³ tsai³¹ tʂər³¹ tɕiəu³¹ tsʰan²⁴]

上了酒啊，[ʂaŋ³¹ nau⁰ tɕiəu⁵⁵ a⁰]

他也赶快到一起去搭腔儿。[tʰa²⁴ ie⁵⁵ kan⁵⁵ kʰuai³¹ tau³¹ i⁵³ tɕʰi⁵⁵ kʰi³¹² ta⁵³ tɕʰiãr²⁴] 搭腔儿：搭讪

"请问二位先生，[tɕʰin⁵⁵ uən³¹ ɚ³¹ uei³¹ ɕyɛn²⁴ sən⁰]

是上北京还是到南京？[ʂɿ³¹ ʂaŋ³¹ pe⁵³ tɕin²⁴ xai⁵³ ʂɿ⁰ tau³¹ nan⁵³ tɕin²⁴] 上：去，到

咱们同路儿吧。[tsan⁵³ mən⁰ tʰən⁵³ nəur³¹² pa⁰]

咱们在一起吃个饭。"[tsan⁵³ mən⁰ tsai³¹ i⁵³ tɕʰi⁵⁵ tʂʰɿ⁵³ kə⁰ fan³¹²]

这二位仙人知道他是一个痞子。[tʂe³¹ ɚ³¹ uei³¹ ɕyɛn²² zən⁵³ tʂɿ²² tau³¹ tʰa²⁴ ʂɿ³¹ i⁵³ kə⁰ pʰi⁵⁵ tsɿ⁰]

所以张果老出了一个节目儿。[suo⁵⁵ i⁰ tʂaŋ⁵⁵ kuo⁵⁵ nau⁵⁵ tʂʰu⁵³ nau⁰ i⁵³ kə⁰ tɕie⁵³ mur⁰] 节目儿：题目

"你参加吃饭喝酒，可以。[ni⁵⁵ tsʰan²² tɕia²⁴ tʂʰɿ⁵³ fan³¹ xuo²² tɕiəu⁵⁵，kʰuo⁵⁵ i⁰]

但是要就这个餐馆匾额上的名称，[tan³¹ ʂɿ iau³¹ tɕiəu³¹ tʂe³¹ kə⁰ tsʰan²² kuan⁵⁵ piɛn⁵⁵ e⁵³ ʂaŋ⁰ ni⁰ min⁵³ tsʰən⁰] 就：根据

说一个字儿，说几句话，[suo⁵³ i⁵³ kə⁰ tsər³¹²，suo⁵³ tɕi⁵⁵ tɕy³¹ xua³¹²]

还要从身上拿一点儿东西下来下酒。"[xai⁵³ iau⁰ tsʰʰəŋ⁵³ ʂən²² ʂaŋ⁰ na⁵³ i⁵³ tiɛr⁵⁵ təŋ²² ɕi⁰ ɕia³¹ nai⁰ ɕia³¹ tɕiəu⁵⁵]

这样大家都推举由张果老先说。[tʂe³¹ iaŋ⁰ ta³¹ tɕia²⁴ təu²⁴ tʰei²² tɕy⁵⁵ iəu⁵³ tʂaŋ²² kuo⁵⁵ nau⁵⁵ ɕiɛn²² suo⁵³]

张果老说：[tʂaŋ²² kuo⁵³ nau⁵⁵ suo⁵³]

"这繁写的字儿是一个耳，[tʂe³¹ fan⁵³ ɕie⁵³ ni⁰ tsər³¹² ʂɿ³¹ i⁵³ kə⁰ ɚ⁵⁵]

一个口，一个王，是个圣。"[i⁵³ kə⁰ kʰəu⁵⁵，i⁵³ kə⁰ uaŋ⁵³，ʂɿ³¹ kə⁰ ʂən³¹²]

他："我就就这个字儿说哦。[tʰa²⁴：uo⁵⁵ təu³¹ tɕiəu³¹ tʂe³¹ kə⁰ tsər³¹² suo⁵³ uo⁰]

耳口王，耳口王，[ɚ⁵⁵ kʰəu⁵⁵ uaŋ⁵³，ɚ⁵⁵ kʰəu⁵⁵ uaŋ⁵³]

壶中有酒我先尝。[xu⁵⁵ tʂuəŋ²⁴ iəu⁵⁵ tɕiəu⁰ uo⁵⁵ ɕiɛn²² tʂʰaŋ⁵³]

桌上没有下酒菜，[tʂuo⁵³ ʂaŋ⁰ mei²² iəu⁵⁵ ɕia³¹ tɕiəu⁵⁵ tsʰai³¹²]

我拿下耳朵尝一尝。"[uo⁵⁵ na⁵³ ɕia³¹ ɚ⁵⁵ tuo⁰ tʂʰaŋ⁵³ i⁰ tʂaŋ⁵³]

张果老喝酒吃耳朵。[tʂaŋ²² kuo⁵⁵ nau⁵⁵ xuo²² tɕiəu⁵⁵ tsʰʰɿ⁵³ ɚ⁵⁵ tuo⁰]

这样，[tṣe³¹ iaŋ⁰]

这个吕洞宾叫这个痞子先说。[tṣe³¹ kə⁰ ny⁵⁵ təŋ³¹ pin²⁴ tɕiau³¹ tṣe³¹ kə⁰ pʰi⁵⁵ tsʅ⁰ ɕiɛn²² ʂuo⁵³]

痞子说："还是你儿老人家先说。"[pʰi⁵⁵ tsʅ⁰ ʂuo⁵³：xai⁵³ ʂʅ⁰ niər⁵⁵ nau⁵⁵ zən⁵³ tɕia²⁴ ɕiɛn²² ʂuo⁵³] 你儿：第二人称尊称，面称

这样吕洞宾就"贤"，[tṣe³¹ iaŋ⁰ ny⁵⁵ təŋ³¹ pin²⁴ tɕiəu³¹ ɕiɛn⁵³]

繁写的"贤"是"臣、又、贝"。[fan⁵³ ɕiɛn⁵⁵ ni⁰ ɕiɛn⁵³ ʂʅ³¹ tṣʰən⁵³、iəu³¹²、pei³¹²]

好，吕洞宾说：[xau⁵⁵，ny⁵⁵ təŋ³¹ pin²⁴ ʂuo⁵³]

"臣又贝、臣又贝，[tṣʰən⁵³ iəu³¹ pei³¹²、tṣʰən⁵³ iəu³¹ pei³¹²]

桌上没有下酒菜，[tṣuo⁵³ ʂaŋ⁰ mei²² iəu⁵⁵ ɕia³¹ tɕiəu⁵⁵ tsʰai³¹²]

我拿下耳朵来，[uo⁵⁵ na⁵³ ɕia³¹ ɚ⁵⁵ tuo⁰ nai⁰]

拿下鼻子来配一配。"[na⁵³ ɕia³¹ pi⁵³ tsʅ⁰ nai⁵³ pʰei³¹ i⁰ pʰei³¹²]

这样，吕洞宾喝酒吃鼻子。[tṣe³¹ iaŋ⁰，ny³¹ təŋ³¹ pin²⁴ xuo²² tɕiəu⁵⁵ tṣʅ⁵³ pi⁵³ tsʅ⁰]

最后临到这个痞子说。[tsei³¹ xəu³¹² nin⁵³ tau⁰ tṣe³¹ kə⁰ pʰi⁵⁵ tsʅ⁰ ʂuo⁵³] 临到：轮到

痞子也只有这一个字儿了，[pʰi⁵⁵ tsʅ⁰ ie⁵⁵ tsʅ⁵³ iəu⁵⁵ tṣe³¹ i⁵³ kə⁰ tsər³¹² nau⁰]

这就是"愁"。[tṣe³¹ tɕiəu³¹ ʂʅ⁰ tsʰəu⁵³]

"愁"是禾旁儿搁个火，再搁个心。[tsʰəu⁵³ ʂʅ⁰ xuo⁵³ pʰãr⁵³ kuo⁵⁵ kə⁰ xuo⁵³，tsai³¹ kuo⁵⁵ kə⁰ ɕin²⁴] 搁：放

他也灵机一动，计上心来呀。[tʰa²⁴ ie⁵⁵ nin⁵³ tɕi²⁴ i⁵³ təŋ³¹²，tɕi³¹ ʂaŋ³¹ ɕin²⁴ nai⁵³ ia⁵³]

他说："禾火心，禾火心，[tʰa²⁴ ʂuo⁵³：xuo⁵³ xuo⁵⁵ ɕin²⁴，xuo⁵³ xuo⁵⁵ ɕin²⁴]

壶中有酒我来斟，[xu⁵³ tṣuaŋ²⁴ iəu⁵⁵ tɕiəu⁵⁵ uo⁵⁵ nai⁵³ tṣən²⁴]

桌上没有下酒菜，[tṣuo⁵³ ʂaŋ⁰ mei²² iəu⁵⁵ ɕia³¹ tɕiəu⁵⁵ tsʰai³¹²]

我拔根毫毛敬先生。"[uo⁵⁵ pa⁵³ kən²⁴ xau⁵³ mau⁰ tɕin³¹ ɕiɛn²² sən⁰]

这样，张果老和吕洞宾就问他：[tṣe³¹ iaŋ⁰，tṣaŋ²² kuo⁵⁵ nau⁵⁵ xuo⁵³ ny⁵⁵ təŋ³¹ pin²⁴ təu³¹ uən³¹ tʰa²⁴]

"我们的鼻子和耳朵都能吃，[uo⁵⁵ mən⁰ ni⁰ pi⁵³ tsʅ⁰ xuo⁵³ ɚ⁵⁵ tuo⁰ təu²⁴ nən⁵³ tṣʰʅ⁵³]

都能下酒。[təu²⁴ nən⁵³ ɕia³¹ tɕiəu⁵⁵]

你拔一根毫毛起啥作用？[ni⁵⁵ pa⁵³ i⁵³ kən²⁴ xau⁵³ mau⁰ tɕʰi⁵⁵ ʂa³¹ tsuo⁵³ yəŋ⁰]

你吃不吃？"[ni⁵⁵ tṣʰʅ⁵³ pu⁰ tṣʅ⁵³]

这个痞子说呀：[tṣe³¹ kə⁰ pʰi⁵⁵ tsʅ⁰ ʂuo⁵³ ia⁰]

"二位仙家呀，[ɚ³¹ uei³¹ ɕyɛn²² tɕia²⁴ ia⁰]

是遇到了你们两位先生，[ʂʅ³¹ y³¹ tau⁰ nau⁰ ni⁵⁵ mən⁰ niaŋ⁵⁵ uei³¹ ɕiɛn²² sən²⁴]

是遇到别人啦，我是一毛不拔。"[ʂɻ³¹ y³¹ tau⁰ pie⁵³ zən⁵³ na⁰，uo⁵⁵ ʂɻ³¹ i⁵³ mau⁵³ pu⁵³ pa⁵³]

意译：我讲一个餐馆儿匾额的故事。听说，以前保康老城区有一家餐馆挂了一个匾额，名为"圣贤愁"。为什么挂这样一个匾额呢？这里有一些故事。因为在这个城里有几个不务正业的混混儿。不管什么人在这家餐馆就餐，他都要来蹭饭。餐馆儿老板为此非常烦闷，所以就请先生给他写了一个匾额，名为"圣贤愁"。

传说有一天，有两个神仙，一个叫张果老，一个叫吕洞宾，云游到这个地方。他们落下云头，在街上看到了这个餐馆的匾额，觉得好奇，就到这家餐馆准备就餐。店小二上了一壶酒。这个混混儿看到有人在这儿就餐上了酒，他也赶快去搭讪："请问二位先生是去北京还是去南京？咱们同路儿吧。咱们在一起吃个饭。"这二位仙人知道他是一个痞子，所以张果老出了一个节目儿："你参加吃饭、喝酒，可以。但是要根据这个餐馆匾额上的名称，说一个字儿、说几句话，还要从身上拿一点儿东西下来下酒。"

这样大家都推举由张果老先说。张果老说："这繁写的圣字是一个耳一个口一个王，是个圣。"他说："我就说这个字儿吧。耳口王，耳口王，壶中有酒我先尝。桌上没有下酒菜，我拿下耳朵尝一尝。"于是，张果老喝酒吃耳朵。

然后，吕洞宾叫这个痞子先说。痞子说："还是您老人家先说吧。"这样吕洞宾就说"贤"字，繁写的"贤"是"臣、又、贝"。好，吕洞宾说："臣又贝、臣又贝，壶中有酒我喝醉，桌上没有下酒菜，我拿下耳朵来，拿下鼻子来配一配。"这样，吕洞宾喝酒吃鼻子。

最后轮到这个痞子说。痞子也只剩这一个字儿了，这就是"愁"。愁是禾旁加个火，再加个心。他也灵机一动，计上心来呀。他说："禾火心，禾火心，壶中有酒我来斟，桌上没有下酒菜，我拔根毫毛敬先生。"这样，张果老和吕洞宾就问他："我们的鼻子和耳朵，都能吃，都能下酒，你拔一根毫毛起啥作用？能吃吗？"这个痞子说："二位仙家呀，这是遇到了你们两位先生，如果遇到别人啦，我是一毛不拔。"

0027 其他故事

我讲一个对对联儿的故事。[uo⁵⁵ tɕiaŋ⁵⁵ i⁵³ kə⁰ tei³¹ tei³¹ niɐr⁵³ ni⁰ ku³¹ ʂɻ⁰]

过去呀，在解放前，[kuo²² tɕʰy³¹² ia⁰，tsai³¹ tɕie⁵⁵ faŋ⁰ tɕʰiɛn⁵³]

妇女是没有社会活动地位的，[fu³¹ ny⁵⁵ ʂɻ³¹ mei²² iəu⁵⁵ ʂe³¹ xuei⁰ xuo⁵³ təŋ⁰ ti³¹ uei⁰ ni⁰]

她更不用说读书。[tʰa²⁴kən³¹pu⁵³yəŋ³¹ʂuo⁵³tu⁵³ʂu²⁴]

一个文化人儿，现在的老师，[i⁵³kə⁰uen⁵³xua⁰zɚr⁵³，ɕiɛn³¹tsai³¹ni⁰nau⁵⁵sʅ²⁴]

在，过，旧社会叫，称为先生。[tsai³¹²，kuo³¹²，tɕiəu³¹ʂe³¹xuei³¹tɕiau³¹，tʂʰən²²uei³¹ɕyɛn²²sən²⁴]

这个先生用出对联儿的这种方式，[tʂe³¹kə⁰ɕyɛn²²sən²⁴yəŋ³¹tʂʰu⁵³tei³¹niɐr⁵³ni⁰tʂe³¹tʂuəŋ⁵⁵faŋ³¹ʂʅ³¹²]

来考这个农村妇女。[nai⁵³kʰau⁵⁵tʂe³¹kə⁰nəŋ⁵³tsʰən²⁴fu³¹ny⁵⁵]

为啥子要考这个农村妇女呢？[uei³¹ʂa³¹tsʅ⁰iau³¹kʰau⁵⁵tʂe³¹kə⁰nəŋ⁵³tsʰən²⁴fu³¹ny⁵⁵ne⁰] 为啥子：为什么

因为这个先生教的一个学生，[in²²uei⁰tʂe³¹kə⁰ɕiɛn²²sən⁰tɕiau²⁴ni⁰i⁵³kə⁰ɕyo⁵³sən⁰]

他的一个学生的姐姐长得很漂亮。[tʰa²⁴ni⁰i⁵³kə⁰ɕyo⁵³sən⁰ni⁰tɕie⁵⁵tɕie⁰tʂaŋ⁵⁵ti⁰xən⁵⁵pʰiau³¹niaŋ⁰]

那一天，她到学校来送饭。[na³¹i⁰tʰiɛn²⁴，tʰa²⁴tau³¹ɕyo⁵³ɕiau⁰nai⁵³sən³¹fan³¹²]

这个先生看到这个学生的姐姐青春美貌。[tʂe³¹kə⁰ɕiɛn²²sən⁰kʰan³¹tau⁰tʂe³¹kə⁰ɕyo⁵³sən⁰ni⁰tɕie⁵⁵tɕie⁰tɕʰin²²tʂʰuən²⁴mei⁵⁵mau³¹²]

这个，先生呢，就动了怜爱之心。[tʂe³¹kə⁰，ɕiɛn²²sən⁰ne⁰，təu³¹təŋ³¹nau²²niɛn⁵³ai³¹tsʅ²²ɕin²⁴]

在学生放学的时候儿呢，[tsai³¹ɕyo⁵³sən⁰faŋ³¹ɕyo⁵³ni⁰ʂʅ⁵³xəur⁰ne⁰]

他给学生写了个对联儿的上联儿。[tʰa²⁴ki²²ɕyo⁵³sən⁰ɕie⁵⁵nau⁰kə⁰tei³¹niɐr⁵³ni⁰ʂaŋ³¹niɐr⁵³]

上联儿写的是：[ʂaŋ³¹niɐr⁵³ɕie⁵⁵ni⁰ʂʅ³¹²]

五尺裙带，半头儿抹腰半头儿剩。[u⁵⁵tʂʰʅ⁵³tɕʰyn⁵³tai³¹²，pan³¹tʰəur⁵³ma⁵³iau²⁴pan³¹tʰəur⁵³ʂən³¹²] 半头儿：半截儿

这个学生把这个老师写的上联儿，[tʂe³¹kə⁰ɕyo⁵³sən⁰pa⁵⁵tʂe³¹kə⁰nau⁵⁵sʅ²⁴ɕie⁵⁵ni⁰ʂaŋ³¹niɐr⁵³]

拿回去给她姐姐看了以后，[na⁵³xuei⁵³kʰi³¹ki²⁴tʰa²⁴tɕie⁵⁵tɕie⁰kʰan³¹nau⁰i⁵⁵xəu³¹²]

她的姐姐也非常聪明。[tʰa²⁴ni⁰tɕie⁵⁵tɕie⁰ie⁵⁵fei²²tʂʰaŋ⁵³tsʰəŋ²²min⁰]

眉头一皱，想起来了，[mei⁵³tʰəu⁰i⁵³tsəŋ³¹²，ɕiaŋ⁵⁵tɕʰi⁵⁵nai⁵³nau⁰]

对了一个下联儿。[tei³¹nau⁰i⁵³kə⁰ɕia³¹niɐr⁵³]

下联儿是：[ɕia³¹niɐr⁵³ʂʅ³¹²]

六尺锦被，半边遮体半边余。[nəu⁵³tʂʰʅ⁵³tɕin⁵⁵pei³¹²，pan³¹piɛn²⁴tʂe²²tʰi⁵⁵pan³¹ piɛn²⁴ y⁵³]

交给这个学生，[tɕiau⁵⁵ ki⁵⁵ tṣe³¹ kə⁰ ɕyo⁵³ sən⁰]

第二天上学拿了去交给老师，[ti³¹ ɚ³¹ tʰiɛn²⁴ ʂaŋ³¹ ɕyo⁵³ na⁵³ nau⁰ kʰi³¹ tɕiau²⁴ ki⁵⁵ nau⁵⁵ sʅ²⁴]

交给先生。[tɕiau²² ki⁰ ɕiɛn²² sən⁰]

先生看了以后心动了，认为，[ɕiɛn²² sən⁰ kʰan³¹ nau⁰ i⁵³ xəu³¹ ɕin²⁴ təŋ³¹ nau⁰，zən³¹ uei³¹²]

认为学生的姐姐给他发出了一个信号儿，[zən³¹ uei³¹ ɕyo⁵³ sən⁰ ni⁰ tɕie⁵⁵ tɕie⁰ ki²² tʰa²⁴ fa⁵³ tʂʰu⁵³ nau⁰ i⁵³ kə⁰ ɕin³¹ xaur³¹²]

友好的信号儿。[iəu⁵⁵ xau⁵⁵ ni⁰ ɕin³¹ xaur³¹²]

这样，[tṣe³¹ iaŋ⁰]

这个先生继续用写对联儿的形式，[tṣe³¹ kə⁰ ɕiɛn²² sən⁰ tɕi³¹ ɕy³¹ yoŋ³¹ ɕie⁵⁵ tei³¹ nieɻ⁵³ ni⁰ ɕin⁵³ ʂʅ⁰]

这个，探问这个学生姐姐。[tṣe³¹ kə⁰，tʰan³¹ uen³¹ tṣe³¹ kə⁰ ɕyo⁵³ sən⁰ tɕie⁵⁵ tɕie⁰]

他又写了一个上联儿：[tʰa²⁴ iəu³¹ ɕie⁵⁵ nau⁰ i⁵³ kə⁰ ʂaŋ³¹ nieɻ⁵³]

树大根深，叫巧妇从何处下手。[ʂu³¹ ta³¹ kən²⁴ ʂən²⁴，tɕiau³¹ tɕʰiau⁵⁵ fu²⁴ tsʰəŋ⁵³ xə⁵³ tʂʰu³¹ ɕia³¹ ʂəu⁵⁵]

交给学生带回去给她姐姐看。[tɕiau²² ki⁵⁵ ɕyo⁵³ sən⁰ tai³¹ xuei⁵³ kʰi⁰ ki²¹ tʰa²⁴ tɕie⁵⁵ tɕie⁰ kʰan³¹²]

她姐姐看了以后啊，认为，[tʰa²⁴ tɕie⁵⁵ tɕie⁰ kʰan³¹ nau⁰ i⁵³ xəu³¹²，zən³¹ uei³¹²]

这个老师怎么纠缠不休呢？[tṣe³¹ kə⁰ nau⁵⁵ sʅ²⁴ tsən⁵⁵ mə⁰ tɕiəu²² tʂʰan⁵³ pu⁵³ ɕiəu²⁴ ne⁰]

她就写了一个下联儿来回绝这个先生。[tʰa²⁴ tɕiəu³¹ ɕie⁵⁵ nau⁰ i⁵³ kə⁰ ɕia³¹ nieɻ⁵³ nai⁵³ xuei⁵³ tɕye⁵³ tṣe³¹ kə⁰ ɕiɛn²² sən⁰]

她这个下联儿写的是呢：[tʰa²⁴ tṣe³¹ kə⁰ ɕia³¹ nieɻ⁵³ ɕie⁵⁵ ni⁰ ʂʅ³¹ ne⁰]

河干水浅，劝渔翁及早回头。[xuo⁵³ kan²⁴ ʂuei⁵⁵ tɕʰiɛn⁵⁵，tɕʰyɛn³¹ y⁵³ uəŋ²⁴ tɕi⁵³ tsau⁵⁵ xuei⁵³ tʰəu⁵³]

这说明了在妇女没有社会地位，[tṣe³¹ ʂuo⁵³ min⁵³ nau⁰ tsai³¹ fu³¹ ny⁵⁵ mei²² iəu⁵⁵ ʂe³¹ xuei⁰ ti³¹ uei⁰]

没有社会活动权限的情况儿下，[mei²² iəu⁵⁵ ʂe³¹ xuei⁰ xuo⁵³ təŋ³¹ tɕʰyɛn⁵³ ɕiɛn³¹ ni⁰ tɕʰin⁵³ kʰuãr⁰ ɕia⁰]

妇女也很有智慧。[fu³¹ ny⁵⁵ ie⁵⁵ xən⁵⁵ iəu⁵⁵ tʂʅ³¹ xuei⁰]

意译：我讲一个对对联的故事。解放前，妇女是没有社会地位的，更不可能去读书。一个文化人，就是现在的老师，旧社会叫先生。这个先生用出对联的方式来考一个农村妇女。

为什么要考这个农村妇女呢？因为这个先生教的一个学生，他的姐姐长得很漂亮。有一天，她到学校来送饭。这个先生看到她年轻貌美，就动了恻隐之心。放学的时候呢，他给学生写了个对联的上联。上联写的是：五尺裙带，半头儿抹腰半头儿剩。这个学生把老师写的上联儿拿回去给她姐姐看。她的姐姐非常聪明，眉头一皱，便对出了一个下联儿。下联儿是：六尺锦被，半边遮体半边余。交给这个学生第二天上学时交给老师。先生看了以后心动了，认为学生的姐姐给他发出了一个信号儿，友好的信号儿。

这样，这个先生继续用写对联儿的形式试探这个学生姐姐。他又写了一个上联儿：树大根深，叫巧妇从何处下手。交给学生带回去给她姐姐看。她姐姐看了以后啊，心想：这个老师怎么纠缠不休呢？她就写了一个下联儿来回绝这个先生。她这个下联儿写的是：河干水浅，劝渔翁及早回头。这说明了在妇女没有社会地位的情况下也很有智慧。

四　自选条目

0031 自选条目

老母猪吃食——饱糠（保康）。[nau⁵⁵ mu⁵⁵ tʂu²⁴ tʂʰɿ⁵³ sɿ⁵³——pau⁵⁵ kʰaŋ²⁴]

意译：老母猪吃食——因糠而饱（谐音，保康县名的谜语）。

0032 自选条目

老鼠子打洞儿——土门儿。[nau⁵⁵ ʂu⁵⁵ tsɿ⁰ ta⁵⁵ tuə̃r³¹²——tʰu⁵⁵ mər⁵³]

意译：老鼠打洞——在土地上开门（保康县土门村名的谜语）。

0033 自选条目

两个嬷儿嬷儿亲嘴——老合（河）口。[niaŋ⁵⁵ kə⁰ mar⁵⁵ mar⁰ tɕʰin²² tsei⁵⁵——nau⁵⁵ xuo⁵³ kʰəu⁵⁵] 嬷儿嬷儿：老奶奶

意译：两个老奶奶亲嘴——老合口。（谐音，老河口县名的谜语）

0034 自选条目

筛子装水——四穿（川）。[ʂai²² tsɿ⁰ tʂuaŋ²² ʂuei⁵⁵——sɿ³¹ tsʰuan²⁴]

意译：筛子装水——四处漏水（谐音，四川省名的谜语）。

0035 自选条目

肩膊头上打墙——挷（老）土儿。[tɕiɛn²² pau⁰ tʰəu⁵³ ʂaŋ⁰ ta⁵⁵ tɕʰiaŋ⁵³——nau⁵⁵ tʰur⁵⁵]挷：扛

意译：肩膀头上打墙——扛着土。（谐音，形容人土气）

0036 自选条目

烟袋杆儿改橡子——没得几锯（句）儿。[iɛn²² tai⁰ kɚ⁵⁵ kai⁵⁵ tʂʰuan⁵³ tsɿ⁰——mei²² te⁵³ tɕi⁵⁵ tɕyɚr³¹²]没得：没有

意译：把烟袋杆儿改成橡子——锯不了几下（谐音，喻人话少）。

0037 自选条目

肉包子打狗子——有来无回。[zɤu³¹ pau²² tsɿ⁰ ta⁵⁵ kəu⁵⁵ tsɿ⁰——iəu⁵⁵ nai⁵³ u⁵³ xuei⁵³]

意译：肉包子打狗——有来无回。

0038 自选条目

爷儿两个玩狗子——搞的不是猴儿。[ie⁵³ ɚ⁵³ niaŋ⁵⁵ kə⁰ uan⁵³ kəu⁵⁵ tsɿ⁰——kau⁵⁵ ni⁰ pu⁵³ ʂɿ³¹ xəur⁵³]猴儿：正经事，含贬义，也说成"猴儿事儿"

意译：父子俩玩狗——玩的不是猴子（指不做正经事，有成事不足的意思）。

0039 自选条目

外甥子打灯笼——照舅（旧）。[uai³¹ sən²² tsɿ⁰ ta⁵⁵ tən²² nəŋ⁰——tʂau³¹ tɕiəu³¹²]

意译：外甥打灯笼——照舅（旧）。

0040 自选条目

磨盘上摆碟子——推瓷（辞）。[muo³¹ pʰan⁵³ ʂaŋ⁰ pai⁵⁵ tie⁵³ tsɿ⁰——tʰei²² tsʰɿ⁵³]

意译：磨盘上摆着碟子——推瓷（辞）。

0041 自选条目

老头儿屙尿——不扶（服）不行。[nau⁵⁵ tʰəur⁵³ uo²² niau³¹²——pu⁵³ fu⁵³ pu⁵³ ɕin⁵³]屙尿：撒尿

意译：老头儿撒尿——不扶（服）不行（谐音，非常佩服，真心佩服）。

0042 自选条目

半天空里打锣——空响（想）。[pan³¹tʰiɛn²²kʰuaŋ²⁴ni⁵⁵ta⁵⁵nuo⁵³——kʰuaŋ²²ɕiaŋ⁵⁵]

意译：半天空里打锣——空响（想）。

0043 自选条目

电线杆儿上绑鸡毛——好大掸（胆）子。[tiɛn³¹ɕiɛn³¹²kɐr²²ʂaŋ⁰paŋ⁵⁵tɕi²²mau⁵³——xau⁵⁵ta³¹tan⁵⁵tsʅ⁰]

意译：电线杆儿上绑鸡毛——好大的掸（胆）子。

0044 自选条目

盘子里长豆芽儿——知根知底儿。[pan⁵³tsʅ⁰ni⁵⁵tʂaŋ⁵⁵təu³¹iar⁵³——tʂʅ²²kən²⁴tʂʅ²²tiər⁵⁵]

意译：盘子里长豆芽——知根知底儿。

0045 自选条目

跛子送舅爷——活日噘老亲戚。[pai²²tsʅ⁰səŋ³¹tɕiəu³¹ie⁵³——xuo⁵³zʅ²²tɕye⁵³nau⁵⁵tɕʰin²²tɕʰi⁰] 跛子：瘸子。日噘：骂，贬损

意译：瘸子送舅爷——贬损老亲戚（暗指家中没有能人）。

0046 自选条目

土地爷门楼儿——一层儿。[tʰu⁵⁵ti³¹ie⁵³mən⁵³nəur⁰——i⁵³tsʰər⁵³]

意译：土地爷的门楼儿——一层（指很薄）。

0047 自选条目

皇上追他妈——撵太后（脸太厚）。[xuaŋ⁵³ʂaŋ⁰tʂuei²²tʰa²²ma²⁴——niɛn⁵⁵tʰai³¹xəu³¹²]

意译：皇上追他妈——撵太后（脸太厚）（谐音，脸皮太厚，不要脸）。

0048 自选条目

马尾拴豆腐——不能提。[ma⁵⁵uei⁵⁵ʂuan²⁴təu³¹fu⁰——pu⁵³nən⁵³tʰi⁵³]

意译：马尾拴豆腐——不能提（指某些事很丢人，无颜提及）。

0049 自选条目

西瓜皮上鞋底儿——不是好材料。[ɕi²²kua²²pʰi⁵³ʂaŋ³¹xai⁵³tiər⁵⁵——pu⁵³ʂʅ³¹xau⁵⁵tsʰai⁵³niau⁰]

意译：用西瓜皮做鞋底儿——不是好材料。

0050 自选条目

猪八戒照镜子——里外不是人。[tʂu²²pa⁵³tɕie³¹²tʂau³¹tɕin³¹tsʅ⁰——ni⁵⁵uai³¹²pu⁵³ʂʅ³¹zən⁵³]

意译：猪八戒照镜子——里外不是人。

0051 自选条目

筷子搭桥——碗（晚）儿上来。[kʰuai³¹tsʅ⁰ta⁵³tɕʰiau⁵³——uer⁵⁵ʂaŋ⁰nai⁵³]

意译：用筷子搭桥——碗（晚）儿上来（谐音，晚上过来）。

0052 自选条目

秤杆子抬水——放在星（心）上。[tʂʰən³¹kan⁵⁵tsʅ⁰tʰai⁵³ʂuei⁵⁵——faŋ³¹tsai⁰ɕin²²ʂaŋ⁰]

意译：秤杆子抬水——放在星（心）上。

0053 自选条目

捞倒钎担过四川——尖（奸）倒过省。[nau⁵⁵tau⁰tɕʰiɛn²²tan⁰kuo³¹sʅ³¹tʂʰuan²⁴——tɕiɛn²²tau⁰kuo³¹sən⁵⁵] 捞：扛。倒：助词，相当于普通话"着"。钎担：两头装有金属尖刀的扁担

意译：扛着钎担过四川——尖（奸）得过省（谐音，形容人过于节省、吝啬）。

0054 自选条目

碗大个鼻子——不要脸。[uan⁵⁵ta³¹kə⁰pi⁵³tsʅ⁰——pu⁵³iau³¹niɛn⁵⁵]

意译：碗大个鼻子——不要脸。

0055 自选条目

床底下捶棒槌——扬（洋）不起来。[tʂʰuaŋ⁵³ti⁵⁵ɕia⁰tʂʰuei⁵³paŋ³¹tʂʰuei⁰——iaŋ⁵³pu⁵³tɕʰi⁵⁵nai⁰]

意译：床下面捶棒槌——扬（洋）不起来（谐音，形容人洋气不起来）。

0056 自选条目

麻子打喷嚏——总动圆（员）。[ma⁵³tsʅ⁰ta⁵⁵fən³¹tʰie⁰——tsəŋ⁵⁵təŋ³¹yɛn⁰] 麻子：脸上长有雀斑的人

意译：麻子打喷嚏——总动圆（员）（麻子打喷嚏时脸上的圆形雀斑会动起来，喻动员全部人）。

0057 自选条目

麻子擤鼻㳽——揪一小撮儿。[ma⁵³tsʅ⁰ɕin⁵⁵pi⁵³tʰiɛn⁰——tɕiəu²²i⁵³ɕiau⁵⁵tsuər²⁴] 鼻㳽：鼻涕

意译：麻子擤鼻涕——揪一小撮儿（指人吝啬，小气）。

0058 自选条目

十里路上五锤锣——二里咣当。[sʅ⁵³ni⁵⁵nəu³¹saŋ⁰u⁵⁵tʂʰuei⁵³nuo⁵³——ɚ³¹ni⁵⁵kuaŋ⁵³taŋ⁰] 咣当：拟声词

意译：十里路上五锤锣——一路上都咣当响（专指二流子、街溜子、不务正业之人）。

0059 自选条目

衙门里面长草——荒（慌）了堂。[ia⁵³mən⁰ni⁵⁵miɛn⁰tsaŋ⁵⁵tsʰau⁵⁵——xuaŋ²²nau⁰tʰaŋ⁵³] 慌了堂：手足无措

意译：衙门里面长草——荒（慌）了堂（谐音，指乱了手脚）。

0060 自选条目

春雾风，夏雾热，秋雾雨，冬雾雪。[tʂʰuən²²u³¹fəŋ²⁴，ɕia³¹u³¹ʐe⁵³，tɕʰiəu²²u³¹y⁵⁵，təŋ²²u³¹ɕye⁵³]

意译：春天下雾会刮风，夏天下雾天会热，秋天下雾会下雨，冬天下雾会下雪。

0061 自选条目

七月小，八月大，[tɕʰi⁵³ye⁵³ɕiau⁵⁵，pa⁵³ye⁵³ta³¹²]

青菜萝卜当肉价。[tɕʰin²²tsʰai³¹nuo⁵³pu⁵³taŋ²⁴ʐəu³¹tɕia³¹²]

意译：七月小，八月大，青菜萝卜的价格跟肉一样贵，说明蔬菜收成不好。

0062 自选条目

八月小，烂牛草。[pa⁵³ ye⁵³ ɕiau⁵⁵，nan³¹ niəu⁵³ tsʰau⁵⁵]

意译：八月小，天气潮湿，容易烂牛草。

0063 自选条目

有雨山戴帽，无雨雾抹腰。[iəu⁵⁵ y⁵⁵ ʂan²⁴ tai³¹ mau³¹²，u⁵³ y⁵⁵ u³¹ ma⁵³ iau²⁴]

意译：有雨的话山上的雾气像戴帽子一样，无雨的话雾缠在山腰。

0064 自选条目

六月初一溜一溜，七十二暴跑到秋。[nəu⁵³ ye⁵³ tsʰəu²² i⁵³ niəu²² i⁵³ niəu²⁴，tɕʰi⁵³ ʂʅ⁵³ ɚ³¹ pau³¹² pʰau⁵⁵ tau³¹ tɕʰiəu²⁴]

意译：六月初一短时间下了雨，紧接着七十二场暴雨会一直下到秋天。

0065 自选条目

清明要晴，谷雨要淋。[tɕʰin²² min⁰ iau³¹ tɕʰin⁵³，ku⁵³ y⁵⁵ iau³¹ nin⁵³]

意译：清明时需要晴天，谷雨需要下雨。

0066 自选条目

连阴不过二十三。[niɛn⁵³ in²⁴ pu⁵³ kuo³¹ ɚ³¹ ʂʅ⁰ san²⁴]

意译：连续的阴天不会超过二十三天。

0067 自选条目

前怕初四雨，后怕十六阴。[tɕʰiɛn⁵³ pʰa³¹ tsʰəu²² sʅ³¹ y⁵⁵，xəu³¹ pʰa³¹ ʂʅ⁵³ nəu⁵³ in²⁴]

意译：每个月前半个月怕农历初四有雨，后半个月怕农历十六的时候是阴天。

0068 自选条目

月逢初四雨，一个月只有九天晴。[ye⁵³ fəŋ⁵³ tsʰəu²² sʅ³¹ y⁵⁵，i⁵³ kə⁰ ye⁵³ tsʅ⁵³ iəu⁵⁵ tɕiəu⁵⁵ tʰiɛn²⁴ tɕʰin⁵³]

意译：如果初四下雨的话，一个月只有九天晴天。

0069 自选条目

雨下五更头，行人不用愁。[y⁵⁵ ɕia³¹ u⁵⁵ kən²⁴ tʰəu⁵³，ɕin⁵³ zən⁵³ pu⁵³ yəŋ³¹ tsʰəu⁵³]

意译：如果在五更下雨，就会天晴，行人就不用发愁了。

0070 自选条目

你不给我磨刀雨，我不给你龙晒衣。[ni⁵⁵ pu⁵³ ki²² uo⁵⁵ muo⁵³ tau²⁴ y⁵⁵，uo⁵⁵ pu⁵³ ki²² ni⁵⁵ nəŋ⁵³ ʂai³¹ i²⁴]

意译：如果秋收磨镰刀时不下雨，之后几天就不会有晴天。

十 堰 市

丹 江 口

一 歌谣

0001 歌谣

明月照纱窗啊，[min yɛ tsau sa tsʰuaŋ ŋa]

姐儿在那绣的楼的上，[tɕiɛr tsai na ɕiəu ti ləu ti saŋ]

忽听得哪有哇人跳过了粉白墙，[xu tʰin tɛ na iəu ua zən tʰiau kuo la fən pɛ tɕʰiaŋ]

急忙忙走上前哪呢哎呀还，[tɕi maŋ maŋ tsəu saŋ tɕʰian na ɳʏ ei ia xɛi]

忙把门儿关的上。[maŋ pa mər kuan ti saŋ]

急忙忙走上前哪呢哎呀，[tɕi maŋ maŋ tsəu saŋ tɕʰian na ɳʏ ei ia]

忙把门儿关的上。[maŋ pa mər kuan ti saŋ]

张生儿跳粉的墙啊，[tsaŋ sər tʰiau fən ti tɕʰiaŋ ŋa]

心中喜洋的洋，[ɕin tsuəŋ ɕi iaŋ ti iaŋ]

一心这个要哇见那二八女娇娘啊。[i ɕin tsʏ kʏ iau ua tɕian na ɚ pa ny tɕiau niaŋ ŋa]

啊今儿晚上你不开门儿啊哪哎呀，[a tɕiər uan saŋ ni pu kʰai mər za na ei ia]

我跪到大天儿的亮。[uo kuei tau ta tʰiar ti liaŋ]

今儿晚上你不开门儿啊哎呀，[tɕiər uan saŋ ni pu kʰai mər za ei ia]

我跪到大天儿的亮。[uo kuei tau ta tʰiar ti liaŋ]

跪你哪只的管的跪呀，[kuei ni na tsʅ ti kuan ti kuei ia]

只要你有力哩力气。[tsʅ iau ni iəu li li li tɕʰi]

小奴家那翻个身儿啊，[ɕiau lu tɕia la fan kʏ sər a]

就脸朝那里边儿的睡哟，[təu lian tsʰau la li piar ti sei io]
还你若能跪一年哪呢哎呀，[xɛi ni zuo lən kuei i nian na ɲ ei ia]
小奴家长一岁。[ɕiau lu tɕia tsaŋ i sei]
你若能哪跪一年哪呢哎呀还，[ni zuo lən na kuei i nian na ɲ ei ia xɛi]
小奴家长一岁。[ɕiau lu tɕia tsaŋ i sei]
喊也都喊不的应哪，[xan iɛ təu xan pu tɤ in na]
跪着哪去的敲的门，[kuei tsɤ na tɕʰy ti tɕʰiau ti mən]
小生我都跪哟得呀哪两腿都酸又疼哪还。[ɕiau sən uo təu kuei yo tɤ ia na liaŋ tʰei təu san iəu tʰən na xɛi]
为啥事儿我得罪了你呀呢哎呀，[uei sa sər uo tɛ tsei liau ni ia ɲ ei ia]
你为何不开的门？[ni uei xɤ pu kʰai ti mən]
为啥事儿我得罪了你呀呢哎呀，[uei sa sər uo tɛ tsei liau ni ia ɲ ei ia]
你为何不开的门？[ni uei xɤ pu kʰai ti mən]
喊得那真的可怜哪，[xan ti na tsən ti kʰɤ lian na]
急忙哪坐得起的来，[tɕi maŋ na tsuo ti tɕʰi ti lei]
反穿着个皮呀袄倒靸着鞋呀。[fan tsʰuan tsuo kɤ pʰi ia au tau sa tsuo ɕiɛ ia] 靸：穿
急忙忙走上前哪呢哎呀，[tɕi maŋ maŋ tsəu saŋ tɕʰian na ɲ ei ia]
还忙把门儿开的开。[xɛi maŋ pa mər kʰɛi ti kʰɛi]
急忙忙啊走上前哪呢哎呀，[tɕi maŋ maŋ ŋa tsəu saŋ tɕʰian na ɲ ei ia]
还忙把门儿开的开。[xɛi maŋ pa mər kʰɛi ti kʰɛi]
姐儿啊把门儿的开啊，[tɕier a pa mər ti kʰɛi ia]
明月的照的进的来，[min yɛ tɤ tsau ti tɕin ti lei]
开开门儿没有见那情郎哥儿进来呀。[kʰɛi kʰɛi mər mei iəu tɕian na tɕʰin laŋ kər tɕin lei ia]
啊莫非说张秀才呀呢哎呀，[a mo fei suo tsaŋ ɕiəu tsʰɛi ia ɲ ei ia]
还变成妖魔的怪。[xɛi pian tsʰən iau mo ti kuei]
莫非说呀张秀才呀呢哎呀，[mo fei suo ia tsaŋ ɕiəu tsʰɛi ia ɲ ei ia]
还变成妖魔的怪。[xɛi pian tsʰən iau mo ti kuei]
迈步的走的上的前哪，[mɛi pu ti tsəu ti saŋ ti tɕʰian na]
风吹颤的寒的寒。[fəŋ tsʰuei tsan ti xan ti xan]
莫不是情郎哥儿那张秀才呀，[mo pu sʅ tɕʰin laŋ kər na tsaŋ ɕiəu tsʰɛi ia]
还走上前施一礼呀呢哎呀，[xɛi tsəu saŋ tɕʰian sʅ i li ia ɲ ei ia]

还请了个一门怪。[xɛi tɕʰin lɤ kɤ i men kuɛi]

走上前施一礼呀呢哎呀，[tsəu saŋ tɕʰian sɿ i li ia nɤ ei ia]

还请了个一门怪。[xɛi tɕʰin lɤ kɤ i men kuɛi]

二人手挽的手儿哇，[ɚ zən səu uan ti səur ua]

走进了绣的房的楼儿，[tsəu tɕin lɤ ɕiəu ti faŋ ti ləur]

红罗儿帐子象牙床啊鸳鸯枕哪。[xuŋ luor tsaŋ tsɿ ɕiaŋ ia tsʰuaŋ ŋa yan iaŋ tsən na]

二人我们一头睡呀呢哎呀，[ɚ zən uo mən i tʰəu sei ia nɤ ei ia]

还嘴对着樱桃口儿。[xɛi tsei ti tsɤ in tʰau kʰər]

二人我们一头睡呀呢哎呀，[ɚ zən uo mən i tʰəu sei ia nɤ ei ia]

还嘴对着樱桃口儿。[xɛi tsei ti tsɤ in tʰau kʰər]

意译：明月照纱窗，姐儿在绣楼上，忽听见有人跳过了粉白墙，急忙走上前把门儿关上。张生儿跳粉墙，心中喜洋洋，一心要见二八女娇娘。今晚上你不开门，我跪到大天亮。跪你只管跪，只要你有力气。小奴家翻个身儿，脸朝里边儿睡，你若能跪一年，小奴家长一岁。喊也喊不应，跪着去敲门，小生我跪得两腿酸又疼。为什么事儿我得罪了你？你为何不开门？喊得真可怜，急忙坐起来，反穿着皮袄倒趿着鞋。急忙走上前，忙把门儿开，姐儿把门打开，明月照进来，开门儿没见情郎哥儿进来。莫非说张秀才，变成妖魔鬼怪。迈步走上前，风吹颤寒寒，莫不是情郎哥儿张秀才？走上前施一礼，还请了个一门怪。二人手挽着手，走进了绣房楼，红罗帐子象牙床和鸳鸯枕，我们二人一头儿睡，还嘴对着樱桃口儿。

0002 歌谣

宝宝儿睡，[pɔ³³ pɔr³³ sei³¹]

盖花被，[kai³¹ xua³⁵ pei³¹]

宝宝儿不睡挨棒槌。[pɔ³³ pɔr³³ pu⁵¹ sei³¹ ai⁵¹ paŋ³¹ tsʰuei⁰]

宝宝儿乖，[pɔ³³ pɔr³³ kuɛ³⁵]

抱上街，[pou³¹ saŋ³¹ kɛ³⁵]

买个馍馍揣回来。[mai³³ kɤ⁰ mo⁵¹ mo⁰ tsʰuɛ³⁵ xuei⁵¹ lɛ⁰] 馍馍：馒头

意译：宝宝儿睡，盖花被，宝宝儿不睡挨棒槌。宝宝儿乖，抱上街，买个馒头装回来。

二 规定故事

0021 牛郎和织女

牛郎姓王,［niəu⁵¹ laŋ⁵¹ ɕin³¹ uaŋ⁵¹］

母子两个生活。［mu³³ tsʅ³³ liaŋ³³ kɤ³¹ sən³⁵ xuo⁵¹］

母亲给别人做饭,［mu³³ tɕʰin⁰ kuɯ³⁵ pie⁵¹ zən⁰ tsuo⁵¹ fan³¹］

他嘞放牛。［tʰa³³ lɛ⁰ faŋ³¹ niəu⁵¹］

牛郎十几岁的时候他妈就死了,［niəu⁵¹ laŋ⁵¹ sʅ⁵¹ tɕi³³ sei³¹ ti⁰ sʅ⁵¹ xəu⁰ tʰa³⁵ ma³⁵ təu³¹ sʅ³³ la⁰］

他一个人生活。［tʰa³⁵ i⁵¹ kɤ³¹ zən⁵¹ sən³⁵ xuo⁵¹］

牛郎对牛很好,［niəu⁵¹ laŋ⁵¹ tei³¹ niəu⁵¹ xən³³ xɔ³³］

每天哪带牛带到牛上山,［mei³³ tʰian³⁵ na⁰ tɛ³¹ niəu⁵¹ tɛ³¹ tɔ⁰ niəu⁵¹ saŋ³¹ san³⁵］

给牛弄草。［kuɯ³⁵ niəu⁵¹ nəŋ³¹ tsʰɔ³³］

有一天,［iəu³³ i⁵¹ tʰian³⁵］

他这牛郎带到牛上山以后,［tʰa³⁵ tsɤ⁰ niəu⁵¹ laŋ⁵¹ tɛ³¹ tɔ⁰ niəu⁵¹ saŋ³¹ san³⁵ i³³ xəu³¹］

牛嘞不吃草,［niəu⁵¹ lɛ⁰ pu⁵¹ tsʰʅ³⁵ tsʰɔ³³］

就长出口气。［təu³¹ tsʰaŋ⁵¹ tsʰu³⁵ kʰəu³³ tɕʰi³¹］

他嘞就说:［tʰa³⁵ lɛ⁰ təu³¹ suo³⁵］

"牛大哥,牛大哥,［niəu⁵¹ ta³¹ kɤ³⁵, niəu⁵¹ ta³¹ kɤ³⁵］

你今天咋法儿不吃草嘞?"［ni³³ tɕin³⁵ tʰian³⁵ tsa³³ fər³¹ pu⁵¹ tsʰʅ³⁵ tsʰɔ³³ lɛ⁰］咋法儿:为什么

谁知道他是说的无儿,无意的话,［sei⁵¹ tsʅ³⁵ tɔ⁰ tʰa³⁵ sʅ³¹ suo³⁵ ti⁰ uɻ⁵¹, u⁵¹ i³¹ ti⁰ xua³¹］

这个老牛嘞,［tsɤ³¹ kɤ³¹ lɔ³³ niəu⁵¹ lɛ⁰］

真的张张嘴,［tsən³⁵ ti⁰ tsaŋ³⁵ tsaŋ³⁵ tsei³³］

眼泪流出来了。［ian³³ lei⁰ liəu⁵¹ tsʰu³⁵ lɛ⁵¹ la⁰］

就给牛郎说,［təu³¹ kuɯ³⁵ niəu⁵¹ laŋ⁵¹ suo³⁵］

他说:［tʰa³⁵ suo³⁵］

"你待我这几年像亲兄弟一样。［ni³³ tɛ³¹ uo³³ tsɤ³¹ tɕi³³ nian⁵¹ ɕiaŋ³¹ tɕʰin³⁵ ɕyŋ³⁵ ti³¹ i⁵¹ iaŋ³¹］

我给你说句这个老实话,［uo³³ kuɯ³⁵ ni³³ suo³⁵ tɕy³¹ tsɤ³¹ kɤ³¹ lɔ³³ sʅ⁰ xua³¹］

我是天上的这个牛夜叉。［uo³³ sʅ³¹ tʰian³⁵ saŋ⁰ ti⁰ tsɤ³¹ kɤ³¹ niəu⁵¹ iɛ³¹ tsʰa⁰］

犯了错误，[fan³¹la⁰tsʰuo³⁵u³¹]

叫我贬下了凡。[tɕiɔ³¹uo³³pian³³ɕia³¹lɔ⁰fan⁵¹]

我这就要回宫了，[uo³³tsɤ³¹təu³¹iɔ³¹xuei⁵¹kuŋ²⁴lɔ⁰]

我要给你办件好事儿。[uo³³iɔ³¹kuɯ³⁵ni³³pan³¹tɕian³¹xɔ³³sər³¹]

你一个人嘞就孤单，[ni²⁴i⁵¹kɤ³¹zən⁵¹lɛ⁰təu⁰kɯ³⁵tan⁰]

我要给你办件好事儿。[uo³³iɔ³¹kuɯ³⁵ni³³pan³¹tɕian³¹xɔ³³sər³¹]

明儿中午正当午时的时候儿，[mər⁵¹tsuŋ³⁵u³³tsən³¹taŋ³⁵u³³sʅ⁵¹tiɔ⁵¹xəur³¹]

你翻，翻过后山，[ni³³fan³⁵，fan³⁵kuo⁰xəu³¹san³⁵]

后山的有条河，[xəu³¹san³⁵tiɔ⁰iəu³³tʰiɔ⁵¹xɤ⁵¹]

有七个仙女儿在那儿下儿洗澡，[iəu³³tɕʰi⁵¹kɤ³¹ɕyan³⁵nyr³³tsɛ³¹lar³¹xar⁰ɕi³³tsɔ³³]

你抱那一件黄绿色的衣裳，[ni³³pɔ³¹la⁰i⁵¹tɕian³¹xuaŋ⁵¹ly³⁵sɤ⁵¹tiɔ³⁵saŋ⁰]

抱起来就跑，[pɔ⁵¹tɕʰi⁰lɛ⁰təu³¹pʰɔ³³]

好事儿就能办成了。"[xɔ³³sər³¹təu³¹nən⁵¹pan³¹tsʰən⁵¹lɔ⁰]

第二天哪，[ti³¹ɚ³¹tʰian³⁵na⁰]

牛郎嘞就按照老牛的说法，[niəu⁵¹laŋ⁵¹lɛ⁰təu³¹an³⁵tsɔ³¹lɔ³³niəu⁵¹tiɔ⁰suo³⁵fa⁵¹]

正当午时，[tsən³¹taŋ³⁵u³³sʅ⁵¹]

叫那个桔黄，黄，黄绿色的衣裳[tɕiɔ³¹la³¹kɤ⁰tɕy⁵¹xuaŋ⁰，xuaŋ⁵¹，xuaŋ⁵¹ly³⁵sɤ⁵¹tiɔ³⁵saŋ⁰]

抱回来给老牛看，[pɔ³¹xuei³⁵lɛ⁰kuɯ³⁵lɔ³³niəu⁵¹kʰan³¹]

老牛点点头。[lɔ³³niəu⁵¹tian³³tian⁰tʰəu⁵¹]

老牛点点头，[lɔ³³niəu⁵¹tian³³tian⁰tʰəu⁵¹]

老牛说："我是要走了。"[lɔ³³niəu⁵¹suo³⁵：uo³³sʅ³¹iɔ³¹tsəu³³lɔ⁰]

老牛开始哭起来了，[lɔ³³niəu⁵¹kʰɛ³⁵sʅ³³kʰu³⁵tɕʰi³³lɛ⁰lɔ⁰]

牛郎也哭起来了。[niəu⁵¹laŋ⁵¹iɛ³³kʰu³⁵tɕʰi³³lɛ⁰lɔ⁰]

最后老牛说：[tsuei³¹xəu³¹lɔ³³niəu⁵¹suo³⁵]

"我走了以后哇，[uo³³tsəu³³lɔ⁰i³³xəu³¹ua⁰]

你就是把牛皮剥了，[ni³³təu³¹sʅ³³pa³³niəu³⁵pʰi⁵¹pɔ³⁵lɤ⁰]

把牛角嘞取下来。[pa³³niəu³⁵kɤ⁵¹lɛ⁰tɕʰy³³ɕia³¹lɛ⁰]

你有急用的时候儿可以给你帮忙。"[ni³³iəu³³tɕi⁵¹yŋ³¹tiɔ⁰sʅ⁵¹xəur³¹kʰɤ³¹i³³kuɯ³⁵ni³³paŋ³⁵maŋ⁵¹]

好，说完嘞老牛就死了。[xɔ³³，suo³⁵uan⁵¹lɛ⁰lɔ³³niəu⁵¹təu³¹sʅ³³lɔ⁰]

牛郎就一路儿哭一路儿就把牛皮剥下来，[niəu⁵¹laŋ⁵¹təu³¹i⁵¹ləur³¹kʰu³⁵i⁵¹ləur³¹

təu³¹ pa³³ niəu⁵¹ pʰi⁵¹ po³⁵ ɕia³¹ lɛ⁰〕

把牛角也取下来。〔pa³³ niəu⁵¹ kɤ⁵¹ iɛ³³ tɕʰy³³ ɕia³¹ lɛ⁰〕

嗯，牛郎嘞就把这个牛埋了。〔ən⁰，niəu⁵¹ laŋ⁵¹ lɛ⁰ təu³¹ pa³³ tsɤ³¹ kɤ³¹ niəu⁵¹ mɛ⁵¹ lɤ⁰〕

到黑了嘞，〔tɔ³¹ xuɯ³⁵ lɔ⁰ lɛ⁰〕

牛郎就抱到这个桔黄色的，〔niəu⁵¹ laŋ⁵¹ təu³¹ po³¹ tɔ⁰ tsɤ³¹ kɤ³¹ tɕy⁵¹ xuaŋ⁵¹ sɤ³¹ ti⁰〕

桔绿色的衣裳搁那儿发愣。〔tɕy⁵¹ ləu³⁵ sɤ³¹ ti⁰ i³⁵ saŋ kɤ³³ lar³¹ fa⁵¹ lən³¹〕

没一会儿，〔mei⁵¹ i⁵¹ xuər³¹〕

忽一和子，〔xu³⁵ i⁵¹ xuo³¹ tsʅ⁰〕一和：一会；一番

这个房间里进来了一个仙女儿。〔tsɤ³¹ kɤ³¹ faŋ⁵¹ tɕian³⁵ li³³ tɕin³¹ lɛ⁰ lɤ⁰ i⁵¹ kɤ³¹ ɕyan³⁵ nyr³³〕

仙女儿说："牛郎，牛郎，〔ɕyan³⁵ nyr³³ suo³⁵：niəu⁵¹ laŋ⁵¹，niəu⁵¹ laŋ⁵¹〕

我住下来和你成亲。"〔uo³³ tsu³¹ ɕia³¹ lɛ⁰ xɤ⁵¹ ni³³ tsʰən⁵¹ tɕʰin³⁵〕

牛郎说："你是神仙，〔niəu⁵¹ laŋ⁵¹ suo³⁵：ni³³ sʅ³¹ sən⁵¹ ɕyan³⁵〕

我是凡人，〔uo³³ sʅ³¹ fan⁵¹ zən⁵¹〕

咋成得了亲？"〔tsa³³ tsʰən⁵¹ tɛ⁰ liɔ³³ tɕʰin³⁵〕

仙女儿说："成不了亲，〔ɕyan³⁵ nyr³³ suo³⁵：tsʰən⁵¹ pu³¹ liɔ³³ tɕʰin³⁵〕

你抱我衣裳就是做啥子？"〔ni³³ po³¹ uo³³ i³⁵ saŋ⁰ təu³¹ sʅ³¹ tsəu³¹ sa³¹ tsʅ⁰〕

最后嘞叫牛郎反问得没得话说，〔tsuei³¹ xəu³¹ lɛ⁰ tɕiɔ³¹ niəu⁵¹ laŋ⁵¹ fan³³ uən³¹ tɛ⁰ mei⁵¹ tɛ⁰ xua³¹ suo³⁵〕

牛郎嘞就叫她住下来了。〔niəu⁵¹ laŋ⁵¹ lɛ⁰ təu³¹ tɕiau³¹ tʰa³⁵ tsu³¹ ɕia³¹ lɛ⁰ lɔ⁰〕

住下来以后，一年就是多以后，〔tsu³¹ ɕia³¹ lɛ⁰ i³³ xəu³¹，i⁵¹ nian⁵¹ təu³¹ sʅ³¹ tuo³⁵ i³³ xəu³¹〕

生了一儿一女。〔sən³⁵ lɤ⁰ i⁵¹ ɚ⁵¹ i⁵¹ ny³³〕

生了一儿一女以后过得怪好。〔sən³⁵ lɤ⁰ i⁵¹ ɚ⁵¹ i⁵¹ ny³³ i³³ xəu³¹ kuo³¹ ti⁰ kuɛ³¹ xɔ³³〕

日子虽然苦一点儿，〔zʅ⁵¹ tsʅ⁰ sei³³ zan⁵¹ kʰu³³ i⁰ tiər³³〕

但是过得怪好，〔tan³¹ sʅ³¹ kuo³¹ ti⁰ kuɛ³¹ xɔ³³〕

牛郎还是怪高兴的。〔niəu⁵¹ laŋ⁵¹ xɛ⁵¹ sʅ³¹ kuɛ³¹ kɔ³⁵ ɕin⁵¹ ti⁰〕

第三年的七月七儿的那一天，〔ti³¹ san³⁵ nian⁵¹ ti⁰ tɕʰi⁵¹ yɛ³⁵ tɕʰiər⁵¹ ti⁰ la³¹ i⁵¹ tʰian³⁵〕

天上咚隆隆，就是，天鼓儿响了。〔tʰian³⁵ saŋ⁰ təŋ³⁵ ləŋ⁰ ləŋ⁰，təu³¹ sʅ³¹，tʰian³⁵ kur³³ ɕiaŋ³³ lɔ⁰〕

就一路儿响一路儿喊：〔təu³¹ i⁵¹ ləur³¹ ɕiaŋ³³ i⁵¹ ləur³¹ xan³³〕

"织女儿归天，织女儿归天。"〔tsʅ⁵¹ nyr³³ kuei³⁵ tʰian³⁵，tsʅ⁵¹ nyr³³ kuei³⁵ tʰian³⁵〕

好，织女儿嘞，[xɔ³³，tsʅ⁵¹ nyr³³ lɛ⁰]

舍不得牛郎，[sɤ⁵¹ pu³¹ tɛ⁰ niəu⁵¹ laŋ⁵¹]

也舍不得娃子，[iɛ³³ sɤ⁵¹ pu³¹ tɛ⁰ ua⁵¹ tsʅ⁰]

哭得要不得，[kʰu³⁵ ti⁰ iɔ³¹ pu³¹ tɛ⁰]

她就说牛郎：[tʰa³⁵ təu³¹ suo³⁵ niəu⁵¹ laŋ⁵¹]

"你叫我走了你叫娃子招呼好哦。"[ni³³ tɕiɔ³¹ uo³³ tsəu³³ lɔ⁰ ni³³ tɕiɔ³¹ ua⁵¹ tsʅ⁰ tsɔ³⁵ xu⁰ xɔ³³ o³¹]

正在说嘞，[tsən³¹ tsɛ³¹ suo³⁵ lɛ⁰]

天鼓儿又响，[tʰian³⁵ kur³³ iəu³¹ ɕiaŋ³³]

她没得办法，[tʰa³⁵ mei³¹ tɛ⁰ pan³¹ fa⁰]

她又，又飞上天去了。[tʰa³⁵ iəu³¹，iəu³¹ fei³⁵ saŋ⁰ tʰian³⁵ kʰɯ³¹ lɔ⁰]

她飞上天以后，[tʰa³⁵ fei³⁵ saŋ⁰ tʰian³⁵ i³³ xəu³¹]

两个娃子哭，[liaŋ³³ kɤ³¹ ua⁵¹ tsʅ⁰ kʰu³⁵]

牛郎也哭。[niəu⁵¹ laŋ⁵¹ iɛ³³ kʰu³⁵]

牛郎一路儿哄娃子，[niəu⁵¹ laŋ⁵¹ i⁵¹ ləur³¹ xuŋ³³ ua⁵¹ tsʅ⁰]

一路儿哭，[i⁵¹ ləur³¹ kʰu³⁵]

没得搞儿。[mei³¹ tɛ⁰ kɔr³³]

好，最后他猛然想起来，[xɔ³³，tsei³¹ xəu³¹ tʰa³⁵ məŋ³³ zan⁵¹ ɕiaŋ³³ tɕʰi³³ lɛ⁰]

老牛说的那话。[lɔ³³ niəu⁵¹ suo³⁵ ti⁰ la³¹ xua³¹]

他赶快叫牛皮披到身上，[tʰa³⁵ kan³³ tɕin³³ tɕʰiɔ³¹ niəu⁵¹ pʰi³¹ pʰei³⁵ tɔ⁰ sən³⁵ saŋ⁰]

脚嘞踩到两个牛角。[tɕye³⁵ lɛ⁰ tsʰɛ³³ tɔ³¹ liaŋ³³ kɤ³¹ niəu⁵¹ kɤ⁵¹]

说来也怪，[suo³⁵ lɛ⁵¹ iɛ³³ kuɛ³¹]

这牛角嘞，[tsɤ³¹ niəu⁵¹ kɤ⁵¹ lɛ⁰]

呼啦下子就变了两个小船，[xu³⁵ la⁰ xa³¹ tsʅ⁰ təu³¹ pian³¹ lɤ⁰ liaŋ³³ kɤ³¹ ɕiau³³ tsʰuan⁵¹]

他赶紧搞了两个箩筐，[tʰa³⁵ kan³³ tɕin³³ kɔ³³ lɤ⁰ liaŋ³³ kɤ³¹ luo⁵¹ kʰuaŋ⁰]

挑上一儿一女。[tʰiɔ³⁵ saŋ⁰ i⁵¹ ɚ⁵¹ i⁵¹ ny³³]

忽一和子就飞上，飞上天，[xu³⁵ i⁵¹ xuo⁰ tsʅ⁰ təu⁰ fei³⁵ saŋ⁰，fei³⁵ saŋ⁰ tʰian³⁵] 一和：一会；一番

撵就是仙女儿去了。[nian³³ təu³¹ sʅ³¹ ɕyan³⁵ nyr³³ kʰɯ³¹ lɤ⁰]

刚要撵上，[kaŋ³⁵ iɔ³¹ nian³³ saŋ³¹]

这个，王母娘娘嘞，[tsɤ³¹ kɤ³¹，uaŋ⁵¹ mu³³ niaŋ⁵¹ niaŋ⁰ lɛ⁰]

搞了个簪子一划，[kɔ³³ lɤ⁰ kɤ³¹ tsan³⁵ tsʅ⁰ i⁵¹ xua³¹]

呼啦一下子，好，划了个大天河，[xu³⁵ la⁰ i⁵¹ ɕia³¹ tsʅ⁰，xɔ³³，xua³¹ lɤ⁰ kɤ³¹ ta³¹ tʰian³⁵ xɤ⁵¹]

现在就是叫天河，[ɕian³¹ tsɛ³¹ təu³¹ sʅ³¹ tɕiɔ³¹ tʰian³⁵ xɤ⁵¹]

划了个河，[xua³¹ lɤ⁰ kɤ³¹ xɤ⁵¹]

叫他们两个隔开了。[tɕiɔ³¹ tʰa³⁵ mən⁰ liaŋ³³ kɤ³¹ kɤ³⁵ kʰɛ³⁵ lɔ⁰]

隔开了嘞，[kɤ³⁵ kʰɛ³⁵ lɔ⁰ lɛ⁰]

最后就没撑上，[tsei³¹ xəu³¹ təu⁰ mei⁵¹ nian³³ saŋ³¹]

没撑上嘞，好，最后，嗯，[mei⁵¹ nian³³ saŋ³¹ lɛ⁰，xɔ³³，tsei³¹ xəu³¹，ən⁰]

牛郎嘞就变成牛郎星了，[niəu⁵¹ laŋ⁵¹ lɛ⁰ təu¹ pian³¹ tsʰən⁵¹ niəu⁵¹ laŋ⁵¹ ɕin³⁵ lɔ⁰]

这，她就变成织女儿星。[tsɤ³¹，tʰa³⁵ təu⁰ pian³¹ tsʰən⁵¹ tsʅ⁵¹ nyr³³ ɕin³⁵]

正会儿里嘞就是到了七月七儿黑了，[tsən³¹ xuər³¹ li³³ lɛ⁰ təu³¹ sʅ³¹ tɔ³¹ lɤ⁰ tɕʰi⁵¹ yɛ³⁵ tɕʰiər⁵¹ xɯ³⁵ la⁰]

这个十二岁以下的娃子，[tsɤ³¹ kɤ³¹ sʅ⁵¹ ə³¹ sei³¹ i³³ ɕia³¹ ti⁰ ua⁵¹ tsʅ⁰]

钻到苦瓜子架底下，[tsan³⁵ tɔ⁰ kʰu³³ kua³⁵ tsʅ⁰ tɕia³¹ ti³³ ɕia³¹]

还听得到，[xɛ⁵¹ tʰin³⁵ tɛ⁰ tɔ⁰]

他们两个这个约会的哭声。[tʰa³⁵ mən⁰ liaŋ³³ kɤ³¹ tsɤ³¹ kɤ³¹ yɛ⁵¹ xuei³¹ ti⁰ kʰu³⁵ sən³⁵]

意译：牛郎姓王，跟他母亲一起生活。母亲给别人做饭，他给别人放牛。他十几岁的时候母亲死了，他一个人生活。牛郎对牛很好，每天带牛上山，给牛弄草吃。

有一天，他带老牛上山以后，老牛不吃草，长叹一口气。牛郎对他说："牛大哥，牛大哥，你今天为什么不吃草呢？"他只是无意地问下，老牛一听，张张嘴，流泪了。老牛就跟牛郎说："你这几年对我像亲兄弟一样，我跟你说句老实话，我是天上的牛夜叉。犯错了，被贬下凡。我要回宫了，你一个人孤单，我想给你办件好事儿。明天正当午时，你翻过后山。后山有条河，有七个仙女会在那里洗澡。你去抱一件黄绿色衣服，抱起来就跑，这个好事儿就能办成了。"

第二天，牛郎就按照老牛说的，正当午时，将那个黄绿色的衣服抱回来给老牛看，老牛点点头，老牛说："我要走了。"老牛开始哭了起来，牛郎也哭了。老牛说："我走了后，你就把我的皮剥下来，把牛角取下来，你有急用的时候可以帮你。"说完老牛就死了。牛郎一边哭一边把牛皮剥下来，牛角取下来。牛郎将老牛埋了。晚上牛郎抱着黄绿色的衣裳发愣。没一会儿，房间里突然进来了一个仙女。仙女说："牛郎，牛郎，我住下来跟你成亲。"牛郎说："你是神仙，我是凡人，怎么能成亲？"仙女儿说："成不了亲，你抱我衣裳干什么？"一句话说得牛郎无话可说，牛郎只好让她留下来了。

一年多以后，生了一儿一女，生活得很好。日子虽然苦一点，但是生活得挺好，牛郎也很高兴。第三年七月七日，天鼓响了。一边响一边有声音喊："织女归天，织女归天。"织女舍不得牛郎，也舍不得孩子，哭得很厉害，她对牛郎说："我走了，你照看好孩子。"正说着，天鼓又响了，她只好飞上天了。她走了以后两个小孩哭，牛郎也哭。牛郎一边哄孩子一边哭，没有办法。牛郎猛然之间想起了老牛说的话。他就赶快把牛皮披上，把牛角踩到脚下。说来也怪，牛角一下就变成了两只小船。他赶紧弄了两个箩筐，挑上一儿一女。他们"呼"一下子飞上天，追织女去了。刚要追上，王母娘娘用簪子一划，呼啦划了一条大河，现在就叫天河，把他们俩隔开了。隔开后，牛郎就没追上织女。

最后，牛郎就变成了牛郎星，织女就变成了织女星。现在到了七月初七晚上，十二岁以下的孩子，钻到苦瓜架下面，还能听到他俩约会的哭声。

三　其他故事

（无）

四　自选条目

0031 自选条目

窟眼儿多，[kʰu³⁵ iər³³ tuo³⁵]

窟眼儿多，[kʰu³⁵ iər³³ tuo³⁵]

叫你猜到日头落——筛子。[tɕio³¹ ni³³ tsʰɛ³⁵ tɔ³¹ ʐʅ⁵¹ tʰəu⁰ luo³⁵——sɛ³⁵ tsʅ⁰]　日头：太阳

意译：窟眼儿多，窟眼儿多，让你猜到日头落——筛子。

0032 自选条目

一个蛤蟆，[i⁵¹ kɤ⁰ kʰu⁵¹ ma⁰]　蛤蟆：青蛙

四脚拉叉，[sʅ³¹ tɕye³⁵ la⁵¹ tsʰa⁰]

嘴里嘟唧，[tsei³³ li⁰ tu³⁵ tɕi⁰]

肚里说话。[təu³¹ li⁰ suo⁵¹ xua³¹]

房子。[faŋ⁵¹ ʐʅ⁰]

你说房就是房，[ni³³ suo³⁵ faŋ⁵¹ təu³¹ sʅ³³ faŋ⁵¹]

一无柱头二无梁。[i⁵¹ u⁵¹ tsu³¹ tʰəu⁰ ɚ³¹ u⁵¹ liaŋ⁵¹]

窑。[iɔ⁵¹]

你说窑就是窑,[ni³³ suo³⁵ iɔ⁵¹ təu³¹ sʅ³¹ iɔ⁵¹]

摇来摇去水上飘。[iɔ⁵¹ lɛ⁰ iɔ⁵¹ tɕy³¹ sei³³ saŋ³¹ pʰiɔ³⁵]

船。[tsʰuan⁵¹]

你说船就是船,[ni³³ suo³⁵ tsʰuan⁵¹ tɕiəu³¹ sʅ³¹ tsʰuan⁵¹]

能装银子能装钱。[nən⁵¹ tsuaŋ³⁵ in⁵¹ tsʅ⁰ nən⁵¹ tsuaŋ³⁵ tɕʰian⁵¹]

箱子。[ɕiaŋ³⁵ tsʅ⁰]

你说箱就是箱,[ni³³ suo³⁵ ɕiaŋ³⁵ təu³¹ sʅ³¹ ɕiaŋ³⁵]

照你屁眼儿打一枪。[tsɔ³¹ ni³³ pʰi³¹ iər³³ ta³³ i⁵¹ tɕʰiaŋ³⁵]

是锁。[sʅ³¹ suo³³]

你说锁就是锁,[ni³³ suo³⁵ suo³³ təu³¹ sʅ³¹ suo³³]

开开门看见我。[kʰɛ³⁵ kʰɛ⁰ mən⁵¹ kʰan³¹ tɕian³¹ uo³³]

镜子。[tɕin³¹ tsʅ⁰]

意译:一只青蛙,四脚拉叉,嘴里嘟囔,肚里说话。房子。你说房就是房,一无柱头二无梁。窑。你说窑就是窑,摇来摇去水上飘。船。你说船就是船,能装银子能装钱。箱子。你说箱就是箱,照你屁眼儿打一枪。锁。你说锁就是锁,开开门儿看见我。镜子。

0033 自选条目

在娘家,青枝绿叶;[tsɛ³¹ niaŋ⁵¹ tɕia⁰, tɕʰin³⁵ tsʅ³⁵ ly³⁵ ie³¹]

到婆家,黄皮儿寡瘦。[tɔ³¹ pʰo⁵¹ tɕia⁰, xuaŋ⁵¹ pʰiər⁵¹ kua³³ səu³¹]

撑下去,糠糠儿乱搂;[tsʰən³⁵ ɕia⁵¹ tɕʰy⁰, kʰaŋ³⁵ kʰar⁰ lan³¹ səu³³] 糠糠儿:不停地。
搂:颤动

拿起来,顺杆子流水。[na⁵¹ tɕʰi³³ lɛ⁰, suən³¹ kan³³ tsʅ⁰ liəu⁵¹ sei³³]

撑船的篙子。[tsʰən³⁵ tsʰuan⁵¹ ti⁰ kɔ³⁵ tsʅ⁰]

意译:在娘家,青枝绿叶;到婆家,黄皮儿寡瘦。撑下去,不停颤动;拿起来,顺杆子流水。撑船的篙子。

0034 自选条目

一根绳,[i³⁵ kən³⁵ sən⁵¹]

穿过城,[tsʰuan³⁵ kuo³¹ tsʰən⁵¹]

城动弹,[tsʰən⁵¹ təŋ³¹ kʰan³¹]

能叫唤。[nən⁵¹ tɕiɔ³¹ xuan³¹]

这以前的纺线车子。[tsɤ³¹ i³³ tɕʰian⁵¹ ti⁰ faŋ³³ ɕian³¹ tsʰɤ³⁵ tsɿ⁰]

意译：一根绳，穿过城，城动弹，能叫唤——以前的纺线车子。

郧　阳

一　歌谣

0001 歌谣

唱一个锣靠鼓来鼓靠啊锣啊，[tʂʰaŋ i kɤ luo kʰau ku lɛi ku kʰau ua luo ia]

那新来的媳妇她靠公啊婆啊。[na ɕin lɛi ti ɕi fu tʰa kʰau kuəŋ a pʰo a]

那树木零落靠山坡啊，[na ʂu mu lin luo kʰau ʂan pʰo a]

呀嗬嗨啦，[ia xuo xan lɛi]

兄弟年小靠哥哥。[ɕyŋ ti nian ɕiau kʰau kɤ kɤ]

常言说我们在家里靠父母，[tʂʰaŋ ian ʂuo uo mən tsei tɕia li kʰau fu mu]

出门在外靠朋友，[tʂʰu mən tsei uɛi kʰau pʰən iəu]

这靠张哥。[tʂɤ kʰau tʂaŋ kɤ]

今天来到郧阳啊区啊，[tɕin tʰian lɛi tau yn iaŋ a tɕʰy ia]

靠各位师傅们打一个凑合啊。[kʰau kɤ uei ʂɿ fu mən ta i kɤ tʂʰəu xɤ a] 打（一个）凑合：支持、照顾

意译：唱一个锣靠鼓来鼓靠锣，新来的媳妇她靠公婆。那树木零落靠山坡，兄弟年小靠哥哥。常言说我们在家里靠父母，出门在外靠朋友，靠张哥。今天来到郧阳区靠各位师傅们支持、照顾。

0002 歌谣

我来到这里看明啊白啊，[uo lɛi tau tʂɤ li kʰan min na pei ia]

师傅们就走到一起啊来啊。[ʂɿ fu mən təu tsəu tau i tɕʰi ia lɛi ia]

一岸这坐的是歌师啊傅啊，[i an tʂɤ tsuo ti ʂɿ kɤ ʂɿ a fu a] 一岸：一边儿

呀嗬嗨啦，[ia xuo xan la]

一岸这又坐的是歌秀啊才。[i an tʂɤ iəu tsuo ti ʂɿ kɤ ɕiəu ua tsʰɛi]

那歌师傅那个歌秀啊才啊，[na kɤ ʂɿ fu na kɤ kɤ ɕiəu ua tsʰɛi ia]

爱玩的师傅们就上场来啊。[ɛi uan ti ʂɿ fu mən təu ʂaŋ tʂʰaŋ lɛi ia]

意译：我来到这里才看明白，师傅们都走到一起来。一边儿坐的是歌师傅，一边儿又坐的是歌秀才。那歌师傅、歌秀才，爱玩的师傅们都上场来。

0003 歌谣

天上的星星离不开月亮啊，[tʰian ʂaŋ ti ɕin ɕin li pu kʰɛi ye liaŋ a]

地上的庄稼苗儿离不开太阳啊。[ti ʂaŋ ti tʂuaŋ tɕia miaur li pu kʰɛi tʰɛi iaŋ a]

怀抱小妹儿他离不开娘啊，[xuɛi pau ɕiau mər tʰa li pu kʰɛi niaŋ a]

呀嗬嗨，[ia xuo xan]

政策开放离不开这共产党。[tʂən tsʰɤ kʰɛi faŋ li pu kʰɛi tʂɤ kuaŋ tʂʰan taŋ]

今天这来到这郧阳啊区啊，[tɕin tʰian tʂɤ lei tau tʂɤ yn iaŋ a tɕʰy ia]

离不开众位师傅捧一个场啊。[li pu kʰɛi tʂuaŋ uei ʂɿ fu pʰəŋ i kɤ tʂaŋ a]

意译：天上的星星离不开月亮啊，地上的庄稼苗儿离不开太阳啊。怀抱小儿都离不开娘啊，哟嗬嗨，政策开放离不开这共产党。今天来到这郧阳区啊，离不开众位师傅捧一个场啊。

0004 歌谣

那各位观众们听端啊详啊，[na kɤ uei kuan tʂuaŋ mən tʰin tan a ɕiaŋ a]

听我唱一个一十八岁的大姑啊娘啊，[tʰin uo tʂʰaŋ i kɤ i ʂɿ pa sei ti ta ku ua niaŋ a]

针线茶饭她都不啊会啊，[tʂən ɕian tʂʰa fan tʰa təu pu ua xuei ia]

呀嗬嗨，[ia xuo xan]

整天互拉年轻人们这打扑克摸麻将啊是一个内行啊。[tʂən tʰian xu la nian tɕʰin zən mən tʂɤ ta pʰu kʰɤ mo ma tɕiaŋ a ʂɿ i kɤ lei xaŋ a]

后院儿的有一个小院啊墙啊，[xəu yar ti iəu i kɤ ɕiau yan a tɕʰiaŋ a]

她成天藏蒙儿上下跐蹓得溜溜光啊。[tʰa tʂʰən tʰian tɕʰiaŋ mər ʂaŋ ɕia tsʰɿ liəu ti liəu liəu kuaŋ a] 藏蒙儿：捉迷藏。跐蹓：形容动作很快，很矫捷

道场边儿的长了一个弯枣儿啊树啊，[tau tʂʰaŋ piar ti tʂaŋ lɤ i kɤ uan tsaur a ʂu a]

呀嗬嗨，[ia xuo xan]

它少说就有那个两丈长，[tʰa ʂau suo tɕiəu iəu na kɤ liaŋ tʂaŋ tʂʰaŋ]

这一天她姑娘她想吃枣儿，[tʂɤ i tʰian tʰa ku niaŋ tʰa ɕiaŋ tʂʰɿ tsaur]

从树根儿一直爬到树梢儿上，[tsʰən ʂu kər i tʂɿ pʰa tau ʂu ʂaur ʂaŋ]

她那里正要把那枣子来摘，[tʰa na li tʂən iau pa na tsau tsɿ lɛi tʂɤ]

她的干哥儿大哥儿干活儿就转回乡，[tʰa ti kan kɚ ta kɚ kan xuor təu tʂuan xuei ɕiaŋ]

啊她的大哥儿就开言讲，[a tʰa ti ta kɚ təu kʰɛi ian tɕiaŋ]

叫一声那妹妹你听端详，[tɕiau i ʂən na mei mei ni tʰin tan ɕiaŋ]

针线茶饭你不跟妈学，[tʂən ɕian tʂʰa fan ni pu kən ma ɕyɛ]

往了婆子受气可是内行。[uaŋ lɤ pʰo tsɿ ʂəu tɕʰi kʰɤ ʂɿ lei xaŋ] 往婆子：出嫁

这姑娘一听她把嘴一啊撅啊，[tʂɤ ku niaŋ i tʰin tʰa pa tsei i ia tɕyɛ ia]

我受气她与你这有何啊妨啊？[uo ʂəu tɕʰi tʰa y ni tʂɤ iəu xɤ a faŋ a]

她哥哥一听那个就有啊气啊，[tʰa kɤ kɤ i tʰin na kɤ tɕiəu iəu a tɕʰi ia]

请了个老婆子找找了个在东啊庄啊。[tɕʰin lɤ kɤ lau pʰo tsɿ tʂau tʂau lɤ kɤ tsei təŋ a tʂuaŋ a] 老婆子：婆婆

姑娘这往婆子三天啊整啊，[ku niaŋ tʂɤ uaŋ pʰo tsɿ san tʰian na tʂən nei]

呀嗬嗨，[ia xuo xan]

这老婆子这一天可开了腔。[tʂɤ lau pʰo tsɿ tʂɤ i tʰian kʰɤ kʰɛi liau tɕʰiaŋ]

她的老婆子她把话讲，[tʰa ti lau pʰo tsɿ tʰa pa xua tɕiaŋ]

"叫声我的三儿媳妇儿听端详，[tɕiau ʂən uo ti san ɚ ɕi fur tʰin tan ɕiaŋ]

我问你针线茶饭会不会？"[uo uən ni tʂən ɕian tʂʰa fan xuei pu xuei]

这三儿媳妇儿说：[tʂɤ san ɚ ɕi fur ʂuo]

"我的妈吔，[uo ti ma iɛ]

我的针线茶饭可是内行。"[uo ti tʂən ɕian tʂʰa fan kʰɤ ʂɿ lei xaŋ]

老婆子一听她就心高兴，[lau pʰo tsɿ i tʰin tʰa təu ɕin kau ɕin]

进屋的拿了两块儿的确儿良，[tɕin u ti na lɤ liaŋ kʰuər ti tɕʰyər liaŋ]

给她顺手她摊到她案子上。[kɯ tʰa ʂuan ʂəu tʰa tʰan tau tʰa an tsɿ ʂaŋ]

你老公公没得汗褂儿穿，[ni lau kuəŋ kuəŋ mei tiɛ xan kuar tʂʰuan] 汗褂儿：背心

你来给他剪套儿新衣裳。[ni lɛi ku tʰa tɕian tʰaur ɕin i ʂaŋ]

这姑娘拿起剪子就来剪，[tʂɤ ku niaŋ na tɕʰi tɕian tsɿ tɕiəu lɛi tɕian]

活像个剪衣裳的老内行，[xuo ɕiaŋ kɤ tɕian i ʂaŋ ti lau lei xaŋ]

谁知道她剪了一个汗褂儿他三个袖儿，[ʂuei tʂɿ tau tʰa tɕian lɤ i kɤ xan kuar tʰa san kɤ ɕiəur]

剪了一个裤子都没得裤裆。[tɕian lɤ i kɤ kʰu tsɿ təu mei tiɛ kʰu taŋ]

老婆子一看她就有气哟，[lau pʰo tsɿ i kʰan tʰa tɕiəu iəu tɕʰi yo]

你到那厨房的给我擀面汤。[ni tau na tʂʰəu faŋ ti kɯ uo kan mian tʰaŋ]

三女儿媳妇就下了厨房，[san nyər ɕi fu təu ɕia lɤ tʂʰəu faŋ]

围了一系好像做饭的老内行，[uei lɤ i ɕi xau ɕiaŋ tsəu fan ti lau lei xaŋ]

围了：围腰子

她揌了一瓢面，[tʰa ua lɤ i pʰiau mian]

她添了五瓢水，[tʰa tʰian lɤ u pʰiau ʂuei]

她面剂子和得像那干饭汤。[tʰa mian tɕi tsʅ xuo ti ɕiaŋ na kan fan tʰaŋ] 干饭汤：稀饭

老婆子一看则又有气哟，[lau pʰo tsʅ i kʰan tsɤ ieu ieu tɕʰi yo]

你去给我蒸馍馍看怎么样？[ni kʰɯ ku uo tʂən mo mo kʰan tsən mɤ iaŋ]

这三女儿媳妇儿又到下了厨房，[tʂɤ san nyər ɕi fur ieu tau ɕia lɤ tʂʰəu faŋ]

这回揌了五瓢面，[tʂɤ xuei ua lɤ u pʰiau mian]

再添了半碗儿水，[tsɛi tʰian lɤ pan uar ʂei]

她干了又添水，[tʰa kan lɤ ieu tʰian ʂei]

她稀了又添面，[tʰa ɕi lɤ ieu tʰian mian]

她揌了和，[tʰa ua lɤ xuo]

她和了揌，[tʰa xuo lɤ ua]

她面剂子和得丈把长，[tʰa mian tɕi tsʅ xuo ti tʂaŋ pa tʂʰaŋ]

那十丈的头号锅儿都没装下，[na ʂʅ tʂaŋ ti tʰəu xau kuor təu mei tʂuaŋ ɕia]

还有半截儿子擩的那个案板上，[xɛi ieu pan tɕiər tsʅ zu ti na kɤ an pan ʂaŋ]

好像大工程开食堂，[xau ɕiaŋ ta kuaŋ tʂʰən kʰɛi ʂʅ tʰaŋ]

那二三十人他都吃不光，[na ə san ʂʅ zən tʰa təu tʂʰʅ pu kuaŋ]

老婆子一看她就更有啊气啊，[lau pʰo tsʅ i kʰan tʰa təu kən ieu ua tɕʰi ia]

她当场把她来嘟囔。[tʰa taŋ tʂʰaŋ pa tʰa lɛi təu laŋ] 嘟囔：不断地、含混地自言自语。多表示不满

这时候回来了那一啊个啊哂，[tsɤ ʂʅ xəu xuei lɛi lɤ na i ia kɤ a xan]

她老公公干活儿就转回啊乡啊。[tʰa lau kuaŋ kuaŋ kan xuor təu tsuan xuei ia ɕiaŋ a]

意译：各位观众们听端详，听我唱一个一十八岁的大姑娘，针线茶饭她都不会，整天拉着年轻人们打扑克、摸麻将是个内行。后院儿有一个小院墙，她成天捉迷藏上下直窜得溜溜光。道场边儿长了一个弯枣树，少说都有两丈长，这一天姑娘想吃枣儿，从树根儿一直爬到树梢儿上，她那里正要把枣子来摘，她的大哥

干活儿转回乡。她的大哥开言讲:"叫一声妹妹你听端详。针线茶饭你不跟妈学,到了婆家受气可是内行。"这姑娘一听把嘴一撅,我受气与你有何妨?她哥哥一听就有气,给她找了个婆家在东庄。

姑娘到婆家三天整,老婆子这一天可开了腔。她的老婆子把话讲:"叫声我的三儿媳妇儿听端详,我问你针线茶饭会不会?"三儿媳妇儿说:"我的妈,我的针线茶饭可是内行。"老婆子一听就高兴,进屋里拿了两块儿的确良,给她顺手摊到案子上。"你老公公没有汗衫儿穿,你来给他剪套儿新衣裳。"这姑娘拿起剪子就来剪,活像个剪衣裳的老内行,谁知道她剪了一个汗衫儿三个袖,剪了一个裤子没有裤裆。老婆子一看就有气哟,"你到那厨房里给我擀面汤。"三儿媳妇就下了厨房,围腰子一系好像做饭的老内行,她搲了一瓢面,添了五瓢水,面剂子和得像那干饭汤。老婆子一看又有气,你去蒸馒头看怎么样?这三儿媳妇儿又下了厨房,这回搲了五瓢面,添了半碗儿水,她干了又添水,她稀了又添面,她搲了和,她和了搲,她面剂子和得那丈把长,那十丈的头号锅儿都没装下,还有半截儿子摊在案板上。好像大工程开食堂,那二三十人他都吃不光,老婆子一看她更有气,她当场把她来指责。这时候回来了那一个,她老公公干活儿转回乡。

0005 歌谣

锣鼓敲得震天啊涯啊,[luo ku tɕʰiau tɤ tʂən tʰian a ia ia]
众位同志们听根啊芽啊,[tʂuəŋ uei tʰən tʂɿ mən tʰin kən na ia a] 根芽:根由
今天我不把他别的呲表啊,[tɕin tʰian uo pu pa tʰa piɛ ti iɛ piau ua]
呀嗬嗨,[ia xuo xan]
唱一段傻瓜种西瓜,[tʂʰaŋ i tan ʂa kua tʂuəŋ ɕi kua]
我唱一段傻瓜种西啊瓜啊。[uo tʂʰaŋ i tan ʂa kua tʂuəŋ ɕi ia kua ia]
要说这傻瓜啊,[iau ʂuo tʂɤ ʂa kua ia]
他其实并不傻,[tʰa tɕʰi ʂɿ pin pu ʂa]
这高考儿超过了二类线,[tʂɤ kau kʰaur tʂʰau kuo lɤ ɚ lei ɕian]
他差一点儿上北大,[tʰa tʂʰa i tiar ʂaŋ pei ta]
他傻瓜的脾气倔啊,[tʰa ʂa kua ti pʰi tɕʰi tɕyɛ ia]
他硬气回了家。[tʰa ən tɕʰi xuei liau tɕia]
他买了几捆种瓜书,[tʰa mei liau tɕi kʰuəŋ tʂuəŋ kua ʂu]
他专门儿研究瓜,[tʰa tʂuan mər ian tɕiəu kua]
他要知道为啥叫傻啊瓜啊,[tʰa iau tʂɿ tau uei ʂa tɕiau ʂa ia kua ia]
他听我从头儿说根啊芽啊。[tʰa tʰin uo tsʰən tʰəur ʂuo kən a ia ia]

他家住原安（郧）阳镇啊，[tʰa tɕia tʂu yan an iaŋ tʂən na]

这条件顶呱呱，[tʂɤ tʰiau tɕian tin kua kua]

这人称全县米粮仓，[tʂɤ ʐən tʂʰən tɕʰyan ɕian mi liaŋ tsʰaŋ]

美名甲天下。[mei min tɕia tʰian ɕia]

这1979年啦，[tʂɤ i tɕiəu tɕʰi tɕiəu nian na]

这个改革东风刮，[tʂɤ kɤ kei kɤ təŋ fəŋ kua]

这个傻瓜正是这年生，[tʂɤ kɤ ʂa kua tʂən ʂʅ tʂɤ nian ʂən]

乐坏了他爹和妈。[lɤ xuɛi lɤ tʰa tiɛ xuo ma]

他三天请了起乳名儿，[tʰa san tʰian tɕʰin lɤ tɕʰi ʐu miər]

接来了邻居和姑妈，[tɕiɛ lɛi lɤ lin tɕy xuo ku ma]

你叫这，[ni tɕiau tʂɤ]

他取那，[tʰa tɕʰy na]

名字说了就一大沓，[min tsʅ ʂuo lɤ təu i ta tʰa]

人烟稠了重名儿多，[ʐən ian tʂʰəu lɤ tʂʰuəŋ miər tuo] 人烟：人口。稠：多

总觉得心的他不入发，[tsəŋ tɕyo tɤ ɕin ti tʰa pu ʐu fa] 不入发：不满意

最后他爷爷站起来，[tsei xəu tʰa iɛ iɛ tsan tɕʰi lɛi]

磕罢烟灰儿把话搭，[kʰɯ pa ian xuər pa xua ta]

嘿咱们郧阳这地方，[xei tsan mən yan iaŋ tʂɤ ti faŋ]

自古以来名气大，[tsʅ ku i lɛi min tɕʰi ta]

土地肥得直流油，[tʰəu ti fei tiɛ tsʅ liəu iəu]

一马平川谁不夸，[i ma pʰin tʂʰuan ʂuei pu kʰua]

咱们郧阳的条件儿好，[tsan mən yan iaŋ ti tʰiau tɕiar xau]

最适合的是种瓜，[tsei ʂʅ xɤ ti ʂʅ tʂuəŋ kua]

我种瓜，[uo tʂuəŋ kua]

儿子种瓜，[ɚ tsʅ tʂuəŋ kua]

我这孙娃子长大了也种瓜，[uo tʂɤ sən ua tsʅ tʂaŋ ta lɤ iɛ tʂuəŋ kua]

祖宗三代都种瓜，[tsəu tsuəŋ san tɛi təu tʂuəŋ kua]

我这孙子干脆叫仨瓜。[uo tʂɤ sən tsʅ kan tsʰei tɕiau sa kua]

这个仨瓜越喊越咬啊口啊，[tʂɤ kɤ sa kua yɛ xan yɛ iau ua kʰəu ua] 咬口：拗口

他顺其自然喊起了傻啊瓜啊。[tʰa ʂuəŋ tɕʰi tsʅ ʐan xan tɕʰi lɤ ʂa a kua a]

再说这傻瓜啊，[tsɛi ʂuo tʂɤ ʂa kua ia]

这个人小决心大。[tʂɤ kɤ ʐən ɕiau tɕyɛ ɕin ta]

他一天到晚翻资料，［tʰa i tʰian tau uan fan tsʅ liau］
把种瓜的诀窍儿查。［pa tʂuaŋ kua ti tɕyɛ tɕʰiaur tʂʰa］
那个自费到山东，［na kɤ tsʅ fei tau ʂan təŋ］
他又把那河南下，［tʰa iəu pa na xɤ lan ɕia］
这四川陕西都跑遍，［tʂʅ sʅ tʂʰuan ʂan ɕi təu pʰau pʰian］
访问这老专家，［faŋ uən tʂɤ lau tʂuan tɕia］
这要知道吃过多少啊苦啊，［tʂɤ iau tʂʅ tau tʂʅ kuo tuo ʂau ua kʰu a］
不比唐僧取经啊差啊。［pu pi tʰaŋ sən tɕʰy tɕin na tʂʰa ia］
这个傻瓜回到家，［tʂɤ kɤ ʂa kua xuei tau tɕia］
叫来了爷和爸，［tɕiau lei lɤ iɛ xuo pa］
他们祖宗三代坐一起，［tʰa mən tsəu tsən san tɛi tsuo i tɕʰi］
自己谈想法。［tsʅ tɕi tʰan ɕiaŋ fa］
嘿咱们这地方啊，［xei tsan mən tʂɤ ti faŋ a］
能种两季瓜，［lən tʂuəŋ liaŋ tɕi kua］
这春瓜蔬菜落秋瓜，［tʂɤ tʂʰuən kua səu tsʰɛi lau tɕʰiəu kua］
那一年能种三茬。［na i nian lən tʂuəŋ san tʂʰa］
"啥？你疯了？"［ʂa ni fən la］
这爷爷不等把话说完，［tʂɤ iɛ iɛ pu tən pa xua ʂuo uan］
爷爷这里的个就打岔。［iɛ iɛ tʂɤ li tɤ kɤ tɕiəu ta tʂʰa］
我说这孙娃子哎，［uo ʂuo tʂɤ sən ua tsʅ ei］
这个你没发烧吧？［tʂɤ kɤ ni mei fa ʂau pa］
这个惊蛰前后儿种瓜就是老种来新下，［tʂɤ kɤ tɕin tʂʅ tɕʰian xəur tʂuəŋ kua təu ʂʅ lau tʂuəŋ lɛi ɕin ɕia］
这不是爷爷我把口夸，［tʂɤ pu ʂʅ iɛ iɛ uo pa kʰəu kʰua］
民国手的我学种瓜，［min kuo ʂəu ti uo ɕyɛ tʂuəŋ kua］
共产党来了我会种瓜，［kuəŋ tʂʰan taŋ lei lɤ uo xuei tʂuəŋ kua］
割尾巴年代我偷种瓜，［kɤ uei pa nian tɛi uo tʰəu tʂuəŋ kua］
我如今种瓜把家发，［uo zu tɕin tʂuəŋ kua pa tɕia fa］
这冬瓜、西瓜。［tʂɤ təŋ kua、ɕi kua］

意译：锣鼓敲得震天涯，众位同志们听缘由。今天我不把他别的表，唱一段傻瓜种西瓜，我唱一段傻瓜种西瓜。要说这傻瓜，他其实并不傻，高考超过了二类线，差一点儿上北大。傻瓜的脾气倔啊，他硬气回了家。他买了几捆种瓜书，他专门研究瓜。要知道为啥叫傻瓜，听我从头说根由。

他家住原郧阳镇，条件顶呱呱，人称全县米粮仓，美名甲天下。这1979年，改革东风刮，这个傻瓜正是这年生，乐坏了他的爹和妈。三天请（人）起乳名，接来了邻居和姑妈，你叫这，他取那，名字说了就一大沓，人口多了重名多，总觉得心里不满意。最后他爷爷站起来，磕罢烟灰儿把话说。嘿，咱们郧阳这地方，自古以来名气大，土地肥得直流油，一马平川谁不夸。咱们郧阳的条件好，最适合的是种瓜，我种瓜，儿子种瓜，我这孙娃子长大了也种瓜，祖宗三代都种瓜，我这孙子干脆叫"仨瓜"。这个仨瓜越喊越拗口，他顺其自然喊起了傻瓜。

再说这傻瓜，人小决心大。他一天到晚翻资料，把种瓜的诀窍查。他自费到山东，他又把那河南下，这四川陕西都跑遍，访问老专家，要知道吃过多少苦，不比唐僧取经差。这个傻瓜回到家，叫来了爷和爸，他们祖宗三代坐一起，自己谈想法。咱们这地方，能种两季瓜。这春瓜蔬菜落秋瓜，一年能种三茬。"什么？你疯了？"爷爷不等把话说完，爷爷这里就打岔。我说孙子，你没发烧吧？这个惊蛰前后种瓜就是老种新下，不是爷爷我把口夸，民国手里我学种瓜，共产党来了我会种瓜，割尾巴年代我偷种瓜，我如今种瓜把家发，这冬瓜、西瓜。

0006 歌谣

一声那春雷天下呀传啊，［i ʂən na tʂʰuəŋ lei tʰian ɕia ia tʂʰuan na］

那神州大地艳阳啊天啊，［na ʂən tʂəu ta ti ian iaŋ a tʰian na］

税费改革的实在好啊，［ʂuei fei kɛi kɤ tɤ ʂɿ tsɛi xau ua］

呀嗬嗨，［ia xuo xan］

我们老百姓心里头最舒坦，［uo mən lau pɛi ɕin ɕin li tʰəu tsei ʂu tʰan］

哎老百姓心里头最舒啊坦啊。［ei lau pɛi ɕin ɕin li tʰəu tsei ʂu ua tʰan na］

那税费搞改革，［na ʂuei fei kau kɛi kɤ］

则农民减负担啊，［tsɤləŋ min tɕian fu tan a］

这关系到中国现代化，［tʂɤ kuan ɕi tau tʂuəŋ kuo ɕian tɛi xua］

这意义大如天。［tʂɤ i i ta zu tʰian］

这改革开放后哦，［tʂɤ kɛi kɤ kʰɛi faŋ xəu o］

这承包为主线，［tʂɤ tʂʰən pau uei tsu ɕian］

这双层经营是体制，［tʂɤ ʂuaŋ tsʰən tɕin in ʂɿ tʰi tʂɿ］

各把这神通显。［kɤ pa tʂɤ ʂən tʰəŋ ɕyan］

这农民的积极性大提呀高啊，［tʂɤ ləŋ min ti tɕi tɕi ɕin ta tʰi ia kau ua］

形势发展赛飞船。［ɕin ʂɿ fa tʂan sɛi fei tʂʰuan］

可是前些年啊，［kʰɤ ʂɿ tɕʰian ɕiɛ nian na］

那个制度不完善，[na kɤ tʂɿ təu pu uan ʂan]

这收拾税费不合理，[tʂɤ ʂou ʂɿ ʂuei fei pu xɤ li]

这农民苦难言。[tʂɤləŋ min kʰu lan ian]

这三令又五申，[tʂɤ san lin iəu u ʂən]

这中央下文件，[tʂɤ tʂuəŋ iaŋ ɕia uən tɕian]

这个别的地方全不顾他另打小算盘。[tʂɤ kɤ piɛ ti ti faŋ tɕʰyan pu ku tʰa lin ta ɕiau san pʰan]

哎，有的师傅说了，[ei, iəu ti ʂɿ fu ʂuo la]

你说另打小算盘在哪些方面儿另打小算盘？[ni ʂuo lin ta ɕiau san pʰan tsɛi na ɕiɛ faŋ miar lin ta ɕiau san pʰan]

好，听我给你讲。[xau, tʰin uo kɯ ni tɕiaŋ]

滥摊派，[lan tʰan pʰɛi]

滥罚款，[lan fa kʰuan]

集资收费样样全，[tɕi tsɿ ʂou fei iaŋ iaŋ tɕʰyan]

村提留，[tsʰən tʰi liəu]

乡统筹，[ɕiaŋ tʰəŋ tsʰəu]

不搞屠户你就出钱，[pu kau tʰəu xu ni tɕiəu tʂʰu tɕʰian]

部门儿达标要升级，[pu mər ta piau iau ʂən tɕi]

这农民逃不了这一关。[tʂɤ ləŋ min tʰau pu liau tʂɤ i kuan]

农业税，[ləŋ iɛ ʂuei]

财产税，[tsʰɛi tʂʰan ʂuei]

屠宰税也要按人摊，[tʰəu tsɛi ʂuei iɛ iau an zən tʰan]

这公积金、这公益金，[tʂɤ kuaŋ tɕi tɕin、tʂɤ kuaŋ i tɕin]

那县域永远有负款，[na ɕian y yn yan iəu fu kʰuan]

这管理费，[tʂɤ kuan li fei]

交通费，[tɕiau tʰəŋ fei]

民兵训练要兑现，[min pin ɕyn lian iau tei ɕian]

交由国家各级省，[tɕiau iəu kuo tɕia kuo tɕi ʂəŋ]

硬性指标手不软，[ən ɕin tʂɿ piau ʂəu pu zuan]

五保统筹不能忘，[u pau tʰəŋ tʂʰəu pu lən uaŋ]

人工降雨记心间，[zən kuaŋ tɕiaŋ y tɕi ɕin tɕian]

生猪防疫要交费，[ʂən tʂu faŋ i iau tɕiau fei]

那报刊杂志也须订传，[na pau kʰan tʂa tʂɿ iɛ ɕy tin tʂʰuan]

这一算，［tʂən i san］

恁一算，［lən i san］

你终年的不够交税钱，［ni tʂuəŋ nian ti pu kəu tɕiau ʂuei tɕʰian］

以上这些税费啊款啊，［i ʂaŋ tʂɤ ɕiɛ ʂuei fei ia kʰuan na］

这千家万户儿都作啊难啊。［tʂɤ tɕʰian tɕia uan xur təu tʂuo ia lan na］

还有那大块啊，［xan iəu na ta kʰuɛi ia］

这个报表儿年年儿填，［tʂɤ kɤ pau piaur nian niar tʰian］

这每年上升有幅度，［tʂɤ mei nian ʂaŋ ʂən iəu fu təu］

这能增不能减，［tʂɤ lən tsən pu lən tɕian］

数字填不够啊，［səu tsɿ tʰian pu kəu ua］

他可以胡乱编。［tʰa kʰɤ i xu lan pian］

这上面儿的指标分下来，［tʂɤ ʂaŋ miar ti tʂɿ piau fən ɕia lɛi］

哎，你得看着办。［ei, ni tei kʰan tʂuo pan］

这就是有了债啊，［tʂɤ tɕiəu ʂɿ iəu liau tʂɛi ia］

这你也不用管。［tʂɤ ni iɛ pu yŋ kuan］

这上下口径要一致，［tʂɤ ʂaŋ ɕia kʰəu tɕin iau i tʂɿ］

昧着良心干。［mei tʂuo liaŋ ɕin kan］

咬着别人的大拇啊指啊，［iau tʂuo piɛ zən ti ta mu ua tʂɿ a］

不与自己毬相啊干啊。［pu y tsɿ tɕi tɕʰiəu ɕiaŋ a kan na］

干部们都把那政绩报，［kan pu mən təu pa na tʂən tɕi pau］

数字年年往上填。［su tsɿ nian nian uaŋ ʂaŋ tʰian］

夏季旱，［ɕia tɕi xan］

秋季涝，［tɕʰiəu tɕi lau］

粮食急需填增产。［liaŋ ʂɿ tɕi ɕy tʰian tsən tʂʰan］

经济收入也不用问，［tɕin tɕi ʂəu zu iɛ pu yŋ uən］

他们各级领导都喜欢啦，［tʰa mən kɤ tɕi lin tau təu ɕi xuan na］

那糊弄一届是一届，［na xu lən i kɛi ʂɿ i kɛi］

数字干部最危险。［su tsɿ kan pu tsei uei ɕyan］

各种税费交不啊完啊，［kɤ tʂuəŋ ʂuei fei tɕiau pu ua uan na］

咱老百姓蒙在那鼓里咃边啊。［tʂa lau pɛi ɕin məŋ tsɛi na ku li iɛ pian na］

有一个王老三啊，［iəu i kɤ uaŋ lau san na］

他家里有困难，［tʰa tɕia li iəu kʰuən lan］

他每回听说交税费，［tʰa mei xuei tʰin ʂuo tɕiau ʂuei fei］

他都心里头糠糠儿颤啊。[tʰa təu ɕin li tʰəu kʰaŋ kʰãr tṣan na] 糠糠儿颤：发抖
他承包了五亩儿地吧，[tʰa tṣʰən pau lɤ u məur ti iɛ]
他管有四分儿田，[tʰa kuan iəu sɿ fər tʰian]
那天干雨涝都歉收，[na tʰian kan y lau təu tɕian ṣəu]
那成本儿也贴里边。[na tṣʰən pər iɛ tʰiɛ li pian]
这记得那年腊月间，[tṣɤ tɕi tiɛ na nian la ye tɕian]
村组来收提留款，[tsʰən tsəu lɛi ṣəu tʰi liəu kʰuan]
书记村长不上算，[ṣu tɕi tsʰən tṣaŋ pu ṣaŋ san]
这屋子街门儿跟了一大串，[tṣɤ u tsɿ kɛi mər kən lɤ i ta tṣʰuan]
副书记、副村长，[fu ṣu tɕi、fu tsʰən tṣaŋ]
还有治保主任和妇联，[xɛi iəu tṣɿ pau tṣu zən xuo fu lian]
计划生育是专制，[tɕi xua ṣən iəu ṣɿ tṣuan tṣɿ]
还有民兵连长和清胎。[xɛi iəu min pin lian tṣaŋ xuo tɕʰin tʰɛi] 清胎：计划生育时清查每家每户胎儿数量
村组会计来算账，[tsʰən tsəu kʰuɛi tɕi lɛi san tṣaŋ]
还有法律服务有司法员。[xɛi iəu fa ly fu u iəu sɿ fa yan]
这公安干警拿手铐，[tṣɤ kuəŋ an kan tɕin na ṣəu kʰau]
是怕得有人来捣乱。[ṣɿ pʰa tɤ iəu zən lɛi tau lan]
村上还有个三大将，[tsʰən ṣaŋ xɛi iəu kɤ san ta tɕiaŋ]
最少也有个两个班。[tsei sau iɛ iəu kɤ liaŋ kɤ pan]
这些干部都提留，[tṣɤ ɕiɛ kan pu təu tʰi liəu]
你一分一文都不得贪。[ni i fəŋ i uən təu pu tiɛ tʰan]
三体五统、集资罚款、五保老人，[san tʰi u tʰəŋ、tɕi tsɿ fa kʰuan、u pau lau zən]
民兵训练、抗洪救灾、义务工钱。[min pin ɕyn lian、kʰaŋ xuən tɕiəu tsɛi、i u kuəŋ tɕʰian]
各项儿数字加起来，[kɤ xãr ṣəu tsɿ tɕia tɕʰi lɛi]
整整儿算到了八百半。[tṣən tṣər san tau lɤ pa pɛi pan]
来年扒账来年啊编啊，[lɛi nian pa tṣaŋ lɛi nian na pian na]
这来年穿一个破布啊衫啊。[tṣɤ lɛi nian tṣʰuan i kɤ pʰo pu ua ṣan na]
这党中央、国务院把群众的冷暖记心间。[tṣɤ taŋ tṣuaŋ iaŋ、kuo u yan pa tɕʰyn tṣuaŋ ti lən lan tɕi ɕin tɕian]
一举一动过真话，[i tɕy i təŋ kuo tṣən xua] 过真话：来真的

三个代表儿在实践。[san kɤ tɛi piaur tʂɛi ʂɿ tɕian]

这发出了税费改革令，[tʂɤ fa tʂʰu lɤ ʂuei fei kɛi kɤ lin]

切实为农民减负担。[tɕʰiɛ ʂɿ uei lәŋ min tɕian fu tan]

不合理的税费都取消，[pu xɤ li ti ʂuei fei tәu tɕʰy ɕiau]

这说实在的现兑现。[tʂɤ ʂuo ʂɿ tsɛi ti ɕian tei ɕian]

还是在2004年，[xan ʂɿ tsɛi ɚ lin lin sɿ nian]

降低了三个百分点。[tɕiaŋ ti lɤ san kɤ pɛi fәŋ tian]

紧跟着2005年，[tɕin kәn tʂuo ɚ lin lin u nian]

这农业税收全免完。[tʂɤ lәŋ iɛ ʂuei ʂәu tɕʰyan mian uan]

哎有了这样的好领啊班啊，[ɛi iәu lɤ tʂɤ iaŋ ti xau lin na pan na]

这不说小康儿水平，[tʂɤ pu ʂuo ɕiau kʰãr ʂei pʰin]

大康水平也不啊难啊。[ta kʰaŋ ʂei pʰin iɛ pu ua lan na]

这再说王老三啊，[tʂɤ tsɛi ʂuo uaŋ lau san na]

又把他提回谈。[iәu pa tʰa tʰi xuei tʰan]

这次税费搞改革是中央为的咱啊。[tʂɤ tsʰɿ ʂuei fei kau kɛi kɤ ʂɿ tʂuәŋ iaŋ uei ti tsan na]

这全国老百姓，[tʂɤ tɕʰyan kuo lau pɛi ɕin]

这占了了九一三。[tʂɤ tsan liau lɤ tɕiәu i san]

这这一块子不稳定，[tʂɤ tʂɤ i kʰuei tsɿ pu uәn tin]

他怎么能发展啊？[tʰa tsәn mɤ lәn fa tʂan na]

那乡村组干部，[na ɕiaŋ tsʰәn tsәu kan pu]

他们以前收税款。[tʰa mәn i tɕʰian ʂәu ʂuei kʰuan]

这干拉了关系越搞越紧张，[tʂɤ kan la la kuan ɕi yɛ kau yɛ tɕin tʂaŋ]

我们觉都睡不安。[uo mәn tɕiau tәu ʂei pu an]

这税费改革好啊，[tʂɤ ʂuei fei kɛi kɤ xau ua]

这干部的精力转。[tʂɤ kan pu ti tɕin li tʂuan]

这精简机构减人员，[tʂɤ tɕin tɕian tɕi kәu tɕian zәn yan]

我们不再乱摊钱。[uo mәn pu tsɛi lan tʰan tɕʰian]

哎，有师傅说了，[ɛi, iәu ʂɿ fu ʂuo la]

那干部不收钱搞啥？[la kan pu pu ʂәu tɕʰian kau ʂa]

嘿，以后收税由财政上管啊，[xei, i xәu ʂәu ʂuei iәu tsʰɛi tʂәn ʂaŋ kuan na]

这干部一心谋发展啊。[tʂɤ kan pu i ɕin mәu fa tʂan na]

这户户有一个明白袋儿，[tʂɤ xu xu iəu i kɤ min pei tar]
明白下装在那袋儿里边。[min pei xa tʂuaŋ tsei na tar li pian] 下：全，都
农业税收政策明，[ləŋ iɛ ʂuei ʂəu tʂən tsʰɤ min]
这改政改简有规范。[tʂɤ kei tʂən kei tɕian iəu kuei fan]
这以前干部说了算，[tʂɤ i tɕʰian kan pu ʂuo liau san]
现在在向那法制转。[ɕian tsei tsei ɕiaŋ na fa tʂʅ tʂuan]
这次税费改革后，[tʂɤ tsʰʅ ʂuei fei kei kɤ xəu]
目品不能过百元。[mu pʰin pu lən kuo pei yan]
这以前我交八百半，[tʂɤ i tɕʰian uo tɕiau pa pei pan]
现在种地不要钱。[ɕian tsei tʂuəŋ ti pu iau tɕʰian]
不光是种地不要钱，[pu kuaŋ ʂʅ tʂuəŋ ti pu iau tɕʰian]
中央还补助我们粮食补贴款。[tʂuaŋ iaŋ xei pu tʂəu uo mən liaŋ ʂʅ pu tʰiɛ kʰuan]
有的师傅又说了，[iəu ti ʂʅ fu iəu ʂuo la]
农业税收免完了，[ləŋ iɛ ʂuei ʂəu mian uan la]
种地不要钱，[tʂuəŋ ti pu iəu tɕʰian]
中央还补助粮食补贴款。[tʂuaŋ iaŋ xei pu tʂəu liaŋ ʂʅ pu tʰiɛ kʰuan]
那你现在对种地啥认识？[na ni ɕian tsei tei tʂuəŋ ti ʂa zən ʂʅ]
嘿嘿，现在种地可真合算啊，[xei xei, ɕian tsei tʂuəŋ ti kʰɤ tʂən xɤ san na]
你不种你可是糊涂到极点啊。[ni pu tʂuəŋ ni kʰɤ ʂʅ xu tʰəu tau tɕi tian na]

意译：一声春雷天下传，神州大地艳阳天，税费改革实在好，我们老百姓心里头最舒坦，老百姓心里头最舒坦。税费搞改革，农民减负担，这关系到祖国现代化，意义大如天。改革开放后，承包为主线，双层经营是体制，各把神通显。这农民的积极性大提高啊，形势发展赛飞船。

可是前些年，制度不完善，收缴税费不合理，农民苦难言。这三令五申，中央下文件，个别的地方全不顾他另打小算盘。有的人说了，你说在哪些方面另打小算盘？好，听我给你讲。滥摊派，滛罚款，集资收费样样全，村提留，乡统筹，不搞屠户你就出钱，部门达标要升级，农民逃不了这一关。农业税，财产税，屠宰税也要按人摊。公积金、公益金，县域永远有负款，管理费，交通费，民兵训练要兑现。交由国家各级省，硬性指标手不软。五保统筹不能忘，人工降雨记心间，生猪防疫要交费，报刊杂志也须订传，这一算，那一算，你一年下来不够交税钱。以上这些税费款，这千家万户都作难。还有那大块，报表儿年年儿填，这每年上升有幅度，能增不能减，数字填不够，他可以胡乱编。上面的指标

分下来，你得看着办，就是有了债，你也不用管。上下口径要一致，昧着良心干。咬着别人的大拇指，不与自己什么相干。干部们都把那政绩报，数字年年往上填。夏季旱，秋季涝，粮食急需填增产。经济收入也不用问，他们各级领导都喜欢，糊弄一届是一届，数字干部最危险。各种税费交不完，咱老百姓蒙在那鼓里边。

有一个王老三，他家里有困难，他每回听说交税费，他都心里头直打颤儿。他承包了五亩地，他管有四分田，天干雨涝都歉收，那成本儿也贴里边。记得那年腊月间，村组来收提留款，书记村长不算在内，这屋子前面跟了一大串人。副书记、副村长，还有治保主任和妇联，计划生育是专制，还有民兵连长和清胎。村组会计来算账，还有法律服务有司法员。这公安干警拿着手铐，是怕有人来捣乱。村上还有三大将，最少也有两个班。这些干部都提留，你一分一文都不能贪。三体五统、集资罚款、五保老人，民兵训练、抗洪救灾、义务工钱，各项数字加起来，整整算下来八百五十元。来年扒账来年编，来年穿一个破布衫。

这党中央、国务院把群众的冷暖记心间。一举一动来真的，三个代表在实践。发出了税费改革令，切实为农民减负担。不合理的税费都取消，说实在的现兑现。还是在2004年，降低了三个百分点。紧跟着2005年，这农业税收全免完。有这样的好领导班子啊，不说小康水平，大康水平也不难啊。

再说回这王老三，又把他来谈。这次税费搞改革是中央为了咱。这全国老百姓，农民占了三分之一。这一块儿要是不稳定，他怎么能发展？那乡村组干部，他们以前收税款。和人民关系越搞越紧张，我们觉都睡不安。税费改革好哇，干部的精力转。精简机构减人员，我们不再乱摊钱。

有人要说了，那干部不收钱搞啥呢？嘿，以后收税由财政管，这干部一心谋发展。这家家有一个明白袋儿，明白全装在那袋儿里边。农业税收政策明，改政改简有规范。以前干部说了算，现在在向法制转。这次税费改革后，目品不能过百元。以前我交八百五，现在种地不要钱。不光种地不要钱，中央还补助我们粮食补贴款。又有人说了，农业税收免完了，种地不要钱，中央还补助粮食补贴款。那你现在对种地咋看呢？嘿嘿，现在种地可真划算，你不种地你可是糊涂到了极点。

二 规定故事

0021 牛郎和织女

我今天给大家，[uo⁴³ tɕin⁴⁵ tʰian⁴⁵ ku⁴⁵ ta³¹ tɕia⁴⁵]

嗯，讲一点儿那个牛郎和织女儿的故事。[ən⁰, tɕiaŋ⁴³ i⁴⁵ tiar⁴³ la³¹ kɤ³¹ liəu⁵¹ laŋ⁴⁵ xɤ⁴⁵ tʂʅ⁵¹ lyr⁴⁵ ti⁰ ku³¹ sʅ³¹]

老么早以前啊，[lau³¹ mo⁰ tsau⁴³ i⁴⁵ tɕhian⁵¹ la⁰] 老么早：很早

有一个儿娃子。[iəu⁴³ i⁴⁵ kɤ³¹ ɚ⁵¹ ua⁴⁵ tsʅ⁰]

就是爹妈都去世了，[təu³¹ sʅ³¹ tie⁴⁵ ma⁴⁵ təu⁴⁵ tɕhy⁴⁵ sʅ³¹ la⁰]

好造孽啊！[xau⁴³ tsau⁴⁵ iɛ⁵¹ ia⁰] 造孽：可怜

他光棍儿一条，[tha⁴⁵ kuaŋ⁴⁵ kuər³¹ i⁴⁵ thiau⁵¹]

屋的啥子都没得，[u⁵¹ ti⁰ sa³¹ tsʅ⁰ təu⁴⁵ mei³¹ tiɛ⁰]

就剩下了一头大犍。[təu⁴⁵ sən³¹ ɕia³¹ la⁰ i⁴⁵ thəu⁵¹ ta³¹ tɕian⁴⁵] 犍：公牛

大犍呢就是，[ta³¹ tɕian⁴⁵ liɛ⁰ təu³¹ sʅ³¹]

街坊邻居呢，[tɕiɛ⁴⁵ faŋ⁵¹ lin⁵¹ tɕy⁴⁵ liɛ⁰]

都叫他说是，都叫他牛郎。[təu⁴⁵ tɕiau³¹ tha⁴⁵ suo⁴⁵ sʅ³¹, təu⁴⁵ tɕiau³¹ tha⁴⁵ liəu⁵¹ laŋ³¹]

牛郎呢，[liəu⁵¹ laŋ³¹ liɛ⁰]

又指望这个大犍帮别人犁田耙地过日子。[iəu³¹ tsʅ⁴³ uaŋ⁴³ tsɤ³¹ kɤ⁰ ta³¹ tɕian⁴⁵ paŋ⁴⁵ piɛ⁵¹ zən⁰ li⁴⁵ thian⁴⁵ pa⁴⁵ ti³¹ kuo³¹ zʅ⁵¹ tsʅ⁰]

那个牛呢可确实是他的命根子。[la³¹ kɤ⁰ liəu⁵¹ liɛ⁰ khɤ⁴⁵ tɕhyɛ⁴⁵ sʅ⁵¹ sʅ³¹ tha⁴⁵ ti⁰ min³¹ kən⁴⁵ tsʅ⁰]

这个大犍呢，[tsɤ³¹ kɤ⁰ ta³¹ tɕian⁴⁵ liɛ⁰]

长得有点儿不尿咋样儿。[tsaŋ⁴³ ti⁰ iəu⁴³ tiar⁴³ pu⁴⁵ tɕhiəu⁵¹ tsa⁴³ iãr³¹]

你莫看他长得不咋样儿啊，[li⁴³ mɤ⁵¹ khan³¹ tha⁴⁵ tsaŋ⁴³ ti⁰ pu⁴⁵ tsa⁴³ iãr³¹ a⁰]

他可是天上的真神，[tha⁴⁵ khɤ⁴³ sʅ³¹ thian⁴⁵ saŋ³¹ ti⁰ tsən⁴⁵ sən⁴⁵]

是神仙啦！[sʅ³¹ sən⁵¹ ɕyan⁴⁵ la³¹]

于是，他就去看那个牛郎呢，[y⁴⁵ sʅ³¹, tha⁴⁵ təu⁰ tɕhy⁰ khan³¹ la³¹ kɤ⁰ liəu⁵¹ laŋ³¹ liɛ⁰]

既老实又勤快又造孽，[tɕi³¹ lau⁴³ sʅ⁰ iəu³¹ tɕhin⁵¹ khuɛi³¹ iəu³¹ tsau⁴⁵ iɛ⁵¹]

于是他想给他说个媳妇。[y⁴⁵ sʅ³¹ tha⁴⁵ ɕiaŋ⁴³ kuɛi⁰ tha⁴⁵ suo⁴⁵ kɤ⁰ ɕi⁵¹ fu⁰]

好，就是第二天呢就打听到，[xau⁴³, təu³¹ sʅ³¹ ti³¹ ɚ³¹ thian⁴⁵ liɛ⁰ təu³¹ ta⁴³ thin⁴⁵ tau³¹]

天上的仙女儿们要下凡来，[thian⁴⁵ saŋ³¹ ti⁰ ɕyan⁴⁵ lyr⁴³ mən⁰ iau³¹ ɕia⁴⁵ fan⁴⁵ lɛi⁵¹]

到那个村东头儿一个水潭里洗澡。[tau³¹ la³¹ kɤ⁰ tshən⁴⁵ tən⁴⁵ thəur⁵¹ i⁴⁵ kɤ⁰ sei⁴³ than⁵¹ li⁰ ɕi⁴³ tsau⁴³]

哎呀他就趁机想给牛郎撮合此事儿，[ɛi⁴⁵ ia⁰ tha⁴⁵ təu⁰ tshən³¹ tɕi⁴⁵ ɕiaŋ⁴³ kuɯ⁴⁵ liəu⁵¹ laŋ⁴⁵ tshuo⁴⁵ xɤ⁴⁵ tshʅ⁴³ sər³¹]

说个媳妇。[suo⁴⁵ kɤ⁰ ɕi⁵¹ fu⁰]

他呢就夜的给牛郎托了个梦，[tʰa⁴⁵ liɛ⁰ təu⁰ iɛ³¹ ti⁰ kɯ⁴⁵ liəu⁵¹ laŋ⁴⁵ tʰuo⁴⁵ lɤ⁰ kɤ⁰ mən³¹]

托了个梦呢就是说：[tʰuo⁴⁵ lɤ⁰ kɤ⁰ mən³¹ liɛ⁰ təu³¹ sʅ³¹ suo⁴⁵]

"你明儿早起哦可老早地，[li³¹ mər⁴⁵ tsau⁴³ tɕʰi⁰ o⁰ kɤ³¹ lau⁴⁵ tsau⁴³ ti⁰]

到那个村东头那个水潭的，[tau³¹ la³¹ kɤ⁰ tsʰən⁴⁵ tən⁴⁵ tʰəu⁵¹ la³¹ kɤ⁰ sei⁴³ tʰan³¹ ti⁰]

有七个仙女儿在那洗澡，[iəu⁴⁵ tɕʰi⁵¹ kɤ³¹ ɕyan⁴⁵ lyr⁴³ tsɛi³¹ la⁰ ɕi⁴³ tsau⁴³]

在树上挂的衣裳，[tsɛi⁴⁵ su³¹ saŋ³¹ kua³¹ ti⁰ i⁴⁵ saŋ⁰]

你悄悄儿地偷走一件儿，[li³¹ tɕʰiau⁴⁵ tɕʰiaur⁰ ti⁰ tʰəu⁴⁵ tsəu⁴³ i⁵¹ tɕiar³¹]

嗯，回去就给你当媳妇。"[ɤ³¹, xuei⁵¹ kʰɯ¹ təu⁴⁵ kɯ⁴⁵ li⁴³ taŋ⁴⁵ ɕi⁵¹ fu⁰]

好哪，他呢就是跑到老，[xau⁴³ la⁰, tʰa⁴⁵ liɛ⁰ təu³¹ sʅ³¹ pʰau⁴³ tau⁰ lau⁴⁵]

就老么早地就跑到那个村东头，[təu⁴⁵ lau³¹ mo⁰ tsau⁴³ ti⁰ təu³¹ pʰau⁴³ tau⁰ la³¹ kɤ⁰ tsʰən⁴⁵ tən⁴⁵ tʰəu⁵¹]

那个那个点儿藏起来。[la³¹ kɤ⁰ la³¹ kɤ⁰ tiar⁴³ tɕʰiaŋ⁵¹ tɕʰi⁴³ lɛi⁰]

哎呀，这一看啦，[ɛi³¹ ia⁰, tsɤ³¹ i⁵¹ kʰan³¹ la³¹]

仙女儿们都脱得精麻出溜儿地呀，[ɕyan⁴⁵ lyr⁴³ mən⁰ təu³¹ tʰuo⁴⁵ ti⁰ tɕin⁴⁵ ma⁵¹ tsʰu⁴⁵ liəur⁴⁵ ti⁰ ia⁰] 精麻出溜：精光

把衣裳都挂在树梢儿上，[pa³¹ i⁴⁵ saŋ⁰ təu⁴⁵ kua³¹ tsɛi³¹ su³¹ tɕʰiaur⁴⁵ saŋ³¹]

简直叫他看花了眼。[tɕian⁴³ tsʅ⁴⁵ tɕiau³¹ tʰa⁴⁵ kʰan³¹ xua⁴⁵ lɤ⁰ ian⁴³]

他这也看得那一个比一个排场，[tʰa⁴⁵ tsɤ³¹ iɛ⁴⁵ kʰan³¹ tɛi⁰ la³¹ i⁵¹ kɤ³¹ pi⁴⁵ i⁵¹ kɤ⁰ pʰɛi⁵¹ tsʰaŋ⁰] 排场：漂亮

一个赶一个漂亮，[i⁵¹ kɤ³¹ kan⁴³ i⁴⁵ kɤ⁰ pʰiau³¹ liaŋ³¹]

他想得啊，[tʰa⁴⁵ ɕiaŋ⁴³ tiɛ⁰ a⁰]

这个你妈冒摸一个回去当媳妇，[tsɤ³¹ kɤ⁰ li⁴³ ma⁴⁵ mau³¹ mo⁴⁵ i⁵¹ kɤ³¹ xuei⁵¹ kʰɯ¹ taŋ⁴⁵ ɕi⁵¹ fu⁰] 冒摸：瞎摸

那就是我睡着了笑醒了，[la³¹ təu⁵¹ sʅ uo⁴³ sei³¹ tsuo⁵¹ lɤ⁰ ɕiau⁰ ɕin⁴³ lɤ⁰]

真话真的是七个仙女儿。[tsən⁴⁵ xua⁵¹ tsən⁴⁵ ti⁰ sʅ³¹ tɕʰi⁵¹ kɤ³¹ ɕyan⁴⁵ lyr⁴³] 真话真的：真真的

就是后来他就是一觉睡醒了，[təu³¹ sʅ⁰ xau³¹ lɛi⁰ tʰa⁴⁵ təu⁰ sʅ⁰ i⁵¹ tɕiau³¹ sei³¹ ɕin⁴³ la⁰]

一惊一和子醒了。[i⁴⁵ tɕin⁴⁵ i⁵¹ xuo⁰ tsʅ⁰ ɕin⁴³ la⁰] 一和子：一下子

哎呀，我咋做了个梦，[ɛi⁴⁵ ia⁰, uo⁴³ tsa⁴³ tsəu³¹ lɤ⁰ kɤ⁵¹ mən³¹]

啊，做了个梦呢，[a⁰, tsəu³¹ lɤ⁰ kɤ⁰ mən³¹ liɛ⁰]

就是说这是个好梦啦。[təu³¹ sʅ³¹ suo⁴⁵ tsɤ⁰ sʅ³¹ kɤ⁰ xau⁴³ mən³¹ la⁰]

不对我这个梦呢，[pu⁵¹ tei³¹ uo⁴³ tsɤ³¹ kɤ⁰ mən³¹ liɛ⁰]

我叫它试一试看看是不是这个事儿。[uo⁴³ tɕiau³¹ tʰa⁴⁵ sɿ³¹ i⁰ sɿ³¹ kʰan³¹ kʰan⁰ sɿ³¹ pu⁴⁵ sɿ³¹ tsɤ³¹ kɤ⁰ sər³¹]

最后了他真话真的跑到那个水潭边儿其藏起来，[tsei³¹ xəu³¹ lɤ⁰ tʰa⁴⁵ tsən⁴⁵ xua⁵¹ tsən⁴⁵ ti⁰ pʰau⁴³ tau³¹ la³¹ kɤ⁰ sei⁴³ tʰan⁵³ piar⁴⁵ tɕʰi⁵¹ tɕʰiaŋ⁵¹ tɕʰi⁴³ lɛi⁰]

老么早地起来就把他藏起来。[lau³¹ mo⁰ tsau⁴³ ti⁰ tɕʰi⁴³ liɛ⁰ təu⁰ pa³¹ tʰa⁴⁵ tɕʰiaŋ⁵¹ tɕʰi⁴³ liɛ⁰]

藏起来就看到那仙女们都下来啦！[tɕʰiaŋ⁵¹ tɕʰi⁴³ lɛi⁰ tsəu⁰ kʰan³¹ tau³¹ la³¹ ɕyan⁴⁵ ly⁴³ mən⁰ təu⁴⁵ ɕia³¹ lɛi⁰ la⁰]

那就是脱的衣裳啊，[la³¹ təu³¹ sɿ³¹ tʰuo⁴⁵ ti⁰ i⁴⁵ saŋ⁰ a⁰]

一件儿一件儿都挂到那个树枝儿上，[i⁵¹ tɕiar³¹ i⁵¹ tɕiar³¹ təu⁴⁵ kua³¹ tau³¹ la³¹ kɤ⁰ su³¹ tsər⁴⁵ saŋ³¹]

挂了树枝儿上呢，[kua³¹ lɤ⁰ su³¹ tsər⁴⁵ saŋ³¹ liɛ⁰]

他呢就是悄儿悄儿地拿了一件儿粉红色的上衣，[tʰa⁴⁵ liɛ⁰ təu³¹ sɿ⁰ tɕʰiaur⁴⁵ tɕʰiaur⁴⁵ ti⁰ la⁵¹ lɤ⁰ i⁵¹ tɕiar³¹ fən⁴³ xuən⁴⁵ sɤ⁵¹ ti⁰ saŋ³¹ i⁴⁵]

头也不回地飙跑儿回家。[tʰəu⁵¹ iɛ⁴⁵ pu⁵¹ xuei⁵¹ ti⁰ piau⁴⁵ pʰaur⁴³ xuei³¹ tɕia⁴⁵] 飙跑：狂奔

千万不能回头！[tɕʰian⁴⁵ uan³¹ pu⁴⁵ lən⁵¹ xuei⁴⁵ tʰəu⁵¹]

好，老牛说了，[xuo⁴³, lau⁴³ liəu⁵¹ suo⁴⁵ la⁰]

你千万不能回头。[li⁴³ tɕʰian⁴⁵ uan³¹ pu⁴⁵ lən⁵¹ xuei⁴⁵ tʰəu⁵¹]

好他就不回头，[xau⁴³ tʰa⁴⁵ təu⁰ pu⁵¹ xuei⁴⁵ tʰəu⁵¹]

就叫那一件衣裳偷走了。[təu³¹ tɕiau⁰ la³¹ i⁴⁵ tɕian³¹ i⁴⁵ saŋ⁰ tʰəu⁴⁵ tsəu⁴³ lɤ⁰]

偷走了回去了，[tʰəu⁴⁵ tsəu⁰ la⁰ xuei⁵¹ kʰɯ⁵¹ la⁰]

回去了半夜的那个七仙女儿呢，[xuei⁵¹ kʰɯ⁵¹ lɤ⁰ pan⁴⁵ iɛ³¹ ti⁰ la³¹ kɤ⁰ tɕʰi⁴⁵ ɕyan⁴⁵ lyr⁴³ liɛ⁰]

悄悄儿地下凡了，[tɕʰiau⁴⁵ tɕʰiaur⁴⁵ ti⁰ ɕia³¹ fan⁵¹ la⁰]

悄悄下凡一头钻进了，[tɕʰiau⁴⁵ tɕʰiau⁴⁵ ɕia⁴⁵ fan⁵¹ i⁴⁵ tʰəu⁵¹ tsan⁴⁵ tɕin³¹ lɤ⁰]

那个牛郎的被窝儿，[la³¹ kɤ³¹ liəu⁵¹ laŋ⁴⁵ ti⁰ pei³¹ uor⁴⁵]

于是他俩呢就做了夫妻。[y⁴⁵ sɿ³¹ tʰa⁴⁵ lia⁴³ liɛ⁰ təu⁴⁵ tsuo³¹ lɤ⁰ fu⁴⁵ tɕʰi⁴⁵]

做了夫妻一晃那个三年就过去了，[tsuo³¹ la⁰ fu⁴⁵ tɕʰi⁴⁵ i⁵¹ xuaŋ⁵¹ la³¹ kɤ⁰ san⁴⁵ lian⁵¹ təu⁴⁵ kuo³¹ kʰɯ³¹ la⁰]

哎呀，就是这日子过得像模像样儿的，[ɛi³¹ ia⁰, təu³¹ sɿ³¹ tsɤ³¹ zɿ⁵¹ tsɿ⁰ kuo³¹ tiɛ⁰ ɕiaŋ³¹ mo⁵¹ ɕiaŋ⁴⁵ iãr³¹ ti⁰]

还生了个儿娃子，[xan⁴⁵ sən⁴⁵ lɤ⁰ kɤ³¹ ɚ⁵¹ ua⁴⁵ tsɿ¹] 儿娃子：男孩子

生了个[女娃]子, [sən⁴⁵ lɤ⁰ kɤ³¹ lya⁵¹ tsʅ⁰] [女娃]子: 女孩子

小日子过得好滋润啦![ɕiau⁴³ zʅ⁴⁵ tsʅ⁰ kuo³¹ tiɛ⁰ xau⁴³ tsʅ⁴⁵ zuən³¹ la⁰]

好景呢确实是不长, [xau⁴³ tɕin⁴³ liɛ⁰ tɕʰyɛ⁴⁵ sʅ⁵¹ sʅ³¹ pu⁴⁵ tsʰaŋ⁵¹]

被那王母娘, [pei³¹ la³¹ uaŋ⁵¹ mo⁴⁵ liaŋ⁵¹]

被那就是玉皇大帝看到了。[pei³¹ la³¹ təu³¹ sʅ³¹ y³¹ xuaŋ⁵¹ ta⁴⁵ ti³¹ kʰan³¹ tau³¹ la⁰]

哎呀,恼火儿地要命, [ɛi³¹ ia⁰, lau⁴³ xuor⁴³ ti⁰ iau⁴⁵ min³¹]

于是就想整治他们两个。[y⁴⁵ sʅ³¹ təu³¹ ɕiaŋ⁴³ tsən⁴⁵ tsʅ³¹ tʰa⁴⁵ mən⁰ liaŋ⁴³ kɤ³¹]

猛地一出儿, [mən⁴³ ti⁰ i⁵¹ tsʰur⁴⁵]

下出了,刮了大风, [ɕia³¹ tsʰu⁴⁵ la⁰, kua⁴⁵ la⁰ ta³¹ fən⁴⁵]

下了大雨, [ɕia³¹ la⁰ ta³¹ y⁴³]

就是于是呢那个七仙女儿呢就没见了, [təu³¹ sʅ³¹ y⁴⁵ sʅ³¹ liɛ⁰ la³¹ kɤ³¹ tɕʰi⁴⁵ ɕyan⁴⁵ lyr⁴³ liɛ⁰ təu⁴⁵ mei⁵¹ tɕian³¹ la⁰]

不吭儿不啊地没见了。[pu⁴⁵ kʰər⁴⁵ pu⁴⁵ a⁴⁵ ti⁰ mei⁵¹ tɕian³¹ la⁰] 不吭不啊: 一声不吭

那娃子喊得"妈妈,妈,妈。"[la³¹ uɛ⁵¹ tsʅ⁰ xan⁴³ tiɛ⁴⁵ ma⁴⁵ ma⁴⁵, ma⁴⁵, ma⁴⁵]

嗯,咋不见妈了? [ən³¹, tsa⁴⁵ pu⁵¹ tɕian³¹ ma⁴⁵ la⁰]

好,牛郎呢就不知道这回事儿是咋搞的, [xau⁴³, liəu⁵¹ laŋ³¹ liɛ⁰ təu³¹ pu⁵¹ tsʅ⁴⁵ tau³¹ tsɤ³¹ xuei⁵¹ sər³¹ sʅ³¹ tsa⁴³ kau⁴³ ti⁰]

咋一忽然一刮就媳妇儿就没见了? [tsa⁴³ i⁴⁵ xu⁴⁵ zan⁵¹ i⁴⁵ kua⁴⁵ təu⁴⁵ ɕi⁵¹ fur⁰ təu⁴⁵ mei⁵¹ tɕian³¹ la⁰]

好,最后他就着急得不得了。[xau⁴³, tsei³¹ xəu³¹ tʰa⁴⁵ təu⁴⁵ tsuo⁴⁵ tɕi⁵¹ ti⁰ pu⁴⁵ tiɛ⁰ liau⁴³]

那个老牛呢看到他十分着急, [la³¹ kɤ³¹ lau⁴³ liəu⁵¹ liɛ⁰ kʰan³¹ tau⁰ tʰa⁴⁵ sʅ⁵¹ fən⁴⁵ tsuo⁴⁵ tɕi⁵¹]

就劝他说: [təu³¹ tɕʰyan³¹ tʰa⁴⁵ suo⁴⁵]

"哎,你不着急, [ɛi³¹, li⁴³ pu⁵¹ tsuo⁴⁵ tɕi⁵¹]

把我,快把我这头上的两个角弄下来, [pa⁴³ uo⁰, kʰuɛi⁴⁵ pa⁴³ uo⁴³ tsɤ⁴⁵ tʰəu⁵¹ saŋ³¹ ti⁰ liaŋ⁴³ kɤ⁰ kɤ⁵¹ lən³¹ ɕia³¹ lɛi⁰]

变成两只筐子。"[pian³¹ tsʰən⁵¹ liaŋ⁴³ tsʅ⁴⁵ kʰuaŋ⁴⁵ tsʅ⁰]

好就是还没等到牛郎反省过来的时会儿, [xau⁴³ təu³¹ sʅ³¹ xai⁴⁵ mei⁴⁵ tən⁴³ tau⁰ liəu⁵¹ laŋ⁴⁵ fan⁴³ ɕin⁴⁵ kuo³¹ lɛi⁰ ti⁰ sʅ⁵¹ xuər³¹]

那两个角就咔擦、咔擦地, [la³¹ liaŋ⁴³ kɤ³¹ kɤ⁵¹ təu⁴⁵ kʰa⁴⁵ tsʰa⁴⁵、kʰa⁴⁵ tsʰa⁴⁵ tiɛ⁰]

掉了地下了, [tiau³¹ lɤ⁰ ti³¹ ɕia³¹ la⁰]

掉了地下就变了两只筐子。[tiau³¹ la⁰ ti³¹ ɕia⁰ təu⁴⁵ pian³¹ lɤ⁰ liaŋ⁴³ tsʅ⁴⁵ kʰuaŋ⁴⁵ tsʅ⁰]

啊！牛郎高兴得不得了。[a⁴⁵！liəu⁵¹ laŋ⁴⁵ kau⁴⁵ ɕin³¹ ti⁰ pu⁴⁵ tiɛ⁰ liau⁴³]

连忙儿叫那两个娃子一儿一女装到筐子的，[liaŋ⁵¹ mər⁴⁵ tɕiau³¹ la⁰ liaŋ⁴³ kɤ⁰ ua⁵¹ tsʅ⁰ i⁴⁵ ɚ⁵¹ i⁴⁵ ly⁴³ tsuaŋ⁴⁵ tau⁰ kʰuaŋ⁴⁵ tsʅ⁰ ti⁰]

啊，挑起扁担就走。[a⁰，tʰiau⁴⁵ tɕʰi⁴³ pian⁴³ tan³¹ təu⁴⁵ tsəu⁴³]

走的走的，[tsəu⁴³ tiɛ⁰ tsəu⁴³ tiɛ⁰]

一股儿青烟刮过来了，[i⁴⁵ kur⁴³ tɕʰin⁴⁵ ian⁴⁵ kua⁴⁵ kuo³¹ lɛi⁴⁵ la⁰]

刮过来像神仙样的飞呀，[kua⁴⁵ kuo³¹ lɛi⁴⁵ ɕiaŋ³¹ sən⁵¹ ɕyan⁴⁵ iaŋ³¹ ti⁰ fei⁴⁵ ia⁰]

像长了翅膀一样的飞呀飞呀。[ɕiaŋ³¹ tsaŋ⁴³ lɤ⁰ tsʰʅ³¹ paŋ⁴⁵ i⁴⁵ iaŋ³¹ ti⁰ fei⁴⁵ ia⁴⁵ fei⁴⁵ ia⁴⁵]

好，马上就快撵上七仙女儿了，[xau⁴³，ma⁴³ saŋ³¹ təu⁰ kʰɛi³¹ lian⁴³ saŋ³¹ tɕʰi⁴⁵ ɕyan⁴⁵ lyr⁴³ la⁰]

啊，又被那王母娘娘看到了。[a⁰，iəu⁴⁵ pei³¹ la³¹ uaŋ⁵¹ mu⁴⁵ liaŋ⁵¹ liaŋ⁰ kʰan³¹ tau³¹ la⁰]

王母娘娘的那狠心，[uaŋ⁵¹ mu⁴⁵ liaŋ⁵¹ liaŋ⁰ ti⁰ la³¹ xən⁴³ ɕin⁴⁵]

那把头上的簪子取下来，[la³¹ pa⁴³ tʰəu⁵¹ saŋ³¹ ti⁰ tsan⁴⁵ tsʅ⁰ tɕʰy⁴³ ɕia³¹ lɛi⁰]

向牛郎和织女两个随便一比划，[ɕiaŋ³¹ liəu⁵¹ laŋ⁴⁵ xɤ⁴⁵ tsʅ⁵¹ ly⁴⁵ liaŋ⁴³ kɤ⁰ sei⁵¹ pian³¹ i⁴⁵ pi⁴³ xua³¹]

变了一条那个翻滚大浪的一条河儿。[pian³¹ lɤ⁰ i⁴⁵ tʰiau⁵¹ la³¹ kɤ³¹ fan⁴⁵ kuən⁴³ ta⁴⁵ laŋ³¹ ti⁰ i⁴⁵ tʰiau⁵¹ xər⁵¹]

那宽的呀就简直是望不了对岸儿。[la³¹ kʰuan⁴⁵ ti⁰ ia⁰ təu³¹ tɕian⁴³ tsʅ⁴⁵ sʅ³¹ uaŋ³¹ pu⁴⁵ liau⁴³ tei⁴⁵ ar³¹]

于是，两个呢就是各自一方了。[y⁴⁵ sʅ³¹，liaŋ⁴³ kɤ⁰ liɛ⁰ təu³¹ sʅ³¹ kɤ⁵¹ tsʅ³¹ i⁵¹ faŋ⁴⁵ la⁰]

那些，嗯，天上的鸟儿啊，[la³¹ ɕiɛ⁴⁵，ən⁰，tʰian⁴⁵ saŋ³¹ ti⁰ liaur⁴³ a⁰]

就看到这些牛郎和织女好造孽呀。[təu⁴⁵ kʰan³¹ tau³¹ tsɤ³¹ ɕiɛ⁴⁵ liəu⁵¹ laŋ⁴⁵ xɤ⁴⁵ tsʅ⁵¹ ly³¹ xau⁴³ tsau⁴⁵ iɛ⁵¹ ia⁰]

他们两个他们就商量地就说是，[tʰa⁴⁵ mən⁰ liaŋ⁴³ kɤ³¹ tʰa⁴⁵ mən⁰ təu³¹ saŋ⁴⁵ liaŋ⁵¹ tiɛ⁰ təu³¹ suo⁴⁵ sʅ⁵¹]

就黑了就飞到这个这个，[təu³¹ xur⁴⁵ lɤ⁰ təu³¹ fei⁴⁵ tau⁰ tsɤ³¹ kɤ³¹ tsɤ³¹ kɤ³¹]

就是天空这下儿就集合。[təu³¹ sʅ³¹ tʰian⁴⁵ kʰuəŋ⁴⁵ tsɤ³¹ xar⁴⁵ təu⁴⁵ tɕi⁴⁵ xɤ⁵¹]

集合一个衔着一个的尾巴，[tɕi⁴⁵ xɤ⁵¹ i⁵¹ kɤ³¹ tɕʰian⁴⁵ tsuo⁴⁵ i⁵¹ kɤ³¹ ti⁰ i³¹ pa⁰]

都排成了一个队，[təu⁴⁵ pʰɛi⁵¹ tsʰən⁰ lɤ⁴⁵ kɤ⁰ tei³¹]

排了一个长长的那个鹊桥。[pʰɛi⁵¹ lɤ⁰ i⁴⁵ kɤ⁵¹ tsʰaŋ⁴⁵ tsʰaŋ⁵¹ ti⁰ la³¹ kɤ⁰ tɕʰyɛ⁴⁵ tɕʰiau⁵¹]

好，好让他们牛郎和织女，[xau³³, xau⁴³ zaŋ³¹ tʰa⁴⁵ mən⁰ liəu⁵¹ laŋ⁴⁵ xɤ⁴⁵ tsɿ⁵¹ ly⁰]

走这一段儿鹊桥。[tsəu⁴³ tsɤ³¹ i⁴⁵ tar³¹ tɕʰyɛ⁴⁵ tɕʰiau⁵¹]

啊，反正人们老人们就说嘛，[a⁰, fan⁴³ tsən⁰ zən⁵¹ mən⁴⁵ lau⁴³ zən⁴⁵ mən⁰ təu³¹ suo⁴⁵ mɤ⁰]

睡在葡萄树下的那人们就听到说，[sei³¹ tsei⁰ pʰu⁵¹ tʰau⁴⁵ su⁴⁵ ɕia³¹ ti⁰ la³¹ zən⁵¹ mən⁴⁵ təu⁴⁵ tʰin⁴⁵ tau³¹ suo⁴⁵]

牛郎和织女，[liəu⁵¹ laŋ⁴⁵ xɤ⁴⁵ tsɿ⁵¹ ly⁰]

那就是七月七儿就要下来，[la³¹ təu⁴⁵ sɿ⁵¹ tɕʰi⁵¹ yɛ⁴⁵ tɕʰiər⁵¹ təu⁴⁵ iau⁰ ɕia³¹ lɛi⁰]

哎，就要相会。[ɤ⁰, təu³¹ iau⁰ ɕiaŋ⁴⁵ xuei³¹]

相会呢就说是，[ɕiaŋ⁴⁵ xuei³¹ liɛ⁰ təu³¹ suo⁴⁵ sɿ³¹]

那老人们睡在那葡萄树下的那人们，[la³¹ lau⁴³ zən⁴⁵ mən⁰ sei³¹ tsei⁰ la³¹ pʰu⁵¹ tʰau su³¹ ɕia³¹ ti⁰ la³¹ zən⁵¹ mən⁰]

就听到他们两个在那儿说悄悄儿话。[təu⁴⁵ tʰin⁴⁵ tau⁰ tʰa⁴⁵ mən⁰ liaŋ⁴³ kɤ³¹ tsei³¹ lar⁴³ suo⁴⁵ tɕʰiau⁴⁵ tɕʰiaur⁴⁵ xua³¹]

哎，说不完的那一年的相思苦。[ɛi³¹, suo⁴⁵ pu⁴⁵ uan⁵¹ ti⁰ la³¹ i⁴⁵ lian⁵¹ ti⁰ ɕiaŋ⁴⁵ sɿ⁴⁵ kʰu⁴³]

嗯，人们听到了都那都很感动，[ɤ³¹, zən⁵¹ mən⁰ tʰin⁴⁵ tau³¹ lɤ⁰ təu³¹ la⁰ təu³¹ xən⁴³ kan⁴³ tən³¹]

掉下了眼泪。[tiau⁴⁵ ɕia³¹ la⁰ ian⁴³ lei³¹]

意译：我今天给大家讲一个牛郎和织女的故事。

很早以前，有一个男孩子。父母都去世了，好可怜！他光棍儿一个，家里什么都没有，只剩下了一头大公牛。街坊邻居都叫他牛郎。

牛郎靠大公牛帮别人犁田耕地过日子。那个牛可确实是他的命根子。这个大公牛，长得不怎么样。你别看他长得不怎么样，他可是天上的神仙啦！他看牛郎既老实又勤快又可怜，于是想替他说个媳妇。

第二天，他打听到天上的仙女儿们要下凡来，到村东头那个水潭里洗澡。他就想趁机撮合这事儿，替牛郎说媳妇。他夜里给牛郎托了个梦，就说："你明早早一点到村东头的水潭，有七个仙女在那里洗澡，树上挂的有衣服你悄悄地拿走一件衣服，回去就给你当媳妇。"牛郎就很早地跑到村东头水塘边藏起来了。只见仙女们都脱光了，把衣服挂在树梢上，他简直看花了眼。只见仙女们一个比一个美丽、漂亮，他想：随便哪一个回去当媳妇，那都睡着了要笑醒啊，真的是七个仙女。后来他一惊，一下子就醒了。呀，原来是个梦，做了个好梦。不对，我这个梦我要试试看,看是不是真的。

最后,他真的来到水塘边藏起来。藏起来后,就看到了仙女们都下来了!脱的衣服都一件件挂在树枝上。他悄悄从中拿了一件粉红色的上衣,头也不回地狂奔回家。千万不能回头!老牛说了,千万不能回头。他也就没回头,就把那一件衣服拿走了。偷回去衣服后,半夜里七仙女就悄悄下凡了。悄悄地钻进牛郎的被窝儿,于是他们俩做了夫妻。

做夫妻一晃三年过去了。日子过得很幸福,还生了一个男孩儿、一个女孩儿,小日子很滋润!好景不长,被王母娘娘、玉皇大帝知道了。王母娘娘、玉皇大帝很恼火,于是想惩罚他们。猛地刮起了大风,下起了大雨。七仙女就不见了,一声不吭地不见了。

两个孩子都在喊"妈妈",为什么妈妈不见了?牛郎也不知道怎么回事,怎么一刮风,媳妇就不见了?他很着急。老牛看到着急的牛郎,就劝他说:"你不要急,把我的两个角弄下来,变成两只筐子。"牛郎还没反应过来,两个牛角就"咔擦"掉在地上,掉到地上就变成了两个筐子。牛郎很高兴。连忙将两个孩子装在筐子里,用扁担挑起就走。走着走着,一股儿青烟刮过来了,刮得牛郎像神仙一样长了翅膀飞了起来。快追上七仙女了,又被王母娘娘看到了。王母娘娘狠心地取下头上的簪子,在牛郎和织女之间一划,变成了一条波浪翻滚的大河。河宽得看不见对岸儿。于是,两个人就各自一方了。

天上的鸟儿看到牛郎和织女很可怜。鸟儿们都商量着,天黑了在天空集合。一个衔着一个的尾巴排成了一个队,搭成了一个长长的鹊桥。好让牛郎织女走这一段儿鹊桥。

老人们都说,睡在葡萄树下的人们都听到说牛郎和织女七月七下来相会。老人们都传说在葡萄树下的人们,能听到他们两个说悄悄话。说不完一年的相思苦。人们听到后都感动得掉下了眼泪。

三　其他故事

(无)

四　自选条目

0031 自选条目
洋糖浇过酱油的豆腐脑儿。[iaŋ⁴⁵ tʰaŋ⁵¹ tɕiau⁴⁵ kuo³¹ tɕiaŋ⁴⁵ iəu⁵¹ ti⁴⁵ təu⁴⁵ fu⁰ laur³¹]

意译：洋糖浇过酱油的豆腐脑儿。

0032 自选条目

啊！来啦，[a⁴⁵！lɛi⁵¹la⁴⁵]

开花花的，[kʰɛi⁴⁵xua⁴⁵xua⁴⁵ti⁰]

疙瘩瘩的，[kɯ⁴⁵ta⁴⁵ta⁴⁵ti⁰]

油泛泛的，[iəu⁵¹fan³¹fan⁴⁵ti⁰]

鼓堆堆的嘞！[ku⁴⁵tei⁴⁵tei⁴⁵ti⁰lei⁴⁵]

意译：啊！来啦，开花花的，疙瘩瘩的，油泛泛的，丰满得很（豆腐脑的叫卖）！

0033 自选条目

香油啊煤油！[ɕiaŋ⁴⁵iəu⁴⁵a⁴⁵mei⁴⁵iəu⁵¹]

香油啊煤油！[ɕiaŋ⁴⁵iəu⁴⁵a⁴⁵mei⁴⁵iəu⁵¹]

香油啊煤油！[ɕiaŋ⁴⁵iəu⁴⁵a⁴⁵mei⁴⁵iəu⁵¹]

意译：香油啊煤油！香油啊煤油！香油啊煤油！

0034 自选条目

大磨子推，[ta⁴⁵mo³¹lɤ⁰tʰei⁴⁵]

小磨子转，[ɕiau⁴³mo³¹lɤ⁰tsuan³¹]

都来买我的五香面。[təu⁴⁵lɛi⁵¹mei⁴³uo⁴³ti⁰u⁴³ɕiaŋ⁴⁵mian³¹]

叫你买，[tɕiau³¹li⁴³mei⁴³]

你不买，[li⁴³pu⁴⁵mei⁴³]

你老婆气得头乱摆。[li⁴³lau⁴³pʰo⁰tɕʰi³¹ti⁰tʰəu⁵¹lan⁴⁵pɛi⁴³]

叫你包，[tɕiau³¹li⁴³pau⁴⁵]

你不包，[li⁴³pu⁵¹pau⁴⁵]

你老婆在屋里发心焦。[li⁴³lau⁴³pʰo⁴⁵tsɛi³¹u⁵¹li⁰fa⁵¹ɕin⁴⁵tɕiau⁴⁵]屋里：家里。心焦：心中着急烦躁

意译：大磨子推，小磨子转，都来买我的五香面。叫你买，你不买，你老婆气得头乱摆。叫你包一包回去，你不包，你老婆在家里心中着急烦躁。

0035 自选条目

（这）儿粪没得？[ɚ⁴⁵fən³¹mei³¹tiɛ⁴⁵]

（这）儿粪没得？[ɚ⁴⁵ fən³¹ mei³¹ tiɛ⁴⁵]

意译：这儿有粪没有？这儿有粪没有？

0036 自选条目

收破铜烂铁，[səu⁴⁵ pʰo³¹ tʰən⁵¹ lan³¹ tʰiɛ⁴⁵]

烂布绺巾子。[lan⁴⁵ pu³¹ liəu³¹ tɕin⁴⁵ tsɿ⁰]

牙膏皮子换洋火儿，[ia⁵¹ kau⁴⁵ pʰi⁵¹ tsɿ⁰ xuan³¹ iaŋ⁴⁵ xuor⁴³] 洋火：火柴

焦头发换针。[tɕiau⁴⁵ tʰəu⁵¹ fa⁰ xuan³¹ tsən⁴⁵] 焦：干

意译：收破铜烂铁，烂布头子。牙膏皮子换火柴，干头发换针。

0037 自选条目

花生、瓜子儿、油酥饼儿，[kua⁴⁵ sən⁴⁵、kua⁴⁵ tsər⁰、iəu⁵¹ səu⁴⁵ piər⁴³]

行车走路的唊个嘴儿；[ɕin⁵¹ tsʰɤ⁴⁵ tsəu⁴³ ləu³¹ ti⁰ tan³¹ kɤ⁰ tsər⁴³] 唊：吃

吃烟不胜吃瓜子儿，[tsʰɿ⁴⁵ ian⁴⁵ pu⁵¹ sən³¹ tsʰɿ⁴⁵ kua⁴⁵ tsər⁴³]

瓜子儿里头还有米儿；[kua⁴⁵ tsər⁴³ li⁴³ tʰəu⁰ xai⁴⁵ iəu⁴³ miər⁴³]

等车没得事儿，[tən⁴³ tsʰɤ⁴⁵ mei³¹ tiɛ⁴⁵ sər³¹]

正好吃冰棍儿。[tsən³¹ xau⁴³ tsʰɿ⁴⁵ pin⁴⁵ kuər³¹]

意译：花生、瓜子儿、油酥饼儿，行车走路的吃个零食；吃烟不如吃瓜子儿，瓜子儿里头还有米儿；等车没有事儿，正好吃冰棍儿。

0038 自选条目

黑棋子白边儿邓家湾儿。[xuɯ⁵¹ tɕʰi⁵¹ tsɿ⁰ pei⁵¹ piar⁴⁵ tən³¹ tɕia⁴⁵ uar⁴⁵]

意译：黑棋子白边儿邓家湾儿（龙舟赛的助威号子）。

0039 自选条目

穷灶火富水缸。[tɕʰyn⁵¹ tsau⁴⁵ xuo³¹ fu³¹ sei⁴³ kaŋ⁴⁵]

意译：灶门口要少放柴，水缸里要多放水。

0040 自选条目

东三西四南五北六。[tən⁴⁵ san⁴⁵ ɕi⁴⁵ sɿ³¹ lan⁴⁵ u⁴³ pei⁴⁵ ləu⁵¹]

意译：东三西四南五北六。如遇发生火灾，在钟楼上先敲钟五分钟，再按方向敲钟报警。东方有火灾，敲三下钟；西方有火灾，敲四下；南方有火灾，敲五下；北方有火灾，敲六下。

房　县

一　歌谣

0001 歌谣

正月的是新年哪，[tsən ye ti sɿ ɕin nian na]

啊劝哥儿出门玩哪，[a tɕʰyan kɚ tsʰu mən uan na]

人家的美酒哥儿少贪哪，[zən tɕia ti mei tɕiəu kɚ sɔu tʰan na]

我的哥儿啊，[uo ti kɚ a]

酒醉就道真言哪。[tɕiəu tsei təu tɔu tsən ian na]

二月的百花开呀，[ær ye ti pai xua kʰai ia]

啊劝哥儿早安排呀，[a tɕʰyan kɚ tsɔu an pʰai ia]

挖一块园娃儿种块菜呀，[ua i kʰuai yan uɚ tsuaŋ kuai tsʰai ia] 园娃儿：菜园

我的哥儿啊，[uo ti kɚ a]

只等就贡客来呀。[tsɿ təŋ təu kuəŋ kʰe lai ia] 贡客：贵客

三月的是清明哪，[san ye ti sɿ tɕʰin min na]

啊贡客请进门哪，[a kuəŋ kʰe tɕʰin tɕin mən na]

早下就种子早生根哪，[tsɔu ɕia təu tsuəŋ ʅ tsɔu sən kən na]

我的哥儿啊，[uo ti kɚ a]

庄稼就才消停哪。[tsuaŋ tɕia təu tsʰai ɕiou tʰin na]

四月的四月八呀，[sɿ ye ti sɿ ye pa ia]

啊搬个猪娃儿杀呀，[a pan kɤ tsu uɚ sa ia]

杀一个猪娃儿把秧插呀，[sa i kɤ tsu uɚ pa iaŋ tsʰa ia]

我的哥儿啊，[uo ti kɚ a]

才算就种庄稼呀。[tsʰai san təu tsuaŋ tsuaŋ tɕia ia]

五月的端阳节呀，[u ye ti tan iaŋ tɕie ia]

啊贡客请进来呀，[a kuəŋ kʰe tɕʰin tɕin lai ia]

油盐就茶饭放好些呀，[iəu ian təu tsʰa fan faŋ xɔu ɕie ia]

我的哥儿啊，[uo ti kɚ a]

莫挨就贡客噘呀。[mo ai təu kuəŋ kʰe tɕye ia] 噘：骂

意译：正月是新年，劝哥儿出门玩，人家的美酒哥儿少贪，酒醉就道真言。二月百花开，劝哥儿早安排，挖一块儿菜园儿种块菜，就只等贵客来。三月是清

明，贵客请进门，早下种子早生根，庄稼才安稳。四月四月八，逮个猪娃儿杀，杀一个猪娃儿把秧插，才算种庄稼。五月端阳节，贵客请进来，油盐茶饭放好些，莫挨贵客骂。

二　规定故事

0021 牛郎和织女

今天嘞，我来给大家讲一个古代的爱情故事，[tɕin²⁴ tʰian²⁴ ne⁰, uo³³ nai⁵³ kuu²⁴ ta³¹ tɕia²⁴ tɕiaŋ³³ i⁵³ kɤ³¹ ku³³ tai³¹ ti⁰ɣai³¹ tɕʰin⁵³ ku³¹ ʂʅ⁰]

也就是说牛郎织女。[ie³³ tɕiəu³¹ ʂʅ³¹ ʂuo²⁴ niəu⁵³ naŋ⁵³ tʂʅ²⁴ ny³³]

往眼儿嘞，[uaŋ³³ iər³¹ ne⁰] 往眼儿：往常

就是有一个一二十岁的儿娃子，[təu³¹ ʂʅ³¹ iəu³³ i⁵³ kɤ⁰ i⁵³ ær⁵³ ʂʅ⁰ sei³¹ ti⁰ ær⁵³ ua⁵³ r̩⁰]

家里有四五个弟兄。[tɕia²⁴ ni⁰ iəu³³ ʂʅ³¹ u³³ kɤ³¹ ti³¹ ɕyəŋ³³]

上头弟兄三个都结婚了，[ʂaŋ³¹ tʰəu⁰ ti³¹ ɕyəŋ⁰ san²⁴ kɤ³¹ təu²⁴ tɕie⁵³ xuan²⁴ nɔu⁰]

他是老幺。[tʰa²⁴ ʂʅ³¹ nɔu³³ iɔu²⁴] 老幺：排行最小的

父母死了以后，[fu³¹ mu³³ ʂʅ³³ nɔu⁰ i³³ xəu³¹]

他们分家了。[tʰa²⁴ mən⁰ fən²⁴ tɕia³¹ nɔu⁰]

他分得了一条老牛。[tʰa²⁴ fən²⁴ te⁵³ nɔu⁰ i⁵³ tʰiəu⁵³ nɔu⁵³ niəu⁵³]

因为他老幺，[in²⁴ uei³¹ tʰa²⁴ nɔu³³ iɔu²⁴]

大家都喊他老幺，[ta³¹ tɕia³³ təu³¹ xan³³ tʰa²⁴ nɔu³³ iɔu²⁴]

大家都不知道叫什么名字，[ta³¹ tɕia²⁴ təu²⁴ pu³¹ tʂʅ²⁴ tɔu⁵³ tɕiɔu³¹ ʂən³¹ mo⁰ min⁵³ tʂʅ³¹]

所以给他取了一个名字叫牛郎。[ʂuo³¹ i³³ kuu²⁴ tʰa³³ tɕy³³ nɔu⁰ i⁵³ kɤ³¹ min⁵³ tʂʅ³¹ tɕiɔu³¹ niəu⁵³ naŋ⁵³]

牛郎嘞跟老牛嘞相依为命，[niəu⁵³ naŋ⁵³ ne⁰ kən³¹ nɔu³³ niəu⁵³ ne⁰ ɕiaŋ³¹ i²⁴ uei³¹ min³¹]

以耕地为生。[i³¹ kən²⁴ ti³¹ uei⁵³ ʂən²⁴]

这个老牛嘞，[tʂe³¹ kɤ⁰ nɔu³³ niəu⁵³ ne⁰]

实际上是，[ʂʅ⁵³ tɕi³¹ ʂaŋ³¹ ʂʅ³¹]

不是凡间的平常的人。[pu⁵³ ʂʅ³¹ fan⁵³ tɕian³¹ ti⁰ pʰin⁵³ ʂaŋ⁵³ ti⁰ zən⁵³]

他是这个天上的这个一个金牛星，[tʰa²⁴ ʂʅ³¹ tʂɤ³¹ kɤ³¹ tʰian³¹ ʂaŋ⁰ ti⁰ tʂɤ³¹ kɤ⁰ i⁵³ kɤ⁰ tɕin²⁴ niəu⁵³ ɕin²⁴]

是一个神仙。[ʂʅ³¹ i⁵³ kɤ⁰ ʂən⁵³ ɕyan⁰]

他嘞很喜欢牛郎，[tʰa²⁴ne⁰xən³³ɕi³³xuan⁰niəu⁵³naŋ⁵³]

勤劳、善良，[tɕʰin⁵³nɔu⁵³、ʂan³¹nian⁵³]

所以他嘞一心想给牛郎找一个妻子，[ʂuo³³i³³tʰa²⁴ne⁰i⁵³ɕin²⁴ɕiaŋ³³ku²⁴niəu⁵³naŋ⁵³tʂou³³i²⁴kɤ³¹tɕʰi³¹r̩⁰]

成为一家人。[tʂʰən⁵³uei³¹i⁵³tɕia²⁴zən⁵³]

因为牛郎这个勤奋呐，[in²⁴uei³¹niəu⁵³naŋ⁵³tʂɤ³¹kɤ³¹tɕʰin⁵³fən³¹na⁰]

这个老牛嘞也起了这个心，[tʂɤ³¹kɤ³¹nɔu³³niəu⁵³ne⁰ie³³tɕʰi³³na⁰tʂɤ³¹kɤ⁰ɕin²⁴]

所以老牛嘞时刻就在思索这个问题。[ʂuo³³i³³nɔu³³niəu⁵³ne⁰ʂʅ⁵³kʰe⁵³təu²⁴tsai³¹sʅ²⁴ʂuo³³tʂɤ³¹kɤ⁰uən³¹tʰi⁰]

有一天嘞，[iəu³³i⁵³tʰian²⁴ne⁰]

老牛听说，[nɔu³³niəu⁵³tʰin²⁴ʂuo²⁴]

天上玉皇大帝和王母娘娘的七个［女娃］子，[tʰian²⁴ʂaŋ⁰y³¹xuaŋ⁵³ta²⁴ti³¹xɤ⁵³uaŋ⁵³mu²⁴nian⁵³nian⁰ti⁰tɕʰi⁵³kɤ³¹nya⁵³r̩⁰]

要到凡间的村东头的一个湖里洗澡。[iɔu²⁴tɔu³¹fan⁵³tɕian³¹ti⁰tʂʰən²⁴təŋ²⁴tʰəu⁰ti⁰i²⁴kɤ³¹xu⁵³ni⁰ɕi³³tsou³³]

他就想到嘞，[tʰa²⁴təu³¹ɕiaŋ³³tou³¹ne⁰]

在这七个［女娃］子当中，[tsai³¹tʂɤ³¹tɕʰi⁵³kɤ³¹nya⁵³r̩⁰taŋ²⁴tʂuəŋ²⁴]

能不能给牛郎找一个媳妇儿。[nəŋ⁵³pu²⁴nəŋ⁵³ku²⁴niəu⁵³naŋ⁵³tʂou³³i⁵³kɤ⁰ɕi⁵³fər³¹]

所以说嘞，[ʂuo²⁴i³³ʂuo²⁴ne⁰]

他就给牛郎托了一个梦，[tʰa³³təu³³ku²⁴niəu⁵³naŋ⁵³tʰuo²⁴na⁰i⁵³kɤ⁰məŋ³¹]

说第二天早晨，[ʂuo²⁴ti⁵³ær³¹tʰian²⁴tsou³³ʂən⁰]

你到村东边儿的湖边儿其去看，[ni³³tou³¹tʂʰən²⁴təŋ²⁴piər²⁴ti⁰xu⁵³piər²⁴tɕʰi⁵³kʰɯ³¹kʰan³¹]

那儿有几个［女娃］子在那洗澡。[nər³¹iəu³³tɕi³³kɤ³¹nya⁵³r̩⁰tsai³¹na³¹ɕi³³tsou³³]

你去了以后嘞，[ni³³kʰɯ³¹na⁰i³³xəu³¹ne⁰]

可以把那［女娃］子衣裳任意取一件，[kʰɤ³³i³³pa³³na³¹nya⁵³r̩⁰i³¹ʂaŋ⁰zən²⁴i³¹tɕʰy³³i⁵³tɕian³¹]

然后嘞你就往回跑。[zan⁵³xəu³¹ne⁰ni³³tou²⁴uaŋ³¹xuei⁵³pʰou³³]

这样嘞，就会有人给你，[tʂɤ³¹iaŋ³¹ne⁰，tou³¹xuei³¹iəu³³zən⁵³ku²⁴ni³³]

有姑娘会，[iəu³³ku²⁴niaŋ⁵³xuei³¹]

你找到一个称心如意的妻子。[ni³³tʂou³³tou⁰i⁵³kɤ³¹tʂʰən²⁴ɕin²⁴zu⁵³i³¹ti⁰tɕʰi²⁴r̩⁰]

第二天早晨嘞，[ti⁵³ær³¹tʰian²⁴tsou³³ʂən⁰ne⁰]

牛郎醒来了以后，[niəu⁵³ naŋ⁵³ ɕin³³ nai⁵³ na⁰ i³³ xəu³¹]

就在朦朦胧胧的，[təu³¹ tsai³¹ məŋ⁵³ məŋ⁵³ nəŋ⁵³ nəŋ⁵³ ti⁰]

就还半信半疑的，[təu³¹ xai⁵³ pan²⁴ ɕin³¹ pan³¹ i⁵³ ti⁰]

带着试试看的味道儿，[tai³¹ tsuo⁰ ʂʅ³¹ ʂʅ³¹ kʰan³¹ ti⁰ uei³¹ tər³¹]

就跑到山下的一个湖边儿。[təu³¹ pʰɔu³¹ təu³¹ ʂan²⁴ ɕia³¹ ti⁰ i⁵³ kɤ³¹ xu⁵³ piər²⁴]

跑到山下的湖边儿以后嘞，这个，[pʰɔu³³ təu⁰ ʂan²⁴ ɕia³¹ ti⁰ xu⁵³ piər²⁴ i³³ xəu³¹ ne⁰, tʂɤ³¹ kɤ⁰]

他确确实实、朦朦胧胧啊，[tʰa²⁴ tɕʰyo⁵³ tɕʰyo⁵³ ʂʅ⁵³ ʂʅ⁵³、məŋ⁵³ məŋ⁵³ nəŋ⁵³ nəŋ⁵³ a⁰]

看见了这几个姑娘在洗澡。[kʰan³¹ tɕian³¹ na⁰ tʂɤ³¹ tɕi³³ kɤ³¹ ku²⁴ niaŋ⁵³ tsai³¹ ɕi³³ tsɔu³³]

他就跑到树边儿，[tʰa³¹ təu³¹ pʰɔu³³ təu⁰ ʂu³¹ piər²⁴]

把一个粉红色的衣服取了，[pa³³ i²⁴ kɤ³¹ fən³³ xuəŋ⁵³ ʂe³¹ ti⁰ i²⁴ fu⁰ tɕʰy³³ nɔu⁰]

爬起来就跑，[pʰa⁵³ tɕʰi³³ nai⁰ təu³¹ pʰɔu³³]

往回家跑。[uaŋ³¹ xuei⁵³ tɕia²⁴ pʰɔu³³]

他跑了回家以后嘞，[tʰa²⁴ pʰɔu³³ nɔu⁰ xuei⁵³ tɕia²⁴ i³³ xəu³¹ ne⁰]

这个他取的这个衣裳儿谁的衣服嘞，[tʂɤ³¹ kɤ⁰ tʰa²⁴ tɕʰy³³ ti⁰ tʂɤ³¹ kɤ⁰ i²⁴ ʂər⁰ ʂei⁵³ ti⁰ i²⁴ fu⁰ ne⁰]

是这个玉皇大帝的幺[女娃]子，[ʂʅ³¹ tʂɤ³¹ kɤ⁰ y³¹ xuaŋ⁵³ ta²⁴ ti³¹ ti⁰ iɔu²⁴ nya⁵³ r̩⁰]

这个织女的衣服。[tʂɤ³¹ kɤ⁰ tʂʅ⁵³ ny³³ ti⁰ i²⁴ fu⁰]

织女嘞，当天晚上嘞就跑到他门上，[tʂʅ⁵³ ny³³ ne⁰, taŋ²⁴ tʰian²⁴ uan³³ ʂaŋ³¹ ne⁰ təu³¹ pʰɔu³³ təu⁰ tʰa²⁴ mən⁵³ ʂaŋ³¹]

敲门。[tɕʰiɔu²⁴ mən⁵³]

敲门嘞，[tɕʰiɔu²⁴ mən⁵³ ne⁰]

牛郎把门开开了以后嘞，[niəu⁵³ naŋ⁵³ pa³³ mən⁵³ kʰai²⁴ kʰai⁰ na⁰ i³³ xəu³¹ ne⁰]

他们就成了恩爱夫妻。[tʰa²⁴ mən⁰ təu³¹ tsʰən⁵³ nɔu⁰ ən²⁴ ai⁵³ fu²⁴ tɕʰi⁰]

这样一过嘞就是三四年。[tʂɤ³¹ iaŋ³¹ i⁵³ kuo³¹ ne⁰ tɕiəu³¹ ʂʅ³¹ ʂan²⁴ ʂʅ³¹ nian⁵³]

牛郎嘞在地下，[niəu⁵³ naŋ⁵³ ne⁰ tsai³¹ ti³¹ ɕia³¹]

一年嘞相当于天上的一天，[i²⁴ nian⁵³ ne⁰ ɕiaŋ³¹ taŋ²⁴ y⁵³ tʰian²⁴ ʂaŋ ti⁰ i⁵³ tʰian²⁴]

这一年相当于在地下相当于一天，[tʂɤ³¹ i²⁴ nian⁵³ ɕiaŋ³¹ taŋ²⁴ y⁵³ tsai³¹ ti³¹ ɕia³¹ ɕiaŋ²⁴ taŋ²⁴ y⁵³ i⁵³ tʰian²⁴]

一年在天上相当一天。[i²⁴ nian⁵³ tsai³¹ tʰian²⁴ ʂaŋ⁰ ɕiaŋ²⁴ taŋ²⁴ i⁵³ tʰian²⁴]

她私自跟了牛郎了以后嘞，[tʰa²⁴ sʅ²⁴ tsʅ⁵³ kən²⁴ na⁰ niəu⁵³ naŋ⁵³ na⁰ i³³ xəu³¹ ne⁰]

这个玉皇大帝嘞并找不倒信儿。[tʂɤ³¹ kɤ⁰ y³¹ xuaŋ⁵³ ta²⁴ ti³¹ ne⁰ pin³¹ tʂou³³ pu⁰ tou⁰ ɕiər³¹] 找不倒：不知道

他们在一起过的日期嘞还很开心。[tʰa²⁴ mən⁰ tsai³¹ i²⁴ tɕʰi³³ kuo³¹ ti⁰ ær⁵³ tɕʰi⁰ ne⁰ xai²⁴ xən³³ kʰai²⁴ ɕin²⁴]

这两三年时间嘞，[tʂɤ³¹ niaŋ³³ ʂan²⁴ nian⁵³ ʂɿ⁵³ tɕian²⁴ ne⁰]

他们生了一个儿娃子，[tʰa²⁴ mən⁰ ʂən²⁴ na⁰ i⁵³ kɤ⁰ ær⁵³ ua⁵³ r̩⁰]

生了一个姑娘，[ʂən²⁴ na⁰ i⁵³ kɤ⁰ ku³¹ niaŋ⁵³]

日期过得也很好。[ær⁵³ tɕʰi⁰ kuo⁰ ti⁰ ie⁵³ xən³³ xou³³]

呃，爹妈呀，子女呀，[ɤ⁰, tie²⁴ ma²⁴ ia⁰, tsɿ³³ ny³³ ia⁰]

有男，有儿有女呀，[iəu³³ nan⁰, iəu³³ ær⁵³ iəu³³ ny³³ ia⁰]

一家人都很开心。[i⁵³ tɕia²⁴ zən⁵³ tou⁰ xən³³ kʰai²⁴ ɕin²⁴]

可是这个事儿嘞，[kʰɤ³³ ʂɿ⁰ tʂɤ⁵³ kɤ⁰ ʂər³¹ ne⁰]

玉皇大帝和王母娘娘并找不倒这个事儿。[y³¹ xuaŋ⁵³ ta²⁴ ti³¹ xɤ⁵³ uaŋ⁵³ mu³³ niaŋ⁵³ niaŋ⁰ pin³¹ tʂou³³ pu⁰ tou⁰ tʂɤ³¹ kɤ⁰ ʂər³¹]

这几天没见到这个[女娃]子嘞，[tʂɤ³¹ tɕi³³ tʰian²⁴ mei²⁴ tɕian³¹ tou⁰ tʂɤ³¹ kɤ⁰ nya⁵³ r̩⁰ ne⁰]

玉皇大帝就很有点恼火，[y³¹ xuaŋ⁵³ ta²⁴ ti³¹ tou³¹ xən³³ iəu³³ tian³³ nou³³ xuo³³]

就这个天上人间就找这个织女。[tou³¹ tʂɤ³¹ kɤ⁰ tʰian²⁴ ʂaŋ⁰ zən⁵³ tɕian²⁴ tou³¹ tʂou³³ tʂɤ³¹ kɤ⁰ tʂɿ⁵³ ny³³]

找了以后嘞，[tʂou³³ nou⁰ i³³ xəu³¹ ne⁰]

一下子在人间找到她了。[i²⁴ ɕia³¹ r̩⁰ tsai³¹ zən⁵³ tɕian²⁴ tʂou³³ tou⁰ tʰa²⁴ nou⁰]

找到她了以后嘞，[tʂou²⁴ tou⁰ tʰa²⁴ na⁰ i³³ xəu³¹ ne⁰]

他很恼火，[tʰa²⁴ xən³³ nou³³ xuo³³]

就派这个天兵天将到地下来，[tou³¹ pʰai³¹ tʂɤ³¹ kɤ⁰ tʰian²⁴ pin²⁴ tʰian²⁴ tɕian³¹ tou³¹ ti³¹ ɕia³¹ nai⁵³]

叫这个织女嘞找回去。[tɕiou³¹ tʂɤ³¹ kɤ⁰ tʂɿ⁵³ ny³³ ne⁰ tʂou³³ xuei⁵³ kʰu³¹]

他呀发现了以后嘞，[tʰa²⁴ ia⁰ fa⁵³ ɕian³¹ na⁰ i³³ xəu³¹ ne⁰]

这就刮起了大风，[tʂɤ³¹ tou³¹ kua²⁴ tɕʰi³³ na⁰ ta³¹ fəŋ²⁴]

下大雨，[ɕia³¹ ta³¹ y³³]

这个雷轰火闪的，[tʂɤ³¹ kɤ⁰ nei⁵³ xuəŋ²⁴ xuo³³ ʂan³³ ti⁰]

来了几个天兵天将，[nai⁵³ na⁰ tɕi³³ kɤ⁰ tʰian²⁴ pin²⁴ tʰian²⁴ tɕiaŋ³¹]

把织女抓走了。[pa³³ tʂɿ⁵³ ny³³ tʂua³¹ tʂou³³ nou⁰]

抓走了以后嘞，[tʂua²⁴ tʂou³³ na⁰ i³³ xəu³¹ ne⁰]

这两个小孩儿嘞，［tʂɤ³¹ niaŋ³³ kɤ⁰ ɕiɔu³³ xər⁵³ ne⁰］

就首先发现他没见妈妈了，［təu³¹ səu³³ ɕyan²⁴ fa⁵³ ɕian³¹ tʰa²⁴ mei²⁴ tɕian⁵³ ma²⁴ ma⁰ nɔu⁰］

就哭倒喊倒要找妈妈。［təu³¹ kʰu²⁴ tɔu⁰ xan³³ tɔu⁰ iɔu³¹ tʂɔu³³ ma²⁴ ma⁰］

这时候嘞，［tʂɤ³¹ sʅ⁵³ xəu⁰ ne⁰］

牛郎也急得没得办法，［niəu⁵³ naŋ⁵³ ie³³ tɕi⁵³ te⁰ mei²⁴ te⁰ pan³¹ fa⁰］

因为他找不倒咋搞才好了，［in²⁴ uei³¹ tʰa²⁴ tʂɔu³³ pu⁰ tɔu⁰ tʂa³³ kɔu³³ tʂʰai⁵³ xɔu³³ nɔu⁰］

能找到妈妈，［nən⁵³ tʂɔu³³ tɔu⁰ ma²⁴ ma⁰］

所以心里非常难过。［ʂuo³³ i⁰ ɕin²⁴ ni⁰ fei²⁴ tʂʰaŋ⁵³ nan⁵³ kuo³¹］

在没得办法的情况下，［tsai³¹ mei²⁴ te⁰ pan³¹ fa⁰ ti⁰ tɕʰin⁵³ kʰuaŋ³¹ ɕia³¹］

老牛开腔了。［nɔu³³ niəu⁵³ kʰai²⁴ tɕʰiaŋ²⁴ nɔu⁰］

老牛说："你别难过，［nɔu³³ niəu⁵³ ʂuo²⁴：ni³³ pie⁵³ nan⁵³ kuo³¹］

这个事儿嘞你把我的角拿下来，［tʂɤ³¹ kɤ⁰ ʂər³¹ ne⁰ ni³³ pa³³ uo³³ ti⁰ kɤ⁵³ na⁵³ ɕia³¹ nai⁰］

可以变成两个箩筐，［kʰɤ³³ i³³ pian³¹ tʂʰən⁵³ niaŋ³³ kɤ³¹ nuo⁵³ kʰuaŋ²⁴］

你把两个孩子，儿娃子，［ni³³ pa³³ niaŋ³³ kɤ³¹ xai⁵³ r̩⁰，ær⁵³ ua⁵³ r̩⁰］

放到这个箩筐里，［faŋ³¹ tɔu⁰ tʂɤ³¹ kɤ³¹ nuo⁵³ kʰuaŋ²⁴ ni⁰］

一头儿放一个，［i²⁴ tʰər⁵³ faŋ³¹ i⁵³ kɤ³¹］

然后找个扁担挑到去，［zan⁵³ xəu⁰ tʂɔu³³ kɤ⁰ pian³³ tan³¹ tʰiɔu²⁴ tɔu⁰ kʰɯ³¹］

可以找到织女。［kʰɤ³³ i³³ tʂɔu³³ tɔu³¹ tʂʅ⁵³ ny³³］

正说话的时候嘞，［tʂən⁰ ʂuo²⁴ xua³¹ ti⁰ ʂʅ⁵³ xəu³¹ ne⁰］

这个牛郎嘞还不知怎么搞的，［tʂɤ³¹ kɤ⁰ niəu⁵³ naŋ⁵³ ne⁰ xai⁵³ pu⁰ tʂʅ²⁴ tʂən³³ mɤ⁰ kɔu³³ ti⁰］

怎么会想到牛会说话嘞。［tʂən³³ mɤ⁰ xuei³¹ ɕiaŋ⁵³ tɔu³¹ niəu⁵³ xuei³¹ ʂuo²⁴ xua³¹ ne⁰］

正在说的时候嘞，［tʂən³¹ tsai³¹ ʂuo²⁴ ti⁰ ʂʅ⁵³ xəu³¹ ne⁰］

这个牛角嘞掉了，［tʂɤ³¹ kɤ³¹ niəu⁵³ kɤ⁵³ ne⁰ tiɔu³¹ nɔu⁰］

掉到地上马上就变成了两只箩筐。［tiɔu³¹ tɔu⁰ ti³¹ ʂaŋ⁰ ma³³ ʂaŋ³¹ təu⁰ pian³¹ tʂʰən²⁴ na⁰ niaŋ³³ tʂʅ²⁴ nuo⁵³ kʰuaŋ²⁴］

这牛郎嘞，就把两个娃子，［tʂɤ³¹ niəu⁵³ naŋ⁵³ ne⁰，təu³¹ pa³³ niaŋ³³ kɤ³¹ ua⁵³ r̩⁰］

一头儿放一个，［i²⁴ tʰər⁵³ faŋ³¹ i⁵³ kɤ³¹］

然后找了一根扁担，［zan⁵³ xəu³¹ tʂɔu³³ nɔu⁰ i⁵³ kən²⁴ pian³³ tan⁰］

把这个两个娃子挑上。［pa³³ tʂɤ³¹ kɤ⁰ niaŋ³³ kɤ³¹ ua⁵³ r̩⁰ tʰiɔu²⁴ ʂaŋ⁰］

挑，娃子挑上了以后嘞，［tʰiɔu²⁴，ua⁵³ r̩⁰ tʰiɔu²⁴ ʂaŋ⁰ na⁰ i³³ xəu³¹ ne⁰］

这时候嘞，一阵轻风一吹，［tʂɤ³¹ ʂʅ⁵³ xəu³¹ ne⁰，i⁵³ tʂən³¹ tɕʰin²⁴ fəŋ²⁴ i⁵³ tʂʰuei²⁴］
牛郎这个和这两个娃子嘞，［niəu⁵³ naŋ⁵³ tʂɤ³¹ kɤ⁰ xɤ⁵³ tʂɤ³¹ niaŋ³³ kɤ³¹ ua⁵³ ɻ̍⁰ ne⁰］
一起飘飘然然地就上天了，［i²⁴ tɕʰi³³ pʰiɔu²⁴ pʰiɔu²⁴ ʐan⁵³ ʐan⁵³ ti⁰ təu³¹ ʂaŋ³¹ tʰian²⁴ nɔu⁰］
就撵织女去了。［təu³¹ nian³³ tʂʅ⁵³ ny³³ kʰɯ³¹ nɔu⁰］
正在看见织女的时会儿，［tʂən³¹ tsai³¹ kʰan³¹ tɕian³¹ tʂʅ⁵³ ny³³ ti⁰ ʂʅ⁵³ xuər³¹］
即将要追上的时会儿，［tɕi⁵³ tɕian²⁴ iɔu³¹ tʂuei²⁴ ʂaŋ⁰ ti⁰ ʂʅ⁵³ xuər³¹］
被王母娘娘发现了。［pei³¹ uaŋ⁵³ mu³³ niaŋ⁵³ niaŋ⁰ fa⁵³ ɕian³¹ nɔu⁰］
王母娘娘呢也很恼火，［uaŋ⁵³ mu³³ niaŋ⁵³ niaŋ⁵³ ne⁰ ie³³ xən³³ nɔu³³ xuo³³］
因为这个没有通过，［in²⁴ uei³¹ tʂɤ³¹ kɤ⁰ mei²⁴ iəu³³ tʰəŋ²⁴ kuo³¹］
过去的婚姻必须要首先要通过父母，［kuo²⁴ tɕʰy³¹ ti⁰ xuən²⁴ in²⁴ pi⁵³ ɕy²⁴ iɔu³¹ ʂəu³¹ ɕyan²⁴ iɔu³¹ tʰəŋ²⁴ kuo³¹ fu³¹ mu³³］
她嘞没有通过任何人，［tʰa²⁴ ne⁰ mei²⁴ iəu³³ tʰəŋ²⁴ kuo⁰ ʐən³¹ xɤ⁵³ ʐən⁵³］
在人间而且生了娃子，［tsai³¹ ʐən⁵³ tɕian²⁴ ær⁵³ tɕʰie³³ ʂən²⁴ na⁰ ua⁵³ ɻ̍⁰］
所以王母娘娘恨得不得了。［suo³³ i³³ uaŋ⁵³ mu³³ niaŋ⁵³ niaŋ⁵³ xən³¹ ti⁰ pu⁵³ te⁰ niɔu³³］
把这个脑头上的金簪子拽下来，［pa³³ tʂɤ³¹ kɤ⁰ nɔu³³ tʰəu⁵³ ʂaŋ³¹ ti⁰ tɕin²⁴ tsan²⁴ tsʅ⁰ tʂuai³¹ ɕia³¹ nai⁵³］
划了一条线，［xua³¹ na⁰ i⁵³ tʰiɔu⁵³ ɕian³¹］
把他们俩隔开。［pa³³ tʰa²⁴ mən⁰ nia³³ ke⁵³ kʰai²⁴］
这条线嘞，［tʂɤ³¹ tʰiɔu⁵³ ɕian³¹ ne⁰］
实际上就是现在说的天河，［ʂʅ⁵³ tɕi³¹ ʂaŋ⁰ təu³¹ ʂʅ³¹ ɕian²⁴ tsai³¹ ʂuo²⁴ ti⁰ tʰian³¹ xɤ⁵³］
也现在说的银河系，［ie³³ ɕian²⁴ tsai³¹ ʂuo²⁴ ti⁰ in⁵³ xɤ⁵³ ɕi³¹］
所以把他们嘞隔开了。［ʂuo³³ i³³ pa³³ tʰa²⁴ mən⁰ ne⁰ ke⁵³ kʰai²⁴ nɔu⁰］
这条河嘞，大浪滚滚，［tʂɤ³¹ tʰiɔu⁵³ xɤ⁵³ ne⁰，ta²⁴ naŋ³¹ kuən³³ kuən³³］
非常地远，就像那，［fei²⁴ ʂaŋ⁵³ ti⁰ yan³³，təu⁵³ ɕiaŋ³¹ na⁰］
跟大海样的，［kən²⁴ ta³¹ xai³³ iaŋ³¹ ti⁰］
把他们两口子隔开了。［pa³¹ tʰa²⁴ mən⁰ niaŋ³³ kʰəu³³ ɻ̍⁰ ke⁵³ kʰai²⁴ nɔu⁰］
这样嘞，他们的爱情故事呢，［tʂɤ³¹ iaŋ³¹ ne⁰，tʰa²⁴ mən⁰ ti⁰ ɣai³¹ tɕʰin⁵³ ku³¹ ʂʅ³¹ ne⁰］
呃，就很悲，悲惨，［ɤ⁰，təu³¹ xən³³ pei²⁴，pei²⁴ tsʰan³³］
大人也哭，［ta³¹ ʐən⁵³ ie³³ kʰu²⁴］
娃子也哭。［ua⁵³ ɻ̍⁰ ie³³ kʰu²⁴］
他妈在那门儿哭，［tʰa²⁴ ma²⁴ tsai⁵³ na³¹ mər⁰ kʰu²⁴］
娃子在这边儿哭。［ua⁵³ ɻ̍⁰ tsai³¹ tʂɤ³¹ piər²⁴ kʰu²⁴］

所以就感动了世间的很多人，[ʂuo³³ i³³ tǝu³¹ kan³³ tǝŋ³¹ nou⁰ ʂʅ³¹ tɕian²⁴ ti⁰ xǝn³³ tuo²⁴ zǝn⁵³]

也感动了很多鸟类。[ie³³ kan³³ tǝŋ³¹ na⁰ xǝn³³ tuo²⁴ niou³³ nei³¹]

这时候嘞，[tʂɤ³¹ ʂʅ⁵³ xǝu³¹ ne⁰]

呃，喜鹊呢就受到感动，[ɤ⁰，ɕi³³ tɕʰyo⁵³ ne⁰ tǝu³¹ ʂǝu³¹ tou³¹ kan³³ tǝŋ³¹]

每年的七月七，初七，[mei³³ nian⁵³ ti⁰ tɕʰi⁵³ ye⁵³ tɕʰi⁰，tʂʰǝu²⁴ tɕʰi⁵³]

农历七月初七，[nǝn⁵³ ni²⁴ tɕʰi⁵³ ye⁵³ tʂʰǝu³¹ tɕʰi⁵³]

这成千上万的喜鹊，[tʂɤ³¹ tʂʰǝn⁵³ tɕʰian²⁴ ʂaŋ³¹ uan³¹ ti⁰ ɕi³³ tɕʰyo⁵³]

就就嘞，这个这个给他搭桥。[tǝu³¹ tǝu³¹ ne⁰，tʂɤ³¹ kɤ⁰ tʂɤ³¹ kɤ⁰ kɯ²⁴ tʰa²⁴ ta²⁴ tɕʰiou⁵³]

也就是每一个喜鹊的嘴，[ie³³ tǝu³¹ ʂʅ⁰ mei³³ i⁵³ kɤ³¹ ɕi³³ tɕʰyo⁵³ ti⁰ tʂei³³]

衔含到前一个的喜鹊的尾巴，[tɕʰian⁵³ xan⁵³ tɔu⁰ tɕʰian⁵³ i⁵³ kɤ³¹ ti⁰ ɕi³³ tɕʰyo⁵³ ti⁰ uei³³ pa⁰]

搭成了一个鹊桥。[ta³¹ tʂʰǝn⁵³ na⁰ i⁵³ kɤ³¹ tɕʰyo⁵³ tɕʰiou⁵³]

建一个鹊桥以后嘞，[tɕian³¹ i⁵³ kɤ³¹ tɕʰyo⁵³ tɕʰiou⁵³ i³³ xǝu³¹ ne⁰]

让他们牛郎和织女，[zaŋ³¹ tʰa²⁴ mǝn⁰ niou⁵³ naŋ⁵³ xɤ⁵³ tʂʅ⁵³ ny³³]

以及两个孩子能见面。[i³³ tɕi⁵³ niaŋ³³ kɤ³¹ xai⁵³ r̩⁰ nǝn⁵³ tɕian²⁴ mian³¹]

这样嘞使他们就团圆了。[tʂɤ³¹ iaŋ³¹ ne⁰ ʂʅ³³ tʰa²⁴ mǝn⁰ tǝu⁰ tʰan⁵³ yan⁵³ na⁰]

团圆了以后嘞，[tʰan⁵³ yan⁵³ na⁰ i³³ xǝu³¹ ne⁰]

人们传说嘞，[zǝn⁵³ mǝn⁰ tʂʰuan⁵³ ʂuo²⁴ ne⁰]

这个，在人间嘞，[tʂɤ³¹ kɤ⁰，tʂai³¹ zǝn⁵³ tɕian²⁴ ne⁰]

你，晚上，七月初七的晚上，[ni⁰，uan³³ ʂaŋ³¹，tɕʰi⁵³ ye⁵³ tʂʰǝu⁵³ tɕʰi⁵³ ti⁰ uan³³ ʂaŋ³¹]

也就是说星宿出齐了以后，[ie³³ tɕiou³¹ ʂʅ³¹ ʂuo²⁴ ɕin²⁴ ɕiou⁰ tʂʰu⁵³ tɕʰi⁵³ nou⁰ i³³ xǝu³¹]

你要在那黄瓜地里嘞，[ni³³ iɔu³¹ tʂai³¹ na³¹ xuaŋ⁵³ kua²⁴ ti³¹ ni³³ ne⁰]

还可以听到牛郎织女他们说话。[xai⁵³ kʰɤ³³ i³³ tʰin²⁴ tǝu⁰ niou⁵³ naŋ⁵³ tʂʅ⁵³ ny³³ tʰa²⁴ mǝn⁰ ʂuo²⁴ xua³¹]

意译：今天我给大家讲一个古代的爱情故事：牛郎织女。以前有一个一二十岁的小伙子，家里有四个弟兄。上头弟兄三个都结婚了，他是老幺。父母死后，他们分家了。他分得了一头老牛。因为他老幺，大家就喊他老幺，都不知道他叫什么名字，所以给他取了一个名字叫牛郎。

牛郎跟老牛相依为命，以耕地为生。这个老牛不是平常的凡间人，他是天上的金牛星，是神仙。他很喜欢牛郎的勤劳、善良，所以他一心想给牛郎找一个妻子,成一个家。因为牛郎勤奋,老牛也就起了这个心,所以老牛时刻都在思索这个问题。

有一天呢,老牛听说玉皇大帝和王母娘娘的七个姑娘要到凡间的村东头的一个湖里洗澡。他就想在这七个姑娘当中能不能给牛郎找一个媳妇儿。所以他就给牛郎托了一个梦:说第二天早晨,你到村东边儿的湖边去看,那里有几个女孩子洗澡。你去了以后,可以把那女孩子的衣服任意取一件,然后你就往回跑。这样呢,你就会找到一个称心如意的妻子。

第二天早晨,牛郎醒来了以后,朦朦胧胧的,半信半疑的,带着试试看的味道儿,就跑到山下的一个湖边儿。跑到山下的一个湖边儿以后,他确实看见了几个姑娘在洗澡。他就跑到树边儿,把一个粉红色的衣服拿走了,拿起来往家跑。他跑回家后,他取的衣服是谁的衣服呢?是玉皇大帝的小女儿——织女的衣服。织女当天晚上就跑到他家敲门。牛郎把门开了以后,他们就成了恩爱夫妻。

这样一过就是三四年。地下一年相当于天上的一天。织女私自跟了牛郎后,玉皇大帝并不知道。他们在一起日子过得很开心。两三年时间他们生了一个男孩和一个姑娘,有儿有女呀,一家人都很开心。这个事儿玉皇大帝和王母娘娘并不知道。

这几天没见到织女,玉皇大帝就很有点恼火,就天上人间地找织女,最后在人间找到她了。找到她以后,就派天兵天将下来,叫织女回去。他刮起了大风,下起了大雨,雷鸣火闪的,来了几个天兵天将,把织女抓走了。抓走了以后,两个小孩儿首先发现妈妈不见了,都哭着喊着要找妈妈。这时牛郎也急得没办法,因为他不知道怎么办,所以心里非常难过。

在没有办法的情况下,老牛开腔了。老牛说:"你别难过,你把我的角拿下来,变成两个箩筐,你把两个孩子,放到这个箩筐里,一头儿放一个,然后找个扁担挑着去找织女。"正说话时,牛郎还不知怎么回事,老牛怎么会说话呢。正在说时,牛角掉了,掉在地上马上变成了两只箩筐。牛郎把两个孩子,一头儿放一个,然后找了一根扁担,把两个孩子挑上。挑上孩子以后,这时一阵轻风一吹,牛郎和两个孩子一起飘飘然然地上天了,就追织女去了。

即将要追上织女时,被王母娘娘发现了。王母娘娘也很恼火,过去的婚姻必须首先要通过父母,织女没有通过任何人,而且在人间还生了孩子,所以王母娘娘很恼怒,就把头上的金簪子取下来划了一条线,把他们俩隔开。这条线就是现在说的天河,把他们隔开了。这条河大浪滚滚,非常地远,跟大海样的,把他们两口子隔开了。

他们的爱情故事很悲惨,大人也哭,孩子也哭。他妈在那边儿哭,孩子在这边哭。所以就感动了世间的很多人，也感动了鸟类。喜鹊也受到感动，每年农历的七月初七，成千上万的喜鹊，就给他们搭桥。每一个喜鹊的嘴衔着前一个的喜鹊的尾巴，搭成了一座鹊桥，让牛郎和织女以及两个孩子能见面。这样他们就团圆了。团圆以后，人们传说，七月初七晚上，也就是星星出齐了后，在黄瓜地里还可以听到牛郎织女他们说话。

三　其他故事

（无）

四　自选条目

0031　自选条目

早晨放霞，[tʂou³³ʂən⁰faŋ³¹ɕia⁵³]
等水烧茶；[tən³³ʂuei³³ʂou²⁴tʂʰa⁵³]
晚上放霞，[uan³³ʂaŋ³¹faŋ³¹ɕia⁵³]
干死蛤蟆。[kan²⁴ʂʅ³³kʰe⁵³ma⁰]　蛤蟆：青蛙
意译：早上放霞，等水烧茶；晚上放霞，干死青蛙。

0032　自选条目

三月二十三，[ʂan²⁴ye⁵³ær³¹ʂʅ⁵³ʂan²⁴]
大下大天干，[ta³¹ɕia³¹ta³¹tʰian²⁴kan²⁴]　天干：天旱
小下小天干。[ɕiou³³ɕia³¹ɕiou³³tʰian²⁴kan²⁴]
意译：三月二十三，要是下大雨的话，以后就会出现大旱情；要是下小雨的话，以后就会出现小旱情。

0033　自选条目

习主席真英明，[ɕi⁵³tʂu³³ɕi⁰tʂən²⁴in²⁴min⁵³]
反腐治国高水平。[fan³³fu³³tʂʅ³¹kue⁵³kou²⁴ʂuei³³pʰin⁵³]
中国梦，[tʂuəŋ²⁴kue⁵³mən³¹]
民族兴，[min⁵³tʂʰəu⁵³ɕin²⁴]
处处想的是人民。[tʂʰu³¹tʂʰu³¹ɕiaŋ³³ti⁰ʂʅ³¹zən⁵³min⁵³]
意译：习主席真英明，反腐治国高水平。中国梦，民族兴，处处想的是人

民。

0034 自选条目

全国人民团结紧，[tɕʰyan⁵³ kue⁵³ zən⁵³ min⁵³ tʰan⁵³ tɕie⁵³ tɕin³³]
紧跟中央干革命。[tɕin³³ kən²⁴ tʂuaŋ²⁴ iaŋ²⁴ kan³¹ ke⁵³ min³¹]
祖国山河一片新，[tsəu³³ kue⁵³ ʂan²⁴ xɤ⁵³ i⁵³ pʰian³¹ ɕin²⁴]
你看我们多高兴。[ni³³ kʰan³¹ uo³³ mən⁰ tuo²⁴ kəu²⁴ ɕin³¹]

意译：全国人民团结紧，紧跟中央干革命。祖国山河一片新，你看我们多高兴。

0035 自选条目

人要知足者常乐，[zən⁵³ iɔu³¹ tʂʅ²⁴ tsəu⁵³ tʂɤ³³ ʂaŋ⁵³ nuo⁵³]
工资只能看，[kuŋ²⁴ tʂʅ²⁴ tʂʅ⁵³ nən⁵³ kʰan³¹]
不能比，[pu⁵³ nən⁵³ pi³³]
不能自己气自己；[pu⁵³ nən⁵³ tsʅ³¹ tɕi⁰ tɕʰi³¹ tsʅ³¹ tɕi⁰]
慢慢儿吃，[man³¹ mər⁰ tʂʅ²⁴]
慢慢儿喝，[man³¹ mər⁰ xɤ²⁴]
一年还有四万多；[i²⁴ nian⁵³ xai⁵³ iəu³³ sʅ³¹ uan³¹ tuo²⁴]
官儿再大，[kuər²⁴ tsai³¹ ta³¹]
钱再多，[tɕʰian⁵³ tsai³¹ tuo²⁴]
最后都要上黄土坡。[tsei²⁴ xəu³¹ təu²⁴ iɔu³¹ ʂaŋ³¹ xuaŋ⁵³ tʰəu³³ pʰo²⁴]

意译：人要知足常乐，工资只能看，不能比，不能自己气自己；慢慢吃，慢慢喝，一年还有四万多；官儿再大，钱再多，最后都要上黄土坡。

0036 自选条目

五中全会精神好，[u³³ tsuŋ²⁴ tɕʰyan⁵³ xuei³¹ tɕin²⁴ ʂən⁰ xɔu³³]
我们个个都知道。[uo³³ mən⁰ kɤ³¹ kɤ⁰ təu²⁴ tʂʅ²⁴ təu³¹]
十三五规划定方向，[ʂʅ⁵³ san²⁴ u³³ kuei²⁴ xua³¹ tin³¹ faŋ²⁴ ɕiaŋ³¹]
条条政策有奥妙。[tʰiɔu⁵³ tʰiɔu⁵³ tʂən³¹ tʂʰe⁵³ iəu³³ ɔu³¹ miɔu³¹]

意译：五中全会精神好，我们个个都知道。十三五规划定方向，条条政策有奥妙。

0037 自选条目

户籍制度将改革，[xu³¹ tɕi⁵³ tʂʅ³¹ təu³¹ tɕiaŋ²⁴ kai³³ ke⁵³]

贫困地区要摘帽。[pʰin⁵³ kʰuən³¹ ti³¹ tɕʰy²⁴ iɔu³¹ tʂai²⁴ mɔu³¹]
二孩儿政策正在搞，[ær³¹ xar⁵³ tʂən³¹ tʂʰe⁰ tʂən³¹ tsai³¹ kɔu³³]
生态保护更重要。[ʂən²⁴ tʰai³¹ pɔu³³ xu³¹ kən³¹ tʂuaŋ²⁴ iɔu³¹]

意译：户籍制度将改革，贫困地区要摘帽。二孩儿政策正实施，生态保护更重要。

0038 自选条目

改革开放出硕果，[kai³³ ke⁵³ kʰai²⁴ faŋ³¹ tʂʰu⁵³ ʂuo⁵³ kuo³³]
房县变化说不完。[faŋ⁵³ ɕian³¹ pian³¹ xua³¹ ʂuo²⁴ pu⁰ uan⁵³]
社会稳定民安乐，[ʂɤ³¹ xuei⁵¹ uən³³ tin³¹ min⁵³ an³¹ nuo⁵³]
幸福生活无忧患。[ɕin³¹ fu⁵³ ʂən²⁴ xuo⁵³ u⁵³ iəu²⁴ xuan³¹]

意译：改革开放出硕果，房县变化说不完。社会稳定民安乐，幸福生活无忧患。

0039 自选条目

紧紧跟着党中央，[tɕin³³ tɕin³³ kən³¹ tʂuo⁰ taŋ³³ tʂuəŋ²⁴ iaŋ²⁴]
全面小康定实现。[tɕʰyan⁵³ mian³¹ ɕiɔu³³ kʰaŋ²⁴ tin³¹ ʂʅ⁵³ ɕian³¹]
万众一心跟党走，[uan³¹ tʂuəŋ³¹ i⁵³ ɕin²⁴ kən³¹ taŋ³¹ tʂɔu³³]
幸福生活万万年。[ɕin³¹ fu⁵³ ʂən²⁴ xuo⁵³ uan³¹ uan³¹ nian⁵³]

意译：紧紧跟着党中央，全面小康定实现。万众一心跟党走，幸福生活万万年。

0040 自选条目

稻黍杆儿夹鸡蛋——光棍儿遇到琉璃蛋。[tʰɔu³³ ʂu⁰ kər³³ tɕia²⁴ tɕi²⁴ tan⁰——kuaŋ²⁴ kuər³¹ y³¹ tɔu⁰ niəu⁵³ ni⁰ tan³¹]

意译：稻黍杆儿夹鸡蛋——光棍儿遇到琉璃蛋。

0041 自选条目

剃头匠儿的扁担——不长。[tʰi³¹ tʰəu⁵³ tɕiər³¹ ti⁰ pian³³ tan⁰——pu²⁴ tʂʰaŋ⁵³]

意译：剃头匠儿的扁担——不长。

竹 溪

一 歌谣

0001 歌谣

白虎堂啊，[pɛ xu tʰaŋ ŋa]

怒恼了六郎。[ləu lau liau ləu laŋ]

元帅，[yan ʂuai]

二将啊报——[ɚ tɕiaŋ ŋa pau]

老娘亲，[lau niaŋ tɕʰin]

驾进——[tɕia tɕin]

帐来。[tʂaŋ lai]

杨延昭——[iaŋ ian tʂau]

离虎位，[li xu uei]

躬身下呀啊啊啊啊拜：[kuəŋ ʂən ɕia ia a a a pai]

"恕你儿——[ʂu ni ɚ]

未啊远迎，[uei a yan in]

理不——[li pu]

应该。[in kai]

老娘亲，[lau niaŋ tɕʰin]

你不在——[ni pu tsai]

后营安泰，[xəu in ŋan tʰai]

来至啊在——[lai tʂʅ za tsai]

白虎堂，[pɛ xu tʰaŋ]

所为——[so uei]

何来？"[xo lai]

意译：白虎堂，惹恼了六郎。元帅，二将报老娘亲临大帐。杨延昭离开了虎位，躬身下拜："恕你儿未曾远迎，理不应该。老娘，你不在后营安歇，来到白虎堂，所为何事？"

二　规定故事

0021 牛郎和织女

古时候儿啊，[ku³⁵ ʂʅ⁵³ xuɚr³¹ a⁰]

有个小伙子，[iəu³⁵ ko³¹ ɕiau⁵³ xo³¹ tsʅ⁰]

娘老子死得早，[ȵiaŋ⁵³ lau³⁵ tsʅ⁰ sʅ³⁵ ti⁰ tsau³⁵]

屋的造孽呀。[u⁵³ ti⁰ tsau³¹ ȵiɛ⁵³ ia⁰] 造孽：可怜

只喂了一条牛，[tsʅ⁵³ uei⁵³ lia⁰ i⁵³ tʰiau⁵³ ȵiəu⁵³]

他就凭这个牛呢，[tʰa²⁴ təu⁰ pʰin⁵³ tʂe³¹ kɤ³¹ ȵiəu⁵³ lɛ⁰]

给人家种田，[kɛ³⁵ zən⁵³ tɕia⁰ tʂuaŋ³¹ tʰian⁵³]

养活自己。[iaŋ³⁵ xo⁵³ tsʅ⁰ tɕi⁰]

所以说呢，[so³⁵ i⁰ ʂo²² lɛ⁰]

当地的老百姓哪，[taŋ²⁴ ti³¹ ti⁰ lau³⁵ pɛ⁵³ ɕin³¹ na⁰]

都把他喊牛郎。[təu²² pa³⁵ tʰa⁰ xan⁵³ ȵiəu⁵³ laŋ⁵³]

他喂的这个牛哇，[tʰa²⁴ uei³¹ ti⁰ tʂe³¹ kɤ⁰ ȵiəu⁵³ ua⁰]

实际是天上掉下来的金牛星。[ʂʅ⁵³ tɕi³¹ ʂʅ³¹ tʰian²² ʂaŋ⁰ tiau³¹ ɕia³¹ lai⁰ ti⁰ tɕin²² ȵiəu⁵³ ɕin⁰]

这个金牛星呢，[tʂɛ³¹ kɤ⁰ tɕin²² ȵiəu⁵³ ɕin²² lɛ⁰]

想到这个小伙子啊，日期过得苦哇，[ɕiaŋ³⁵ tau⁰ tʂɛ³¹ kɤ⁰ ɕiau⁵³ xo³¹ tsʅ⁰ a⁰，ɚ⁵³ tɕʰi⁰ ko³¹ tɛ⁰ kʰu³⁵ ua⁰]

他想到咋儿给他说个媳妇儿，成一家儿人呢？[tʰa²² ɕiaŋ³⁵ tau⁰ tsar³⁵ kɛ³⁵ tʰa⁰ ʂo²² kɤ⁰ ɕi⁵³ fər⁰，tʂʰən⁵³ i⁵³ tɕiar zən⁵³ lɛ⁰]

有一天哪，[iəu³⁵ i⁰ tʰian²² la⁰]

这个金牛星晓得，[tʂɛ³¹ kɤ⁰ tɕin²² ȵiəu⁵³ ɕin²⁴ ɕiau³⁵ tɛ⁰]

天上七仙女，[tʰian²² ʂaŋ⁰ tɕʰi⁵³ ɕian²² ȵy³⁵]

要下来到他这个村边儿上这个塘的去洗澡，[iau²⁴ ɕia³¹ lai⁰ tau³¹ tʰa⁰ tʂe³¹ kɤ⁰ tsʰən²⁴ piar²² ʂaŋ⁰ tʂe³¹ kɤ⁰ tʰaŋ⁵³ ti⁰ kʰɛ³¹ ɕi³⁵ tsau³⁵] 塘：池塘

他说，嗯，这就是个好机会，[tʰa²² ʂo²²，m⁰，tʂɛ³¹ təu⁰ ʂʅ³¹ kɤ⁰ xau³⁵ ki³¹ xuei⁰]

他就托梦给牛郎啊，[tʰa²⁴ tsəu⁰ tʰo⁵³ məŋ³¹ kɛ³⁵ ȵiəu⁵³ laŋ⁵³ a⁰]

就说明天早晨，[tsəu³¹ ʂo²⁴ min⁵³ tʰian⁰ tsau³⁵ ʂən⁰]

有几个仙女，[iəu³⁵ tɕi³⁵ kɤ⁰ ɕian²² ȵy³⁵]

到那个塘的去洗澡，[tau³¹ la³¹ kɤ⁰ tʰaŋ⁵³ ti⁰ kʰɛ³¹ ɕi³⁵ tsau³⁵]

你呀，去早一点儿，[ȵi³⁵ ia⁰，kʰɛ³¹ tsau³⁵ i⁰ tiar³⁵]

看见那儿那件衣裳；[kʰan³¹ tɕian⁰ lar³¹ la³¹ tɕian²⁴ i²² ʂaŋ⁰]

她们挂得树上那衣裳，[tʰa²² mən⁵³ kua³¹ tɛ⁰ ʂʅ³¹ ʂaŋ⁰ la⁰ i²² ʂaŋ⁰]

你扯一件就跑，[ȵi³⁵ tʂʰɛ³⁵ i⁰ tɕian³¹ təu³¹ pʰau³⁵]

你头就莫回，[ȵi³⁵ tʰəu⁵³ təu⁰ mo⁵³ xuei⁵³] 莫：不要

往回跑。[uaŋ³⁵ xuei⁵³ pʰau³⁵]

好，第二天早晨呢，[xau⁰，ti³¹ ɚ³¹ tʰian²² tsau³⁵ ʂən⁰ lɛ⁰]

那个牛郎啊，[la³¹ kɤ⁰ ȵiəu⁵³ laŋ⁵³ ŋa⁰]

就到那个，村子外边一看哪，[təu³¹ tau³¹ la³¹ kɤ⁰，tsʰən²² tsʅ⁰ uai³¹ pian⁰ i⁵³ kʰan³¹ la⁰]

那个塘的果然有几个女人在那儿洗澡，[la³¹ kɤ⁰ tʰaŋ⁵³ ti⁰ ko³⁵ zan⁵³ iəu³⁵ tɕi³⁵ kɤ⁰ ȵy³⁵ zən⁵³ tsai³¹ lar⁰ ɕi³⁵ tsau³⁵]

他看到那个树上啊，[tʰa²⁴ kʰan³¹ tau⁰ la³¹ kɤ⁰ ʂʅ³¹ ʂaŋ⁰ ŋa⁰]

挂了一件衣裳蛮好看，[kua³¹ la⁰ i⁵³ tɕian³¹ i²² ʂaŋ⁰ man⁵³ xau³⁵ kʰan³¹] 蛮：很

他把那个衣裳取下来了，[tʰa²² pa³⁵ la⁰ kɤ⁰ i²² ʂaŋ⁰ tɕʰy³⁵ ɕia³¹ lai⁰ lia⁰]

拿了就跑，[la⁵³ lɤ⁰ təu³¹ pʰau³⁵]

一气跑回去了。[i⁵³ tɕʰi³¹ pʰau³⁵ xuei⁵³ tɕi⁰ lia⁰]

那个当天夜的呀，[la⁰ kɤ⁰ taŋ²⁴ tʰian²⁴ iɛ³¹ ti⁰ ia⁰]

那个丢衣裳那个七仙，那个仙女呢，[la³¹ kɤ⁰ tiəu²⁴ i²² ʂaŋ⁰ la³¹ kɤ⁰ tɕʰi⁵³ ɕian²²，la³¹ kɤ⁰ ɕian²² ȵy³⁵ lɛ⁰]

就找到他屋的去了，[təu³¹ tʂau³⁵ tau⁰ tʰa²² u⁵³ ti⁰ kʰɛ³¹ lia⁰]

就跟他两个人儿，[təu³¹¹ kɛ³⁵ tʰa⁰ liaŋ³⁵ kɤ⁰ zɚ⁰]

成了夫妻了。[tʂʰən⁵³ liau⁰ fu²² tɕʰi⁰ lia⁰]

牛郎呢，这会儿成了一家儿人家了，[ȵiəu⁵³ laŋ⁵³ lɛ⁰，tsɛ³¹ xuɚ⁰ tʂʰən⁵³ lia⁰ i⁵³ tɕia²⁴ zən⁵³ tɕia⁰ lia⁰]

他就在外边儿给人家，[tʰa²⁴ təu⁰ tsai²⁴ uai³¹ piar⁰ kɛ³⁵ zən⁵³ tɕia⁰]

种田哪。[tʂuəŋ³¹ tʰian⁵³ la⁰]

这个仙女呢，[tsɛ³¹ kɤ⁰ ɕian²² ȵy³⁵ lɛ⁰]

就在屋的纺纱呀，织布哇，[təu³¹ tsai³¹ u⁵³ ti⁰ faŋ³⁵ ʂa²⁴ ia⁰，tʂʅ²⁴ pu³¹ ua⁰]

所以人家就把她喊个织女。[so³⁵ i⁰ zən⁵³ tɕia⁰ təu⁰ pa³⁵ tʰa²² xan³⁵ kɤ⁰ tʂʅ⁵³ ȵy³⁵]

这快快活活的，[tsɛ⁰ kʰuai³¹ kʰuai⁰ xo⁵³ xo⁰ ti⁰]

过了两三年，[ko³¹ lia⁰ liaŋ³⁵ san²² ȵian⁵³]

他们还生了一对双生儿。[tʰa²² mən⁵³ xai⁵³ sən²² lia⁰ i⁵³ tei⁰ ʂuaŋ²² sɚ²⁴] 一对双生儿：

双胞胎

哪晓得这个玉皇大帝呀，[la³⁵ ɕiau³⁵ tɛ⁰ tʂɛ³¹ kɤ⁰ y³¹ xuaŋ⁵³ ta²⁴ ti³¹ ia⁰]

晓得这个织女下凡了以后呢，[ɕiau³⁵ tɛ⁰ tʂɛ³¹ kɤ⁰ tʂʅ⁵³ n̠y³⁵ ɕia³¹ fan⁵³ lia⁰ i³⁵ xəu³¹ lɛ⁰]

就发脾气儿了，[tsəu³¹ fa⁵³ pʰi⁵³ tɕʰiɚ⁰ lia⁰]

非要把她弄回来。[fei²² iau³¹ pa³⁵ tʰa²² ləŋ³¹ xuei⁵³ lai⁰]

那天呢，[lɛ³¹ tʰian²² lɛ⁰]

就狂风大作的，[tsəu⁰ kʰuaŋ⁵³ fəŋ²⁴ ta³¹ tso⁵³ ti⁰]

电闪雷鸣的，[tian³¹ ʂan³⁵ lei⁵³ min⁵³ ti⁰]

一下下儿，这个织女就不见了，[i⁵³ xa²⁴ xaɚ⁰，tʂɛ³¹ kɤ⁰ tʂʅ⁵³ n̠y³⁵ təu⁰ pu⁵³ tɕian³¹ liau⁰]

上天了，[ʂaŋ³¹ tʰian²² lia⁰]

这会儿两个娃子呢，[tʂɛ³¹ xuɚ²⁴ liaŋ³⁵ kɤ⁰ ua⁵³ tsʅ⁰ lɛ⁰]

就哭倒闹倒要妈呀，[təu³¹ kʰu²⁴ tau⁰ lau³¹ tau⁰ iau³¹ ma²² ia⁰]

牛郎也急得跟啥子，[n̠iəu⁵³ laŋ⁵³ iɛ³⁵ tɕi⁵³ tɛ⁰ kən²⁴ ʂa³¹ tsʅ⁰]

这咋得了哇咋得了哇，[tʂɛ³¹ tsa³⁵ tɛ⁰ liau³⁵ ua⁰ tsa³⁵ tɛ⁰ liau³⁵ ua⁰]

这娃子也没得妈了，[tʂɛ³¹ ua⁵³ tsʅ⁰ iɛ³⁵ mei²² tɛ⁵³ ma²² lia⁰]

这织女也走了，[tʂɛ³¹ tʂʅ⁵³ n̠y³⁵ iɛ³⁵ tsəu³⁵ lia⁰]

我这就不成一家儿人家了，[ŋo³⁵ tʂɛ⁰ təu⁰ pu⁵³ tʂʰən⁵³ i⁵³ tɕiaɚ⁰ zən⁵³ tɕia⁰ lia⁰]

咋搞哇？[tsa³⁵ kau³⁵ ua⁰]

这时候金牛星，[tʂɛ²⁴ ʂʅ⁰ xəu⁰ tɕin²² n̠iəu⁵³ ɕin²⁴]

这个牛哇，就说：[tʂɛ³¹ kɤ⁰ n̠iəu⁵³ ua⁰，təu³¹ ʂo⁰]

"你莫着急，莫着急，[n̠i³⁵ mo⁵³ tʂo⁵³ tɕi⁵³，mo⁵³ tʂo⁵³ tɕi⁵³]

你快把我的角取下来，[n̠i³⁵ kʰuai³¹ pa⁰ ŋo³⁵ ti⁰ ko⁵³ tɕʰy³⁵ ɕia³¹ lai⁰]

做成两个箩筐，[tsəu³¹ tʂʰən⁰ liaŋ³⁵ ko⁰ lo⁵³ kʰuaŋ⁰]

把两个娃子挑倒，[pa³⁵ liaŋ³⁵ ko⁰ ua⁵³ tsʅ⁰ tʰiau²² to⁰]

一路上天上去找，[i²⁴ ləu³¹ ʂaŋ³¹ tʰian²² ʂaŋ⁰ kʰɛ³¹ tsau³⁵]

肯定会找得回来的。"[kʰən³⁵ tin⁰ xuei³¹ tsau³⁵ tɛ⁰ xuei⁵³ lai⁰ ti⁰]

边说呢，[pian²⁴ ʂo²² lɛ⁰]

这个牛的角就咣当一下掉到地下来了，[tʂɛ⁰ kɤ⁰ n̠iəu⁵³ ti⁰ ko⁵³ təu⁰ kʰuaŋ⁵³ taŋ⁰ i⁵³ xa⁰ tiau³¹ tau⁰ ti³¹ ɕia³¹ lai⁵³ lia⁰]

牛郎呢，就把这两个角哇，[n̠iəu⁵³ laŋ⁵³ lɛ⁰，təu³¹ pa³⁵ tʂɛ³¹ liaŋ³⁵ ko⁰ ko⁵³ ua⁰]

拿去做成两个箩筐，[la⁵³ kʰɛ³¹ tsəu³¹ tʂʰən⁰ liaŋ³⁵ ko⁰ lo⁵³ kʰuaŋ⁰]

把两个娃子，[pa³⁵ liaŋ³⁵ ko⁰ ua⁵³ tsʅ⁰]

装到箩筐里，[tʂuaŋ²⁴ tau⁰ lo⁵³ kʰuaŋ⁰ li⁰]

一个箩筐装一个。[i⁵³ ko⁰ lo⁵³ kʰuaŋ⁰ tʂuaŋ²⁴ i⁵³ ko³¹³]

拿个扁担一挑，[la⁵³ kɤ⁰ pian³⁵ tan³¹ i⁵³ tʰiau²⁴]

这个一阵风一吹呀，[tʂɛ³¹ kɤ⁰ i⁵³ tʂən³¹ fəŋ²⁴ i⁵³ tʂʰuei²⁴ ia⁰]

就把他吹上天了。[təu³¹ pa⁰ tʰa⁰ tʂʰuei²⁴ ʂaŋ⁰ tʰian²² lia⁰]

飞呀飞呀飞呀，[fei²² ia⁰ fei²² ia⁰ fei²⁴ ia⁰]

眼看快撵上那个织女的了呢，[ɲian³⁵ kʰan³¹ kʰuai³¹ ɲian³⁵ ʂaŋ⁰ la³¹ kɤ⁰ tsʅ⁵³ ɲy³⁵ ti⁰ lia⁰ lɛ⁰]

这下儿正遇到王母娘娘，[tʂɛ³¹ xar⁰ tʂən³¹ y³¹ tau⁰ uaŋ⁵³ mo³⁵ ɲian⁵³ ɲiaŋ⁰]

哪晓（得）站那个路上，[la³⁵ ɕiau⁰ tʂan³¹ la³¹ kɤ⁰ ləu³¹ ʂaŋ⁰]

她看见了，[tʰa²⁴ kʰan³¹ tɕian³¹ lia⁰]

她不干，[tʰa²² pu⁵³ kan³¹]

她把头上别的个簪子啊，[tʰa²² pa³⁵ tʰəu⁵³ ʂaŋ⁰ pie⁵³ ti⁰ kɤ⁰ tsan²² tsʅ⁰ a⁰]

拿下来就在织女和牛郎这个中间，[la⁵³ ɕia³¹ lai⁰ tsəu³¹ tsai³¹ tsʅ⁵³ ɲy³⁵ xo⁵³ ɲiəu⁵³ laŋ⁵³ tʂɛ³¹ ko⁰ tʂuəŋ²⁴ tɕian²⁴]

一划，跐蹓一划，[i⁵³ xua³¹³，tsʰʅ²⁴ liəu⁰ i⁵³ xua³¹³] 跐蹓：形容动作很快，很矫捷

划了多长个印子，这个印子猛然一下子变成一个河了，[xua³¹ lia⁰ to⁵³ tʂʰaŋ⁵³ kɤ⁰ in³¹ tsʅ⁰，tʂɛ³¹ kɤ⁰ in³¹ tsʅ məŋ³⁵ ʐan³¹ i⁵³ xa³¹ tsʅ⁰ pian⁵³ tʂʰən⁵³ i⁵³ ko⁰ xo⁵³ lia⁰] 多长：很长

就是人家说这是天河。[tsəu³¹ ʂʅ³¹ ʐən⁵³ tɕia⁰ ʂo²² tʂɛ⁰ ʂʅ³¹ tʰian²² xo⁵³]

把他牛郎跟织女隔开了，[pa³⁵ tʰa⁰ ɲiəu⁵³ laŋ⁵³ kən⁰ tsʅ⁵³ ɲy³⁵ kɛ⁵³ kʰai²² lia⁰]

波涛汹涌的大水，[po²⁴ tʰau²⁴ ɕyəŋ²² yəŋ³⁵ ti⁰ ta³¹ ʂuei³⁵]

他们俩儿不得见面，[tʰa²² mən⁰ liãr³⁵ pu⁵³ tɛ⁰ tɕian²⁴ miar³¹³]

牛郎啊一股劲儿在那儿下儿盼哪盼哪。[ɲiəu⁵³ laŋ⁵³ ŋa⁰ i⁵³ ku³⁵ tɕiər³¹ tsai³¹ lar³¹ xɤr⁰ pʰan³¹ la⁰ pʰan³¹ la⁰] 一股劲儿：一直

可是，这个水也不得消，[kʰo³⁵ ʂʅ³¹³，tʂɛ³¹ kɤ⁰ ʂuei³⁵ iɛ³⁵ pu⁵³ tɛ⁰ ɕiau²⁴]

过不去。[ko³¹ pu⁰ tɕʰi³¹³]

正好一群儿，一群喜鹊儿啊，[tʂən³¹ xau³⁵ i⁵³ tɕʰyər⁵³，i⁵³ tɕʰyn⁵³ ɕi³⁵ tɕʰiər⁵³ ʐa⁰]

看见了，[kʰan³¹ tɕian³¹ lia⁰]

它们就同情牛郎和织女。[tʰa²² mən⁵³ təu⁰ tʰuəŋ⁵³ tɕʰin⁵³ ɲiəu⁵³ laŋ⁵³ xo⁰ tsʅ⁵³ ɲy³⁵]

它们在每年七月七的时候，[tʰa²² mən⁵³ tsai³¹ mei³⁵ ɲian⁵³ tɕʰi⁵³ yɛ²⁴ tɕʰi⁵³ ti⁰ ʂʅ⁵³ xəu³¹³]

成千上万的，喜鹊儿啊，[tʂʰən⁵³ tɕʰian²⁴ ʂan²⁴ uan³¹ ti⁰，ɕi³⁵ tɕʰiər⁵³ ʐa⁰]

就来到这个河的，[təu³¹ lai⁵³ tau⁰ tʂɛ³¹ kɤ⁰ xo⁵³ ti⁰]
一个挨一个地，一个挨一个地，[i⁵³ ko³¹ ŋai²² i⁵³ ko³¹ ti⁰, i⁵³ ko³¹ ŋai²² i⁵³ ko³¹ ti⁰]
搭成了一座桥，[ta⁵³ tʂʰən⁰ lia⁰ i⁵³ ko⁰ tɕʰiau⁵³]
牛郎呢，就把娃子挑倒，[ȵiəu⁵³ laŋ⁵³ lɛ⁰, tsəu³¹ pa³⁵ ua⁵³ tsʅ⁰ tʰiau²² to⁰]
从这个喜鹊儿背上去啊，[tsʰuəŋ²⁴ tʂɛ³¹ ko⁰ ɕi³⁵ tɕʰio⁰ pei³¹ ʂaŋ⁰ kʰi³¹ a⁰]
过去，过河。[ko³¹ tɕʰi⁰, ko³¹ xo⁵³]
织女，也从那边儿过来了，[tʂʅ⁵³ ȵy³⁵, iɛ³⁵ tsʰuən⁵³ la³¹ piar⁰ ko³¹ lai⁰ lia⁰]
两个人在这个天河上，[liaŋ³⁵ kɤ⁰ zən⁰ tsai³¹ tʂɛ³¹ kɤ⁰ tʰian²² xo⁵³ ʂaŋ³¹³]
喜鹊儿背上，[ɕi³⁵ tɕʰio⁵³ pei³¹ ʂaŋ⁰]
他们相会了。[tʰa²² mən⁰ ɕiaŋ²⁴ xuei³¹ lia⁰]
这就是，哎，有名的这个牛郎织女的故事。[tʂɛ³¹ təu⁰ ʂʅ³¹³, ai⁰, iəu³⁵ min⁵³ ti⁰ tʂɛ³¹ kɤ⁰ ȵiəu⁵³ laŋ⁵³ tʂʅ⁵³ ȵy³⁵ ti⁰ ku⁵³ ʂʅ⁰]

意译：古时候，有个小伙子，父母死得早，家里可怜。只喂了一头牛，他就凭借这头牛，给人家种田养活自己，当地的老百姓都把他叫牛郎。

他喂养的这头牛，实际上是天上掉下来的金牛星。这个金牛星呢，想到这个小伙子日子过得很苦，他想着怎样才能给她说个媳妇，成个家呢？有一天，金牛星知道，天上七仙女，要下凡到他们村边上的塘里去洗澡，他说这就是个好机会，他就托梦给牛郎，就说明天早晨，有几个仙女，到那个塘里去洗澡，你去早点儿，看见那里的一件衣服，她们挂在树上的那衣服，你抓起一件就跑，你头都不要回，往回跑。

第二天早晨，牛郎，就到村子外边一看，那个塘里果然有几个女人在洗澡，他看到树上呢，挂了一件衣裳挺好看的，他把那件衣裳取下来了，拿起来就跑，一口气跑回去了。当天夜晚，丢了衣裳的七仙女，就找到他家去了，就跟他两个人，结成了夫妻。

牛郎呢就在外面给别人种田。仙女呢，就在家里纺纱、织布，所以人家都把她叫做织女。就这样快快乐乐的生活了两三年，他们还生了一对双胞胎。

哪里知道这个玉皇大帝呢，知道了织女下凡的事后，就发脾气了，非要把她弄回去。那一天，就狂风大作，电闪雷鸣，一会儿织女就不见了，上天了，这时候两个孩子，就哭着闹着要妈，牛郎也急坏了，这可怎么办呢，孩子们也没有妈妈了，织女也走了，我这就不成一家人了，怎么办啊？这时候金牛星就说："你不要着急，不要着急，你快把我的角取下来，做成两个箩筐，把两个孩子挑着，一起去天上找，肯定能够找回来的。"一边说呢，这头老牛的角就咣当一声掉到了地上，牛郎就把这两个角，拿去做成了两个箩筐，把两个孩子，装在箩筐里，一个箩筐装了一个，拿根扁担一挑，一阵风一吹，就把他吹上了天。飞呀飞，眼看就要追上了织女，这会儿正遇到了王母娘娘，谁知道她正站在路上，她看见了，她不同意，她把头上插的簪子，拿下来就在织女和牛郎中间，猛地一划，划出了一条很长的印子，这道印子猛然一下及变成了一条河，就是人们所说的天河。把牛郎和织女隔开了，波涛汹涌的大水，他们俩就不能见面，牛郎一直在那里盼啊盼，这是，这个水也消不了，过不去。

正好一群喜鹊看见了，它们都很同情牛郎和织女。它们在每年七月七的时候，成千上万的喜鹊，就来到这个河里，一个挨着一个地，搭成了一座桥，牛郎呢，就把孩子挑着，从这些喜鹊背上去，过去，过河。织女，也从河的那头过来了，两个人在天河上，喜鹊背上，他们相会了。这就是有名的牛郎织女的故事。

三　其他故事

（无）

四　自选条目

0031 自选条目

说起这个方言啦，[ʂo²² tɕʰi⁰ tʂɛ³¹ kɤ⁰ faŋ²² ian⁵³ la⁰]

我给大家啊说四句话。[ŋo³⁵ kei⁰ ta³¹ tɕia⁰ ʂo²⁴ sɿ³¹ tɕy⁰ xua³¹³]

看下儿光我们竹溪呢，[kʰan³¹ xar⁰ kuaŋ²⁴ ŋo³⁵ mən⁰ tʂəu⁵³ tɕʰi²² lɛ⁰]

就是小小的一坨坨儿，[təu³¹ ʂɿ⁰ ɕiau³⁵ ɕiau⁰ ti⁰ i⁵³ tʰo⁵³ tʰuər⁰]

蒋家堰儿、水坪、城关，[tɕiaŋ³⁵ tɕia⁰ iar³¹³、ʂuei³⁵ pʰin⁵³、tʂʰən⁵³ kuan²⁴]

就这上下几十里的地方儿，[təu³¹ tʂɛ³¹ ʂaŋ²⁴ ɕia³¹ tɕi³⁵ sɿ⁵³ li³⁵ ti⁰ ti³¹ fãr⁰]

说话就不一样。[ʂo²⁴ xua³¹ təu⁰ pu⁰ i⁵³ iaŋ³¹³]

不信你们听。[pu⁵³ ɕin³¹³ ȵi³⁵ mən⁰ tʰin²⁴]

这个我说四句话噢：[tʂɛ³¹ kɤ⁰ ŋo³⁵ ʂo²⁴ sɿ³¹ tɕy⁰ xua³¹³ o⁰]

一个老汉儿，背个板板儿，[i⁵³ kɤ⁰ lau³⁵ xar⁰，pei³¹ kɤ⁰ pan³⁵ par⁰]

上个坎坎儿，板个仰绊儿。[ʂaŋ³¹ kɤ⁰ kʰan³⁵ kʰar⁰，pan³⁵ kɤ⁰ iaŋ³⁵ par³¹³] 板：摔

这是城关的话，你看，就这四句话，[tʂɛ³¹ ʂɿ³¹ tʂʰən⁵³ kuan²² ti⁰ xua³¹³，ȵi³⁵ kʰan³¹，təu²⁴ tʂɛ⁰ sɿ³¹ tɕy⁰ xua³¹³]

城关我说就是：[tʂʰən⁵³ kuan²⁴ ŋo³⁵ ʂo²² tɕiəu³¹ ʂɿ⁰]

一个老汉儿，背个板板儿，[i⁵³ kɤ⁰ lau³⁵ xar⁰，pei³¹ kɤ⁰ pan³⁵ par⁰]

上个坎坎儿，板个仰绊儿。[ʂaŋ³¹ kɤ⁰ kʰan³⁵ kʰar⁰，pan³⁵ kɤ⁰ iaŋ³⁵ par³¹³]

这一天来了个水坪的娃子，[tʂɛ³¹ i⁰ tʰian²⁴ lai⁵³ lia⁰ kɤ⁰ ʂuei³⁵ pʰin⁵³ ti⁰ ua⁵³ tsʅ⁰]

来了个蒋家堰儿的娃子。[lai⁵³ lia⁰ kɤ⁰ tɕiaŋ³⁵ tɕia⁰ iar³¹ ti⁰ ua⁵³ tsʅ⁰]

这个老师就说是，[tʂɛ³¹ kɤ⁰ lau³⁵ sʅ³¹ təu³¹ ʂo²² sʅ⁰]

我把这句四句话我说了，[ŋo³⁵ pa⁰ tʂɛ³¹ tɕy⁰ sʅ³¹ tɕy⁰ xua³¹ ŋo³⁵ ʂo²² lia⁰]

你们照倒我这你们说下儿看，咋样？[ȵi³⁵ mən⁰ tʂau³¹ tau⁰ ŋo³⁵ tʂɛ³¹ ȵi³⁵ mən⁰ ʂo²² xar⁰ kʰan³¹³，tsa²⁴ iaŋ³¹³]

这水坪的娃子和蒋（家）堰儿的人就说了。[tʂɛ³¹ ʂuei³⁵ pʰin⁵³ ti⁰ ua⁵³ tsʅ⁰ xo⁰ tɕʰiaŋ³⁵ iar³¹ ti⁰ zən⁵³ təu⁰ ʂo²² lia⁰]

这水坪娃子说的：[tʂɛ³¹ ʂuei³⁵ pʰin⁵³ ua⁵³ tsʅ⁰ ʂo²² ti⁰]

一个老汉儿，背个板板儿，[i²⁴ kɤ⁰ lau⁰ xar⁰，pei²⁴ kɤ⁰ pan³¹ par⁰]

上个坎坎儿，板个仰绊儿。[ʂaŋ³¹ kɤ⁰ kʰan³¹ kʰar⁰，pan²⁴ kɤ⁰ iaŋ³¹ par²⁴]

蒋（家）堰，水坪的话呢，[tɕʰiaŋ³⁵ ian⁰，ʂuei³⁵ pʰin⁵³ ti⁰ xua³¹ lɛ⁰]

它是往下来的：[tʰa²⁴ sʅ³¹ uaŋ³⁵ ɕia³¹ lai⁵³ ti⁰]

一个老汉儿，背个板板儿，[i²⁴ kɤ⁰ lau³¹ xar⁰，pei²⁴ kɤ⁰ pan³¹ par⁰]

上个坎坎儿，板个仰绊儿。[ʂaŋ³¹ kɤ⁰ kʰan³¹ kʰar⁰，pan²⁴ kɤ⁰ iaŋ³¹ par²⁴]

可是蒋家堰儿的话呢它就不一样了，[ko³⁵ sʅ⁰ tɕiaŋ³⁵ tɕia⁰ iar³¹ ti⁰ xua³¹ lɛ⁰ tʰa²² təu⁰ pu⁵³ i⁰ iaŋ³¹³ lia⁰]

蒋家堰儿的话它是往上来的：[tɕiaŋ³⁵ tɕia⁰ iar³¹ ti⁰ xua³¹ tʰa²² sʅ³¹ uaŋ³⁵ ʂaŋ³¹ lai⁵³ ti⁰]

一个老汉儿，背个板板儿，[i²⁴ kɤ⁰ lau²² xar⁰，pei²⁴ kɤ⁰ pan²² par⁰]

上个坎坎儿，板个仰绊儿。[ʂaŋ³¹ kɤ⁰ kʰan²² kʰar⁰，pan²⁴ kɤ⁰ iaŋ²² par⁵³]

所以说它这个方言几十里呀就不同，[so³⁵ i⁰ ʂo²² tʰa²² tʂɛ³¹ kɤ⁰ faŋ²² ian⁵³ tɕi³⁵ sʅ⁵³ li³⁵ ia⁰ təu⁰ pu⁵³ tʰəŋ⁵³]

各式各样儿的话儿就不同。[ko⁵³ sʅ³¹ ko⁵³ iãr³¹ ti⁰ xuar³¹ təu²² pu⁵³ tʰəŋ⁵³]

意译：说起方言，我给大家说四句话。仅我们竹溪呢，就是小小的地方，蒋家堰、水坪、城关，就这上下几十里的地方，说话都不一样。不信你们听。我说四句话：一个老汉儿，背个板板儿，上个坎坎儿，摔个仰绊儿。这是城关的话。这一天来了一个水坪的孩子，来了一个蒋家堰的孩子。这个老师就说，我把这四句话说了，你们照着我说一下儿看，怎么样？水坪的话呢，它是往下来的：一个老汉儿，背个板板儿，上个坎坎儿，摔个仰绊儿。可是蒋家堰的话它就不一样了，蒋家堰的话它是往上来的：一个老汉儿，背个板板儿，上个坎坎儿，摔个仰绊儿。所以说方言几十里啊就不同，各式各样儿的话就不同。

神农架林区

神农架

一 歌谣

0001 歌谣

路边的黄花开耶,［nəu pian ti xuaŋ xua kʰai iɛ］

扯一朵回来栽耶,［tʂʰɤ i tuo xuei nai tṣai iɛ］

幺妹儿那个年纪小哇,［iau mər na kɤ nian tɕi ɕiau ua］幺：排行最末的

等不得黄花儿开耶。［tən pu tɛ xuaŋ xuer kʰai iɛ］

她等咯那个等嘞,［tʰa tən nuo na kɤ tən nai］

等咯等不得黄花儿开耶,［tən nuo tən pu tɛ xuaŋ xuer kʰai iɛ］

扯一朵头上戴耶,［tʂʰɤ i tuo tʰou ʂaŋ tai iɛ］

头戴那个鲜啊花走人家哟,［tʰəu tai na kɤ ɕian na xua tṣəu zən tɕia yo］走人家：走亲戚

手拿扇一把耶,［ʂəu na ʂan i pa iɛ］

走一那个步来,［tṣəu i na kɤ pu nai］

摇三下哟,［iau ʂan xa yo］

摇喂那个摇喔,［iau uɛ na kɤ iau uo］

那个摇喂摇出风儿来耶,［na kɤ iau uɛ iau tʂʰu fəŋ ɚ nai iɛ］

幺姑娘好人才耶。［iau ku niaŋ xau zən tʂʰai iɛ］

意译：路边的黄花开，扯一朵回来种，小妹年纪小，等不得黄花儿开。她等啊等，等不得黄花儿开，扯一朵头上戴，头戴鲜花走亲戚，手拿扇一把，走一步来，摇三下，摇啊摇，摇出风样的婀娜来，小妹好人才。

二 规定故事

0021 牛郎和织女

我今儿要讲的故事是：[uo³³ tɕiər²⁴ iau³¹ tɕiaŋ³³ ti⁰ ku³¹ ʂʅ³¹ ʂʅ³¹]

牛郎和织女。[niəu⁵³ naŋ⁵³ xɤ⁰ tʂʅ⁵³ ny³³]

古时候，[ku³³ ʂʅ⁵³ xəu³¹]

有一个有一个娃子叫，有一个娃子，[iəu³³ i⁵³ kɤ⁰ iəu³³ i⁵³ kɤ⁰ ua⁵³ tʂʅ⁰ tɕiau³¹³，iəu³³ i⁵³ kɤ⁰ ua⁵³ tʂʅ⁰] 娃子：孩子

他的爹妈都去世了，[tʰa²⁴ ti⁰ tiɛ²⁴ ma²⁴ təu²⁴ tɕʰy³¹ ʂʅ³¹ na⁰]

家里非常之穷。[tɕia²² ni⁰ fei²² tʂʰaŋ³³ tʂʅ⁰ tɕʰyən⁵³]

父母去世后，[fu³¹ mu³³ tɕʰy³¹³ ʂʅ³¹ xəu³¹]

任何里任何家产都没有给他留下，[zən³¹ xuo⁰ ni⁰ zən³¹ xuo⁰ tɕia²² tʂʰan³³ təu²⁴ mei⁵³ iəu³³ kei²⁴ tʰa²² niəu⁵³ ɕia³¹³]

只留了一头留下了一头老牛。[tʂʅ⁵³ niəu⁵³ na⁰ i⁵³ tʰəu⁵³ niəu⁵³ ɕia³¹ na⁰ i⁵³ tʰəu⁵³ nau³³ niəu⁵³]

这个牛郎，[tʂɛ³¹ kɤ⁰ niəu⁵³ naŋ⁵³]

天天都牵着老牛，[tʰian²⁴ tʰian²⁴ təu³¹ tɕʰian²² tʂuo⁰ nau³³ niəu⁵³]

相依为命。[ɕiaŋ²² i²⁴ uei⁵³ min³¹³]

跟牛郎跟这个奶老牛，[kən²² niəu⁵³ naŋ⁵³ kən²⁴ tʂɛ³¹ kɤ⁰ nai⁰ nau³³ niəu⁵³]

过得非常之好。[kuo³¹ tɤ⁰ fei²² tʂʰaŋ³³ tʂʅ⁰ xau³³]

所以之在这个时候人们都称他为牛郎。[suo³³ i⁰ tʂʅ⁰ tsai³¹³ tʂɛ³¹ kɤ⁰ ʂʅ⁵³ xəu⁰ zən⁵³ mən⁰ təu²⁴ tʂʰən²⁴ tʰa²² uei⁰ niəu⁵³ naŋ⁵³]

过了一段时间，[kuo³¹ na⁰ i⁵³ tan³¹ ʂʅ⁵³ tɕian⁰]

这个这头老牛，[tʂɛ³¹ kɤ⁰ tʂɛ³¹ tʰəu⁵³ nau³³ niəu⁵³]

并不是一般的牛，[pin³¹ pu⁵³ ʂʅ³¹ i⁵³ pan²² ti⁰ niəu⁵³]

而是叫天这个，[ɚ⁵³ ʂʅ³¹ tɕiau³¹ tʰian²² tʂɛ³¹ kɤ⁰]

天上的金牛。[tʰian²² saŋ⁰ ti⁰ tɕin²² niəu⁵³]

金牛突然，[tɕin²² niəu⁵³ tʰəu⁵³ zan⁰]

看到将金牛看到，[kʰan³¹ tau⁰ tɕiaŋ²⁴ tɕin²² niəu⁵³ kʰan³¹ tau³¹]

牛郎过得非常之苦，[niəu⁵³ naŋ⁵³ kuo³¹ tɤ⁰ fei²² tʂʰaŋ³³ tʂʅ⁰ kʰu³³]

他就想要给牛郎找一个媳妇。[tʰa²² tɕiəu³¹ ɕiaŋ³³ iau³¹ kuu²⁴ niəu⁵³ naŋ⁵³ tʂau³³ i⁵³ kɤ⁰ ɕi⁵³ fu⁰]

他给给托梦给牛郎：[tʰa²⁴ kɯ²⁴ kɯ⁰ tʰuo⁵³ məŋ³¹ kɯ²⁴ niəu⁵³ naŋ⁵³]

你在你村的东边河滩上，[ni³³ tṣai³¹ ni³³ tṣʰən²⁴ ti⁰ təŋ²⁴ pian⁰ xɤ⁵³ tʰan²² ṣaŋ⁰]

每天早上都有，[mei³³ tʰian²⁴ tṣau³³ ṣaŋ⁰ təu²⁴ iəu³³]

咦这个美女，[i⁰ tṣɛ³¹ kɤ⁰ mei³³ ny³³]

在河边洗澡。[tṣai³¹ xɤ⁵³ pian²² ɕi³³ tṣau³³]

你去了以后，[ni³³ tɕy³¹ na⁰ i³³ xəu³¹]

拿着她这个挂在树上的，[na⁵³ tṣɤ³¹ tʰa²⁴ tṣɛ³¹ kɤ⁰ kua³¹ tṣai⁰ ṣu³¹ ṣaŋ³¹ ti⁰]

一件衣服，[i⁵³ tɕian³¹ i²² fu⁰]

头也不回的，你往前走。[tʰəu⁵³ iɛ³³ pu⁵³ xuei⁵³ ti⁰, ni³³ uaŋ³³ tɕʰian⁵³ tṣəu³³]

结果，第二天天刚蒙蒙亮，[tɕiɛ²² kuo³³, ti²⁴ ə·³¹ tʰian²⁴ tʰian²⁴ kaŋ²⁴ məŋ⁵³ məŋ⁰ niaŋ³¹³]

他就按照，[tʰa²² tɕiəu³¹ an³¹ tṣau⁰]

金牛的说法，[tɕin²² niəu⁵³ ti⁰ ṣuo⁵³ fa⁰]

他跑到河边。[tʰa²² pʰau³³ tau⁰ xɤ⁵³ pian²⁴]

果然有七个美女，[kɤ³³ zan⁰ iəu³³ tɕʰi⁵³ kɤ⁰ mei³³ ny³³]

在河的洗澡。[tṣai³¹ xɤ⁵³ ti⁰ ɕi³³ tṣau³³]

他就拿着，[tʰa²² tɕiəu⁰ na⁵³ tṣɤ⁰]

挂在树上的衣服，[kua³¹ tṣai⁰ ṣu³¹ ṣaŋ³¹ ti⁰ i²² fu⁰]

一件衣服，粉红色的一件衣服，[i⁵³ tɕian³¹ i²² fu⁰, fən³³ xuəŋ⁵³ ṣɤ⁰ ti⁰ i⁵³ tɕian³¹ i²² fu⁰]

头也不回地往前跑，[tʰəu⁵³ iɛ³³ pu⁵³ xuei⁵³ ti⁰ uaŋ³³ tɕʰian⁰ pʰau³³]

回到家。[xuei⁵³ tau⁰ tɕia²⁴]

到了晚上，果然有一个美女，[tau³¹ na⁰ uan³³ ṣaŋ³¹, kɤ³³ zan⁰ iəu³³ i⁵³ kɤ⁰ mei³³ ny³³]

到他到他门口敲门。[tau³¹ tʰa²² tau³¹ tʰa²² mən⁵³ kʰəu⁰ tɕʰiau²² mən⁵³]

这样，[tṣɛ³¹ iaŋ³¹]

牛牛郎就把门开开后，[niəu⁵³ niəu⁵³ naŋ⁵³ tɕiəu⁰ pa³³ mən⁵³ kʰai²² kʰai⁰ xəu³¹]

进来一一个美女。[tɕin³¹ nai⁰ i⁵³ i⁵³ kɤ³¹ mei³³ ny³³]

他们从此，[tʰa²² mən⁵³ tṣʰuəŋ⁵³ tṣʰɻ³³]

这成了成为夫妻，[tṣɛ³¹ tṣʰən⁵³ na⁰ tṣʰən⁵³ uei⁰ fu²² tɕʰi⁰]

在一起相依为命。[tṣai³¹ i⁵³ tɕʰi³³ ɕiaŋ²⁴ i²⁴ uei⁵³ min³¹³]

一晃三年过去了，[i⁵³ xuaŋ³³ ṣan²² nian⁵³ kuo⁰ tɕʰy³¹ na⁰]

他们生下了一个儿娃子和一个姑娘，[tʰa²² mən⁰ ṣən²² ɕia⁰ na⁰ i⁵³ kɤ⁰ ə·⁵³ ua⁵³ tṣɻ⁰ xɤ⁰ i⁵³kɤ⁰ku²²niaŋ⁰]

日子过得非常之幸福。[ʐɿ⁵³tʂɿ⁰kuo³¹tɤ⁰fei²²tʂʰaŋ⁵³tʂɿ⁰ɕin³¹fu⁰]

突然，[tʰu⁵³ʐan⁵³]

这个事儿被玉皇大帝知道了。[tʂɛ³¹kɤ⁰ʂər³¹pei²⁴y³¹xuaŋ⁵³ta²⁴ti³¹³tʂɿ²⁴tau⁰na⁰]

就派天兵天将，[tɕiəu³¹pʰai³¹tʰian²²pin⁰tʰian²⁴tɕiaŋ³¹]

要下来捉拿这个仙女，[iau³¹ɕia³¹nai⁰tʂuo⁵³na⁵³tʂɛ³¹kɤ⁰ɕyan²²ny³³]

捉拿织女。[tʂuo⁵³na⁵³tʂɿ⁵³ny³³]

突然刮起了，[tʰu⁵³ʐan⁰kua⁵³tɕʰi³³na⁰]

这个这金牛又给他，[tʂɛ³¹kɤ⁰tʂɛ⁰ɕin²²niəu⁵³iəu³¹kuɪ²⁴tʰa²²]

想出了办法。[ɕiaŋ³³tʂʰu²²na⁰pan³¹fa⁰]

让他把他头上的角，[ʐaŋ³¹tʰa²⁴pa³³tʰa²²tʰəu⁵³ʂaŋ³¹ti⁰kuo⁵³]

拿下来，嗯儿，变成，[na⁵³ɕia³¹nai⁰，ən⁰ə⁰，pian³¹tʂʰən⁵³]

因为他有一男一女，[in²²uei⁵³tʰa²²iəu³³i⁵³nan⁵³i⁵³ny³³]

变成了两只箩筐，[pian³¹tʂʰən⁰na⁰niaŋ³³tʂɿ⁰nuo⁵³kʰuaŋ⁰]

也两只箩筐，[iɛ³³niaŋ³³tʂɿ⁰nuo⁵³kʰuaŋ⁰]

把两个孩子装在箩筐里，[pa³³niaŋ³³kɤ⁰xai⁵³tʂɿ⁰tʂuaŋ²²tʂai⁰nuo⁵³kʰuaŋ⁰ni⁰]

用扁担挑上，[yəŋ³¹pian³³tan⁰tʰiau²²ʂaŋ⁰]

他就是牛郎在后面，[tʰa²²tɕiəu⁰ʂɿ³¹niəu⁵³naŋ⁵³tʂai²⁴xəu³¹mian⁰]

追织女。[tʂuei²⁴tʂɿ⁵³ny³³]

追呀追，[tʂuei²²ia⁰tʂuei²⁴]

还没追到天上，[xai⁵³mei⁰tʂuei²²tau⁰tʰian²²ʂaŋ⁰]

结果被王母娘娘知道了。[tɕiɛ⁵³kuo³³pei³¹uaŋ⁵³mo³³niaŋ⁵³niaŋ⁰tʂɿ²²tau⁰na⁰]

王母娘娘就取下她头上的，[uaŋ⁵³mo³³niaŋ⁵³niaŋ⁰təu³¹tɕʰy³³ɕia³¹tʰa²²tʰəu⁵³ʂaŋ³¹ti⁰]

一只金簪，[i⁵³tʂɿ⁰tɕin²⁴tsan²⁴]

在它们的，牛郎和织女中，[tʂai³¹tʰa²²mən⁵³ti⁰，niəu⁵³naŋ⁵³xɤ⁰tʂɿ⁵³ny³³tʂuəŋ²⁴]

中间一划，[tʂuəŋ²⁴tɕian²⁴i⁵³xua³¹]

突然出现了一条，[tʰu⁵³ʐan⁵³tʂʰu⁵³ɕian³¹na⁰i⁵³tʰiau⁵³]

波涛汹涌的天河，[po²⁴tʰau²⁴ɕyəŋ²²yəŋ³³ti⁰tʰian²²xo⁵³]

把牛郎和织女隔开了。[pa³³niəu⁵³naŋ⁵³xɤ⁰tʂɿ⁵³ny³³kɛ⁵³kʰai²²na⁰]

这个事被喜鹊知道了。[tʂɛ³¹kɤ⁰ʂɿ³¹pei³¹ɕi³³tɕʰyɛ⁰tʂɿ²⁴tau³¹na⁰]

喜鹊很感动，[ɕi³³tɕʰyɛ⁰xən³³kan³³təŋ³¹]

它们就决定，[tʰa²²mən⁰tɕiəu³¹tɕyɛ⁵³tin³¹]

在每年的七农历的七月七日，[tṣai³¹ mei³³ nian⁰ ti⁰ tɕʰi⁰ nəŋ⁵³ ni⁰ ti⁰ tɕʰi⁵³ yɛ²⁴ tɕʰi⁵³ zl̩³¹]

它们一只含着另一只的尾巴，[tʰa²² mən⁰ i⁵³ tṣl̩²⁴ xan⁵³ tṣuo⁰ nin³¹ i⁰ tṣl̩²² ti⁰ uei³³ pa⁰]

搭起了一座长长的仙桥，[ta⁵³ tɕʰi⁵³ na⁰ i⁵³ tṣuo³¹ tṣʰaŋ⁵³ tṣʰaŋ⁰ ti⁰ ɕyan²² tɕʰiau⁵³]

它们从此让牛郎和织女相见了，团聚了。[tʰa²² mən⁰ tṣʰuəŋ⁵³ tṣʰl̩³³ zaŋ³¹ niəu⁵³ naŋ⁵³ xɤ⁰ tṣl̩⁵³ ny³³ ɕiaŋ²⁴ tɕian³¹ na⁰, tʰan⁵³ tɕy³¹ na⁰]

意译：我今天要讲的故事是：牛郎和织女。

古时候，有一个孩子，他的父母都去世了，家里非常穷。父母去世后，任何家产都没有给他留下，只留下一头老牛。牛郎天天就牵着老牛，相依为命，牛郎和老牛配合得挺好，所以人们都称他为牛郎。这头老牛并不是一般的牛，而是天上的金牛星。老牛看到牛郎过得非常苦，他就想给牛郎找个媳妇。他给牛郎托梦：在村东边的河里，每天早上都有美女在河里洗澡。你过去以后，拿着挂在树上的一件衣服，头也不回地往回走。

第二天天刚亮，牛郎就按照老牛的说法，他跑到河边。果然有七个仙女，在河里洗澡。牛郎就拿了挂在树上的衣服，一件粉红色的衣服，头也不回地跑回了家。到了晚上，果然有一个美女，来他家敲门。牛郎开门后，进来了一位美女。他们从此就成为了夫妻，在一起生活。

一晃三年过去了，他们生了一个男孩儿和一个女孩儿，日子过得非常幸福。突然，这件事儿被玉皇大帝知道了，就派天兵天将，下来捉拿仙女。突然，刮起了大风。金牛又给牛郎想出了办法，让牛郎把他头上的角取下来，让角变成两只箩筐，把两个孩子装在箩筐里，用扁担挑上，牛郎在后面，追赶织女。追呀追，还没追到天上，结果被王母娘娘知道了。王母娘娘就取下头上的一只金簪，在牛郎和织女中间一划，突然出现了一条波涛汹涌的天河，把牛郎和织女隔开了。

这件事儿被喜鹊知道了。喜鹊很感动，它们就决定，在每年农历七月七日，它们一只衔着另一只的尾巴，搭起一座长长的仙桥，从此让牛郎和织女团聚了。

三　其他故事

0022 其他故事

我给大家讲一个四老汉看大牲口的故事。[uo³³ kɤ²⁴ ta³¹ tɕia²⁴ tɕiaŋ²⁴ i²⁴ kɤ⁵³ sl̩³¹ nau³³ xan³¹ kʰan³¹ ta³¹ ʂən³³ kʰəu²⁴ ti⁰ ku³¹ sl̩³¹³]

党的政策正在精准扶贫，[taŋ³³ ti⁰ tṣən⁵³ tṣʰɤ⁵³ tṣən³³ tṣai³³ tɕin³¹ tṣuan³³ fu²⁴ pʰin⁵³]

所以我们神农架，[ʂuo²⁴ i³³ uo³³ mən³³ ʂən²⁴ nəŋ⁵³ tɕia³¹³]

公路网络达到了家家通户户通。[kuəŋ²⁴ nəu³¹ uaŋ³³ nuo³¹ ta⁵³ tau³¹ na⁰ tɕia²⁴ tɕia²⁴ tʰəŋ²⁴ xu³¹ xu³¹ tʰəŋ²⁴]

在我们老家的村子的，[tʂai²⁴ uo³³ mən²⁴ nau³³ tɕia²⁴ ti⁰ tʂʰuən²⁴ tʂʅ⁰ ti⁰]

有四个年逾古稀七十多岁的老汉，[iəu³³ ʂʅ³¹ kɤ³¹ nian⁵³ y³¹ ku³³ ɕi²⁴ tɕʰi³¹ ʂʅ⁵³ tuo²⁴ ʂei³¹ ti⁰ nau³³ xan³¹]

他们听说我们村子的老高山上要通公路，[tʰa²⁴ mən⁵³ tʰin²⁴ ʂuo²⁴ uo³³ mən⁵³ tʂʰuən²⁴ tʂʅ⁰ ti⁰ nau³³ kau²⁴ ʂan²⁴ ʂaŋ³¹ iau³¹ tʰuəŋ²⁴ kuəŋ²⁴ nəu³¹³]

通公路的那一天，[tʰuəŋ²⁴ kuəŋ²⁴ nəu³¹ ti⁰ na³¹ i³¹ tʰian²⁴]

并且要举行通车典礼仪式，[pin³¹ tɕʰiɛ³³ iau³¹ tɕy³³ ɕin⁵³ tʰuəŋ²⁴ tʂʰɤ²⁴ tian³³ ni³³ i²⁴ ʂʅ³¹³]

四个老汉啦听说以后，[ʂʅ³¹ kɤ³¹ nau³³ xan³¹ na⁰ tʰiŋ²⁴ ʂuo²⁴ i³³ xəu³¹]

头一天晚上激动得连瞌睡都睡不着，[tʰəu⁵³ i³¹ tʰian²⁴ uan³³ ʂaŋ³¹ tɕi²⁴ tuəŋ³¹ tɛ⁰ nian⁵³ kʰuo⁵³ ʂuei³¹ təu²⁴ ʂuei³¹ pu³¹ tʂuo⁵³]

他们半夜时候就床上爬起来，[tʰa²⁴ mən⁵³ pan³¹ iɛ³¹ ʂʅ⁵³ xəu³³ təu³¹ tʂʰuaŋ⁵³ ʂaŋ³¹ pʰa⁵³ tɕʰi³³ nai⁵³]

每人准备了一捆青草，[mei³³ zən⁵³ tʂuan³³ pi³¹ na⁰ i³¹ kʰuən³³ tɕʰin²⁴ tʂʰau³³]

带上磨面粑粑，[tai³¹ ʂaŋ³¹ mɤ⁵³ mian³¹ pa²⁴ pa⁰] 粑粑：饼类食物

朝村委会走，[tʂʰau⁵³ tʂʰuən²⁴ uei³³ xuei³¹ tʂəu³³]

他们从山上天开亮口的时候，[tʰa²⁴ mən⁵³ tʂʰuəŋ⁵³ ʂan²⁴ ʂaŋ³¹ tʰian²⁴ kʰai²⁴ niaŋ³¹ kʰəu³³ ti⁰ ʂʅ⁵³ xəu²⁴]

便摸到了村委会。[pian³¹ mo²⁴ tau³¹ niau⁰ tʂʰuən²⁴ uei³³ xuei³¹³]

我们的村委会在简家坪，[uo³³ mən⁵³ ti⁰ tʂʰuən²⁴ uei³³ xuei³¹ tʂai³¹ tɕian³³ tɕia²⁴ pʰin⁵³]

等到八点钟，[tən³³ tau³¹ pa²⁴ tian³³ tʂuəŋ²⁴]

公路的远方，[kuəŋ²⁴ nəu³¹ ti⁰ yan³³ faŋ²⁴]

便缓缓地来了两大两小四辆汽车，[pian³¹ xuan³³ xuan³³ ti⁰ nai⁵³ niau⁰ niaŋ³³ ta³¹ niaŋ³³ ɕiau³³ ʂʅ³¹ niaŋ³³ tɕʰi³¹ tʂʰɤ²⁴]

每辆车上，[mei³³ niaŋ³¹ tʂʰɤ²⁴ ʂaŋ⁰]

都挂有大红花。[təu²⁴ kua³¹ iəu³³ ta³¹ xuəŋ⁵³ xua²⁴]

四个老汉站在公路上，[ʂʅ³¹ kɤ³¹ nau³³ xan³¹ tʂan³¹ tʂai³¹ kuəŋ²⁴ nəu³¹ ʂaŋ³¹³]

就在非常惊讶地说：[təu³¹ tʂai³¹ fei²⁴ tʂʰaŋ⁵³ tɕin²⁴ ia³¹ ti⁰ ʂuo⁵³]

"这牲口该好大啊，[tʂɤ³¹ ʂən²⁴ kʰəu³³ kai²⁴ xau³³ ta³¹ ia³³] 该：估计情况应该如此

走的路也这么宽。"[tʂəu³³ ti⁰ nəu³¹ iɛ³³ tʂɤ³¹ mɤ²⁴ kʰuan²⁴]

当公路驶到，[taŋ²⁴ kuəŋ²⁴ nəu³¹ ʂʅ³³ tau³¹]

这个车子开到村委会的场坝的时候，[tʂɤ³¹ kɤ³¹ tʂʰɤ²⁴ tʂʅ⁰ kʰai²⁴ tau³¹ tʂʰuən²⁴ uei³³ xuei³¹ ti⁰ tʂʰaŋ³³ pa³¹ ti⁰ ʂʅ⁵³ xəu³¹]

早已准备好的火炮喇叭敲起来啦，[tsau⁵³i³³tʂuən³³pei³¹xau²⁴ti⁰xuo³³pʰau³¹na³³pa⁰tɕʰiau²⁴tɕʰi³³nai⁵³na⁰]

挂在彩门外的鞭炮也响起来啦，[kua³¹tsai²⁴tʂʰai²⁴mən⁵³uai³¹ti⁰pian²⁴pʰau³¹iɛ ɕiaŋ³³tɕʰi³³nai⁵³na⁰]

四个老汉他们根本无心看这种热闹，[ʂʅ³¹kɤ³¹nau³³xan³¹tʰa²⁴mən⁰kən²⁴pən³³u⁵³ ɕin²⁴kʰan³¹tʂɤ³¹tʂuəŋ³³zɤ³¹nau³¹³]

也无心去听领导的精彩演说。[iɛ³³u⁵³ɕin²⁴kʰɯ²⁴tʰin²⁴nin³³tau³³ti⁰tɕin²⁴tʂʰai³³ian³³ ʂuo²⁴]

他们便拿着青草，[tʰa²⁴mən⁵³pian³¹na⁵³tsuo³³tɕʰin²⁴tɕʰau³³]

跑到四个大牲口跟前去喂他们，[pʰau³³tau⁰ʂʅ³¹kɤ³¹ta³¹ʂən²⁴kʰəu³³kən⁰tɕʰian⁰ kʰɯ³¹uei³¹tʰa²⁴mən⁵³]

他们心的想的是，[tʰa²⁴mən⁵³ɕin²⁴ti⁰ɕiaŋ³³ti⁰ʂʅ³¹³]

既然是牲口肯定都要吃青草，[tɕi³¹zan⁵³ʂʅ³¹ʂən²⁴kʰəu⁵³kʰən³³tin³¹təu²⁴iau³¹tʂʰʅ²⁴ tɕʰin²⁴tsʰau³³]

结果他们把草放到四个车子前面的时候，[tɕiɛ⁵³kuo³³tʰa²⁴mən⁵³pa³³tsʰau³³faŋ³¹ tau³¹ʂʅ³¹kɤ³¹tʂʰɤ²⁴tʂʅ⁰tɕʰian⁵³mian³¹ti⁰ʂʅ⁵³xəu³¹]

司机怕他们把车子碰坏了，[ʂʅ²⁴tɕi²⁴pʰa³¹tʰa²⁴mən⁵³pa³³tʂʰɤ²⁴tʂʅ⁰pʰən³¹xuai³¹ na⁰]

就按了一声喇叭，[tɕiəu³¹an³¹na⁰i³¹ʂən²⁴na³³pa⁰]

把四个老汉就吓得摺摺翻。[pa³³ʂʅ³¹kɤ³¹nau³³xan³¹təu²⁴xɯ³¹tɤ⁰niau³¹niau³¹fan²⁴]

司机不好意思，[ʂʅ²⁴tɕi²⁴pu³¹xau³¹i³¹si²⁴]

下去扶起四个老汉连，[ɕia³¹kʰɯ³¹fu⁵³tɕʰi³³ʂʅ³¹kɤ³¹nau³³xan³¹nian⁵³]

连忙说："对不起你啊们！"[nian⁵³maŋ⁵³ʂuo²⁴：tuei³¹pu³¹tɕʰi³³nia³³mən⁰]

四个老汉并不介并不在意，[ʂʅ³¹kɤ³¹nau³³xan³¹pin³¹pu³¹tɕiɛ³¹pin³¹pu³¹tsai³¹i³¹³]

而是埋怨四个大牲口说：[ə⁵³ʂʅ³¹mai⁵³yan³¹ʂʅ³¹kɤ³¹ta³¹ʂən²⁴kʰəu³³ʂuo²⁴]

"我们好心好意地来给你喂草，[uo³³mən⁵³xau³³ɕin²⁴xau³³i³¹ti⁰nai⁵³kuɤ³³ni³³uei³¹ tsʰau³³]

你为啥子要吓我？[ni³³uei³¹ʂa³¹tsʅ⁰iau³¹xɯ⁵³uo³³]

把我的魂吓掉哒，[pa³³uo³³ti⁰xuən⁵³xɯ³¹tiau³¹ta⁰]

怎么办？"[tsən³³mɤ⁵³pan³¹³]

四个老汉东瞅瞅西瞄瞄，[ʂʅ³¹kɤ³¹nau³³xan³¹təŋ²⁴tʂʰəu³³tʂʰəu³³xi²⁴miau²⁴miau²⁴]

冷不趄地看见车子，[nən³³ pu³¹ tʰaŋ³¹ ti⁰ kʰan³¹ tɕian³¹ tʂʰɤ²⁴ tsʅ⁰]

底盘底下的传统柱和牙包，[ti³³ pʰan⁵³ ti³³ ɕia³¹ ti⁰ tʂʰuan⁵³ tʰuəŋ³³ tsu³¹ xuo⁵³ ia⁵³ pa²⁴]

他们张巴到说："我的咣当三啦，好大的卵孢子哦！[tʰa²⁴ mən⁵³ tʂaŋ²⁴ pa²⁴ tau³¹ ʂuo²⁴：uo³³ ti⁰ kuaŋ²⁴ taŋ²⁴ san²⁴ na⁰，xau³³ ta³¹ ti⁰ nan³³ pau²⁴ tsʅ⁰ o²⁴] 张巴：大惊小怪

四个牲口都是公家伙呀，[sʅ³¹ kɤ³¹ ʂən²⁴ kʰəu³¹ təu³¹ sʅ³¹ kuəŋ²⁴ tɕia²⁴ xuo³³ ia⁰]

怪不得跑那们快呢？"[kuai³¹ pu³¹ tɛ⁰ pʰau³¹ na³¹ mən⁰ kʰuai³¹ mɤ⁰]

通车典礼大会结束哒，[tʰəŋ²⁴ tʂʰɤ²⁴ tian³³ ni³³ ta³¹ xuei³¹ tɕie⁵³ ʂu³¹ ta⁰]

四个车子走的时候，[sʅ³¹ kɤ³¹ tʂʰɤ²⁴ tsʅ⁰ tsəu³³ ti⁰ sʅ⁵³ xəu³¹³]

两个小车跑的前头，[niaŋ⁵³ kɤ³¹ ɕiau³³ tʂʰɤ²⁴ pʰau³³ ti⁰ tɕʰian⁵³ tʰəu⁰]

两个大车跑的后头，[niaŋ³³ kɤ³¹ ta³¹ tʂʰɤ²⁴ pʰau³³ ti⁰ xəu³¹ tʰəu²⁴]

不跟来的时候呀，[pu³¹ kən⁵³ nai³¹ ti⁰ sʅ⁵³ xəu³¹ ia⁰]

井然有序，[tɕin³³ zan⁵³ iəu³³ ɕy³¹³]

而是小车子跑得非常快，[ɚ⁵³ sʅ³¹ ɕiau³³ tʂʰɤ²⁴ tsʅ⁰ pʰau³³ tɛ⁰ fei²⁴ tʂʰaŋ⁵³ kʰuai³¹³]

四个老汉感慨地说：[sʅ³¹ kɤ³¹ nau³³ xan³¹ kan³¹ kʰai³¹ ti⁰ ʂuo²⁴]

"这么一点儿都跑那么快，[tʂɤ³¹ mɤ⁰ i⁰ tiar³³ təu²⁴ pʰau³³ na³¹ mɤ⁰ kʰuai³¹]

长大了那还得了吗？"[tʂaŋ³³ ta³¹ na⁰ na³¹ xai⁵³ tɛ⁵³ niau⁰ ma²⁴]

意译：我给大家讲一个四老汉看大牲口的故事。

党的政策正在精准扶贫，所以我们神农架，公路网络达到了家家通、户户通。在我们老家的村子里，有四个年逾古稀、七十多岁的老汉，他们听说我们村子的老高山上要通公路，通公路的那一天，并且要举行通车典礼仪式，四个老汉听说以后头一天晚上激动得连瞌睡都睡不着，他们半夜时候从床上爬起来，每人准备了一捆青草，带上磨面粑粑，朝村委会走，他们从山上天刚亮的时候，便摸到了村委会。

我们的村委会在简家坪，等到八点钟，公路的远方便缓缓地来了两大两小四辆汽车，每辆车上，都挂有大红花。四个老汉站在公路上，都在非常惊讶地说："这牲口该好大啊，走的路也这么宽。"

当车子开到村委会的场坝的时候，早已准备好的火炮喇叭敲起来了，挂在彩门外的鞭炮也响起来了，四个老汉他们根本无心看这种热闹，也无心去听领导的精彩演说。他们便拿着青草，跑到四个大牲口跟前去喂他们，他们心里想的是，既然是牲口肯定都要吃青草，结果他们把草放到四个车子前面的时候，司机怕他们把车子碰坏了，就按了一声喇叭，把四个老汉都吓得摞摞翻。司机不好意思，下去扶起四个老汉，连忙说："对不起你们！"四个老汉并不在意，而是埋怨四个大牲口说："我们好心好意地来给你喂草，你为什么要吓我？把我的魂吓掉了，

怎么办?"四个老汉东瞅瞅西瞄瞄,冷不趟地看见车子底盘底下的传统柱和牙包,他们大惊小怪地说:"我的天啦,好大的卵孢子啊!四个牲口都是公家伙呀,怪不得跑那么快呢?"

通车典礼大会结束了,四个车子走的时候,两个小车在前面跑,两个大车在后面跑,不跟来的时候呀,井然有序,而是小车子跑得非常快,四个老汉感慨地说:"这么一点儿都跑那么快,长大了那还得了吗?"

0023 其他故事

我给大家讲一个好吃佬的故事,[uo³³ kɯ³³ ta³¹ tɕia²⁴ tɕiaŋ³³ i⁰ kɤ³¹ xau³¹ tʂʰʅ²⁴ nau³³ ti⁰ ku³¹ sʅ³¹³]

题目是"一毛不拔"。[tʰi⁵³ mu⁵³ sʅ³¹ i²⁴ mau⁵³ pu⁵³ pa⁵³]

在我们老家,[tsai³¹ uo³³ mən²⁴ nau³³ tɕia²⁴]

有一座古老的寺庙,[iəu³³ i⁵³ tsuo³¹ ku³³ nau³³ ti⁰ sʅ³¹ miau³¹³]

庙里有两个道士,[miau³¹ ni³³ iəu³³ niaŋ³³ kɤ³¹ tau³¹ sʅ⁰]

大家都不知道他们究竟有好大的岁数,[ta³¹ tɕia²⁴ təu²⁴ pu⁵³ tʂʅ²⁴ tau³¹ tʰa²⁴ mən⁰ tɕiəu²⁴ tɕin³¹ iəu³³ xau³³ ta³¹ ti⁰ suei³¹ su³¹³]

有的人说他们已经有几百儿岁,[iəu³³ ti⁰ zən⁵³ suo²⁴ tʰa²⁴ mən⁰ i³³ tɕin²⁴ iəu³³ tɕi³³ pər⁵³ suei³¹³]

有的人甚至说他们已经有几千岁,[iəu³³ ti⁰ zən⁵³ sən³¹ tʂʅ³¹ suo²⁴ tʰa²⁴ mən⁰ i³³ tɕin²⁴ iəu³³ tɕi³³ tɕʰian²⁴ suei³¹³]

总之两位老老道长是童颜鹤发,[tsuaŋ³³ tʂʅ²⁴ niaŋ³³ uei³¹ nau³³ nau³³ tau³¹ tʂaŋ³³ sʅ³¹ tʰəŋ⁵³ ian⁵³ xuo⁵³ fa⁵³]

一脑壳白胡儿好须的,[i⁵³ nau³³ kʰuo⁰ pɛ⁵³ xuər⁵³ xau³³ ɕy²⁴ ti⁰]

不乏匮正是他们确实岁数很大,[pu⁵³ fa⁵³ kʰuei³¹ tʂən³¹ sʅ³¹ tʰa²⁴ mən⁰ tɕʰyo³¹ sʅ⁵³ suei³¹ su³¹ xən³³ ta³¹³] 乏匮:欠缺

据说二位道长已经修行到,[tɕy³¹ suo²⁴ ə³¹ uei³¹ tau³¹ tʂaŋ³³ i³³ tɕin²⁴ ɕiəu²⁴ ɕin⁵³ tau³¹]

来无踪去无影的境界,[nai⁵³ u⁵³ tsəŋ²⁴ tɕʰy³¹ u⁵³ in³³ ti⁰ tɕin³¹ tɕiɛ³¹³]

所以当地的人都称他们二位道长为大仙。[suo³³ i³³ taŋ²⁴ ti³¹ ti⁰ zən⁵³ təu²⁴ tʂʰən²⁴ tʰa²⁴ mən⁰ ə³¹ uei³¹ tau³¹ tʂaŋ³³ uei⁵³ ta³¹ ɕyan²⁴]

可是无论二位道长,[kʰuo⁵³ sʅ³¹ u⁵³ nən³¹ ə³¹ uei³¹ tau³¹ tʂaŋ³³]

有飞天的本事,[iəu⁵³ fei²⁴ tʰian²⁴ ti⁰ pən³³ sʅ³¹³]

他们没有治住一个凡夫俗子的好吃佬的故事,[tʰa²⁴ mən⁰ mei⁵³ iəu³³ tʂʅ³¹ tʂu³¹ i⁵³ kɤ³¹ fan⁵³ fu²⁴ su⁵³ tsʅ³³ ti⁰ xau³¹ tʂʰʅ²⁴ nau³³ ti⁰ ku³¹ sʅ³¹³]

永远在我们那里流传。[yn³³ yan³³ tsai³¹ uo³³ mən⁰ na³¹ ni⁰ niəu⁵³ tṣʰuan⁵³]

就于这个道观不远的地方，[tɕiəu³¹ y⁵³ tṣɤ³¹ kɤ⁰ tau³¹ kuan³¹ pu⁵³ yan³³ ti⁰ ti³¹ faŋ⁰]

住着一个只馋嘴不还席的好吃佬，[tṣu³¹ tṣuo⁰ i⁵³ kɤ³¹ tṣ⁵³ tṣʰan⁵³ tṣuei³³ pu⁵³ xuan⁵³ ɕi⁵³ ti⁰ xau³¹ tṣʰʅ²⁴ nau³³]

他经常是不请自到，[tʰa²⁴ tɕin²⁴ ṣaŋ⁵³ ʂʅ³¹ pu⁵³ tɕʰin³³ tsʅ³¹ tau³¹³]

只要有酒席，他都是厚起脸去，[tṣʅ⁵³ iau³¹ iəu³³ tɕiəu³³ ɕi⁵³ , tʰa²⁴ təu²⁴ ʂʅ³¹ xəu³¹ tɕʰi³³ nian³³ kʰɯ³¹³]

多谢人家，从不还席，[tuo²⁴ ɕiɛ³¹ zən⁵³ tɕia⁰ , tṣʰuaŋ⁵³ pu⁵³ xuan⁵³ ɕi⁵³]

惹得周围的人都对他一肚子的意见，[ɤ³³ tɛ⁰ tṣəu²⁴ uei⁵³ ti⁰ zən⁵³ təu²⁴ tei³¹ tʰa²⁴ i²⁴ tu³³ tsʅ⁰ ti⁰ i³¹ tɕian³¹³]

觉得他厚颜无耻。[tɕyo⁵³ tɛ⁰ tʰa²⁴ xəu³¹ ian⁵³ u⁵³ tṣʰʅ³³]

这件事儿要传到二位道长的耳朵里头，[tṣɤ³¹ tɕian³¹ ṣər⁰ iau³¹ tṣʰuan⁵³ tau³¹ ɚ³¹ uei³¹ tau³¹ tṣaŋ³³ ti⁰ ɚ³³ tuo⁰ ni³³ tʰəu⁵³]

二位道长想惩治一下这个好吃佬。[ɚ³¹ uei³¹ tau³¹ tṣaŋ³³ ɕiaŋ³³ tṣʰən³³ tsʅ³¹ i⁵³ xa⁰ tṣɤ³¹ kɤ⁰ xau³¹ tṣʰʅ²⁴ nau³³]

便在好吃佬经过的路边，[pian³¹ tsai³¹ xau³¹ tṣʰʅ²⁴ nau³³ tɕin²⁴ kuo³¹ ti⁰ nəu³¹ pian²⁴]

一块大青石板上，[i⁵³ kʰuai³³ ta³¹ tɕʰin²⁴ ʂʅ⁵³ pan³³ ṣaŋ³¹³]

摆下酒席，二人在那儿下棋，[pai⁵³ ɕia³¹ tɕiəu³³ ɕi⁵³ , ɚ³¹ zən⁵³ tsai³¹ nər³¹ ɕia³¹ tɕʰi⁵³]

等到好吃佬过来，[tən³³ tau³¹ xau³¹ tṣʰʅ²⁴ nau³³ kuo³¹ nai⁰]

果然不出所料那一天，[kuo⁵³ zan⁵³ pu⁵³ tṣʰu²⁴ ʂuo³³ niau³¹ na³¹ i⁵³ tʰian²⁴]

这个好吃佬又到，[tṣɤ³¹ kɤ⁰ xau³¹ tṣʰʅ²⁴ nau³³ iəu³¹ tau³¹]

听说了有人在摆酒席，[tʰin²⁴ ʂuo²⁴ na⁰ iəu³³ zən⁵³ tsai³¹ pai³³ tɕiəu³³ ɕi⁵³]

又不请自到。[iəu³¹ pu⁵³ tɕʰin³³ tsʅ³¹ tau³¹³]

二位道长边下边饮，[ɚ³¹ uei³¹ tau³¹ tṣaŋ³³ pian²⁴ ɕia³¹ pian²⁴ in³³]

看到好吃佬来了，[kʰan³¹ tau³¹ xau³¹ tṣʰʅ²⁴ nau³³ nai³³ na⁰]

不请自入座，[pu⁵³ tɕʰin³³ tsʅ³¹ zu⁵³ tsuo³¹]

他们马上把停下来就说：[tʰa²⁴ mən⁰ ma³³ ṣaŋ pa⁰ tʰin⁵³ ɕia³¹ nai⁰ tɕiəu³¹ ʂuo⁵³]

"今天我们要想饮酒，[tɕin²⁴ tʰian²⁴ uo³³ mən⁰ iau³¹ ɕiaŋ³³ in³³ tɕiəu³³]

就来一个令子，[tɕiəu³¹ nai⁵³ i⁵³ kɤ³¹ nin³¹ tsʅ⁰]

每人说一首诗才能喝酒，[mei³³ zən⁵³ ʂuo⁵³ i⁵³ ʂəu³³ ʂʅ²⁴ tṣʰai⁵³ nən⁵³ xuo²⁴ tɕiəu³³]

否则，不是已于不一杯酒都不准饮。"[fau³³ tsɤ⁵³ , pu⁵³ ʂʅ³¹ i⁵³ y⁵³ pu⁵³ i⁵³ pei²⁴ tɕiəu³³ təu²⁴ pu⁵³ tṣuan³³ in³³]

道长是早有准备的，[tau³¹ tʂaŋ³³ ʂʅ³¹ tʂau³³ iəu³³ tʂuən³³ pei³¹ ti⁰]

他们出的题是用"活""火""嗯""贤""圣""愁"三个字拆开，[tʰa²⁴ mən⁰ tʂʰu⁵³ ti⁰ tʰi⁵³ ʂʅ³¹ uaŋ³¹ xuo⁵³ xuo³³ ən⁰ ɕian⁵³ ʂən³¹ tʂʰəu⁵³ ʂan²⁴ kɤ⁰ tʂʅ³¹ tʂʰɤ⁵³ kʰai²⁴]

各人拆开说一首诗，[kuo⁵³ zən⁰ tʂʰɤ⁵³ kʰai²⁴ ʂuo²⁴ i⁵³ ʂəu³³ ʂʅ²⁴]

贤是圣贤的贤，[ɕian⁵³ ʂʅ³¹ ʂən³¹ ɕian⁵³ ti⁰ ɕian⁵³]

圣是圣永的圣，[ʂən³¹ ʂʅ³¹ ʂən³¹ yŋ³³ ti⁰ ʂən³¹³]

愁是发愁的愁。[tʂʰəu⁵³ ʂʅ³¹ fa⁵³ tʂʰəu⁵³ ti⁰ tʂʰəu⁵³]

一个道长就首先拆"贤"，[i²⁴ kɤ⁰ tau³¹ tʂaŋ³³ tɕiəu³¹ ʂəu³³ ɕyan²⁴ tʂʰɤ⁵³ ɕian⁵³]

他说："臣又贝臣又贝，[tʰa²⁴ ʂuo²⁴ : tʂʰən³¹ iəu³¹ pei³¹ tʂʰən³¹ iəu³¹ pei³¹³]

壶中有酒我先醉，[xu⁵³ tʂuaŋ²⁴ iəu³³ tɕiəu³³ uo³³ ɕian²⁴ tʂuei³¹³]

今日没得下酒菜，[tɕin²⁴ ɤ⁵³ mei⁵³ tɛ⁵³ ɕia³¹ tɕiəu³³ tʂʰai³¹³] 没得：没有

我把眼睑献一对。"[uo³³ pa³³ ian³¹ tɕian³³ ɕian³¹ i²⁴ tei³¹³]

说毕他把他的一双眼睛抠出来放到席上，[ʂuo²⁴ pi³¹ tʰa²⁴ pa³³ tʰa²⁴ ti⁰ i⁵³ ʂuaŋ²⁴ ian³³ tɕin⁰ kʰəu²⁴ tʂʰu⁵³ nai⁰ faŋ³¹ tau⁰ ɕi⁵³ ʂaŋ⁵³]

就开始自斟自饮起来。[tɕiəu³¹ kʰai²⁴ ʂʅ³³ tʂʅ³¹ tʂən²⁴ tʂʅ³¹ in³³ tɕʰi³³ nai⁰]

第二位道长又接着拆"圣"，[ti³¹ ɚ³¹ uei³¹ tau³¹ tʂaŋ³³ iəu³¹ tɕiɛ⁵³ tʂuo⁰ tʂʰɤ⁵³ ʂən³¹³]

他说："耳口王耳口王，[tʰa²⁴ ʂuo²⁴ : ɚ³³ kʰəu³³ uaŋ⁵³ ɚ³³ kʰəu³³ uaŋ⁵³]

壶中有酒我先尝，[xu⁵³ tʂuaŋ²⁴ iəu³³ tɕiəu³³ uo³³ ɕian²⁴ tʂʰaŋ⁵³]

今日没得下酒菜，[tɕin²⁴ ɤ⁵³ mei⁵³ tɛ⁵³ ɕia³¹ tɕiəu³³ tʂʰai³¹³]

我把耳朵献一双。"[uo³³ pa⁵³ ɚ³³ tuo⁰ ɕian³¹ i⁵³ ʂuaŋ²⁴]

摘手把自己的耳朵抠下来也放到席上，[tʂʰʅ²⁴ ʂəu³³ pa³³ tʂʅ³¹ tɕi³³ ti⁰ ɚ³³ tuo⁰ kʰəu²⁴ ɕia³¹ nai⁰ iɛ³³ faŋ³¹ tau³¹ ɕi⁵³ ʂaŋ⁰] 摘：伸

便自斟自饮起来。[pian³¹ tʂʅ³¹ tʂən²⁴ tʂʅ³¹ in³³ tɕʰi³³ nai⁰]

轮到好吃佬拆"愁"，[nin⁵³ tau⁰ xau³¹ tʂʰʅ²⁴ nau³³ tʂʰɤ⁵³ tʂʰəu⁵³]

他也毫不犹豫地，[tʰa²⁴ iɛ³³ xau⁵³ pu⁰ iəu²⁴ y³¹ ti⁰]

拆到："禾火心禾火心，[tʂʰɤ⁵³ tau⁰ : xuo⁵³ xuo³³ ɕin²⁴ xuo⁵³ xuo³³ ɕin²⁴]

壶中有酒我来斟，[xu⁵³ tʂuaŋ²⁴ iəu³³ tɕiəu³³ uo³³ nai⁵³ tʂən²⁴]

今日没得下酒菜，我把汗毛挦两根。"[tɕin²⁴ ɤ⁵³ mei⁵³ tɛ⁵³ ɕia³¹ tɕiəu³³ tʂʰai³¹, uo³³ pa³³ xan³¹ mau⁵³ ɕian³¹ niaŋ³³ kən²⁴] 挦：拔取

摘手把他的汗毛拔掉两根放在席上。[tʂʰʅ²⁴ ʂəu³³ pa³³ tʰa²⁴ ti⁰ xan³¹ mau⁵³ pa⁵³ tiau³¹ niaŋ³³ kən²⁴ faŋ³¹ tʂai³¹ ɕi⁵³ ʂaŋ⁰] 摘：伸

二位大仙非常生气，[ɚ³¹ uei³¹ ta³¹ ɕyan²⁴ fei³¹ tʂʰaŋ⁵³ ʂən²⁴ tɕʰi³¹³]

就问这个好吃佬，[tɕiəu³¹ uən³¹ tʂɤ³¹ kɤ⁰ xau³¹ tʂʰʅ²⁴ nau³³]

我们一个献一双眼睛，［uo³³ mən⁰ i⁵³ kuo³¹ ɕian³¹ i⁵³ ʂuaŋ²⁴ ian³³ tɕin⁰］

一个献一双耳朵，［i⁵³ kuo³¹ ɕian³¹ i⁵³ ʂuaŋ²⁴ ɚ³³ tuo⁰］

难道你真是只拺两根汗毛就就想喝酒吗？［nan⁵³ tau³¹ ni⁵³ tʂən²⁴ ʂʅ³¹ tʂʅ³¹ ɕian³¹ niaŋ³³ kən²⁴ xan³¹ mau⁵³ tɕiəu³¹ tɕiəu³¹ ɕiaŋ³³ xuo²⁴ tɕiəu³³ ma⁰］

好吃佬接过来说，［xau³¹ tʂʰʅ²⁴ nau⁵³ tɕiɛ⁵³ kuo⁰ nai⁰ ʂuo⁵³］

"我要不想到是二位大仙下凡我还一毛不拔呢"？［uo³³ iau³¹ pu⁵³ ɕiaŋ³³ tau⁰ ʂʅ³¹ ɚ³¹ uei³¹ ta³¹ ɕyan²⁴ ɕia³¹ fan⁵³ uo³³ xai⁵³ i⁵³ mau⁵³ pu⁵³ pa⁵³ nɛ⁰］

意译：我给大家讲一个好吃佬的故事，题目是"一毛不拔"。

在我们老家，有一座古老的寺庙，庙里有两个道士，大家都不知道他们究竟有好大的岁数，有的人说他们已经有几百岁，有的人甚至说他们已经有几千岁，两位老道长是童颜鹤发，一脑袋白胡儿好须的，他们确实岁数很大。据说二位道长已经修行到来无踪去无影的境界，所以当地的人都称二位道长为大仙。可是，无论二位道长有飞天的本事，他们没有治住一个凡夫俗子的好吃佬的故事，永远在我们那里流传。

就在这个道观不远的地方，住着一个只馋嘴不还席的好吃佬，他经常是不请自到，只要是有酒席，他都是厚起脸去多谢人家，从不还席，惹得周围的人都对他一肚子的意见，觉得他厚颜无耻。这件事儿传到二位道长的耳朵里，二位道长想惩治一下这个好吃佬。

便在好吃佬经过的路边一块大青石板上摆下酒席，二人在那里下棋，等到好吃佬过来了，果然不出所料那一天，好吃佬又到了，听说有人在摆酒席，又不请自到。二位道长边下边饮，看到好吃佬来了，不请自入座，他们马上便停下来就说："今天我们要想饮酒，就来一个酒令，每人说一首诗才能喝酒，否则，一杯酒都不准喝。"

道长是早有准备的，他们出的题是用"贤""圣""愁"三个字拆开，各人拆开说一首诗，贤是圣贤的贤，圣是圣永的圣，愁是发愁的愁。一个道长就首先拆"贤"，他说"臣又贝臣又贝，壶中有酒我先醉，今日没得下酒菜，我把眼睑献一对。"说毕，他把他的一双眼睛抠出来放到席上，就开始自斟自饮起来。第二位道长又接着拆"圣"，他说"耳口王耳口王，壶中有酒我先尝，今日没得下酒菜，我把耳朵献一双。"伸手把自己的耳朵抠下来也放到席上，便自斟自饮起来。轮到好吃佬，拆"愁"，他也毫不犹豫地拆到"禾火心禾火心，壶中有酒我来斟，今日没得下酒菜，我把汗毛拔两根。"伸手把他的汗毛拔掉两根放在席上。二位大仙非常生气，就问这个好吃佬，我们一个献一双眼睛，一个献一双耳朵，难道你真是只拔两根汗毛就就想喝酒吗？好吃佬接过来说："我要不想到是二位大仙下凡我还一毛不拔呢？"

0024 其他故事

我还给大家讲一个打嘴仗的故事，[uo³³ xai⁵³ kuŋ³³ ta³¹³ tɕia²⁴ tɕiaŋ³³ i⁵³ kɤ³¹ ta³³ tʂuei³³ tʂaŋ³¹³ ti⁰ ku³¹ ʂʅ³¹³]

打嘴仗实质上是我们这里歌师，[ta³³ tʂuei³³ tʂaŋ³¹ ʂʅ⁵³ tʂʅ⁵³ ʂaŋ³¹ ʂʅ³¹³ uo³³ mən⁵³ tʂɤ³¹ ni³³ kuo²⁴ ʂʅ²⁴]

相互攀比的一种手法。[ɕiaŋ²⁴ xu³¹ pʰan²⁴ pi³³ ti⁰ i⁵³ tʂuəŋ³³ ʂəu³³ fa³³]

曾记得有这样两位歌师，[tʂʰəŋ⁵³ tɕi³¹ tɤ⁰ iəu³³ tʂɤ³¹ iaŋ³¹ niaŋ³³ uei³¹ kuo²⁴ ʂʅ²⁴]

一个歌师是改革开放以后，[i²⁴ kɤ³¹ kuo²⁴ ʂʅ²⁴ ʂʅ³¹ kai³³ kɤ⁵³ kʰai²⁴ faŋ³¹ i³³ xəu³¹³]

发家致富的能手，[fa²⁴ tɕia²⁴ tʂʅ³¹ fu³¹ ti⁰ nən⁵³ ʂəu³³]

他从高山搬到低山，[tʰa²⁴ tʂʰuəŋ⁵³ kau²⁴ ʂan³¹ pan³¹ tau³¹ ti²⁴ ʂan²⁴]

买了大集体一个圉，[mai²⁴ na⁰ ta³¹ tɕi²⁴ tʰi³³ i⁵³ kɤ³¹ y³³] 圉：泛指畜养的地方

被早猪集体做过猪场的，[pei³¹³ tʂau³³ tʂu²⁴ tɕi²⁴ tʰi³³ tʂəu⁵³ kuo⁰ tʂu²⁴ tʂʰaŋ³³ ti⁰]

一个场场所。[i⁵³ kɤ³¹ tʂʰaŋ³³ tʂʰaŋ³³ ʂuo³³]

大门前头，[ta³¹ mən⁵³ tɕʰian⁵³ tʰəu⁰]

是一抹集体办过猪场的厂址，[ʂʅ³¹ i⁵³ mo³³ tɕi⁵³ tʰi³³ pan³¹ kuo³¹ tʂu²⁴ tʂʰaŋ³³ ti⁰ tʂʰaŋ³³ tʂʅ³³] 一抹：一片

嗯山房屋的山尖上，[ən³¹ ʂan²⁴ faŋ⁵³ u²⁴ ti⁰ ʂan²⁴ tɕian³¹ ʂaŋ⁰]

是集体开过鱼塘的一个地方。[ʂʅ³¹³ tɕi⁵³ tʰi³³ kʰai²⁴ kuo⁰ y⁵³ tʰaŋ⁵³ ti⁰ i²⁴ kɤ³¹ ti³¹ faŋ⁰]

他靠贩卖木材，[tʰa²⁴ kʰau³¹³ fan³¹ mai³¹ mu⁵³ tsʰai⁰]

赚了很多钱，[tʂuan³¹ na⁰ xən³³ tuo²⁴ tɕʰian⁵³]

可是生嗯赚有钱以后，[kɤ³³ ʂʅ³¹ ʂən²⁴ ən³¹ tʂuan³¹ iəu³³ tɕʰian⁵³ i³³ xəu³¹³]

生活就有一点儿不太检点。[ʂən²⁴ xuo⁵³ təu³¹ iəu³³ i⁰ tiar³³ pu⁵³ tʰai³¹ tɕian³³ tiɛn³³]

还有一位歌师，[xai⁵³ iəu³³ i⁵³ uei³¹³ kuo²⁴ ʂʅ²⁴]

是一个医生，[ʂʅ³¹³ i⁵³ kɤ³¹ i²⁴ ʂən²⁴]

这个医生也有一个好口才。[tʂɤ³¹ kɤ³¹ i²⁴ ʂən²⁴ ie³³ iəu³³ i²⁴ kɤ³¹ xau³³ kʰəu²⁴ tsʰai⁵³]

当时有一家老了人，[taŋ²⁴ ʂʅ³³ iəu³³ i⁵³ tɕia²⁴ nau³³ niau⁰ zən⁵³] 老：死的婉称

这两个人这两位歌师，[tʂɤ³¹³ niaŋ³³ kɤ³¹ zən⁵³ tʂɤ³¹³ niaŋ³³ uei³¹ kuo²⁴ ʂʅ²⁴]

不期遇到一起，[pu⁵³ tɕʰi²⁴ y³¹ tau³¹ i²⁴ tɕʰi³³]

首先是这个富得流油的歌师，[ʂəu³³ ɕyan²⁴ ʂʅ³¹ tʂɤ³¹ kɤ³¹ fu³¹ tɤ⁰ niəu⁵³ iəu⁵³ ti⁰ kuo²⁴ ʂʅ²⁴]

撩到这个做医生的歌师唱。[niau⁵³ tau⁰ tʂɤ³¹ kɤ⁰ tʂuo³¹ i²⁴ ʂən²⁴ ti⁰ kuo²⁴ ʂʅ²⁴ tsʰaŋ³¹³

他们唱我们这里山伯访友的时候，［tʰa²⁴mən⁵³tʂhaŋ³¹uo³³mən⁵³tʂɤ³¹ni³³san²⁴pɛ⁵³faŋ³³iəu³³ti⁰ʂɻ⁵³xəu³¹³］

正唱到呃，［tʂən³¹tʂhaŋ³¹tau⁰ɤ⁰］

"自从那日嗯进家门啦，［tsɻ³¹tʂhuəŋ⁵³na³¹ɚ⁵³ən³¹tɕin³¹tɕia²⁴mən⁵³na⁰］

你发嗯饭不茶不思饭不吞，［ni³³fa²⁴ən⁰fan³¹pu⁵³tʂha⁵³pu⁵³sɻ²⁴fan⁵³pu⁵³tʰən²⁴］

嗯嗯好像得的是相思病啊，［ən³¹ən³¹xau³³tɕhiaŋ³¹tɛ⁵³ti⁰ʂɻ³¹ɕiaŋ²⁴sɻ²⁴pin³¹a⁰］

恐怕小命活不成。"［kʰuaŋ³³pʰa³¹ɕiau³³min³¹xuo⁵³pu⁵³tʂhən⁵³］

医生唱到这儿的时候，［i²⁴ʂən²⁴tʂhaŋ³¹tau⁰tʂɚ³¹ti⁰ʂɻ⁵³xəu⁰］

这个致富的歌师就会接个下句子，［tʂɤ³¹kɤ³¹tʂɻ³¹fu³¹ti⁰kuo²⁴sɻ²⁴tɕiəu³¹xuei³¹tɕiɛ⁵³kɤ⁰ɕia³¹tɕy³¹tsɻ⁰］

说"当时要有路医生"，［ʂuo²⁴taŋ²⁴ʂɻ⁵³iau³¹iəu³³nəu³¹i²⁴ʂən²⁴］

这个医做医生的歌师姓路，［tʂɤ³¹kɤ³¹i²⁴tsuo³¹i²⁴ʂən²⁴ti⁰kuo²⁴sɻ²⁴ɕin³¹nəu³¹］

"保证百病消除保康宁"，［pau³³tʂən³¹pɛ⁵³pin³¹ɕiau²⁴tʂhu⁵³pau³³kʰaŋ²⁴nin⁵³］

接了这们个下句子，［tɕiɛ⁵³na⁰tʂɤ³¹mən⁰kɤ³¹ɕia³¹tɕy³¹tsɻ⁰］

这个做医生的这个歌师，［tʂɤ³¹kɤ³¹tsuo³¹i²⁴ʂən²⁴ti⁰tʂɤ³¹kɤ³¹kuo²⁴sɻ²⁴］

就记在心里。［təu³¹tɕi³¹tsai³¹ɕin²⁴ni³³］

等这个豪富的歌师把一首歌唱毕以后，［tən³³tʂɤ³¹kɤ³¹xau⁵³fu³¹ti⁰kuo²⁴sɻ²⁴pa³³i⁵³ʂəu³³kuo²⁴tʂhaŋ³¹pi³¹i³³xəu³¹³］

他就还他的嘴，［tʰa²⁴tɕiəu³¹xuan⁵³tʰa²⁴ti⁰tsuei³³］

来了一首，［nai⁵³na⁰i⁵³ʂəu³³］

可以在我们这里说是千古绝唱的一首歌，［kʰuo³³i³³tsai³¹uo³³mən⁵³tʂɤ³¹ni³³ʂuo²⁴sɻ³¹tɕhian²⁴ku³¹tɕyɛ⁵³tʂhaŋ³¹ti⁰i²⁴ʂəu³³kuo²⁴］

总结了这个生活不太检点的，［tsuaŋ³³tɕiɛ⁵³na⁰tʂɤ³¹kɤ³¹ʂən²⁴xuo⁵³pu⁵³tʰai³¹tɕian³³tian³³ti⁰］

豪富歌师的一生的所作所为。［xau⁵³fu³¹kuo²⁴sɻ²⁴ti⁰i⁵³ʂən²⁴ti⁰ʂuo³³tsuo³¹ʂuo³³uei⁵³］

他说："歌师在唱我在想啊，［tʰa²⁴ʂuo²⁴：kuo²⁴sɻ²⁴tsai³¹tʂhaŋ³¹uo³³tsai³¹ɕiaŋ³³a⁰］

嗯想起你有个好屋场，［ən³¹ɕiaŋ³³tɕhi³³ni³³iəu³³kɤ³¹xau³³u²⁴tʂhaŋ³³］

住在公路的拐拐儿上。"［tʂu³¹³tsai³¹kuaŋ²⁴nəu³¹ti⁰kuai³³kuər⁵³ʂaŋ³¹］

他从高山搬下平原来的时候，［tʰa²⁴tʂhuəŋ⁵³kau²⁴ʂan³¹pan⁵³ɕia⁰pʰin⁵³yan⁵³nai⁵³ti⁰ʂɻ⁵³xəu³¹］

正好把房屋买在，［tʂən³¹xau³³pa³³faŋ⁵³u²⁴mai³³tsai³¹］

一个公路转弯的地方，［i⁵³kɤ³¹kuaŋ²⁴nəu³¹tsuan³³uan²⁴ti⁰ti³¹faŋ²⁴］

所以叫公路拐拐儿上。[ʂuo³³ i³³ tɕiau³¹ kuəŋ²⁴ nəu³¹ kuai³³ kuər³³ ʂaŋ³¹³]

接着唱："大门前头办猪场，[tɕiɛ²⁴ tʂuo⁰ tʂʰaŋ³¹：ta³¹ mən⁵³ tɕʰian⁵³ tʰəu⁰ pan³¹ tʂu²⁴ tʂʰaŋ³³]

山尖上挖的是鱼塘，[ʂan²⁴ tɕian²⁴ ʂaŋ³¹ ua²⁴ ti⁰ ʂʅ³¹ y⁵³ tʰaŋ⁵³]

长白山的脚猪种，[tʂaŋ⁵³ pɛ⁵³ ʂan²⁴ ti⁰ tɕiau⁵³ tʂu²⁴ tʂuəŋ³³]

巴克夏的母猪秧。[pa²⁴ kʰɤ⁵³ ɕia³¹ ti⁰ mu³³ tʂu²⁴ iaŋ²⁴] 巴克夏：Berkshire 的音译，巴克夏猪是引进的国外猪种

檐沟的竖的香菌棒，[ian⁵³ kəu²⁴ ti⁰ ʂu³¹ ti⁰ ɕiaŋ²⁴ tɕyn⁵³ paŋ³¹]

堂屋的码的是板方。"[tʰaŋ⁵³ u²⁴ ti⁰ ma³³ ti⁰ ʂʅ³¹ pan³³ faŋ²⁴] 堂屋：正屋。码：堆叠；叠起

因为他要贩木材，[in²⁴ uei⁵³ tʰa²⁴ iau³¹ fan³¹ mu⁵³ tʂʰai⁵³]

堂屋的码了很多板方木材，[tʰaŋ⁵³ u²⁴ ti⁰ ma³³ na⁰ xən³³ tuo²⁴ pan³³ faŋ²⁴ mu⁵³ tʂʰai⁵³]

"一鱼一月要下好多窝，[i²⁴ y⁵³ i²⁴ yɛ⁵³ iau³¹ ɕia³¹ xau³³ tuo²⁴ uo²⁴]

个个长得肥又壮。[kuo³¹ kuo³¹ tʂaŋ³³ tɛ⁰ fei⁵³ iəu³¹ tʂuaŋ³¹³]

猪娃儿出来了上市场，[tʂu²⁴ uər⁵³ tʂʰu⁵³ nai⁵³ na⁰ ʂaŋ³¹ ʂʅ³¹ tʂʰaŋ³³]

香菌木耳下宜昌，[ɕiaŋ²⁴ tɕyn⁵³ mu⁵³ ɚ³³ ɕia³¹ i⁵³ tʂʰaŋ²⁴]

拖起板方去南阳，[tʰuo²⁴ tɕʰi⁵³ pan³³ faŋ²⁴ kʰɯ³¹ nan⁵³ iaŋ⁵³]

票子一卖几大掌，一捆一捆的成银行。[pʰiau³¹ tʂʅ⁰ i²⁴ mai³³ tɕi³³ ta³¹ tʂaŋ²⁴，i²⁴ kʰuən³³ i²⁴ kʰuən³³ ti⁰ tʂʰən⁵³ in⁵³ xaŋ⁵³]

剩下的银钱你统身上，[ʂən³¹ ɕia³¹ ti⁰ in⁵³ tɕʰian⁵³ ni³³ tʰuəŋ³³ ʂən²⁴ ʂaŋ⁰] 统：装

大街小巷到处逛。[ta³¹ kai²⁴ ɕiau³³ ɕiaŋ³¹ tau³¹ tʂʰu³¹ kuaŋ³¹³]

下象棋打麻将，[ɕia³¹ ɕiaŋ³¹ tɕʰi⁵³ ta³³ ma⁵³ tɕiaŋ³¹³]

有时候还进下儿婊子巷，[iəu³³ ʂʅ⁵³ xəu³¹ xai⁵³ tɕin³¹ xər³¹ piau³³ tʂʅ⁰ xaŋ³¹³]

身上的银钱你花光，[ʂən²⁴ ʂaŋ³¹ ti⁰ in⁵³ tɕʰian⁵³ ni³³ xua²⁴ kuaŋ²⁴]

回来跟媳妇子结不到账，[xuei⁵³ nai⁵³ kən²⁴ ɕi⁵³ fu³¹ tʂʅ⁰ tɕiɛ⁵³ pu⁰ tau³¹ tʂaŋ³¹³]

劈脸给你几巴掌，后脑壳乓在床芯子上。[pʰi²⁴ nian³³ kɯ³³ ni³³ tɕi³³ pa²⁴ tʂaŋ³³，xəu³¹³ nau³³ kuo²⁴ pʰaŋ²⁴ tʂai³¹ tʂʰuaŋ³³ ɕin³¹ tʂʅ⁰ ʂaŋ³¹³]

歌师你今还想讲光讲，[kuo²⁴ ʂʅ²⁴ ni³³ tɕin²⁴ xai⁵³ ɕiaŋ³³ tɕiaŋ³³ kuaŋ²⁴ tɕiaŋ³³]

家丑从不往外扬。"[tɕia²⁴ tʂʰəu³³ tʂʰuəŋ⁵³ pu⁵³ uaŋ³³ uai³¹ iaŋ⁵³]

意译：我还给大家讲一个打嘴仗的故事，打嘴仗实质上是我们这里的歌师相互攀比的一种手法。

曾记得有这样两位歌师，一个歌师是改革开饭以后发家致富的能手，他从高山搬到低山，买了大集体一个圈，被集体做过猪场的一个场所。大门前面，是一片集体办过猪场的厂址，房屋的山尖上，是集体开过鱼塘的一个地方。他靠贩卖

木材，赚了很多钱，可是赚有钱以后，生活就有一点儿不太检点。还有一位歌师，是一个医生，也有好口才。

当时有一家死了人，这两位歌师，不期遇到一起，首先是富得流油的歌师，撩到当医生的歌师唱。他们唱我们这里山伯访友的时候，正唱到"自从那日进家门，你茶不思饭不吞，好像得的是相思病，恐怕小命活不成。"医生唱到这儿的时候，这个致富的歌师就会接下一句，说"当时要有路医生"，这个当医生的歌师姓路，"保证百病消除保康宁"，接了这个下一句，当医生的歌师就记在心里。

等这个豪富的歌师把一首歌唱毕以后，他就还他的嘴，来了一首在我们这里可以说是千古绝唱的一首歌，总结了这个生活不太检点的豪富歌师的一生所作所为。他说："歌师在唱我在想啊，想起你有个好屋场，住在公路的拐角儿上。"他从高山搬下平原来的时候，正好把房屋买在一个公路转弯的地方，所以叫公路拐角儿上。接着唱："大门前面办猪场，山尖上挖的是鱼塘，长白山的脚猪种，巴克夏的母猪秧。檐沟的竖的香菌棒，正屋的堆的是板方。"因为他要贩木材，正屋的堆了很多板方木材，"一月要下好多窝，个个长得肥又壮。猪娃儿出来了上市场，香菌木耳下宜昌，拖起板方去南阳，票子一卖几大掌，一捆一捆的成银行。剩下的银钱你装身上，大街小巷到处逛。下象棋打麻将，有时候还进一下儿婊子巷，身上的银钱你花光，回来跟媳妇子结不了账，劈脸给你几巴掌，后脑勺碰在床芯子上。歌师你今还想讲光讲，家丑从不往外扬。"

四 自选条目

0031 自选条目

我给你们说几个谜语，[uo³³ kuɯ²⁴ ni³³ mən⁰ ʂuo⁵³ tɕi³³ kɤ⁰ mi⁵³ y³³]

谜语在我们神农架叫打谜子，也叫哑谜子。[mi⁵³ y³³ tsai³¹ uo³³ mən⁰ ʂən⁵³ nəŋ⁵³ tɕia³¹ tɕiau³¹ ta³³ mei³¹ tʂʅ⁰, ie³³ tɕiau³¹ ia³³ mei³¹ tʂʅ⁰]

比如：[pi³³ zu⁰]

上坡点点头，[ʂaŋ³¹ pʰo²⁴ tian³³ tian³³ tʰəu⁵³]

下坡滑石溜，[ɕia³¹ pʰo²⁴ xua⁵³ ʂʅ²⁴ iəu⁵³]

走路不要伴，洗脸不梳头。[tsəu³³ nəu³¹ pu⁵³ iau³¹ pan³¹, ɕi³³ nian³³ pu⁵³ ʂu²⁴ tʰəu⁵³]

打四种动物。[ta³³ ʂʅ³¹ tsuaŋ³³ tuəŋ³¹ u⁰]

马；长虫；老巴子；猫。[ma³³; tsʰaŋ⁵³ tsʰuəŋ⁰; nau³³ pa⁰ tsʅ⁰; mau²⁴]

意译：上坡点点头，下坡滑石溜，走路不要伴，洗脸不梳头。打四种动物。马；蛇；老虎；猫。

0032 自选条目

远看一座黄鹤楼，[yan³³ kʰan³¹ i⁵³ tʂuo³¹ xuaŋ⁵³ xuo²⁴ nəu⁵³]

近看狮子滚绣球，[tɕin³¹ kʰan³¹ ʂʅ²² tsʅ⁰ kuən³³ ɕiəu³¹ tɕʰiəu⁵³]

木头用了千千万，没用锯子和斧头。[mu⁵³ tʰəu⁰ yəŋ³¹ niau⁰ tɕʰian²⁴ tɕʰian⁰ uan³¹, mei²⁴ yəŋ³¹ tɕy³¹ tsʅ⁰ xuo²⁴ fu³³ tʰəu⁵³]

打一物。[ta³³ i⁵³ u⁵³]

是鸦鹊子窝。[ʂʅ³¹ ia²² tɕʰyo⁵³ tsʅ⁰ uo²⁴] 鸦鹊子：喜鹊

意译：远看一座黄鹤楼，近看狮子滚绣球，木头用了千千万，没用锯子和斧头。打一物。是喜鹊窝。

0033 自选条目

远看像匹马，[yan³³ kʰan³¹ tɕʰiaŋ³¹ pʰi³³ ma³³]

近看无尾巴，[tɕin³¹³ kʰan³¹ u²⁴ i³³ pa⁰]

肚子的呼呼响，[tu³³ tsʅ⁰ ti⁰ xu²⁴ xu⁰ ɕiaŋ³³]

嘴的吐黄沙。[tsuei³³ ti⁰ tʰu³³ xuaŋ⁵³ ʂa²⁴]

打一劳动工具。[ta³³ i⁵³ nau⁵³ tuəŋ³¹ kuəŋ²⁴ tɕy⁰]

风斗。[fəŋ²² təu³³]

意译：远看像匹马，近看无尾巴，肚子里呼呼响，嘴里吐黄沙。打一劳动工具。风车。

0034 自选条目

远看是栏人，[yan³³ kʰan³¹ ʂʅ³¹ nan⁵³ zən⁵³]

近看还是栏人，[tɕin³¹³ kʰan³¹ xai⁵³ ʂʅ³¹ nan⁵³ zən⁵³]

不是女人的男人，[pu⁵³ ʂʅ³¹ ny³³ zən⁰ ti⁰ nan⁵³ zən⁵³]

是拦人的栏人。[ʂʅ³¹ nan⁵³ zən⁵³ ti⁰ nan⁵³ zən⁵³]

打一物质。[ta³³ i⁵³ u⁵³ tsʅ⁰]

栅栏子。[tʂa³¹ nan⁰ tsʅ⁰]

意译：远看是栏人，近看还是栏人，不是女人的男人，是拦人的栏人。打一物质。栅栏。

0035 自选条目

半边有毛半边光，[pan³¹ pian²⁴ iəu³³ mau⁵³ pan³¹ pian²⁴ kuaŋ²⁴]

半边腥臭半边香，［pan³¹ pian²⁴ ɕin²⁴ tʂʰəu³¹ pan³¹ pian²⁴ ɕiaŋ²⁴］
半边下水难活命，［pan³¹ pian²⁴ ɕia³¹ ʂuei³³ nan⁵³ xuo⁵³ min³¹³］
半边离水命会亡。［pan³¹ pian²⁴ ni⁵³ ʂuei³³ min³¹ xuei³¹ uaŋ⁵³］
猜一字。［tʂʰai²⁴ i⁵³ tʂʅ³¹³］
新鲜的"鲜"。［ɕin²⁴ ɕyan²⁴ ti⁰ ɕyan²⁴］

意译：半边有毛半边光，半边腥臭半边香，半边下水难活命，半边离水命会亡。猜一字。新鲜的"鲜"。

随 州 市

随 州

一 歌谣

0001 歌谣

背驮驮，换酒喝，［pei⁴⁴tʰo⁴²tʰo⁰，xuan²⁴tɕiəu³⁵³xɔ⁴²］

酒冷了，我不喝，［tɕiəu³⁵³nən³⁵³niau⁰，o³⁵³pu⁴²xo⁴⁴］

还是要我这儿个小驮驮。［xai⁴²ʂɿ²¹³iau³⁵³o³⁵³tɕiər²⁴kə⁰ɕiau³⁵³tʰo⁴²tʰo⁰］小驮驮：喻指小宝贝

意译：背着驮着（小宝贝）换酒喝，酒冷了，我不喝了，还是要我这个小宝贝。

0002 歌谣

小哈巴，吹喇叭，［ɕiau³⁵³xɔ³⁵³pɔ⁰，tʂʰuei⁴⁴nɔ³⁵³pɔ⁰］小哈巴：喻指小宝贝

吹不响，怪啥个，［tʂʰuei⁴⁴pu⁴²ɕiaŋ²¹³，kuai²¹³ʂa⁴²kə⁰］啥个：哪个

还是怪我这儿个小哈巴。［xai⁴²ʂɿ²¹³kuai²¹³o³⁵³tɕiər²¹³kə⁰ɕiau³⁵³xɔ³⁵³pɔ⁰］

意译：小宝贝吹喇叭，吹不响，怪哪个，还是怪我这个小宝贝。

0003 歌谣

丁丁脚，麻麻脚，［tin⁴⁴tin⁰tɕio⁴²，mɔ⁴²mɔ⁰tɕio⁴²］丁丁脚：小小脚。麻麻脚：小小脚

踩高跷，端布篓儿；［tsʰai³⁵³kau⁴⁴tɕʰiau⁴⁴，tan⁴⁴pu²¹³nəur⁰］布篓：用棉布做成的盛东西的器具

布篓儿白，布篓儿黑；［pu²¹³nəur⁰pa⁴²，pu²¹³nəur⁰xa⁴⁴］

布篓儿里头种荞麦，［pu²¹³nəur⁰ni³⁵³tʰəu⁰tʂoŋ²¹³tɕʰiau⁴²ma²¹³］

荞麦开花儿紫红色。［tɕʰiau⁴²ma²¹³kʰai⁴⁴xuar⁴⁴tsɿ³⁵³xoŋ⁴²sa²¹³］

意译：小小的脚，踩着高跷，手里端着布篓子；布篓有白色的，也有黑色的；布篓里头种上了荞麦，荞麦开出紫红色的花。

0004 歌谣

天上下雨地下流，[tʰian⁴⁴ ʂaŋ⁰ ɕiɔ²⁴ y³⁵³ ti²⁴ ɕiɔ²¹³ niəu⁴²]

小两口打架不记仇；[ɕiau³⁵ niaŋ³⁵ kʰəur³⁵³ tɔ³⁵ tɕiɔ²¹³ pu⁴² tɕi²⁴ tʂʰəu⁴²]

日里打得哇哇叫，[zɿ²¹³ ni⁰ tɔ³⁵³ tiʔ uɔ⁴⁴ uɔ⁰ tɕiau²¹³] 日里：白天

到了晚上共枕头。[tau²¹³ niau⁰ uan³⁵³ ʂaŋ⁰ koŋ²¹³ tʂən³⁵³ tʰəu⁰]

意译：天上下雨往地下流，小两口打架不记仇；白天打得哇哇叫，到了晚上同床共眠，和好如初。

0005 歌谣

摆摆手儿，家家里去；[pai³⁵ pai³⁵ ʂəur³⁵³, kɔ⁴⁴ kɔ⁰ ni⁰ tɕʰi²¹³] 家家：外婆

家家杀个老母鸡，[kɔ⁴⁴ kɔ⁰ ʂa⁴² kəʔ nau³⁵ mu³⁵ tɕi⁴⁴]

外外吃了滚回去。[uai²¹³ uai⁰ tɕʰiʔ niau⁰ kuən³⁵³ xuei⁴² tɕʰi²¹³] 外外：外孙

意译：摆摆手走啊走，走到外婆家里去；外婆杀了一只母鸡，外孙吃完滚回家里去。

0006 歌谣

秃子爹，秃子娘，[tʰəu⁴⁴ tsɿ⁰ tiʔ⁴⁴, tʰəu⁴⁴ tsɿ⁰ niaŋ⁴²] 秃子：秃顶、光头。爹：爸爸。娘：妈妈

秃子引了个秃姑娘，[tʰəu⁴⁴ tsɿ⁰ in³⁵³ niau⁰ kəʔ²¹³ tʰəu⁴⁴ ku⁴⁴ niaŋ⁴²]

姑娘说了个秃新郎。[ku⁴⁴ niaŋ⁴² ʂɥa⁴² niau⁰ kəʔ²¹³ tʰəu⁴⁴ ɕin⁴⁴ naŋ⁴²]

一个秃子来做媒，[i⁴² kəʔ²¹³ tʰəu⁴⁴ tsɿ⁰ nai⁴² tsəu²⁴ mei⁴²]

两个秃子来抬轿，[niaŋ³⁵ kəʔ²¹³ tʰəu⁴⁴ tsɿ⁰ nai⁴² tʰai⁴² tɕiau²¹³]

四个秃子来抬柜，[sɿ²⁴ kəʔ²¹³ tʰəu⁴⁴ tsɿ⁰ nai⁴² tʰai⁴² kuei²¹³]

八个秃子来抬箱。[pɔ⁴² kəʔ²¹³ tʰəu⁴⁴ tsɿ⁰ nai⁴² tʰai⁴² ɕiaŋ⁴⁴]

一个秃子攀墙望，[i⁴² kəʔ²¹³ tʰəu⁴⁴ tsɿ⁰ pʰan⁴⁴ tɕʰiaŋ⁴² uaŋ²¹³] 攀墙望：爬墙观望

一屋的秃子泛豪光。[i⁴² vu⁴⁴ tiʔ tʰəu⁴⁴ tsɿ⁰ fan²¹³ xau⁴² kuaŋ⁴⁴] 泛豪光：泛光发亮

意译：光头爸爸和光头妈妈养了一个光头女儿，找人给光头女儿说了一个光头新郎。一个光头媒人来做媒，两个光头来抬轿子，四个光头来抬柜子，八个光头来抬箱子。有一个光头爬到院墙上观望，全屋的光头头顶泛光发亮。

0007 歌谣

龙生龙，凤生凤，［noŋ⁴² sən⁴⁴ noŋ⁴²，foŋ²¹³ sən⁴⁴ foŋ²¹³］

老鼠的儿子会打洞。［nau³⁵ ʂʅ³⁵³ ti⁰ ar⁴² tsʅ⁰ xuei²¹³ tɔ³⁵ toŋ²¹³］

意译：龙生龙，凤生凤，老鼠生的儿子会打洞。

0008 歌谣

天皇皇，地皇皇，［tʰian⁴⁴ xuaŋ⁴² xuaŋ⁰，ti²¹³ xuaŋ⁴² xuaŋ⁰］

我家有个吵夜郎。［o³⁵³ tɕiɔ⁴⁴ iəu³⁵³ kə⁰ tʂʰau³⁵ i²⁴ naŋ⁴²］吵夜郎：吵夜的孩子

过路君子念一遍儿，［ko²⁴ nəu²¹³ tɕyn⁴⁴ tsʅ⁰ nian²¹³ i⁴² piɐr²¹³］

一觉睡到大天亮。［i⁴² tɕiau²¹³ ʂuei²¹³ tau⁰ tɔ²¹³ tʰian⁴⁴ niaŋ²¹³］

意译：天皇皇，地皇皇，我家有个吵夜的孩子。跟过路的人说一遍，一觉睡到大天亮。

0009 歌谣

杨树根儿，柳树根儿，［iaŋ⁴² ʂʅ²¹³ kər⁴⁴，niəu³⁵ ʂʅ²¹³ kər⁴⁴］

我是家家的亲外孙儿。［o³⁵³ ʂʅ²¹³ kɔ⁴⁴ kə⁰ ti⁰ tɕʰin⁴⁴ uai²⁴ sər⁴⁴］家家：外婆

家家留我吃早饭，［kɔ⁴⁴ kə⁰ niəu⁴² o³⁵³ tɕʰi⁴² tsau³⁵ fan²¹³］

我怕舅妈不喜欢。［o³⁵³ pʰɔ²¹³ tɕiəu²⁴ mɔ⁴⁴ pu⁰ ɕi³⁵³ xuan⁰］

舅舅撵到鸡子杀，［tɕiəu²¹³ tɕiəu⁰ nian³⁵³ tau⁰ tɕi⁴⁴ tsʅ⁰ ʂɔ⁴²］撵到：追到、抓到

舅妈的眼睛连眨地眨；［tɕiəu²⁴ mɔ⁴⁴ ti⁰ ian³⁵³ tɕin⁰ nian⁴² tʂɔ⁴² ti⁰ tʂɔ⁴²］

舅舅的鸡子煮熟了，［tɕiəu²¹³ tɕiəu⁰ ti⁰ tɕi⁴⁴ tsʅ⁰ tʂʅ³⁵³ ʂəu⁴² niau⁰］

舅妈的眼睛瞅绿了。［tɕiəu²⁴ mɔ⁴⁴ ti⁰ ian³⁵³ tɕin⁰ tʂʰəu⁴⁴ nəu⁴² niau⁰］瞅绿：瞪绿

意译：杨树根儿，柳树根儿，我是外婆的亲外孙儿。外婆留我吃早饭，我怕舅妈不高兴。舅舅跑着去杀鸡，舅妈的眼睛使劲地眨；舅舅的鸡子煮熟了，舅妈的眼睛瞪绿了。

0010 歌谣

推个磨，㧐个磨；［tʰei⁴⁴ kə⁰ mo⁴²，soŋ³⁵³ kə⁰ mo⁴²］㧐：动词，用肩膀向上推

磨的面，白不过；［mo⁴² ti⁰ mian²¹³，pa⁴² pu⁰ ko²¹³］

做的馍馍泡不过。［tsəu²¹³ ti⁰ mo⁴² mo⁰ pʰau²¹³ pu⁰ ko²¹³］馍馍：馒头。泡：形容松软，像用水泡过一样

幺幺吃了十二个，［iao⁴⁴ iao⁰ tɕʰi⁴² niau⁰ ʂʅ⁴² ar²¹³ ko²¹³］幺幺：小姑

半夜起来摸茶喝。[pan²⁴i²¹³ tɕʰi³⁵³ nai⁰ mo⁴⁴ tʂʰɔ⁴² xo⁴²] 摸茶喝：找水喝

桌子角儿，椅子角儿，[tʂo⁴² tsɿ⁰ kor⁴²，i³⁵³ tsɿ⁰ kor⁴²]

搒了幺妈的后脑勺儿，[pʰaŋ³⁵³ niau⁰ iao⁴⁴ mɔ⁴⁴ ti⁰ xəu²⁴ nau³⁵ ʂor⁴²] 搒：触、碰。幺妈：小姑

惹得幺幺恼不过。[zʯa³⁵³ ti⁰ iao⁴⁴ iao⁰ nau³⁵³ pu⁰ ko²¹³] 恼不过：气不过

意译：推磨磨，推磨磨；磨的面非常白，做的馒头很松软。小姑一连吃了十二个，半夜起来找水喝。桌子角，椅子角，碰疼了小姑的后脑壳，惹得小姑气不过。

0011 歌谣

马屎菜，开白花儿，[mɔ³⁵ sɿ³⁵ tsʰai²¹³，kʰai⁴⁴ pa⁴² xuɚ⁴⁴] 马屎菜：马齿苋

婆子死了我当家。[pʰo⁴² tsɿ⁰ sɿ³⁵³ niau⁰ o³⁵³ taŋ⁴⁴ tɕia⁴⁴] 婆子：婆婆（丈夫的母亲）

掉下来的菜，我吃了它；[tiau²¹³ ɕia²⁴ nai⁴² ti⁰ tsʰai²¹³，o³⁵³ tɕʰi⁴² niau⁰ tʰɔ⁴⁴]

掉的汤，我喝了它；[tiau²¹³ ti⁰ tʰaŋ⁴⁴，o³⁵³ xo⁴² niau⁰ tʰɔ⁴⁴]

啥个说我，我嘴他。[ʂa⁴⁴ kə²¹³ ʂʯa⁴² o³⁵³，o³⁵³ tsuei⁴⁴ tʰɔ⁴⁴] 嘴：动词，骂

意译：马齿苋开白花，婆婆死了我当家。掉下来的菜，我吃了它；掉下来的汤，我喝了它；谁个说我，我骂他。

0012 歌谣

新老大，旧老二，[ɕin⁴⁴ nau³⁵ tɔ²¹³，tɕiəu²¹³ nau³⁵ ar²¹³]

补老三，联⁼老四。[pu³⁵³ nau³⁵ san⁴⁴，nian⁴² nau³⁵ sɿ²¹³] 联⁼：联着，接着

意译：老大穿新衣裳，老二穿老大的旧衣裳，老三穿老二补过的衣裳，老四接着再穿老三的旧衣裳。

0013 歌谣

大脚婆，下浪河，[tɔ²¹³ tɕio⁴² pʰo⁴²，ɕio²¹³ naŋ⁴² xo⁴²] 浪河：当地乡镇地名

浪河边下乌龟多，[naŋ⁴² xo⁴² pian⁴⁴ ɕio⁰ vu⁴⁴ kuei⁴⁴ to⁴⁴]

茛⁼了大脚的鸡眼壳。[kən³⁵³ niau⁰ tɔ²⁴ tɕio⁴² ti⁰ tɕi⁴⁴ ian³⁵ kʰo⁴²] 茛⁼：崴

走路的，你让开，[tsəu³⁵ nəu²¹³ ti⁰，ni³⁵³ zʯaŋ²⁴ kʰai⁴⁴]

招呼我的鸡眼儿歪了你的腮。[tsau⁴⁴ xu⁰ o³⁵³ ti⁰ tɕi⁴⁴ iɚ³⁵ uai⁴⁴ niau⁰ ni³⁵³ ti⁰ sai⁴⁴] 招呼：小心、当心

意译：大脚婆婆下浪河，浪河边的乌龟很多，崴了大脚婆婆的鸡眼。旁边走路的人，请你让开，小心我的鸡眼弄歪了你的腮。

0014 歌谣

柴米油盐酱醋茶，［tsʰai⁴² mi³⁵³ iəu⁴² ian⁴² tɕiaŋ²¹³ tsʰəu²¹³ tṣʰɔ⁴²］

是是非非你我他。［ʂɿ²¹³ ʂɿ⁰ fei⁴⁴ fei⁰ ni²¹³ o³⁵³ tʰo⁴⁴］

喜怒哀乐平常事儿，［ɕi³⁵³ nəu²¹³ ŋai⁴⁴ nɔ⁴² pʰin⁴² tṣʰaŋ⁴² sər²¹³］

好歹我们是一家。［xau³⁵ tan³⁵³ o³⁵³ mən⁰ ʂɿ²¹³ i⁴² tɕiɔ⁴⁴］

意译：柴米油盐酱醋茶，是是非非你我他。喜怒哀乐是平常事，好歹我们都是一家人。

0015 歌谣

三间瓦房一笼鸡，［san⁴⁴ tɕian⁴⁴ uɔ³⁵ faŋ⁴² i⁴² noŋ⁴² tɕi⁴⁴］

房前屋后自留地。［faŋ⁴² tɕʰian⁴² vu⁴² xəu²¹³ tsɿ²⁴ niəu⁴² ti²¹³］

媳妇儿娃子在一起，［ɕi⁴² fuər⁰ uɔ⁴² tsɿ⁰ tsai²¹³ i⁴² tɕʰi³⁵³］

管它集体不集体。［kuan³⁵³ tʰɔ⁴⁴ tɕi⁴² tʰi³⁵³ pu²¹³ tɕi⁴² tʰi³⁵³］

意译：家有三间瓦房和一笼鸡，房前屋后种有自留地。老婆孩子和我们在一起，管它集体不集体。

0016 歌谣

今朝喝酒，［tɕin⁴⁴ tṣo⁰ xo⁴⁴ tɕiəu³⁵³］

是往日有义；［ʂɿ²¹³ uaŋ³⁵ ʐɿ⁴² iəu³⁵³ i²¹³］

今朝讲口，［tɕin⁴⁴ tṣo⁰ tɕiaŋ³⁵ kʰəu³⁵³］ 讲口：吵架

是往日有气。［ʂɿ²¹³ uaŋ³⁵ ʐɿ⁴² iəu³⁵³ tɕʰi²¹³］

意译：今天喝酒，是往日有情义；今天吵架，是往日有怨气。

0017 歌谣

猪含柴，狗着火，［tʂu⁴⁴ xan⁴² tṣʰai⁴²，kəu³⁵³ tṣo⁴² xo³⁵³］ 含柴：拾柴。着火：生火

猫子盛饭笑死我；［mau⁴⁴ tsɿ⁰ tṣʰən⁴² fan²¹³ ɕiau²¹³ sɿ³⁵³ o³⁵³］

牛坐席，马陪客，［niəu⁴² tso²¹³ ɕi⁴²，mɔ³⁵³ pʰei⁴² kʰa⁴²］

驴子端菜跑不彻。［ny⁴² tsɿ⁰ tan⁴⁴ tsʰai²¹³ pʰau³⁵ pu²⁴ tṣʰa⁴²］ 跑不彻：跑个不停

意译：猪去拾柴，狗去生火，猫去盛饭，笑死了我；牛去坐席，马去陪客，驴子端菜跑个不停。

0018 歌谣

黄毛丫头，睡到饭熟；［xuaŋ⁴² mau⁴² iɔ⁴⁴ tʰəu⁰，ʂuei²¹³ tau⁰ fan²⁴ ʂəu⁴²］ 黄毛丫头：小

姑娘

听到碗一响，[tʰin⁴⁴ tau⁰ uan³⁵³ i⁴² ɕiaŋ³⁵³]

跑起来屁溜。[pʰau³⁵ tɕʰi³⁵³ nai⁰ pʰi²⁴ niəu⁴⁴]

意译：小姑娘一觉睡到中饭做熟；听到饭碗一响，赶紧跑了过来。

0019 歌谣

老嬷嬷捡瓦碴儿，[nau³⁵ mɔ³⁵³ mɔ⁰ tɕian³⁵³ uɔ³⁵ tʂɚ³⁵³] 老嬷嬷：老奶奶。瓦碴：碎瓦

捡到山上砌房娃。[tɕian³⁵³ tau⁰ ʂan⁴⁴ ʂaŋ⁰ tɕi²¹³ faŋ⁴² uɔ⁰] 房娃：小房子。娃：表小

房娃倒了，[faŋ⁴² uɔ⁰ tau³⁵³ niau⁰]

把老嬷嬷吓跑了。[pɔ³⁵³ nau³⁵ mɔ³⁵³ mɔ⁰ xa⁴² pʰau³⁵³ niau⁰]

意译：老奶奶捡碎瓦，捡到山上砌小屋。小屋倒了，把老奶奶吓跑了。

0020 歌谣

白鹤子望大水，[pa⁴² uɔ⁴² tsɿ⁰ uaŋ²¹³ tɔ²⁴ ʂuei³⁵³] 大水：喻指水量大

哥哥接妹妹。[ko⁴⁴ ko⁰ tɕi⁴² mei²¹³ mei⁰]

接回来搞么什？[tɕi⁴² xuei⁴² nai⁰ kau³⁵³ mo³⁵³ sɿ⁰?] 么什：什么

接回来挨棒槌。[tɕi⁴² xuei⁴² nai⁰ ŋai⁴⁴ paŋ²⁴ tsʰuei⁴²] 棒槌：棍棒

意译：哥哥盼望接妹妹回家，就像白鹤子盼望大水。接回来做什么？接回来挨棍棒。

二 规定故事

0021 牛郎和织女

古时候有个崽娃子，[ku³⁵³ ʂɿ⁴² xəu⁰ iəu³⁵³ kə⁰ tsai³⁵ uɔ⁴² tsɿ⁰] 崽娃子：小孩子。崽：表小

他的伯伯妈死得早，[tʰɔ⁴⁴ ti⁰ pa⁴² pa⁰ mɔ⁴⁴ sɿ³⁵³ ti⁰ tsau³⁵³] 伯伯妈：爸爸妈妈

找不倒有几造孽，[tʂau³⁵ pu²¹³ tau⁰ iəu³⁵³ tɕi³⁵³ tsau⁴⁴ ni⁴²] 找不倒：不知道。造孽：可怜

也找不倒他叫什么名字，[ie³⁵³ tʂau³⁵ pu²¹³ tau⁰ tʰa⁴⁴ tɕiau²¹³ ʂən⁴² mo⁰ min⁴² tsɿ⁰]

只晓得他靠吃百家施食长大的。[tsɿ⁴² ɕiau³⁵³ ta⁰ tʰɔ⁴⁴ kʰau²¹³ tɕʰi⁴² pa⁴² tɕiɔ⁴⁴ sɿ⁴⁴ sɿ⁴² tʂaŋ³⁵ tɔ²¹³ ti⁰] 晓得：知道。施食：施舍

没得衣裳穿，[mei²¹³ ta⁰ i⁴⁴ ʂaŋ⁰ tsʰuan⁴⁴] 没得：没有

也没得钱用，[ie³⁵³ mei²¹³ ta⁰ tɕʰian⁴² ioŋ²¹³]

屋里也没有什么家具，[vu⁴² ni⁰ ie³⁵³ mei²⁴ iəu³⁵³ ʂən⁴² mo⁰ tɕiɔ⁴⁴ tɕy⁰]

只有仅仅的一头老牛跟他做伴儿，[tsɿ³⁵ iəu³⁵³ tɕin³⁵³ tɕin⁰ ti⁰ i⁴⁴ tʰəu⁴² nau³⁵ niəu⁴² kən⁴⁴tʰɔ⁴⁴tsəu²⁴pɐr²¹³]

塆子的人都叫他牛郎。[uan⁴⁴tsɿ⁰ti⁰zən⁴²tsəu²¹³tɕiau²⁴tʰa⁴⁴niəu⁴²naŋ⁴²] 塆子：村子

牛郎长大了，[niəu⁴²naŋ⁴²tʂaŋ⁴²tɤ²¹³niau⁰]

不再吃百家饭了，[pu⁴²tsai²¹³tɕʰi⁴²pa⁴²tɕiɔ⁴⁴fan²¹³niau⁰]

只能靠老牛帮人家耕田为生，[tʂɿ⁴²nən⁴²kʰau²¹³nau³⁵niəu⁴²paŋ⁴⁴zən⁴²tɕiɔ⁰kən⁴⁴tʰian⁴²uei⁴²sən⁴⁴]

他跟老牛相依而命。[tʰɔ⁴⁴kən⁴⁴nau³⁵niəu⁴²ɕiaŋ⁴⁴i⁴⁴ar⁴²min²¹³]

实际上，[ʂɿ⁴²tɕi⁴²ʂaŋ²¹³]

那个老牛是天上的金牛星转籍。[na⁴²kə⁰nau³⁵niəu⁴²ʂɿ²¹³tʰian⁴⁴ʂaŋ⁰ti⁰tɕin⁴⁴niəu⁴²ɕin⁴⁴tʂuan²¹³tɕi⁴²] 转籍：转世

金牛星看牛郎勤快，[tɕin⁴⁴niəu⁴²ɕin⁴⁴kʰan²¹³niəu⁴²naŋ⁴²tɕʰin⁴²kʰuai⁰]

又逗塆子的人喜欢，[iəu²¹³təu²¹³uan⁴⁴tsɿ⁰ti⁰zən⁴²ɕi³⁵³xuan⁰]

一心想帮他成个家儿。[i⁴²ɕin⁴⁴ɕiaŋ³⁵³paŋ⁴⁴tʰɔ⁴⁴tʂʰən⁴²kə⁰tɕiɔr⁴⁴]

有一天，[iəu³⁵³i⁴²tʰian⁴⁴]

金牛星听说天上的仙姑们，[tɕin⁴⁴niəu⁴²ɕin⁴⁴tʰin⁴⁴ʂʮa⁴²tʰian⁴⁴ʂaŋ⁰ti⁰ɕian⁴⁴ku⁴⁴mən⁰]

要到塆子东头的池塘里去洗澡。[iau²¹⁴tau²¹³uan⁴⁴tsɿ⁰toŋ⁴⁴tʰəu⁰ti⁰tʂʰɿ⁴²tʰaŋ⁴²ni⁰tɕʰy²¹³ɕi³⁵tsau³⁵³] 池塘：水塘

他就托了个梦给牛郎，[tʰɔ⁴⁴tɕiəu²¹³tʰo⁴²niau⁰kə⁰moŋ²¹³tɕi⁴²niəu⁴²naŋ⁴²]

要牛郎第二天早晨，[iau²¹³niəu⁴²naŋ⁴²ti⁴²ar²⁴tʰian⁴⁴tsau³⁵³tʂʰən⁰]

到池塘边上去。[tau²¹³tʂʰɿ⁴²tʰaŋ⁴²pian⁴⁴ʂaŋ⁰tɕʰy²¹³]

你把那个最好的、粉红色的衣服，[ni³⁵³pɔ³⁵³nɔ⁴²kɔ⁰tsei²⁴xau³⁵³ti⁰、fən³⁵xoŋ⁴²sa⁴²ti⁰i⁴⁴fu⁴²]

拿到手。[nɔ⁴²tau⁰ʂəu³⁵³]

莫回头儿，[mo⁴²xuei⁴²tʰəur⁴²] 莫：不要

哇塞往回跑。[uɔ⁴⁴sa⁴²uaŋ³⁵³xuei⁴²pʰau³⁵³] 哇塞：叹词，表惊讶、惊叹

那个寻不倒衣裳的仙女儿，[nɔ⁴²kə⁰ɕin⁴²pu⁰tau⁰i⁴⁴ʂaŋ⁴⁴ti⁰ɕian⁴⁴nyər³⁵³] 寻不倒：找不着

找不倒有几漂亮，[tʂau³⁵pu²¹³tau⁰iəu³⁵³tɕi³⁵³pʰiau²⁴niaŋ²¹³] 找不倒：不知道。几：多么

她就是你的媳妇。[tʰɔ⁴⁴tɕiəu²⁴ʂɿ²¹³ni³⁵³ti⁰ɕi⁴²fu⁰]

牛郎将信将疑地照做了。[niəu⁴²naŋ⁴²tɕiaŋ⁴⁴ɕin²¹³tɕiaŋ⁴⁴i⁴²ti⁰tʂau²⁴tsəu²¹³niau⁰]

仙姑们一洗一高兴，[ɕian⁴⁴ku⁴⁴mən⁰i⁴²ɕi³⁵³i⁴²kau⁴⁴ɕin³⁵³]

一直洗到天色黑儿了才起来。[i⁴²tʂɿ⁴²ɕi³⁵³tau⁰tʰian⁴⁴sa⁴²xar⁴²niau⁰tsʰai⁴²tɕʰi³⁵³ nai⁰]

起来就穿衣裳，[tɕʰi³⁵³ nai⁰ təu⁴⁴ tʂʰuan⁴⁴ i⁴⁴ ʂaŋ⁰]

就是那个嘻嘻哈哈的七仙女儿，[tɕiəu²⁴ ʂɿ²¹³ na⁴² kə²¹³ ɕi⁴⁴ ɕi⁰ xa⁴⁴ xa⁰ ti⁰ tɕʰi⁴² ɕian⁴⁴ nyər³⁵³] 嘻嘻哈哈：笑哈哈

找不倒衣裳，[tʂau³⁵ pu²⁴ tau²¹³ i⁴⁴ ʂaŋ⁰]

很不好意思。[xən³⁵³ pu²⁴ xau³⁵³ i²¹³ ʂɿ⁰]

她晓得是哪个拿了她的衣裳，[tʰɔ⁴⁴ ɕiau³⁵³ ta⁰ ʂɿ²¹³ nɔ²⁴ kə⁰ na⁴² niau⁰ tʰɔ⁴⁴ ti⁰ i⁴⁴ ʂaŋ⁰] 晓得：知道

夜里就敲牛郎的门儿。[i²¹³ ni⁰ tsəu²¹³ tɕʰiau⁴⁴ niəu⁴² naŋ⁴² ti⁰ mər⁴²]

经过谈话，[tɕin⁴⁴ ko⁰ tʰan⁴² xuɔ²¹³] 谈话：交谈、交流

他们两个人就成了夫妻。[tʰɔ⁴⁴ mən⁰ niaŋ³⁵ kə⁰ zən⁴² tɕiəu²¹³ tʂʰən⁴² niau⁰ fu⁴⁴ tɕʰi⁰]

小两口儿过得晓得几舒坦啰！[ɕiau³⁵ niaŋ³⁵ kʰəur³⁵³ ko²¹³ ta⁰ ɕiau³⁵³ ta⁰ tɕi³⁵³ ʂu⁴⁴ tʰan⁰ nɔ⁰] 晓得：知道。舒坦：舒服。

生了一个小崽娃子，[sən⁴⁴ niau⁰ i⁴² kə⁰ ɕiau³⁵³ tsai⁴⁴ uɔ⁴² tsɿ⁰] 小崽娃子：小男孩

还有一个小妮娃子，[xuan⁴² iəu³⁵³ i⁴² kə⁰ ɕiau³⁵³ ni⁴⁴ uɔ⁴² tsɿ⁰] 小妮娃子：小女孩

垮子里的人都眼红他。[uan⁴⁴ tsɿ⁰ ni⁰ ti⁴² zən⁴² təu⁴⁴ ian³⁵ xoŋ⁴² tʰɔ⁴⁴]

这样一晃三年过去了，[tsə²⁴ iaŋ²¹³ i⁴² xuaŋ²¹³ san⁴⁴ nian⁴² ko²⁴ tɕʰy²¹³ niau⁰]

织女下凡的事儿，[tʂɿ⁴² ny³⁵³ ɕiɔ²⁴ fan⁴² ti⁰ sər²¹³]

竟被玉皇大帝晓得了。[tɕin²¹³ pei²¹³ y²⁴ xuaŋ⁴² tɔ²⁴ ti²¹³ ɕiau³⁵ ta⁴² niau⁰] 晓得：知道

玉皇大帝气得不得了，[y²⁴ xuaŋ⁴² tɔ²⁴ ti²¹³ tɕʰi²⁴ ti⁰ pu²¹³ ta⁴² niau⁰] 气得不得了：非常生气

就下了一道御旨，[tɕiəu²¹³ ɕiɔ²¹³ niau⁰ i⁴² tau²¹³ y²⁴ tsɿ³⁵³]

要织女回到天上去。[iau²¹³ tʂɿ⁴² ny³⁵³ xuei⁴² tau⁰ tʰian⁴⁴ ʂaŋ⁰ tɕʰy²¹³]

织女舍不得牛郎，[tʂɿ⁴² ny³⁵³ ʂa³⁵ pu²¹³ ta⁰ niəu⁴² naŋ⁴²]

也舍不得娃子，[ie³⁵³ ʂa³⁵ pu²¹³ ta⁰ uɔ⁴² tsɿ⁰]

就犟倒不回去。[tɕiəu²¹³ tɕiaŋ²¹³ tau⁰ pu²¹³ xuei⁴² tɕʰy²¹³] 犟倒：执意

王母娘娘一听不回去，[uaŋ⁴² mu³⁵³ niaŋ⁴² niaŋ⁰ i⁴² tʰin⁴⁴ pu²⁴ xuei⁴² tɕʰy²¹³]

就生气了，[tɕiəu²¹³ sən⁴⁴ tɕʰi²¹³ niau⁰]

要亲自把织女捉回去。[iau²¹³ tɕʰin⁴⁴ tsɿ⁰ pɔ³⁵³ tʂɿ⁴² ny³⁵³ tʂɔ⁴² xuei⁴² tɕʰy²¹³] 捉：抓

这一天就雷轰电闪、狂风大作，[tsə²¹³ i⁴² tʰian⁴⁴ tɕiəu²¹³ nei⁴² xoŋ⁴⁴ tian²⁴ ʂan³⁵³、kʰuaŋ⁴² foŋ⁴⁴ tɔ²⁴ tsɔ⁴²]

织女竟被王母娘娘的风，[tʂɿ⁴² ny³⁵³ tɕin²¹³ pei²¹³ uaŋ⁴² mu³⁵³ niaŋ⁴² niaŋ⁰ ti⁰ foŋ⁴⁴]

卷得不见了。[tɕyan³⁵³ ti⁰ pu⁴² tɕian²¹³ niau⁰]

两个娃子哭着要找妈，[niaŋ³⁵ kə⁰ uɔ⁴² tsɿ⁰ kʰu⁴² tsɔ⁰ iau²¹³ tʂau³⁵³ mɔ⁴⁴]

牛郎急得一点办法都没有。[niəu⁴² naŋ⁴² tɕi⁴² ta⁰ i⁴² tian³⁵³ pan²⁴ fɔ⁴² təu⁴⁴ mei⁴² iəu³⁵³]

这时候，那个老牛张嘴儿了。[tsə²¹³ ʂʅ⁴² xəu⁰，na⁴² kə⁰ nau³⁵ niəu⁴² tʂaŋ⁴⁴ tsər³⁵³ niau⁰] 张嘴：开口说话

对牛郎说："莫急！莫急！[tei²¹³ niəu⁴² naŋ⁴² ʂua⁴²：mo⁴² tɕi⁴²！mo⁴² tɕi⁴²] 莫急：别急

你把我的角拿下来，[ni³⁵³ pɔ³⁵³ uo³⁵³ ti⁰ ko⁴² nɔ⁴² ɕiɔ²¹³ nai⁰]

变成两个箩筐。[pian²⁴ tʂʰən⁴² niaŋ³⁵ kə⁰ nɔ⁴² kʰaŋ⁴⁴]

把娃子放到箩筐里去撵，[pɔ³⁵³ uɔ⁴² tsʅ⁰ faŋ²¹³ tau⁰ no⁴² kʰuaŋ⁴⁴ ni⁰ tɕʰy²¹³ nian³⁵³] 撵：追赶

你就能找到织女了。"[ni³⁵³ tɕiəu²⁴ nən⁴² tʂau³⁵³ tau⁰ tʂʅ⁴² ny³⁵³ niau⁰]

牛郎搞眨了，[niəu⁴² naŋ⁴² kau³⁵³ tʂa³⁵³ niau⁰] 搞眨：搞糊涂

心想："牛怎么还会说话呢？"[ɕin⁴⁴ ɕiaŋ³⁵³：niəu⁴² tsən³⁵³ mo⁰ xuai⁴² xuei²¹³ ʂua⁴² xuɔ²¹³ nei⁰]

哪晓得，牛角真的掉下来了。[na²¹³ ɕiau³⁵³ ta⁰，niəu⁴² ko⁴² tʂən⁴⁴ ti⁰ tiau²¹³ ɕiɔ²¹³ nai⁰ niau⁰] 晓得：知道

牛郎也来不及想，[niəu⁴² naŋ⁴² ie³⁵³ nai⁴² pu⁰ tɕi⁴² ɕiaŋ³⁵³]

又赶快把两个娃子，[iəu²¹³ kan³⁵ kʰuai²¹³ pɔ³⁵³ niaŋ³⁵ ko²¹³ uɔ⁴² tsʅ⁰]

分别放到两个箩筐里，[fən⁴⁴ pi⁴² faŋ²¹³ tau⁰ niaŋ³⁵ ko²¹³ nɔ⁴² kʰaŋ⁴⁴ ni⁰]

拿条扁担把他们款⁼到。[na⁴² tʰiau⁴² pian³⁵ tan⁴⁴ pɔ³⁵³ tʰɔ⁴⁴ mən⁰ kʰuan³⁵³ tau⁰] 款⁼：挂，挑

这时候来了一阵清风，[tsə²¹³ ʂʅ⁴² xəu⁰ nai⁴² niau⁰ i⁴² tʂən²¹³ tɕʰin⁴⁴ foŋ⁴⁴]

牛郎觉得好轻松，[niəu⁴² naŋ⁴² tɕiɔ²¹³ ta⁰ xau³⁵³ tɕʰin⁴⁴ soŋ⁴⁴]

开始腾云驾雾。[kʰai⁴⁴ ʂʅ³⁵³ tʰən⁴² yn⁴² tɕiɔ²⁴ vu²¹³]

飞起来了，[fei⁴⁴ tɕʰi³⁵ nai⁴² niau⁰]

飞得几快哟！[fei⁴⁴ ta⁰ tɕi³⁵³ kʰuai²¹³ io⁰]

一会儿就要赶上王母娘娘了。[i⁴² xuər⁴² tɕiəu²⁴ iau²¹³ kan³⁵³ ʂaŋ⁰ uaŋ⁴² mu³⁵³ niaŋ⁴² niaŋ⁰ niau⁰]

哪晓得王母娘娘看到了，[na³⁵³ ɕiau³⁵³ ta⁰ uaŋ⁴² mu³⁵³ niaŋ⁴² niaŋ⁰ kʰan²¹³ tau⁰ niau⁰]

连忙把脑壳上的一根金簪子，[nian⁴² maŋ⁴² pɔ³⁵³ nau³⁵ kʰor⁴² ʂaŋ⁰ ti⁰ i⁴² kən⁴⁴ tɕin⁴⁴ tsan⁴⁴ tsʅ⁰] 脑壳：头

抽了出来，[tʂʰəu⁴⁴ niau⁰ tsʰʅ⁴² nai⁰]

朝后头一划。[tʂau⁴⁴ xəu²¹³ tʰəu⁰ i⁴² xuɔ⁴²] 后头：后面

一会儿在牛郎前出来了一条大河，[i⁴² xuər⁴² tsai²¹³ niəu⁴² naŋ⁴² tɕʰian⁴² tʂʰʅ⁴² nai⁰ niau⁰ i⁴² tʰiau⁴² tɔ²⁴ xo⁴²]

是条天河。[ʂɻ²¹³ tʰiau⁴² tʰian⁴⁴ xo⁴²]

这条河有几宽儿呢？[tsi²⁴ tʰiau⁴² xo⁴² iəu³⁵³ tɕi³⁵ kʰuɐr⁴⁴ ni⁰]

望不到对面，[uaŋ²⁴ pu²¹³ tau⁰ tei²⁴ mian²¹³]

就这样，又把小两口隔开了。[tɕiəu²¹³ tsə²⁴ iaŋ²¹³，iəu²¹³ pɔ³⁵³ ɕiau³⁵ niaŋ³⁵ kʰəu³⁵³ ka⁴² kʰai⁴⁴ niau⁰]

两个娃子扯起管子嗥，[niaŋ³⁵ kə⁰ uɔ⁴² tsɻ⁰ tʂʰa³⁵³ tɕʰi⁰ kuan³⁵³ tsɻ⁰ aŋ⁴⁴] 管子：喉咙管。嗥：大声哭

哭得惊天动地，[kʰu⁴² ti⁰ tɕin⁴⁴ tʰian⁴⁴ toŋ²⁴ ti²¹³]

牛郎也哭得勾腰背驼，[niəu⁴² naŋ⁴² ie³⁵³ kʰu⁴² ti⁰ kəu⁴⁴ iau⁴⁴ pei²¹³ tʰo⁴²] 勾腰背驼：弯腰驼背

爷儿三个成天泪水洗脸。[i⁴² ar⁴² san⁴⁴ ko²¹³ tʂʰən⁴² tʰian⁴⁴ nei²⁴ ʂuei³⁵³ ɕi³⁵ nian³⁵³]

从早晨哭到昼夜，[tsʰoŋ⁴² tsau³⁵³ tʂʰən⁰ kʰu⁴² tau⁰ tʂəu²⁴ i²¹³] 昼夜：深夜

惊动了喜鹊们。[tɕin⁴⁴ toŋ²¹³ niau⁰ ɕi³⁵ tɕʰio⁴² mən⁰]

它们想倒牛郎跟儿子姑娘造孽，[tʰɔ⁴⁴ mən⁰ ɕiaŋ³⁵³ tau⁰ niəu⁴² naŋ⁴² kən⁴⁴ ar⁴² tsɻ⁰ ku⁴⁴ niaŋ⁰ tsau⁴⁴ i⁴²] 造孽：可怜

商量做了一个规定。[ʂaŋ⁴⁴ niaŋ²¹³ tsəu²¹³ niau⁰ i⁴² kə⁰ kuei⁴⁴ tin²¹³]

从那年开始，[tsʰoŋ⁴² na²⁴ nian⁴² kʰai⁴⁴ ʂɻ³⁵³]

每年的七月初七，[mei³⁵ nian⁴² ti⁰ tɕʰi⁴² ye⁴² tsʰəu⁴⁴ tɕʰi⁴²]

天下所有的喜鹊儿都飞到天河上，[tʰian⁴⁴ ɕia⁰ so³⁵ iəu³⁵³ ti⁰ ɕi³⁵ tɕʰior⁴² təu⁴⁴ fei⁴⁴ tau⁰ tʰian⁴⁴ xo⁴² ʂaŋ²¹³]

后头咬住前头的尾巴，[xəu²¹³ tʰəu⁰ iau³⁵ tʂu²¹³ tɕʰian⁴² tʰəu⁰ ti⁰ uei³⁵³ pɔ⁰]

一个咬一个，[i⁴² ko²¹³ iau³⁵³ i⁴² ko²¹³]

这样一个连一个，[tsə²⁴ iaŋ²¹³ i⁴² ko²¹³ nian⁴² i⁴² ko²¹³]

搭成了好长好长的天桥啊！[tɔ⁴² tʂʰən⁴² niau⁰ xau³⁵ tʂʰaŋ⁴² xau³⁵ tʂʰaŋ⁴² ti⁰ tʰian⁴⁴ tɕʰiau⁴² a⁰] 好长好长：很长很长

让牛郎织女全家人在桥上团聚。[ʐuaŋ²¹³ niəu⁴² naŋ⁴² tʂɻ⁴² ny³⁵³ tɕʰian⁴² tɕiɔ⁴⁴ zən⁴² tsai²¹³ tɕʰiau⁴² ʂaŋ⁰ tʰan⁴² tɕy²¹³]

一直到这么昝，[i⁴² tʂɻ⁴² tau²¹³ tʂən²¹³ mən⁰ tsan⁰] 这么昝：现在

要是不信，[iau²⁴ ʂɻ²¹³ pu²⁴ in²¹³]

今年七月初七，[tɕin⁴⁴ nian⁴² tɕʰi⁴² ye⁴² tsʰəu⁴⁴ tɕʰi⁴²]

你跟我一路儿去瞄吧。[ni³⁵³ kən⁴⁴ o³⁵³ i⁴² nəur²¹³ tɕʰy²¹³ miau⁴⁴ pa⁰] 一路：一起。瞄：看

意译：古时候有个小孩，他的爸爸妈妈死得早，不知道有可怜。大家也不知道他叫什么名字，只知道他是靠吃百家饭长大的。他没有衣服穿，也没有钱用，

家里也没有什么家具，只有唯一的一头老牛跟他做伴儿，村子里的人就叫他牛郎。

牛郎长大了，不再吃百家饭了，只能靠老牛帮村子里的人耕田为生，他跟老牛相依为命。实际上，那个老牛是天上的金牛星转世。金牛星看牛郎很勤快，村子里的人又特别喜欢他，一心想着帮他成个家。

有一天，金牛星得知天上的仙女们要到村子东头的水塘洗澡。于是他就托梦给牛郎，要牛郎第二天早晨到池塘去，趁仙女们洗澡的时候，把那个最好看的、粉红色的衣裳拿到手，然后头也不要回，使劲地往回跑。那个找不到自己衣裳的仙女，特别漂亮，她就是你的媳妇。牛郎半信半疑地照着做了。

仙女们洗澡洗得非常高兴，一直洗到天黑了才起来。从水中起来的时候都穿上了自己的衣裳。只有那个笑哈哈的七仙女找不到自己的衣裳，很不好意思，但她知道是谁拿走了她的衣裳。

当天夜里，她敲开了牛郎家的房门，经过交谈，他们两人就成了夫妻。小两口的日子过得非常舒服。牛郎和织女生了一个小男孩和一个小女孩，村子里的人都很羡慕他们。这样一晃就过去了三年，织女下凡的事情被玉皇大帝知道了。玉皇大帝非常生气，就下了一道旨令，要织女回到天上去。织女舍不得牛郎，更舍不得小孩，就执意不回去。王母娘娘听说她不回去，就非常生气，要亲自把织女抓回去。

有一天，天上电闪雷鸣，狂风大作，织女被王母娘娘的风卷得不见了。两个孩子哭着要找妈妈，牛郎急得不知道怎么办。这个时候，那个老牛突然开口说话了，对牛郎说："别急，别急，你把我的两个角拿下来，变成两个箩筐，装上两个孩子去追，你就能找到织女了。"牛郎搞糊涂了，心想："牛怎么还会说话呢？"哪知道牛角真的掉了下来。牛郎也来不及细想，赶紧把两个孩子分别放到了两个箩筐里，用扁担把他们挑起来。这时候来了一阵清风，牛郎觉得很轻松，开始腾云驾雾地飞起来了。飞得很快，一会儿就要赶上王母娘娘了。哪知道王母娘娘看到后，连忙把头上的一根金簪抽了出来，朝身后一划。一会儿，在牛郎和织女中间出来了一条大河，是条天河。这条河很宽，望不到对岸，就这样又把小两口隔开了。

两个孩子使劲儿地大声哭，哭得惊天动地，牛郎也哭得弯腰驼背，爷儿三个成天以泪洗脸。他们从早晨哭到深夜，惊动了喜鹊。喜鹊们想到，牛郎和孩子们太可怜了，于是商量着做了一个决定。从那年开始，每年的七月初七，天上所有的喜鹊都会飞到天河上去，后面一只喜鹊咬住前面一只的尾巴，一个咬着一个，就这样一个连着一个，就可以搭成一座很长很长的天桥，让牛郎和织女全家人在桥上团聚，一直到现在。

要是你不信，今年的七月初七你可以跟着我一起去看看。

三　其他故事

0022 其他故事

钱到了。[tɕʰian⁴² tau²¹³ niau⁰]

过年了，都喜欢说些吉利话，[ko²⁴ nian⁴² niau⁰，təu⁴⁴ ɕi³⁵³ xuan⁰ ʂua⁴² ɕi⁴⁴ tɕi⁴² ni²⁴ xuɔ²¹³]

讨个好彩头儿，[tʰau³⁵³ kə⁰ xau³⁵ tsʰai³⁵³ tʰəur⁰]

不许说那些不吉利的。[pu²⁴ ɕy³⁵³ ʂua⁴² na⁴² ɕi⁴⁴ pu²¹³ tɕi⁴² ni²¹³ ti⁰]

不光你不能说，[pu²⁴ kuaŋ⁴⁴ ni³⁵³ pu²⁴ nən⁴² ʂua⁴²] 不光：不仅

"死呀、病啦、没得呀、穷"。[sɿ³⁵³ ia⁰、pin²¹³ na⁰、mei²¹³ ta⁰ ia⁰、tɕʰioŋ⁴²]

连"猫子、老鼠、牙齿、舌头、够了"，[nian⁴² mau⁴⁴ tsɿ⁰、nau³⁵ ʂɿ³⁵³、iɔ⁴² tʂʰʅ⁰、ʂa⁴² tʰəu⁰、kəu²¹³ niau⁰]

这都不许说。[tɕi²¹³ təu⁴⁴ pu²⁴ ɕy³⁵³ ʂua⁴²]

你要是非要说，[ni³⁵³ iau²⁴ sɿ²¹³ fei⁴⁴ iau²¹³ ʂua⁴²]

猫子，你要说"财喜儿"；[mau⁴⁴ tsɿ⁰，ni³⁵³ iau²⁴ ʂua⁴² tsʰai⁴² ɕiər⁰]

老鼠，你要说"高客"；[nau³⁵ ʂɿ³⁵³，ni³⁵³ iau²⁴ ʂua⁴² kau⁴⁴ kʰa⁴²]

牙齿，你要说"财条子"；[iɔ⁴² tʂʰʅ⁰，ni³⁵³ iau²⁴ ʂua⁴² tsʰai⁴² tʰiau⁴² tsɿ⁰]

那个舌头啊，你就说"赚头儿"；[na²⁴ kə⁰ ʂa⁴² tʰəu⁰ a⁰，ni³⁵³ təu⁴⁴ ʂua⁴² tʂuan²¹³ tʰəur⁰]

够了，你说"有了"。[kəu²¹³ niau⁰，ni³⁵³ ʂua⁴² iəu³⁵³ niau⁰]

有那么个老几呀，[iəu³⁵³ nən²¹³ mə⁰ kə⁰ nau³⁵³ tɕi⁰ ia⁰] 老几：人

他瞄倒人家把"福"字，[tʰɔ⁴⁴ miau⁴⁴ tau⁰ zən⁴² ka⁰ pɔ³⁵³ fu⁴² tsɿ²¹³] 瞄倒：看见

跟哒倒倒贴，[kən⁴⁴ ta⁰ tau³⁵³ tau⁰ tʰi⁴²] 跟哒：跟着。倒倒：倒着

意思就说是，"福到了"，[i²¹³ sɿ⁰ təu⁴⁴ ʂua⁴² sɿ²¹³，fu⁴² tau²¹³ niau⁰]

找不倒几吉利。[tsau³⁵ pu²¹³ tau⁰ tɕi³⁵³ tɕi⁴² ni²¹³] 找不倒：不知道

他就搞一个大红斗方儿，[tʰɔ⁴⁴ tsəu²¹³ kau³⁵³ i⁴² ko²¹³ tɔ²¹³ xoŋ⁴² təu³⁵ fãr⁴⁴]

写个"钱"，[ɕi³⁵³ kə⁰ tɕʰian⁴²]

跟哒倒倒贴。[kən⁴⁴ ta⁰ tau³⁵³ tau⁰ tʰi⁴²]

说，念起来意思就说"钱到了"，[ʂua⁴²，nian²¹³ tɕʰi³⁵³ nai i²¹³ sɿ⁰ təu⁴⁴ ʂua⁴² tɕʰian⁴² tau²¹³ niau⁰]

跟"福到了"还实惠些。[kən⁴⁴fu⁴²tau²¹³niau⁰xuan⁴²ʂʅ⁴²xuei²¹³ɕie⁴⁴]

写好了呀，[ɕi³⁵³xau³⁵³niau⁰ia⁰]

他搬了个梯子，[tʰɔ⁴⁴pan⁴⁴niau⁰kə⁰tʰi⁴⁴tsʅ⁰]

准备跟哒在大门高头贴倒。[tʂuən³⁵pei²¹³kən⁴⁴ta⁰tsai²¹³tɔ²⁴mən⁴²kau⁴⁴tʰəu⁰tʰi⁴²tau⁰] 高头：上面

他跟哒儿子喊到一路儿，[tʰɔ⁴⁴kən⁴⁴ta⁰ar⁴²tsʅ⁰xan³⁵³tau⁰i⁴²nəur²¹³]

说光倒瞄倒。[ʂʅ̍a⁴²kuaŋ⁴⁴tau⁰miau⁴⁴tau⁰] 光倒：副词，仅仅，只是。瞄倒：看看

要是贴高了嘞，[iau²⁴ʂʅ²¹³tʰi⁴²kau⁴⁴niau⁰nei⁰]

他就喊"清吉"，[tʰɔ⁴⁴təu⁴⁴xan³⁵³tɕʰin⁴⁴tɕi⁰]

就是健康的意思；[təu⁴⁴ʂʅ²¹³tɕian²⁴kʰaŋ⁴⁴ti⁰i²¹³sʅ⁰]

要是贴矮了嘞，[iau²⁴ʂʅ²¹³tʰi⁴²ŋai³⁵³niau⁰nei⁰]

就说"发财"。[təu⁴⁴ʂʅ̍a⁴²fɔ⁴²tsʰai⁴²]

两个人就把浆糊跟哒糊好了，[niaŋ³⁵kə²¹³zən⁴²tɕiəu²¹³pɔ³⁵³tɕiaŋ⁴⁴xu⁴²kən⁴⁴ta⁰xu⁴²xau³⁵³niau⁰]

说："贴上去试下儿。"[ʂʅ̍a⁴²：tʰi⁴²ʂaŋ²¹³tɕʰy⁰ʂʅ²⁴xuɔr²¹³] 试下：试一试

他就问娃子，[tʰɔ⁴⁴təu⁴⁴uən²¹³uɔ⁴²tsʅ⁰] 娃子：孩子

这是贴高了，还是贴矮了呢？[tsə²⁴ʂʅ²¹³tʰi⁴²kau⁴⁴niau⁰，xai⁴²ʂʅ²¹³tʰi⁴²ŋai³⁵³niau⁰nei⁰]

他的那个娃子又小，[tʰɔ⁴⁴ti⁰na⁴²kə²¹³uɔ⁴²tsʅ⁰iəu²¹³ɕiau³⁵³]

只有个五六岁儿，[tsʅ³⁵iəu³⁵³kə⁰vu³⁵³nəu⁴²sər²¹³]

就照直说：[tsəu²¹³tʂau²⁴tsʅ⁴²ʂʅ̍a⁴²]

"将将儿好，[tɕiaŋ⁴⁴tɕiar⁰xau³⁵³] 将将儿：刚刚儿

不清吉不发财。"[pu²¹³tɕʰin⁴⁴tɕi⁴²pu²¹³fɔ⁴²tsʰai⁴²] 清吉：健康

他一听心里头火一燞，[tʰɔ⁴⁴i⁴²tʰin⁴⁴ɕin⁴⁴ni⁰tʰəu⁰xo³⁵³i⁴²pʰoŋ⁴⁴] 燞：烟郁结的样子

毛焦火辣的，[mau⁴²tɕiau⁴⁴xo³⁵³nɔ⁴²ti⁰]

气得那个手脚打颤，[tɕʰi²¹³ti⁰nei⁴²kə²¹³ʂəu³⁵tɕio⁴²tɔ³⁵tsʰan²¹³]

没站稳嘞，[mei²¹³tʂan²⁴uən³⁵³nei⁰]

就从梯子高头掉了下来。[təu⁴⁴tsʰoŋ⁴²ti⁴⁴tsʅ⁰kau⁴⁴tʰəu⁰tiau²¹³niau⁰ɕiɔ²¹³nai⁰] 高头：上面

老婆儿听到跶得一嗵，[nau³⁵³pʰor⁰tʰin⁴⁴tau⁰ta⁴²ti⁰i⁴²tʰoŋ⁴⁴] 跶：动词，摔。嗵：拟声词

就连忙从屋里跑出来瞄，[tsəu²¹³nian⁴²maŋ⁴²tsʰoŋ⁴²vu⁴²ni⁰pʰau³⁵³tʂʰʅ⁴²nai⁰miau⁴⁴] 瞄：看

她在地下跟他往起扯。[tʰɔ⁴⁴tsai²¹³ti³⁵³ɕiɔ⁰kən⁴⁴tʰɔ⁴⁴uaŋ³⁵tɕʰi³⁵tʂʰə³⁵³] 扯：拽

娃子眼睛瞄倒他的妈，[uɔ⁴² tsʅ⁰ iaŋ³⁵³ tɕin⁰ miau⁴⁴ tau⁰ tʰɔ⁴⁴ ni⁰ mɔ⁴⁴] 瞄：看
手往门上指，[ʂəu³⁵³ uaŋ³⁵³ mən⁴² ʂaŋ⁰ tsʅ³⁵³]
意思就说是：[i²¹³ sʅ⁰ təu⁴⁴ ʂʮa⁴² sʅ²¹³]
刚刚贴斗方儿跶倒的。[kaŋ⁴⁴ kaŋ⁰ tʰi⁴² təu³⁵³ fãr⁰ ta⁴² tau⁰ ti⁰] 跶倒：摔倒
媳妇儿往门上一瞄，[ɕi⁴² fur⁰ uaŋ³⁵³ mən⁴² ʂaŋ⁰ i⁴² miau⁴⁴]
那个气也是一烓。[nei²⁴ kə²¹³ tɕʰi²¹³ ie³⁵ sʅ²¹³ i⁴² pʰoŋ⁴⁴]
把将将儿扯到半中腰儿的那个男的，[pɔ³⁵³ tɕiaŋ⁴⁴ tɕiãr⁰ tʂʰa³⁵ tau⁰ pan²⁴ tʂoŋ⁴⁴ iaur⁴⁴ ti⁰ na⁴² kə⁰ nan⁴² ti⁰] 将将儿：刚刚
又往地下一跶，[iəu²¹³ uaŋ³⁵³ ti²⁴ ɕiɔ²¹³ i⁴² ta⁴²] 跶：摔
捉到扫帚就打。[tʂo⁴² tau⁰ sau³⁵ tʂʮ⁴⁴ tsəu²⁴ tɔ³⁵³] 捉到：抓起
她一路儿打一路儿嘚：[tʰɔ⁴⁴ i⁴² nəur²¹³ tɔ³⁵³ i⁴² nəur²¹³ tɕye⁴²] 一路儿：一边。嘚：骂
"好好儿的钱你不正经地弄，[xau³⁵³ xaur⁰ ti⁰ tɕʰian⁴² ni³⁵³ pu²¹³ tʂən⁴⁴ tɕin⁴⁴ ti⁰ noŋ²¹³]
非要在外头倒倒贴。[fei⁴⁴ iau²¹³ tsai²¹³ uai²¹³ tʰəu⁰ tau³⁵³ tau⁰ tʰi⁴²]
我叫你倒贴钱！[o³⁵³ tɕiau²¹³ ni³⁵³ tau³⁵ tʰi⁴² tɕʰian⁴²]
我叫你倒贴钱！[o³⁵³ tɕiau²¹³ ni³⁵³ tau³⁵ tʰi⁴² tɕʰian⁴²]
我打死你倒贴钱的背时鬼。"[o³⁵³ tɔ³⁵ sʅ³⁵³ ni³⁵³ tau³⁵ tʰi⁴² tɕʰian⁴² ti⁰ pei²⁴ sʅ⁴² kuei³⁵³]
背时鬼：倒霉的人

意译：钱到了。过年了都喜欢说些吉利的话，讨个好彩头，不许说那些不吉利的话。不仅不能说"死、病、没有、穷"，就连"猫子、老鼠、牙齿、舌头、够了"都不许说。如果非要说，"猫子"要说"财喜儿"；"老鼠"要说"高客"；"牙齿"要说"财条子"；"舌头"要说"赚头儿"；"够了"要说"有了"。

有这么一个人，他看到别人家把"福"字倒着贴，意思是"福到了"，非常吉利。于是他就用一张大红斗方，在上面写了个"钱"字，也倒着贴。念起来就是"钱到了"，比"福到了"还实惠些。

写好了，他搬了个梯子，准备把它贴到大门上面。他把儿子叫了过来，让儿子只是帮忙看着。他对儿子说，要是贴高了呢，你就说"清吉"，就是健康的意思；要是贴矮了，你就说"发财"。

说完，他们两个人刷好了糨糊，准备贴上去试一下，他就问儿子是贴高了，还是贴矮了。他的那个孩子只有五六岁。孩子照直说："刚刚好，不清吉也不发财。"他一听火冒三丈，气得手脚打颤，脚没有站稳，就从梯子上掉了下来。

他的老婆听到外头"嗵"的一声摔下来，连忙从屋里跑出来把他拽了起来。儿子看到他妈妈出来了，就用手指着房门。意思是说因为贴斗方，他的爸爸才从

梯子上摔了下来。他老婆往门上一看，更是气不打一处来，将刚刚拽到半中腰的男人往地上一摔，抓起一把扫帚就打。她一边打还一边骂："好好的钱，你不正经地弄，非要在外头倒着贴！我叫你倒贴钱！我叫你倒贴钱！打死你这个倒贴钱的倒霉鬼！"

0023 其他故事

讨口彩。[tau³⁵³ kʰəu³⁵ tsai³⁵³]

钱老爹他是一个发财迷，[tɕʰian⁴² nau³⁵ tie⁴⁴ tʰɔ⁴⁴ ʂʅ²¹³ i⁴² kə⁰ fɔ⁴² tsʰai⁴² mi⁴²]

又是一个迷信蔸子。[iəu²⁴ ʂʅ²¹³ i⁴² kə⁰ mi⁴² ɕin²¹³ təu⁴⁴ tsʅ⁰] 迷信蔸子：特别迷信

他不管搞么什事儿，[tʰɔ⁴⁴ pu⁴⁴ kuan³⁵³ kau³⁵³ mo³⁵³ sʅ⁰ sər²¹³] 搞：做。么什：什么

都想讨个吉利。[təu⁴⁴ ɕiaŋ³⁵³ tʰau³⁵ kə⁰ tɕi⁴² ni²¹³]

他嘞，有三个儿子，[tʰɔ⁴⁴ nei⁰, iəu³⁵³ san⁴⁴ kə⁰ ar⁴² tsʅ⁰]

老大名字叫发财，[nau³⁵ tɔ²¹³ min⁴² tsʅ²¹³ tɕiau²¹³ fɔ⁴² tsʰai⁴²]

老二名字叫高升，[nau³⁵ ar²¹³ min⁴² tsʅ²¹³ tɕiau²¹³ kau⁴⁴ ʂən⁴⁴]

老三的名字嘞，叫进宝。[nau³⁵ san⁴⁴ tiɔ⁰ min⁴² tsʅ²¹³ nei⁰, tɕiau²¹³ tɕin²⁴ pau³⁵³]

钱老爹他心里想啊，[tɕʰian⁴² nau³⁵ tie⁴⁴ tʰɔ⁴⁴ ɕin⁴⁴ ni⁰ ɕiaŋ³⁵³ a⁰]

这么吉利的名字，[tʂən²⁴ mən⁰ tɕi⁴² ni²¹³ tiɔ⁰ min⁴² tsʅ²¹³]

天天儿喊来喊去的。[tʰian⁴⁴ tʰiər⁰ xan³⁵ nai⁴² xan³⁵ tɕʰi²¹³ tiɔ⁰]

总有一天，[tsoŋ³⁵ iəu³⁵³ i⁴² tʰian⁴⁴]

天遂人愿，[tʰian⁴⁴ sei²¹³ zən⁴² yan²¹³]

既能步步高升，[tɕi²¹³ nən⁴² pu²¹³ pu⁰ kau⁴⁴ ʂən⁴⁴]

又能招财进宝。[iəu²¹³ nən⁴² tʂau⁴⁴ tsʰai⁴² tɕin²⁴ pau³⁵³]

过年的那一天，[ko²⁴ nian⁴² tiɔ⁰ na⁴² i⁴² tʰian⁴⁴]

钱老爹嘞，[tɕʰian⁴² nau³⁵ tie⁴⁴ nei⁰]

就要他那三个半大的儿子，[tsəu²¹³ iau²¹³ tʰɔ⁴⁴ na⁴² san⁴⁴ kə²¹³ pan²⁴ tɔ²¹³ tiɔ⁰ ar⁴² tsʅ⁰] 半大：年龄不大

先去睡觉，[ɕian⁴⁴ tɕʰy²¹³ ʂuei²⁴ tɕiau²¹³]

由他自己嘞亲自守岁。[iəu⁴² tʰɔ⁴⁴ tsʅ²⁴ tɕi³⁵³ nei⁰ tɕʰin⁴⁴ tsʅ²¹³ ʂəu³⁵ sei²¹³]

三个儿子满心欢喜地跑到屋里去睡，[san⁴⁴ kə²¹³ ar⁴² tsʅ⁰ man³⁵ ɕin⁴⁴ xuan⁴⁴ ɕi³⁵³ tiɔ⁰ pʰau³⁵ tau⁰ vu⁴² ni⁰ tɕʰy²⁴ ʂuei²¹³]

他们哪晓得，[tʰɔ⁴⁴ mən⁰ na²⁴ ɕiau³⁵³ taɔ⁰] 晓得：知道

他屋里的老爹嘞是有用意的。[tʰɔ⁴⁴ vu⁴² ni⁰ tiɔ⁰ nau³⁵ ti⁴⁴ nei⁰ ʂʅ²¹³ iəu³⁵³ ioŋ²⁴ i²¹³ tiɔ⁰] 屋里：家里

原来呀，[yan⁴²nai⁴²ia⁰]

钱老爹是想趁早喊他们娃子的名字，[tɕʰian⁴²nau³⁵³ti⁴⁴ʂʅ²¹³ɕian³⁵³tʂʰən²⁴tsau³⁵³xan³⁵³tʰɔ⁴⁴mən⁰uɔ⁴²tsʅ⁰ti⁰min⁴²tsʅ²¹³]

这样儿一个喊一个答，[tsə²⁴iãr²¹³i⁴²kə²¹³xan³⁵³i⁴²kə²¹³tɔ⁴²]

就可以讨个好口彩。[tsəu²¹³kʰo³⁵i³⁵³tʰau³⁵³kə⁰xau³⁵kʰəu³⁵tsʰai³⁵³]

但是在这么冷的冬天，[tan²⁴ʂʅ²¹³tsai²¹³tsə²⁴mə⁰nən³⁵³ti⁰toŋ⁴⁴tʰian⁴⁴]

夜里一个人坐那儿守，[i²¹³ni⁰i⁴²kə⁰zən⁴²tso²¹³nar⁴²ʂəu³⁵³]

时光嘞它也不好熬。[ʂʅ⁴²kuaŋ⁴⁴nei⁰ta⁴⁴ie³⁵³pu²⁴xau³⁵³ŋau⁴²]

但是他又想呀，[tan²⁴ʂʅ²¹³tʰɔ⁴⁴iəu²¹³ɕian³⁵³ia⁰]

既然是讨口彩，[tɕi²¹³zɿan⁴²ʂʅ²¹³tʰau³⁵kʰəu³⁵tsʰai³⁵³]

它都必须要讨个头里、头彩，[tʰɔ⁴⁴təu⁴⁴pi⁴²ɕy⁴⁴iau²¹³tʰau³⁵kə²¹³tʰəu⁴²ni⁰、tʰəu⁴²tsʰai³⁵³] 头里：前头

不能让人家儿屋里抢了先。[pu²⁴nən⁴²zɿaŋ²¹³zən⁴²kɔr⁴⁴vu⁴²ni⁰tɕʰiaŋ³⁵³niau⁰ɕian⁴⁴]

于是呀，他挨呀、挨呀，[y⁴²ʂʅ²¹³ia⁰，tʰɔ⁴⁴ŋai⁴⁴ia⁰、ŋai⁴⁴ia⁰]

挨到刚刚过了十二点，[ŋai⁴⁴tau⁰kaŋ⁴⁴kaŋ⁰ko²¹³niau⁰ʂʅ⁴²ar²⁴tian³⁵³]

他就开始讨彩了。[tʰɔ⁴⁴tsəu²¹³kʰai⁴⁴ʂʅ³⁵³tʰau³⁵tsʰai³⁵³niau⁰]

他按到那个高矮的顺序，[tʰɔ⁴⁴ŋan²¹³tau⁰nei⁴²kə²¹³kau⁴⁴ŋai³⁵³ti⁰ʂuən²¹³ɕy²¹³] 按到：按照

先喊他的大儿子：[ɕian⁴⁴xan³⁵³tʰɔ⁴⁴ti⁰tɔ²⁴ar⁴²tsʅ⁰]

"发财！发财！"[fɔ⁴²tsʰai⁴²！fɔ⁴²tsʰai⁴²]

他的大儿子睡得正香，[tʰɔ⁴⁴ti⁰tɔ²⁴ar⁴²tsʅ⁰ʂuei²¹³ti⁰tʂən⁴⁴ɕiaŋ⁴⁴]

突然被他的老爹喊醒了，[tʰəu⁴²zɿan⁴²pei²¹³tʰɔ⁴⁴ti⁰nau³⁵tie⁴⁴xan³⁵ɕin³⁵³niau⁰] 老爹：老爸

以为要喊他起来。[i³⁵uei⁴²iau²¹³xan³⁵³tʰɔ⁴⁴tɕʰi³⁵³nai⁰]

心里面想呀，[ɕin⁴⁴ni³⁵³mian⁰ɕiaŋ³⁵³ia⁰]

这大过年的，[tsə²⁴tɔ²¹³ko²⁴nian⁴²ti⁰]

又没得么什事儿，[iəu²¹³mei²¹³ta⁰mo⁴⁴ʂʅ⁰sər²¹³]

好不容易睡个舒服觉，[xau³⁵³pu²¹³zoŋ⁴²i²¹³ʂuei²⁴kə⁰ʂu⁴⁴fu⁴²tɕiau²¹³]

还吵醒了。[xai⁴²tʂʰau³⁵ɕin³⁵³niau⁰]

想到真是气人，[ɕiaŋ³⁵³tau⁰tʂən⁴⁴ʂʅ²¹³tɕʰi²⁴zən⁴²]

就顶了一句嘴儿：[tɕiəu²¹³tin³⁵³niau⁰i⁴²tɕy²¹³tsər³⁵³]

"半夜三更的，发财发财，[pan²⁴i²¹³san⁴⁴kən⁴⁴ti⁰，fɔ⁴²tsʰai⁴²fɔ⁴²tsʰai⁴²]

发个么财呀？这么早吙。"[fɔ⁴²kə⁰mo³⁵³tsʰai⁴²ia⁰？tsə²¹³mo⁰tsau³⁵³xo⁰] 么：什么

他的老爹一听，[tʰɔ⁴⁴ti⁴²nau³⁵tie⁴⁴i⁴²tʰin⁴⁴]

凉了半头嚟。[niaŋ⁴²niau⁰pan²⁴tʰəu⁴²mə⁰]

精心策划的口彩，[tɕin⁴⁴ɕin⁴⁴tsʰa⁴²xuɔ⁴²ti⁰kʰəu³⁵tsʰai³⁵³]

叫这个狗日的一下子顶翻了，[tɕiau²¹³tsə²⁴kə²¹³kəu³⁵ʐɿ⁴²ti⁰i⁴²xɔr²¹³tsɿ⁰tin³⁵³fan⁴⁴niau⁰]

顿时他火冒三丈，[tən²⁴ʂɿ⁴²tʰɔ⁴⁴xo³⁵mau²¹³san⁴⁴tʂaŋ²¹³]

怒气冲冲地冲到喊：[nəu²⁴tɕʰi²¹³tʂʰoŋ⁴⁴tʂʰoŋ⁰ti⁰tʂʰoŋ⁴⁴tau⁰xan³⁵³]

"高升！高升！"[kau⁴⁴ʂən⁴⁴！kau⁴⁴ʂən⁴⁴]

高升嘞他睡到阁楼上哒。[kau⁴⁴ʂən⁴⁴nei⁰tʰɔ⁴⁴ʂuei²¹³tau⁰ka⁴²nəu⁴²ʂaŋ²¹³ta⁰]

他早就被他的老头跟他吵醒了，[tʰɔ⁴⁴tsau³⁵³təu⁴⁴pei²¹³tʰɔ⁴⁴ti⁰nau³⁵tʰəu⁴²kən⁴⁴tʰɔ⁴⁴tsʰau³⁵ɕin³⁵³nei⁰] 老头：老爸

还听到他的老爹在发脾气。[xai⁴²tʰin⁴⁴tau⁰tʰɔ⁴⁴ti⁰nau³⁵tie⁴⁴tsai²¹³fɔ⁴²pʰi⁴²tɕʰi⁰]

他胆子小些，[tʰɔ⁴⁴tan³⁵³tsɿ⁰ɕiau³⁵³ɕie⁴⁴]

不敢学他的哥哥顶嘴儿，[pu²⁴kan³⁵³ɕio⁴²tʰɔ⁴⁴ti⁰ko⁴⁴ko⁰tin³⁵tsər³⁵³]

就赶紧把衣裳穿倒，[tsəu²¹³kan²¹³tɕin³⁵³pɔ³⁵³i⁴⁴ʂaŋ⁴²tʂʰuan⁴⁴tau⁰] 穿倒：穿着

往楼下跑。[uaŋ³⁵³nəu⁴²ɕiɔ⁰pʰau³⁵³]

一路儿跑，他一路儿答应：[i⁴²nəur²¹³pʰau³⁵³，tʰɔ⁴⁴i⁴²nəur²¹³tɔ⁴²in⁰] 一路儿：一边

"下来了的，下来了的。"[ɕiɔ²¹³nai⁴²niau⁰ti⁰，ɕiɔ²¹³nai⁴²niau⁰ti⁰]

钱老爹一听，[tɕʰian⁴²nau³⁵tie⁴⁴i⁴²tʰin⁴⁴]

更是生气，[kən⁴⁴ʂɿ²¹³sən⁴⁴tɕʰi²¹³]

瞪了老二一眼，说：[təŋ²¹³niau⁰nau³⁵ar²¹³i⁴²ian³⁵³，ʂua⁴²]

"你都下来了的，还高升个屁？"[ni³⁵³təu⁴⁴ɕiɔ²⁴nai⁴²niau⁰ti⁰，xuan⁴²kau⁴⁴ʂən⁴⁴kə⁰pʰi²¹³]

他把唯一的希望，[tʰɔ⁴⁴pɔ³⁵³uei⁴²i⁴²ti⁰ɕi⁴⁴uaŋ²¹³]

就放倒老三的头上。[tsəu²¹³faŋ²¹³tau⁰nau³⁵san⁴⁴ti⁰tʰəu⁴²ʂaŋ²¹³]

钱老爹呀压倒他的怒火，[tɕʰian⁴²nau³⁵tie⁴⁴ia⁰iɔ⁴²tau⁰tʰɔ⁴⁴ti⁰nəu²⁴xo³⁵³]

稳了稳情绪，[uən³⁵³niau⁰uən³⁵³tɕʰin⁴²ɕy²¹³]

把嗓子嘞清下儿，[pɔ³⁵³saŋ³⁵³tsɿ⁰nei⁰tɕʰin⁴⁴xɔr⁰]

用他那个比较和气的语气，[ioŋ²¹³tʰɔ⁴⁴nei⁴²kə⁰pi³⁵tɕiau²¹³xo⁴²tɕʰi⁰ti⁰y³⁵³tɕʰi⁰]

他都来喊老三：[tʰɔ⁴⁴təu⁴⁴nai⁴²xan³⁵³nau³⁵san⁴⁴]

"进宝！进宝！"[tɕin²⁴pau³⁵³！tɕin²⁴pau³⁵³]

哪晓得，[na³⁵ɕiau³⁵³ta⁰]

这个老三他人小嘞，[tsə⁴²kə⁰nau³⁵san⁴⁴tʰɔ⁴⁴ʐən⁴²ɕiau³⁵³nei⁰]

他胆子不小，[tʰɔ⁴⁴tan³⁵³tʂɿ⁰pu²⁴ɕiau³⁵³]

早就被老爹吵醒了的。[tsau³⁵³təu⁴⁴pei²¹³nau³⁵tie⁴⁴tʂhau³⁵ɕin³⁵³niau⁰ti⁰]

刚刚听到老爹一喊，[kaŋ⁴⁴kaŋ⁰tʰin⁴⁴tau⁰nau³⁵³tie⁴⁴i⁴²xan³⁵³]

他就应声出来，[tʰɔ⁴⁴tsəu²¹³in²⁴ʂən⁴⁴tʂʰʅ⁴²nai⁴²]

就喊："出来了，出来了的。"[tsəu²⁴xan³⁵³: tʂʰʅ⁴²nai⁴²niau⁰, tʂʰʅ⁴²nai⁴²niau⁰ti⁰]

钱老爹一听嘞，[tɕʰian⁴²nau³⁵³tie⁴⁴i⁴²tʰin⁴⁴nei⁰]

一下儿摊倒地下儿。[i⁴²xɔr²¹³tʰan⁴⁴tau⁰ti²⁴ɕiɔr⁰]

意译：讨口彩。钱老爹是一个发财迷，而且特别迷信。他不管做什么事情，总想讨个吉利。他有三个儿子，老大取名发财，老二取名高升，老三取名进宝。钱老爹心里想，这么吉利的名字，整天喊来喊去的。总有一日，天遂人愿，既能步步高升，又能招财进宝。

除夕的那一天，钱老爹叫三个年龄不大的儿子先去睡觉，由他自己亲自守岁。三个儿子满心欢喜地进屋去睡觉了，他们哪里知道他们的父亲是有用意的。原来，钱老爹是想趁清早的时候喊孩子们的名字。这样一喊一答，就可以讨个好口彩。可是，在那么寒冷的冬夜，他一个人独自守岁，时光也很难熬。但是他又想，既然是讨口彩，就得讨个头彩，不能让别人家抢了先。

于是乎，他熬到子时刚过，就开始讨彩了。他按照高矮的顺序，先喊他的大儿子："发财！发财！"大儿子睡得正香，忽然被他的父亲叫醒了，以为是要他起床。他心里想：这大过年的，又没有什么事情，好不容易睡个舒服觉，还被吵醒了，想着真是来气。于是便顶了一句嘴："半夜三更的，发财发财，发个什么财？还早得很呢！"

他的父亲一听，心凉了半截。精心策划的口彩，叫这个狗日的一下子给顶翻了。顿时火冒三丈，怒气冲冲的就喊老二："高升！高升！"高升睡在阁楼上，早被他的父亲吵醒了。这时听见父亲在生气，他胆子小，也不敢再学他大哥顶嘴了。他赶紧穿好衣裳起来，直奔楼下。一边跑一边连声回应："下来了，下来了。"钱老爹一听，更加生气，瞪了老二一眼道："你都下来了，还高升个屁？"

钱老爹只好把唯一的希望寄托在老三的头上。钱老爹强压怒火，稳了稳情绪，清了清嗓子，用尽量平和的语气来喊老三："进宝！进宝！"想不到老三人小，胆子不小，早被父亲吵醒了。刚等父亲喊罢，就应声而至，并且连声答道："出来了，出来了。"钱老爹一听，顿时摊倒在地上。

0024 其他故事

好灵的先生。[xau³⁵nin⁴²ti⁰xian⁴⁴sən⁰]

有个懒婆娘，[iəu³⁵³kə⁰nan³⁵pʰo⁴²niaŋ⁴²]

他的男人嘞在外头勤扒苦做的，[tʰɔ⁴⁴ti⁰nan⁴²zən⁴²nei⁰tsai²¹³uai²⁴tʰəu⁰tɕʰin⁴²pʰa⁴⁴kʰu³⁵tsəu²¹³ti⁰]外头：外面

她在屋里嘞百事不理，[tʰɔ⁴⁴tsai²¹³vu⁴²ni⁰nei⁰pa⁴²ʂʅ²¹³pu²⁴ni³⁵³]屋里：家里。百事不理：什么事都不管

真的是又脏又懒，[tʂən⁴⁴ti⁰ʂʅ²¹³iəu²⁴tsaŋ⁴⁴iəu²⁴nan³⁵³]

又傻又赖的。[iəu²⁴ʂɔ³⁵³iəu²⁴nai²¹³ti⁰]

有一天嘞，[iəu³⁵³i⁴²tʰian⁴⁴nei⁰]

这个懒婆娘靠倒门上睡着了。[tsə²⁴kə⁰nan³⁵pʰo⁴²niaŋ⁴²kʰau²¹³tau⁰mən⁴²ʂaŋ⁰ʂuei²⁴tʂo⁴²niau⁰]

有一个游手好闲的人，[iəu³⁵³i⁴²kə⁰iəu⁴²ʂəu³⁵³xau³⁵ɕian⁴²ti⁰zən⁴²]

他瞄倒有机可乘，[tʰɔ⁴⁴miau⁴⁴tau⁰iəu³⁵tɕi⁴⁴kʰo³⁵tʂʰən⁴²]瞄倒：看到

就偷偷儿地到她屋里去，[tsəu²¹³tʰəu⁴⁴tʰəur⁰ti⁰tau²¹³tʰa⁴⁴vu⁴²ni⁰tɕʰy²¹³]

转了一圈儿。[tʂuan²¹³niau⁰i⁴²tɕʰyər⁴⁴]

出门的时候，他就装个瞎子，[tʂʰʅ⁴²mən⁴²ti⁰ʂʅ⁴²xəu⁰，tʰɔ⁴⁴tsəu²¹³tʂuaŋ⁴⁴kə⁰ɕiɔ⁴²tsʅ⁰]

一路儿装一路喊：[i⁴²nəur²¹³tʂuaŋ⁴⁴i⁴²nəur²¹³xan³⁵³]一路儿：一边

看相喽！算命喽！[kʰan²⁴ɕiaŋ²¹³no⁰！san²⁴min²¹³no⁰]

那个懒婆娘听到声音，[nei⁴²kə⁰nan³⁵pʰo⁴²niaŋ⁴²tʰin⁴⁴tau⁰ʂən⁴⁴in⁴⁴]

她醒了以后一瞄，[tʰɔ⁴⁴ɕin³⁵³niau⁰i³⁵³xəu⁰i⁴²miau⁴⁴]瞄：看

顿时来了精神，[tən²⁴ʂʅ⁴²nai⁴²niau⁰tɕin⁴⁴ʂən⁴²]

就喊：瞎子！[tsəu²⁴xan³⁵³：ɕiɔ⁴²tsʅ⁰]

过来嘞，我要算个命。[ko²¹³nai⁴²nei⁰，o³⁵³iau²¹³san²¹³kə⁰min²¹³]

那个瞎子装模作样地说道：[na⁴²kə⁰ɕiɔ⁴²tsʅ⁰tʂuaŋ⁴⁴mo⁴²tsəu⁴²iaŋ²¹³ti⁰ʂua⁴²tau⁰]

"你的屋里有三大不吉，[ni³⁵³ti⁰vu⁴²ni⁰iəu³⁵³san⁴⁴tɔ²¹³pu²⁴tɕi⁴²]

要是不早治，[iau²⁴ʂʅ²¹³pu²¹³tsau³⁵tsʅ²¹³]

以后哇有血光之灾。"[i³⁵³xəu²¹³ua⁰iəu³⁵³ɕi⁴²kuaŋ⁴⁴tʂʅ⁴⁴tsai⁴⁴]

于是嘞，[y⁴²ʂʅ²¹³nei⁰]

就把他前面看到的事情，[tsəu²¹³pɔ³⁵³tʰɔ⁴⁴tɕʰian⁴²mian⁰kʰan²⁴tau⁰ti⁰ʂʅ²¹³tɕʰin⁰]

编了一段：[pian⁴⁴niau⁰i⁴²tan²¹³]

"红补丁儿，补裤档；[xoŋ⁴²pu³⁵tiər⁴⁴，pu³⁵³kʰu²⁴taŋ⁴⁴]

破簸箕，盖水缸；[pʰo²⁴pu²⁴tɕʰi⁴⁴，kai²¹³ʂuei³⁵kaŋ⁴⁴]

臊公鸡站到门槛上。"[sau⁴⁴koŋ⁴⁴tɕi⁴⁴tʂan²¹³tau⁰mən⁴²kʰan³⁵ʂaŋ²¹³]臊公鸡：没有阉

割的公鸡

那个懒婆娘一听：[nei⁴²kə⁰nan³⁵pʰo⁴²niaŋ⁴²i⁴²tʰin⁴⁴]

"噫！真的是蛮灵哦！[i²¹³！tʂən⁴⁴ti⁰ʂɿ²¹³man⁴²nin⁴²o⁰]

他怎么晓得我是红补裆补的裤裆？[tʰa⁴⁴tsən³⁵³mo⁰ɕiau³⁵³ta⁰o³⁵³ʂɿ²¹³xoŋ⁴²pu³⁵taŋ⁴⁴pu³⁵³ti⁰kʰu²⁴taŋ⁴⁴]红补裆：红补丁

破筲箕盖的水缸？[pʰo²⁴ʂau⁴⁴tɕʰi⁴⁴kai²¹³ti⁰ʂuei³⁵kaŋ⁴⁴]

还有个臊公鸡，[xai⁴²iəu³⁵³kə²¹³sau⁴⁴koŋ⁴⁴tɕi⁴⁴]

正好站到门槛上哒！[tʂən²⁴xau³⁵³tʂan²⁴tau⁰mən⁴²kʰan³⁵³ʂaŋ²¹³ta⁰]

咿呀！只怕是个好灵的先生啰！[i⁰ia⁰, tʂɿ³⁵pʰa²⁴ʂɿ²¹⁴kə⁰xau³⁵nin⁴²ti⁰ɕian⁴⁴sən⁰no⁰]

他都跟看到样的。"[tʰa⁴⁴təu⁴⁴kən⁴⁴kʰan²¹³tau⁰iaŋ²¹³ti⁰]

就赶忙地请教，[tsəu⁴⁴kan³⁵man⁴²ti⁰tɕʰin³⁵tɕiau⁴⁴]

说："这有么办法可以治下儿嘞？"[ʂua⁴²：tɕi⁴²iəu³⁵³mo⁰pan²⁴fɔ⁴²kʰo³⁵i³⁵³tʂɿ²⁴xɔr²⁴nei⁰]么：什么

那个假瞎子说：[na⁴²kə²¹³tɕiɔ³⁵ɕiɔ⁴²tsɿ⁰ʂua⁴²]

"治的门儿嘞是有的。[tʂɿ²¹³ti⁰mər⁴²nei⁰ʂɿ²¹³iəu³⁵³ti⁰]

第一，你把红补裆跟它撕它，[ti²⁴i⁴²，ni³⁵³pɔ³⁵xoŋ⁴²pu³⁵taŋ⁴⁴kən⁴⁴tʰɔ⁴⁴sɿ⁴⁴tʰɔ⁴⁴]

一伙儿埋到土里头；[i⁴²xɔr³⁵³mai⁴²tau⁰tʰəu³⁵ni³⁵³tʰəu⁰]一伙儿：一下子

第二嘞，[ti²⁴ar²¹³nei⁰]

把那个破簸箕有几远儿甩几远儿；[pɔ³⁵³nei⁴²kə⁰pʰo²⁴pu²⁴tɕi⁴⁴iəu³⁵³tɕi³⁵yer³⁵³ʂuai³⁵³tɕi³⁵yer³⁵³]几：多么

第三，你把那个臊公鸡给到我，[ti²⁴san⁴⁴，ni³⁵³pɔ³⁵³nei⁴²kə⁰sau⁴⁴koŋ⁴⁴tɕi⁴⁴kei³⁵tau⁰o³⁵³]

我带去走。[o³⁵³tai²⁴tɕʰi²⁴tsəu³⁵³]

只有这样儿，[tʂɿ³⁵iəu³⁵³tɕi²⁴iãr²¹³]

你才能避免血光之灾。[ni³⁵³tsʰai⁴²nən⁴²pi²⁴mian³⁵³ɕi⁴²kuaŋ⁴⁴tʂɿ⁴⁴tsai⁴⁴]

但有一样儿，[tan²¹³iəu³⁵³i⁴²iãr²¹³]

就是一下儿它根治不了的，[tsəu²⁴ʂɿ²¹³i⁴²xɔr²⁴tɔ⁴⁴kən⁴⁴tʂɿ²¹³pu²¹³niau⁰ti⁰]

到明昼天亮之前，[tau²¹³mən⁴²tʂəu⁴⁴tʰian⁴⁴nian²¹³tʂɿ⁴⁴tɕʰian⁴²]明昼：明天

你嘞，可能还要遭点小罪。"[ni³⁵³nei⁰，kʰo³⁵nən⁴²xai⁴²iau²¹³tsau⁴⁴tian³⁵³ɕiau³⁵tsei²¹³]

这个懒婆娘一听嘞，[tsə⁴²kə²¹³nan³⁵pʰo⁴²niaŋ⁴²i⁴²tʰin⁴⁴nei⁰]

心里喜得不得了，说：[ɕin⁴⁴ni⁰ɕi³⁵³ta⁰pu²⁴ta⁴²niau⁰，ʂua⁴²]

"幸亏碰到了你呃。"［ɕin²⁴kʰuei⁴⁴pʰoŋ²¹³tau⁰niau⁰ni³⁵³iə⁰］

然后按照他说的，［zʐuan⁴²xəu²¹³ŋan²⁴tʂau²¹³tʰɔ⁴⁴ʂua⁴²ti⁰］

一一地照办了。［i⁴²i⁴²ti⁰tʂau²⁴pan²¹³niau⁰］

第二天天亮了，［ti²⁴ar²⁴tʰian⁴⁴tʰian⁴⁴niaŋ²¹³niau⁰］

他的丈夫嘞要起床干活。［tʰɔ⁴⁴ti⁰tʂaŋ²¹³fu⁰nei⁰iau²⁴tɕʰi³⁵tʂʰuaŋ⁴²kan²⁴xo⁴²］

突然就想呀：［tʰəu⁴²zʐuan⁴²tsəu²⁴ɕiaŋ³⁵³ia⁰］

"咦！以前，［i³⁵³！i³⁵tɕʰian⁴²］

每天这个时候，［mei³⁵tʰian⁴⁴tsə²⁴kə⁰ʂʅ⁴²xəu⁰］

那个公鸡总要叫的，［nei²¹³kə⁰koŋ⁴⁴tɕi⁴⁴tsoŋ³⁵iau²¹³tɕiau²¹³ti⁰］

怎么今昼没有听到鸡子叫呃？"［tsən³⁵³mo⁰tɕin⁴⁴tʂəu⁰mei²⁴iəu³⁵³tʰin⁴⁴tau⁰tɕi⁴⁴tsʅ⁰tɕiau²¹³iə⁰］今昼：今天

就问他的媳妇怎么回事儿，［tsəu²¹³uən²⁴tʰɔ⁴⁴ti⁰ɕi⁴²fu⁰tsən³⁵³mo⁰xuei⁴²ʂər²¹³］

那个懒婆娘嘞，［nei²¹³kə⁰nan³⁵pʰo⁴²niaŋ⁴²nei⁰］

就把白天的事儿说到他的丈夫听。［tsəu²¹³pɔ³⁵pa⁴²tʰian⁴⁴ti⁰ʂər²¹³ʂua⁴²tau⁰tʰɔ⁴⁴ti⁰tʂaŋ²¹³fu⁰tʰin⁴⁴］

他的丈夫一听，［tʰɔ⁴⁴ti⁰tʂaŋ²¹³fu⁰i⁴²tʰin⁴⁴］

火冒三丈，［xo³⁵mau²¹³san⁴⁴tʂaŋ²¹³］

捉到他的鞋板就是一顿打。［tʂo⁴²tau⁰tʰɔ⁴⁴ti⁰xai⁴²pan³⁵³tsəu²⁴ʂʅ²¹³i⁴²tən²¹³ta³⁵³］

突然之间嘞，［tʰəu⁴²zʐuan⁴²tʂʅ⁴⁴tɕian⁴⁴nei⁰］

懒婆娘好像想明白了点么什，［nan³⁵pʰo⁴²niaŋ⁴²xau³⁵ɕiaŋ²¹³ɕiaŋ³⁵min⁴²pa⁴²niau⁰tian³⁵³mo³⁵sʅ⁴⁴］么什：什么

一路儿嚎一路儿喊：［i⁴²nəur²¹³xau⁴²i⁴²nəur²¹³xan³⁵³］嚎：大叫

"好灵的先生啰，［xau³⁵nin⁴²ti⁰ɕian⁴⁴sən⁰no⁰］

真的是一个好灵的先生啰，［tʂən⁴⁴ti⁰sʅ²¹³i⁴²kə⁰xau³⁵nin⁴²ti⁰ɕian⁴⁴sən⁰no⁰］

果然在天亮的时候要遭罪呃！"［ko³⁵zʐuan⁴²tsai²⁴tʰian⁴⁴niaŋ²¹³ti⁰sʅ⁴²xəu⁰iau²¹³tsau⁴⁴tsei²¹³iə⁰］

意译：好灵的先生。有个懒婆娘，他的男人在外面勤扒苦做的，她却在家里百事不理，真的是又脏又懒，又傻又赖。有一天，这个懒婆娘靠着门框晒着太阳，睡着了。有一个游手好闲的人觉得有机可乘，便偷偷溜进屋里转了一圈儿，出门之后就装作瞎子，一边走一边喊道：他可以看相算命。懒婆娘应声醒来，立马来了精神，把"瞎子"喊了过来，给她算个命。

那个假瞎子装模作样的说："你的屋里有三大不吉，若不早治，将有血光之灾。"于是，他根据事先看到的情况编了一段话："红补丁，补裤裆；破簸箕，盖

水缸；公鸡站在门槛上。"懒婆娘一听："噫！真是灵验，他怎么知道我是红补丁补的裤裆？破簸箕盖的水缸？还有个公鸡正好站在门槛上。哎呀！真是一个好灵的先生啦！就跟看得见似的。"于是，赶忙请教有什么法子可治？

假瞎子说："治法是有的：第一，把红补丁撕下来埋在土里；第二，把破簸箕扔得远远的；第三，把臊公鸡给我带走。只有这样，你才能避免血光之灾。但有一样，就是一下子治不断根，到明天天亮之前，你可能还要遭点小罪。"懒婆娘听后，心里非常高兴地说："幸亏碰到你这位先生啊。"忙不迭地一一照办了。

第二天天亮前，懒婆娘的丈夫照例要起床干活。忽然间想到，每天这个时候家里的公鸡准时打鸣的，怎么今天没有听到鸡子叫呢？就问他的媳妇是怎么回事。懒婆娘便把白天的事情一一道明。丈夫一听，顿时火冒三丈，抡起鞋板就是一顿痛打。突然之间，懒婆娘好像明白了什么，一边大哭，一边不停地喊："好灵的先生，真是好灵的先生啊！果然是在天亮的时候要遭罪呢！"

0025 其他故事

裁缝拿出来，砌匠就拿出来。［tsai²¹³ foŋ⁴² nɔ⁴² tʂʰu̇⁴⁴ nai⁴²，tɕʰi⁴² tɕiaŋ²¹³ təu⁴⁴ nɔ⁴² tʂʰu̇⁴⁴ nai⁴²］

裁缝跟砌匠在一家做活儿，［tsʰai⁴² foŋ⁰ kən⁴⁴ tɕʰi⁴² tɕiaŋ²¹³ tsai²¹³ i⁴² tɕiɔ⁴⁴ tsəu²⁴ xor⁴²］

做活：做事

他看到旁边没人，［tʰɔ⁴⁴ kʰan²¹³ tau⁰ pʰaŋ⁴² pian⁴⁴ ma²¹³ zən⁴²］

他就把多余的一块布，［tʰɔ⁴⁴ təu⁴⁴ pɔ³⁵ to⁴⁴ y⁴² ti⁰ i⁴² kʰuai³⁵ pu²¹³］

塞自个儿衣服荷包里。［sai⁴⁴ tsʅ²¹³ kor²⁴ i⁴⁴ fu⁴² xo⁴² pau⁴⁴ ni⁰］荷包：口袋

他突然一想嘞，［tʰɔ⁴⁴ tʰəu⁴⁴ zɿan⁴² i⁴² ɕiaŋ³⁵³ nei⁰］

那个屋顶高头还有个砌匠。［na²⁴ kə⁰ vu⁴² tin³⁵³ kau⁴⁴ tʰəu⁴⁴ xai⁴² iəu³⁵³ kə⁰ tɕi⁴² tɕiaŋ²¹³］

高头：上面

他把脑壳一抬一瞄，［tʰɔ⁴⁴ pɔ³⁵³ nau³⁵³ kʰo⁴² i⁴² tʰai⁴² i⁴² miau⁴⁴］脑壳：脑袋。瞄：看

瞄到那个砌匠嘞，［miau⁴⁴ tau⁰ nei²⁴ kə²¹³ tɕʰi⁴² tɕiaŋ²¹³ nei⁰］

正在往自个儿衣服荷包里面装钉子，［tʂən⁴⁴ tsai²¹³ uaŋ³⁵ tsʅ²⁴ kor²¹³ i⁴⁴ fu⁴² xo⁴² pau⁴⁴ ni³⁵ mian⁰ tʂuaŋ⁴⁴ tin⁴⁴ tsʅ⁰］

一边朝到自个儿做鬼脸儿。［i⁴² pian⁴⁴ tsʰau⁴⁴ tau⁰ tsʅ²⁴ kor²¹³ tsəu²¹³ kuei³⁵ nier³⁵³］

裁缝心里面一惊，［tsʰai⁴² foŋ⁴² ɕin⁴⁴ ni³⁵ mian⁰ i⁴² tɕin⁴⁴］

心里面想：［ɕin⁴⁴ ni³⁵ mian⁰ ɕiaŋ³⁵³］

"坏了的，［xuai²¹³ niau⁰ ti⁰］

他肯定看到我拿布的，［tʰɔ⁴⁴ kʰən³⁵ tin²¹³ kʰan²¹³ tau⁰ o³⁵³ nɔ⁴² pu²¹³ ti⁰］

于是嘞，两个人嘞相视一笑。"［y⁴² ʂʅ²¹³ nei⁰，niaŋ³⁵³ kə⁰ zən⁴² nei⁰ ɕiaŋ⁴⁴ ʂʅ²¹³ i⁴² ɕiau²¹³］

其实嘞，［tɕʰi⁴² ʂʅ⁴² nei⁰］

这两个人嘞都不是个省油的灯儿。［tsə²¹³ niaŋ³⁵³ kə⁰ zən⁴² nei⁰ təu⁴⁴ pu⁴² ʂʅ²⁴ kə²¹³ sən³⁵ iəu⁴² ti⁰ tər⁴⁴］

吃晚饭的时候，［tɕʰi⁴² uan³⁵ fan²¹³ ti⁰ ʂʅ⁴² xəu⁰］

两个人都想互相地敲打一下儿。［niaŋ³⁵³ kə⁰ zən⁴² təu⁴⁴ ɕiaŋ³⁵ xu²⁴ ɕiaŋ⁴⁴ ti⁰ tɕʰiau⁴⁴ tɔ³⁵³ i⁴² xɔr²¹³］

那个裁缝都说：［nei²⁴ kə⁰ tsai⁴⁴ foŋ⁴² təu⁴⁴ ʂua⁴²］

"砌匠师傅酒量不大嘞，［tɕʰi²⁴ tɕiaŋ²¹³ ʂʅ⁴⁴ fu⁰ tɕiəu³⁵ niaŋ²¹³ pu²⁴ tɔ²¹³ nei⁰］

就莫喝了；［tsəu²¹³ mo⁴² xo⁴² niau⁰］

再喝嘞，就要拿出来的。"［tsai²⁴ xo⁴² nei⁰，tsəu²⁴ iau²¹³ nɔ⁴² tʂʰu̩⁴² nai⁴² ti⁰］

啥晓得，那个砌匠嘞也不含糊，［ʂa³⁵ ɕiau³⁵³ ta⁰，nei²⁴ kə⁰ tɕi²⁴ tɕiaŋ²¹³ nei⁰ i³⁵³ pu²¹³ xan⁴² xu⁴²］

立马就回了他一句：［ni⁴² mɔ³⁵³ tsəu²¹³ xuei⁴² niau⁰ tʰɔ⁴⁴ i⁴² tɕy²¹³］

"酒量再小呀，也不比你差。［tɕiəu³⁵ niaŋ²¹³ tsai²⁴ ɕiau³⁵³ ia⁰，i³⁵³ pu²¹³ pi³⁵ ni³⁵³ tʂʰɔ⁴⁴］

想叫我拿出来嘞，还不到时候。［ɕiaŋ³⁵³ tɕiau²⁴ o³⁵³ nɔ⁴² tʂʰu̩⁴² nai⁴² nei⁰，xuan⁴² pu²¹³ tau⁰ ʂʅ⁴² xəu⁰］

你拿出来了，［ni³⁵³ nɔ⁴² tʂʰu̩⁴² nai⁴² niau⁰］

我才能拿出来嘞。"［o³⁵³ tsʰai⁴² nən⁴² nɔ⁴² tʂʰu̩⁴² nai⁴² nei⁰］

这个故事传开了，［tɕi²⁴ kə²¹³ ku²⁴ ʂʅ²¹³ tʂʰuan⁴² kʰai⁴⁴ niau⁰］

民间嘞就兴起了一个段子，［min⁴² tɕian⁴⁴ nei⁰ tsəu⁴⁴ ɕin⁴⁴ tɕʰi³⁵³ niau⁰ i⁴² kə²¹³ tan²⁴ tsʅ⁰］

就是：［tsəu²⁴ ʂʅ²¹³］

裁缝拿出来了，砌匠就拿出来。［tsai²¹³ foŋ⁴² nɔ⁴² tʂʰu̩⁴² nai⁴² niau⁰，tɕʰi⁴² tɕiaŋ²¹³ təu⁴⁴ nɔ⁴² tʂʰu̩⁴² nai⁴²］

意译：裁缝拿出来了，砌匠就拿出来。有一个裁缝和一个砌匠同在一家做事，裁缝看见旁边没有人，就把多余的一块布料塞进了自己的衣兜里。他突然想起在屋顶上还有一个砌匠，于是抬头一望，那个砌匠正在一边往自己的衣兜里塞钉子，一边朝自己做鬼脸儿。裁缝一惊，心想坏了，他肯定是看到我拿布料了，于是两个人相视一笑。

其实，这两个人都不是省油的灯。吃晚饭的时候，他们都想互相敲打一下对方。裁缝说:"砌匠师傅酒量不大,不要再劝他喝了。再喝,就要拿出来的。"谁知那个砌匠毫不含糊,立马就回了他一句:"我酒量再小也不比你差,想叫我拿出来还不到时候,你先拿出来了,我才能拿出来。"

这个故事传开后,在民间就兴起了一句段子——裁缝拿出来了,砌匠就拿出来。

四　自选条目

0031 自选条目

谚语接龙。[ian²⁴y³⁵³tɕi⁴⁴noŋ⁴²]

我们就从头儿说起。[o³⁵³mən⁰tsəu²¹³tsʰoŋ⁴²tʰəur⁴²ʂua⁴²tɕʰi³⁵³]

头,头要冷,脚要暖,[tʰəu⁴²,tʰəu⁴² iau²⁴nən³⁵³,tɕio⁴²iau²⁴nan³⁵³]

肚子不要装太满。[təu³⁵³tsɿ⁰pu²⁴iau²¹³tsuaŋ⁴⁴tʰai²¹³man³⁵³]

满,满灌子不荡半灌子荡,[man³⁵³,man³⁵³kuan²¹³tsɿ⁰pu²⁴taŋ²¹³pan²⁴kuan²⁴tsɿ⁰taŋ²¹³]

罐子屄儿里起波浪。[kuan²¹³tsɿ⁰təur⁴²ni⁰tɕʰi³⁵³po⁴⁴naŋ²¹³] 屄儿里:里面、下面

浪,浪子回头金不换。[naŋ²¹³,naŋ²¹³tsɿ⁰xuei⁴²tʰəu⁴²tɕin⁴⁴pu²⁴xuan²¹³]

换,换了衣裳没换人。[xuan²¹³,xuan²⁴niau⁰i⁴⁴ʂaŋ³⁵mei⁴²xuan²⁴zən⁴²]

人,人不求人一般高,[zən²¹³,zən⁴²pu²¹³tɕʰiəu⁴²zən⁴²i⁴²pan⁴⁴kau⁴⁴]

水不流动一般平。[ʂuei³⁵³pu²¹³niəu⁴²toŋ²¹³i⁴²pan⁴⁴pʰin⁴²]

瓶,瓶子碰石头儿,[pʰin⁴²,pʰin⁴²tsɿ⁰pʰoŋ²¹³ʂɿ⁴²tʰəur⁰]

吃亏是自家儿。[tɕʰi⁴²kʰuei⁴⁴ʂɿ²¹³tsɿ²¹³kər⁴⁴]自家:自己

家,家常饭,粗布衣,[tɕia⁴⁴,tɕia⁴⁴tsʰaŋ⁴²fan²¹³,tsʰəu⁴⁴pu²⁴i⁴⁴]

知冷知热糟糠妻。[tsɿ⁴⁴nən³⁵³tsɿ⁴⁴zua⁴²tsau⁴⁴kʰaŋ⁴⁴tɕʰi⁴⁴]

欺,欺老不欺少,[tɕʰi⁴⁴,tɕʰi⁴⁴nau³⁵³pu²¹³tɕʰi⁴⁴ʂau³⁵³]

三年就赶到。[san⁴⁴nian⁴²tsəu²¹³kan³⁵³tau²¹³]

道,道场做到别人看,[tau²¹³,tau²⁴tsʰaŋ³⁵³tsəu²¹³tau⁰pie⁴²zən⁴²kʰan²¹³]

管他升天不升天。[kuan³⁵³tʰɔ⁴⁴ʂən⁴⁴tʰian⁴⁴pu²¹³ʂən⁴⁴tʰian⁴⁴]

天,天干饿不到农家子,[tʰian⁴⁴,tʰian⁴⁴kan⁴⁴o²¹³pu²¹³tau⁰noŋ⁴²tɕia⁴⁴tsɿ⁰] 农家子:农民的儿子

地冻冻不死纺织娘。[ti²⁴toŋ²¹³toŋ²⁴pu²⁴sɿ³⁵³faŋ³⁵tsɿ⁴²niaŋ⁴²] 纺织娘:纺织女

娘,娘屋里喝碗地菜汤,[niaŋ⁴²,niaŋ⁴²vu⁴⁴ni⁰xo⁴²uan³⁵³ti²⁴tsʰai²¹³tʰaŋ⁴⁴]

出门说得溜溜光。[tsʰu⁴²mən⁴²ʂua⁴²ti⁰niəu⁴⁴niəu⁰kuaŋ⁴⁴]

光，光是胡椒也不辣。[kuaŋ⁴⁴，kuaŋ⁴⁴ ʂɿ²¹³ xu⁴² tɕiau⁴⁴ ie³⁵³ pu²⁴ nɔ⁴²]

腊，腊月二十五，[nɔ⁴²，nɔ⁴² ye⁴² ar²⁴ ʂɿ⁴² vu³⁵³]

屋里屋外扫尘土。[vu⁴² ni⁰ vu⁴² uai²¹³ sau³⁵³ tʂʰən⁴² tʰəu³⁵³]

土，土地老爷遭虫打。[tʰəu³⁵³，tʰəu³⁵ ti²¹³ nau³⁵³ i⁴² tsau⁴⁴ tʂʰoŋ⁴² tɔ³⁵³]

打，打喷嚏是鼻子痒，[tɔ³⁵³，tɔ³⁵ pʰən⁴² ti⁰ ʂɿ²¹³ pi⁴² tsɿ⁰ iaŋ³⁵³]

做梦是心里想。[tsəu²⁴ moŋ²¹³ ʂɿ²¹³ ɕin⁴⁴ ni⁰ ɕiaŋ³⁵³]

想，想剃头就莫怕打湿脑壳。[ɕiaŋ³⁵³，ɕiaŋ³⁵³ tʰi²¹³ tʰəu⁴² tsəu²¹³ mo²⁴ pʰɔ²¹³ tɔ³⁵³ ʂɿ⁴² nau³⁵ kʰo⁴²] 脑壳：头

瞌，瞌睡来了找枕头。[kʰo⁴²，kʰo⁴² ʂuei²¹³ nai⁴² niau⁰ tsau³⁵ tʂən³⁵³ tʰəu⁰]

头，头要冷。[tʰəu⁴²，tʰəu⁴² iau²⁴ nən³⁵³]

——咦！这又回来了。[i⁴⁴！tɕi²¹³ iəu²⁴ xuei⁴² nai⁴² niau⁰]

意译：谚语接龙。

我们从头说起。

头，头要冷，脚要暖，肚子不要装太满。

满，满灌子不荡半灌子荡，罐子底下起波浪。

浪，浪子回头金不换。

换，换了衣裳没换人。

人，人不求人一般高，水不流动一般平。

瓶，瓶子碰石头，吃亏的是自己。

家，家常饭，粗布衣，知冷知热糟糠妻。

欺，欺老不欺少，三年就赶到。

道，道场做给别人看，管他升天不升天。

天，天干饿不到农家子，地冻冻不死纺织娘。

娘，娘屋里喝碗地菜汤，出门说得溜溜光。

光，光是胡椒也不辣。

腊，腊月二十五，屋里屋外扫尘土。

土，土地老爷遭虫打。

打，打喷嚏是鼻子痒，做梦是心里想。

想，想剃头就不怕打湿脑壳。

瞌，瞌睡来了找枕头。

头，头要冷。

——咦！这又回来了。

0032 自选条目

一竖一勾儿，[i⁴² ʂʅ²¹³ i⁴² kəur⁴⁴]

两个虱子打鞦儿。[niaŋ³⁵³ kə⁰ sa⁴² tsʅ⁰ tɔ³⁵³ tɕʰiəur⁴⁴]

打一个字：[tɔ³⁵³ i⁴² kə⁰ tsʅ²¹³]

小，大小的"小"。[ɕiau³⁵³，ta²⁴ ɕiau³⁵³ ti⁰ ɕiau³⁵³]

意译：一竖一勾儿，两个虱子打鞦儿。打一个字：小，大小的"小"。

0033 自选条目

人字生得丑，[zən⁴² tsʅ²¹³ sən⁴⁴ ta⁰ tʂʰəu³⁵³]

不改有个久，[pu²⁴ kai³⁵³ iəu³⁵³ kə⁰ tɕiəu³⁵³]

一笔改成字，[i⁴² pi⁴² kai³⁵³ tʂʰən⁴² tsʅ²¹³]

算你是魁首。[san²¹³ ni³⁵³ ʂʅ²¹³ kʰuei⁴² ʂəu³⁵³]

打一个字：[tɔ³⁵³ i⁴² kə⁰ tsʅ²¹³]

及，及时的"及"。[tɕi⁴²，tɕi⁴² ʂʅ⁴² ti⁰ tɕi⁴²]

意译：人字生得丑，不改有个久，一笔改成字，算你是魁首。打一个字：及，及时的"及"。

0034 自选条目

一字来得巧，[i⁴² tsʅ²¹³ nai⁴² ta⁰ tɕʰiau³⁵³]

天色已晚了，[tʰian⁴⁴ sa²¹³ i³⁵³ uan³⁵³ niau⁰]

加一笔不好，[tɕiɔ⁴⁴ i⁴² pi⁴² pu²⁴ xau³⁵³]

加一倍不少。[tɕiɔ⁴⁴ i⁴² pei²¹³ pu²⁴ ʂau³⁵³]

打一个字：[tɔ³⁵³ i⁴² ko⁰ tsʅ²¹³]

夕，夕阳的"夕"。[ɕi⁴⁴，ɕi⁴⁴ iaŋ⁴² ti⁰ ɕi⁴⁴]

意译：一字来得巧，天色已晚了，加一笔不好，加一倍不少。打一个字：夕，夕阳的"夕"。

0035 自选条目

一边儿细又软，[i⁴² piɚ⁴⁴ ɕi²¹³ iəu²⁴ zʮan³⁵³]

一边儿硬又刚，[i⁴² piɚ⁴⁴ in²¹³ iəu²⁴ kaŋ⁴⁴]

软的可做鞋，[zʮan³⁵³ ti⁰ kʰo³⁵³ tsəu²⁴ xai⁴²]

硬的可砌墙。[in²¹³ ti⁰ kʰo³⁵³ tɕʰiaŋ⁴² tɕiaŋ⁴²]

打一个字：[tɔ³⁵³ i⁴² kə⁰ tsɿ²¹³]

破，破坏的"破"。[pʰo²¹³，pʰo²⁴ xuai²¹³ ti⁰ pʰo²¹³]

意译：一边细又软，一边硬又刚，软的可做鞋，硬的可砌墙。打一个字：破，破坏的"破"。

0036 自选条目

火烤日晒继续干，[xo³⁵ kʰau³⁵³ ar⁴² ʂai²⁴ tɕi²⁴ ɕy²¹³ kan⁴⁴]

清除裂痕抱成团儿。[tɕʰin⁴⁴ tʂʰʅ⁴² ni⁴² xən⁴² pau²⁴ tʂʰən⁴² tʰɚ⁴²]

打一个字：[tɔ³⁵³ i⁴² kə⁰ tsɿ²¹³]

焊，焊接的"焊"。[xan²¹³，xan²⁴ tɕi⁴² ti⁰ xan²¹³]

意译：火烤日晒继续干，清除裂痕抱成团。打一个字：焊，焊接的"焊"。

0037 自选条目

一个字，十一画，[i⁴² kə⁰ tsɿ²¹³，ʂʅ⁴² i⁴² xuɔ²¹³]

无横无直无勾笔，[vu⁴² xən⁴² vu⁴² tsɿ⁴² vu⁴² kəu⁴⁴ pi⁴²]

有人去问孔夫子，[iəu³⁵³ zən⁴² tɕʰy²¹³ uən²¹³ kʰoŋ³⁵ fu⁴⁴ tsɿ⁰]

他说此味儿不好吃。[tʰɔ⁴⁴ ʂua⁴² tsʰɿ³⁵ uɚ²¹³ pu²⁴ xau³⁵ tɕʰi⁴²]

打一个字：[tɔ³⁵³ i⁴² kə⁰ tsɿ²¹³]

淡，咸淡的"淡"。[tan²¹³，ɕian⁴² tan²¹³ ti⁰ tan²¹³]

意译：一个字，十一画，无横无直无勾笔，有人去问孔夫子，他说此味不好吃。打一个字：淡，咸淡的"淡"。

0038 自选条目

分开来是土，[fən⁴⁴ kʰai⁴⁴ nai⁰ ʂʅ²¹³ tʰəu³⁵³]

合起来不是土，[xo⁴² tɕʰi³⁵³ nai⁰ pu²⁴ ʂʅ²¹³ tʰəu³⁵³]

若问它本身，[zo⁴² uən²¹³ tʰa⁴⁴ pən³⁵ ʂən⁴⁴]

实际还是土。[ʂʅ⁴² tɕi⁴² xai⁴² ʂʅ²¹³ tʰəu³⁵³]

打一个字：[tɔ³⁵³ i⁴² kə⁰ tsɿ²¹³]

堤，河堤的"堤"。[tʰi⁴⁴，xo⁴² tʰi⁴⁴ ti⁰ tʰi⁴⁴]

意译：分开来是土，合起来不是土，若问它本身，实际还是土。打一个字：堤，河堤的"堤"。

0039 自选条目

一个不出头，[i⁴² kə²¹³ pu²⁴ tʂʰu⁴² tʰəu⁴²]

两个不出头，[niaŋ³⁵ kə²¹³ pu²⁴ tʂʰʅ⁴² tʰəu⁴²]

三个不出头，[san⁴⁴ kə²¹³ pu²⁴ tʂʰʅ⁴² tʰəu⁴²]

三头六臂九条腿，[san⁴⁴ tʰəu⁴² nəu⁴² pi²¹³ tɕiəu³⁵ tʰiau⁴² tʰei³⁵³]

有它才好起高楼。[iəu³⁵³ tʰɔ⁴⁴ tsʰai⁴² xau³⁵³ tɕʰi³⁵ kau⁴⁴ nəu⁴²]

打一个字：[tɔ³⁵³ i⁴² kə⁰ tsʅ²¹³]

森，森林的"森"。[sən⁴⁴，sən⁴⁴ nin⁴² ti⁰ sən⁴⁴]

意译：一个不出头，两个不出头，三个不出头，三头六臂九条腿，有它才好起高楼。森，森林的"森"。

0040 自选条目

一字生得怪，[i⁴² tsʅ²¹³ sən⁴⁴ ta⁰ kuai²¹³]

头上用草盖，[tʰəu⁴² ʂaŋ⁰ ioŋ²⁴ tsʰau³⁵ kai²¹³]

九颗大黄豆儿，[tɕiəu³⁵ kʰo⁴⁴ tɔ²¹³ xuaŋ⁴² təur²¹³]

三根豆芽菜。[san⁴⁴ kən⁴⁴ təu²⁴ iɔ⁴² tsʰai²¹³]

打一个字：[tɔ³⁵³ i⁴² kə⁰ tsʅ²¹³]

蕊，花蕊的"蕊"。[ʐuei³⁵³，xuɔ⁴⁴ ʐuei³⁵³ ti⁰ ʐuei³⁵³]

意译：一字生得怪，头上用草盖，九颗大黄豆，三根豆芽菜。打一个字：蕊，花蕊的"蕊"。

0041 自选条目

一棵枯树叶儿掉光，[i⁴² kʰo⁴⁴ kʰu⁴⁴ ʂʅ²¹³ iər⁴² tiau²⁴ kuaŋ⁴⁴]

有只白鹤歇树上，[iəu³⁵ tsʅ³⁵³ pa⁴⁴ xo⁴² ɕi⁴² ʂʅ²¹³ ʂaŋ⁰]

二面围了金丝网，[ar²⁴ mian²¹³ uei⁴² niau⁰ tɕin⁴⁴ sʅ⁴⁴ uaŋ³⁵³]

人人见了不忧伤。[ʐən⁴² ʐən⁰ tɕian²¹³ niau⁰ pu²⁴ iəu⁴⁴ ʂaŋ⁴⁴]

打一个繁体字：[tɔ³⁵³ i⁴² kə⁰ fan⁴² tʰi³⁵ tsʅ²¹³]

樂，快乐的"樂"。[no²¹³，kʰuai²⁴ no²¹³ ti⁰ no²¹³]

意译：一棵枯树叶掉光，有只白鹤歇树上，两面围了金丝网，人人见了不忧伤。打一个繁体字：樂，快乐的"樂"。

0042 自选条目

木兰杀出黄岭山，[mu⁴² nan⁴² ʂɔ⁴² tʂʰʅ⁴² xuaŋ⁴² nin³⁵ ʂan⁴⁴]

黄忠勒马把路拦，[xuaŋ⁴² tʂoŋ⁴⁴ nə⁴² mɔ³⁵³ pɔ³⁵ nəu²⁴ nan⁴²]

丢了靴帽田公子，[tiəu⁴⁴ niau⁰ ɕy⁴⁴ mau²¹³ tʰian⁴² koŋ⁴⁴ tsʅ²¹³]

不要双脸想苏三。[pu²⁴ iau²¹³ ʂuaŋ⁴⁴ nian³⁵³ ɕiaŋ³⁵ səu⁴⁴ san⁴⁴]

打一个字儿：[tɔ³⁵³ i⁴² kə⁰ tsər²¹³]

横，横竖的"横"。[xən⁴², xən⁴² ʂʅ²¹³ ti⁰ xən⁴²]

意译：木兰杀出黄岭山，黄忠勒马把路拦，丢了靴帽田公子，不要双脸想苏三。打一个字：横，横竖的"横"。

0043 自选条目

守徐州丢了大半儿，[ʂəu³⁵³ ɕy⁴² tʂəu⁴⁴ tiəu⁴⁴ niau⁰ tɔ²⁴ pɐr²¹³]

战吕布射掉金冠儿，[tʂan²¹³ ny³⁵ pu²¹³ ʂa²⁴ tiau²¹³ tɕin⁴⁴ kuɐr⁴⁴]

骂曹操丢了战马，[mɔ²¹³ tsʰau⁴² tsʰau⁰ tiəu⁴⁴ niau⁰ tʂan²⁴ mɔ³⁵³]

恨董卓有心无肝儿。[xən²¹³ toŋ³⁵ tso⁴² iəu³⁵³ ɕin⁴⁴ vu⁴² kɐr⁴⁴]

打一个字儿：[tɔ³⁵³ i⁴² kə⁰ tsər²¹³]

德，德国的"德"。[ta⁴², ta⁴² kua⁴² ti⁰ ta⁴²]

意译：守徐州失了大半，战吕布射掉金冠，骂曹操丢了战马，恨董卓有心无肝。打一个字：德，德国的"德"。

0044 自选条目

待月西厢一寺空，[tai²¹³ ye⁴² ɕi⁴⁴ ɕiaŋ⁴⁴ i⁴² sʅ²¹³ kʰoŋ⁴⁴]

张生呼救求无踪，[tʂaŋ⁴⁴ sən⁴⁴ xu⁴² tɕiəu²¹³ tɕʰiəu⁴² vu⁴² tsoŋ⁴⁴]

崔莺失去佳期会，[tsʰei⁴⁴ in⁴⁴ ʂʅ⁴² tɕʰy²¹³ tɕiɔ⁴⁴ tɕʰi⁴⁴ xuei²¹³]

只为红娘不用工。[tʂʅ³⁵³ uei⁴² xoŋ⁴² niaŋ⁴² pu²⁴ ioŋ²¹³ koŋ⁴⁴]

打一个繁体字儿：[tɔ³⁵³ i⁴² kə⁰ fan⁴⁴ tʰi³⁵ tsər²¹³]

徽，国徽的"徽"。[xuei⁴⁴, kua⁴² xuei⁴⁴ ti⁰ xuei⁴⁴]

意译：待月西厢一寺空，张生呼救求无踪，崔莺失去佳期会，只为红娘不用工。打一个繁体字：徽，国徽的"徽"。

0045 自选条目

一点一横长，[i⁴² tian³⁵³ i⁴² xuən⁴² tʂʰaŋ⁴²]

一笔到南阳，[i⁴² pi⁴² tau²¹³ nan⁴² iaŋ⁴²]

两棵木梓树，[niaŋ³⁵ kʰo⁴⁴ mu⁴² tsʅ⁴⁴ ʂu²¹³]

长在手尖上。[tʂʰaŋ⁴² tsai²¹³ ʂəu³⁵ tɕian⁴⁴ ʂaŋ²¹³]

打一个字儿：[tɔ³⁵³ i⁴² kə⁰ tsər²¹³]

摩，摩天轮的"摩"。[mo⁴², mo⁴² tʰian⁴⁴ nən⁴² ti⁰ mo⁴²]

意译：一点一横长，一笔到南阳，两棵木梓树，长在手尖上。打一个字：摩，摩天轮的"摩"。

0046 自选条目

多一笔带学生，[to⁴⁴ i⁴² pi⁴² tai²¹³ ɕio⁴² sən⁴⁴]

少一笔带士兵。[ʂau³⁵³ i⁴² pi⁴² tai²¹³ sʅ²¹³ pin⁴⁴]

打两个字儿：[tɔ³⁵³ niaŋ³⁵ kə⁰ tsər²¹³]

师，老师的"师"；[sʅ⁴⁴，nau³⁵ sʅ⁴⁴ ti⁰ sʅ⁴⁴]

帅，帅哥的"帅"。[ʂuai²¹³，ʂuai²⁴ ko⁴⁴ ti⁰ ʂuai²¹³]

意译：多一笔带学生，少一笔带士兵。打两个字：师，老师的"师"；帅，帅哥的"帅"。

0047 自选条目

金小姐行为不正，[tɕin⁴⁴ ɕiau³⁵ tɕi³⁵³ ɕin⁴² uei⁴² pu²⁴ tʂən⁴⁴]

相交了两位先生，[ɕiaŋ⁴⁴ tɕiau⁴⁴ niau⁰ niaŋ³⁵ uei²¹³ ɕian⁴⁴ sən⁰]

爱的是眉清目秀，[ŋai²¹³ ti⁰ sʅ²¹³ mei⁴² tɕʰin⁴⁴ mu⁴² ɕiəu²¹³]

总就是八字生成。[tsoŋ²¹³ tsəu²⁴ sʅ²¹³ pɔ⁴² tsʅ²¹³ sən⁴⁴ tʂʰən⁴²]

打一个繁体字：[tɔ³⁵³ i⁴² kə⁰ fan⁴² tʰi³⁵³ tsʅ²¹³]

鑽，钻石的"鑽"。[tsan²¹³，tsan²¹³ sʅ⁴² ti⁰ tsan²¹³]

意译：金小姐行为不正，相交了两位先生，爱的是眉清目秀，就是八字生成。打一个繁体字：鑽，钻石的"鑽"。

0048 自选条目

一字形似鸡卵，[i⁴² tsʅ²¹³ ɕin⁴² sʅ²¹³ tɕi⁴⁴ nan³⁵³]

常在月中游玩儿，[ʂaŋ⁴² tsai²¹³ ye⁴² tʂoŋ⁴⁴ iəu⁴² uɐr⁴²]

左有春花为邻，[tso³⁵³ iəu³⁵³ tʂʰuən⁴⁴ xuɔ⁴⁴ uei⁴² nin⁴²]

右有白虎作伴；[iəu²¹³ iəu³⁵³ pa⁴² xu³⁵³ tso⁴² pan²¹³]

会猜的猜到明儿朝早晨，[xuei²¹³ tsʰai⁴⁴ ti⁰ tsʰai⁴⁴ tau⁰ miər⁴² tsau⁴⁴ tsau³⁵ tʂʰən⁰] 明儿朝：明天

不会猜的猜到明儿年春半。[pu²⁴ xuei²¹³ tsʰai⁴⁴ ti⁰ tsʰai⁴⁴ tau²¹³ miər⁴² nian⁰ tʂʰuən⁴⁴ pan²¹³] 春半：春天

打一个字儿：[tɔ³⁵³ i⁴² kə⁰ tsər²¹³]

卯，卯时的"卯"。[mau³⁵³，mau³⁵ sʅ⁴² ti⁰ mau³⁵³]

意译：一字形似鸡卵，常在月中游玩，左有春花为邻，右有白虎作伴；会猜的猜到明天早晨，不会猜的猜到明年春天。打一个字：卯，卯时的"卯"。

0049 自选条目

一月又一月，[i⁴²ye⁴² iəu²¹³ i⁴²ye⁴²]

两月共半边，[niaŋ³⁵ye⁴² koŋ²¹³ pan²⁴pian⁴⁴]

上有可耕田，[ʂaŋ²⁴iəu³⁵³ kʰo³⁵ kən⁴⁴tʰian⁴²]

下有长流川，[ɕiɔ²⁴iəu³⁵³ tʂʰaŋ⁴² niəu⁴² tʂʰuan⁴⁴]

一家有六口，[i⁴²tɕiɔ⁴⁴iəu³⁵³ nəu⁴² kʰəu³⁵³]

两口不团圆儿。[niaŋ³⁵kʰəu³⁵³ pu²⁴tʰan⁴² yɐr⁴²]

打一个字儿：[tɔ³⁵³ i⁴²kə⁰tsər²¹³]

用，有用的"用"。[ioŋ²¹³, iəu³⁵ioŋ²¹³ ti⁰ioŋ²¹³]

意译：一月又一月，两月共半边，上有可耕田，下有长流川，一家有六口，两口不团圆。打一个字：用，有用的"用"。

0050 自选条目

一个字儿，[i⁴²kə²¹³tsər²¹³]

点点儿大，[tian³⁵³tiɐr⁰tɔ²¹³]

要摸他，[iau²⁴mo⁴⁴tʰɔ⁴⁴]

帽子下。[mau²¹³tsʅ⁰ɕiɔ²¹³]

打一个字儿：[tɔ³⁵³ i⁴²kə⁰tsər²¹³]

头，头发的"头"。[tʰəu⁴², tʰəu⁴²fo⁴²ti⁰tʰəu⁴²]

意译：一个字，点点大，要摸他，帽子下。打一个字：头，头发的"头"。

0051 自选条目

四个"不"字儿颠倒颠，[sʅ²⁴kə²¹³pu²¹³tsər²¹³ tian⁴⁴tau³⁵tian⁴⁴]

四个"八"字儿紧相连，[sʅ²⁴kə²¹³pɔ⁴²tsər²¹³ tɕin³⁵³ɕiaŋ⁴⁴nian⁴²]

四个"人"字儿不相见，[sʅ²⁴kə²¹³zən⁴²tsər²¹³ pu²⁴ɕiaŋ⁴⁴tɕian²¹³]

一个"十"字儿站中间。[i⁴²kə²¹³sʅ⁴²tsər²¹³ tʂan²⁴tʂoŋ⁴⁴tɕian⁴⁴]

打一个字儿：[tɔ³⁵³ i⁴²kə⁰tsər²¹³]

米，大米的"米"。[mi³⁵³, tɔ²⁴mi³⁵³ti⁰mi³⁵³]

意译：四个"不"字颠倒颠，四个"八"字紧相连，四个"人"字不相见，一个"十"字站中间。打一个字：米，大米的"米"。

0052 自选条目

瞎子见钱眼睁开，[ɕiɔ⁴² tsʅ⁰ tɕian²⁴ tɕʰian⁴² ian³⁵³ tsən⁴⁴ kʰai⁴⁴]
跛子见钱跑起来。[po³⁵³ tsʅ⁰ tɕian²⁴ tɕʰian⁴² pʰau³⁵ tɕʰi³⁵³ nai⁰]
意译：瞎子见钱眼睁开，跛子见钱跑起来（指市侩男女爱钱如命）。

0053 自选条目

酒是劝到喝，[tɕiəu³⁵³ sʅ²¹³ tɕʰyan²¹³ tau⁰ xo⁴²]
烟是讨到吃。[ian⁴⁴ sʅ²¹³ tʰau³⁵³ tau⁰ tɕʰi⁴²]
意译：喝酒要劝着喝，抽烟要讨着抽。

0054 自选条目

花鼓戏《朝阳沟》片段，[xuɔ⁴⁴ ku³⁵ ɕi²¹³ tʂau⁴² iaŋ⁴² kəu⁴⁴ pʰian²⁴ tan²¹³]
梁山调。[niaŋ⁴² ʂan⁴⁴ tiau²¹³]
看见了新被子啊！[kʰan²⁴ tɕian²¹³ niau⁰ ɕin⁴⁴ pei²⁴ tsʅ³⁵³ a⁰]
我心中难过啊！[o³⁵³ ɕin⁴⁴ tʂoŋ⁴⁴ nan⁴² ko²¹³ a⁰]
埋怨一声，[mai⁴² yan²¹³ i⁴² ʂən⁴⁴]
亲家儿母啊，啊哈啊！[tɕʰin⁴⁴ tɕiɔr⁴⁴ mu³⁵³ a⁰，a⁰ xa⁰ a⁰]
你个老妖婆，[ni³⁵³ kə²¹³ nau³⁵³ iau⁴⁴ pʰo⁴²]
你的女，我的儿啊！[ni³⁵³ ti⁰ ny³⁵³，o³⁵³ ti⁰ ar⁴² a⁰]
把亲订过啊！[pa³⁵³ tɕʰin⁴⁴ tin²⁴ ko²¹³ a⁰]
为什么你不准哪？啊哈啊！[uei⁴² ʂən⁴² mo⁰ ni³⁵³ pu²⁴ tʂuən³⁵³ na⁰？a⁰ xa⁰ a⁰]
她前来呀看我啊！[tʰa⁴⁴ tɕʰian⁴² nai⁴² ia⁴ kʰan²¹³ o³⁵³ a⁰]
你不准来我家呀，啊哈啊！[ni³⁵³ pu²⁴ tʂuən³⁵³ nai⁴² o³⁵ tɕia⁴⁴ ia⁰，a⁰ xa⁰ a⁰]
我还不恼啊！[o³⁵³ xai⁴² pu²⁴ nau³⁵³ a⁰] 不恼：不生气
还不该骂俺是个哎老山窝啊！[xai⁴² pu²¹³ kai⁴⁴ mɔ²⁴ ŋan³⁵³ sʅ²⁴ ko²¹³ nau³⁵ ʂan⁴⁴ o⁴⁴ a⁰]

老山窝：乡巴佬

深山野沟自古有哇，啊哈啊！[tʂʰən⁴⁴ ʂan⁴⁴ i³⁵ kəu⁴⁴ tsʅ²⁴ ku³⁵³ iəu³⁵ ua⁰，a⁰ xa⁰ a⁰]
我们的个子也不比你短。[o³⁵³ mən⁰ ti⁰ ko²¹³ tsʅ⁰ i³⁵³ pu²¹³ pi³⁵³ ni³⁵³ tan³⁵³]
自从俺参加了公社后哇，啊哈啊！[tsʅ²⁴ tsʰoŋ⁴² ŋan³⁵³ tsan⁴⁴ tɕia⁴⁴ niau⁰ koŋ⁴⁴ ʂa²¹³ xəu²¹³ ua⁰，a⁰ xa⁰ a⁰]
不愁吃来我不愁喝啊！[pu²⁴ tʂʰəu⁴² tɕʰi⁴² nai⁰ o³⁵³ pu²⁴ tʂʰəu⁴² xo⁴² a⁰]
昨夜晚啊！[tso⁴² i²¹³ uan³⁵³ a⁰]

俺老婆啊做了一个好梦，[ŋan³⁵³ nau³⁵ pʰo⁴² a⁰ tsəu²¹³ na⁰ i⁴² kə²¹³ xau³⁵ moŋ²¹³]
梦见了哇媳妇儿啊，啊哈啊！[moŋ²⁴ tɕian²¹³ niau⁰ uɔ⁰ ɕi⁴² fuər²¹³ a⁰，a⁰ xa⁰ a⁰]
她前来看我呀哈啊！[tʰɔ⁴⁴ tɕʰian⁴² nai⁴² kʰan²¹³ o³⁵³ ia⁰ xa⁰ a⁰]
一进门来呀就笑哇，[i⁴² tɕin²⁴ mən⁴² nai⁴² ia⁰ tɕiəu²⁴ ɕiau²¹³ uɔ⁰]
就笑哇，就笑吙吙。[tɕiəu²⁴ ɕiau²¹³ uɔ⁰，tɕiəu²⁴ ɕiau²¹³ xo⁰ xo⁰]
先叫爹后叫妈，[ɕian⁴⁴ tɕiau²⁴ tie⁴⁴ xəu²¹³ tɕiau²⁴ mɔ⁴⁴]
说话和气又能说，[ʂuo⁴² xuɔ²¹³ xo⁰ tɕʰi²¹³ iəu²⁴ nən⁴² ʂuo⁴²]
帮我做饭又刷锅，[paŋ⁴⁴ o³⁵³ tsəu⁴² fan²¹³ iəu²¹³ ʂuɔ⁴² ko⁴⁴]
喜得我一夜没有话说。[ɕi³⁵³ ta⁰ o³⁵³ i⁴² ie²¹³ mei⁴² iəu³⁵³ xuɔ²¹³ ʂuo⁴⁴]
老头子在一旁他推推我呀：[nau³⁵³ tʰəu⁴² tsʅ⁰ tsai²¹³ i⁴² pʰaŋ⁴² tʰɔ⁴⁴ tʰei⁴⁴ tʰei⁰ o³⁵³ ia⁰]
"老婆子，你呀你，[nau³⁵³ pʰo⁴² tsʅ⁰，ni³⁵³ ia⁰ ni³⁵³]
你几辈子没有当婆婆哇！"[ni³⁵³ tɕi³⁵ pei²¹³ tsʅ⁰ mei⁴² iəu³⁵³ taŋ⁴⁴ pʰo⁴² pʰo⁰ ua⁰]
我梦醒来，[o³⁵³ moŋ²¹³ ɕin³⁵ nai⁴²]
鸡叫三遍啦，啊哈啊！[tɕi⁴⁴ tɕiau²¹³ san⁴⁴ pian²¹³ na⁰，a⁰ xa⁰ a⁰]
一晚上，[i⁴² uan³⁵ ʂaŋ²¹³]
两只眼再没合来，[niaŋ³⁵ tsʅ³⁵ ian³⁵³ tsai²¹³ mei⁴² xo⁴² nai⁴²]
再没哎，再没合哎！[tsai²¹³ mei⁴² ai⁰，tsai²¹³ mei⁴² xo⁴² ai⁰]
意译：花鼓戏《朝阳沟》片段，梁山调。

看见了新被子，我心中难过，埋怨一声。亲家母，你是个老妖婆，你的女儿和我的儿子已把亲事订过，为什么你还不准啊！她前来看我，你不准她来我家，我也没有生气。但你不该骂我是个乡巴佬。深山野沟自古有，我们的个子也不比你短。自从我参加了公社后，不愁吃不愁喝。

昨天夜晚，我做了个好梦，梦见了儿媳妇前来看我，一进门就笑哈哈，先叫爸后叫妈，说话和气又倒茶，帮我做饭又刷锅，喜得我一夜没话说。老头子在一旁推推我说："老婆子，你几辈子没有当过婆婆。"梦醒来，鸡叫三遍，喜得我两只眼再没合。

0055 自选条目

花鼓戏《破洪洲——佘太君》片段，[xuɔ⁴⁴ ku³⁵ ɕi²¹³ pʰo²¹³ xoŋ²¹³ tsəu⁴⁴——ʂa⁴⁴ tʰai²⁴ tɕyn⁴⁴ pʰian²⁴ tan²¹³]
雅腔。[iɔ⁴² tɕʰiaŋ⁴⁴]
八千岁，水淹了，[pɔ⁴² tɕʰian⁴⁴ sei²¹³，ʂuei³⁵³ ian⁴⁴ niau⁰]
河东寨柳王伤命啦！[xo⁴² toŋ⁴⁴ tsai²¹³ niəu³⁵ uaŋ⁴² ʂaŋ⁴⁴ min²¹³ na⁰]

俺杨家呀，[ŋan³⁵³ iaŋ⁴² tɕia⁴⁴ ia⁰]
居家人等投宋营啦哎！[tɕy⁴⁴ tɕia⁴⁴ zən⁴² tən³⁵³ tʰəu⁴² soŋ²⁴ in⁴² na⁰ ai⁰]
投宋军保江山，[tʰəu⁴² soŋ²⁴ tɕyn⁴⁴ pau³⁵ tɕiaŋ⁴⁴ ʂan⁴⁴]
忠心耿耿。[tʂoŋ⁴⁴ ɕin⁴⁴ kən³⁵³ kən⁰]
七杆枪，两口刀，[tɕʰi⁴² kan⁴⁴ tɕʰiaŋ⁴⁴, niaŋ³⁵ kʰəu³⁵ tau⁴⁴]
南杀北征啦哎！[nan⁴² ʂɔ⁴² pa⁴² tʂən⁴⁴ na⁰ ai⁰]
俺杨家的将啊！[ŋan³⁵³ iaŋ⁴² tɕia⁴⁴ ti⁰ tɕiaŋ⁴⁴ a⁰]
他碰死里凌碑为国尽忠。[tʰa⁴⁴ pʰoŋ²⁴ sʅ³⁵³ ni³⁵ nin⁴² pei⁴⁴ uei⁴² kua⁴² tɕin²⁴ tʂoŋ⁴⁴]
我大郎在北关替主丧命；[o³⁵³ ta²⁴ naŋ⁴² tsai²¹³ pa⁴² kuan⁴⁴ tʰei²¹³ tʂʯ³⁵³ saŋ⁴⁴ min²¹³]
我二郎在战场命丧残生；[o³⁵³ ar²¹³ naŋ⁴² tsai²¹³ tʂan²⁴ tʂʰaŋ³⁵³ min²¹³ saŋ⁴⁴ tsʰan⁴² sən⁴⁴]
我三郎被马踏，尸骨泥烂；[o³⁵³ san⁴⁴ naŋ⁴² pei²¹³ ma³⁵ tʰa⁴², sʅ⁴⁴ ku³⁵³ ni⁴² nan²¹³]
我四郎被敌擒，尸落藩营；[o³⁵³ sʅ²⁴ naŋ⁴² pei²¹³ ti⁴² tɕʰin⁴², sʅ⁴⁴ no⁴² fan⁴⁴ in⁴²]
我五郎杀寒了心，当了和尚；[o³⁵³ vu³⁵ naŋ⁴² ʂa⁴² xan⁴² niau⁰ ɕin⁴⁴, taŋ⁴⁴ niau⁰ xo⁴² ʂaŋ²¹³]
我七郎被叛贼乱箭穿心；[o³⁵³ tɕʰi⁴² naŋ⁴² pei²¹³ pʰan²⁴ tsei⁴² nan²⁴ tɕian²¹³ tʂʰuan⁴⁴ ɕin⁴⁴]
我八郎至如今无有踪影；[o³⁵³ pa⁴² naŋ⁴² tʂʅ²¹³ zʯ⁴² tɕin⁴⁴ vu⁴² iəu³⁵³ tsoŋ⁴⁴ in³⁵³] 无有：没有
单剩六郎杨延景，[tan⁴⁴ ʂən²¹³ nəu⁴² naŋ⁴² iaŋ⁴² ian⁴² tɕin³⁵³]
为国王家守边庭。[uei⁴² kua⁴² uaŋ⁴² tɕia⁴⁴ ʂəu³⁵³ pian⁴⁴ tʰin⁴²]
至如今，天波府无兵无将，[tʂʅ²¹³ zʯ⁴² tɕin⁴⁴, tʰian⁴⁴ po⁴⁴ fu³⁵³ vu⁴² pin⁴⁴ vu⁴² tɕiaŋ⁴⁴]
只剩下众儿媳居寡守灵。[tʂʅ³⁵³ ʂən²⁴ ɕia²¹³ tʂoŋ²¹³ ar⁴² ɕi⁴² tɕy⁴⁴ kuɔ³⁵³ ʂəu³⁵ nin⁴²]
八贤王你不信往天波府看，[pa⁴² ɕian⁴² uaŋ⁴² ni³⁵³ pu²⁴ ɕin²¹³ uaŋ³⁵³ tʰian⁴⁴ po⁴⁴ fu³⁵³ kʰan²¹³]
天波府现放着几口空灵。[tʰian⁴⁴ po⁴⁴ fu³⁵³ ɕian²⁴ faŋ²¹³ tʂo⁴² tɕi³⁵ kʰəu³⁵³ kʰoŋ⁴⁴ nin⁴²]
空灵：空灵柩
一口灵来两口灵，[i⁴² kʰəu³⁵³ nin⁴² nai⁰ niaŋ³⁵ kʰəu³⁵³ nin⁴²]
打开十口有九口空，[ta³⁵³ kʰai⁴⁴ ʂʅ⁴² kʰəu³⁵³ iəu³⁵³ tɕiəu³⁵ kʰəu³⁵³ kʰoŋ⁴⁴]
一个个皆都是为国效命。[i⁴² ko²¹³ ko⁰ tɕiai⁴⁴ təu⁴⁴ ʂʅ²¹³ uei⁴² kua⁴² ɕiau²⁴ min²¹³]
哪一个送到俺祖坟营，[na³⁵³ i⁴² ko²¹³ soŋ⁴² tau²¹³ ŋan³⁵³ tsəu³⁵ fən⁴² in⁴²]
并非是老臣违抗圣命，[pin²⁴ fei⁴⁴ ʂʅ²¹³ nau³⁵ tʂʰən⁴² uei⁴² kʰaŋ²¹³ ʂən²⁴ min²¹³]
叫老臣到哪里呀遣将调兵，[tɕiau²¹³ nau³⁵ tʂʰən⁴² tau²¹³ na³⁵³ ni⁰ ia⁰ tɕʰian³⁵ tɕiaŋ²¹³ tʰiau⁴² pin⁴⁴]

哎哎！[ai⁰ai⁰]

意译：花鼓戏《破洪洲——佘太君》片段，雅腔。

八千岁，水淹了，河东寨柳王伤了命。我杨家去投宋营，投宋军保江山，忠心耿耿。七杆枪、两口刀，南杀北征。杨家的将碰死在里凌碑，为国尽忠。

我大郎在北关替主丧命；我二郎在战场命丧残生；我三郎被马踏，尸骨泥烂；我四郎被敌擒，头落藩营；我五郎杀寒了心，当了和尚；我七郎被判贼乱箭穿心；我八郎到如今没有踪影；单剩六郎杨延景，为国保家守边关。到如今，天波府无兵无将，只剩下众儿媳守寡守灵。

八贤王你若不相信就往天波府看，天波府现放着几口棺材。一口灵来两口灵，打开十口有九口空，一个个都是为国效命，有哪一口送到我家的祖坟营，并非是老臣违抗圣命，叫老臣到哪里遭将调兵。

0056 自选条目

花鼓戏《刘胡兰》片段，[xuɔ⁴⁴ku³⁵ɕi²¹³niəu⁴²xu⁴²nan⁴²pʰian²⁴tan²¹³]

西江月调。[ɕi⁴⁴tɕiaŋ⁴⁴ye²¹³tiau²¹³]

一道道的水哚，[i⁴²tau²¹³tau⁰ti⁰ʂuei³⁵³nai⁰]

一道道的山。[i⁴²tau²¹³tau⁰ti⁰san⁴⁴]

队伍出发要上前线，[tei²⁴vu³⁵³tʂʰʅ⁴²fa⁴²iau²¹³ʂaŋ²⁴tɕʰian⁴²ɕian²¹³]

一心一意去打仗，[i⁴²ɕin⁴⁴i⁴²i²¹³tɕʰy²¹³tɔ³⁵tʂaŋ²¹³]

后方的事情你别放在心间。[xəu²⁴faŋ⁴⁴ti⁰sʅ²⁴tɕʰin⁴²ni³⁵³pie⁴²faŋ²⁴tsai²¹³ɕin⁴⁴tɕian⁴⁴]

放心吧，别挂牵，[faŋ²⁴ɕin⁴⁴pa⁰，pie⁴²kuɔ²⁴tɕʰian⁴⁴]挂牵：牵挂

真金不怕火来炼。[tʂən⁴⁴tɕin⁴⁴pu²⁴pʰa²¹³xo³⁵nai⁴²nian²¹³]

把绳索刀斧摆面前，[pa³⁵³ʂən⁴²so⁴²tau⁴⁴fu³⁵³pai³⁵³mian²⁴tɕʰian⁴²]

也难剁我的心半点。[ie³⁵³nan⁴²tɔ²¹³o³⁵³ti⁰ɕin⁴⁴pan⁴²tian³⁵³]

放心吧，你别挂牵，[faŋ²⁴ɕin⁴⁴pa⁰，ni³⁵³pie⁴²kuɔ²⁴tɕʰian⁴⁴]

句句话儿记心间。[tɕy²¹³tɕy⁰xuɔ²¹³ər⁰tɕi²¹³ɕin⁴⁴tɕian⁴⁴]

不怕险哚，不怕难，[pu²⁴pʰa²¹³ɕian³⁵³nai⁰，pu²⁴pʰa²¹³nan⁴²]

不怕难哚，不避险。[pu²⁴pʰa²¹³nan⁴²nai⁰，pu²⁴pi²⁴ɕian³⁵³]

埋头一心做工作，[mai⁴²tʰəu⁴²i⁴²ɕin⁴⁴tsəu²¹³koŋ⁴⁴tso⁴²]

争取胜利的那一天。[tsən⁴⁴tɕʰy³⁵³ʂən²⁴ni²¹³ti⁰na²¹³i⁴²tʰian⁴⁴]

风会停，云会散，[foŋ⁴⁴xuei²⁴tʰin⁴⁴，yn⁴²xuei²¹³san³⁵³]

闫匪总会消灭完。[ian⁴²fei³⁵³tsoŋ³⁵xuei²¹³ɕiau⁴⁴mie⁴²uan⁴²]

等着吧，你等着吧！[tən³⁵⁵ tʂo⁴² pa⁰, ni³⁵³ tən³⁵⁵ tʂo⁴² pa⁰]
等到胜利的那一天，[tən³⁵³ tau⁰ ʂən²⁴ ni²¹³ ti⁰ na²⁴ i⁴² tʰian⁴⁴]
我们再相见。[o³⁵³ mən⁰ tsai²¹³ ɕiaŋ⁴⁴ tɕian²¹³]
意译：花鼓戏《刘胡兰》片段，西江月调。

一道道的水，一道道的山。队伍出发要上前线，一心一意去打仗，后方的事情别挂在心间。放心吧，别牵挂，真金不怕火炼。把绳索和刀斧摆在面前，也难剁我的心。放心吧，别牵挂，句句话儿记心间。不怕险不怕难，不怕难不避险。一心埋头做工作，争取胜利的那一天。风会停，云会散，闫匪总会消灭光。等着吧，你等着吧！等到胜利的那一天，我们再相见。

0057 自选条目
花鼓戏《珍珠塔》片段，[xuɔ⁴⁴ ku³⁵ ɕi²¹³ tʂən⁴⁴ tʂṳ⁴⁴ tʰɔ⁴² pʰian²⁴ tan²¹³]
纽丝调。[niəu³⁵ sɹ̩⁴⁴ tiau²¹³]
鼓打五更天又哇明啦！[ku³⁵ ta³⁵³ vu³⁵ kən⁴⁴ tʰian⁴⁴ iəu²¹³ ua⁰ min⁴² na⁰]
啊咿呀嗨嗨嗨！[a⁰ i⁰ ia⁰ xei⁰ xei⁰ xei⁰]
呀吙嗨嗨咿呀吙嗨呀嗨！[ia⁰ xo⁰ xei⁰ xei⁰ i⁰ ia⁰ xo⁰ xei⁰ ia⁰ xei⁰]
东方闪出了太阳呀星啦！[toŋ⁴⁴ faŋ⁴⁴ ʂan³⁵ tʂʰṳ⁴² na⁰ tʰai⁴² iaŋ⁴² ia⁰ ɕin⁴⁴ na⁰]
太阳一出，千条哇路哇！[tʰai⁴² iaŋ⁴² i⁴² tʂʰṳ⁴², tɕʰian⁴⁴ tʰiau⁴² ua⁰ nəu²¹³ ua⁰]
啊咿呀嗨嗨嗨！[a⁰ i⁰ ia⁰ xei⁰ xei⁰ xei⁰]
呀吙嗨嗨咿呀吙嗨呀嗨！[ia⁰ xo⁰ xei⁰ xei⁰ i⁰ ia⁰ xo⁰ xei⁰ ia⁰ xei⁰]
太阳一出，天就哇明啦哎！[tʰai⁴² iaŋ⁴² i⁴² tʂʰṳ⁴², tʰian⁴⁴ tɕiəu²¹³ ua⁰ min⁴² na⁰ ai⁰]
将身儿寸把小房进啦！[tɕiaŋ⁴⁴ ʂər⁴⁴ tsʰən²¹³ pa²¹³ ɕiau³⁵ faŋ⁴² tɕin²¹³ na⁰]
啊咿呀嗨嗨嗨！[a⁰ i⁰ ia⁰ xei⁰ xei⁰ xei⁰]
呀吙嗨嗨咿呀吙嗨呀嗨！[ia⁰ xo⁰ xei⁰ xei⁰ i⁰ ia⁰ xo⁰ xei⁰ ia⁰ xei⁰]
叫小姐，你速醒，[tɕiau²⁴ ɕiau³⁵ tɕi³⁵³, ni³⁵³ səu⁴² ɕin³⁵³]
东方发明啦嗨！[toŋ⁴⁴ faŋ⁴⁴ foŋ⁴⁴ min⁴² na⁰ xai⁰] 东方发明：指天亮
意译：花鼓戏《珍珠塔》片段，纽丝调。

鼓打五更天又明，东方出了个太阳星。太阳一出千条路，照到千家万户明。将身子一点点儿把小房进，叫小姐，你快醒，天亮了。

0058 自选条目
花鼓戏《吴三保游春》片段，[xuɔ⁴⁴ ku³⁵ ɕi²¹³ vu⁴² san⁴⁴ pau³⁵³ iəu⁴² tʂʰuən⁴⁴ pʰian²⁴ tan²¹³]

四平调。[ṣɿ²⁴ pʰin⁴² tiau²¹³]

桃花开，李花放啊！[tʰau⁴² xua⁴⁴ kʰai⁴⁴, ni³⁵³ xua⁴⁴ faŋ²¹³ a⁰]

花红一片。[xua⁴⁴ xoŋ⁴² i⁴² pʰian²¹³]

艳阳天，春光好，[ian²⁴ iaŋ⁴² tʰian⁴⁴, tṣʰuən⁴⁴ kuaŋ⁴⁴ xau³⁵³]

百鸟声喧。[pa⁴² niau³⁵³ ʂən⁴⁴ ɕyan⁴⁴]

今天是啊，三月三佳节来到，[tɕin⁴⁴ tʰian⁴⁴ ṣɿ²¹³ a⁰, san⁴⁴ ye⁴² san⁴⁴ tɕia⁴⁴ tɕi⁴² nai⁴² tau²¹³]

闲无事到荒郊前去游玩。[ɕian⁴² vu⁴² ṣɿ²¹³ tau²¹³ xuaŋ⁴⁴ tɕiau⁴⁴ tɕʰian⁴² tɕʰy²¹³ iəu⁴² uan⁴²]

移步儿啊哎，[i⁴² puər²¹³ a⁰ ai⁰]

来至荒郊外面，[nai⁴² tṣɿ²⁴ xuaŋ⁴⁴ tɕiau⁴⁴ uai²⁴ mian²¹³]

捉一只小蝴蝶儿啊，[tṣo⁴² i⁴² tṣɿ³⁵³ ɕiau³⁵³ xu⁴² tiər⁴² a⁰]

戏耍游玩啊！[ɕi²⁴ ʂuo³⁵³ iəu⁴² uan⁴² a⁰] 戏耍游玩：嘻戏玩耍

意译：花鼓戏《吴三保游春》片段，四平调。

桃花开李花放，花红一片。艳阳天，春光好，百鸟齐鸣。今天是三月三佳节，闲来无事到荒郊游玩。移步来到荒郊野外，抓一只小蝴蝶儿，嘻戏玩耍。

0059 自选条目

花鼓戏《站花墙》片段，[xuo⁴⁴ ku³⁵ ɕi²¹³ tṣan²¹³ xuo⁴⁴ tɕʰian⁴² pʰian²⁴ tan²¹³]

呔调·侉腔 [tʰai⁴² tiau²¹³ · kʰua³⁵ tɕʰian⁴⁴]

王美容：（侉腔）王美容在绣楼啦，[uaŋ⁴² mei³⁵ zoŋ⁴²：uaŋ⁴² mei³⁵ zoŋ⁴² tsai²¹³ ɕiəu²⁴ nəu⁴² na⁰]

心中烦闷啦，[ɕin⁴⁴ tṣoŋ⁴⁴ fan⁴² mən²¹³ na⁰]

又把春香叫一声，[iəu²¹³ pɔ³⁵³ tṣʰuan⁴⁴ ɕiaŋ⁴⁴ tɕiau²⁴ i⁴² ʂən⁴⁴]

叫春香：有（春香答）。[tɕiau²⁴ tṣʰuan⁴⁴ ɕiaŋ⁴⁴：iəu³⁵³]

带路花园进，[tai²⁴ nəu²¹³ xuo⁴⁴ yan⁴² tɕin²¹³]

去到花园散散心。[tɕʰy²¹³ tau²⁴ xuo⁴⁴ yan⁴² san³⁵³ san⁰ ɕin⁴⁴]

（锣鼓点子）（呔四平）叫呀么叫道童啊！[tɕiau²¹³ ia⁰ ma⁰ tɕiau²¹³ tau²⁴ tʰoŋ⁴² a⁰]

杨玉春：口称女荷花。[iaŋ⁴² y²⁴ tṣuan⁴⁴：kʰəu³⁵ tṣʰən⁴⁴ ny³⁵ xo⁴² xua⁴⁴]

王美容：你往跟前站啦！[uaŋ⁴² mei³⁵ zoŋ⁴²：ni³⁵³ uaŋ³⁵³ kən⁴⁴ tɕʰian⁴² tṣan²¹³ na⁰]

杨玉春：小姐你问啥？[iaŋ⁴² y²⁴ tṣuan⁴⁴：ɕiau³⁵ tɕi³⁵³ ni³⁵³ uən²¹³ ʂa⁰]

王美容：哎哟哟，哎哟哟！细问根芽。[uaŋ⁴² mei³⁵ zoŋ⁴²：ai⁰ io⁰ io⁰, ai⁰ io⁰ io⁰! ɕin²⁴ uən²¹³ kən⁴⁴ ia⁴²] 细问根芽：细问家底

（锣鼓点子）问道童你家住哪里？[uən²¹³ tau²⁴ tʰoŋ⁴² ni³⁵³ tɕia⁴⁴ tʂʅ²¹³ na³⁵ ni³⁵³]
您何姓啦？[nin³⁵³ xo⁴² ɕin²¹³ na⁰]

杨玉春：家住湖光应山小东关。[iaŋ⁴² y²⁴ tʂuən⁴⁴：tɕia⁴⁴ tʂʅ²¹³ xu⁴² kuan⁴⁴ in²⁴ ʂan⁴⁴ ɕiau³⁵ toŋ⁴⁴ kuan⁴⁴]

王美容：东关呀有个杨老爷啦！[uaŋ⁴² mei³⁵ ʐoŋ⁴²：toŋ⁴⁴ kuan⁴⁴ ia⁰ iəu³⁵ ko²¹³ iaŋ⁴² nau³⁵ ie⁴² na⁰]

杨玉春：那就是俺的父亲一品官。[iaŋ⁴² y²⁴ tʂuən⁴⁴：na²¹³ tɕiəu²⁴ ʂʅ²¹³ ŋan⁴⁴ ti⁰ fu²¹³ tɕʰin⁴⁴ i⁴² pʰin³⁵ kuan⁴⁴]

王美容：他家有个杨老太太。[uaŋ⁴² mei³⁵ ʐoŋ⁴²：tʰa⁴⁴ tɕiɔ⁴⁴ iəu³⁵ ko²¹³ iaŋ⁴² nau³⁵³ tʰai²¹³ tʰai⁰]

杨玉春：那就是俺的母亲老安人。[iaŋ⁴² y²⁴ tʂuən⁴⁴：na²¹³ tɕiəu²⁴ ʂʅ²¹³ ŋan⁴⁴ ti⁰ mu³⁵³ tɕʰin⁴⁴ nau³⁵ ŋan⁴⁴ ʐən⁴²] 老安人：母亲的尊称

王美容：他家有个杨公子啊！[uaŋ⁴² mei³⁵ ʐoŋ⁴²：tʰa⁴⁴ tɕia⁴⁴ iəu³⁵ ko²¹³ iaŋ⁴² koŋ⁴⁴ tsʅ⁰ a⁰]

杨玉春：杨玉春就站在小姐的面前。[iaŋ⁴² y²⁴ tʂuən⁴⁴：iaŋ⁴² y²⁴ tʂʰuən⁴⁴ tɕiəu²¹³ tʂan²⁴ tsai²¹³ ɕiau³⁵ tɕi³⁵³ ti⁰ mian²⁴ tɕʰian⁴²]

王美容：二老爹娘可康健啦？[uaŋ⁴² mei³⁵ ʐoŋ⁴²：ar²⁴ nau³⁵³ ti⁴⁴ niaŋ⁴² kʰo³⁵³ kʰaŋ⁴⁴ tɕian²¹³ na⁰] 康健：健康

杨玉春：遭不幸二爹娘命丧黄泉。[iaŋ⁴² y²⁴ tʂuən⁴⁴：tsau⁴⁴ pu⁴ ɕin²¹³ ar²⁴ ti⁴⁴ niaŋ⁴² min²¹³ saŋ⁴⁴ xuaŋ⁴² tɕʰyan⁴²]

王美容：多亏何人抚养你呀？[uaŋ⁴² mei³⁵ ʐoŋ⁴²：to⁴⁴ kʰuei⁴⁴ xo⁴² ʐən⁴² fu⁴⁴ iaŋ³⁵³ ni³⁵³ ia⁰]

杨玉春：叔叔好咪，婶母娘不嫌。[iaŋ⁴² y²⁴ tʂuən⁴⁴：ʂou⁴² ʂou⁰ xau³⁵⁵ nai⁰，ʂən³⁵ mu³⁵ niaŋ⁴² pu²⁴ ɕian⁴²] 婶母娘：婶婶

王美容：不嫌不嫌怎样待你呀？[uaŋ⁴² mei³⁵ ʐoŋ⁴²：pu²⁴ ɕian⁴² pu²⁴ ɕian⁴² tsən³⁵ iaŋ²¹³ tai²⁴ ni³⁵³ ia⁰]

杨玉春：她打我四十大鞭赶出了门外边。[iaŋ⁴² y²⁴ tʂuən⁴⁴：tʰa⁴⁴ tɤ²¹³ o³⁵³ sʅ²⁴ ʂʅ⁴² ta²⁴ pian⁴⁴ kan³⁵³ tʂʰʅ⁴² niau⁰ mən⁰ uai²⁴ pian⁴⁴]

（垛子）王美容：叫声道童，你是听啦！[uaŋ⁴² mei³⁵ ʐoŋ⁴²：tɕiau²¹³ ʂən⁴⁴ tau²⁴ tʰoŋ⁴²，ni³⁵³ ʂʅ²¹³ tʰin⁴⁴ na⁰]

细听姑娘说分明。[ɕi²⁴ tʰin⁴⁴ ku⁴⁴ niaŋ⁴² ʂuo⁴⁴ fən⁴⁴ min⁴²]

赐你的金子斤半两啊！[tsʰʅ²¹³ ni³⁵³ ti⁰ tɕin⁴⁴ tsʅ⁰ tɕin⁴⁴ pan²⁴ niaŋ³⁵³ a⁰] 斤半两：半两

赐你的银子两半斤。[tsʰʅ²¹³ ni³⁵³ ti⁰ in⁴² tsʅ⁰ niaŋ³⁵ pan²⁴ tɕin⁴⁴] 两半斤：一斤

金子拿回去买田地呀![tɕin⁴⁴tsʅ⁰na⁴²xuei⁴²tɕʰy²¹³mai³⁵³tʰian⁴²ti²¹³ia⁰]

银子拿回家攻书文。[in⁴²tsʅ⁰na⁴²xuei⁴²tɕia⁴⁴koŋ⁴⁴ʂʅ⁴⁴uən⁴²]

大小考一个官员做,[ta²⁴ɕiau³⁵³kʰau³⁵³i⁴²ko²¹³kuan⁴⁴yan⁴²tsəu²¹³]

来接你妻呀,王美容。[nai⁴²tɕi⁴²ni³⁵³tɕʰi⁴⁴ia⁰, uaŋ⁴²mei³⁵³zoŋ⁴²]

意译:花鼓戏《站花墙》片段,呔调·侉腔。(人物:王美容、杨玉春、丫环春香)

王美容:(侉腔)王美容在绣楼,心中烦闷,又把春香叫一声,叫春香:有(春香答)。带我进花园,到花园去散散心。(锣鼓点子)(呔四平)叫声道童啊!

杨玉春:口称女荷花。

王美容:你往跟前站。

杨玉春:小姐你问什么?

王美容:细问一下家底。(锣鼓点子)问道童你家住哪里?你姓什么?

杨玉春:家住湖光应山小东关。

王美容:东关有个杨老爷?

杨玉春:那就是我的父亲一品官。

王美容:他家有个杨老太太。

杨玉春:那就是我的母亲大人。

王美容:他家有个杨公子?

杨玉春:杨玉春就站在小姐的面前。

王美容:两位爹娘是否健康?

杨玉春:两位爹娘遭不幸,命丧黄泉。

王美容:多亏何人抚养你?

杨玉春:叔叔好咪,婶婶不嫌弃。

王美容:她不嫌弃你,又怎样待你?

杨玉春:她打我四十大鞭,把我赶出了家门。

(垛子)王美容:叫声道童你听好,细听姑娘说分明。赐你金子半两,赐你银子一斤。金子拿回去买田地,银子拿回家读书。大小考一个官员来做,到那时来接你的妻子王美容。

0060 自选条目

花鼓戏《亿万人民跟着毛泽东》片段,[xuɔ⁴⁴ku³⁵ɕi²¹³i⁴²uan²¹³zən⁴²min⁴²kən⁴⁴tsɔ⁰mau⁴²tsʰə⁴²toŋ⁴⁴pʰian²⁴tan²¹³]

十木转大悲调。[ʂʅ⁴²mo²¹³tsuan³⁵³ta²⁴pei⁴⁴tʰiau²¹³]

山无头，水倒流，[ʂan⁴⁴ vu⁴² tʰəu⁴²，ʂuei³⁵³ tau³⁵ niəu⁴²]
穷人世代当马牛。[tɕʰioŋ⁴² zən⁴² sɿ²⁴ tai²¹³ taŋ⁴⁴ ma³⁵ niəu⁴²]
黄连路上穷人走，[xuaŋ⁴² nian⁴² nəu²⁴ ʂaŋ²¹³ tɕʰioŋ⁴² zən⁴² tsəu³⁵³]
地主欢笑，穷人愁。[ti²⁴ tʂʅ³⁵³ xuan⁴⁴ ɕiau²¹³，tɕʰioŋ⁴² zən⁴² tsʰəu⁴²]
那年洪山遭大旱，[na²⁴ nian⁴² xoŋ⁴² ʂan⁴⁴ tsau⁴⁴ ta²⁴ xan²¹³]
山被烤焦，水断流。[ʂan⁴⁴ pei²¹³ kʰau³⁵ tɕiau⁴⁴，ʂuei³⁵³ tan²⁴ niəu⁴²]
庄稼枯黄，地裂口。[tʂuaŋ⁴⁴ tɕia⁴⁴ kʰu⁴⁴ xuaŋ⁴²，ti²¹³ ni⁴² kʰəu³⁵³]
眼看啦，秋收无望，人人愁。[ian³⁵ kʰan²¹³ na⁰，tɕʰiəu⁴⁴ ʂəu⁴⁴ vu⁴² uaŋ²¹³，zən⁴² zən⁰ tsʰəu⁴²]
霜风起，枯草抖，[ʂuaŋ⁴⁴ foŋ⁴⁴ tɕʰi³⁵³，kʰu⁴⁴ tsʰau³⁵ təu³⁵³]
地主上门来收租。[ti²⁴ tʂʅ³⁵³ ʂaŋ²⁴ mən⁴² nai⁴² ʂəu⁴⁴ tsəu⁴⁴]
收租的黑斗放门口，[ʂəu⁴⁴ tsəu⁴⁴ ti⁰ xa⁴² təu³⁵³ faŋ²⁴ mən⁴² kʰəu³⁵³]
四处阴风往里抽。[sɿ²⁴ tʂʰʅ³⁵³ in⁴⁴ foŋ⁴⁴ uaŋ³⁵ ni³⁵ tʂʰəu⁴⁴]
盗尽谷种还不够，[tau²⁴ tɕin²¹³ ku⁴² tʂoŋ³⁵³ xai⁴² pu⁴⁴ kəu²¹³]
将儿拉去呀，来抵租。[tɕian⁴⁴ ar⁴² na⁴⁴ tɕʰy²¹³ ia⁰，nai⁴² ti³⁵ tsəu⁴⁴]
我的儿苦于路上，[o³⁵³ ti⁰ ar⁴² kʰu³⁵ y⁴² nəu²⁴ ʂaŋ²¹³]
折磨受够，[tʂə⁴² mo⁴² ʂəu²¹³ kəu²¹³]
抛尸荒郊无人收。[pʰau⁴⁴ sɿ⁴⁴ xuaŋ⁴⁴ tɕiau⁴⁴ vu⁴² zən⁴² ʂəu⁴⁴]
狗地主黑心肠，[kəu³⁵³ ti²⁴ tʂʅ³⁵³ xa⁴² ɕin²⁴ tʂʰaŋ⁴²]
又下毒手，[iəu²⁴ ɕia²¹³ təu⁴² ʂəu³⁵³]
将儿媳奸污后，[tɕian⁴⁴ ar⁴² ɕi⁴² tɕian⁴⁴ u⁴⁴ xəu²¹³]
扔在荒丘。[zən⁴⁴ tsai²¹³ xuaŋ⁴⁴ tɕʰiəu⁴⁴]
儿媳妇含悲愤，[ar⁴² ɕi⁴² fu²¹³ xan⁴² pei⁴⁴ fən²¹³]
投河自尽。[tʰəu⁴² xo⁴² tsɿ²⁴ tɕin²¹³]
可怜我孤苦伶仃，[kʰo³⁵ nian⁴² o³⁵³ ku⁴⁴ kʰu³⁵³ nin⁴² tin⁴⁴]
讨吃在街头，哦！[tʰau³⁵³ tʂʰi⁴² tsai²¹³ kai⁴⁴ tʰəu⁴²，əu⁰] 讨吃：讨饭

意译：花鼓戏《亿万人民跟着毛泽东》片段，十木转大悲调。

山无头，水倒流，穷人世代当马牛。黄连路上穷人走，地主欢笑，穷人愁。那年洪山遭大旱，山被烤焦，河水断流。庄稼枯黄，大地裂口。眼看秋收无望，人人忧愁。

霜风起，枯草抖，地主上门来收租。收租的黑斗放在门口，四处阴风往里抽。盗尽谷种还不够，将我的儿子拉去抵租。我的儿子在路上受尽折磨，抛尸荒郊无人收。狗地主黑心肠，又下毒手，将儿媳奸污后，扔在荒丘。儿媳含悲愤投

河自尽。可怜我孤苦伶仃，讨饭在街头。

0061 自选条目

花鼓戏《红珊瑚》片段，[xuɔ⁴⁴ ku³⁵ ɕi²¹³ xoŋ⁴² ʂan⁴⁴ xu⁴² pʰian²⁴ tan²¹³]

十之梅调。[ʂʅ⁴² tʂʅ⁴⁴ mei⁴² tiau⁴²]

海风阵阵愁煞人，[xai³⁵³ foŋ⁴⁴ tʂən²¹³ tʂən⁰ tʂʰəu⁴² ʂa²⁴ zən⁴²]

风声进来浪滚滚，[foŋ⁴⁴ ʂən⁴⁴ tɕin²⁴ nai⁴² naŋ²⁴ kuən³⁵³ kuən⁰]

风雨不怜打渔的人。[foŋ⁴⁴ y³⁵³ pu²⁴ nian¹² ta³⁵³ y⁴² ti⁰ zən⁴²] 不怜：不可怜

阿青哥被逼逃大陆，[a⁴⁴ tɕʰin⁴⁴ ko⁴⁴ pei²¹³ pi⁴² tʰau²⁴ ta²⁴ nəu⁴²]

冬去春来半年整，[toŋ⁴⁴ tɕʰy²¹³ tʂʰən⁴⁴ nai⁴² pan²⁴ nian⁴² tʂən³⁵³]

汪洋大海隔断了信音，[uaŋ⁴⁴ iaŋ⁴² ta²⁴ xai³⁵³ ka⁴² tan²¹³ niau⁰ ɕin²⁴ in⁴⁴] 信音：音信

哪年哪月他能够回家门？[na³⁵ nian⁴² na³⁵ ye⁴² tʰa⁴⁴ nən⁴² kəu²¹³ xuei⁴² tɕia⁴⁴ mən⁴²]

爹爹染重病，[ti⁴⁴ ti⁰ zɿan³⁵ tʂʰoŋ⁴² pin²¹³]

卧床昏沉沉。[o²⁴ tʂʰuaŋ⁴² xuən⁴⁴ tʂʰən⁴² tʂʰən⁰]

渔船过沙滩，[y⁴² tʂʰuan⁴² ko²⁴ ʂa⁴⁴ tʰan⁴⁴]

鱼债又逼死人，[y⁴² tʂai²¹³ iəu²¹³ pi⁴² sɿ³⁵ zən⁴²]

鱼霸的天下何日了？[y⁴² pa²¹³ ti⁰ tʰian⁴⁴ ɕia²¹³ xo⁴² ar⁴² niau³⁵³]

渔家的苦难几时尽？[y⁴² tɕia⁴⁴ ti⁰ kʰu³⁵ nan⁴² tɕi³⁵ sɿ⁴² tɕin²¹³] 几时：什么时候

听说大陆乌云散，[tʰin⁴⁴ ʂuo⁴² ta²¹³ nəu⁴² vu⁴⁴ yn⁴² san²¹³]

大陆上来了解放军。[ta²⁴ nəu⁴² ʂaŋ²¹³ nai⁴² niau⁰ tɕie³⁵ faŋ²¹³ tɕyn⁴⁴]

杀鱼霸，救穷人，[ʂa⁴² y⁴² pa²¹³，tɕiəu²⁴ tɕʰioŋ⁴² zən⁴²]

此话想必都是真。[tsʰʅ³⁵ xuɔ²¹³ ɕiaŋ³⁵ pi⁴² təu⁴⁴ sɿ²¹³ tʂən⁴⁴]

泪眼望穿千层浪，[nei²⁴ ian³⁵³ uaŋ⁴² tʂʰuan⁴⁴ tɕʰian⁴⁴ tsʰən⁴² naŋ²¹³]

但愿得救星早降临。[tan²⁴ yan²¹³ ta⁴² tɕiəu²¹³ ɕin⁴⁴ tsau³⁵ tɕiaŋ²⁴ nin⁴²]

擦尽脸上泪，[tsʰa⁴² tɕin²¹³ nian³⁵ ʂaŋ²⁴ nei²¹³]

忍着心头恨，[zən³⁵ tʂo⁴² ɕin⁴⁴ tʰəu⁴² xən²¹³]

为了爹爹能活命，[uei⁴² niau⁰ ti⁴⁴ ti⁰ nən⁴² xo⁴² min²¹³]

珊妹我赊药蹲豪门。[ʂuan⁴⁴ mei²¹³ o³⁵³ ʂa³⁵ io⁴² tən⁴⁴ xau⁴² mən⁴²] 赊药：赊账买药。豪门：地主家

意译：花鼓戏《红珊瑚》片段，十之梅调。

海风阵阵愁煞人，风声进来浪滚滚，风雨不会可怜打渔的人。阿青哥被逼逃到大陆，冬去春来半年整，汪洋大海隔断了音信，不知哪年哪月他能够回到家？爸爸染重病，卧床昏沉沉。渔船过沙滩，鱼债又逼死人，鱼霸的天下何日了？渔

家的苦难何时尽？

听说大陆乌云散，大陆来了解放军。杀鱼霸，救穷人，此话想必都是真。泪眼望穿千层浪，但愿救星早降临。擦尽脸上泪，忍着心头恨，为了爸爸能活命，珊妹我赊账买药来到地主家。

0062 自选条目

花鼓戏《借亲配》片段，[xuɔ⁴⁴ku³⁵ɕi²¹³tɕie²⁴tɕʰin⁴⁴pʰei²¹³pʰian²⁴tan²¹³]

下盘气调。[ɕiɔ²⁴pʰan⁴²tɕʰi⁴²tiau²¹³]

员外婆儿，无事儿忙。[yan⁴²uai²¹³pʰor⁴²，vu⁴²sər²¹³maŋ⁴²]

中午忙得呀就起呀床，[tʂoŋ⁴⁴vu³⁵³maŋ⁴²ta⁰ia⁰tɕiəu²⁴tɕʰi³⁵³ia⁰tʂʰuaŋ⁴²]

起床呀，我忙得呀团团转。[tɕʰi³⁵tʂʰuaŋ⁴²ia⁰，o³⁵³maŋ⁴²ta⁰ia⁰tʰan⁴²tʰan⁰tsʅuan²¹³]

忙梳头咪，我忙洗脸，[maŋ⁴²səu⁴⁴tʰəu⁴²nai⁰，o³⁵³maŋ⁴²ɕi³⁵nian³⁵³]

又要呀忙得呀换衣裳。[iəu²⁴iau²¹³ia⁰maŋ⁴²ta⁰ia⁰xuan²⁴i⁴⁴ʂaŋ⁴²]

换了呀衣裳啊，我忙吃饭，[xuan²⁴niau⁰ia⁰i⁴⁴ʂaŋ⁴²a⁰，o³⁵³maŋ⁴²tʂʰʅ⁴⁴fan²¹³]

收拾打扮，我到前堂。[ʂəu⁴⁴ʂʅ⁴²ta³⁵pan²¹³，o³⁵³tau²⁴tɕʰian⁴²tʰaŋ⁴²]

意译：花鼓戏《借亲配》片段，下盘气调。

员外婆，无事忙。中午我忙得就起床，起床后我忙得团团转。忙梳头，忙洗脸，又要忙着换衣裳。换了衣裳忙吃饭，收拾打扮到前堂。

0063 自选条目

好事儿不出门，[xau³⁵sər²¹³pu²⁴tʂʰʅ⁴²mən⁴²]

坏事儿传千里。[xuai²⁴sər²¹³tʂʰuan⁴²tɕʰian⁴⁴ni³⁵³]

意译：好事不容易被人知道，坏事却传播得又快又广。

0064 自选条目

小儿见了娘，[ɕiau³⁵ar⁴²tɕian²¹³niau⁰niaŋ⁴²]

无事儿唔一场。[vu⁴²sər²¹³ŋaŋ⁴⁴i⁴²tʂʰaŋ³⁵³] 唔：哭

意译：小孩子见到妈妈，没事也会撒娇哭闹。

0065 自选条目

无定墙头草，[vu⁴²tin²¹³tɕʰiaŋ⁴²tʰəu⁰tsʰau³⁵³]

风吹二面倒。[foŋ⁴⁴tʂʰuei⁴⁴ar²⁴mian²⁴tau³⁵³]

意译：墙头上的几根草，风往哪边吹得大，它就往哪边倒（喻一个人没有主见，喜欢见风使舵）。

0066 自选条目

不听老人言，[pu²⁴ tʰin⁴⁴ nau³⁵ zən⁴² ian⁴²]

吃亏在眼前。[tɕʰi⁴² kʰuei⁴⁴ tsai²⁴ ian³⁵ tɕʰian⁴²]

意译：不听老人们的话，肯定是会吃亏的。

0067 自选条目

羊肉没吃到，[iaŋ⁴² zəu⁴² mei²¹³ tɕʰi⁴² tau³⁵³]

惹了一身膻。[zʮa³⁵³ niau⁰ i⁴² ʂən⁴⁴ san⁴⁴] 膻：羊膻气

意译：想吃羊肉没有吃到，反倒沾了一身羊膻气（喻干某事没捞到好处，反而坏了名声，惹来了麻烦）。

0068 自选条目

儿不嫌母丑，[ar⁴² pu²⁴ ɕian⁴² mu³⁵ tʂʰəu³⁵³]

狗不嫌家贫。[kəu³⁵³ pu²⁴ ɕian⁴² tɕiɔ⁴⁴ pʰin⁴²]

意译：儿子不嫌弃自己的母亲丑，家里的狗不嫌弃家里穷。

0069 自选条目

牛逼不是吹的，[niəu⁴² pi⁴² pu²⁴ ʂʮ²¹³ tʂʰuei⁴⁴ ti⁰]

火车不是推的。[xo³⁵ tʂʰa⁴⁴ pu²⁴ ʂʮ²¹³ tʰei⁴⁴ ti⁰]

意译：牛逼不是吹出来的，火车不是靠人推的（喻做事要踏踏实实、实事求是，不要讲大话）。

0070 自选条目

要想人前显贵，[iau²⁴ ɕiaŋ³⁵³ zən⁴² tɕʰian⁴² ɕian³⁵ kuei²¹³]

就得人后受罪。[tsəu²¹³ ta⁰ zən⁴² xəu²¹³ ʂəu²⁴ tsei²¹³]

意译：要想出人头地，就必须先吃苦受罪。

0071 自选条目

小娃子身上三把火，[ɕiau³⁵ uo⁴² tsʮ⁰ ʂən⁴⁴ ʂaŋ⁰ san⁴⁴ pɔ³⁵ xo³⁵³]

老人身上棉条裹。[nau³⁵ zən⁴² ʂən⁴⁴ ʂaŋ⁰ mian⁴² tʰiau⁴² ko³⁵³] 棉条：棉衣

意译：小孩子冬天身上像把火，老年人身上裹着厚厚的棉衣。

0072 自选条目

吃了人家的嘴软，[tɕʰi⁴² niau⁰ zən⁴² ka⁴⁴ ti⁰ tsei³⁵ ʐuan³⁵³]

拿了人家的手短。[nɔ⁴² niau⁰ zən⁴² ka⁴⁴ ti⁰ ʂəu³⁵ tan³⁵³]

意译：吃了人家的饭嘴软，拿了人家的东西手短（喻不能随便吃拿，以免说话办事不理直气壮）。

0073 自选条目

热闹的马路不长草，[zౖa⁴² nau²¹³ ti⁰ mɔ³⁵ nəu²¹³ pu²⁴ tʂʰaŋ⁴² tsʰau³⁵³]

聪明的脑袋不长毛。[tsʰoŋ⁴⁴ min⁴² ti⁰ nau³⁵ tai²¹³ pu²⁴ tʂʰaŋ⁴² mau⁴²]

意译：热闹的马路上走的人多了，地上的草就不长了；聪明人的脑袋上头发也长得少。

0074 自选条目

五月十五收麦子，[vu³⁵ ye⁴² ʂʅ⁴² vu³⁵³ ʂəu⁴⁴ ma⁴² tsʅ⁰]

八月十五收花生。[pɔ⁴² ye⁴² ʂʅ⁴² vu³⁵³ ʂəu⁴⁴ xuɔ⁴⁴ sən⁰]

意译：五月十五收割麦子，八月十五收获花生（指不同的季节收获不同的农产品）。

0075 自选条目

早晨放霞，[tsau³⁵ tʂʰən⁴² faŋ²⁴ ɕiɔ⁴²]

等水烧茶；[tən³⁵ ʂuei³⁵³ ʂau⁴⁴ tʂʰɔ⁴²]

晚上放霞，[uan³⁵ ʂaŋ²¹³ faŋ²⁴ ɕiɔ⁴²]

干死蛤蟆。[kan⁴⁴ sʅ³⁵³ kʰa⁴² mo⁴⁴] 蛤蟆：蟾蜍

意译：早上看到霞光，肯定是雨天，雨大得可以烧水泡茶；傍晚看到霞光，第二天肯定是晴天，太阳会晒死青蛙（当地农民通过观察朝霞和晚霞的变化判定天气是晴还是雨）。

0076 自选条目

左眼跳，右眼愁，[tso³⁵ ian³⁵ tʰiau²¹³, iəu²⁴ ian³⁵ tʂʰəu⁴²]

不是鸡子就是肉。[pu²⁴ ʂʅ²¹³ tɕi⁴⁴ tsʅ⁰ tsəu²⁴ ʂʅ²¹³ zəu⁴²]

意译：左眼皮跳是吉祥的征兆，不升官就发财；右眼皮跳是不详的征兆，坏

事恐怕要来到（当地民间有"左眼跳财，右眼跳灾"的说法）。

0077 自选条目

嫁出去的姑娘泼出去的水。[tɕiɔ²¹³ tʂʰʯ⁴² tɕʰy²¹³ ti⁰ ku⁴⁴ niaŋ⁴² pʰo⁴² tʂʰʯ⁴² tɕʰy²¹³ ti⁰ ʂuei³⁵³]

意译：嫁出去的女儿在娘家是外人，在婆家也是外人。

0078 自选条目

三岁看大，[san⁴⁴ sei²¹³ kʰan²⁴ tɔ²¹³]

七岁看老。[tɕʰi⁴² sei²¹³ kʰan²⁴ nau³⁵³]

意译：三岁的孩子可以预见他成年的样子；七岁的孩子可以预见他老年的样子（喻从儿童的心理特点、个性倾向能看到他长大后的心理与个性形象）。

0079 自选条目

儿大避母，[ar⁴² tɔ²¹³ pi²⁴ mu³⁵³]

女大避父。[ny³⁵ tɔ²¹³ pi²⁴ fu²¹³]

意译：儿子长大后不能再依恋母亲，女儿长大后不能再亲近父亲（指儿女长大后，无论儿女，还是父母，都要有性别意识，男女有别）。

0080 自选条目

吃到碗里，[tɕʰi⁴² tau⁰ uan³⁵³ ni⁰]

护到锅里。[xu²¹³ tau⁰ ko⁴⁴ ni⁰]

意译：吃着自己碗里的东西，还要看着锅里的东西（喻贪心不足）。

0081 自选条目

堂前教子，[tʰaŋ⁴² tɕʰian⁴² tɕiau²⁴ tsʅ³⁵³]

枕边教妻。[tʂən³⁵ pian⁴⁴ tɕiau²⁴ tɕʰi⁴⁴]

意译：家中子女犯错，叫到堂屋前严加训导；妻子有错，不要当着子女和他人的面责备妻子的过错。

0082 自选条目

一回儿扯了谎，[i⁴² xuər⁴² tʂʰa³⁵³ niau⁰ xuaŋ³⁵³]

十回儿难圆场。[ʂʅ⁴² xuər⁴² nan⁴² yan⁴² tʂʰaŋ³⁵³]

意译：一次说了谎话，再说十次好话也难以令人相信。

0083 自选条目

人活一张脸，［zən⁴² xo⁴² i⁴² tʂaŋ⁴⁴ nian³⁵³］

树活一张皮。［ʂʅ²⁴ xo⁴² i⁴² tʂaŋ⁴⁴ pʰi⁴²］

意译：人活着靠的是一张知羞耻的脸面，就像树活着靠的是一层保护树身的树皮。

0084 自选条目

人多好种树，［zən⁴² to⁴⁴ xau³⁵³ tʂoŋ³⁵ ʂʅ²¹³］

人少好过年。［zən⁴² ʂau³⁵³ xau³⁵³ ko²⁴ nian⁴²］

意译：人多时，每个人干一点，树就种完了；人少时，收获的东西每个人分得就多一点。

0085 自选条目

人要人帮衬，［zən⁴² iau²¹³ zən⁴² paŋ⁴⁴ tʂʰən⁰］帮衬：帮助

树要土偎根。［ʂʅ²⁴ iau²¹³ tʰəu³⁵³ uei⁴⁴ kən⁴⁴］偎根：吸收根系的营养

意译：人和人之间需要互相帮助，才能成就大业；就像树要生长，需要土壤给根系提供营养。

0086 自选条目

大人望种树，［to²⁴ zən⁴² uaŋ²¹³ tʂoŋ³⁵ ʂʅ²¹³］

小娃子望过年。［ɕiau³⁵ uɔ⁴⁴ tsʅ⁰ uaŋ²¹³ ko²⁴ nian⁴²］小娃：小孩子

意译：大人们盼望的是种树的时节，而小孩子最盼望的是过年。

0087 自选条目

病中好试人，［pin²⁴ tʂoŋ⁴⁴ xau³⁵³ ʂʅ²⁴ zən⁴²］

难中好救人。［nan⁴² tʂoŋ⁴⁴ xau³⁵³ tɕiəu²⁴ zən⁴²］

意译：人生病时要出钱相救；人有难时要舍身相助。

0088 自选条目

吃药不忌口，［tɕʰi⁴² io⁴² pu²¹³ tɕi²⁴ kʰəu³⁵³］

医生跟哒走。［i⁴⁴ sən⁴⁴ kən⁴⁴ ta⁰ tsəu³⁵³］跟哒：跟着

意译：吃药不忌嘴，医生跑断腿（喻病人吃药时饮食上要多加注意，以助康复）。

0089 自选条目
宁下过头力，[nin⁴² ɕiɔ²¹³ ko²¹³ tʰəu⁰ ni⁴²]
不说过头话。[pu²⁴ ʂua⁴² ko²¹³ tʰəu⁰ xuɔ²¹³]
意译：宁可多下力气，也不可说过头话（喻言多必失，祸从口出）。

0090 自选条目
抬头嫁姑娘，[tʰai⁴² tʰəu⁰ tɕiɔ²¹³ ku⁴⁴ niaŋ⁴²]
低头娶媳妇儿。[ti⁴⁴ tʰəu⁰ tɕʰy³⁵³ ɕi⁴² fuər²¹³]
意译：女儿出嫁要找门第比自己家高的，儿子娶媳妇要找门第比自己家低的，即高嫁低娶。

0091 自选条目
年轻的夫妻，[nian⁴² tɕʰin⁴⁴ ti⁰ fu⁴⁴ tɕʰi⁰]
老来的伴儿。[nau³⁵ nai⁴² ti⁰ pər²¹³]
意译：少年夫妻老来伴。

0092 自选条目
打人不打脸，[tɔ³⁵ zən⁴² pu²¹³ tɔ³⁵ nian³⁵³]
噘人不揭短。[tɕye⁴⁴ zən⁴² pu²¹³ tɕie⁴² tan³⁵³] 噘人：骂人
意译：打人时不要打脸，骂人时不要揭短。

0093 自选条目
野鸡护山岗，[i³⁵ tɕi⁴⁴ xu²¹³ ʂan⁴⁴ kaŋ³⁵³]
麻雀子护粗糠。[mɔ⁴² tɕʰio⁴² tsɿ⁰ xu²¹³ tsʰəu⁴⁴ kʰaŋ⁴⁴]
意译：野鸡看护自己的山岗，麻雀保护自己的粗糠（喻每个人都有自己的利益和立场）。

0094 自选条目
三天不唱口生，[san⁴⁴ tʰian⁴⁴ pu²⁴ tʂʰaŋ²¹³ kʰəu³⁵ sən⁴⁴]
三天不练手生。[san⁴⁴ tʰian⁴⁴ pu²⁴ nian²¹³ ʂəu³⁵ sən⁴⁴]

意译：唱戏的三天不唱嘴生，打铁的三天不打手生（喻学习不能中断，要持之以恒）。

0095 自选条目
前三十年睡不醒，[tɕʰian⁴² san⁴⁴ sʅ⁴² nian⁴² ʂuei²⁴ pu⁴² ɕin³⁵³]
后三十年睡不着。[xəu²⁴ san⁴⁴ sʅ⁴² nian⁴² ʂuei²⁴ pu⁴² tʂo⁴²]
意译：人在前半辈子睡着不想醒，后半辈子睡不着觉。

0096 自选条目
跟到好人学好人，[kən⁴⁴ tau⁰ xau³⁵ zən⁴² ɕio⁴² xau³⁵ zən⁴²]
跟到毛狗学妖精。[kən⁴⁴ tau⁰ mau⁴² kəu³⁵³ ɕio⁴² iau⁴⁴ tɕin⁴⁴]
意译：跟着好人学好，跟着坏人学坏。

0097 自选条目
会说话的想到说，[xuei²⁴ ʂua⁴² xuɔ²¹³ ti⁰ ɕiaŋ³⁵³ tau⁰ ʂua⁴²]
不会说话的抢倒说。[pu²⁴ xuei²¹³ ʂua⁴² xuɔ²¹³ ti⁰ tɕʰiaŋ³⁵³ tau⁰ ʂua⁴²]
意译：会说话的人想好了再说，不会说话的人不过脑子抢话说。

0098 自选条目
晚睡早起，[uan³⁵ ʂuei²¹³ tsau³⁵ tɕʰi³⁵³]
陈谷烂米；[tʂʰən⁴² ku⁴² nan²⁴ mi³⁵³]
早睡晚起，[tsau³⁵ ʂuei²¹³ uan³⁵ tɕʰi³⁵³]
拖棍讨米。[tʰo⁴⁴ kuən²¹³ tʰau³⁵ mi³⁵³]
意译：宁愿晚睡早起辛苦劳作，将谷子烂在谷仓里；也不愿意早睡晚起不干活，只好拿着棍子去讨米。

0099 自选条目
做事留一线儿，[tsəu²⁴ sər²¹³ niəu⁴² i⁴² ɕiɚ²¹³]
将来好相见。[tɕiaŋ⁴⁴ nai⁴² xau³⁵³ ɕiaŋ⁴⁴ tɕian²¹³]
意译：做人不要太心狠，要给自己留条后路。

0100 自选条目
欺老不欺少，[tɕʰi⁴⁴ nau³⁵³ pu²¹³ tɕʰi⁴⁴ ʂau³⁵³]

三年就赶到。[san⁴⁴ nian⁴² tsəu²¹³ kan³⁵ tau²¹³]

意译：只欺负老年人，不欺负年轻人；要不了几年，年轻人长大后就会欺负你。（喻不要欺负老年人，要懂得尊老爱幼）

广　水

一　歌谣

0001 歌谣

年来了，是冤家。[liɛn⁵³ lai⁵³ liau⁰，ʂʅ¹³ ɥan³¹ tɕia³¹]

儿子要帽女要花。[ər⁵³ tsʅ⁰ iau¹³ mau¹³ lʯ³⁴ iau¹³ xua³¹]

爹爹要皮袄拜菩萨。[tiɛ³¹ tiɛ⁰ iau¹³ pʰi⁵³ ŋau¹³ pai¹³ pʰu⁵³ sa²¹]

婆婆要蜂糖蘸糍粑。[pʰo⁵³ pʰo⁰ iau¹³ xuŋ³¹ tʰaŋ⁵³ tsan¹³ tsʰʅ⁵³ pa²¹] 蜂糖：蜂蜜

媳妇要红裙走人家。[ɕi⁵³ xu¹³ iau¹³ xuŋ⁵³ tsʰɥən⁵³ tsəu³⁴ zən⁵³ ka²¹] 走人家：走亲戚

怄坏了爹和妈。[ŋəu¹³ xuai¹³ liau⁰ tiɛ¹³ xo⁵³ ma³¹] 爹：爸爸

意译：要过年了，是冤家。儿子要帽子女儿要花。爹爹要皮袄拜菩萨。婆婆要蜂蜜蘸糍粑吃。媳妇要红裙走亲戚。怄坏了爸爸和妈妈。

0002 歌谣

生个儿子喜得跳，[sən³¹ ko¹³ ər⁵³ tsʅ⁰ ɕi³⁴ tɛ⁰ tʰiau¹³]

接个媳妇打个灶。[tɕiɛ⁵³ ko¹³ ɕi⁵³ xu¹³ ta³⁴ ko¹³ tsau¹³] 接：娶。打：彻

兄弟两个分家分到鸡子叫，[ɕyŋ³¹ ti¹³ liaŋ³⁴ ko¹³ xuən³¹ tɕia³¹ xuən³¹ tau¹³ tɕi³¹ tsʅ⁰ tɕiau¹³]

老不死的冇得人要。[lau³⁴ pu⁵³ sʅ³⁴ ti⁰ mau¹³ tɛ⁵³ zən⁵³ iau¹³] 老不死的：老人。冇得：没有

意译：生个儿子高兴得跳起来，娶个媳妇砌个灶。兄弟两个分家分到鸡子叫，老人没有人要。

0003 歌谣

鸡子鸡子尔莫怪，[tɕi³¹ tsʅ⁰ tɕi³¹ tsʅ⁰ n̩³⁴ mo⁵³ kuai¹³]

你是桌上一碗菜，[ni³⁴ ʂʅ¹³ tso⁵³ ʂaŋ¹³ i⁵³ uan³⁴ tsʰai¹³]

今年早点去，[tɕin³¹ liɛn⁵³ tsau³⁴ tiɛn³⁴ tsʰʅ¹³]

明年早点来。[min⁵³ liɛn²¹ tsau³⁴ tiɛn³⁴ lai⁵³]

意译：鸡子鸡子你别怪我，你是桌上的一碗菜，今年早点去，明年早点来。

0004 歌谣

麻雀尾巴尖。[ma²¹ tɕʰio⁵³ i³⁴ pa⁰ tɕiɛn³¹]

大姐捉，二姐关，[ta¹³ tɕiɛ³⁴ tso⁵³，ər¹³ tɕiɛ³⁴ kuan³¹]

三姐烧水，四姐挦，[san³¹ tɕiɛ³⁴ ʂau³¹ ʂuei³⁴，sʅ¹³ tɕiɛ³⁴ ɕiɛn⁵³] 挦：拔毛

五姐剖，六姐煎，[u³⁴ tɕiɛ³⁴ pʰo³¹，ləu⁵³ tɕiɛ³⁴ tɕiɛn³¹] 剖：剖开肚子

七姐掀锅盖，八姐加油盐，[tɕʰi⁵³ tɕiɛ³⁴ ɕiɛn³¹ ko³¹ kai¹³，pa⁵³ tɕiɛ³⁴ tɕia³¹ iəu⁵³ iɛn⁵³] 掀：揭开

九姐铲，十姐端。[tɕiəu³⁴ tɕiɛ³⁴ tsʰan³⁴，ʂʅ⁵³ tɕiɛ³⁴ tan³¹] 铲：用锅铲盛起来装盘

送给哥嫂尝咸淡，[suŋ¹³ kɛ³⁴ ko²¹ sau³⁴ ʂaŋ⁵³ xan³⁴ tan¹³]

端给爹妈当菜嗛。[tan³¹ kɛ³⁴ tiɛ³¹ ma³¹ taŋ³¹ tsʰai¹³ iɛn¹³] 嗛：下饭

意译：麻雀的尾巴尖。大姐捉，二姐关，三姐烧水，四姐拔毛，五姐剖开肚子，六姐煎，七姐揭锅盖，八姐加油盐，九姐用锅铲盛起来，十姐端出来。送给哥嫂尝尝是咸是淡，端给爸妈当菜吃。

二 规定故事

0021 牛郎和织女

牛郎和织女。[lyŋ⁵³ laŋ⁵³ xo⁵³ tʂʅ⁵³ ly³⁴]

古时候，[ku³⁴ ʂʅ⁵³ xəu¹³]

有一个小伙子，[iəu³⁴ i⁵³ ko¹³ ɕiau³⁴ xo³⁴ tsʅ⁰]

父母都去世，[xu¹³ mu³⁴ təu³¹ tsʰʅ¹³ ʂʅ¹³]

孤苦伶仃的。[ku³¹ kʰu³⁴ lin⁵³ tin³¹ ti⁰]

家里只有一个老牛，[tɕia³¹ li¹³ tʂʅ³⁴ iəu³⁴ i⁵³ ko¹³ lau³⁴ lyŋ⁵³]

人家都给他叫牛郎。[rən⁵³ tɕia³¹ təu³¹ kɛ³⁴ tʰa³¹ tɕiau¹³ lyŋ⁵³ laŋ⁵³] 人家：别人，大家

牛郎他就靠老牛耕地维持生计，[lyŋ⁵³ laŋ⁵³ tʰa³¹ tɕiəu¹³ kʰau¹³ lau³⁴ lyŋ⁵³ kən³¹ ti¹³ uei⁵³ tʂʰʅ⁵³ sən³¹ tɕi¹³]

相依为命。[ɕiaŋ³¹ i³¹ uei⁵³ min¹³]

其实那个老牛就是天上的金牛星。[tɕʰi⁵³ ʂʅ²¹ la¹³ ko¹³ lau³⁴ lyŋ⁵³ tɕiəu¹³ ʂʅ¹³ tʰiɛn³¹ ʂaŋ⁰ ti⁰ tɕin³¹ lyŋ⁵³ ɕin³¹]

他非常喜欢牛郎的勤劳和善良，[tʰa³¹ xuei³¹ ʂaŋ⁵³ ɕi³⁴ xuan³¹ lyŋ⁵³ laŋ⁵³ ti⁰ tɕʰin⁵³ lau⁵³ xo⁵³ san¹³ liaŋ⁵³]

很想为他成个家。［xən³⁴ ɕiaŋ³⁴ uei¹³ tʰa³¹ tʂʰən⁵³ ko¹³ tɕia³¹］

有一天，［iəu³⁴ i⁵³ tʰiɛn³¹］

金牛星知道，［tɕin³¹ lyŋ⁵³ ɕin³¹ tʂʅ³¹ tau¹³］

天上的仙女［tʰiɛn³¹ ʂaŋ⁰ ti⁰ ɕiɛn³¹ lʮ³⁴］

要在村边的湖里洗澡。［iau¹³ tai¹³ tsʰən³¹ piɛn³¹ ti⁰ xu⁵³ li⁰ ɕi³⁴ tsau³⁴］

他就给牛郎托个梦，［tʰa³¹ tɕiəu¹³ kɛ³⁴ lyŋ⁵³ laŋ⁵³ tʰo³¹ ko¹³ muŋ¹³］

叫牛郎第二天到村边的湖边去，［tɕiau¹³ lyŋ⁵³ laŋ⁵³ ti¹³ ər¹³ tʰiɛn³¹ tau¹³ tsʰən³¹ piɛn³¹ ti⁰ fu⁵³ piɛn³¹ tɕʰi¹³］

乘仙女们洗澡的时候不注意，［tsʰən¹³ ɕiɛn³¹ lʮ³⁴ mən⁵³ ɕi³⁴ tsau³⁴ ti⁰ ʂʅ⁵³ xəu⁰ pu⁵³ tʂʅ¹³ i¹³］

把他们挂在树上的衣服拿一件，［pa³⁴ tʰa³¹ mən⁵³ kua¹³ tsai¹³ ʂʅ¹³ ʂaŋ⁰ ti⁰ i³¹ fu⁰ la⁵³ i²¹ tɕiɛn¹³］

不回头的拿回家，赶快回家，［pu⁵³ xuei⁵³ tʰəu⁵³ ti⁰ la⁵³ xuei⁵³ tɕia³¹，kan³⁴ kʰuai¹³ xuei⁵³ tɕia³¹］

就能得到一个美丽的仙女为妻。［tɕiəu¹³ lən⁵³ tɛ⁵³ tau¹³ i⁵³ ko¹³ mei³⁴ li¹³ ti⁰ ɕiɛn³¹ lʮ³⁴ uei⁵³ tɕʰi³¹］

第二天，［ti¹³ ər¹³ tʰiɛn³¹］

他在半信半疑中［tʰa³¹ tsai¹³ pan¹³ ɕin¹³ pan¹³ i⁵³ tsuŋ³¹］

很快地就跑到了迥个湖边。［xən⁵³ kʰuai¹³ ti⁰ tɕiəu¹³ pʰau¹³ tau¹³ uau⁰ liɛ¹³ ko¹³ fu⁵³ piɛn³¹］迥个：那个

跑到湖边以后，［pʰau⁵³ tau¹³ fu⁵³ piɛn³¹ i³⁴ xəu¹³］

果然看见七个仙女在那里戏水。［ko³⁴ ȵan⁵³ kʰan¹³ tɕiɛn¹³ tɕʰi⁵³ ko¹³ ɕiɛn³¹ lʮ³⁴ tsai¹³ la¹³ li⁰ ɕi¹³ ʂuei³⁴］

他赶快跑过去，［tʰa³¹ kan³⁴ kʰuai¹³ pʰau⁵³ ko¹³ tɕʰi¹³］

拿了一件挂在树上的粉红色衣服，［la⁵³ liau⁰ i⁵³ tɕiɛn¹³ kua¹³ tsai¹³ ʂʅ¹³ ʂaŋ¹³ ti⁰ xuən³⁴ xuŋ⁵³ sɛ¹³ i³¹ xu⁵³］

不回头地赶快跑回家。［pu⁵³ xuei⁵³ tʰəu⁵³ ti⁰ kan³⁴ kʰuai¹³ pʰau⁵³ xuei⁵³ tɕia³¹］

他抢走这件衣服，［tʰa³¹ tɕʰiaŋ³⁴ tsəu³⁴ tʂɛ¹³ tɕiɛn¹³ i³¹ xu⁰］

迥件就是织女的。［liɛ¹³ tɕiɛn¹³ tɕiəu¹³ ʂʅ¹³ tʂʅ⁵³ lʮ³⁴ ti⁰］迥：这

当天晚上，［taŋ³¹ tʰiɛn³¹ uan³⁴ ʂaŋ⁰］

织女就敲门来到他家，［tʂʅ⁵³ lʮ³⁴ tɕiəu¹³ tɕʰiau³¹ mən⁵³ lai⁵³ tau¹³ tʰa³¹ tɕia³¹］

两人就做了恩爱夫妻。［liaŋ³⁴ rən⁵³ tɕiəu¹³ tsəu¹³ liau⁰ ŋən³¹ ŋai¹³ xu⁵³ tɕʰi³¹］

一晃三年过去了，［i⁵³ faŋ¹³ san³¹ liɛn⁵³ ko¹³ tʂʰʅ¹³ liau⁰］

牛郎织女有了一男一女两个孩子，[lyŋ⁵³ laŋ⁵³ tʂʅ⁵³ lu̱³⁴ iəu³⁴ liau⁰ i⁵³ lan⁵³ i⁵³ ny³⁴ liaŋ³⁴ ko¹³ xai⁵³ tsʅ⁰]

生活过的很开心。[sən³¹ xo⁵³ ko¹³ ti⁰ xən³⁴ kʰai³¹ ɕin³¹]

但是，天上的玉皇大帝知道了，[tan¹³ sʅ¹³，tʰiɛn³¹ ʂaŋ¹³ ti⁰ y̱¹³ faŋ⁵³ ta¹³ ti¹³ tsʅ³¹ tau¹³ liau⁰]

织女私自下凡。[tʂʅ⁵³ ny³⁴ sʅ³¹ tsʅ¹³ ɕia¹³ xuan⁵³]

有一天就是，[iəu³⁴ i³¹ tʰiɛn³¹ tɕiəu¹³ sʅ¹³]

风雨交加，[fuŋ³¹ y̱³⁴ tɕiau³¹ tɕia³¹]

雷电闪烁，[lei⁵³ tiɛn¹³ ʂan³⁴ ʂo¹³]

陡然间迥个织女就不见了。[təu³⁴ ȵan⁵³ tɕiɛn³¹ liɛ¹³ ko¹³ tʂʅ⁵³ ny³⁴ tɕiəu¹³ pu⁵³ tɕiɛn¹³ liau⁰] 陡然间：突然

两个孩子哭着要妈妈，[liaŋ³⁴ ko¹³ xai⁵³ tsʅ⁰ kʰu⁵³ tʂo⁵³ iau¹³ ma³¹ ma⁰]

牛郎也急的没有办法。[lyŋ⁵³ laŋ⁵³ iɛ³⁴ tɕi⁵³ ti⁰ mei¹³ iəu³⁴ pan¹³ xua⁵³]

就在这个时候，[tɕiəu¹³ tsai¹³ tʂe²¹ ko¹³ sʅ⁵³ xəu¹³]

老牛终于开口说了话，[lau³⁴ lyŋ⁵³ tʂuŋ³¹ y̱kʰai³¹ kʰəu³⁴ ʂuɛ⁵³ liao⁰ xua¹³]

叫他不要为难，[tɕiau¹³ tʰa³¹ pu iau⁰ uei⁵³ lan⁵³]

他叫牛郎拿下他的两个角，[tʰa³¹ tɕiau¹³ lyŋ⁵³ laŋ⁵³ la⁵³ ɕia¹³ tʰa³¹ ti⁰ liaŋ³⁴ ko¹³ ko⁵³]

变成两个箩筐，[piɛn¹³ tʂʰən⁵³ liaŋ³⁴ ko¹³ lo⁵³ kʰuaŋ³¹]

装上孩子，[tʂuaŋ³¹ ʂaŋ¹³ xai⁵³ tsʅ⁰]

到天宫去，[tau¹³ tʰiɛn³¹ kuŋ³¹ tɕʰi¹³]

到天宫去找织女。[tau¹³ tʰiɛn³¹ kuŋ³¹ tɕʰi¹³ tʂau³⁴ tʂʅ⁵³ ny³⁴]

就在牛郎还未缓过神的时候，[tɕiəu¹³ tsai¹³ lyŋ⁵³ laŋ⁵³ xai⁵³ uei¹³ xuan³⁴ ko¹³ ʂən⁵³ ti⁰ sʅ⁵³ xəu⁰]

两个角就掉到地上，[liaŋ³⁴ ko⁵³ tɕiəu¹³ tiau¹³ tau¹³ ti¹³ ʂaŋ⁰]

变成了两个箩筐。[piɛn¹³ tʂʰən⁵³ liau⁰ liaŋ³⁴ ko¹³ lo⁵³ kʰuaŋ³¹]

牛郎就拿起扁担，[lyŋ⁵³ laŋ⁵³ tɕiəu¹³ la⁵³ tɕʰi³⁴ piɛn³⁴ tan³¹]

就挑上两个孩子，[tɕiəu¹³ tʰiau³¹ ʂaŋ¹³ liaŋ³⁴ ko¹³ xai⁵³ tsʅ⁰]

当他挑起两个孩子的时候，[taŋ³¹ tʰa³¹ tʰiau³¹ tɕʰi¹³ liaŋ³⁴ ko¹³ xai⁵³ tsʅ⁰ ti⁰ sʅ⁵³ xəu⁰]

就青云地上了天，[tɕiəu¹³ tɕʰin³¹ y̱n⁵³ ti⁰ ʂaŋ¹³ ŋau⁰ tʰiɛn³¹] 青云：腾云驾雾

两个箩筐就好像两个翅膀，[liaŋ³⁴ ko¹³ lo⁵³ kʰuaŋ⁰ tɕiəu¹³ xau³⁴ ɕiaŋ¹³ liaŋ³⁴ ko¹³ tʂʰʅ¹³ paŋ³⁴]

一下子飞到天空。[i⁵³ ɕia¹³ tsʅ⁰ fei³¹ tau¹³ tʰiɛn³¹ kʰuŋ³¹]

在天空中飞呀飞呀，[tsai¹³ tʰiɛn³¹ kʰuŋ³¹ tʂuŋ³¹ fei³¹ ia⁰ xuei³¹ ia⁰]

马上就快要赶上迻个织女。[ma³⁴ ʂaŋ¹³ tɕiəu¹³ kʰuai¹³ iau¹³ kan³⁴ ʂaŋ¹³ liɛ¹³ ko¹³ tʂɿ⁵³ lṳ³⁴]

就在这个时候，[tɕiəu¹³ tsai¹³ tʂɛ¹³ ko¹³ ʂɿ⁵³ xəu⁰]

王母娘娘知道了，[uaŋ⁵³ mu³⁴ liaŋ⁵³ liaŋ⁰ tʂɿ³¹ tau¹³ liau⁰]

王母娘娘发现了。[uaŋ⁵³ mu³⁴ liaŋ⁵³ liaŋ⁰ xua⁵³ ɕiɛn¹³ liau⁰]

她就取下头上的那个金簪金钗，[tʰa³¹ tɕiəu¹³ tɕʰi³⁴ ɕia¹³ tʰəu⁵³ ʂaŋ¹³ ti⁰ la¹³ ko¹³ tɕin³¹ tsan³¹ tɕin³¹ tʂʰai³¹]

就划了一条线，[tɕiəu¹³ xua¹³ liau⁰ i⁵³ tʰiau⁵³ ɕiɛn¹³]

把他两个隔开了，[pa³⁴ tʰ³¹ liaŋ³⁴ ko¹³ kɛ⁵³ kʰai³¹ iau⁰]

他们夫妻两就这样隔开了。[tʰa³¹ mən⁵³ fu³¹ tɕʰi³¹ liaŋ³⁴ tɕiəu¹³ tʂɛ¹³ iaŋ¹³ kɛ⁵³ kʰai³¹ iau⁰]

喜鹊很可怜他们，[ɕi³⁴ tɕʰio⁵³ xən³⁴ kʰo³⁴ liɛn⁵³ tʰa³¹ mən⁵³]

就在每年的农历七月七号，[tɕiəu¹³ tsai¹³ mei³⁴ liɛn⁵³ ti⁰ luŋ⁵³ li⁵³ tɕʰi⁵³ ʮɛ⁵³ tɕʰi⁵³ xau¹³]

七月初七，[tɕʰi⁵³ ʮɛ⁵³ tsʰəu³¹ tɕʰi⁵³]

成千上万的喜鹊，[tʂʰən⁵³ tɕʰiɛn³¹ ʂaŋ¹³ uan¹³ ti⁰ ɕi³⁴ tɕʰio⁵³]

就在天河上搭了很长的河桥，[tɕiəu¹³ tsai¹³ tʰiɛn³¹ xo⁵³ ʂaŋ⁰ ta⁵³ liau⁰ xən³⁴ tʂʰaŋ⁵³ ti⁰ xo⁵³ tɕʰiau⁵³]

让牛郎织女在那里团聚相会。[ʐaŋ¹³ lyŋ⁵³ laŋ⁵³ tʂɿ⁵³ lṳ³⁴ tsai¹³ la¹³ li⁰ tʰan⁵³ tɕy¹³ ɕiaŋ³¹ xuei¹³]

意译：牛郎和织女。古时候，有一个小伙子，父母都去世了，孤苦伶仃的，家里只有一头老牛，大家都叫他牛郎。牛郎他就靠跟着老牛耕地维持生计，相依为命。其实那个老牛就是天上的金牛星。他非常喜欢牛郎的勤劳和善良，很想为他成个家。

有一天，金牛星知道天上的仙女要在村边的湖里洗澡。他就给那个牛郎托个梦，叫牛郎第二天到村边的那个湖边去，乘仙女们洗澡的时候不注意把他们挂在树上的衣服拿一件，不回头地拿回家，赶快回家，就能得到一个美丽的仙女为妻。

第二天，他在半信半疑中很快地跑到湖边，果然看见七个仙女在那里戏水。他赶快跑过去，拿了一件挂在树上的粉红色的衣服，不回头地赶快跑回家。他抢走的这件衣服就是织女的。当天晚上，织女就敲门来到他家，两人就做了恩爱夫妻。

一晃三年过去了，牛郎织女有了自己一男一女两个孩子，生活过得很开心。

但是，天上的玉皇大帝知道了织女私自下凡。有一天，就是风雨交加，雷电闪烁，突然间织女不见了。两个孩子哭着要妈妈。牛郎也急得没有办法。

就在这个时候，老牛终于开口说了话，叫他不要为难。他叫牛郎拿下他的两个角变成两个箩筐，装上孩子到天宫去，到天宫去找织女。就在牛郎还没有缓过神的时候，两个角就掉到地上变成了两个箩筐。牛郎就拿起扁担挑上两个孩子。当他挑起两个孩子的时候，就腾云驾雾地上了天，两个箩筐就好像两个翅膀一下子飞到天空。

在天空中飞呀，飞呀，马上就快要赶上织女。就在这个时候，王母娘娘知道了，王母娘娘发现了。她就取下头上的那个金簪子，就划了一条线，把他们两人隔开了，他们夫妻两就这样隔开了。

喜鹊很可怜他们，就在每年的农历七月初七，成千上万的喜鹊就在天河上搭了一个很长的鹊桥，让牛郎织女在那里团聚相会。

三 其他故事

0022 其他故事

《打猎》的故事。[ta³⁴ liɛ⁵³ ti⁰ ku²¹ ʂʅ¹³]

好，我跟大家讲一个《打猎》的故事。[xau³⁴, ŋo³⁴ kən³¹ ta¹³ tɕia³¹ tɕiaŋ³⁴ i⁵³ ko¹³ ta³⁴ liɛ⁵³ ti⁰ ku²¹ ʂʅ¹³]

这个故事有二十多年吧。[tʂɛ²¹ ko¹³ ku²¹ ʂʅ¹³ iəu³⁴ ər¹³ ʂʅ⁵³ to³¹ liɛn⁵³ pa⁰]

唉，曾记得我上山去打猎的时候，[ai⁰, tsʰən⁵³ tɕi¹³ tɛ⁵³ ŋo³⁴ ʂaŋ¹³ ʂan³¹ tɕʰi¹³ ta³⁴ liɛ⁵³ ti⁰ ʂʅ⁵³ xəu⁰]

一进山，就发现了一个猪的脚印，[i⁵³ tɕin¹³ ʂan³¹, tsəu¹³ xua³¹ ɕiɛn¹³ liau⁰ i⁵³ ko¹³ tʂʅ³¹ ti⁰ tɕio⁵³ in¹³]

发现了线索。[xua³¹ ɕiɛn¹³ liau⁰ ɕiɛn¹³ so⁵³]

那个猪的脚印呢，[la²¹ ko¹³ tʂʅ³¹ ti⁰ tɕio⁵³ in¹³ ni⁰]

就相当于一个小牛娃儿那大的脚印。[tsəu¹³ ɕiaŋ¹³ taŋ³¹ ʅ⁵³ i⁵³ ko¹³ ɕiau³⁴ lyŋ⁵³ uar⁵³ la²¹ ta¹³ ti⁰ tɕio⁵³ in¹³]

那个猪就有几百斤。[la²¹ ko¹³ tʂʅ³¹ tsəu¹³ iəu³⁴ tɕi³⁴ pɛ⁵³ tɕin³¹]

当时有很多人看到那个猪，[taŋ³¹ ʂʅ⁵³ iəu³⁴ xən³⁴ to³¹ zən⁵³ kʰan¹³ tau¹³ la²¹ ko¹³ tʂʅ³¹]

那个猪唉非常狡猾，[la²¹ ko¹³ tʂʅ³¹ ai⁰ xuei³¹ tʂʰaŋ⁵³ tɕiau³⁴ xua⁵³]

它经过很多枪林弹雨。[tʰa³¹ tɕin³¹ ko¹³ xən³⁴ to³¹ tɕʰiaŋ³¹ lin¹³ tʰan¹³ ʅ³⁴]

那个猪说简单就是不会说人话，[la²¹ ko¹³ tʂʅ³¹ ʂuɛ⁵³ tɕiɛn³⁴ tan³¹ tsəu¹³ ʂʅ¹³ pu⁵³ xuei¹³ ʂɥɛ⁵³ zən⁵³ xua¹³]

它比人还狡猾些。[tʰa³¹ pi³⁴ zən⁵³ xai⁵³ tɕiau³⁴ xua⁵³ ɕiɛ³¹]

哎，有很多人看到的，[ɛ⁰, iəu³⁴ xən³⁴ to³¹ zən⁵³ kʰan¹³ tau¹³ ti⁰]

在六毛寨，那个山上叫六毛寨。[tai¹³ ləu⁵³ mau²¹ tʂai¹³, la²¹ ko¹³ ʂan³¹ ʂaŋ⁰ tɕiau¹³ ləu⁵³ mau²¹ tʂai¹³]

我进六毛寨后就发现它的脚印，[ŋo³⁴ tɕin¹³ ləu⁵³ mau²¹ tʂai¹³ xəu¹³ tsəu¹³ xua³¹ ɕiɛn¹³ tʰa³¹ ti⁰ tɕio⁵³ in¹³]

我就抱＝到那一天呢我就一直跟。[ŋo³⁴ tsəu¹³ pau¹³ tau¹³ la¹³ i⁵³ tʰiɛn³¹ ni⁰ ŋo³⁴ tsəu¹³ i⁵³ tʂʅ⁵³ kən³¹] 抱＝到：坚持

一直跟到下午三点多钟左右吧，[i⁵³ tʂʅ⁵³ kən³¹ tau¹³ ɕia¹³ u³⁴ san³¹ tiɛn³⁴ to³¹ tso³⁴ tʂuŋ³¹ tso³⁴ iəu¹³ pa⁰]

就是跟到发现进入那个大山，[tsəu¹³ ʂʅ¹³ kən³¹ tau¹³ xua³¹ ɕiɛn¹³ tɕin¹³ ʐ̩⁵³ la²¹ ko¹³ ta¹³ ʂan³¹]

有个孤山下。[iəu³⁴ ko¹³ ku³¹ ʂan³¹ ɕia¹³]

那个山的地形呢非常地高，[la²¹ ko¹³ ʂan³¹ ti⁰ ti¹³ ɕin⁵³ ni⁰ xuei³¹ tʂʰaŋ⁵³ ti⁰ kau³¹]

非常陡，笔陡笔陡的。[xuei³¹ tʂʰaŋ⁵³ təu³⁴, pi⁵³ təu³⁴ pi⁵³ təu³⁴ ti⁰] 笔陡笔陡：十分陡峭

山半截腰，[ʂan³¹ pan¹³ tɕiɛ⁵³ iau³¹] 山半截腰：半山腰

有块二十亩那大一块的茅草，[iəu³⁴ kʰuai³¹ iəu³⁴ ər¹³ ʂʅ⁵³ məu³⁴ la¹³ ta¹³ i⁵³ kʰuai³⁴ ti⁰ mau⁵³ tsʰau³⁴]

那一块茅草就是它的隐藏之地。[la¹³ i⁵³ kʰuai³⁴ mau⁵³ tsʰau³⁴ tsəu¹³ ʂʅ¹³ tʰa³¹ ti⁰ in³⁴ tsʰaŋ⁵³ tʂʅ³¹ ti¹³]

当时我还是要做细致的工作，[taŋ³¹ ʂʅ⁵³ ŋo³⁴ xai⁵³ ʂʅ¹³ iau³⁴ tsəu¹³ ɕi²¹ tʂʅ¹³ ti⁰ kuŋ³¹ tso⁵³]

从那个大山围了一大圈，[tsʰuŋ⁵³ la²¹ ko¹³ ta¹³ ʂan³¹ uei⁵³ iau⁰ i⁵³ ta¹³ tsʰʮan³¹]

没发现猪子出头，[mei⁵³ xua³¹ ɕiɛn¹³ tʂʮ³¹ tsʅ³⁴ tsʰʮ⁵³ tʰəu⁵³]

没发现猪出去的脚印。[mei⁵³ xua³¹ ɕiɛn¹³ tʂʮ³¹ tsʰʮ⁵³ tsʰʮ⁵³ tɕʰi¹³ ti⁰ tɕio⁵³ in¹³]

先打大圈，[ɕiɛn³¹ ta³⁴ ta¹³ tsʰʮan³¹]

大圈打了打小圈，[ta¹³ tsʰʮan³¹ ta³⁴ liau⁰ ta³⁴ ɕiau³⁴ tsʰʮan³¹]

小圈打了以后，[ɕiau³⁴ tsʰʮan³¹ ta³⁴ liau⁰ i³⁴ xəu¹³]

再进入茅草里面去。[tsai¹³ tɕin¹³ ʮ⁵³ mau⁵³ tsʰau³⁴ li³⁴ miɛn¹³ tɕʰi¹³]

发现猪子在那一块，[xua³¹ ɕiɛn¹³ tʂʮ³¹ tsʅ³⁴ tai¹³ la¹³ i⁵³ kʰuai³⁴]

哎，有二十亩田的那个茅草，[ɛ⁰, iəu³⁴ ər¹³ ʂʅ⁵³ məu³⁴ tʰiɛn⁵³ ti⁰ la²¹ ko¹³ mau⁵³ tsʰau³⁴]

在那个茅草屎里跩了得。[tai¹³ la²¹ ko¹³ mau⁵³ tsʰau³⁴ təu¹³ li²¹ tsʮai³¹ iau⁰ tɛ⁰] 屎里：里

面。跶：呆着

唉，在那时候在紧急的关头，[ai⁰, tai¹³la¹³ʂʅ⁵³xəu⁰tai¹³tɕin³⁴tɕi⁵³ti⁰kuan³¹tʰəu⁵³]
那我就是全神贯注，[la¹³ŋo³⁴tsəu¹³ʂʅ¹³tɕʰiɛn⁵³ʂən⁵³kuan²¹tʂʅ¹³]
那就像日本人进中国一样，[la¹³tsəu¹³ɕiaŋ¹³ər⁵³pən³⁴zən⁵³tɕin¹³tʂuŋ³¹kuɛ⁵³i⁵³iaŋ¹³]
拿着枪刚刚刚刚，[la⁵³tʂo⁰tɕʰiaŋ³¹kaŋ³¹kaŋ³¹kaŋ³¹kaŋ³¹]
两个眼睛直盯住茅草屎里瞅倒。[liaŋ³⁴ko¹³iɛn³⁴tɕin³¹tʂʅ⁵³tin³¹tʂʅ¹³mau⁵³tsʰau³⁴təu¹³li⁰tsʰəu³⁴tau¹³] 瞅倒：看着
哎，接近我走了二十米左右，[ɛ⁰, tɕiɛ⁵³tɕin¹³ŋo³⁴tsəu³⁴uau⁰ər¹³ʂʅ⁵³mi³⁴tso³⁴iəu¹³] 接近：大概
接近走二十米左右，[tɕiɛ⁵³tɕin¹³tsəu³⁴ər¹³ʂʅ⁵³mi³⁴tso³⁴iəu¹³]
发现那个茅草屎里有点小小的动静。[xua³¹ɕiɛn¹³la²¹ko¹³mau⁵³tsʰau³⁴təu¹³li⁰iəu³⁴tiɛn³⁴ɕiau³⁴ɕiau⁰ti⁰tuŋ²¹tɕin¹³]
看到，好，[kʰan¹³tau¹³, xau³⁴]
结果往前再走了五米左右，[tɕiɛ⁵³ko³⁴uaŋ³⁴tɕʰiɛn⁵³tsai¹³tsəu³⁴uau⁰u³⁴mi³⁴tso³⁴iəu¹³]
发现露了一个头，[xua³¹ɕiɛn¹³ləu¹³uau⁰i⁵³ko¹³tʰəu⁵³]
抬起来就一枪，[tʰai⁵³tɕʰi³⁴lai⁰tsəu¹³i⁵³tɕʰiaŋ³¹]
一枪就打到这个猎物的头上。[i⁵³tɕʰiaŋ³¹tsəu¹³ta³⁴tau¹³tʂɛ²¹ko¹³liɛ⁵³u²¹ti⁰tʰəu⁵³ʂaŋ¹³]
倒在地上跶得一嗵，[tau¹³tai¹³ti¹³ʂaŋ¹³ta⁵³tɛ⁰i⁵³tʰuŋ³⁴] 跶：摔。嗵：响声
我说好，这次它已经中枪，[ŋo³⁴ʂuɛ⁵³xau³⁴, tʂɛ²¹tsʰʅ¹³tʰa³¹i³⁴tɕin³¹tsuŋ³¹tɕʰiaŋ³¹]
这个野猪被我打着了。[tʂɛ²¹ko¹³iɛ³⁴tʂʅ³¹pei¹³ŋo³⁴ta³⁴tʂo⁵³liau⁰]
我就喜之不魅，[ŋo³⁴tsəu¹³ɕi³⁴tʂʅ³¹pu⁵³mei¹³] 喜之不魅：高兴得不得了
朝它跟头跑。[tʂʰau⁵³tʰa³¹kən³¹tʰəu⁰pʰau⁵³] 跟头：跟前
唉一跑地跟头去，[ai⁰i⁵³pʰau⁵³ti⁰kən³¹tʰəu⁰tɕʰi¹³]
我的妈呢四个脚直弹直弹，[ŋo³⁴ti⁰ma³¹nɛ⁰sʅ²¹ko¹³tɕio⁵³tʂʅ⁵³tʰan²¹tʂʅ⁵³tʰan²¹]
弹的就像个唱歌打拍子一样，[tʰan⁵³ti⁰tsəu¹³tɕʰiaŋ¹³ko¹³tʂʰaŋ³¹ko³¹ta³⁴pʰɛ⁵³tsʅ⁰i⁵³iaŋ¹³]
直弹直弹的。[tʂʅ⁵³tʰan²¹tʂʅ⁵³tʰan²¹ti⁰]
过去一瞄，[ko²¹tɕʰi¹³i⁵³miau³¹] 瞄：看
我的妈嘞是个牛，[ŋo³⁴ti⁰ma³¹lɛ⁰ʂʅ¹³ko¹³lyŋ⁵³] 妈嘞：老天
我的妈脚呢！[ŋo³⁴ti⁰ma³¹tɕio⁵³lɛ⁰] 妈脚：天

完了完了，这掉了大！[uan⁵³ liau⁰ uan⁵³ liau⁰，tṣɛ¹³ tiau¹³ uau⁰ ta¹³]
把人家个牛打死了。[pa³⁴ zən⁵³ ka³¹ ko¹³ lyŋ⁵³ ta³⁴ sʅ³⁴ au⁰] 人家：别人
我的妈脚呢！[ŋo³⁴ ti⁰ ma³¹ tɕio⁵³ li⁰]
哎，从那以后，[ɛ⁰，tsʰuŋ⁵³ la¹³ i³⁴ xəu¹³]
我的妈脚看到以后，[ŋo³⁴ ti⁰ ma³¹ tɕio⁵³ kʰan²¹ tau¹³ i³⁴ xəu¹³]
我就连神把我枪里的子弹全部下卸光。[ŋo³⁴ tsəu¹³ liɛn⁵³ ṣən⁵³ pa³⁴ ŋo³⁴ tɕʰiaŋ³¹ ti⁰ tsʅ³⁴ tan¹³ tɕʰiɛn⁵³ pu¹³ xa¹³ ɕiɛ¹³ kuaŋ³¹] 连神：急忙。下：都
哎，那个枪唉是我自己做的，[ɛ⁰，la²¹ ko¹³ tɕʰiaŋ³¹ ai⁰ sʅ¹³ ŋo³⁴ tsʅ¹³ tɕi³⁴ tsəu¹³ ti⁰]
哎，自己做的一杆枪，[ɛ⁰，tsʅ¹³ tɕi³⁴ tsəu¹³ ti⁰ i⁵³ kan³⁴ tɕʰiaŋ³¹]
可以灌六发子弹。[kʰo³⁴ i²¹ kuan¹³ ləu⁵³ xua³¹ tsʅ³⁴ tan¹³]
哎，堂里一发，[ɛ⁰，tʰaŋ⁵³ li²¹ i⁵³ xua³¹]
那个堂里一发，[la²¹ ko¹³ tʰaŋ⁵³ li²¹ i⁵³ xua³¹]
弹夹里可以夹五发。[tan¹³ tɕia⁵³ li²¹ kʰo³⁴ i²¹ tɕia⁵³ u³⁴ xua²¹]
我连拔直拔连拔直拔，[ŋo³⁴ liɛn⁵³ pa²¹ tsʅ⁵³ pa²¹ liɛn⁵³ pa²¹ tsʅ⁵³ pa²¹] 连拔直拔：连忙拔出来
把屄里子弹全部下拔掉了。[pa³⁴ təu¹³ li⁰ tsʅ³⁴ tan¹³ tɕʰiɛn⁵³ pu¹³ xa¹³ pa⁵³ tiau¹³ uau⁰] 屄里：里面
你结果把人家牛打死了，[n̩³⁴ tɕiɛ⁵³ ko³⁴ pa³⁴ zən⁵³ tɕia³¹ lyŋ⁵³ ta³⁴ sʅ³⁴ au⁰]
他的妈天呢！[tʰa³¹ ti⁰ ma³¹ tʰiɛn³¹ li⁰]
你这是哪个得得了唉！[n̩³⁴ tṣɛ⁵³ sʅ¹³ la ko¹³ tɛ⁵³ tɛ⁰ liau³⁴ uai⁰] 哪个得了：怎么得了
把屄里子弹全部拔了就跑吵。[pa³⁴ təu¹³ li⁰ tsʅ³⁴ tan¹³ tɕʰiɛn⁵³ pu¹³ pa³¹ liau⁰ tsəu¹³ pʰau⁵³ ṣɛ⁰]
将将把枪拿到一跑唉，[tɕiaŋ³¹ tɕiaŋ⁰ pa³⁴ tɕʰiaŋ³¹ la⁵³ tau i⁵³ pʰau⁵³ uai⁰] 将将：刚刚
三四头野猪跟我两人对头，[san³¹ sʅ¹³ tʰəu⁵³ iɛ³⁴ tsʅʴ³¹ kən³¹ ŋo³⁴ liaŋ³⁴ zən⁵³ tei¹³ tʰəu⁵³] 对头：面对面
头碰头碰一家。[tʰəu⁵³ pʰuŋ¹³ tʰəu⁵³ i⁵³ tɕia³¹] 一家：一下子
我真是妈的是劈了得哪！[ŋo³⁴ tṣən³¹ sʅ¹³ ma ti⁰ sʅ¹³ pʰi⁵³ iau⁰ tɛ⁵³ la⁰] 劈了得：走背时运
人运气哪迴个低！[zən⁵³ yən²¹ tɕʰi¹³ la³⁴ liɛ²¹ ko¹³ ti³¹] 迴个：这么
该死不死，[kai³¹ sʅ³⁴ pu⁵³ sʅ³⁴]
该打的冇打，[kai³¹ ta³⁴ ti⁰ mau¹³ ta³⁴] 冇：没有
打的妈的是个牛。[ta³⁴ ti⁰ ma³¹ ti⁰ sʅ¹³ ko¹³ lyŋ⁵³]
荒山野岭，[xuaŋ³¹ ṣan³¹ iɛ³⁴ lin²¹]
拔腿就往回撤，[pa⁵³ tʰei³⁴ tsəu¹³ uaŋ³⁴ xuei⁵³ tṣʰɛ⁵³]

连夜撤回来。[liɛn⁵³ iɛ¹³ tʂʰɛ⁵³ xuei⁵³ lai²¹]

我的妈脚嘞，[ŋo³⁴ ti⁰ ma³¹ tɕio⁵³ lɛ⁰]

那一次真的把人吓的不行了啊。[la¹³ i⁵³ tsʰɿ¹³ tʂən³¹ ti⁰ pa³⁴ zən⁵³ xɛ⁵³ ti⁰ pu⁵³ ɕin⁵³ liau⁰ ua⁰]

从那以后打猎以后，就谨慎了。[tsʰuŋ⁵³ la¹³ i³⁴ xəu¹³ ta³⁴ liɛ⁵³ i³⁴ xəu¹³, tsəu¹³ tɕin³⁴ ʂən¹³ liau⁰]

哎，不清楚跟个开车样，[ɛ⁰, pu⁵³ tɕʰin³¹ tsʰəu³⁴ kən³¹ ko¹³ kʰai³¹ tʂʰɛ³¹ iaŋ¹³]

不明视线的千万不能开枪。[pu⁵³ min⁵³ ʂɿ²¹ ɕiɛn⁵³ ti⁰ tɕʰiɛn³¹ uan¹³ pu⁵³ lən⁵³ kʰai³¹ tɕʰiaŋ³¹]

我们那一枪打得去，[ŋo³⁴ mən⁵³ la¹³ i⁵³ tɕʰiaŋ³¹ ta³⁴ tɛ⁰ tɕʰi¹³]

我说要是个牛，[ŋo³⁴ ʂuɛ⁵³ iau¹³ ʂɿ¹³ ko¹³ lyŋ⁵³]

那要是个人嘞，[la¹³ iau¹³ ʂɿ¹³ ko¹³ zən⁵³ lɛ⁰]

那不打的那不完了。[la¹³ pu⁵³ ta³⁴ ti⁰ la¹³ pu⁵³ uan⁵³ liau⁰]

从那以后，[tsʰuŋ⁵³ la¹³ i³⁴ xəu¹³]

我就不敢开枪，[ŋo³⁴ tsəu¹³ pu⁵³ kan³⁴ kʰai³¹ tɕʰiaŋ³¹]

就谨慎了。[tsəu¹³ tɕin³⁴ ʂən¹³ liau⁰]

另外还有一次晚上，[lin²¹ uai¹³ xai⁵³ iəu³⁴ i⁵³ tsʰɿ¹³ uan³⁴ ʂaŋ⁰]

打猎的时候，[ta³⁴ liɛ⁵³ ti⁰ ʂɿ⁵³ xəu⁰]

哎晚上打猎的时候唉，[ɛ⁰ uan³⁴ ʂaŋ⁰ ta³⁴ liɛ⁵³ ti⁰ ʂɿ⁵³ xəu⁰ ai⁰]

带着夜灯，[tai¹³ tʂo⁰ iɛ¹³ tən³¹]

带着夜灯在田沟儿里守啊，[tai¹³ tʂo⁰ iɛ¹³ tən³¹ tai¹³ tʰiɛn⁵³ kər³¹ li⁰ ʂəu³⁴ ua⁰]

满山上去找啊，[man³⁴ ʂan³¹ ʂaŋ⁰ tɕʰi¹³ tʂau³⁴ ua⁰]

河沟子找啊。[xo⁵³ kəu³¹ tsɿ⁰ tʂau³⁴ ua⁰]

迾时候黄皮狼子有点值钱，[liɛ¹³ ʂɿ⁵³ xəu¹³ xuaŋ⁵³ pʰi⁵³ laŋ³¹ tsɿ⁰ iəu³⁴ tiɛn³⁴ tʂɿ⁵³ tɕʰiɛn⁵³] 迾：那。黄皮狼子：黄鼠狼

一个黄皮狼子要卖个七十到八十，[i⁵³ ko¹³ xuaŋ⁵³ pʰi⁵³ laŋ³¹ tsɿ⁰ iau¹³ mai¹³ ko¹³ tɕʰi⁵³ ʂɿ⁵³ tau¹³ pa⁵³ ʂɿ⁵³]

甚至好点的一百块钱左右。[ʂən²¹ tʂɿ¹³ xau³⁴ tiɛn³⁴ ti⁰ i⁵³ pɛ⁵³ kʰuai³⁴ tɕʰiɛn⁵³ tso³⁴ iəu¹³]

就说二十年以前的二三十年以前，[tsəu¹³ ʂuɛ⁵³ ər¹³ ʂɿ⁵³ liɛn⁵³ i³⁴ tɕʰiɛn⁵³ ti⁰ ər¹³ san³¹ ʂɿ⁵³ liɛn⁵³ i³⁴ tɕʰiɛn⁵³]

卖一个黄皮狼子，[mai¹³ i⁵³ ko¹³ xuaŋ⁵³ pʰi⁵³ laŋ³¹ tsɿ⁰]

卖个百十块钱就叫很不错的。[mai¹³ ko¹³ pɛ⁵³ ʂɿ⁵³ kʰuai³⁴ tɕʰiɛn⁵³ tsəu¹³ tɕiau¹³ xən³⁴ pu⁵³tsʰo¹³ti⁰]

唉那一次不晓得是怎么一回事，[ai⁰la¹³i⁵³tsʅ¹³pu⁵³ɕiau³⁴tɛ⁵³sʅ¹³tsən³⁴mo²¹i⁵³xuei⁵³sʅ¹³]

在河沟里看到一个黄皮狼子，[tai¹³xo⁵³kəu³¹li²¹kʰan¹³tau¹³i⁵³ko¹³xuaŋ⁵³pʰi⁵³laŋ³¹tsʅ⁰]

照得眼睛绿光光的，[tʂau¹³tɛ⁰iɛn³⁴tɕin³¹ləu⁵³kuaŋ³¹kuaŋ⁰ti⁰]

长的一枪打得去，[tʂʰaŋ⁵³ti⁰i⁵³tɕʰiaŋ³¹ta³⁴tɛ⁰tɕʰi¹³]

哎，冇打住。[ɛ⁰, mau¹³ta³⁴tʂʅ¹³] 冇：没有

哎，冇打住，我说这是咋搞的。[ɛ⁰, mau¹³ta³⁴tʂʅ¹³, ŋo³⁴ʂuɛ⁵³tʂɛ²¹sʅ¹³tsa³⁴kau³⁴ti⁰] 咋：怎么

冇打住，好，我就又把枪关倒。[mau¹³ta³⁴tʂʅ¹³, xau³⁴, ŋo³⁴tsəu¹³iəu¹³pa³⁴tɕʰiaŋ³¹kuan³¹tau⁰] 倒：着

七关八关，把枪关倒。[tɕʰi⁵³kuan³¹pa⁵³kuan³¹, pa³⁴tɕʰiaŋ³¹kuan³¹tau⁰]

走到山半腰唉，[tsəu³⁴tau¹³ʂan³¹pan¹³iau³¹uai⁰]

灯照倒满地找唉，一找唉，[tən³¹tʂau¹³tau¹³man³⁴ti¹³tʂau³⁴uai⁰, i⁵³tʂau³⁴uai⁰]

看到山半截腰有一坨火。[kʰan¹³tau¹³ʂan³¹pan¹³tɕiɛ⁵³iau³¹iəu³⁴i⁵³tʰo⁵³xo³⁴]

唉，一坨火，绿油油一坨火。[ai⁰, i⁵³tʰo⁵³xo³⁴, ləu⁵³iəu⁵³iəu⁵³i⁵³tʰo⁵³xo³⁴]

我朝它走下去，[ŋo³⁴tʂʰau⁵³tʰa³¹tsəu³⁴ɕia²¹tɕʰi¹³]

哎，走得跟前去，一去耶。[ɛ⁰, tsəu¹³tɛ⁰kən³¹tɕʰiɛn⁵³tɕʰi¹³, i⁵³tɕʰi¹³iɛ⁰]

我指着它又是一枪，打得去。[ŋo³⁴tʂʅ³⁴tʂo⁰tʰa³¹iəu¹³sʅ¹³i⁵³tɕʰiaŋ³¹, ta³⁴tɛ⁰tɕʰi¹³]

得去：过去

哎，又冇打住。[ɛ⁰, iəu¹³mau¹³ta³⁴tʂʅ¹³]

我说迥就出鬼耶，[ŋo³⁴ʂuɛ⁵³liɛ¹³tsəu¹³tsʰu⁵³kuei³⁴iɛ⁰]

有鬼有么怪物？[iəu³⁴kuei³⁴iəu³⁴mo³⁴kuai¹³u⁵³]

可不可，我又把枪关倒以后，[kʰo³⁴pu⁵³kʰo³⁴, ŋo³⁴iəu¹³pa³⁴tɕʰiaŋ³¹kuan³¹tau¹³i³⁴xəu¹³] 可不可：果然

走到那个山以后就找唉。[tsəu³⁴tau¹³la²¹ko¹³ʂan³¹i³⁴xəu¹³tsəu¹³tʂau³⁴ɛ⁰]

找到那个山顶上去以后，[tʂau³⁴tau¹³la²¹ko¹³ʂan³¹tin³⁴ʂaŋ⁰tɕʰi¹³i³⁴xəu¹³]

翻山过去以后，[xuan³¹ʂan³¹ko¹³tɕʰi¹³i³⁴xəu¹³]

又看到一只火，[iəu¹³kʰan²¹tau¹³i⁵³tsʅ³⁴xo³⁴]

我一枪又打得去。[ŋo³⁴i⁵³tɕʰiaŋ³¹iəu¹³ta³⁴tɛ⁰tɕʰi¹³]

一打得去我的妈嘞就晓得说话。[i⁵³ta³⁴tɛ⁰tɕʰi¹³ŋo³⁴ti⁰ma³¹lɛ⁰tsəu¹³ɕiau³⁴tɛ⁵³ʂuɛ⁵³xua¹³]

"打打打，把我的头发打得稀烂。"［ta³⁴ta³⁴ta³⁴，pa³⁴ŋo³⁴ti⁰tʰəu⁵³pʰa³¹ta³⁴tɛ⁰ɕi³¹lan¹³］

我的妈嘞，［ŋo³⁴ti⁰ma³¹lɛ⁰］

那一回把我吓得实在是不行啊。［la¹³i⁵³xuei⁵³pa³⁴ŋo³⁴xɛ⁵³tɛ⁰ʂɿ⁵³tsai¹³ʂɿ¹³pu⁵³ɕin⁵³la⁰］

那真的是像他妈的神话，［la¹³tʂən³¹ti⁰ʂɿ¹³tɕʰiaŋ¹³tʰa³¹ma³¹ti⁰ʂən⁵³xua¹³］

像妖怪样的。［ɕiaŋ¹³iau³¹kuai¹³iaŋ¹³ti⁰］

我的妈嘞，真是不得了。［ŋo³⁴ti⁰ma³¹lɛ⁰，tʂən³¹ʂɿ¹³pu⁵³tɕ⁰liau³⁴］

从那以后唉，［tsʰuŋ⁵³la¹³i³⁴xəu¹³ai⁰］

我的这个爱好又慢慢地消失了。［ŋo³⁴ti⁰tʂɛ²¹ko¹³ŋai¹³xau³⁴iəu¹³man¹³man¹³ti⁰ɕiau³¹ʂɿ⁵³zau⁰］

哎，那还有一次打猎的时候，［ɛ⁰，la¹³xai⁵³iəu³⁴i⁵³tsʰɿ¹³ta³⁴liɛ⁵³ti⁰ʂɿ⁵³xəu⁰］

我们一大群人，在一起打。［ŋo³⁴mən⁵³i⁵³ta¹³tʂʰyən⁵³zən⁵³，tai¹³i⁵³tɕʰi³⁴ta³⁴］

打得这个烟长气短嘞，［ta³⁴tɛ⁰tʂɛ²¹ko¹³iɛn³¹tʂʰaŋ⁵³tɕʰi¹³tan³⁴lɛ⁰］烟长气短：有气无力

在那歇气嘞，［tai¹³la¹³ɕiɛ⁵³tɕʰi¹³lɛ⁰］歇气：休息

歇气以后唉，［ɕiɛ⁵³tɕʰi¹³i³⁴xəu¹³ai⁰］

就在地下坐倒，［tsəu¹³tai¹³ti¹³xa¹³tso¹³tau⁰］地下：地上

有一个人他的枪放在地上。［iəu³⁴i⁵³ko¹³zən⁵³tʰa³¹ti⁰tɕʰiaŋ³¹xuaŋ¹³tai¹³ti¹³ʂaŋ⁰］

一个人正好坐在枪头上得。［i⁵³ko¹³zən⁵³tʂən¹³xau³⁴tso¹³tai¹³tɕʰiaŋ³¹tʰəu⁵³ʂaŋ⁰tɛ⁰］

他坐倒不小心脚一绊嘞，［tʰa³¹tso¹³tau¹³pu⁵³ɕiau³⁴ɕin³¹tɕio⁵³i⁵³pʰan¹³lɛ⁰］

把那个扳机绊动了，［pa³⁴la²¹ko¹³pan³⁴tɕi³¹pʰan¹³tuŋ¹³ŋau⁰］

乓的一枪打得去。［pʰaŋ⁵³ti⁰i⁵³tɕʰiaŋ³¹ta³⁴tɛ⁰tɕʰi¹³］

我的妈脚嘞，把他的脚打了。［ŋo³⁴ti⁰ma³¹tɕio⁵³lɛ⁰，pa³⁴tʰa³¹ti⁰tɕio⁵³ta³⁴liau⁰］

我的妈嘞，所以就说，［ŋo³⁴ti⁰ma³¹，so⁰i³⁴tsəu¹³ʂɤ⁵³］

打猎也是一种很危险的东西。［ta³⁴liɛ³⁴iɛ³⁴ʂɿ¹³i⁵³tʂuŋ¹³xən³⁴uei⁵³ɕiɛn³⁴ti⁰tuŋ³¹ɕi⁰］

意译：《打猎》的故事。好，我跟大家讲一个《打猎》的故事。这个故事有二十多年吧。曾记得我上山去打猎的时候，一进山就发现了一个猪的脚印，发现了线索。

那个猪的脚印呢就相当于一个小牛娃儿那么大的脚印。那个猪就有几百斤。当时有很多人看到那个猪，那个猪非常狡猾，它经过很多枪林弹雨。那个猪说简单点就是不会说人话，但它比人还狡猾些。有很多人看到的，在六毛寨，那个山

叫六毛寨。我进六毛寨后就发现它的脚印，那一天我就坚持跟踪。一直跟踪到了下午三点多钟左右吧，跟踪发现进入那个大山，那个孤山下。那个山的地形非常的高，非常陡，笔陡笔陡的。

山半截腰有块二十田大，那一块的茅草，那一块茅草就是它的隐藏之地。当时我还是要做细致的工作，从那个大山围绕一大圈，没发现猪子出头，没发现猪出去的脚印。先打大圈，大圈打了打小圈，小圈打了以后，再进入茅草里面去。发现猪子在那一块，哎，有二亩田的那个茅草，在那个茅草里面呆着呢。唉，在那时候在紧急的关头，那我就是全神贯注，那就像日本人进中国一样，拿着枪刚刚刚刚，两个眼睛直盯住茅草里面看着。大概我走了二十米左右，大概走二十米左右，发现那个茅草里面有点小小的动静。结果往前再走了五米左右，发现露了一个头，抬起来就是一枪，一枪就打到这个猎物的头上。

倒在地上摔得一嗵，我说好，这次它已经中枪，这个野猪被我打到了。我就高兴得不得了，赶忙朝它跑。跑到跟前去，我的妈呀四个脚直弹直弹，弹的就像个唱歌打拍子一样直弹直弹的。过去一瞄，我的妈呀是个牛，我的天啊！完了完了，这掉了大！把人家的牛打死了。我的天啊！从那以后，我的天看到以后，我就赶紧把我枪里的子弹全部都卸光。那个枪是我自己做的，自己做的一杆枪，可以灌六发子弹。堂里一发，那个堂里一发，弹夹里可以夹五发。我连忙直接拔出，把里面的子弹全部都拔掉了。你结果把人家的牛打死了，他的妈天呢！你这是哪个得了唉！把里面的子弹全部拔了就跑咘。刚把枪拿到一跑，我的天啊！迎面碰到三四头野猪，一下子头碰头。

我真是走背时运啊！人运气怎么这么低！该死不死，该打的没有打，天哪打的是个牛。荒山野岭，我拔腿就往回撤，连夜撤回来。我的老天嘞，那一次真的把人吓得不行了啊。从那以后打猎就谨慎了。哎，不清楚跟个开车样，不明视线的千万不能开枪。我们那一枪打过去，我说幸亏是个牛，那要是个人怎么办？那不完了？从那以后，我就不敢开枪，就谨慎了。

另外还有一次晚上，打猎的时候，晚上打猎的时候，带着夜灯，带着夜灯在田沟里守啊，满山上去找啊，河沟子找啊。那时候黄皮狼子有点值钱，一个黄皮狼子要卖个七十到八十，甚至好点的一百块钱左右。就说二三十年以前卖一个黄皮狼子卖个百十块钱就叫很不错的。

那一次不知道是怎么一回事，在河沟里看到一个黄皮狼子，照得眼睛绿光光的，长的一枪打过去，没有打着。我说这是怎么办呢？没有打着，好，我就又把枪关着。七关八关，把枪关着。走到山半腰，灯照着满地找，一找啊，看到半山腰有一坨火，绿油油的一坨火。我朝它走过去，走得跟前去。一去啊我指着它又是一枪，打过去，又没有打着。我说这就出鬼了，有鬼还是有什么怪物？真的，我又把枪关着以后，走到那个山上找。找到那个山顶上去以后，翻山过去以后，又看到一坨火，我一枪又打过去。一枪打过去，我的妈呀，就知道说话。"打、打、打，打你妈的屄，把我的头发打得稀烂。"我的妈呀，那一回把我吓得实在是不行啊。那真的是像他妈的神话，像妖怪一样的。我的妈呀，真是不得了。

从那以后，我的这个打猎的爱好慢慢地消失了。还有一次打猎的时候，我们一大群人，在一起打。打得实在有气无力，在那歇气，歇气以后唉，就在地上坐着，有一个人他的枪放在地上。有一个人正好坐在枪头上。他坐着不小心脚一绊嘞，把那个扳机绊动了，乓的一枪打得去。我的妈呀，把他的脚打了。我的妈呀，所以就说，打猎是种很危险的东西。

0023 其他故事

《孤魂坡》。[ku³¹ xuən⁴⁴ pʰo³¹]

今天跟大家讲一个《孤魂坡》的故事。[tɕin³¹ tʰiɛn³¹ kən³¹ ta¹³ tɕia³¹ tɕiaŋ³⁴ i⁵³ ko¹³ ku³¹ xuən⁴⁴ pʰo³¹ ti⁰ ku²¹ sʅ¹³]

这个孤魂坡，[tʂʅ²¹ ko¹³ ku³¹ xuən⁴⁴ pʰo³¹]

在我们湖北和河南交界的地点。[tai¹³ ŋo³⁴ mən⁵³ xu⁵³ pe²¹ xo⁵³ xo⁵³ lan²¹ tɕiau³¹ tɕiai¹³ ti⁰ ti¹³ tiɛn³⁴]

那个孤魂坡呢，怎样叫孤魂坡呢？[la²¹ ko¹³ ku³¹ xuən⁴⁴ pʰo³¹ li⁰, tsən³⁴ iaŋ¹³ tɕiau¹³ ku³¹ xuən⁴⁴ pʰo³¹ li⁰]

孤魂坡就是没得后人，[ku³¹ xuən⁴⁴ pʰo³¹ tsəu¹³ sʅ¹³ mei¹³ tɛ⁵³ xəu¹³ zən⁵³]

每年过清明上土啊，[mei³⁴ liɛn⁵³ ko¹³ tɕʰin¹³ min⁵³ ʂaŋ¹³ tʰəu³⁴ ua⁰]

也没得后人，[iɛ³⁴ mei¹³ tɛ⁵³ xəu¹³ zən⁵³]

就叫孤魂坡。[tsəu¹³ tɕiau¹³ ku³¹ xuən⁴⁴ pʰo³¹]

孤魂坡嘞就是那个坟包啦，[ku³¹ xuən⁴⁴ pʰo³¹ lɛ⁰ tsəu¹³ sʅ¹³ la²¹ ko¹³ xuən⁵³ pau³¹ la⁰]

就说它自己长，[tsəu¹³ ʂɤ⁵³ tʰa³¹ tsʅ¹³ tɕi³⁴ tʂaŋ³⁴]

长得几大嘞？[tʂaŋ³⁴ tɛ⁰ tɕi³⁴ ta¹³ lɛ⁰]

长得农村有一种说法，[tʂaŋ³⁴ tɛ⁰ luŋ⁵³ tsʰən³¹ iəu³⁴ i⁵³ tsuŋ³⁴ ʂɤ⁵³ xua²¹]

就是有五十田迥大的面积，[tsəu¹³ sʅ¹³ iəu³⁴ u³⁴ sʅ⁵³ tʰiɛn⁵³ liɛ¹³ ta¹³ ti⁰ miɛn¹³ tɕi⁵³] 迥：那

相当于有二三十平方迥大面积。[ɕiaŋ¹³ taŋ³¹ ʮ⁵³ iəu³⁴ ər¹³ san³¹ sʅ⁵³ pʰin¹³ xuaŋ³¹ liɛ¹³ ta¹³ miɛn¹³ tɕi⁵³]

高就有接近是七八米高吧，[kau³¹ tsəu¹³ iəu³⁴ tɕiɛ⁵³ tɕin¹³ sʅ¹³ tɕʰi⁵³ pa⁵³ mi³⁴ kau³¹

有这么高。[iəu³⁴ tʂɛ¹³ mo³⁴ kau³¹]

哎，那个坟包以后唉，[ɛ⁰, la²¹ ko¹³ xuən⁵³ pau³¹ i³⁴ xəu¹³ uai⁰]

当地有一种传说，[taŋ³¹ ti¹³ iəu³⁴ i⁵³ tʂuŋ¹³ tʂʰuan⁵³ ʂɥɛ²¹]

托他的梦，[tʰo³¹ tʰa³¹ ti⁰ muŋ¹³]

占了人家土地，[tʂan¹³ liau⁰ zən⁵³ ka³¹ tʰəu³⁴ ti¹³]

托他的梦，[tʰo³¹ tʰa³¹ ti⁰ muŋ¹³]

就说烧香啊搞么什啊就在迥儿。[tsəu¹³ ʂɥɛ⁵³ ʂau³¹ ɕiaŋ³¹ a⁰ kau³⁴ mo³⁴ sʅ¹³ a⁰ tsəu¹³ tai¹³ liər¹³] 搞么什：搞什么。迥儿：那儿

那个坟包托了梦以后，[la²¹ ko¹³ xuən⁵³ pau³¹ tʰo³¹ lau⁰ muŋ¹³ i³⁴ xəu¹³]

当地人烧香唉，许唉，[taŋ³¹ ti¹³ zən⁵³ ʂau³¹ ɕiaŋ³¹ ŋai⁰, ʂɥ³⁴ ai⁰] 许：许愿

许的我要接个媳妇儿，[ʂɥ³⁴ ti⁰ ŋo³⁴ iau¹³ tɕie⁵³ ko¹³ ɕi⁵³ xuər¹³]

许倒我显灵。[ʂɥ³⁴ tau³⁴ ŋo³⁴ ɕien³⁴ lin⁵³] 许倒：许愿

还尔香，还尔愿，[xuan⁵³ n̩³⁴ ɕiaŋ³¹, xuan⁵³ n̩³⁴ ɥan¹³] 尔：你

有的许倒我的添个孙儿，[iəu³⁴ ti⁰ ʂɥ³⁴ tau⁰ ŋo³⁴ ti⁰ tʰien³¹ ko¹³ sər³¹]

得应了以后，[tɛ⁵³ in¹³ liau⁰ i³⁴ xəu¹³] 得应：应验

我就烧香，还尔愿。[ŋo³⁴ tsəu¹³ ʂau³¹ ɕiaŋ³¹, xuan⁵³ n̩³⁴ ɥan¹³]

许了以后可不可也是，[ʂɥ³⁴ liau⁰ i³⁴ xəu¹³ kʰo³⁴ pu⁵³ kʰo³⁴ iɛ³⁴ sʅ¹³] 可不可：真的

按到那个点儿高巧。[ŋan¹³ tau¹³ la²¹ ko¹³ tiɛr³⁴ kau¹³ tɕʰiau³⁴] 高巧：上面去了

许求什么，得什么。[ʂɥ³⁴ tɕʰiəu⁵³ ʂən¹³ mo³⁴, tɛ⁵³ ʂən¹³ mo³⁴]

求财有财，求胡有胡，[tɕʰiəu⁵³ tsʰai⁵³ iəu³⁴ tsʰai⁵³, tɕʰiəu⁵³ xu³¹ iəu³⁴ xu³¹]

求子有子，求婚姻有婚姻，[tɕʰiəu⁵³ tsʅ³⁴ iəu³⁴ tsʅ³⁴, tɕʰiəu⁵³ xuən³¹ in³¹ iəu³⁴ xuən³¹ in³¹]

它都得到应。[tʰa³¹ təu³¹ tɛ⁵³ tau¹³ in¹³]

像这样一搞唉，[tɕʰiaŋ¹³ tʂɛ¹³ iaŋ¹³ i⁵³ kau³⁴ uai⁰]

一传嘞传到方圆几百里的人，[i⁵³ tʂʰuan⁵³ lɛ⁰ tʂʰuan⁵³ tau¹³ xuaŋ³¹ ɥan⁵³ tɕi³⁴ pɛ⁵³ li³⁴ ti⁰ zən⁵³]

都去烧香啊，许愿啦，[təu³¹ tɕʰi¹³ ʂau³¹ ɕiaŋ³¹ ŋa⁰, ʂɥ³⁴ ɥan¹³ la⁰]

拜佛啊，许这许那的。[pai¹³ xu⁵³ ua⁰, ʂɥ³⁴ tʂɛ¹³ ʂɥ³⁴ la¹³ ti⁰]

就是千人百众，[tsəu¹³ sʅ¹³ tɕʰien¹³ zən⁵³ pɛ⁵³ tʂuŋ¹³]

每年过清明的时候，[mei¹³ lien⁵³ ko¹³ tɕʰin³¹ min⁵³ ti⁰ ʂʅ⁵³ xəu⁰]

千人百众，[tɕʰien³¹ zən⁵³ pɛ⁵³ tʂuŋ¹³]

成群结队的人，[tʂʰən⁵³ tsʰʰuan⁵³ tɕie⁵³ tei¹³ ti⁰ zən⁵³]

都到那儿去烧香、许愿。[təu³¹ tau¹³ lar¹³ tɕʰi¹³ ʂau³¹ ɕiaŋ³¹、ʂɥ³⁴ ɥan¹³]

有的许的得了应，[iəu³⁴ti⁰ʂʅ³⁴ti⁰tɛ⁵³liau⁰in¹³]

有的去许，[iəu³⁴ti⁰tɕʰi¹³ʂʅ³⁴]

就一般的情况下嘞，[tsəu¹³i⁵³pan³¹ti⁰tɕʰin⁵³kʰuaŋ¹³ɕia¹³lɛ⁰]

许的都得了应。[ʂʅ³⁴ti⁰təu¹³tɛ⁵³liau⁰in¹³] 得了应：应验了

人嘞越来越多，越来越多。[zən⁵³lɛ⁰ɥɛ⁵³lai⁵³ɥɛ⁵³to³¹，ɥɛ⁵³lai⁵³ɥɛ⁵³to³¹]

湖北、河南二省，[xu⁵³pɛ²¹、xo⁵³lan²¹ər¹³sən³⁴]

就是基本的只晓得那场儿，[tsəu¹³ʂʅ¹³tɕi³¹pən³⁴ti⁰tʂʅ³⁴ɕiau³⁴tɛ⁵³la¹³tʂʰar³⁴] 场儿：地方

求么什得么什，一求得应。[tɕʰiəu⁵³mo³⁴ʂʅ¹³tɛ⁵³mo³⁴ʂʅ¹³，i⁵³tɕʰiəu⁵³tɛ⁵³in¹³]

远名显扬，[ɥan³⁴min⁵³ɕiɛn³⁴iaŋ⁵³]

人啰成群结队的多得很。[zən⁵³lo⁰tʂʰən⁵³tʂʰɥən⁵³tɕiɛ⁵³tei¹³ti⁰to³¹tɛ⁰xən³⁴]

一去了以后唉，[i⁵³tɕʰi¹³liau⁰i³⁴xəu¹³uai⁰]

有的去还愿嘞，[iəu³⁴ti⁰tɕʰi¹³xuan⁵³ɥan¹³]

插的高头有那个旗子唉，[tʂʰa⁵³ti⁰kau³¹tʰəu⁵³iəu³⁴la²¹ko¹³tɕʰi⁵³tsʅ⁰ai⁰]

有锦旗耶，[iəu³⁴tɕin³⁴tɕʰi⁵³iɛ⁰]

把那个锦旗好比我许倒说个媳妇儿，[pa³⁴la²¹ko¹³tɕin³⁴tɕʰi⁵³xau³⁴pi³⁴ŋo³⁴ʂʅ³⁴tau⁰ʂɥɛ⁵³ko¹³ɕi⁵³xuər¹³]

赶快抢一个锦旗回去，[kan³⁴kʰuai¹³tɕʰiaŋ³⁴i⁵³ko¹³tɕin³⁴tɕʰi⁵³xuei⁵³tɕʰi¹³]

就放在屋里供倒。[tsəu¹³xuaŋ¹³tai¹³u⁵³li²¹kuŋ¹³tau⁰]

哎，有么应的就接了媳妇儿。[ɛ⁰，iəu³⁴mo³⁴in¹³ti⁰tsəu¹³tɕiɛ⁵³liau⁰ɕi⁵³xuər¹³]

有的求子唉就抢个旗娃儿回去，[iəu³⁴ti⁰tɕʰiəu⁵³tsʅ³⁴ai⁰tsəu¹³tɕʰiaŋ³⁴ko¹³tɕʰi⁵³uar⁵³xuei⁵³tɕʰi¹³]

放在屋里供倒以后，[xuaŋ¹³tai¹³u⁵³li²¹kuŋ¹³tau⁰i³⁴xəu¹³]

也是得了应。[iɛ³⁴ʂʅ¹³tɛ⁵³liau⁰in¹³]

像这样以后就越来越多，越来越多。[tɕʰiaŋ¹³tʂɛ²¹iaŋ¹³i³⁴xəu¹³tsəu¹³ɥɛ⁵³lai⁵³ɥɛ⁵³to³¹，ɥɛ⁵³lai⁵³ɥɛ⁵³to³¹]

经过好多年以后，[tɕin³¹ko¹³xau³⁴to³¹liɛn⁵³i³⁴xəu¹³]

十几年以后啊，[ʂʅ⁵³tɕi³⁴liɛn⁵³i³⁴xəu¹³ua⁰]

得了应以后，有些拐人啦，[tɛ⁵³liau⁰in¹³i³⁴xəu¹³，iəu³⁴ɕiɛ³¹kuai³⁴zən⁵³la⁰] 拐人：坏人

因为这是一个孤墓，盗墓。[in³¹uei¹³tʂɛ³¹ʂʅ¹³i⁵³ko¹³ku³¹mu¹³，tau¹³mu¹³]

结果嘞拐人晚上去把坟包就挖了。[tɕiɛ⁵³ko³⁴lɛ⁰kuai³⁴zən⁵³uan³⁴ʂaŋ⁰tɕʰi¹³pa³⁴xuən⁵³pau³¹tsəu¹³ua⁵³liau⁰] 坟包：坟墓

挖开了以后，[ua⁵³kʰai³¹liau⁰i³⁴xəu¹³]

其实屋里什么东西都冇得，[tɕʰi⁵³ʂʅ²¹ təu¹³ li⁰ ʂən¹³ mo³⁴ tuŋ³¹ ɕi³¹ təu³¹ mau¹³ tɛ⁵³]屋里：里面。冇得：没有

有个嘛？[iəu³⁴ ko¹³ ma³⁴]

过去来说嘞，看得出来，是个女的。[ko²¹ tʂʰʅ¹³ lai⁵³ ʂuɛ⁵³ lɛ⁰，kʰan¹³ tɛ⁰ tʂʰʅ⁵³ lai²¹，ʂʅ¹³ ko¹³ lʅ³⁴ ti⁰]

因为怎么分辨是个女的耶？[in³¹ uei¹³ tsən³⁴ mo³⁴ xuən³¹ piɛn¹³ ʂʅ¹³ ko¹³ lʅ³⁴ ti⁰ iɛ⁰]

我们也不是研究，不是考古学家，[ŋo³⁴ mən⁵³ iɛ³⁴ pu⁵³ ʂʅ¹³ iɛn³¹ tɕiəu³¹，pu⁵³ ʂʅ¹³ kʰau³⁴ ku³⁴ ɕio⁵³ tɕia³¹]

分清的是她的头发。[xuən³¹ tɕʰin³¹ ti⁰ ʂʅ¹³ ta³¹ ti⁰ tʰəu⁵³ pʰa²¹]

头发都接近两米长吧。[tʰəu⁵³ pʰa³¹ təu¹³ tɕiɛ⁵³ tɕin¹³ liaŋ³⁴ mi³⁴ tʂʰaŋ⁵³ pa⁰]接近：大概

这是千真万确的，[tʂɛ¹³ ʂʅ¹³ tɕʰiɛn³¹ tʂən³¹ uan¹³ tɕʰio⁵³ ti⁰]

哎，这是千真万确的。[ɛ⁰，tʂɛ¹³ ʂʅ¹³ tɕʰiɛn³¹ tʂən³¹ uan¹³ tɕʰio⁵³ ti⁰]

结果就断定迵是个女的。[tɕiɛ⁵³ ko³⁴ tɕiəu¹³ tan¹³ tin¹³ liɛ¹³ ʂʅ¹³ ko¹³ lʅ³⁴ ti⁰]

当地七八十的老年人讲啊，[taŋ³¹ ti¹³ tɕʰi⁵³ pa⁵³ ʂʅ²¹ ti⁰ lau³⁴ liɛn⁵³ zən⁵³ tɕiaŋ³⁴ ŋa⁰]

原来那儿是死了一个女的，[ʯan⁵³ lai⁵³ lar¹³ ʂʅ¹³ sʅ³⁴ liau⁰ i⁵³ ko¹³ lʅ³⁴ ti⁰]

埋那儿得，冇得人管，[mai⁵³ lar¹³ tɛ⁰，mau¹³ tɛ⁵³ zən⁵³ kuan¹³]埋那儿得：埋在那儿。冇得：没有

不晓得是哪儿的人。[pu⁵³ ɕiau³⁴ tɛ⁵³ ʂʅ¹³ lar³⁴ ti⁰ zən⁵³]

孤魂坡就是迵样儿叫孤魂坡。[ku⁵³ xuən⁴⁴ pʰo³¹ tsəu¹³ ʂʅ¹³ liɛ¹³ iar¹³ tɕiau¹³ ku⁵³ xuən⁴⁴ pʰo³¹]

孤魂坡，就是迵样儿回事。[ku³¹ xuən⁴⁴ pʰo³¹，tsəu¹³ ʂʅ¹³ liɛ¹³ iar⁰ xuei⁵³ ʂʅ¹³]

有一次，我们到迵个孤魂坡去打猎的时候，[iəu³⁴ i⁵³ tsʰʅ¹³，ŋo³⁴ mən⁵³ tau¹³ liɛ²¹ ko¹³ ku³¹ xuən⁴⁴ pʰo³¹ tɕʰi¹³ ta³⁴ liɛ⁵³ ti⁰ ʂʅ⁵³ xəu⁰]

晚上，打夜场。[uan³⁴ ʂaŋ⁰，ta³⁴ iɛ¹³ tʂʰaŋ³⁴]

我们的灯啦照得花花先，[ŋo³⁴ mən⁵³ ti⁰ tən³¹ la⁰ tsau¹³ tɛ⁰ xua³⁴ xua³¹ ɕiɛn³¹]花花先：乱晃

我们平时上去是有两个伙伴，[ŋo³⁴ mən⁵³ pʰin⁵³ ʂʅ⁵³ ʂaŋ²¹ tɕʰi¹³ ʂʅ¹³ iəu³⁴ liaŋ³⁴ ko¹³ xo³⁴ pan¹³]

同时上去，[tʰuŋ⁵³ ʂʅ²¹ ʂaŋ²¹ tɕʰi¹³]

每次上去就要打迵个野兔。[mei³⁴ tsʰʅ¹³ ʂaŋ²¹ tɕʰi¹³ tsəu¹³ iau¹³ ta³⁴ liɛ²¹ ko¹³ iɛ³⁴ tʰəu¹³]

哎，晚上上去打野兔打个七八个，[ɛ⁰，uan³⁴ ʂaŋ⁰ ʂaŋ²¹ tɕʰi¹³ ta³⁴ iɛ³⁴ tʰəu¹³ ta³⁴ ko¹³ tɕʰi⁵³ pa⁵³ ko¹³]

有时搞红起来打个十几个，[iəu³⁴ ʂʅ⁵³ kau³⁴ xuŋ⁵³ tɕʰi³⁴ lai⁰ ta³⁴ ko¹³ ʂʅ⁵³ tɕi³⁴ ko¹³]搞红

起来：运气好

每次上去打着。[mei³⁴ tsʰʅ¹³ ʂaŋ²¹ tɕi¹³ ta³⁴ tʂo⁵³]

就是迦一天上去以后唉，[tsəu¹³ ʂʅ¹³ liɛ¹³ i⁵³ tʰiɛn³¹ ʂaŋ²¹ tɕi¹³ i³⁴ xəu¹³ uai⁰]

我们正好向孤魂坡那一带电灯照倒往那里走。[ŋo³⁴ mən⁵³ tʂən¹³ xau³⁴ ɕiaŋ¹³ ku³¹ xuən⁴⁴ pʰo³¹ la¹³ i⁵³ tai¹³ tiɛn¹³ tən³¹ tʂau¹³ tau⁰ uaŋ³⁴ la¹³ li²¹ tsəu³⁴] 倒：着

结果走了一段，七走八走，[tɕiɛ⁵³ ko³⁴ tsəu³⁴ liau⁰ i⁵³ tan¹³，tɕʰi⁵³ tsəu³⁴ pa⁵³ tsəu³⁴]

快要接近孤魂坡的时候，[kʰuai²¹ iau¹³ tɕiɛ⁵³ tɕin¹³ ku³¹ xuən⁴⁴ pʰo³¹ ti⁰ ʂʅ⁵³ xəu⁰]

快要接近大约八十到一百米左右，[kʰuai¹³ iau¹³ tɕiɛ⁵³ tɕin¹³ ta¹³ io⁵³ pa⁵³ ʂʅ⁵³ tau¹³ i⁵³ pɛ⁵³ mi³⁴ tso³⁴ iəu¹³]

有这么远，[iəu³⁴ tʂɛ¹³ mo³⁴ ʯan³⁴]

照到快到跟头去。[tʂau²¹ tau¹³ kʰuai¹³ tau¹³ kən¹³ tʰəu⁰ tɕʰi¹³] 跟头：跟前

结果一照到快到那儿去以后，[tɕiɛ⁵³ ko³⁴ i⁵³ tʂau¹³ tau¹³ kʰuai¹³ tau¹³ lar¹³ tɕʰi¹³ i³⁴ xəu¹³]

陡起一阵乌云，[təu³⁴ tɕʰi³⁴ i⁵³ tʂən¹³ u³¹ ʯən⁵³] 陡起：突然

哎，像一壁墙一样，[ɛ⁰，tɕʰiaŋ¹³ i⁵³ pi⁵³ tɕʰiaŋ⁵³ i⁵³ iaŋ¹³] 壁：面

电灯陡起伙照不出去了，[tiɛn¹³ tən³¹ təu³⁴ tɕʰi³⁴ xo³⁴ tʂau¹³ pu⁵³ tʂʰu¹³ tɕʰi¹³ liau⁰] 陡起伙：突然

看不到了，[kʰan¹³ pu⁵³ tau¹³ liau¹³]

就像个电灯照到么什高头[去了]唉，[tsəu¹³ ɕiaŋ¹³ ko¹³ tiɛn¹³ tən³¹ tʂau¹³ tau¹³ mo³⁴ ʂʅ¹³ kau³¹ tʰəu⁰ tɕʰiau³⁴ uai⁰] 么什：什么。高头：上面

就像照到一个墙上去了，[tsəu¹³ tɕiaŋ¹³ tʂau¹³ tau¹³ i⁵³ ko¹³ tɕʰiaŋ⁵³ ʂaŋ¹³ tɕʰi¹³ liau⁰]

墙高头去了，看不出去。[tɕʰiaŋ⁵³ kau³¹ tʰəu⁰ tɕʰi¹³ liau⁰，kʰan¹³ pu⁵³ tʂʰu⁵³ tɕʰi¹³] 高头：上面

好，把电灯往后一车，[xau³⁴，pa³⁴ tiɛn¹³ tən³¹ uaŋ³⁴ xəu¹³ i⁵³ tʂʰɛ³¹] 车：转

哎，往后一转，[ɛ⁰，uaŋ³⁴ xəu¹³ i⁵³ tsʯan³⁴]

电灯照得非常远。[tiɛn¹³ tən³¹ tʂau¹³ tɛ⁰ xuei³¹ tʂʰaŋ⁵³ ʯan³⁴]

但是尔陡起再朝那边去照，[tan²¹ ʂʅ¹³ n̩³¹ təu³⁴ tɕʰi³⁴ tsai¹³ tʂʰau⁵³ la¹³ piɛn³¹ tɕʰi¹³ tʂau¹³] 尔：你

照不进，照不远。[tʂau¹³ pu⁵³ tɕin¹³，tʂau¹³ pu⁵³ ʯan³⁴]

我和我同伴两个人感觉身上一麻，[ŋo³⁴ xo⁵³ ŋo³⁴ tʰuŋ³¹ pan¹³ liaŋ³⁴ ko¹³ zən⁵³ kan³⁴ tɕio⁵³ ʂən³¹ ʂaŋ¹³ i⁵³ ma⁵³]

那感觉很有阴森一种感觉。[la¹³ kan³⁴ tɕio⁵³ xən³⁴ iəu³⁴ in³¹ sən¹³ i⁵³ tʂuŋ¹³ kan³⁴ tɕio⁵³]

我跟他两人哑口无声，[ŋo³⁴ kən³¹ tʰa³¹ liaŋ³⁴ zən⁵³ ŋa³⁴ kʰəu³⁴ u⁵³ ʂən³¹]

一句话就不敢说，[i⁵³ tɕʯ¹³ xua¹³ tsəu¹³ pu⁵³ kan³⁴ ʂuɛ⁵³]

就喏⁼儿把枪㧬倒开始扭头往回走。[tsəu¹³ lor¹³ pa³⁴ tɕʰiaŋ³¹ lau³⁴ tau⁰ kʰai³¹ ʂʅ³⁴ liəu³⁴ tʰəu⁵³ uaŋ³⁴ xuei⁵³ tsəu³⁴] 喏⁼儿：那儿。㧬：扛

哎，我感觉那个东西，[ɛ⁰, ŋo³⁴ kan³⁴ tɕio⁵³ la²¹ ko¹³ tuŋ³¹ ɕi⁰]

好像一种很神奇的怪气。[xau³⁴ ɕiaŋ¹³ i⁵³ tʂuŋ¹³ xən³⁴ ʂən⁵³ tɕʰi⁵³ ti⁰ kuai¹³ tɕʰi¹³]

在那场儿朝别场儿照得出去，[tai¹³ la¹³ tʂʰar³⁴ tʂʰau¹³ piɛ⁵³ tʂʰar³⁴ tʂau¹³ tɛ⁰ tʂʰu⁵³ tɕʰi¹³] 场儿：地方

尔就是朝它那儿照照不出去。[n̩³⁴ tsəu¹³ ʂʅ¹³ tʂʰau⁵³ tʰa³¹ lar¹³ tʂau¹³ tʂau¹³ pu⁵³ tʂʰu⁵³ tɕʰi¹³]

从那以后，[tsʰuŋ⁵³ la¹³ i³⁴ xəu¹³]

我就感觉到是有一种怪气。[ŋo³⁴ tsəu¹³ kan³⁴ tɕio⁵³ tau¹³ ʂʅ¹³ iəu³⁴ i⁵³ tʂuŋ³⁴ kuai²¹ tɕʰi¹³]

从那以后，下山以后，[tsʰuŋ⁵³ la¹³ i³⁴ xəu¹³, ɕia¹³ ʂan³¹ i³⁴ xəu¹³]

走了有一二里路吧，[tsəu³⁴ liau⁰ iəu³⁴ i⁵³ ər¹³ li¹³ ləu¹³ pa⁰]

一句话都不敢说，说不出来话。[i⁵³ tɕy¹³ xua¹³ təu³¹ pu⁵³ kan³⁴ ʂuɛ⁵³, ʂuɛ⁵³ pu⁵³ tʂʰu⁵³ lai⁵³ xua¹³]

不晓得是不敢说还是说不出来话，[pu⁵³ ɕiau³⁴ tɛ⁵³ ʂʅ¹³ pu⁵³ kan³⁴ ʂuɛ⁵³ xai⁵³ ʂʅ¹³ ʂuɛ⁵³ pu⁵³ tʂʰu⁵³ lai⁵³ xua¹³]

就冇得一句话说。[tsəu¹³ mau¹³ tɛ⁵³ i⁵³ tɕy¹³ xua¹³ ʂuɛ⁵³] 冇得：没有

两个人走下来也蛮好，[liaŋ³⁴ ko¹³ zən⁵³ tsəu³⁴ ɕia¹³ lai⁵³ iɛ³⁴ man⁵³ xau³⁴]

就是我感觉这个孤魂坡啦，[tsəu¹³ ʂʅ¹³ ŋo³⁴ kan³⁴ tɕio⁵³ tʂɛ²¹ ko³¹ ku³¹ xuən⁴⁴ pʰo³¹ la⁰]

好像是一种很神奇的那个。[xau³⁴ ɕiaŋ¹³ ʂʅ¹³ i⁵³ tʂuŋ³⁴ xən⁵³ ʂən⁵³ tɕʰi⁵³ ti⁰ la²¹ ko¹³]

这个孤魂坡在江西店，[tʂɛ¹³ ko¹³ ku³¹ xuən⁴⁴ pʰo³¹ tai¹³ tɕiaŋ³¹ ɕi³¹ tiɛn¹³]

江西店上头团结河那边。[tɕiaŋ³¹ ɕi³¹ tiɛn¹³ ʂaŋ¹³ tʰəu¹³ tʰan³¹ tɕiɛ⁵³ xo⁵³ la¹³ piɛn³¹]

这是孤魂坡的一段故事，[tʂɛ¹³ ʂʅ¹³ ku³¹ xuən⁴⁴ pʰo³¹ ti⁰ i⁵³ tan¹³ ku²¹ ʂʅ¹³]

这是我经历过的。[tʂɛ²¹ ʂʅ¹³ ŋo³⁴ tɕin³¹ li⁵³ ko¹³ ti⁰]

意译：《孤魂坡》。今天跟大家讲一个《孤魂坡》的故事。这个孤魂坡，在我们湖北和河南交界的地点。那个孤魂坡为什么叫孤魂坡呢？孤魂坡就是没有后代每年过清明上土，也没有后代，就叫孤魂坡。

孤魂坡就是那个坟包自己长，长得有多大呢？农村有一种说法，就是有五十亩田那么大的面积，相当于有二三十平方那么大面积。高就有接近七八米高吧，有这么高。关于那个坟包，当地有一种传说，托他的梦，说我占了人家土地，托他的梦，就在这里烧香。那个坟包托了梦以后，烧香唉，许愿唉，许愿我要娶个媳妇儿，许我显灵。还你香，还你愿，有的许愿我添个孙儿，应验了以后，我就

烧香，还你愿。许愿以后正好也应验了。求什么，得什么。求财有财，求胡有胡，求子有子，求婚姻有婚姻，它都应验了。

像这样一搞，一传传到方圆几百里的人都去烧香啊，许愿啦，拜佛啊，许这许那的。千人百众每年过清明的时候，成群结队的人都到那儿去烧香、许愿。有的许愿应验了的，有的去许愿，一般情况都应验。人越来越多，越来越多。湖北、河南二省都知道那地方求什么应验什么，一求得应，远名显扬，人呀成群结队的多得很。一去了以后唉，有的去还愿，坟上插的有那个旗子，有锦旗。比方我许愿我谈个女朋友，赶快抢一个锦旗回去，就放在屋里供着。哎，真的应验就娶了媳妇。有的求子唉就抢个旗子回去，放在屋里供着以后，也是应验了。像这样以后就越来越多的人都来了。

经过好多年以后，十几年以后，应验了以后，有些坏人因为这是一个孤墓，就盗墓。结果坏人晚上去把坟包挖开了，挖开了以后，其实里面什么东西都没有。过去来说，看得出来，是个女的。怎么分辨是个女的呢？我们也不是研究家，不是考古学家，分清的是她的头发。头发都有接近两米长吧。这是千真万确的。当地七八十的老年人讲啊，原来那儿是死了一个女的，埋在那儿，没有人管，不知道是哪儿的人。这个孤魂坡呢就是这样儿叫孤魂坡。

有一次我们到这个孤魂坡去打猎的时候，晚上打夜场。我们的灯啦照得乱晃，我们平时上去是有两个伙伴，同时上去，每次上去就要打那个野兔。晚上上去打野兔打个七八个，有时运气好就打个十几个，每次上去都能打到。就是那一天上去以后，我们正好向孤魂坡那一带用电灯照着往那里走。结果走了一段，七走八走，七走八走快要接近孤魂坡的时候，快要接近大约有八十到一百米左右，有这么远，照到快到那儿去。结果一照到快到那儿去以后，突然一阵乌云，哎，像一面墙一样，电灯光竟然照不出去了，看不到了，就像个电灯照到什么上面呢，就像照到一个墙上去了，看不出去。好，把电灯往后一转，电灯照得非常远。但是你突然再朝那边去照，照不远。我和我同伴两个人感觉身上一麻，那感觉很有阴森森的一种感觉。我跟他两人哑口无声，一句话都不敢说，就在那儿把枪扛着开始扭头往回走。

我感觉那个东西好像是一种很神奇的怪气。在那个地方朝别的地方能照得出去，你就是朝它那儿照照不出去。从那以后我就感觉到是有一种怪气。从那以后，下山以后，走了有一二里路吧，一句话就不敢说，说不出来话。不知道是不敢说还是说不出来话，就没有一句话说。两个人走下来也还好，就是我感觉这个孤魂坡好像是一种很神奇的那个。这是孤魂坡的一段故事，这是我经历过的。

四 自选条目

0031 自选条目

板田炕过心，抵下一道粪。[pan³⁴tʰiɛn⁵³kʰaŋ¹³ko¹³ɕin³¹，ti³⁴ɕia¹³i⁵³tau¹³xuən¹³]

意译：板田炕过心，抵下一道粪。

0032 自选条目

种田如打铁，全靠抢火色。[tʂuŋ¹³tʰiɛn⁵³ʐ̩⁵³ta³⁴tʰiɛ⁵³，tɕʰiɛn⁵³kʰau¹³tɕʰiaŋ³⁴xo³⁴sɛ⁵³]

意译：种田如打铁，全靠抢火色。

0033 自选条目

要想麦子收，起好三条沟。[iau¹³ɕiaŋ³⁴mɛ⁵³tsɿ⁰ʂəu³¹，tɕʰi³⁴xau³⁴san³¹tʰiau⁵³kəu³¹]

意译：要想麦子有收成，就要起好三条沟。

0034 自选条目

修塘如修仓，积肥如积粮。[ɕiəu³¹tʰaŋ⁵³ʐ̩⁵³ɕiəu³¹tsʰaŋ³¹，tɕi⁵³xuei²¹ʐ̩⁵³tɕi⁵³liaŋ⁵³] 塘：池塘

意译：修池塘如修仓，积肥料如积粮。

0035 自选条目

芝麻怕痒，越薅越长。[tʂɿ³¹ma²¹pʰa¹³iaŋ³⁴，ʯɛ⁵³xau¹¹ʯɛ⁵³tʂaŋ³⁴] 薅：抓，这里指除草

意译：芝麻怕痒，越薅草越长。

0036 自选条目

养猪无巧，窝干食饱。[iaŋ³⁴tʂu³¹u⁵³tɕʰiau³⁴，o³¹kan³¹ʂɿ⁵³pau³⁴]

意译：养猪没有什么巧办法，就是猪窝干燥并且吃饱。

0037 自选条目

猪要胀，狗要烫。[tʂu³¹iau¹³tʂaŋ¹³，kəu³⁴iau¹³tʰaŋ¹³]

意译：猪要吃饱，狗要吃热。

0038 自选条目
学生不离书，种田不离猪。[ɕio⁵³ sən³¹ pu⁵³ li⁵³ ʂʅ³¹, tʂuŋ¹³ tʰiɛn⁵³ pu⁵³ li⁵³ tʂʅ³¹]
意译：学生不离书，种田不离猪。

0039 自选条目
家养百只鸡，抵做小生意。[tɕia³¹ iaŋ³⁴ pɛ⁵³ tʂʅ³⁴ tɕi³¹, ti³⁴ tsəu¹³ ɕiau³⁴ sən³¹ i¹³]
意译：家养百只鸡，抵做小生意。

0040 自选条目
深耕加一寸，抵上一道粪。[ʂən³¹ kən³¹ tɕia³¹ i⁵³ tsʰən¹³, ti³⁴ ʂaŋ¹³ i⁵³ tau¹³ fən¹³]
意译：深耕加一寸，抵上一道粪。

0041 自选条目
东虹日头西虹雨。[tuŋ³¹ kaŋ¹³ ər⁵³ tʰəu²¹ ɕi³¹ kaŋ¹³ ʯ³⁴] 日头：太阳
意译：东虹太阳西虹雨。

0042 自选条目
有雨四方亮，无雨顶上光。[iəu³⁴ ʯ³⁴ sʅ¹³ xuan³¹ liaŋ¹³, u⁵³ ʯ³⁴ tin³⁴ ʂaŋ¹³ kuaŋ³¹]
意译：有雨四方亮，无雨顶上光。

0043 自选条目
五月南风发大水，[u³⁴ ʯɛ⁵³ lan⁵³ xuŋ³¹ xua³¹ ta¹³ ʂʯei³⁴] 大水：洪水
六月南风干死鬼。[ləu⁵³ ʯɛ⁵³ lan⁵³ xuŋ³¹ kan³¹ sʅ³⁴ kuei³⁴]
意译：五月南风发洪水，六月南风干死鬼。

0044 自选条目
头伏有雨三伏旱，[tʰəu⁵³ xu³¹ iəu³⁴ ʯ³⁴ san³¹ xu³¹ xan¹³]
三伏连阴吃饱饭。[san³¹ xu³¹ liɛn⁵³ in³¹ tɕʰi⁵³ pau³⁴ xuan¹³]
意译：头伏有雨三伏旱，三伏连阴吃饱饭。

0045 自选条目
北风刮得大，猛停雨要下。[pɛ⁵³ xuŋ³¹ kua⁵³ tɛ⁰ ta¹³, muŋ³⁴ tʰin⁵³ ʯ³⁴ iau¹³ ɕia¹³]

意译：北风刮得大，猛停雨要下。

0046 自选条目
三伏多酷热，冬天多雨雪。[san³¹ xu³¹ to³¹ kʰu¹³ ʑɛ⁵³，tuŋ³¹ tʰiɛn³¹ to³¹ ʯ³⁴ ɕiɛ⁵³]
意译：三伏多酷热，冬天多雨雪。

0047 自选条目
天上起了鱼鳞斑，[tʰiɛn³¹ ʂaŋ¹³ tɕʰi³⁴ liau⁰ ʯ⁵³ lin⁵³ pan³¹]
地上晒谷不用翻。[ti²¹ ʂaŋ¹³ sai¹³ ku⁵³ pu⁵³ zuŋ¹³ xuan³¹]
意译：天上起了鱼鳞斑，地上晒谷不用翻。

0048 自选条目
人情大于债，冇得揭锅卖。[zən⁵³ tɕʰin⁵³ ta¹³ ʯ⁵³ tsai¹³，mau¹³ tɛ⁵³ tɕiɛ⁵³ ko³¹ mai¹³]
冇得：没有
意译：人情大于债，没有就揭锅卖。

0049 自选条目
从师不如访友，访友不如经手。[tsʰuŋ⁵³ sɿ³¹ pu⁵³ ʯ⁵³ xuaŋ³⁴ iəu³⁴，xuaŋ³⁴ iəu³⁴ pu⁵³ ʯ⁵³ tɕin³¹ ʂəu³⁴]
意译：从师不如访友，访友不如亲自去实践。

0050 自选条目
哑巴叙家常——指手画脚。[ŋa¹³ pa⁰ ɕi¹³ tɕia³¹ tʂʰaŋ⁵³——tʂɿ³⁴ ʂəu³⁴ fa¹³ tɕio⁵³]
意译：哑巴叙家常——指手画脚。

0051 自选条目
瞎子拈菜——叉（差）的远。[ɕia⁵³ tsɿ³⁴ liɛn³¹ tsʰai¹³——tʂʰa³¹（tʂʰa³¹）ti⁰ ʯɛn³⁴]
意译：瞎子拈菜——叉（差）的远。

0052 自选条目
羊子咬死伢——活天的冤枉。[iaŋ⁵³ tsɿ⁰ ŋau³⁴ sɿ³⁴ ŋa⁵³——xo⁵³ tʰiɛn³¹ ti⁰ ʯan³¹ uaŋ⁵³] 羊子：羊。伢：孩子

意译：羊咬死孩子——冤枉到了极点。

0053 自选条目

老鼠拖葫芦——大头在后头。[lau³⁴ ʂʅ³⁴ tʰo³¹ kʰu⁵³ ləu²¹——ta¹³ tʰəu⁵³ tai¹³ xəu¹³ tʰəu⁵³]

意译：老鼠拖葫芦——大头在后头。

0054 自选条目

麻雀跳进糠坛子里——空喜一场。[ma⁵³ tɕʰio²¹ tʰiau¹³ tɕin¹³ kʰaŋ³¹ tʰan⁵³ tsʅ⁰ li³⁴——kʰuŋ³¹ ɕi³⁴ i⁵³ tʂʰaŋ³⁴]

意译：麻雀跳进糠坛子里——空喜一场。

0055 自选条目

菢鸡母拖抹布——自己吓自己。[pau¹³ tɕi³¹ mu³⁴ tʰo³¹ ma⁵³ pu¹³——tsʅ¹³ tɕi³⁴ xɛ⁵³ tsʅ¹³ tɕi³⁴] 菢：孵

意译：孵小鸡的母鸡拖抹布——自己吓自己。

0056 自选条目

腊肉下挂面——有盐（言）在先。[la⁵³ ʐəu⁵³ ɕia¹³ kua¹³ miɛn¹³——iəu³⁴ iɛn⁵³（iɛn⁵³）tsai¹³ ɕiɛn³¹]

意译：腊肉下挂面——有盐（言）在先。

0057 自选条目

穿蓑衣打火——惹火上身。[tʂʰuan³¹ so³¹ i³¹ ta³⁴ xo³⁴——ʐɛ³⁴ xo³⁴ ʂaŋ¹³ ʂən³¹]

意译：穿蓑衣打火——惹火上身。

0058 自选条目

坐脚盆过河——无船（权）。[tso¹³ tɕio⁵³ pʰən⁵³ ko¹³ xo⁵³——u⁵³ tʂʰuan⁵³（tʂʰuan⁵³）]

意译：坐脚盆过河——无船（权）。

0059 自选条目

癞痢戴簪子——挑（调）皮。[la¹³ li⁵³ tai¹³ tsan³¹ tsʅ⁰——tʰiau³¹（tʰiau⁵³）pʰi⁵³]

意译：癞痢戴簪子——挑（调）皮。

0060 自选条目

尿脬打人——不疼气胀人。[liau¹³ pʰau¹³ ta³⁴ zən⁵³——pu⁵³ tʰən⁵³ tɕʰi¹³ tʂaŋ¹³ zən⁵³]

尿脬：指猪的膀胱

意译：尿脬打人——不疼气胀人。

0061 自选条目

媳妇穿婆婆的鞋——老样子。[ɕi⁵³ xu¹³ tʂʰɥan³¹ pʰo⁵³ pʰo⁵³ ti⁰ xai⁵³——lau³⁴ iaŋ¹³ tsɿ⁰]

意译：媳妇穿婆婆的鞋——老样子。

0062 自选条目

豆渣贴门神——不粘板。[təu¹³ tʂa³¹ tʰiɛ⁵³ mən⁵³ ʂən²¹——pu⁵³ tʂan³¹ pan³⁴]

意译：豆渣贴门神——不粘板。

0063 自选条目

歪嘴巴吹火——斜（邪）气。[uai³¹ tɕi³⁴ pa⁰ tʂʰɥei³¹ xo³⁴——ɕiɛ⁵³（ɕiɛ⁵³）tɕʰi¹³]

意译：歪嘴巴吹火——邪（斜）气。

0064 自选条目

豆腐掉进灰塘里——摸不得，拍不得。[təu¹³ xu⁰ tiau¹³ tɕin¹³ xuei³¹ tʰaŋ⁵³ li⁰——mo³¹ pu⁵³ tɛ⁵³，pʰɛ⁵³ pu⁵³ tɛ⁵³]

意译：豆腐掉进灰塘里——摸不得，拍不得。

黄冈市

黄 冈

一 歌谣

0001 歌谣

梳头歌〔səu²² tʰəu³¹ ko²²〕

月亮走，我也走，〔ʐұe³¹ liaŋ⁴⁴ tsəu⁵⁵，ŋo⁵⁵ ie⁵⁵ tsəu⁵⁵〕

我跟月亮提花篓，〔ŋo⁵⁵ kən²² ʐұe³¹ liaŋ⁴⁴ tʰi³¹ xua²² ləu⁵⁵〕

一提提到大门口。〔i²¹³ tʰi³¹ tʰi³¹ tau³⁵ ta⁴⁴ mən³¹ kʰəu⁵⁵〕

打开门，摘石榴，〔ta⁵⁵ kʰai²² mən³¹，tse²¹³ sʅ³¹ liəu⁰〕

石榴里面四两油，〔sʅ³¹ liəu⁰ li⁵⁵ mien⁴⁴ sʅ³⁵ liaŋ⁵⁵ iəu³¹〕

三个姐姐来梳头，〔san²² ko⁰ tɕie⁵⁵ tɕie⁰ lai³¹ səu²² tʰəu³¹〕

大姐梳的盘龙鬏，〔ta⁴⁴ tɕie⁵⁵ səu²² ti⁰ pʰan³¹ loŋ³¹ tɕiəu²²〕盘龙鬏：女孩盘在头顶上的一种发式

二姐梳个凤冠头。〔ər⁴⁴ tɕie⁵⁵ səu²² ko⁰ foŋ⁴⁴ kuan³⁵ tʰəu³¹〕

只有三姐不会梳，〔tsʅ²¹³ iəu⁵⁵ san²² tɕie⁵⁵ pu²¹³ xuei³⁵ səu²²〕

拿起梳子眼泪流。〔la³¹ tɕʰi⁵⁵ səu²² tsʅ⁰ ŋan⁵⁵ lei⁴⁴ liəu³¹〕

三姐三姐你莫哭，〔san²² tɕie⁵⁵ san²² tɕie⁵⁵ li⁵⁵ mo⁴⁴ kʰu²¹³〕

我给你梳个狮子爬绣球。〔o⁵⁵ ke⁵⁵ li⁵⁵ səu²² ko⁰ sʅ²² tsʅ⁰ pʰa³¹ ɕiəu³⁵ tɕʰiəu³¹〕

意译：月亮走，我也走，我给月亮提花篓，一提提到大门口。打开门，摘石榴，石榴里面四两油，三个姐姐来梳头，大姐梳的盘龙鬏，二姐梳个凤冠头。只有三姐不会梳，拿起梳子眼泪流。三姐三姐你莫哭，我给你梳个狮子爬绣球。

0002 歌谣

月亮谣〔ʐұe³¹ liaŋ⁴⁴ iau³¹〕

大月亮，细月亮，[ta⁴⁴ zɥe³¹ liaŋ⁴⁴，ɕi³⁵ zɥe³¹ liaŋ⁴⁴] 细：小

哥哥在堂屋里做篾匠，[ko²² ko⁰ tsai⁴⁴ tʰaŋ²² u²¹³ li⁰ tsou³⁵ mie¹³ tɕiaŋ⁴⁴] 堂屋：客厅

嫂子在房里纳鞋底，[sau⁵⁵ tsɿ⁰ tsai⁴⁴ faŋ³¹ li⁰ la²¹³ xai³¹ ti⁵⁵]

婆婆在灶屋里蒸糯米，[pʰo³¹ pʰo⁰ tsai⁴⁴ tsau³⁵ u²¹³ li⁰ tsən²² lo⁴⁴ mi⁵⁵] 灶屋：厨房

狗子闻到糯米香，[kəu⁵⁵ tsɿ⁰ uən³¹ tau⁰ lo⁴⁴ mi⁵⁵ ɕiaŋ²²]

扯破了婆婆的裤子裆。[tsʰe⁵⁵ pʰo³¹ liau⁰ pʰo³¹ pʰo⁰ ti⁰ kʰu³⁵ tsɿ⁰ taŋ²²]

左一补，右一补，[tso⁵⁵ i¹³ pu⁵⁵，iəu⁴⁴ i¹³ pu⁵⁵]

一补补个花屁股。[i¹³ pu⁵⁵ pu⁵⁵ ko⁰ xua²² pʰi³⁵ ku⁵⁵]

意译：大月亮，小月亮，哥哥在客厅里做篾匠，嫂子在房里纳鞋底，婆婆在厨房里蒸糯米，小狗闻到糯米香，扯破了婆婆的裤裆。左一补，右一补，一补补个花屁股。

0003 歌谣

麻蛋蛋，细丁丁，[ma³¹ tan⁴⁴ tan⁰，ɕi³⁵ tin²² tin⁰]

我是家婆的细外孙。[ŋo⁵⁵ sɿ⁴⁴ ka²² pʰo³¹ ti⁰ ɕi³⁵ uai³⁵ sən²²] 家婆：外婆

家婆留我吃晚饭，[ka²² pʰo³¹ liəu³¹ ŋo⁵⁵ tɕʰi²² uan⁵⁵ fan⁴⁴]

舅爷留我住一程，[tɕiəu³⁵ ie³¹ liəu³¹ ŋo⁵⁵ tʂʅ⁴⁴ i¹³ tsʰən³¹] 舅爷：舅舅

舅妈在屋里听见了，[tɕiəu³⁵ ma²² tsai³⁵ u²¹³ li⁰ tʰin²² tɕien³⁵ liau⁰]

脚一顿，手一抻，[tɕio²¹³ i¹³ tən³⁵，səu⁵⁵ i¹³ tsʰən²²] 抻：伸

哪有闲饭看外孙。[la⁵⁵ iəu⁵⁵ ɕien³¹ fan⁴⁴ kʰan²² uai⁴⁴ sən²²] 看：养

意译：麻蛋蛋，细丁丁，我是外婆的小外孙。外婆留我吃晚饭，舅舅留我住一晚，舅妈在屋里听见了，脚一顿，手一伸，哪有闲饭给外孙吃。

0004 歌谣

苋菜籽儿，黑麻麻，[xan⁴⁴ tsʰai³⁵ tsɛr⁵⁵，xe²¹³ ma²² ma⁰]

婆婆死了我当家。[pʰo³¹ pʰo⁰ sɿ⁵⁵ liau⁰ ŋo⁵⁵ taŋ²¹ tɕia²²]

早晨吃的油盐饭，[tsau⁵⁵ tsʰən⁴⁴ tɕʰi¹³ ti⁰ iəu³¹ ien³¹ fan⁴⁴]

晏昼吃的腊肉糍粑，[ŋan³⁵ tsəu³⁵ tɕʰi¹³ ti⁰ la¹³ zəu²¹³ tsʰɿ³¹ pa²²] 晏昼：上午

下昼喝的心肺汤，[xa⁴⁴ tsəu³⁵ xo²¹³ ti⁰ ɕin²² fei³⁵ tʰaŋ²²] 下昼：下午

这样的日子过不长，[tse³⁵ iaŋ⁴⁴ ti⁰ ɔr²¹³ tsɿ⁰ ko³⁵ pu¹³ tsʰaŋ³¹]

意译：苋菜籽儿，黑麻麻，婆婆死了我当家。早晨吃的油盐饭，上午吃的腊肉糍粑，下午喝的心肺汤，这样的日子过不长。

0005 歌谣

哄儿瞌醒歌 [xoŋ⁵⁵ ər³¹ kʰuən³⁵ ɕin⁵⁵ ko²²] 瞌醒：睡觉

黄鸡公，尾巴拖，[xuaŋ³¹ tɕi²² koŋ²², uei⁵⁵ pa²² tʰo²²] 鸡公：公鸡

三岁的伢儿会唱歌。[san²² sei³⁵ ti⁰ ŋar⁵⁵ xuei⁴⁴ tsʰaŋ³⁵ ko²²] 伢儿：小孩儿

不是爷娘教给我，[pu²¹³ sʅ³⁵ ie³¹ liaŋ³¹ tɕiau²² kei⁵⁵ ŋo⁵⁵] 爷娘：父母

是我聪明自作的歌。[sʅ³⁵ ŋo⁵⁵ tsʰoŋ²² min³¹ tsʅ³⁵ tso²¹³ ti⁰ ko²²]

意译：哄儿睡觉歌，黄公鸡，尾巴拖，三岁的孩子会唱歌。不是父母教给我的，是我自己聪明自己作的歌。

二 规定故事

0021 牛郎和织女

今天我给大家讲一个故事，[tɕin²² tʰien²² ŋo⁵⁵ kei⁴⁴ ta⁴⁴ tɕia²² tɕiaŋ⁵⁵ i²¹³ ko⁰ ku³⁵ sʅ⁴⁴]

叫牛郎织女。[tɕiau³⁵ liəu³¹ laŋ³¹ tsʅ¹³ lʮ⁵⁵]

古时候儿有一个年轻的小伙子，[ku⁵⁵ sʅ³¹ xər⁰ iəu⁵⁵ i²¹³ ko⁰ lien³¹ tɕʰin²² ti⁰ ɕiau⁵⁵ xo⁵⁵ tsʅ⁰]

又勤劳又善良，[iəu⁴⁴ tɕʰin³¹ lau³¹ iəu⁴⁴ san⁴⁴ liaŋ³¹]

他的名字叫牛郎。[tʰa²² ti⁰ min³¹ tsʅ⁰ tɕiau³⁵ liəu³¹ laŋ³¹]

从小就是孤儿，[tsʰoŋ³¹ ɕiau⁵⁵ tɕiəu⁴⁴ sʅ⁴⁴ ku²² ər³¹]

跟倒他的哥哥嫂子一路生活，[kən²² tau⁰ tʰa²² ti⁰ ko²² ko⁰ sau⁵⁵ tsʅ⁰ i³¹ ləu⁴⁴ sən²² xo³¹] 一路：一起

比较伤心造孽，[pi⁵⁵ tɕiau³⁵ saŋ²² ɕin²² tsau⁴⁴ ie²¹³] 造孽：可怜

后来他的哥哥嫂子把他赶出去了，[xəu⁴⁴ lai³¹ tʰa²² ti⁰ ko²² ko⁰ sau⁵⁵ tsʅ⁰ pa⁵⁵ tʰa²² kan⁵⁵ tʂʰʅ²¹³ tɕʰi⁰ liau⁰]

他就一个人带倒一头老黄牛，[tʰa²² tɕiəu⁴⁴ i¹³ ko³⁵ zən³¹ tai³⁵ tau⁰ i¹³ tʰəu³¹ lau⁵⁵ xuaŋ³¹ liəu³¹³]

在外面过日子，[tsai⁴⁴ uai⁴⁴ mien⁴⁴ ko³⁵ ər²¹³ tsʅ⁰]

天天耕地，[tʰien²² tʰien²² kən²² ti⁴⁴]

非常勤劳。[fei²² tsʰaŋ³¹ tɕʰin³¹ lau³¹]

有一天老黄牛突然开口说话，[iəu⁵⁵ i²¹³ tʰien²² lau⁵⁵ xuaŋ³¹ liəu³¹ tʰəu¹³ zan³¹ kʰai²² kʰəu⁵⁵ ʂue³¹ xua⁴⁴]

跟牛郎说：[kən²² liəu³¹ laŋ³¹ ʂue²¹³

"明天晚上你到河边去,［min³¹ tʰien²² uan⁵⁵ saŋ⁰ li⁵⁵ tau³⁵ xo³¹ pien²² tɕʰi³⁵］

就可以娶到一个媳妇。"［tɕiəu⁴⁴ kʰo⁵⁵ i⁰ tɕʰu̯⁵⁵ tau⁰ i²¹³ ko⁰ ɕi²¹³ fu⁰］

牛郎听了老黄牛的话之后,［liəu³¹ laŋ³¹ tʰin³⁵ liau⁰ lau⁵⁵ xuaŋ³¹ liəu³¹ ti⁰ xua⁴⁴ tsɿ²² xəu⁴⁴］

第二天晚上,［ti⁴⁴ ɔr⁴⁴ tʰien²² uan⁵⁵ saŋ⁰］

干完农活之后他就到河边去,［kan³⁵ uan³¹ loŋ³¹ xo³¹ tsɿ²² xəu⁴⁴ tʰa²² tɕiəu⁴⁴ tau³⁵ xo³¹ pien²² tɕʰi³⁵］

果然看到一群女子在河里洗澡。［ko⁵⁵ zan³¹ kʰan³⁵ tau⁰ i²¹³ tɕʰu̯ən³¹ lu̯⁵⁵ tsɿ⁵⁵ tsai²² xo³¹ li⁰ ɕi⁵⁵ tsau⁵⁵］

牛郎又慌又害羞,［liəu³¹ laŋ³¹ iəu⁴⁴ xuaŋ²² iəu⁴⁴ xai⁴⁴ ɕiəu²²］

急急忙忙跑过去,［tɕi²¹³ tɕi⁰ maŋ³¹ maŋ³¹ pʰau³¹ ko³⁵ tɕʰi⁰］

还冇看清楚,［xai³¹ mau⁴⁴ kʰan³⁵ tɕʰin²² tsʰəu⁴］冇：没

就扯了一件衣裳就跑回去了。［tɕiəu⁴⁴ tsʰe⁵⁵ liau⁰ i²¹³ tɕien⁴⁴ i²² saŋ⁰ tɕiəu⁴⁴ pʰau³¹ xuei³¹ tɕʰi⁰ liau⁰］

过不了多久,［ko³⁵ pu²¹³ liau⁰ to²² tɕiəu⁵⁵］

果然有一个女子来敲门,［ko⁵⁵ zan³¹ iəu⁵⁵ i²¹³ ko⁰ lu̯⁵⁵ tsɿ⁵⁵ lai³¹ tɕʰiau²² mən³¹］

她就是七仙女中间的,［tʰa²² tɕiəu⁴⁴ sɿ⁴⁴ tɕʰi²¹³ ɕien²² lu̯⁵⁵ tsoŋ²² tɕien²² ti⁰］

最小的一个仙女。［tsei³⁵ ɕiau⁵⁵ ti⁰ i²¹³ ko⁰ ɕien²² lu̯⁵⁵］

于是牛郎和仙女就成亲了,［z̩u̯⁵⁵ sɿ⁴⁴ liəu³¹ laŋ³¹ xo³¹ ɕien²² lu̯⁵⁵ tɕiəu⁴⁴ tsʰən³¹ tɕʰin²² liau⁰］

两个人相亲相爱,［liaŋ⁵⁵ ko⁰ zən³¹ ɕiaŋ²² tɕʰin²² ɕiaŋ²² ŋai³⁵］

过不久,［ko³⁵ pu²¹³ tɕiəu⁵⁵］

就生了一双儿女。［tɕiəu⁴⁴ sən²² liau⁰ i²¹³ ʂu̯aŋ²² ɔr³¹ lu̯⁵⁵］

白天牛郎在地里面耕地种菜,［pe³¹ tʰien²² liəu³¹ laŋ³¹ tsai⁴⁴ ti⁴⁴ li⁰ mien⁴⁴ kən²² ti⁴⁴ tsoŋ³⁵ tsʰai³⁵］

织女就在屋里纺纱织布,［tsɿ¹³ lu̯⁵⁵ tɕiəu⁴⁴ tsai⁴⁴ u²¹³ li⁰ faŋ⁵⁵ sa²² tsɿ³¹ pu³⁵］

有的时候牛郎在外面种地,［iəu⁵⁵ ti⁰ sɿ³¹ xəu⁴⁴ liəu³¹ laŋ³¹ tsai⁴⁴ uai⁴⁴ mien⁴⁴ tsoŋ³⁵ ti⁴⁴］

织女就去浇水,［tsɿ¹³ lu̯⁵⁵ tɕiəu⁴⁴ tɕʰi³⁵ tɕiau²² ʂu̯ei⁵⁵］

两个人过的日子非常的高兴。［liaŋ⁵⁵ ko⁰ zən³¹ ko³⁵ ti⁰ ɔr²¹³ tsɿ⁰ fei²² tsʰaŋ³¹ ti⁰ kau²² ɕin³⁵］

可是这样的好日子时间不长,［kʰo⁵⁵ sɿ⁴⁴ tse³⁵ iaŋ⁴⁴ ti⁰ xau⁵⁵ ɔr²¹³ tsɿ⁰ sɿ³¹ tɕien²² pu²¹³ tsʰaŋ³¹］

不晓得王母娘娘是么样晓得这个消息的,［pu²¹³ ɕiau⁵⁵ te⁰ uaŋ³¹ moŋ⁵⁵ liaŋ³¹ liaŋ⁰ sɿ⁴⁴ mo⁵⁵ iaŋ⁴⁴ ɕiau⁵⁵ te⁰ tse³⁵ ko⁰ ɕiau²² ɕi⁰ ti⁰］么样：怎样。晓得：知道

于是王母娘娘就派天兵天将，［ʐʮ³¹sʅ⁴⁴uaŋ³¹moŋ⁵⁵liaŋ³¹liaŋ⁰tɕiəu⁴⁴pʰai³⁵tʰien²²pin²²tʰien²²tɕiaŋ³⁵］

从天上下来把织女要捉回去。［tsʰoŋ³¹tʰien²²saŋ⁰ɕia⁴⁴lai³¹pa⁵⁵tsʅ¹³lʮ⁵⁵iau³⁵tso²¹³xuei³¹tɕʰi⁰］

一双儿女看到妈妈被别个捉走了，［i²¹³ʂɥaŋ²²ɔr³¹lʮ⁵⁵kʰan³⁵tau⁰ma⁴⁴ma⁰pei⁴⁴pie³¹ko⁰tso¹³tsəu⁵⁵liau⁰］

哭天喊地的，［kʰu²¹³tʰien²²xan⁵⁵ti⁴⁴ti⁰］

牛郎看到自己心爱的媳妇被捉走了，［liəu³¹laŋ³¹kʰan³⁵tau⁰tsʅ⁴⁴tɕi⁵⁵ɕin²²ŋai³⁵tiɕi²¹³fu⁰pei⁴⁴tso¹³tsəu⁵⁵liau⁰］

也是悲痛万分，［ie⁵⁵sʅ⁴⁴pei²²tʰoŋ³⁵uan⁴⁴fən²²］

可是没有办法，［kʰo⁵⁵sʅ⁴⁴mei²¹³iəu⁵⁵pan⁴⁴fa²¹³］

织女就这样，［tsʅ¹³lʮ⁵⁵tɕiəu⁴⁴tse³⁵iaŋ⁴⁴］

被天兵天将捉回天上去了。［pei⁴⁴tʰien²²pin²²tʰien²²tɕiaŋ³⁵tso²¹³xuei³¹tʰien²²saŋ⁰tɕʰi³⁵liau⁰］

牛郎在屋里非常痛苦，［liəu³¹laŋ³¹tsai⁴⁴u²¹³li⁰fei²²tsʰaŋ³¹tʰoŋ³⁵kʰu⁵⁵］

两个孩子也乜⁼伤心。［liaŋ⁵⁵ko⁰xai³¹tsʅ⁰ie⁵⁵me⁴⁴saŋ²²ɕin²²］乜⁼：非常、很

这个时候，［tse³⁵ko⁰sʅ³¹xəu⁰］

老黄牛突然又开始说话了，［lau⁵⁵xuaŋ³¹liəu³¹tʰəu²¹³zan³¹iəu⁴⁴kʰai²²sʅ⁵⁵ʂɥe³¹xua⁴⁴liau⁰］

他对牛郎说："莫着急，［tʰa²²tei³⁵liəu³¹laŋ³¹ʂɥe²¹³：mo²¹³tso¹³tɕi²¹³］

你把我的两个牛角砍下来，［li⁵⁵pa⁵⁵ŋo⁵⁵ti⁰liaŋ⁵⁵ko⁰liəu³¹ko²¹³kʰan⁵⁵xa⁴⁴lai⁰］

你就可以飞到天上去，［li⁵⁵tɕiəu⁴⁴kʰo⁵⁵i⁰fei²²tau⁰tʰien²²saŋ⁴⁴tɕʰi⁰］

去见织女了。"［tɕʰi³⁵tɕien³⁵tsʅ¹³lʮ⁵⁵liau⁰］

牛郎非常感激老黄牛，［liəu³¹laŋ³¹fei²²tsʰaŋ³¹kan⁵⁵tɕi²¹³lau⁵⁵xuaŋ³¹liəu³¹］

于是把老黄牛的两个角砍下来了，［ʐʮ³¹sʅ⁴⁴pa⁵⁵lau⁵⁵xuaŋ³¹liəu³¹ti⁰liaŋ⁵⁵ko⁰ko²¹³kʰan⁵⁵xa⁴⁴lai⁰liau⁰］

果然老黄牛的两个角，［ko⁵⁵zan³¹lau⁵⁵xuaŋ³¹liəu³¹ti⁰liaŋ⁵⁵ko⁰ko²¹³］

变成了一双鞋，［pien³⁵tsʰən³¹liau⁰i²¹³ʂɥaŋ²²xai³¹］

牛郎穿倒那个鞋，［liəu³¹laŋ³¹tsʰɥan²²tau⁰la⁴⁴ko⁰xai³¹］穿倒：穿着

把扁担挑倒，［pa⁵⁵pien⁵⁵tan⁰tʰiau²²tau⁰］挑倒：挑着

把两个伢，［pa⁵⁵liaŋ⁵⁵ko⁰ŋa³¹］

一个伢放一个筐屡里，［i²¹³ko⁰ŋa³¹faŋ³⁵i²¹³ko⁰kʰuaŋ²²təu⁴⁴li⁰］屡里：里面

就慢慢悠悠地飞到天上去了。［tɕiəu⁴⁴man⁴⁴man⁰iəu²²iəu²²ti⁰fei²²tau⁰tʰien²²saŋ tɕʰi³⁵ liau⁰]

  王母娘娘看到牛郎来了，[uaŋ³¹ moŋ⁵⁵ liaŋ³¹ liaŋ⁰ kʰan³⁵ tau⁰ liəu³¹ laŋ³¹ lai³¹ liau⁰]

  也没有心慈手软，[ie⁵⁵ mei²¹³ iəu⁵⁵ ɕin²² tsʰɿ³¹ səu⁵⁵ zuan⁵⁵]

  用金钗划了一下儿，[ioŋ⁴⁴ tɕin²² tsʰai²² xua⁴⁴ liau⁰ i²¹³ xar⁴⁴]

  变成了一条银河，[pien³⁵ tsʰən³¹ liau⁰ i²¹³ tʰiau³¹ in³¹ xo³¹]

  还是不让他们两人见面，[xai³¹ sɿ⁴⁴ pu²¹³ zaŋ⁴⁴ tʰa²² mən⁰ liaŋ⁵⁵ zən³¹ tɕien³⁵ mien⁴⁴]

  以后每年七月初七，[i⁵⁵ xəu⁴⁴ mei⁵⁵ lien³¹ tɕʰi²¹³ zue²¹³ tsʰəu²² tɕʰi²¹³]

  玉皇大帝为了让他们两个，[zu³⁵ xuaŋ³¹ ta⁴⁴ ti³⁵ uei⁴⁴ liau⁰ zaŋ⁴⁴ tʰa²² mən⁰ liaŋ⁵⁵ ko⁰]

  见一面咧，[tɕien³⁵ i²¹³ mien⁴⁴ lie⁰]

  就让喜鹊儿搭成桥，[tɕiəu⁴⁴ zaŋ⁴⁴ ɕi⁵⁵ tɕʰiɔr²¹³ ta²¹³ tsʰən³¹ tɕʰiau³¹]

  牛郎和织女，[liəu³¹ laŋ³¹ xo³¹ tsɿ¹³ ɧy⁵⁵]

  就通过这个鹊桥相见，[tɕiəu⁴⁴ tʰoŋ²² ko⁰ tse³⁵ ko⁰ tɕʰio¹³ tɕʰiau³¹ ɕiaŋ²² tɕien³⁵]

  这就是我讲的牛郎和织女的故事。[tse³⁵ tɕiəu⁴⁴ sɿ⁴⁴ ŋo⁵⁵ tɕiaŋ⁵⁵ ti⁰ liəu³¹ laŋ³¹ xo³¹ tsɿ¹³ ɧy⁵⁵ ti⁰ ku³⁵ sɿ³⁵]

  意译：今天我给大家讲一个故事叫牛郎织女，古时候有一个年轻的小伙子，又勤劳又善良，他的名字叫牛郎。从小就是孤儿，和他的哥哥嫂子一块儿生活，比较伤心可怜，后来他的哥哥嫂子把他赶出去了，他就一个人带着一头老黄牛在外生活，天天耕地，非常勤劳。

  有一天老黄牛突然开口说话，跟牛郎说："明天晚上你到河边去就可以娶到一个媳妇。"牛郎听了老黄牛的话之后，第二天晚上干完农活之后他就到河边去，果然看到一群女子在河里洗澡。牛郎又慌又害羞，急急忙忙跑过去，还没看清楚就扯了件衣服跑回去了。没多久，果然有一位女子来敲门，她就是七仙女中最小的一个仙女，于是牛郎和仙女就成亲了，两个人相亲相爱，没过多久，生了一双儿女。白天牛郎在地里耕地种菜，织女就在家里纺纱织布，有时牛郎在外种地，织女就去浇水，两个人过得很幸福。

  这样的好日子没过多久，王母娘娘不知是如何得知这一消息的，派天兵天将下凡要把织女抓回去。一双儿女看到妈妈被人抓走了，哭天喊地，牛郎看到自己的爱妻被抓走了，也悲痛万分。可是没有办法，织女就这样被天兵天将抓回了天庭。牛郎在家里非常痛苦，两个孩子也很伤心。这时老黄牛又突然开始说话了，他对牛郎说："你不要着急，你把我的牛角砍下来，你就可以飞到天上去见织女了。"牛郎非常感激老黄牛，于是把老黄牛的两个角砍下来了，果然两个角变成了一双鞋子，牛郎穿上那双鞋子挑着扁担，把两个孩子一个筐里放一个，挑着扁担，就慢悠悠地飞到天上去了。

王母娘娘看到牛郎来了也没心慈手软，用金钗划了一下变成了一条银河，还是不让他们两个见面。以后每年七月初七，玉皇大帝为了让他们见上一面，就让喜鹊搭成桥，牛郎和织女就通过这个鹊桥相会，这就是我讲的牛郎和织女的故事。

三　其他故事

0022 其他故事

今天跟大家讲个故事，[tɕin²² tʰien²² kən²² ta⁴⁴ tɕia²² tɕiaŋ⁵⁵ ko⁰ ku³⁵ sɿ³⁵]

东坡饼的来历。[toŋ²² pʰo²² pin⁵⁵ ti⁰ lai³¹ li¹³]

东坡饼，[toŋ²² pʰo²² pin⁵⁵]

是黄冈非常有名的一道小吃。[sɿ⁴⁴ xuaŋ³¹ kaŋ²² fei²² tsʰaŋ³¹ iəu⁵⁵ min³¹ ti⁰ i³¹ tau³⁵ ɕiau⁵⁵ tɕʰi¹³]

相传，[ɕiaŋ²² tʂʰuan³¹]

在苏东坡被贬到黄州当官的时候，[tsai³⁵ səu²² toŋ²² pʰo²² pei³⁵ pien⁵⁵ tau³⁵ xuaŋ³¹ tsəu²² taŋ²² kuan²² ti⁰ sɿ³¹ xəu⁰]

有一天，[iəu⁵⁵ i²¹³ tʰien²²]

他跟朋友一路到西山上去玩。[tʰa²² kən²² pʰoŋ³¹ iəu⁵⁵ i³¹ ləu⁴⁴ tau³⁵ ɕi²² san²² ʂaŋ⁰ tɕʰi³⁵ uan³¹]一路：一起

爬山，从早上开始爬，[pʰa³¹ san²², tsʰoŋ³¹ tsau⁵⁵ ʂaŋ⁰ kʰai²² sɿ⁵⁵ pʰa³¹]

爬到中午还有回去，[pʰa³¹ tau⁰ tʂoŋ²² u⁵⁵ xai³¹ mau⁴⁴ xuei³¹ tɕʰi⁰] 有：没

在下山的路上，[tsai³⁵ ɕia⁴⁴ san²² ti⁰ ləu⁴⁴ ʂaŋ⁰]

突然闻到了一阵香气非常地香。[tʰəu¹³ ʐan³¹ uən³¹ tau³⁵ liau⁰ i¹³ tsən⁴⁴ ɕiaŋ²² tɕʰi³⁵ fei²² tsʰaŋ³¹ ti⁰ ɕiaŋ²²]

这个时候，[tʂe³⁵ ko⁰ sɿ³¹ xəu⁴⁴]

苏东坡顿时就觉得肚子也饿了，[səu²² toŋ²² pʰo²² tən³⁵ sɿ³¹ tɕiəu⁴⁴ tɕio²¹³ te⁰ təu⁵⁵ tsɿ⁰ ie⁵⁵ ŋo⁴⁴ liau⁰]

于是他和朋友，[zʅ³¹ sɿ⁴⁴ tʰa²² xo³¹ pʰoŋ³¹ iəu⁵⁵]

就来到那个小茅草屋旁边，[tɕiəu⁴⁴ lai³¹ tau⁰ le³⁵ ko⁰ ɕiau⁵⁵ mau³¹ tsʰau⁵⁵ u²¹³ pʰaŋ³¹ pien²²]

看到一个老妇人正在做饼，[kʰan³⁵ tau⁰ i²¹³ ko⁰ lau⁵⁵ fu³⁵ ʐən³¹ tsən³⁵ tsai⁴⁴ tsəu³⁵ pin⁵⁵]

那个饼看上去，黄灿灿的，[le³⁵ ko⁰ pin⁵⁵ kʰan³⁵ ʂaŋ tɕʰi⁰, xuaŋ³¹ tsʰan³⁵ tsʰan³⁵ ti⁰]

非常地香脆的样子。[fei²² tsʰaŋ³¹ ti⁰ ɕiaŋ²² tsʰei³⁵ ti⁰ iaŋ⁴⁴ tsɿ⁰]

于是苏东坡就问那个老妇人，［zɿ³¹ sɿ⁴⁴ səu²² toŋ²² pʰo²² tɕiəu⁴⁴ uən⁴⁴ le³⁵ ko⁰ lau⁵⁵ fu³⁵ zən³¹］

能不能给他尝一尝。［lən³¹ pu¹³ lən³¹ ke⁵⁵ tʰa²² tsʰaŋ³¹ i⁰ tsʰaŋ³¹］

老妇人非常地善良，［lau⁵⁵ fu³⁵ zən³¹ fei²² tsʰaŋ³¹ ti⁰ san⁴⁴ liaŋ³¹］

就把饼给苏东坡尝一尝，［tɕiəu⁴⁴ pa⁵⁵ pin⁵⁵ ke⁵⁵ səu²² toŋ²² pʰo²² tsʰaŋ³¹ i⁰ tsʰaŋ³¹］

苏东坡尝了一口之后，［səu²² toŋ²² pʰo²² tsʰaŋ³¹ liau⁰ i¹³ kʰəu⁵⁵ tsɿ²² xəu⁴⁴］

非常地好吃，［fei²² tsʰaŋ³¹ ti⁰ xau⁵⁵ tɕʰi²¹³］

又香又脆又甜，［iəu³⁵ ɕiaŋ²² iəu³⁵ tsʰei³⁵ iəu³⁵ tʰien³¹］

于是，［zɿ³¹ sɿ⁴⁴］

苏东坡一下子就喜欢这个饼啦。［səu²² toŋ²² pʰo²² i²¹³ xa⁴⁴ tsɿ⁰ tɕiəu⁴⁴ ɕi⁵⁵ xuan²² tʂe³⁵ ko⁰ pin⁵⁵ la⁰］

苏东坡回去以后，［səu²² toŋ²² pʰo²² xuei³¹ tɕʰi³⁵ i⁵⁵ xəu⁴⁴］

他喜欢吃这个饼的故事，［tʰa²² ɕi⁵⁵ xuan²² tɕʰi²¹³ tʂe³⁵ ko⁰ pin⁵⁵ ti⁰ ku³⁵ sɿ³⁵］

一下子就流传开了。［i¹³ xa⁴⁴ tsɿ⁰ tɕiəu⁴⁴ liəu³¹ tʂʰuan³¹ kʰai²² liau⁰］

他有一个很好的朋友，［tʰa²² iəu⁵⁵ i²¹³ ko⁰ xən⁵⁵ xau⁵⁵ ti⁰ pʰoŋ³¹ iəu⁵⁵］

在清泉寺上面当住持，［tsai⁴⁴ tɕʰin²² tɕʰuan³¹ sɿ⁴⁴ ʂaŋ⁴⁴ mien⁴⁴ taŋ²² tʂu³⁵ tsʰɿ³¹］

听说苏东坡很喜欢吃这个饼，［tʰin²² ʂue²¹³ səu²² toŋ²² pʰo²² xən⁵⁵ ɕi⁵⁵ xuan²² tɕʰi²¹ tʂe³⁵ ko⁰ pin⁵⁵］

于是，［zɿ³¹ sɿ⁴⁴］

他又叫他的小徒弟做了这个饼，［tʰa²² iəu⁴⁴ tɕiau³⁵ tʰa²² ti⁰ ɕiau⁵⁵ tʰəu³¹ ti⁴⁴ tsəu³⁵ liau⁰ tʂe³⁵ ko⁰ pin⁵⁵］

说第二天请苏东坡过来吃。［ʂue²¹³ ti⁴⁴ ɔr⁴⁴ tʰien²² tɕʰin⁵⁵ səu²² toŋ²² pʰo²² ko³⁵ lai³¹ tɕʰi²¹³］

可是第二天，［kʰo⁵⁵ sɿ⁴⁴ ti³⁵ ɔr⁴⁴ tʰien²²］

苏东坡有事情来不了，［səu²² toŋ²² pʰo²² iəu⁵⁵ sɿ⁴⁴ tɕʰin³¹ lai³¹ pu¹³ liau⁰］

就没有去。［tɕiəu⁴⁴ mei³¹ iəu⁵⁵ tɕʰi³⁵］

到第三天，［tau³⁵ ti⁴⁴ san²² tʰien²²］

苏东坡才到清泉寺里面去，［səu²² toŋ²² pʰo²² tsʰai³¹ tau³⁵ tɕʰin²² tɕʰuan³¹ sɿ³⁵ li⁰ mien⁴⁴ tɕʰi³⁵］

结果那个饼放了一晚上之后，［tɕie¹³ ko⁵⁵ le³⁵ ko⁰ pin⁵⁵ faŋ³⁵ liau⁰ i¹³ uan⁵⁵ ʂaŋ⁰ tsɿ²² xəu⁴⁴］

回油了，［xuei³¹ iəu³¹ liau⁰］回油：油慢慢从食物渗出

原来黄灿灿的饼，［zuan³¹ lai³¹ xuaŋ³¹ tsʰan³⁵ tsʰan³⁵ ti⁰ pin⁵⁵］

上面有一层油渍。［saŋ⁴⁴ mien⁴⁴ iəu⁵⁵ i¹³ tsʰən³¹ iəu⁵⁵ tsɿ²¹³］

住持说："算了，算了，［tʂu³⁵ tsʰɿ³¹ ʂue²¹³：san³⁵ liau⁰，san³⁵ liau⁰］

我让他重新跟你做一份吧。[ŋo⁵⁵ zaŋ³⁵ tʰa²² tsʰoŋ³¹ ɕin²² kən²² li⁵⁵ tsəu³⁵ i¹³ fən³⁵ pa⁰]
这放了一晚上的，[tʂe³⁵ faŋ³⁵ liau⁰ i¹³ uan⁵⁵ saŋ⁰ ti⁰]
肯定不好吃。"[kən⁵⁵ tin⁴⁴ pu¹³ xau⁵⁵ tɕʰi²¹³]
哪晓得苏东坡吃了以后，[la⁵⁵ ɕiau⁵⁵ te²¹³ səu²² toŋ²² pʰo²² tɕʰi²¹³ liau⁰ i⁵⁵ xəu⁴⁴]
哎，味道还不错，[e⁰, uei⁴⁴ tau⁴⁴ xai³¹ pu¹³ tsʰo³⁵]
比昨天吃的更有风味，[pi⁵⁵ tso²¹³ tʰien²² tɕʰi²¹³ ti⁰ kən³⁵ iəu⁵⁵ foŋ²² uei⁴⁴]
更加脆口、爽脆，[kən³⁵ tɕia²² tsʰei³⁵ kʰəu⁵⁵、ʂuaŋ⁵⁵ tsʰei³⁵]
甜味更加的沁人心脾。[tʰien³¹ uei³⁵ kən³⁵ tɕia²² ti⁰ tɕʰin³⁵ zən³¹ ɕin²² pʰi³¹]
于是，苏东坡就给这个饼赐名，[zʅ³¹ sʅ⁴⁴, səu²² toŋ²² pʰo²² tɕiəu⁴⁴ ke⁵⁵ tʂe³⁵ ko⁰ pin⁵⁵ tsʰʅ³⁵ min³¹]
叫做东坡饼。[tɕiau³⁵ tso³⁵ toŋ²² pʰo²² pin⁵⁵]
因为苏东坡为官非常清廉，[in²² uei³¹ səu²² toŋ²² pʰo²² uei³¹ kuan²² fei²² tʂʰaŋ³¹ tɕʰin²² lien³¹]
人也很正直，[zən³¹ ie⁵⁵ xən⁵⁵ tsən³⁵ tsʅ³¹]
很受老百姓的欢迎，[xən⁵⁵ səu³⁵ lau⁵⁵ pe³¹ ɕin³⁵ ti⁰ xuan²² in³¹]
老百姓都听说，[lau⁵⁵ pe³¹ ɕin³⁵ təu²² tʰin²² ʂue²¹³]
苏东坡喜欢吃这个饼，[səu²² toŋ²² pʰo²² ɕi⁵⁵ xuan²² tɕʰi²¹³ tʂe³⁵ ko⁰ pin⁵⁵]
于是家家户户纷纷仿效，[zʅ³¹ sʅ⁴⁴ tɕia²² tɕia²² xu⁴⁴ xu⁴⁴ fən²² fən²² faŋ⁵⁵ ɕiau⁴⁴]
都开始做这个饼吃，[təu²² kʰai²² sʅ⁵⁵ tsəu⁰ tʂe³⁵ ko⁰ pin⁵⁵ tɕʰi²¹³]
一下子，大街小巷都在卖这个饼，[i³¹ xa⁴⁴ tsʅ⁰, ta³⁵ tɕie²² ɕiau⁵⁵ ɕiaŋ³⁵ təu²² tsai⁴⁴ mai⁴⁴ tʂe³⁵ ko⁰ pin⁵⁵]
就叫东坡饼。[tɕiəu⁴⁴ tɕiau³⁵ toŋ²² pʰo²² pin⁵⁵]
于是这个饼的名字和它的故事，[zʅ³¹ sʅ⁴⁴ tʂe³⁵ ko⁰ pin⁵⁵ ti⁰ min³¹ tsʅ⁰ xo³¹ tʰa²² ti⁰ ku³⁵ sʅ³⁵]
从古一直流传到今，[tsʰoŋ³¹ ku⁵⁵ i¹³ tsʅ³¹ liəu³¹ tʂʰuan³¹ tau³⁵ tɕin²²]
直到今天，[tsʅ³¹ tau³⁵ tɕin²² tʰien²²]
黄州街上还有卖这种饼，[xuaŋ³¹ tsəu²² kai²² saŋ⁰ xai³¹ iəu⁵⁵ mai⁴⁴ tʂe³⁵ tsoŋ⁵⁵ pin⁵⁵]
这就是，[tʂe³⁵ tɕiəu⁴⁴ sʅ⁴⁴]
我跟大家讲的东坡饼的故事。[ŋo⁵⁵ kən²² ta³⁵ tɕia²² tɕiaŋ⁵⁵ ti⁰ toŋ²² pʰo²² pin⁵⁵ ti⁰ ku³⁵ sʅ³⁵]
意译：今天跟大家讲个故事，东坡饼的来历。东坡饼是黄冈非常有名的一道小吃。相传在苏东坡被贬到黄州，当官的时候，有一天，他跟朋友一起到西山上去玩。爬山，从早上开始爬，爬到中午还没回去，在下山的路上，突然闻到一股香气，非常的香，这个时候，苏东坡顿时就觉得肚了饿了，于是他和朋友，就来到那个小茅草屋旁边,看到一个老妇人,正在做饼,那个饼看上去,黄灿灿的,非常的香脆的样子,于是苏东坡就问那个老妇人,能不能给他尝一尝。

老妇人非常善良,就把饼给苏东坡尝一尝,苏东坡尝了一口之后,非常地好吃,又香又脆又甜,于是苏东坡一下子就喜欢这个饼了。苏东坡回去以后,他喜欢吃这个饼的事,一下子就流传开啦。

他有一个很好的朋友,在清泉寺上面当住持,听说苏东坡很喜欢吃这个饼,于是他又叫他的小徒弟,做了这个饼,第二天请苏东坡过来吃。可第二天,苏东坡有事情来不了,就没有去。到第三天,苏东坡才到清泉寺里面去,结果那个饼放了一晚上之后,回油了,原先黄灿灿的饼,有一层油渍。住持说:"算了,算了,我让他重新给你做一份吧。这放了一个晚上,肯定不好吃。"哪知道,苏东坡吃了以后,觉得味道还不错,比昨天吃的更有风味,更加脆口、爽脆,甜味更加沁人心脾。于是,苏东坡就给这个饼取名叫做东坡饼。

因为苏东坡为官非常清廉,人也很正直,很受老百姓的欢迎,老百姓都听说苏东坡喜欢吃这个饼,于是家家户户纷纷效仿,都开始做这个饼吃,一下子,大街小巷都在卖这个饼,就叫东坡饼。于是这个饼的名字和它的故事,从古一直流传到今,直到今天,黄州街上还有卖这种饼的,这就是东坡饼的故事。

0023 其他故事

今天跟大家讲一故事,[tɕin²² tʰien²² kən²² ta⁴⁴ tɕia²² tɕiaŋ⁵⁵ i¹³ ku³⁵ sɹ̩⁴⁴]

东坡肉的来历。[toŋ²² pʰo²² zəu²¹³ ti⁰ lai³¹ li²¹³]

东坡肉,[toŋ²² pʰo²² zəu²¹³]

现在全国到处都是的。[ɕien⁴⁴ tsai⁴⁴ tɕʰuan³¹ kue²¹³ tau³⁵ tʂʰu̢³⁵ təu²² sɹ̩⁴⁴ ti⁰]

到底哪里最正宗嘞?[tau³⁵ ti⁰ la⁵⁵ li⁰ tsei³⁵ tsən³⁵ tsoŋ²² le⁰]

肯定是我们黄州的东坡肉,[kʰən⁵⁵ tin⁴⁴ sɹ̩⁴⁴ ŋo⁵⁵ mən⁰ xuaŋ³¹ tsəu²² ti⁰ toŋ²² pʰo²² zəu²¹³]

是最正宗的。[sɹ̩⁴⁴ tsei³⁵ tsən³⁵ tsoŋ²² ti⁰]

相传,[ɕiaŋ³¹ tʂʰuan³¹]

苏东坡在贬到黄州做官的时候,[səu²² toŋ²² pʰo²² tsai⁴⁴ pien⁵⁵ tau³⁵ xuaŋ³¹ tsəu²² tsəu³⁵ kuan²² ti⁰ sɹ̩³¹ xəu⁴⁴]

黄州当地的老百姓,[xuaŋ³¹ tsəu²² taŋ²² ti³⁵ ti⁰ lau⁵⁵ pe³¹ ɕin³⁵]

其实是不吃肉的,[tɕʰi³¹ sɹ̩²¹³ sɹ̩⁴⁴ pu²¹³ tɕʰi¹³ zəu²¹³ ti⁰]

富人不吃肉,[fu³⁵ zən³¹ pu²¹³ tɕʰi¹³ zəu²¹³]

是因为觉得肉不干净,[sɹ̩⁴⁴ in²² uei³¹ tɕio¹³ te²¹³ zəu²¹³ pu²¹³ kan²² tɕin⁴⁴]

不屑于吃,[pu³¹ ɕie³⁵ zy̢³¹ tɕʰi²¹³]

贫穷老百姓也不吃猪肉，[pʰin³¹ tɕʰioŋ³¹ lau⁵⁵ pe³¹ ɕin³⁵ ie⁵⁵ pu¹³ tɕʰi²¹³ tʂʅ²² ʐəu²¹³]
是因为他们不晓得，[sʅ⁴⁴ in²² uei³¹ tʰa²² mən⁰ pu¹³ ɕiau⁵⁵ te⁰] 晓得：知道
么样做好吃，[mo⁵⁵ iaŋ⁴⁴ tsəu³⁵ xau⁵⁵ tɕʰi²¹³] 么样：怎样
所以猪肉都冇得人吃。[so⁵⁵ i⁵⁵ tʂʅ²² ʐəu²¹³ təu²² mau⁴⁴ te⁰ zən³¹ tɕʰi²¹³] 冇得：没有
但是苏东坡他这个人嘞，[tan⁴⁴ sʅ⁴⁴ səu²² toŋ²² pʰo²² tʰa²² tse³⁵ ko⁰ zən³¹ le⁰]
非常地爱好厨艺，[fei²² tsʰaŋ³¹ ti⁰ ŋai³⁵ xau³⁵ tʂʰu³¹ i³⁵]
也非常地体恤老百姓。[ie⁵⁵ fei²² tsʰaŋ³¹ ti⁰ tʰi⁵⁵ ɕy²¹³ lau⁵⁵ pe³¹ ɕin³⁵]
他想："如果我发明出来，[tʰa²² ɕiaŋ⁵⁵：ʐu³¹ ko⁵⁵ ŋo⁵⁵ fa¹³ min³¹ tʂʰu²¹³ lai⁰]
一种做肉的方式，[i¹³ tsoŋ⁵⁵ tsəu³⁵ ʐəu²¹³ ti⁰ faŋ²² sʅ³⁵]
又简单，[iəu⁴⁴ tɕien⁵⁵ tan²²]
做得又好吃，[tsəu³⁵ te⁰ iəu⁴⁴ xau⁵⁵ tɕʰi²¹³]
那老百姓都可以吃肉了嘛！[la⁴⁴ lau⁵⁵ pe³¹ ɕin³⁵ təu²² kʰo⁵⁵ i⁵⁵ tɕʰi¹³ ʐəu²¹³ liau⁰ ma⁰]
也可以改善老百姓的生活。"[ie⁵⁵ kʰo⁵⁵ i⁵⁵ kai⁵⁵ san⁴⁴ lau⁵⁵ pe³¹ ɕin³⁵ ti⁰ sən²² xo³¹]
于是苏东坡自己就在屋里研究，[ʐy³¹ sʅ⁴⁴ səu²² toŋ²² pʰo²² tsʅ³⁵ tɕi⁵⁵ tɕiəu⁴⁴ tsai⁴⁴ u²¹³ li⁰ ien²² tɕiəu²²]
么样把肉做得又好吃，[mo⁵⁵ iaŋ⁴⁴ pa⁵⁵ ʐəu²¹³ tsəu³⁵ te⁰ iəu⁴⁴ xau⁵⁵ tɕʰi²¹³]
方法又简单，[faŋ²² fa²¹³ iəu⁴⁴ tɕien⁵⁵ tan²²]
一般的普通老百姓屋里都可以做。[i²¹³ pan²² ti⁰ pʰu⁵⁵ tʰoŋ²² lau⁵⁵ pe³¹ ɕin³⁵ u²¹³ li⁰ təu²² kʰo⁵⁵ i⁵⁵ tsəu³⁵]
有一天，[iəu⁵⁵ i²¹³ tʰien²²]
他正刚刚把肉放到锅里煮，[tʰa²² tsən³⁵ kaŋ²² kaŋ²² pa⁵⁵ ʐəu²¹³ faŋ³⁵ tau⁰ ko²² li⁰ tʂʅ⁵⁵]
加上一些酱油、盐、葱，[tɕia²² saŋ⁰ i²¹³ ɕie²² tɕiaŋ³⁵ iəu³¹、ien³¹、tsʰoŋ²²]
放在屡里，[faŋ³⁵ tsai⁴⁴ təu³⁵ li⁰] 屡里：里面
结果他的朋友就来找他玩，[tɕie¹³ ko⁵⁵ tʰa²² ti⁰ pʰoŋ³¹ iəu⁵⁵ tɕiəu⁴⁴ lai³¹ tsau⁵⁵ tʰa²² uan³¹]
苏东坡一时兴起，[səu²² toŋ²² pʰo²² i¹³ sʅ³¹ ɕin³⁵ tɕʰi⁵⁵]
跟他的好朋友开始下棋。[kən²² tʰa²² ti⁰ xau⁵⁵ pʰoŋ³¹ iəu⁵⁵ kʰai²² sʅ⁵⁵ ɕia⁴⁴ tɕʰi³¹]
两人下得非常非常的投入，[liaŋ⁵⁵ zən³¹ ɕia⁴⁴ te⁰ fei²² tsʰaŋ³¹ fei²² tsʰaŋ³¹ ti⁰ tʰəu³¹ ʐu²¹³]
一盘一盘又一盘，[i¹³ pʰan³¹ i¹³ pʰan³¹ iəu⁴⁴ i¹³ pʰan³¹]
慢慢地，[man⁴⁴ man⁴⁴ ti⁰]
苏东坡就把炉子高头炖的肉这个事情，[səu²² toŋ²² pʰo²² tɕiəu⁴⁴ pa⁵⁵ ləu³¹ tsʅ⁰ kau²² tʰəu⁰ tən³⁵ ti⁰ ʐəu²¹³ tse³⁵ ko⁰ sʅ⁴⁴ tɕʰin³¹] 高头：上边、上面
忘到脑后了，[uaŋ⁴⁴ tau⁰ lau⁵⁵ xəu⁴⁴ liau⁰]
差不多下了三、四个小时以后，[tsʰa²² pu²¹³ to⁰ ɕia⁴⁴ liau⁰ san²²、sʅ³⁵ ko⁰ ɕiau⁵⁵ sʅ³¹ i⁵⁵

xəu⁴⁴]

苏东坡闻到一股香气，[səu²²toŋ²²pʰo²²uən³¹tau³⁵i¹³ku⁵⁵ɕiaŋ²²tɕʰi³⁵]

突然一下子拍脑袋，[tʰəu¹³zan³¹i³¹xa⁴⁴tsʅ⁰pʰe²¹³lau⁵⁵tai⁰]

我炉子高头还炖的肉咧，[ŋo⁵⁵ləu³¹tsʅ⁰kau²²tʰəu⁰xai³¹tən³⁵ti⁰zəu²¹³lie⁰]

急急忙忙地跑到厨房里去，[tɕi³¹tɕi³¹maŋ³¹maŋ³¹ti⁰pʰau²²tau⁰tʂʰʅ⁰faŋ³¹li⁰tɕʰi³⁵]

以为肉炖糊了，[i⁵⁵uei³¹zəu²¹³tən³⁵xu³¹liau⁰]

当他把锅盖揭开的时候，[taŋ²²tʰa²²pa⁵⁵ko²²kai³⁵tɕie²¹³kʰai²²ti⁰sʅ³¹xəu⁴⁴]

哪晓得，是一阵香气扑鼻而来，[la⁵⁵ɕiau⁵⁵te²¹³，sʅ⁴⁴i³¹tsən⁴⁴ɕiaŋ²²tɕʰi³⁵pʰu¹³pi³¹ɔr³¹lai³¹]

闻得人都只流口水，[uən³¹te²¹³zən³¹təu²²tsʅ¹³liəu³¹kʰəu⁵⁵ʂuei⁵⁵]

苏东坡看见锅里面的肉，[səu²²toŋ²²pʰo²²kʰan³⁵tɕien³⁵ko²²li⁵⁵mien⁴⁴ti⁰zəu²¹³]

又红又亮，[iəu⁴⁴xoŋ³¹iəu⁴⁴liaŋ⁴⁴]

色泽鲜明，[se¹³tse²¹³ɕien²²min³¹]

非常的诱人，[fei²²tsʰaŋ³¹ti⁰iəu³⁵zən³¹]

苏东坡拿起筷子夹了一块，[səu²²toŋ²²pʰo²²la³¹tɕʰi⁵⁵kʰuai³⁵tsʅ⁰tɕia²¹³liau⁰i³¹kʰuai³⁵]

放进口中，[faŋ³⁵tɕin³⁵kʰəu⁵⁵tsoŋ²²]

入口即化，[zʅ¹³kʰəu⁵⁵tɕi³¹xua³⁵]

又不腻人，[iəu⁴⁴pu²¹³ȵi³⁵zən³¹] 腻人：指食品含油脂量过高，使人吃不下去

味道非常的好，[uei⁴⁴tau⁴⁴fei²²tsʰaŋ³¹ti⁰xau⁵⁵]

于是苏东坡把这个肉，[zʅ³¹sʅ⁴⁴səu²²toŋ²²pʰo²²pa⁵⁵tʂe³⁵ko⁰zəu²¹³]

给他的朋友品尝，[ke⁵⁵tʰa²²ti⁰pʰoŋ³¹iəu⁵⁵pʰin⁵⁵tsʰaŋ³¹]

请他的朋友说一说，[tɕʰin⁵⁵tʰa²²ti⁰pʰoŋ³¹iəu⁵⁵ʂɥe²¹³i⁰ʂɥe²¹³]

看这个肉怎么样。[kʰan³⁵tʂe³⁵ko⁰zəu²¹³tsən⁵⁵mo⁰iaŋ⁴⁴]

苏东坡的朋友吃了一块之后，[səu²²toŋ²²pʰo²²ti⁰pʰoŋ³¹iəu⁵⁵tɕʰi²¹³liau⁰i³¹kʰuai³⁵tsʅ²²xəu⁴⁴]

大赞不已，[ta⁴⁴tsan³⁵pu¹³i⁵⁵]

忙问苏东坡：[maŋ³¹uən⁴⁴səu²²toŋ²²pʰo²²]

"你这是么东西做的呀？"[li⁵⁵tʂe³⁵sʅ⁴⁴mo⁵⁵toŋ²²ɕi²²tsəu³⁵ti⁰ia⁰] 么：什么

苏东坡说："是猪肉，[səu²²toŋ²²pʰo²²ʂɥe²¹³：sʅ⁴⁴tʂʅ²²zəu²¹³]

你冇试出来吗？"[li⁵⁵mau⁴⁴sʅ³⁵tʂʰʅ¹³lai³¹ma⁰] 冇：没有

他的朋友说："没有，[tʰa²²ti⁰pʰoŋ³¹iəu⁵⁵ʂɥe²¹³：mei³¹iəu⁵⁵]

这是我吃过最好吃的一种猪肉。"[tʂe³⁵sʅ⁴⁴ŋo⁵⁵tɕʰi³¹ko³⁵tsei³⁵xau⁵⁵tɕʰi²¹³ti⁰i¹³ tsoŋ⁵⁵ tʂʅ²² zəu²¹³]

于是苏东坡就决定，[zṳ³¹ sʅ⁴⁴ səu²² toŋ²² pʰo²² tɕiəu⁴⁴ tɕyɛ³¹ tin⁴⁴]

把这种方法教给普通老百姓，[pa⁵⁵ tʂɛ³⁵ tsoŋ⁵⁵ faŋ²² fa²¹³ tɕiau²² ke⁵⁵ pʰu⁵⁵ tʰoŋ²² lau⁵⁵ pe³¹ ɕin³⁵]

让大家都可以吃上猪肉。[zaŋ⁴⁴ ta⁴⁴ tɕia²² təu²² kʰo⁵⁵ i⁵⁵ tɕʰi²¹³ saŋ⁰ tʂʅ²² zəu²¹³]

于是家家户户，[zṳ³¹ sʅ⁴⁴ tɕia²² tɕia²² xu⁴⁴ xu⁴⁴]

都效仿了苏东坡的做法，[təu²² ɕiau²² faŋ⁵⁵ liau⁰ səu²² toŋ²² pʰo²² ti⁰ tsəu³⁵ fa²¹³]

都开始吃猪肉了，[təu²² kʰai²² sʅ⁵⁵ tɕʰi²¹³ tʂʅ²² zəu²¹³ liau⁰]

老百姓吃得非常高兴，[lau⁵⁵ pe³¹ ɕin³⁵ tɕʰi²¹³ te⁰ fei²² tsʰaŋ³¹ kau²² ɕin³⁵]

心里非常非常感激苏东坡，[ɕin²² li⁰ fei²² tsʰaŋ³¹ fei²² tsʰaŋ³¹ kan⁵⁵ tɕi²¹³ səu²² toŋ²² pʰo²²]

于是黄州各大街上，[zṳ³¹ sʅ⁴⁴ xuaŋ³¹ tsəu²² ko³¹ ta⁴⁴ tɕie²² saŋ⁰]

各大餐馆儿的菜谱高头，[ko³¹ ta⁴⁴ tsʰan²² kuər⁵⁵ ti⁰ tsʰai³⁵ pʰu⁵⁵ kau²² tʰəu⁰]

头牌的第一个菜就是东坡肉。[tʰəu³¹ pʰai³¹ ti⁰ ti⁴⁴ i²¹³ ko⁰ tsʰai³⁵ tɕiəu⁴⁴ sʅ⁴⁴ toŋ²² pʰo²² zəu²¹³]

过了几年之后，[ko³⁵ liau⁰ tɕi⁵⁵ ȵien³¹ tsʅ²² xəu⁴⁴]

京城来了一位大官，[tɕin²² tsʰən³¹ lai³¹ liau⁰ i³¹ uei⁴⁴ ta⁴⁴ kuan²²]

说是来走访民间，[ʂyɛ²¹³ sʅ⁴⁴ lai³¹ tsəu⁵⁵ faŋ⁵⁵ min³¹ tɕien²²]

看看老百姓的生活，[kʰan³⁵ kʰan⁰ lau⁵⁵ pe³¹ ɕin³⁵ ti⁰ sən²² xo³¹]

来到黄州，[lai³¹ tau³⁵ xuaŋ³¹ tsəu²²]

发现所有的酒店第一道大菜，[fa³¹ ɕien³⁵ so⁵⁵ iəu⁵⁵ ti⁰ tɕiəu⁵⁵ tien³⁵ ti⁴⁴ i³¹ tau³⁵ ta⁴⁴ tsʰai³⁵]

推荐的菜，都是东坡肉。[tʰei²² tɕien³⁵ ti⁰ tsʰai³⁵，təu²² sʅ⁴⁴ toŋ²² pʰo²² zəu²¹³]

心生疑惑，[ɕin²² sən²² i³¹ xue²¹³]

于是他问店小二：[zṳ³¹ sʅ⁴⁴ tʰa²² uən⁴⁴ tien³⁵ ɕiau⁵⁵ ɚ⁴⁴]

"这个是么菜啊，[tʂɛ³⁵ ko⁰ sʅ⁴⁴ mo⁵⁵ tsʰai³⁵ a⁰]

你们么下喜欢吃这个菜耶？" [li⁵⁵ mən⁰ mo⁵⁵ xa⁴⁴ ɕi⁵⁵ xuan²² tɕʰi²¹³ tʂɛ³⁵ ko⁰ tsʰai³⁵ ie⁰]

下：全部、都

店小二跟这个大官说：[tien³⁵ ɕiau⁵⁵ ɚ⁴⁴ kən²² tʂɛ³⁵ ko⁰ ta⁴⁴ kuan²² ʂyɛ²¹³]

"这是苏东坡发明的菜，[tʂɛ³⁵ sʅ⁴⁴ səu²² toŋ²² pʰo²² fa¹³ min³¹ ti⁰ tsʰai³⁵]

非常非常地好吃，[fei²² tsʰaŋ³¹ fei²² tsʰaŋ³¹ ti⁰ xau⁵⁵ tɕʰi²¹³]

我们老百姓非常喜爱，[ŋo⁵⁵ mən⁰ lau⁵⁵ pe³¹ ɕin³⁵ fei²² tsʰaŋ³¹ ɕi⁵⁵ ŋai³⁵]

也很爱戴这样一个好官。" [ie⁵⁵ xən⁵⁵ ŋai³⁵ tai³⁵ tʂɛ³⁵ iaŋ⁴⁴ i²¹³ ko⁰ xau⁵⁵ kuan²²]

这个大官，[tʂe³⁵ ko⁰ ta⁴⁴ kuan²²]

其实跟苏东坡政见不一样，[tɕʰi³¹ sʅ²¹³ kən²² səu²² toŋ²² pʰo²² tsən³⁵ tɕien³⁵ pu²¹³ i³¹ iaŋ⁴⁴]

是敌对头，[sʅ⁴⁴ ti²¹³ tei³⁵ tʰəu³¹]

心里非常不高兴，[ɕin²² li⁰ fei²² tsʰaŋ³¹ pu²¹³ kau²² ɕin³⁵]

听到老百姓这样夸苏东坡。[tʰin²² tau⁰ lau⁵⁵ pe³¹ ɕin³⁵ tʂe³⁵ iaŋ⁴⁴ kʰua²² səu²² toŋ²² pʰo²²]

于是，他回到京城之后，[zy³¹ sʅ⁴⁴, tʰa²² xuei³¹ tau⁰ tɕin²² tsʰən³¹ tsʅ²² xəu⁴⁴]

跟皇帝上了一道折子，[kən²² xuaŋ³¹ ti³⁵ saŋ⁴⁴ liau⁰ i³¹ tau⁴⁴ tse²¹³ tsʅ⁰]

说："苏东坡为人奸诈，[ʂuɤ²¹³：səu²² toŋ²² pʰo²² uei³¹ zən³¹ tɕien²² tsa³⁵]

太坏了，[tʰai³⁵ xuai⁴⁴ liau⁰]

老百姓，[lau⁵⁵ pe³¹ ɕin³⁵]

黄州的老百姓都很讨厌他，[xuaŋ³¹ tsəu²² ti⁰ lau⁵⁵ pe³¹ ɕin³⁵ təu²² xən⁵⁵ tʰau⁵⁵ ien³⁵ tʰa²²]

想吃他的肉，[ɕiaŋ⁵⁵ tɕʰi²¹³ tʰa²² ti⁰ zəu²¹³]

喝他的血，[xo²¹³ tʰa²² ti⁰ ɕie²¹³]

所有餐馆的菜，[so⁵⁵ iəu⁵⁵ tsʰan²² kuan⁵⁵ ti⁰ tsʰai³⁵]

第一道大菜，[ti⁴⁴ i³¹ tau⁴⁴ ta⁴⁴ tsʰai³⁵]

都叫东坡肉，[təu²² tɕiau³⁵ toŋ²² pʰo²² zəu²¹³]

恨不得把苏东坡的肉都拿来吃。"[xən⁴⁴ pu¹³ te²¹³ pa⁵⁵ səu²² toŋ²² pʰo⁰ ti⁰ zəu²¹³ təu²² la³¹ lai³¹ tɕʰi²¹³]

昏庸的皇帝，[xuən²² ioŋ²² ti⁰ xuaŋ³¹ ti³⁵]

听了这个坏大臣的话之后，[tʰin²² liau⁰ tʂe³⁵ ko⁰ xuai⁴⁴ ta⁴⁴ tsʰən³¹ ti⁰ xua⁴⁴ tsʅ²² xəu⁴⁴]

非常生气，[fei²² tsʰaŋ³¹ sən²² tɕʰi³⁵]

下一道圣旨，[ɕia⁴⁴ i³¹ tau⁴⁴ sən³⁵ tsʅ⁵⁵]

把苏东坡从黄州，[pa⁵⁵ səu²² toŋ²² pʰo²² tsʰoŋ³¹ xuaŋ³¹ tsəu²²]

又贬到更为偏远的广东惠州去了。[iəu⁴⁴ pien⁵⁵ tau³⁵ kən³⁵ uei³¹ pʰien²² ɥan⁵⁵ ti⁰ kuan⁵⁵ toŋ²² xuei³⁵ tsəu²² tɕʰi³⁵ liau⁰]

黄州的老百姓，[xuaŋ³¹ tsəu²² ti⁰ lau⁵⁵ pe³¹ ɕin³⁵]

虽然非常非常不舍得苏东坡的离开，[sei²² zan³¹ fei²² tsʰaŋ³¹ fei²² tsʰaŋ³¹ pu²¹³ se⁵⁵ te²¹³ səu²² toŋ²² pʰo²² ti⁰ li³¹ kʰai²²]

但是没有办法，[tan³⁵ sʅ⁴⁴ mei¹³ iəu⁵⁵ pan⁴⁴ fa²¹³]

大家只有把这道菜牢记在胸中，[ta⁴⁴ tɕia²² tsʅ¹³ iəu⁵⁵ pa⁵⁵ tʂe³⁵ tau⁴⁴ tsʰai³⁵ lau³¹ tɕi³⁵ tsai⁴⁴ ɕioŋ²² tsoŋ²²]

不断地流传。[pu³¹ tan³⁵ ti⁰ liəu³¹ tʂʰuan³¹]

慢慢地流传到了大江南北，[man⁴⁴ man⁴⁴ ti⁰ liəu³¹ tʂʰuan³¹ tau³⁵ liau⁰ ta⁴⁴ tɕiaŋ²² lan³¹ pe²¹³]

浙江、上海、广东。[tse²¹³ tɕiaŋ²²、saŋ⁴⁴ xai⁵⁵、kuaŋ⁵⁵ toŋ²²]

有一段时间，[iəu⁵⁵ i³¹ tan³⁵ sɿ³¹ tɕien²²]

苏东坡到浙江杭州当官，[səu²² toŋ²² pʰo²² tau³⁵ tse²¹³ tɕiaŋ²² xaŋ³¹ tsəu²² taŋ²² kuan²²]

发现当地，[fa³¹ ɕien³⁵ taŋ²² ti⁴⁴]

居然也有东坡肉这道菜，[tɕy²² zan³¹ ie⁵⁵ iəu⁵⁵ toŋ²² pʰo²² zəu²¹³ tʂe³⁵ tau⁴⁴ tsʰai³⁵]

非常的奇怪，[fei²² tsʰaŋ³¹ ti⁰ tɕʰi³¹ kuai³⁵]

就问当地的老百姓，[tɕiəu⁴⁴ uən⁴⁴ taŋ²² ti⁴⁴ ti⁰ lau⁵⁵ pe³¹ ɕin³⁵]

老百姓就说：[lau⁵⁵ pe³¹ ɕin³⁵ tɕiəu⁴⁴ ʂuɤ²¹³]

"我们也是跟倒别个学的，[ŋo⁵⁵ mən⁰ ie⁵⁵ sɿ⁴⁴ kən²² tau⁰ pie²¹³ ko⁰ ɕio¹³ ti⁰] 别个：别人

也不晓得，[ie⁵⁵ pu²¹³ ɕiau⁵⁵ te²¹³] 晓得：知道

为么子它这样做。"[uei⁴⁴ mo⁵⁵ tsɿ⁰ tʰa²² tʂe³⁵ iaŋ⁴⁴ tsəu³⁵] 为么子：为什么

苏东坡听了之后，[səu²² toŋ²² pʰo²² tʰin²² liau⁰ tsɿ²² xəu⁴⁴]

哈哈大笑，[xa²² xa²² ta⁴⁴ ɕiau³⁵]

说："这个菜就是我发明的。"[ʂuɤ²¹³：tʂe³⁵ ko⁰ tsʰai³⁵ tɕiəu⁴⁴ sɿ⁴⁴ ŋo⁵⁵ fa¹³ min³¹ ti⁰]

浙江当地老百姓，[tse²¹³ tɕiaŋ²² taŋ²² ti⁴⁴ lau⁵⁵ pe³¹ ɕin³⁵]

根据他们口味，[kən²² tɕy³⁵ tʰa²² mən⁰ kʰəu⁵⁵ uei⁴⁴]

给这个菜又加了一些冰糖屎去，[ke⁵⁵ tʂe³⁵ ko⁰ tsʰai³⁵ iəu⁴⁴ tɕia²² liau⁰ i²¹³ ɕie²² pin²² tʰaŋ³¹ təu⁴⁴ tɕʰi⁰]

使这个菜更加的爽口、甜滑，[sɿ⁵⁵ tʂe³⁵ ko⁰ tsʰai³⁵ kən³⁵ tɕia²² ti⁰ ʂuaŋ⁵⁵ kʰəu⁵⁵、tʰien³¹ xua³¹]

吃了嘴巴里以后，[tɕʰi²¹³ liau⁰ tsei⁵⁵ pa⁰ li⁰ i⁵⁵ xəu⁴⁴]

入口即化，[zʯ¹³ kʰəu⁵⁵ tɕi³¹ xua³⁵]

苏东坡在杭州也有不少政绩，[səu²² toŋ²² pʰo²² tsai³⁵ xaŋ³¹ tsəu²² ie⁵⁵ iəu⁵⁵ pu¹³ sau⁵⁵ tsən³⁵ tɕi²¹³]

帮倒杭州人民修西湖，[paŋ²² tau⁰ xaŋ³¹ tsəu²² zən³¹ min³¹ ɕiəu²² ɕi²² xu³¹]

修堤坝，[xiəu²² tʰi³¹ pa³⁵]

也深受老百姓的爱戴，[ie⁵⁵ sən²² səu³⁵ lau⁵⁵ pe³¹ ɕin³⁵ ti⁰ ŋai³⁵ tai³⁵]

所以，东坡肉在杭州，[so⁵⁵ i⁵⁵，toŋ²² pʰo²² zəu²¹³ tsai⁴⁴ xaŋ³¹ tsəu²²]

在江浙一带也是十分的有名，[tsai⁴⁴ tɕiaŋ²² tse²¹³ i³¹ tai³⁵ ie⁵⁵ sɿ⁴⁴ sɿ³¹ fən²² ti⁰ iəu⁵⁵ min³¹]

以至于现在很多人,[i⁵⁵ tsʅ³⁵ zʮ³¹ ɕien⁴⁴ tsai⁴⁴ xən⁵⁵ to²² zən³¹]

都以为东坡肉是杭州的名菜,[təu²² i⁵⁵ uei³¹ toŋ²² pʰo²² zəu²¹³ sʅ⁴⁴ xaŋ³¹ tsəu²² ti⁰ min³¹ tsʰai³⁵]

是杭州传出来的,[sʅ⁴⁴ xaŋ³¹ tsəu²² tṣʰuan³¹ tṣʰu̩¹³ lai³¹ ti⁰]

其实,东坡肉这道菜,[tɕʰi³¹ sʅ²¹³, toŋ²² pʰo²² zəu²¹³ tṣe³⁵ tau³⁵ tsʰai³⁵]

最开始,[tsei³⁵ kʰai²² sʅ⁵⁵]

是苏东坡在黄州发明的,[sʅ⁴⁴ səu²² toŋ²² pʰo²² tsai⁴⁴ xuaŋ³¹ tsəu²² fa¹³ min³¹ ti⁰]

为了体恤老百姓,[uei³⁵ liau⁰ tʰi⁵⁵ ɕu̩²¹³ lau⁵⁵ pe³¹ ɕin³⁵]

为了让老百姓生活过得更好,[uei³⁵ liau⁰ zaŋ⁴⁴ lau⁵⁵ pe³¹ ɕin³⁵ sən²² xo³¹ ko³⁵ te⁰ kən³⁵ xau⁵⁵]

发明的一道菜,[fa¹³ min³¹ ti⁰ i³¹ tau⁴⁴ tsʰai³⁵]

这就是东坡肉的故事。[tṣe³⁵ tɕiəu⁰ sʅ⁴⁴ toŋ²² pʰo²² zəu²¹³ ti⁰ ku³⁵ sʅ⁴⁴]

意译:今天跟大家讲一故事,东坡肉的来历。东坡肉,现在全国,到处都是的。到底哪里最正宗了?肯定是我们黄州的东坡肉是最正宗的。相传,苏东坡在贬到黄州做官的时候,黄州当地的老百姓,其实是不吃肉的,富人不吃肉,是因为,觉得肉不干净,不屑于吃,贫穷老百姓也不吃猪肉,是因为他们不知道如何做才好吃,所以没有人吃猪肉。

但是苏东坡他这个人,非常地爱好厨艺,也非常地体恤老百姓。他想:"如果我发明出来一种做肉的方式,又简单,做得又好吃,那老百姓都可以吃肉了嘛!也可以改善老百姓的生活。"于是苏东坡自己就在家里研究,如何把肉做得又好吃,方法又简单,一般的普通老百姓家里都可以做。

有一天,他正刚刚把肉放到锅里煮,加上一些酱油、盐、葱,放在里面,结果他的朋友就来找他玩。苏东坡一时兴起,跟他的好朋友开始下棋,两人下得非常非常的投入。一盘一盘又一盘,慢慢地,苏东坡就把炉子上边炖的肉这个事情忘到脑后了。差不多下了三、四个小时的棋以后,苏东坡闻到一股香气,突然一下子拍脑袋,炉子上面还炖的有肉了,急急忙忙地跑到厨房里去,以为肉炖糊了,当他把锅盖揭开的时候,一阵香气,扑鼻而来,闻得人都只流口水。苏东坡看见锅里面的肉,又红又亮,色泽鲜明,非常的诱人,苏东坡拿起筷子夹了一块,放进口中,入口即化,又不腻人,味道非常的好,于是苏东坡把这个肉,给他的朋友品尝,请他的朋友说一说,看这个肉怎么样。苏东坡的朋友吃了一块之后,大赞不已,忙问苏东坡:"你这是什么东西做的呀?"苏东坡说:"是猪肉,你没尝出来吗?"他的朋友说:"没有,这是我吃过最好吃的一种猪肉。"

于是苏东坡就决定，把这种方法教给普通老百姓，让大家都可以吃上猪肉。于是家家户户，都效仿了苏东坡的做法，都开始吃猪肉了，老百姓吃得非常高兴，心里非常非常感激苏东坡，于是黄州各大街上，各大餐馆儿的菜谱里边，头牌的第一个菜就是东坡肉。

过了几年之后，京城来了一位大官，说是来走访民间，看看老百姓的生活，来到黄州，发现所有的酒店第一道大菜，推荐的菜，都是东坡肉。心生疑惑，于是他问店小二："这是什么菜啊，你们怎么都喜欢吃这个菜啊？"店小二跟这个大官说："这是苏东坡发明的菜，非常非常的好吃，我们老百姓非常喜爱，也很爱戴这样一个好官。"这个大官其实跟苏东坡政见不一样，是敌对头，心里非常不高兴，听到老百姓这样夸苏东坡。

于是，他回到京城之后，跟皇帝上了一道折子，说："苏东坡为人奸诈，太坏了，老百姓，黄州的老百姓，都很讨厌他，想吃他的肉，喝他的血，所有餐馆的菜第一道大菜，都叫东坡肉，恨不得把苏东坡的肉都拿来吃。"昏庸的皇帝听了这个坏大臣的话之后，非常生气，下一道圣旨，把苏东坡从黄州又贬到更为偏僻的广东惠州去了。

黄州的老百姓，虽然非常非常不舍得苏东坡的离开，但是没有办法，大家只有把这道菜牢记在胸中，不断地流传。慢慢地，流传到了大江南北，浙江、上海、广东。

有一段时间，苏东坡到浙江杭州当官，发现当地居然也有东坡肉这道菜，非常的奇怪，就问当地的老百姓，老百姓就说："我们也是跟着别人学的，也不知道为什么要这样做。"苏东坡听了之后，哈哈大笑说："这个菜就是我发明的。"浙江当地老百姓，根据他们口味，给这个菜又加了一些冰糖进去，使这个菜更加的爽口、甜滑，吃到嘴巴里以后，入口即化。苏东坡在杭州也有不少政绩，帮助杭州人民修西湖、修堤坝，也深受老百姓的爱戴，所以，东坡肉在杭州，在江浙一带也是十分的有名，以至于现在很多人，都以为东坡肉是杭州的名菜，是杭州传出来的，其实，东坡肉这道菜最开始，是苏东坡在黄州发明的，为了体恤老百姓，为了让老百姓生活过得更好，发明的一道菜，这就是东坡肉的故事。

四　自选条目

0031 自选条目

一床被窝不盖两样人。[i^{13} tʂʰuaŋ^{31} pei^{35} o^{22} pu^{13} kai^{35} liaŋ^{55} iaŋ^{44} zən^{31}] 被窝：被子

意译：一床被子不会盖不同心的人（喻同心同德的人才会走到一起、聚到一

起)。

0032 自选条目

一个笼里关不住两只叫鸡公。[i¹³ ko⁰ loŋ³¹ li⁰ kuan²² pu¹³ tʂʅ⁴⁴ liaŋ⁵⁵ tsʅ²¹³ tɕiau³⁵ tɕi²² koŋ²²]叫鸡公：公鸡

意译：一个笼子里关不住两只公鸡（喻一个群体内只能有一个发号施令的人）。

0033 自选条目

大人望种田，细伢儿望过年。[ta⁴⁴ zən³¹ uaŋ⁴⁴ tsoŋ³⁵ tʰien³¹，ɕi³⁵ ŋar³¹ uaŋ⁴⁴ ko³⁵ n̠ien³¹]细伢儿：小孩儿

意译：大人盼望早点干农活，多点收成，小孩儿盼望早点过年，可以过得快乐一些。

0034 自选条目

大火煮粥，小火炖肉。[ta⁴⁴ xo⁵⁵ tʂʅ⁵⁵ tsəu²¹³，ɕiau⁵⁵ xo⁵⁵ tən³⁵ zəu²¹³]

意译：用大火煮粥，用小火炖肉（喻不同的问题要用不同的方法去解决）。

0035 自选条目

小时偷针，长大偷金。[ɕiau⁵⁵ sʅ³¹ tʰəu²² tsən²²，tsaŋ⁵⁵ ta⁴⁴ tʰəu²² tɕin²²]

意译：小时候偷小物件，长大了就会偷贵重的物品（喻小孩从小就要教育好，勿以恶小而为之）。

0036 自选条目

日晕三更雨，月晕午东风。[ər²¹³ zu̥ən⁴⁴ san²² kən²² zu̥⁵⁵，zy̥e³¹ zu̥ən⁴⁴ u⁵⁵ toŋ²² foŋ²²]

意译：出日晕，三更时分要下雨，出月晕，第二天中午会刮东风。

0037 自选条目

天干无露水，老来无人情。[tʰien²² kan²² u³¹ ləu⁴⁴ ʂuei⁵⁵，lau⁵⁵ lai³¹ u³¹ zən³¹ tɕʰin³¹]

意译：天干无露水，人老无人情（喻一代人有一代人的人情世故）。

0038 自选条目

月亮长了毛，有雨在明昼。[zy̥e³¹ liaŋ⁴⁴ tsaŋ⁵⁵ liau⁰ mau³¹，iəu⁵⁵ zu̥⁵⁵ tsai⁴⁴ mən³¹ tsau⁰] 明昼：明天

意译：月亮有了月晕，第二天就会下雨。

0039 自选条目

云遮中秋月，雨打上元灯。[z̩ɥən³¹ tse⁴⁴ tsoŋ²² tɕʰiəu²² z̩ɥe²¹³, z̩ʯ⁵⁵ ta⁵⁵ saŋ⁴⁴ z̩ɥan³¹ tən²²] 上元：元宵节

意译：云遮中秋月，雨打元宵节的花灯。

0040 自选条目

云往东，一阵风，[z̩ɥən³¹ uaŋ⁵⁵ toŋ²², i¹³ tsən⁴⁴ foŋ²²]

云往西，雨凄凄，[z̩ɥən³¹ uaŋ⁵⁵ ɕi²², z̩ʯ⁵⁵ tɕʰi²² tɕʰi²²]

云往北，一阵黑，[z̩ɥən³¹ uaŋ⁵⁵ pe²¹³, i¹³ tsən³⁵ xe²¹³]

云往南，大雨漂起船。[z̩ɥən³¹ uaŋ⁵⁵ lan³¹, ta⁴⁴ z̩ʯ⁵⁵ pʰiau²² tɕʰi⁵⁵ tʂʰɥan³¹]

意译：云往东，一阵风，云往西，雨凄凄，云往北，一阵黑，云往南，大雨漂起船。

0041 自选条目

生苕甜，熟苕粉，[sən²² sau³¹ tʰien³¹, seu⁴⁴ sau³¹ fən⁵⁵] 苕：红薯。粉：软糯

夹生苕冇得整。[ka²¹³ sən²² sau³¹ mau⁴⁴ te²¹³ tsən⁵⁵] 冇得整：没有办法弄

意译：生红薯是甜的，熟红薯是粉的，半生半熟的红薯就没有办法吃了。"夹生苕"暗喻脑瓜不灵活、不知变通的人。

0042 自选条目

有理三扁担，无理扁担三。[iəu⁵⁵ li⁵⁵ san²² pien⁵⁵ tan⁰, u³¹ li⁵⁵ pien⁵⁵ tan⁰ san²²]

意译：有理打三扁担，无理也是打三扁担（喻不管有理无理双方都各打三百板）。

0043 自选条目

好汉不打上门客，伸手不打笑脸人。[xau⁵⁵ xan³⁵ pu²¹³ ta⁵⁵ saŋ⁴⁴ mən³¹ kʰe²¹³, sən²² səu⁵⁵ pu²¹³ ta⁵⁵ ɕiau³⁵ lien⁵⁵ z̩ən³¹]

意译：好汉不打上门客，伸手不打笑脸人（喻时时要礼让有礼在先之人）。

0044 自选条目

穷不丢书，富不丢猪。[tɕʰioŋ³¹ pu²¹³ tiəu²² ʂʯ²², fu³⁵ pu²¹³ tiəu²² tʂʯ²²]

意译：贫穷时不丢掉家里的书，富裕时不丢掉家里的猪（喻要珍惜自己拥有的东西）。

0045 自选条目
坐的菩萨坐一生，倚的菩萨倚一生。[tso⁴⁴ti⁰pʰu³¹sa²¹³tso⁴⁴i²¹³sən²², tɕi⁴⁴ti⁰pʰu³¹sa²¹³tɕi³⁵i²¹³sən²²] 倚：站立

意译：坐着的菩萨坐一生，站着的菩萨站一生（喻先天的条件决定了一切）。

0046 自选条目
今昼一天不住点，明昼太阳晒破脸。[tsən²²tsau²²i²¹³tʰien²²pu²¹³tʂʅ³⁵tien⁵⁵, mən³¹tsau²²tʰai³⁵iaŋ³¹sai³⁵pʰo³⁵lien⁵⁵] 今昼：今天。明昼：明天

意译：如果今天下雨全天没有丝毫停歇，那么明天太阳就会晒破脸。

0047 自选条目
猪儿吃麦，叫羊儿去赶。[tʂʅ²²ɚ⁰tɕʰi¹³me²¹³, tɕiau³⁵iaŋ³¹ɚ⁰tɕʰi³⁵kan⁵⁵]

意译：猪吃了麦子，却叫羊去赶（喻用人不当，会让事情变得更糟糕）。

0048 自选条目
送肉上砧板。[soŋ³⁵ʐəu²¹³saŋ³⁵tsən²²pan⁵⁵]

意译：主动送肉上砧板（喻白白主动被宰割）。

0049 自选条目
讨米的落了棍子。[tʰau⁵⁵mi⁵⁵ti⁰lo²¹³liau⁰kuən³⁵tsʅ⁰]

意译：讨米的弄掉了棍子（喻没有了工具）。

0050 自选条目
落地不沾灰。[lo³¹ti⁴⁴pu²¹³tsan²²xuei²²]

意译：落地不沾灰（喻没有受到什么影响）。

0051 自选条目
眉毛胡子一把抓。[mi³¹mau³¹xu³¹tsʅ⁰i¹³pa⁵⁵tʂua²²]

意译：眉毛胡子一把抓（喻打乱仗，没有眉目、条理不清）。

0052 自选条目

人落到井里去了——耳朵挂不住。[zən³¹ lo³¹ tau³⁵ tɕin⁵⁵ li⁰ tɕʰi³⁵ liau⁰——ər⁵⁵ to⁰ kua³⁵ pu²¹³ tʂʅ⁴⁴]

意译：人落到井里去了——耳朵挂不住（喻没有可以支撑的事物）。

0053 自选条目

八十岁的干儿子——冇得一点儿热人气儿。[pa¹³ sʅ³¹ ɕi³⁵ ti⁰ kan²² ər³¹ tsʅ⁰——mau⁴⁴ te²¹³ i¹³ tiɛr⁵⁵ zʮe¹³ zən³¹ tɕʰiɛr³⁵] 冇得：没有

意译：八十岁的干儿子——没有一点儿热人气儿（喻一个人冷血、冷漠，没有人性）。

0054 自选条目

三月的芥菜——起了芯（心）。[san²² zʮe²¹³ ti⁰ kai³⁵ tsʰai³⁵——tɕʰi⁵⁵ liau⁰ ɕin²²]

意译：三月的芥菜——起了心（形容一个人下定了决心）。

0055 自选条目

乌龟上树——滚下来重来。[u²² kuei²² saŋ⁴⁴ ʂʅ⁴⁴——kuən⁵⁵ xa⁴⁴ lai⁰ tsʰoŋ³¹ lai³¹]

意译：乌龟上树——滚下来重来（指事情不得不重新再来一遍）。

0056 自选条目

山头上开门——六亲不认。[san²² tʰəu⁰ saŋ⁴⁴ kʰai²² mən³¹——ləu²¹³ tɕʰin²² pu³¹ zən³⁵]

意译：山头上开门——六亲不认。

0057 自选条目

闩门作揖——自家恭喜自家。[ʂʮan²² mən³¹ tso¹³ i²¹³——tsʅ³⁵ ka²² koŋ²² ɕi⁵⁵ tsʅ³⁵ ka⁰] 自家：自己

意译：闩门作揖——自己恭喜自己（指封闭起来自我陶醉）。

0058 自选条目

木兰山的菩萨——应远不应近。[mu³¹ lan³¹ san²² ti⁰ pʰu³¹ sa⁰——in³⁵ zʮan⁵⁵ pu³¹ in³⁵ tɕin³⁵]

意译：木兰山的菩萨——应远不应近（敬而远之）。

0059 自选条目

火车进站——叫得凶走得慢。[xo⁵⁵ tsʰe²² tɕin³⁵ tsan³⁵——tɕiau³⁵ te⁰ ɕioŋ²² tsəu⁵⁵ te⁰ man³⁵]

意译：火车进站——叫得凶走得慢（形容动静大，却没有实质性的内容）。

0060 自选条目

头戴碓臼玩狮子——着累不好看。[tʰəu³¹ tai³⁵ ti³⁵ tɕiəu³⁵ uan³¹ sʅ²² tsʅ⁰——tso³¹ lei⁴⁴ pu²¹³ xau⁵⁵ kʰan³⁵] 着累：受累

意译：头戴碓臼玩狮子——受累且不好看（喻吃力不讨好，做无用功）。

0061 自选条目

告花子嫁姑娘——光讲吃。[kau³⁵ xau²² tsʅ⁰ tɕia³⁵ ku²² liaŋ⁰——kuaŋ²² tɕiaŋ⁵⁵ tɕʰi²¹³] 光：尽

意译：告花子嫁姑娘——尽讲吃（指先天条件决定一切，本性难改）。

0062 自选条目

米汤盆里洗澡——糊里糊涂。[mi⁵⁵ tʰaŋ²² pʰən³¹ li⁰ ɕi⁵⁵ tsau⁵⁵——xu³¹ li⁰ xu³¹ tʰəu³¹]

意译：米汤盆里洗澡——糊里糊涂。

0063 自选条目

两个哑巴结婚——冇得话说。[liaŋ⁵⁵ ko⁰ ŋa³⁵ pa⁰ tɕie²¹³ xuən²²——mau⁴⁴ te²¹³ xua³⁵ ʂuɛ²¹³] 冇得：没有

意译：两个哑巴结婚——没有话说。

0064 自选条目

彩莲船·接灯 [tsʰai⁵⁵ lien³ tʂʰu̯an³¹·tɕie²¹³ tən²²]

锣鼓打的闹其鸣，[lo⁵⁵ ku⁵⁵ ta⁵⁵ ti⁰ lau⁴⁴ tɕʰi⁵⁵ min³¹]

各位头人接龙神，[ko³¹ uei⁴⁴ tʰəu³¹ zən³¹ tɕie²¹³ loŋ³¹ ʂən³¹]

仙龙下凡四处游，[ɕien²² loŋ³¹ ɕia⁴⁴ fan³¹ sʅ³⁵ tʂʰu̯³⁵ iəu³¹]

手拿头香开咽喉，[ʂəu⁵⁵ la³¹ tʰəu³¹ ɕiaŋ²² kʰai²² ien²² xəu³¹] 头：第一

开了咽喉受相因⁼，[kʰai²² liau⁰ ien²² xəu³¹ ʂəu⁴⁴ ɕiaŋ²² in²²] 相因：便宜；好处

保佑地方得太平。[pau⁵⁵ iəu⁴⁴ ti⁴⁴ faŋ²² te²¹³ tʰai³⁵ pʰin³¹]

意译：彩莲船·接灯。锣鼓打得闹腾腾，各位头人接龙神，仙龙下凡四处游，手拿第一柱香开咽喉，开了咽喉享受好处，保佑地方得太平。

0065 自选条目

善书·唱灯彩 [san⁴⁴ ʂu²² · tsʰaŋ³⁵ tən²² tsʰai⁵⁵] 善书：黄州当地的一种说唱艺术形式
仙龙到此喜盈盈，[ɕien²² loŋ³¹ tau³⁵ tsʰɿ⁵⁵ ɕi⁵⁵ in³¹ in³¹]
特来庆贺百姓门，[tʰe⁴⁴ lai³¹ tɕʰin³⁵ xo²¹³ pe³¹ ɕin³⁵ mən³¹]
满门天赐平安福，[man⁵⁵ mən³¹ tʰien²² tsʰɿ³⁵ pʰin³¹ ŋan²² fu²¹³]
四海那个人间富贵春啦。[sɿ³⁵ xai⁵⁵ la⁴⁴ ko⁰ zən³¹ tɕien²² fu³¹ kuei³⁵ tʂʰuən²² la⁰]
咚咚咚咚七咚七咚咚。[toŋ²² toŋ²² toŋ²² toŋ²² tɕʰi²¹³ toŋ²² tɕʰi²¹³ toŋ²² toŋ²²]

意译：善书·唱灯彩。仙龙到此喜盈盈，特来庆贺百姓门，满门天赐平安福，四海人间富贵春。咚咚咚咚七咚七咚咚。

0066 自选条目

快板儿·黄州新气象 [kʰuai³⁵ peɹ⁵⁵ · xuan³¹ tsəu²² ɕin²² tɕʰi³⁵ ɕiaŋ⁴⁴]
打快板儿呱呱啦响，[ta⁵⁵ kʰuai³⁵ peɹ⁵⁵ kua²² kua²² la⁰ ɕiaŋ⁵⁵]
我今昼上台就讲一讲，[ŋo⁵⁵ tsən²² tsau²² saŋ⁴⁴ tʰai³¹ tsəu⁴⁴ tɕiaŋ⁵⁵ i⁰ tɕiaŋ⁵⁵] 今昼：今天
新黄州新气象，[ɕin²² xuan³¹ tsəu²² ɕin²² tɕʰi³⁵ ɕiaŋ⁴⁴]
细说了黄州换新装。[ɕi³⁵ ʂue²¹³ liau⁰ xuan³¹ tsəu²² xuan⁴⁴ ɕin²² tʂuaŋ²²]
嗒嗒嗒嗒滴嗒嗒。[ta⁰ ta⁰ ta⁰ ta⁰ ti⁰ ta⁰ ta⁰]
黄州城区大变样，[xuan³¹ tsəu²² tsʰən³¹ tʂʰu²² ta⁴⁴ pien³⁵ iaŋ⁴⁴]
马路宽敞路灯亮，[ma⁵⁵ ləu⁴⁴ kʰuan²² tsʰaŋ⁵⁵ ləu⁴⁴ tən²² liaŋ⁴⁴]
四通八达湖光美，[sɿ³⁵ tʰoŋ²² pa¹³ ta²¹³ xu³¹ kuaŋ²² mei⁵⁵]
迎来了游客来观光。[in³¹ lai³¹ liau⁰ iəu³¹ kʰe²¹³ lai³¹ kuan²² kuan²²]
嚓嚓滴嗒滴滴嗒。[tsʰa⁰ tsʰa⁰ ti⁰ ta⁰ ti⁰ ti⁰ ta⁰]

意译：快板儿·黄州新气象。打快板呱呱响，我今天上台就讲一讲，新黄州新气象，细说黄州换新装。嗒嗒嗒嗒滴嗒嗒。黄州城区大变样，马路宽敞路灯亮，四通八达湖光美，迎来了游客来观光。嚓嚓滴嗒滴滴嗒。

红 安

一 歌谣

0001 歌谣

小小黄安，人人好汉；[ɕiau³⁴ ɕiau⁵⁵ faŋ³¹ ŋan¹¹, ʐuən³¹ ʐuən³¹ xau³⁴ xan³⁵]

铜锣一响，四十八万；[tʰoŋ³¹ lo³¹ i²² ɕiaŋ⁵⁵, sʅ³⁵ sʅ³³ pa²² uan³³]

男将打仗，女将送饭。[lan³¹ tɕiaŋ³⁵ ta³⁴ tʂaŋ³⁵, ny³⁴ tɕiaŋ³⁵ soŋ³⁵ fan³³] 男将：男人。女将：女人

意译：小小黄安，人人都是好汉；铜锣一响，四十八万；男人去打仗，女人来送饭。

0002 歌谣

天黄黄，地黄黄，[tʰian¹¹ faŋ³¹ faŋ³¹, ti³³ faŋ³¹ faŋ³¹]

我家有个吵夜郎。[ŋo³⁴ tɕia¹¹ iəu⁵⁵ ko⁰ tsʰau³⁴ ie³³ laŋ³¹] 吵夜郎：吵夜的孩子

过路君子念三遍，[ko³⁵ ləu³³ tʂuən¹¹ tsʅ⁰ nian³³ san¹¹ pian³⁵]

一夜睡到大天光。[i²² ie³³ ʂuei³⁵ tau³³ ta³³ tʰian¹¹ kuaŋ¹¹] 大天光：天亮

意译：天黄黄，地黄黄，我家有个吵夜的孩子。过路的君子读三遍，一夜睡到天亮。

0003 歌谣

磨子磨，反唱歌；[mo³³ tsʅ⁰ mo³³, fan³⁴ tʂʰaŋ³⁵ ko¹¹]

先生我，后生哥；[ɕian¹¹ sən¹¹ ŋo⁵⁵, xəu³³ sən¹¹ ko¹¹]

接我大，我打锣；[tɕie²² ŋo³⁴ te³³, ŋo⁵⁵ ta³⁴ lo³¹] 接：娶。大：妈妈

生我伯，我教歌；[sən¹¹ ŋo³⁴ pe²¹³, ŋo⁵⁵ tɕiau¹¹ ko¹¹] 伯：爸爸

我在家家门前过，[ŋo⁵⁵ tsai³³ ka¹¹ ka⁰ mən³¹ tɕʰian³¹ ko³⁵] 家家：外婆

家家还在睡摇窠。[ka¹¹ ka⁰ xai³¹ tsai³³ ʂuei³⁵ iau³¹ kʰo¹¹] 摇窠：摇篮

意译：磨子磨，反唱歌；先生我，后生哥；（爸爸）娶我妈，我打锣；（奶奶）生我爸，我教歌；我在外婆门前过，外婆还在睡摇篮。

0004 歌谣

拍掌掌，接家家；[pʰe²² tʂaŋ⁵⁵ tʂaŋ⁰, tɕie²² ka¹¹ ka⁰] 家家：外婆

家家带个热粑粑。［ka¹¹ka⁰tai³⁵ko⁰ʐue²²pa¹¹pa⁰］粑粑：馒头

冷不冷，热不热；［lən⁵⁵pu⁰lən⁵⁵，ʐue²¹³pu⁰ʐue²¹³］

留得细伢儿吃了不着吓。［liəu³¹te⁰ɕi³⁵ŋar³¹tɕʰi²¹³liau⁰pu²²tʂʰo³³xe²¹³］细伢儿：孩子。着吓：受惊吓

意译：拍巴掌，接外婆；外婆带个热馒头。冷不冷，热不热；留给孩子吃了不受惊吓。

0005 歌谣

车水，舀水，［tʂʰe¹¹ʂuei⁵⁵，iau³⁴ʂuei⁵⁵］车水：用水车抽水灌溉

家家塘的有水；［ka¹¹ka⁰tʰaŋ³¹ti⁰iəu³⁴ʂuei⁵⁵］家家：外婆

车半塘，留半塘，［tʂʰe¹¹pan³⁵tʰaŋ³¹，liəu³¹pan³⁵tʰaŋ³¹］

留得家家的喂鱼秧。［liəu³¹te⁰ka¹¹ka⁰ti⁰uei³⁵ʅ³¹iaŋ¹¹］鱼秧：鱼苗

意译：用水车抽水，舀水，外婆塘里有水；抽半塘水，留半塘水，留给外婆家里喂鱼苗。

0006 歌谣

风来了，雨来了，［xoŋ¹¹lai³¹liau⁰，ʅ⁵⁵lai³¹liau⁰］

道士驮个鼓来了。［tau³³sʅ⁰tʰo³¹ko⁰ku⁵⁵lai³¹liau⁰］

叫你打门不打门，［tɕiau³⁵ni⁵⁵ta³⁴mən³¹pu²²ta³⁴mən³¹］打门：开门

脚印凼里淹死人。［tɕio²²in³⁵taŋ³⁵li⁰ŋan¹¹sʅ⁵⁵ʐuən³¹］凼里：沟里

意译：风来了，雨来了，道士驮着个鼓来了。叫你开门不开门，脚印踏出的沟里头能淹死人。

0007 歌谣

月亮走，我也走；［ʐue²²liaŋ³³tsəu⁵⁵，ŋo⁵⁵ie³⁴tsəu⁵⁵］

我替月亮提笆篓，［ŋo⁵⁵tʰi³⁵ʐue²²liaŋ³³tʰi³¹pa¹¹ləu⁵⁵］笆篓：指用竹篾或荆条编织成的盛器

一提提到姐门口。［i²²tʰi³¹tʰi³¹tau³⁵tɕie⁵⁵mən³¹kʰəu⁵⁵］

姐吃蛋，我喝酒；［tɕie⁵⁵tɕʰi²²tan³³，ŋo⁵⁵xo²²tɕiəu⁵⁵］

打开窗子望石榴，［ta³⁴kʰai¹¹tsʰaŋ¹¹tsʅ⁰uaŋ³³sʅ³³liəu³¹］

石榴屐下儿一壶油，［sʅ³³liəu³¹təu²²xar³³i²²fu³¹iəu³¹］屐下儿：下面

姊妹三个共梳头。［tsʅ³⁴mi³³san¹¹ko⁰koŋ³³səu¹¹tʰəu³¹］

大姐梳个盘龙髻，［ta³³tɕie⁵⁵səu¹¹ko⁰pʰan³¹loŋ³¹tɕi³³］盘龙髻：指妇女盘绕卷曲的发髻

二姐梳个扎花头；［ər³³tɕie⁵⁵səu¹¹ko⁰tsa²²fa¹¹tʰəu³¹］

只有三姐不会梳，[tʂʅ³⁴ iəu⁵⁵ san¹¹ tɕie⁵⁵ pu²² fei³³ səu¹¹]
梳个茅包卷绣球；[səu¹¹ ko⁰ mau³¹ pau¹¹ tʂyan⁵⁵ ɕiəu³⁵ tɕʰiəu³¹] 茅包：稻草包
一滚滚到江河里，[i²² kuən⁵⁵ kuən³⁴ tau³⁵ tɕiaŋ¹¹ xo³¹ li⁰]
塞住江河水不流；[se²² tʂu³³ tɕiaŋ¹¹ xo³¹ ʂuei³⁴ pu²² liəu³¹]
大姐抱个银娃娃，[ta³³ tɕie⁵⁵ pau³³ ko⁰ in³¹ ua³¹ ua⁰]
只怕三姐不会抱哇，[tʂʅ²² pʰa³⁵ san¹¹ tɕie⁵⁵ pu²² fei³³ pau³³ ua⁰]
抱个土蛤蟆。[pau³³ ko⁰ tʰəu³⁴ kʰe³¹ ma⁰] 土蛤蟆：癞蛤蟆

意译：月亮走，我也走；我替月亮提笆篓，一提提到姐门口。姐吃鸡蛋，我喝酒；打开窗子看石榴，石榴下面一壶油，姐妹三个一起梳头。大姐梳个盘龙髻，二姐梳个扎着花的发型；只有三姐不会梳，梳个稻草包卷着绣球的发型；一滚滚到江河里，塞住江河水不流；大姐抱个银娃娃，只怕三姐不会抱哇，抱个癞蛤蟆。

0008 歌谣

张姑子排，李姑子排；[tʂaŋ¹¹ ku¹¹ tsʅ⁰ pʰai³¹, li⁵⁵ ku¹¹ tsʅ⁰ pʰai³¹]
张大姐，送茶来；[tʂaŋ¹¹ ta³³ tɕie⁵⁵, soŋ³⁵ tʂʰa³¹ lai³¹]
茶亦香，酒亦香；[tʂʰa³¹ i²² ɕiaŋ¹¹, tɕiəu⁵⁵ i²² ɕiaŋ¹¹]
十二个大姐排过江。[ʂʅ³³ ər³³ ko⁰ ta³³ tɕie⁵⁵ pʰai³¹ ko³⁵ tɕiaŋ¹¹]
前头大姐骑白马，[tɕʰian³¹ tʰəu⁰ ta³³ tɕie⁵⁵ tɕʰi³¹ pe²² ma⁵⁵]
后头大姐骑水牛；[xəu³³ tʰəu⁰ ta³³ tɕie⁵⁵ tɕʰi³¹ ʂuei³⁴ ioŋ³¹]
水牛过沟，踩到泥鳅；[ʂuei³⁴ ioŋ³¹ ko³⁵ kəu¹¹, tsʰai⁵⁵ tau⁰ i³¹ tɕʰiəu¹¹]
泥鳅告状，告到和尚；[i³¹ tɕʰiəu¹¹ kau³⁵ tsaŋ³³, kau³⁵ tau³⁵ xo³¹ ʂaŋ⁰]
和尚念经，念到观音；[xo³¹ ʂaŋ⁰ ian³³ tɕin¹¹, ian³³ tau³⁵ kuan¹¹ in¹¹]
观音射箭，射到老鸦儿；[kuan¹¹ in¹¹ ʂe³³ tɕian³⁵, ʂe³³ tau⁰ lau³⁴ ŋar¹¹] 老鸦儿：乌鸦
老鸦儿扒墙，扒到舅娘；[lau³⁴ ŋar¹¹ pʰa³¹ tɕʰiaŋ³¹, pʰa³¹ tau⁰ tɕiəu³³ niaŋ³¹]
舅娘炒豆，炒到细舅；[tɕiəu³³ niaŋ³¹ tsʰau⁵⁵ təu³³, tsʰau⁵⁵ tau⁰ ɕi³⁵ tɕiəu³³] 细舅：小舅
细舅过河，捡个破锣；[ɕi³⁵ tɕiəu³³ ko³⁵ xo³¹, tɕian⁵⁵ ko⁰ pʰo³⁵ lo³¹]
破锣一敲，捡个弯刀；[pʰo³⁵ lo³¹ i²² kʰau¹¹, tɕian⁵⁵ ko⁰ uan¹¹ tau¹¹]
弯刀一杀，捡个胡鸭；[uan¹¹ tau¹¹ i²² ʂa²¹³, tɕian⁵⁵ ko⁰ fu³¹ ia²¹³] 胡鸭：鸭子
胡鸭生蛋，生一千，生一万，[fu³¹ ia²¹³ san³⁵ tan³³, san³⁵ i²² tɕʰian¹¹, san³⁵ i²² uan³³] 生：下
炒得细舅嚯冷饭。[tsʰau⁵⁵ te⁰ ɕi³⁵ tɕiəu³³ ian³⁵ lən³⁴ fan³³] 细：小。嚯：下饭

意译：张姑姑排队，李姑姑排队；张大姐，送茶来；茶也香，酒也香；十二

个大姐排队过江。前头大姐骑白马，后头大姐骑水牛；水牛过沟，踩到泥鳅；泥鳅告状，告到和尚；和尚念经，念到观音；观音射箭，射到乌鸦；乌鸦扒墙，扒到舅娘；舅娘炒豆，炒到小舅；小舅过河，捡个破锣；破锣一敲，捡个弯刀；弯刀一杀，捡个鸭子；鸭子下蛋，下一千，下一万，炒给小舅下冷饭。

二　规定故事

0021 牛郎和织女

今天我来讲一个故事，[tɕin¹¹ tʰian¹¹ ŋo⁵⁵ lai³¹ tɕiaŋ⁵⁵ i²² ko³⁵ ku³⁵ sɿ³³]

故事的名字叫做"牛郎织女"。[ku³⁵ sɿ³³ ti⁰ min³¹ tsɿ³³ tɕiau³⁵ tso³³ niəu³¹ laŋ³¹ tʂʅ²¹³ ȵy⁵⁵]

从前有个后生伢儿，[tsʰoŋ³¹ tɕʰian³¹ iəu⁵⁵ ko⁰ xəu³³ sən¹¹ ŋar³¹]

他爸和妈都死了，[tʰa¹¹ pa²¹³ xo³¹ ma¹¹ təu¹¹ sɿ⁵⁵ liau⁰]

孤苦伶仃的一个人。[ku¹¹ kʰu⁵⁵ lin³¹ tin¹¹ ti⁰ i²² ko³⁵ zuən³¹]

家里有一头牛，大家都叫他牛郎。[tɕia¹¹ li⁰ iəu⁵⁵ i²² tʰəu³¹ ioŋ³¹，ta³³ tɕia¹¹ təu¹¹ tɕiau³⁵ tʰa¹¹ niəu³¹ laŋ³¹]

迓个牛郎靠种地为生，[le³⁵ ko⁰ niəu³¹ laŋ³¹ kʰau³⁵ tʂoŋ³⁵ ti³³ uei³¹ sən¹¹] 迓个：这个

与这个牛相依为命。[zu⁵⁵ le³⁵ ko⁰ niəu³¹ ɕiaŋ¹¹ i¹¹ uei³¹ min³³]

老牛其实是天上的金牛星。[lau³⁴ niəu³¹ tɕʰi³⁵ sɿ³³ sɿ³³ tʰian¹¹ ʂaŋ⁰ ti⁰ tɕin¹¹ niəu³¹ ɕin¹¹]

它很喜欢牛郎的迓个嗯勤劳善良，[tʰa¹¹ xən⁵⁵ ɕi³⁴ xuan¹¹ niəu³¹ laŋ³¹ ti⁰ le³⁵ ko⁰ n̩⁵⁵ tɕʰin³¹ lau³¹ ʂan³³ liaŋ³¹]

想把它成个家，接个媳妇。[ɕiaŋ³⁴ pa⁵⁵ tʰa¹¹ tʂʰən³¹ ko⁰ tɕia¹¹，tɕie¹¹ ko⁰ ɕi²¹³ fu⁰]

有一天，[iəu⁵⁵ i⁰ tʰian¹¹]

金牛星晓得天上的迓个织女，[tɕin¹¹ niəu³¹ ɕin¹¹ ɕiau⁵⁵ te⁰ tʰian¹¹ ʂaŋ⁰ ti⁰ le³⁵ ko⁰ tʂʅ²² ȵy⁵⁵] 晓得：知道

要到村东边脚下的迓个湖里洗澡。[iau³⁵ tau³⁵ tsʰən¹¹ toŋ¹¹ pian¹¹ tɕio²¹³ ɕia⁰ ti⁰ le³⁵ ko⁰ fu³¹ li⁰ ɕi³⁴ tsau⁵⁵]

它就托梦给牛郎，[tʰa¹¹ tɕiəu³³ tʰo²¹³ moŋ³⁵ kei⁵⁵ niəu³¹ laŋ³¹]

他第二天早上到湖边去，[tʰa¹¹ ti³³ ər³³ tʰian¹¹ tsau⁵⁵ ʂaŋ⁰ tau³⁵ fu³¹ pian¹¹ tɕʰi³⁵]

趁仙女们洗澡的时候，[tʂʰən³⁵ ɕian¹¹ ȵy⁵⁵ mən⁰ ɕi³⁴ tsau⁵⁵ ti⁰ sɿ³¹ fu³³]

拿走仙女们挂在树上的衣裳。[la³¹ tsəu⁵⁵ ɕian¹¹ ȵy⁵⁵ mən⁰ kua³⁵ tsai³³ ʂʅ³³ ʂaŋ⁰ ti⁰ i¹¹ saŋ⁰]

然后，头也不回的回到家里，[zuan³¹ xəu³³，tʰəu³¹ ie³¹ pu²² xuei³¹ ti⁰ xuei³¹ tau³⁵ tɕia¹¹li⁰]

就会得到一位漂亮的仙女做媳妇。[tɕiəu³⁵xuei³³te²²tau³⁵i²²uei³³pʰiau³⁵liaŋ³³ti⁰ɕian¹¹m̩⁵⁵tsəu³⁵ɕi²¹³fu⁰]

迣天早上，[le³⁵tʰian¹¹tsau⁵⁵ʂaŋ⁰] 迣天：这天

牛郎就稀里糊涂地就来到山脚下。[niəu³¹laŋ³¹tɕiəu³³ɕi¹¹li⁰xu³¹tʰəu³¹ti⁰tɕiəu³³lai³¹tau³⁵san¹¹tɕio²¹³ɕia⁰]

果然看到七个美女在湖中洗澡。[ko³⁴zuan³¹kʰan³⁵tau³⁵tɕʰi²¹³ko⁰mei³⁴m̩⁵⁵tsai³³fu³¹tʂoŋ¹¹ɕi³⁴tsau⁵⁵]

他立刻拿起一件粉红色的衣裳，[tʰa¹¹li²²kʰe²¹³la³¹tɕʰi⁵⁵i²²tɕian³³fən³⁴xoŋ³¹se²¹³ti⁰i¹¹ʂaŋ⁰]

飞快地跑到屋里去了。[fei¹¹kʰuai³⁵ti⁰pʰau³⁴tau³⁵u²¹³li⁰tɕʰi³⁵liau⁰]

这个被抢走衣服的仙女，[tʂe³⁵ko⁰pei³³tɕʰiaŋ³⁴tsəu⁵⁵i¹¹fu³¹ti⁰ɕian¹¹m̩⁵⁵]

其实就是织女。[tɕʰi³¹ʂʅ³³tɕiəu³³ʂʅ³³tʂʅ²²m̩⁵⁵]

在当天晚上，[tsai³³taŋ¹¹tʰian¹¹uan⁵⁵ʂaŋ⁰]

织女就轻轻地敲开了牛郎家的门。[tʂʅ²²m̩⁵⁵tɕiəu³³tɕʰin¹¹tɕʰin¹¹ti⁰tɕʰiau¹¹kʰai¹¹le⁰niəu³¹laŋ³¹tɕia¹¹ti⁰mən³¹]

然后，他们就结婚了！[zuan³¹xəu³³，tʰa¹¹mən⁰tɕiəu³³tɕie²²fən¹¹liau⁰]

然后，就生了一对可爱的孩子。[zuan³¹xəu³³，tɕiəu³³sən¹¹liau⁰i²²tei³⁵kʰo³⁴ŋai³⁵ti⁰xai³¹tsʅ⁰]

一个男伢儿、一个女伢儿。[i²¹³ko⁰nan³¹ŋar³¹、i²¹³ko⁰m̩³⁴ŋar³¹] 男伢儿：男孩。女伢儿：女孩

后来，[xəu³³lai³¹]

织女私自下凡的迣个事被玉皇大帝晓得了。[tʂʅ²²m̩⁵⁵sʅ¹¹tsʅ³³ɕia³³fan³¹ti⁰le³⁵ko⁰sʅ³³pei³³zu²²faŋ³¹ta³³ti³³ɕiau³⁴te²¹³liau⁰]

有一天，天上打雷扯霍的，[iəu⁵⁵i⁰tʰian¹¹，tʰian¹¹ʂaŋ⁰ta³⁴li³¹tʂʰe³⁴xo³⁵ti⁰] 扯霍：闪电

并且刮好大的风，[pin³⁵tɕʰie⁵⁵kua²¹³xau³⁴ta³³ti⁰foŋ¹¹]

下起了很大的雨，[ɕia³³tɕʰi⁵⁵liau⁰xən³⁴ta³³ti⁰zu⁵⁵]

织女突然不见了，[tʂʅ²²m̩⁵⁵tʰəu²²zuan³¹pu²²tɕian³⁵liau⁰]

两个孩子就哭倒要妈，[liaŋ⁵⁵ko⁰xai³¹tsʅ⁰tɕiəu³³kʰu²¹³tau⁰iau³⁵ma¹¹] 倒：着

牛郎急得不晓得么样是好。[niəu³¹laŋ³¹tɕi²¹³te⁰pu²²ɕiau⁵⁵te⁰mo³⁴iaŋ³³ʂʅ³³xau⁵⁵] 么样：怎么样

这时候，[tʂe³⁵ʂʅ³¹fu³³]

这个老牛就开口说话了：[tʂe³⁵ko⁰lau³⁴niəu³¹tɕiəu³³kʰai¹¹kʰəu⁵⁵ʂue²²xua³³liau⁰

"别难过，我把我的牛角拿下来，[pie²² nan³¹ ko³⁵，ŋo³⁴ pa⁵⁵ ŋo⁵⁵ ti⁰ ioŋ³¹ ko²¹³ la³¹ ɕia³³ lai³¹]

它会变成两个箩筐。[tʰa¹¹ xuei³³ pian³⁵ tʂʰən³¹ liaŋ⁵⁵ ko⁰ lo³¹ kʰuaŋ¹¹]

你把两个细伢儿装到屎底，[ni³⁴ pa⁵⁵ liaŋ⁵⁵ ko⁰ ɕi³⁵ ŋar³¹ tsaŋ¹¹ tau³⁵ təu²² ti⁵⁵] 细伢儿：小孩子。屎底：里面

然后到天上去找你的媳妇。"[zʅ̩an³¹ xəu³³ tau³⁵ tʰian¹¹ ʂaŋ⁰ tɕʰi³⁵ tʂau⁵⁵ ni⁵⁵ ti⁰ ɕi²¹³ fu⁰]

牛郎非常奇怪，[niəu³¹ laŋ³¹ fei¹¹ tʂʰaŋ³¹ tɕʰi³¹ kuai³⁵]

牛角就从掉到地上去了，[ioŋ³¹ ko²¹³ tɕiəu³³ tsʰoŋ³¹ tiau³⁵ tau³⁵ ti³³ ʂaŋ⁰ tɕʰi³⁵ liau⁰]

并且变成了两个箩筐。[pin³⁵ tɕʰie⁵⁵ pian³⁵ tʂʰən³¹ le⁰ liaŋ⁵⁵ ko⁰ lo³¹ kʰuaŋ¹¹]

牛郎把两个细伢儿放到箩筐里面，[niəu³¹ laŋ³¹ pa⁵⁵ liaŋ⁵⁵ ko⁰ ɕi³⁵ ŋar³¹ faŋ³⁵ tau⁰ lo³¹ kʰuaŋ¹¹ li⁵⁵ mian⁰]

用扁担挑起来。[zoŋ³³ pian⁵⁵ tan⁰ tʰiau¹¹ tɕʰi⁵⁵ lai⁰]

只觉得一阵清风吹过，[tʂʅ²¹³ tɕio³³ te⁰ i²² tʂən³³ tɕʰin¹¹ foŋ¹¹ tʂʰuei¹¹ ko³⁵]

箩筐就像长了翅膀一样，[lo³¹ kʰuaŋ¹¹ tɕiəu³³ ɕiaŋ³³ tʂaŋ⁵⁵ le⁰ tʂʅ³⁵ paŋ⁵⁵ i²² iaŋ³³]

突然飞了起来，[tʰəu²² zʅ̩an³¹ fei¹¹ le⁰ tɕʰi⁵⁵ lai⁰]

腾云驾雾地向天上飞去。[tʰən³¹ zʅ̩ən³¹ tɕia³⁵ u³³ ti⁰ ɕiaŋ³⁵ tʰian¹¹ ʂaŋ³³ fei¹¹ tɕʰi³⁵]

飞，飞呀飞呀好长时候，[fei¹¹，fei¹¹ ia⁰ fei¹¹ ia⁰ xau⁵⁵ tʂʰaŋ³¹ sʅ³¹ fu⁰]

眼看就要追上织女了。[ian⁵⁵ kʰan³⁵ tɕiəu³³ iau³⁵ tʂuei¹¹ ʂaŋ⁰ tʂʅ²² m̩⁵⁵ le⁰]

这个时候，王母娘娘看到了，[tʂe³⁵ ko⁰ ʂʅ³¹ fu⁰，uaŋ³¹ moŋ⁵⁵ niaŋ³¹ niaŋ⁰ kʰan³⁵ tau³⁵ le⁰]

就从头上取下一根发簪，[tɕiəu³³ tsʰoŋ³¹ tʰəu³¹ ʂaŋ⁰ tɕʰi⁵⁵ ɕia⁰ i²² kən¹¹ fa²² tsan¹¹]

在牛郎和织女中间一划，[tsai³³ niəu³¹ laŋ³¹ xo³¹ tʂʅ²² m̩⁵⁵ tʂoŋ¹¹ tɕian¹¹ i²² fa³³]

立刻，[li²² kʰe²¹³]

就出现了一条波涛滚滚的天河。[tɕiəu³³ tʂʰu²² ɕian³³ le⁰ i²² tʰiau³¹ po¹¹ tʰau¹¹ kuən³⁴ kuən⁵⁵ ti⁰ tʰian¹¹ xo³¹]

宽，迥个河非常宽，[kʰuan¹¹，le³⁵ ko⁰ xo³¹ fei¹¹ tʂʰaŋ³¹ kʰuan¹¹]

把牛郎和织女隔开了。[pa⁵⁵ niəu³¹ laŋ³¹ xo³¹ tʂʅ²² m̩⁵⁵ ke²² kʰai¹¹ le⁰]

后来，[xəu³³ lai⁰]

喜鹊非常同情牛郎和织女，[ɕi³⁴ tɕʰio²¹³ fei¹¹ tʂʰaŋ³¹ tʰoŋ³¹ tɕʰin³¹ niəu³¹ laŋ³¹ xo³¹ tʂʅ²² m̩⁵⁵]

所以每年的七月初七，[so³⁴ i⁵⁵ mei³⁴ nian³¹ ti⁰ tɕʰi²² zʅ̩e²¹³ tsʰəu¹¹ tɕʰi²¹³]

成千上万只喜鹊都飞到天河上去了。[tʂʰən³¹ tɕʰian¹¹ ʂaŋ³³ uan³³ tʂʅ³³ ɕi³⁴ tɕʰio²¹³ təu¹¹ fei¹¹ tau³⁵ tʰian¹¹ xo³¹ ṣaŋ³³ tɕʰi³⁵ le⁰]

一只喜鹊就含着另外一只喜鹊的尾巴，[i²² tʂʅ³³ ɕi³⁴ tɕio²¹³ tɕiəu³³ xan³¹ tʂo⁰ lin³³ uai³³ i²² tʂʅ²¹³ ɕi⁵⁵ tɕʰio²¹³ ti⁰ uei⁵⁵ pa⁰]

这样就搭成了一个长长的鹊桥，[tʂe³⁵ iaŋ³³ tɕiəu³³ ta²² tʂʰən³¹ le⁰ i²¹³ ko⁰ tʂʰaŋ³¹ tʂʰaŋ³¹ ti⁰ tɕʰio²² tɕʰiau³¹]

让牛郎织女在迓个鹊桥上相会。[zɳaŋ³³ niəu³¹ laŋ³¹ tʂʅ²² ɳɥ⁵⁵ tsai³³ le³⁵ ko⁰ tɕʰio²² tɕʰiau³¹ ṣaŋ³³ ɕiaŋ¹¹ xuei³³]

这就是传说中的牛郎织女的故事。[tʂe³⁵ tɕiəu³³ ʂʅ³³ tʂʰɥan³¹ ʂɥe²¹³ tʂoŋ¹¹ niəu³¹ laŋ³¹ tʂʅ²² ɳɥ⁵⁵ ti⁰ ku³⁵ sʅ³³]

意译：今天我来讲一个故事，故事的名字叫做《牛郎织女》。从前有一个年轻人，他爸和妈都死了，孤苦伶仃的一个人。家里有一头牛，大家都叫他牛郎。这个牛郎靠种地为生，与这头牛相依为命。老牛其实是天上的金牛星，它很喜欢牛郎的勤劳、善良，想帮它成个家，讨个媳妇。

有一天，金牛星知道天上的织女要到村东边的湖里洗澡。他就托梦给牛郎，让他第二天早上到湖边去，趁仙女们洗澡的时候，拿走仙女们挂在树上的衣服。然后，头也不回地回家去，这样就会得到一位漂亮的仙女做媳妇。这天早上，牛郎就稀里糊涂地来到山脚下，果然看到了七个美女在湖中洗澡，他立刻拿起一件粉红色的衣裳，飞快地跑到屋里去了，这个被抢走衣服的仙女其实就是织女。当天晚上，织女就轻轻地敲开牛郎家的门。然后，他们就结婚了！生了一对可爱的孩子：一个男孩子，一个女孩子。

后来，织女私自下凡的这个事情被玉皇大帝知道了。有一天，天上打着雷闪着电，并且刮起了很大的风，下起了很大的雨。织女突然不见了，两个孩子就哭着要妈妈，牛郎急得不知道如何是好。这时候，这个老牛就开口说话了："别难过，我把我的牛角拿下来，它就会变成两个箩筐。你把两个小孩子装到里面去，然后到天上去找你的媳妇吧。"牛郎非常奇怪，牛角就掉到了地上，并且变成了两个箩筐。牛郎把两个小孩子放在箩筐里面，用扁担挑起来。只觉得一阵清风吹过，箩筐就像长了翅膀一样，突然飞了起来，腾云驾雾地飞到天上去了。飞呀飞呀，飞了很长时间，眼看就要追上织女了。这个时候，王母娘娘看到了，就从头上取下一根发簪，在牛郎和织女中间一划，立刻就出现了一条波涛滚滚的天河。这条河非常宽，把牛郎和织女都隔开了。

后来，喜鹊非常同情牛郎和织女，所以每年七月初七，成千上万只喜鹊都飞到天河上去。一只喜鹊含着另外一只喜鹊的尾巴，这样就搭成了一条长长的鹊桥，让牛郎织女在这个鹊桥上相会。这就是传说中的牛郎织女的故事！

三　其他故事

0022 其他故事

今天我来跟大家讲一个红安的故事。［tɕin¹¹ tʰian¹¹ ŋo⁵⁵ lai³¹ kən¹¹ ta³³ tɕia¹¹ tɕiaŋ⁵⁵ i²¹³ ko⁰ xoŋ³¹ ŋan¹¹ ti⁰ ku³⁵ sʅ³³ ］

冽个故事的名字叫做杏花村。［le³⁵ ko⁰ ku³⁵ sʅ³³ ti⁰ min³¹ tsʅ³³ tɕiau³⁵ tsəu³⁵ ɕin³⁵ fa¹¹ tsʰən¹¹ ］ 冽：这

很久很久以前，［xən³⁴ tɕiəu⁵⁵ xən³⁴ tɕiəu⁵⁵ i³⁴ tɕʰian³¹ ］

在我们县里东边两里外，［tsai³³ ŋo⁵⁵ mən⁰ ɕian³³ li⁰ toŋ¹¹ pian¹¹ liaŋ³⁴ li⁰ uai³³ ］

两里外的场子。［liaŋ⁵⁵ li⁰ uai³³ ti⁰ tʂʰaŋ⁵⁵ tsʅ⁰ ］ 场子：地方

有个村，叫做杏花村。［iəu⁵⁵ ko⁰ tsʰən¹¹，tɕiau³⁵ tsəu³⁵ ɕin³³ fa¹¹ tsʰən¹¹ ］

它是我们冽一块子，［tʰa¹¹ sʅ³³ ŋo⁵⁵ mən⁰ le³⁵ i⁰ kʰuai³⁵ tsʅ⁰ ］

远近闻名的客店，［ʮan³⁴ tɕin³³ uən³¹ min³¹ ti⁰ kʰe²² tian³⁵ ］

客店的主人是一个老的和一个小的父子两个。［kʰe²² tian³⁵ ti⁰ tʂu³⁴ ʐuən³¹ sʅ³³ i²² ko⁰ lau⁵⁵ ti⁰ xo³¹ i²¹³ ko³⁵ ɕiau⁵⁵ ti⁰ fu³³ tsʅ⁰ liaŋ⁵⁵ ko⁰ ］

村里，店旁边，［tsʰən¹¹ li⁰，tian³⁵ pʰaŋ³¹ pian¹¹ ］

长着七八棵大杏树。［tʂʰaŋ⁵⁵ tʂo⁰ tɕʰi²² pa²² kʰo¹¹ ta³³ ɕin³³ ʂu³³ ］

冽个杏树非常大，［le³⁵ ko⁰ ɕin³³ ʂu³³ fei¹¹ tʂʰaŋ³¹ ta³³ ］

七八个人都抱不过来。［tɕʰi²² pa²¹³ ko⁰ ʐuən³¹ təu¹¹ pau³³ pu⁰ ko³⁵ lai³¹ ］

每年春季的时候，杏花一开，［mi³⁴ nian³¹ tʂʰʮən³⁴ tɕi³⁵ ti⁰ sʅ³¹ fu⁰，ɕin³³ fa¹¹ i⁰ kʰai¹¹ ］

很远就看到红霞霞的一片。［xən³⁴ ʐʮan⁵⁵ tɕiəu³³ kʰan³⁵ tau⁰ xoŋ³¹ ɕia³¹ ɕia⁰ ti⁰ i²² pʰian³⁵ ］

冽给小小的客店增添了很多姿色。［le³⁵ kei⁵⁵ ɕiau³⁴ ɕiau⁵⁵ ti⁰ kʰe²² tian³⁵ tsən¹¹ tʰian¹¹ le⁰ xən³⁴ to¹¹ tsʅ¹¹ se⁰ ］

客店的北面院墙外，［kʰe²² tian³⁵ ti⁰ pe²² mian³³ ʐʮan³³ tɕʰiaŋ³¹ uai³³ ］

有一片草坪，［iəu⁵⁵ i²² pʰian³⁵ tsʰau³⁴ pʰin³¹ ］

拉脚的脚夫们如果是晚上在冽里歇的话，［la¹¹ tɕio²¹³ ti⁰ tɕio²² fu¹¹ mən⁰ ʐu³¹ ko⁵⁵ sʅ³³ uan⁵⁵ ʂaŋ⁰ tsai³⁵ le³⁵ li⁰ ɕie²¹³ ti⁰ xua³³ ］ 冽里：这里

常常把一些驴子系倒草坪上过夜。［tʂʰaŋ³¹ tʂʰaŋ³¹ pa⁵⁵ i²² ɕie¹¹ ʐʮ³¹ tsʅ⁰ tɕi³⁵ tau⁰ tsʰau³⁴ pʰin³¹ ʂaŋ³³ ko³⁵ ie³³ ］ 倒：着。

到了半夜的时候，要有小偷，［tau³⁵ le⁰ pan³⁵ ie³³ ti⁰ sʅ³¹ fu⁰，iau³⁵ iəu⁵⁵ ɕiau³⁴ tʰəu⁵⁵ ］

或者是么什上来想偷驴子，[xo²² tṣe⁵⁵ sʅ³³ mo³⁴ sʅ³³ ṣaŋ³³ lai³¹ ɕiaŋ³⁴ tʰəu¹¹ zʅ³¹ tsʅ⁰] 么什：什么

这些驴子就像救命似的，[tṣe³⁵ ɕie¹¹ zʅ³¹ tsʅ⁰ tɕiəu³³ ɕiaŋ³³ tɕiəu³⁵ min³³ sʅ³³ ti⁰]

又踢又咬又叫，[iəu³³ tʰi²¹³ iəu³³ ŋe⁵⁵ iəu³³ tɕiau³⁵]

然后叫声传得非常远。[zuan³¹ xəu³³ tɕiau³⁵ ʂən¹¹ tṣʰuan³¹ te⁰ fei¹¹ tṣʰaŋ³¹ zuan⁵⁵]

迯些小偷看到了，做贼心虚，[le³⁵ ɕie¹¹ ɕiau³⁴ tʰəu¹¹ kʰan³⁵ tau⁰ liau⁰, tsəu³⁵ tsʰe³³ ɕin¹¹ ʂʅ¹¹]

就叫那个场子取名叫做"驴坪"，[tɕiəu³³ tɕiau³⁵ la³⁵ ko⁰ tṣʰaŋ⁵⁵ tsʅ⁰ tɕʰi³⁴ min³¹ tɕiau³⁵ tsəu³⁵ zʅ³¹ pʰin³¹]

这"驴坪"也从来没有被人偷走一头驴子。[tṣe³⁵ ko⁰ zʅ³¹ pʰin³¹ ie⁵⁵ tsʰoŋ³¹ lai³¹ mei³¹ iəu⁵⁵ pei³³ zuən³¹ tʰəu¹¹ tsəu⁵⁵ iʔ⁰ tʰəu³¹ zʅ³¹ tsʅ⁰]

迯个客店左边有杏花树，[le³⁵ ko⁰ kʰe²² tian³⁵ tso³⁴ pian¹¹ iəu⁵⁵ ɕin³³ fa³³ ʂʅ³³]

右边叫做驴坪，[iəu³³ pian¹¹ tɕiau³⁵ tsəu³⁵ zʅ³¹ pʰin³¹]

迯个客店来来往往的，[le³⁵ ko⁰ kʰe²² tian³⁵ lai³¹ lai⁰ uaŋ⁵⁵ uaŋ⁰ ti⁰]

人非常多，很热闹。[zuən³¹ fei¹¹ tṣʰaŋ³¹ to¹¹, xən³⁴ zue²² nau³³]

按道理说，小店有迯好的生意，[ŋan³⁵ tau³³ li⁵⁵ ʂue²¹³, ɕiau³⁴ tian³⁵ iəu⁵⁵ le³⁵ xau⁵⁵ ti⁰ sən¹¹ i³⁵]

应该早发财了。[in¹¹ kai¹¹ tsau⁵⁵ fa²² tsʰai³¹ le⁰]

但是店主秦老汉非常耿直，[tan³³ sʅ³³ tian³⁵ tṣu⁵⁵ tɕʰin³¹ lau³⁴ xan³⁵ fei¹¹ tṣʰaŋ³¹ kən³⁴ tṣʅ²¹³]

心地也非常善良。[ɕin¹¹ ti³³ ie⁵⁵ fei¹¹ tṣʰaŋ³¹ ʂan³³ liaŋ³¹]

他总是对他的儿说：[tʰa¹¹ tsoŋ³⁴ sʅ³³ ti³⁵ tʰa¹¹ ti⁰ ər³¹ ʂue²¹³]

"金钱如粪土，脸面值千金。"[tɕin¹¹ tɕʰian³¹ zʅ³¹ fən³⁵ tʰəu⁵⁵, lian³⁴ mian³³ tṣʅ²¹³ tɕʰian¹¹ tɕin¹¹]

所以迯周围的人啊，[so³⁴ i⁵⁵ le³⁵ tsəu¹¹ uei³¹ ti⁰ zuən³¹ a⁰]

都说这个穷人家没有一家冇受过他的帮助的。[təu⁵⁵ ʂue²¹³ tṣe³⁵ ko⁰ tɕʰioŋ³¹ zuən³¹ tɕia¹¹ mei³¹ iəu⁵⁵ i²² tɕia¹¹ mau³³ ʂəu³³ ko⁰ tʰa¹¹ ti⁰ paŋ¹¹ tsəu³³ ti⁰] 冇：没

他的儿子非常，暗地里叫苦哇，[tʰa¹¹ ti⁰ ər³¹ tsʅ⁰ fei¹¹ tṣʰaŋ³¹, ŋan³⁵ ti³³ li⁰ tɕiau³⁵ kʰu⁵⁵ ua⁰]

又不敢明倒说。[iəu³³ pu²² kan⁵⁵ min³¹ tau⁰ ʂue²¹³]

因此嘞，小店生意虽然非常兴隆，[in¹¹ tsʰʅ⁵⁵ le⁰, ɕiau³⁴ tian³⁵ sən¹¹ i⁰ sei¹¹ zuan³¹ fei¹¹ tṣʰaŋ³¹ ɕin¹¹ loŋ³¹]

但是小两口儿，迯个店主的，[tan³³ sʅ³³ ɕiau³⁴ liaŋ³³ kʰər⁵⁵, le³⁵ ko⁰ tian³⁵ tṣu⁵⁵ ti⁰]

冇得么什存款，［mau³³te⁰mo³⁴ʂʅ³³tsʰən³¹kʰuan⁵⁵］冇得么什：没什么

马马虎虎能够糊个口儿。［ma⁵⁵ma⁰xu⁵⁵xu⁰lən³¹kəu³³xu³¹ko⁰kʰər⁵⁵］

有一年雨水非常好，［iəu⁵⁵i⁰nian³¹ʐʯ³⁴ʂʯei⁵⁵fei¹¹tʂʰaŋ³¹xau⁵⁵］

杏花比以往，往年开得要好一些。［ɕin³³fa¹¹pi⁵⁵i³⁴uaŋ⁵⁵，uaŋ³⁴nian³¹kʰai¹¹te⁰iau³⁵xau⁵⁵i²²ɕie¹¹］

秦老汉跟儿子商量，［tɕʰin³¹lau³⁴xan³⁵kən¹¹ər³¹tsʅ⁰ʂaŋ¹¹liaŋ³³］

准备今年好好地干一年，［tʂʯən³⁴pei³³tɕin¹¹nian³¹xau³⁴xau⁵⁵ti⁰kan³⁵i⁰nian³¹］

多存点钱，为他的儿子取个媳妇。［to¹¹tsʰən³¹tian⁵⁵tɕʰian³¹，uei³⁵tʰa¹¹ti⁰ər³¹tsʅ⁰tɕʰi⁵⁵ko⁰ɕi²¹³fu⁰］

有一天下昼，［iəu⁵⁵i⁰tʰian¹¹xa³³tʂəu³³］下昼：下午

店里来了一个六七十岁，［tian³⁵li⁰lai³¹le⁰i²¹³ko⁰ləu²²tɕʰi²¹³ʂʅ³³ɕi³⁵］

白花花的老头儿，［pe²²xua¹¹xua⁰ti⁰lau³⁴tʰər⁰］

胡子白花花的老头。［xu³¹tsʅ⁰pe²²xua¹¹xua⁰ti⁰lau⁵⁵tʰəu⁰］

只见他额头有点儿烂，［tʂʅ²²tɕian³⁵tʰa¹¹ŋe²²tʰəu³¹iəu³⁴tiər⁵⁵lan³³］

然后的话，眼睛很红，［ʐʯan³¹xəu³³ti⁰xua³³，ian³⁴tɕin¹¹xən³⁴xoŋ³¹］

留倒鼻涕，露倒肩膀，［liəu³¹tau⁰pʰi³³tʰi⁰，ləu³³tau⁰tɕian¹¹paŋ⁵⁵］

露倒胯子，看倒非常伤心啊！［ləu³³tau⁰kʰua⁵⁵tsʅ⁰，kʰan³⁵tau⁰fei¹¹tʂʰaŋ³¹ʂaŋ¹¹ɕin⁵⁵a⁰］

秦老汉看到老头非常伤心。［tɕʰin³¹lau³⁴xan³⁵kʰan³⁵tau⁰lau³⁴tʰəu³¹fei¹¹tʂʰaŋ³¹ʂaŋ¹¹ɕin¹¹］

但他的儿子不是很高兴，［tan³³tʰa¹¹ti⁰ɚ⁰tsʅ⁰pu²²ʂʅ³³xən³⁴kau¹¹ɕin³⁵］

迿个老头想要到迿里来住，［le³⁵ko⁰lau³⁴tʰəu⁰ɕiaŋ³⁴iau³⁵tau⁰le³⁵li⁰lai³¹tʂʯ³³］

秦老汉就偷偷地把迿个老头儿留下来了，［tɕʰin³¹lau³⁴xan³⁵tɕiəu³³tʰəu¹¹tʰəu¹¹ti⁰pa⁵⁵le³⁵ko⁰lau³⁴tʰər³¹liəu³¹ɕia³³lai⁰le⁰］

但是他的儿子心里很不爽，［tan³³ʂʅ³³tʰa¹¹ti⁰ər³¹tsʅ⁰ɕin¹¹li⁵⁵xən³⁴pu²²ʂʯaŋ⁵⁵］

很不爽快，［xən³⁴pu²²ʂʯaŋ³⁴kʰuai³⁵］

就以为迿个老汉呢，付不起钱，［tɕiəu³³i³⁴uei³¹le³⁵ko⁰lau³⁴xan³⁵le⁰，fu³⁵pu⁰tɕʰi⁵⁵tɕʰian³¹］

硬是不想他住。［ŋən³³ʂʅ³³pu²²ɕiaŋ⁵⁵tʰa¹¹tʂʯ³³］

他的秦老汉呢，［tʰa¹¹ti⁰tɕʰin³¹lau³⁴xan³⁵le⁰］

也不管他儿子的情绪，［ie⁵⁵pu²²kuan⁵⁵tʰa¹¹ər³¹tsʅ⁰ti⁰tɕʰin³¹ɕi³³］

所以还是把迿个穷老汉呢，［so³⁴i⁵⁵xai³¹ʂʅ³³pa⁵⁵le³⁵ko⁰tɕʰioŋ³¹lau³⁴xan³⁵le⁰］

留下来了，［liəu³¹ɕia³³lai³¹le⁰］

并且给他下了一碗面条，[pin³⁵ tɕʰie⁵⁵ kei⁵⁵ tʰa¹¹ xa³³ le⁰ i²² uan⁵⁵ mian³³ tʰiau³¹]

然后把他扶到房里去，进去休息。[zʅuan³¹ xəu³³ pa⁵⁵ tʰa¹¹ fu³¹ tau⁰ faŋ³¹ li⁰ tɕʰi³⁵, tɕin³⁵ tɕʰi³⁵ ɕiəu¹¹ ɕi²¹³]

到了半夜的时候，[tau³⁵ le⁰ pan³⁵ ie³³ ti⁰ ʂʅ³³ fu⁰]

客房中传出来哀叫的声音。[kʰe²² faŋ³¹ tʂoŋ¹¹ tʂʰuan³¹ tʂʰʅ²² lai³¹ ŋai¹¹ tɕiau³⁵ ti⁰ ʂən¹¹ in¹¹]

一声比一声惨，[i²² ʂən¹¹ pi⁵⁵ i²² ʂən¹¹ tsʰan⁵⁵]

终于把迥个秦老汉父子两个吵醒了，[tʂoŋ¹¹ zʅ³¹ pa⁵⁵ le³⁵ ko⁰ tɕʰin³¹ lau³⁴ xan³⁵ fu³³ tsʅ⁰ liaŋ³³ ko⁰ tsʰau³⁴ ɕin⁵⁵ liau⁰]

秦老汉披倒衣服下了床，[tɕʰin³¹ lau³⁴ xan³⁵ pʰi¹¹ tau⁰ i¹¹ fu⁰ ɕia³³ le⁰ tʂʰan³¹]

儿子把他扯倒，叫他不要管他，[ər³¹ tsʅ⁰ pa³³ tʰa¹¹ tʂʰe⁵⁵ tau⁰, tɕiau³⁵ tʰa¹¹ pu³⁵ iau³⁵ kuan³⁴ tʰa¹¹]

并且说："看他迥个样子的话，[pin³⁵ tɕʰie⁵⁵ ʂue²¹³ : kʰan³⁵ tʰa¹¹ le³⁵ ko⁰ iaŋ³³ tsʅ⁰ ti⁰ xua³³]

身体不好，肯定是长年吃药。" [ʂən¹¹ tʰi⁵⁵ pu²² xau⁵⁵, kʰən³⁴ tin³³ ʂʅ³³ tʂʰaŋ³¹ nian³¹ tɕʰi²² io²¹³]

正在这个时候，房间里的呻吟声，[tʂən³⁵ tsai³³ tʂe³⁵ ko⁰ ʂʅ³¹ fu⁰, faŋ³¹ tɕian¹¹ li⁰ ti⁰ ʂən¹¹ in³¹ ʂən¹¹]

惨叫声更大，[tsʰan³⁴ tɕiau³⁵ ʂən¹¹ kən³⁵ ta³³]

秦老汉实在看不过去，[tɕʰin³¹ lau³⁴ xan³⁵ ʂʅ³³ tsai³³ kʰan³⁵ pu⁰ ko³⁵ tɕʰi³⁵]

就披倒衣服到老汉的，[tɕiəu³³ pʰi¹¹ tau⁰ i¹¹ fu⁰ tau³⁵ lau³⁴ xan³⁵ ti⁰]

客人的房间去看了一下子。[kʰe²² zʅən³¹ ti⁰ faŋ³¹ tɕian¹¹ kʰan³⁵ le⁰ i²² xa³³ tsʅ⁰]

看到迥老头啊，脸色很难看，[kʰan³⁵ tau⁰ le³⁵ lau⁵⁵ tʰəu⁰ a⁰, lian³⁴ se²¹³ xən⁵⁵ lan³¹ kʰan³⁵]

并且在床上直打滚，[pin³⁵ tɕʰie⁵⁵ tsai³³ tʂʰaŋ³¹ ʂaŋ³³ tsʅ²¹³ ta³⁴ kuən⁵⁵]

痛得直打滚。[tʰoŋ³⁵ te⁰ tsʅ²¹³ ta³⁴ kuən⁵⁵]

秦老汉就端来一碗糖水，[tɕʰin³¹ lau³⁴ xan³⁵ tɕiəu³³ tan¹¹ lai³¹ i²² uan⁵⁵ tʰaŋ³¹ ʂuei⁵⁵]

红糖水，[xoŋ³¹ tʰaŋ³¹ ʂuei⁵⁵]

扶起这个老汉坐起来，[fu³¹ tɕʰi⁵⁵ tʂe³⁵ ko⁰ lau³⁴ xan³⁵ tso³³ tɕʰi⁵⁵ lai⁰]

慢慢地喂倒他喝。[man³³ man³³ ti⁰ uei³⁵ tau⁰ tʰa¹¹ xo²¹³]

秦老汉喝了那碗糖水之后，[tɕʰin³¹ lau³⁴ xan³⁵ xo²¹³ le⁰ la³⁵ uan⁵⁵ tʰaŋ³¹ ʂuei⁵⁵ tsʅ¹¹ xəu³³]

才缓过气来，[tsʰai³¹ xuan⁵⁵ ko⁰ tɕʰi³⁵ lai⁰]

经过一番的询问才晓得迩个老汉啊！[tɕin¹¹ ko⁰ i²² fan¹¹ ti⁰ ɕin³¹ uən³³ tsʰai³¹ ɕiau⁵⁵ te⁰ le³⁵ ko⁰ lau³⁴ xan³⁵ a⁰] 晓得：知道

原来是姓杜的，[zʮan³¹ lai³¹ ʂʅ³³ ɕin³⁵ təu³³ ti⁰]

是从河南开封过来的，[ʂʅ³³ tsʰoŋ³¹ xo³¹ nan³¹ kʰai¹¹ foŋ¹¹ ko³⁵ lai³¹ ti⁰]

其实这个老汉呢，[tɕʰi³¹ ʂʅ³³ tse³⁵ ko⁰ lau³⁴ xan³⁵ le⁰]

有三个儿，但是呢都不孝顺，[iəu⁵⁵ san¹¹ ko⁰ ər³¹, tan³³ ʂʅ³³ le⁰ təu¹¹ pu²² ɕiau³³ ʂuən³³]

看到老汉病了，[kʰan³⁵ tau³³ lau³⁴ xan³⁵ pin³³ liau⁰]

看倒样子要花好多钱，[kʰan³⁵ tau⁰ iaŋ³³ tsʅ⁰ iau³⁵ fa¹¹ xau³⁴ to¹¹ tɕʰian³¹]

所以他的儿子不愿意花钱给他诊病。[so³⁴ i⁵⁵ tʰa¹¹ ti⁰ ər³¹ tsʅ⁰ pu²² zʮan³³ i³⁵ fa¹¹ tɕʰian³¹ kei⁵⁵ tʰa¹¹ tʂən³⁴ pin³³] 诊病：治病

所以把迩个老汉赶出去了。[so³⁴ i⁵⁵ pa⁵⁵ le³⁵ ko⁰ lau³⁴ xan³⁵ kan⁵⁵ tʂʰu²² tɕʰi³⁵ le⁰]

迩个老汉就非常地伤心，[le³⁵ ko⁰ lau³⁴ xan³⁵ tɕiəu³³ fei¹¹ tʂʰaŋ³¹ ti⁰ ʂaŋ¹¹ ɕin¹¹]

想投靠他的一位亲戚啊，[ɕiaŋ⁵⁵ tʰəu³¹ kʰau³⁵ tʰa¹¹ ti⁰ i²² uei³³ tɕʰin¹¹ tɕʰi²¹³ a⁰]

但是到了半夜里病就复发嘞，[tan³³ ʂʅ³³ tau³⁵ le⁰ pan³⁵ ie³³ li⁰ pin³³ tɕiəu³³ fu²² fa²¹³ le⁰]

眼看呢就不行了。[ian³⁴ kʰan³⁵ le⁰ tɕiəu³³ pu²² ɕin³¹ liau⁰]

然后，秦老汉就问迩个老头儿，[zʮan³¹ xəu³³, tɕʰin³¹ lau³⁴ xan³⁵ tɕiəu³³ uən³³ le³⁵ ko⁰ lau⁵⁵ tʰər⁰]

看他是不是以前得过迩样的病，[kʰan³⁵ tʰa¹¹ ʂʅ³³ pu⁰ ʂʅ³³ i³⁴ tɕʰian³¹ te²¹³ ko⁰ le³⁵ iaŋ³³ ti⁰ pin³³]

是不是医生以前给他开了药，[ʂʅ³³ pu⁰ ʂʅ³³ i¹¹ sən¹¹ i³⁴ tɕʰian³¹ kei⁵⁵ tʰa¹¹ kʰai⁵⁵ le⁰ io²¹³]

把药方子拿出来。[pa⁵⁵ io²² faŋ¹¹ tsʅ⁰ la³¹ tʂʰu²² lai³¹]

然后，迩个杜老头说：[zʮan³¹ xəu³³, le³⁵ ko⁰ təu³³ lau⁵⁵ tʰəu⁰ ʂuɛ²¹³]

"药方是晓得的，只是抓药啦，[io²² faŋ¹¹ ʂʅ³³ ɕiau⁵⁵ te⁰ ti⁰, tʂʅ²² ʂʅ³³ tʂua¹¹ io²² la¹¹]

太贵了，要花好多钱。[tʰai³⁵ kuei³⁵ liau⁰, iau³⁵ fa¹¹ xau⁵⁵ to¹¹ tɕʰian³¹]

所以他的儿子啊，就把他赶出来了。"[so³⁴ i⁵⁵ tʰa¹¹ ti⁰ ər³¹ tsʅ⁰ a⁰, tɕiəu³³ pa³⁴ tʰa¹¹ kan³⁴ tʂʰu²² lai³¹ le⁰]

所以这个杜老头现在就只有流浪在外。[so³⁴ i⁵⁵ tse³⁵ ko⁰ təu³³ lau⁵⁵ tʰəu⁰ ɕian³³ tsai³³ tɕiəu³³ tsʅ²² iəu⁵⁵ liəu³¹ laŋ³³ tsai³³ uai³³]

秦老汉的儿子赶过来给迩个老头披上衣服，[tɕʰin³¹ lau³⁴ xan³⁵ ti⁰ ər³¹ tsʅ⁰ kan⁵⁵ ko⁰ lai³¹ kei⁵⁵ le³⁵ ko⁰ lau⁵⁵ tʰəu⁰ pʰi⁵⁵ ʂaŋ³¹ i¹¹ fu⁰]

并且说："是的，看尔迩个样子，[pin³⁵ tɕʰie⁵⁵ ʂuɛ²¹³：ʂʅ³³ ti⁰, kʰan³⁵ n̩³¹ le³⁵ ko⁰ iaŋ³³ tsʅ⁰﹞尔：你

病得也不轻，［pin³³ te⁰ ie⁵⁵ pu²² tɕʰin¹¹﹞

恐怕迦个病一时半刻儿也治不好。"［kʰoŋ³⁴ pʰa³⁵ le³⁵ ko⁰ pin³³ i²² sʅ³¹ pan³⁵ kʰer²¹³ ie⁵⁵ tsʅ³⁵ puº xau⁵⁵﹞

嗯，并且说：［n̩⁵⁵，pin³⁵ tɕʰie⁵⁵ ʂɥe²¹﹞

"要是只能吃药救的话，［iau³⁵ sʅ³³ tsʅ²² lən³¹ tɕʰi²² io²¹³ tɕiəu³⁵ ti⁰ xua³³﹞

就不能见死不救。"［tɕiəu³³ pu²² lən³¹ tɕian³⁵ sʅ⁵⁵ pu⁰ tɕiəu³⁵﹞

秦老汉就说，［tɕʰin³¹ lau³⁴ xan³⁵ tɕiəu³³ ʂɥe²¹³﹞

经过秦老汉的再三询问，［tɕin¹¹ ko⁰ tɕʰin³¹ lau³⁴ xan³⁵ ti⁰ tsai³⁵ san¹¹ ɕin³¹ uən³³﹞

杜老儿才说出了迦个药方。［təu³³ lau⁵⁵ tʰər⁰ tsʰai³¹ ʂɥe²² tʂʰʯ²¹³ le⁰ le³⁵ ko⁰ io²² faŋ¹¹﹞

药方里面都是一些红参啊等一些名贵的药材。［io²² faŋ¹¹ li⁵⁵ mian⁰ təu¹¹ sʅ³³ i² ɕie¹¹ xoŋ³¹ sən¹¹ a⁰ tən⁵⁵ i²² ɕie¹¹ min³¹ kuei³⁵ ti⁰ io²² tsʰai³¹﹞

秦老汉就拿倒药方，［tɕʰin³¹ lau³⁴ xan³⁵ tɕiəu³³ la³¹ tau⁰ io²² faŋ¹¹﹞

二话有说，［ər³³ xua³³ mau³³ ʂɥe²¹³﹞

就为迦个杜老头去抓了药，［tɕiəu³³ uei³¹ le³⁵ ko⁰ təu³³ lau⁵⁵ tʰəu⁰ tɕʰi³⁵ tʂua¹¹ le⁰ io²¹³﹞

仅仅是抓了三剂药就花去了他的全部的存款。［tɕin⁵⁵ tɕin⁰ sʅ³³ tʂua¹¹ le⁰ san¹¹ tɕi³⁵ io²¹³ tɕiəu³³ xua¹¹ le⁰ tʰa¹¹ ti⁰ tɕʰian³¹ pu³³ ti⁰ tsʰən³¹ kʰuan⁵⁵﹞

迦个药嘞，非常见效，［le³⁵ ko⁰ io³⁵ le⁰，fei¹¹ tʂʰaŋ³¹ tɕian³⁵ ɕiau³³﹞

杜老头喝了迦个药，［təu³³ lau⁵⁵ tʰəu⁰ xo²¹³ le⁰ le³⁵ ko⁰ io²¹³﹞

病就像被抓掉一样，［pin³³ tɕiəu³³ tɕiaŋ³³ pi³³ tʂua¹¹ tiau³⁵ i⁰ iaŋ³³﹞

身上的伤啊，［ʂən¹¹ ʂaŋ³³ ti⁰ ʂaŋ¹¹ a⁰﹞

然后精神状态都好了很多，［zuan³¹ xəu³³ tɕin¹¹ ʂən³¹ tʂuaŋ³³ tʰai³⁵ təu¹¹ xau⁵⁵ le⁰ xən³⁴ to¹¹﹞

杜老头就把迦个秦老汉叫到旁边儿，［təu³³ lau⁵⁵ tʰəu⁰ tɕiəu³³ pa⁵⁵ le³⁵ ko⁰ tɕʰin³¹ lau³⁴ xan³⁵ tɕiau³⁵ tau³⁵ pʰaŋ³¹ piər¹¹﹞

跟他说：［kən¹¹ tʰa¹¹ ʂɥe²¹³﹞

"早就听说你迦个店主心，［tsau³⁴ tɕiəu³³ tʰin³⁵ ʂɥe²¹³ ni⁵⁵ le³⁵ ko⁰ tian³⁵ tʂʯ⁵⁵ ɕin¹¹﹞

是个好心人，［sʅ³³ ko⁰ xau³⁴ ɕin¹¹ zuan³¹﹞

今天见了，果真是名不虚传。［tɕin¹¹ tʰian¹¹ tɕian³⁵ liau⁰，ko³⁴ tʂən¹¹ sʅ³³ min³¹ pu²² ɕʯ¹¹ tʂʰuan³¹﹞

你们晓得我是穷得叮当响的，［ni⁵⁵ mən⁰ ɕiau⁵⁵ te⁰ ŋo⁵⁵ sʅ³³ tɕʰioŋ³¹ te⁰ tin¹¹ taŋ¹¹ ɕiaŋ⁵⁵ ti⁰﹞

还给我，［xai³¹ kei³⁴ ŋo⁵⁵

还花了自己的全部存款来救我，[xai³¹ fa⁵⁵ liau⁰ tsŋ³³ tɕi⁵⁵ ti⁰ tɕʰian³¹ pu³³ tsʰən³¹ kʰuan⁵⁵ lai³¹ tɕiəu³⁵ ŋo⁵⁵]

确实不容易。[tɕʰio²² ʂŋ³³ pu²² zoŋ³¹ i³³]

你救了我的命，是我的救命恩人，[ni⁵⁵ tɕiəu³⁵ le⁰ ŋo⁵⁵ ti⁰ min³³, ʂŋ³³ ŋo⁵⁵ ti⁰ tɕiəu³⁵ min³³ ŋən¹¹ zu̯ən³¹]

我冇得么什报答你的，[ŋo⁵⁵ mau³³ te⁰ mo³⁴ ʂŋ³³ pau³⁵ ta²¹³ ni⁵⁵ ti⁰]

只好送你一点小小的东西表示我的心意。" [tsŋ²² xau⁵⁵ soŋ³⁵ ni⁵⁵ i²² tian⁵⁵ ɕiau⁵⁵ ɕiau⁰ ti⁰ toŋ¹¹ ɕi¹¹ piau³⁴ ʂŋ³³ ŋo⁵⁵ ti⁰ ko⁰ ɕin¹¹ i³⁵]

说完，就从他的包袱里面拿出来一块几斤重的迩个石头。[ʂu̯e²² uan³¹, tɕiəu³³ tsʰoŋ³¹ tʰa¹¹ ti⁰ pau¹¹ fu⁰ li⁵⁵ mian³³ la³¹ tʂʰu²¹³ lai⁰ i²² kʰuai³⁵ tɕi³⁴ tɕin¹¹ tʂoŋ³³ ti⁰ le⁰ ko⁰ ʂŋ³³ tʰəu⁰]

他的儿子听说了，就把迩个石头丢到井屪底去了，[tʰa¹¹ ti⁰ ər³¹ tsŋ⁰ tʰin³⁵ ʂu̯e²¹³ liau⁰, tɕiəu³³ pa⁵⁵ le³⁵ ko⁰ ʂŋ³³ tʰəu⁰ tiəu¹¹ tau³⁵ tɕin⁵⁵ təu¹¹ ti⁵⁵ tɕʰi³⁵ le⁰] 屪底：里面

到了半夜的时候，[tau³⁵ le⁰ pan³⁵ ie³³ ti⁰ ʂŋ³¹ fu⁰]

鸡和狗都不叫的时候，[tɕi¹¹ xo³¹ kəu⁵⁵ təu¹¹ pu²² tɕiau³⁵ ti⁰ ʂŋ³¹ fu⁰]

迩个杜老头的父子两个人就拿倒桶到井里去打水，[le³⁵ ko⁰ təu³³ lau⁵⁵ tʰəu⁰ ti⁰ fu³³ tsŋ⁰ liaŋ⁵⁵ ko⁰ zu̯ən³¹ tɕiəu³³ la³¹ tau⁰ tʰoŋ¹¹ tau³⁵ tɕin⁵⁵ li⁰ tɕʰi⁰ ta³⁴ ʂu̯ei⁵⁵]

儿子打起了一桶水，一闻，[ər³¹ tsŋ⁰ ta³⁴ tɕʰi⁵⁵ le⁰ i²² tʰoŋ⁵⁵ ʂu̯ei⁵⁵, i²² uən³¹]

没有酒气，一尝也没有酒的味道，[mei³¹ iəu⁵⁵ tɕiəu³⁴ tɕʰi³⁵, i²² tʂʰaŋ³¹ ie⁵⁵ mei³¹ iəu⁵⁵ tɕiəu⁵⁵ ti⁰ uei³³ tau³³]

于是就大骂迩个杜老头儿是骗人的。[zu̯³¹ ʂŋ³³ tɕiəu³³ ta³³ ma³³ le³⁵ ko⁰ təu³³ lau⁵⁵ tʰər⁰ ʂŋ³³ pʰian³⁵ zu̯ən³¹ ti⁰]

秦老汉心想，迩个杜老头儿不会骗人，[tɕʰin³¹ lau³⁴ xan³⁵ ɕin¹¹ ɕiaŋ⁵⁵, le³⁵ ko⁰ təu³³ lau³⁴ tʰər³¹ pu²² xuei³³ pʰian³⁵ zu̯ən³¹]

他自己打起了另外一桶，[tʰa¹¹ tsŋ³³ tɕi⁵⁵ ta³⁴ tɕʰi⁵⁵ le⁰ lin³³ uai³³ i²² tʰoŋ⁵⁵]

就挑倒迩个水回到了店里面，[tɕiəu³³ tʰiau¹¹ tau⁰ le³⁵ ko⁰ ʂu̯ei⁵⁵ fei³¹ tau³⁵ le⁰ tian³⁵ li⁵⁵ mian⁰]

刚刚放下水桶，[kaŋ¹¹ kaŋ¹¹ faŋ³⁵ ɕia³³ ʂu̯ei³⁴ tʰoŋ⁵⁵]

就闻到一股非常浓的酒香，[tɕiəu³³ uən³¹ tau³⁵ i²² ku⁵⁵ fei¹¹ tʂʰaŋ³¹ loŋ³¹ ti⁰ tɕiəu⁵⁵ ɕiaŋ¹¹]

并且再用碗兜一碗水试一下子，[pin³⁵ tɕʰie⁵⁵ tsai³⁵ zoŋ³³ uan⁵⁵ təu¹¹ i²² uan⁵⁵ ʂu̯ei⁵⁵ ʂŋ³⁵ i⁰ xa³³ tsŋ⁰] 兜：盛

果真是上等的好酒，[ko³⁴ tʂən¹¹ ʂŋ³³ ʂaŋ³³ tən⁵⁵ ti⁰ xau³⁴ tɕiəu⁵⁵]

这个时候，秦老汉的儿子才笑了。[tʂe³⁵ ko⁰ ʂŋ³¹ fu⁰, tɕʰin³¹ lau³⁴ xan³⁵ ti⁰ ər³¹ tsŋ⁰ tsʰai³¹ ɕiau³⁵ liau⁰〕

并且一口气喝了好几碗。〔pin³⁵ tɕʰie⁵⁵ i²² kʰəu³⁴ tɕʰi³⁵ xo²¹³ le⁰ xau³⁴ tɕi³⁴ uan⁵⁵〕

秦老汉突然想到杜老头肯定不是一般的人,〔tɕʰin³¹ lau³⁴ xan³⁵ tʰəu²² zuan³¹ ɕiaŋ⁵⁵ tau³⁵ təu³³ lau⁵⁵ tʰəu⁰ kʰən⁵⁵ tin³³ pu²² ʂʅ³³ i²² pan¹¹ ti⁰ zuən³¹〕

等他赶到客房外面去说感谢的时候,〔tən⁵⁵ tʰa¹¹ kan³⁴ tau³⁵ kʰe²² faŋ³¹ uai³³ mian⁰ tɕʰi³⁵ ʂue²¹³ kan³⁴ ɕie³³ ti⁰ ʂʅ³¹ fu⁰〕

那个杜老头早就不晓得哪里去了,〔la³⁵ ko⁰ təu³³ lau⁵⁵ tʰəu⁰ tsau⁵⁵ tɕiəu³³ pu²² ɕiau⁵⁵ te⁰ la⁵⁵ li⁰ tɕʰi³⁵ liau⁰〕

从此,杏花村迥个客店啊就改成了杏花村酒店,〔tsʰoŋ³¹ tsʰʅ⁵⁵, ɕin³³ fa¹¹ tsʰən¹¹ le³⁵ ko⁰ kʰe²² tian³⁵ a⁰ tɕiəu³³ kai³⁴ tʂʰən³¹ le⁰ ɕin³³ fa¹¹ tsʰən¹¹ tɕiəu³⁴ tian³⁵〕

这里的酒不是一般的那种白色的酒,〔tʂe³⁵ li⁰ ti⁰ tɕiəu⁵⁵ pu²² ʂʅ³³ i²² pan¹¹ ti⁰ la³⁵ tʂoŋ⁵⁵ pe²² se²¹³ ti⁰ tɕiəu⁵⁵〕

而是有点青色,〔ər³¹ ʂʅ³³ iəu³⁴ tian⁵⁵ tɕʰin¹¹ se²¹³〕

就像树上发了青的杏子一样,〔tɕiəu³³ ɕiaŋ³³ ʂu³³ ʂaŋ³³ fa²¹³ le⁰ tɕʰin¹¹ ti⁰ ɕin³³ tsʅ⁰ i²² iaŋ³³〕

喝起来啊非常香,口感非常好,〔xo²¹³ tɕʰi⁵⁵ lai⁰ a⁰ fei¹¹ tʂʰaŋ³¹ ɕiaŋ¹¹, kʰəu⁵⁵ kan⁵⁵ fei¹¹ tʂʰaŋ³¹ xau⁵⁵〕

比湖北的其他的各种名酒都要好。〔pi⁵⁵ xu³¹ pe²¹³ ti⁰ tɕʰi³¹ tʰa¹¹ ti⁰ ko²² tʂoŋ⁵⁵ min³¹ tɕiəu⁵⁵ təu¹¹ iau³⁵ xau⁵⁵〕

久而久之,〔tɕiəu³⁴ ər³¹ tɕiəu³⁴ tsʅ¹¹〕

迥个杏花村酒店就远近闻名,〔le³⁵ ko⁰ ɕin³³ fa¹¹ tsʰən¹¹ tɕiəu³³ zuan³⁴ tɕin³³ uən³¹ min³¹〕

小店的生意也越来越好。〔ɕiau³⁴ tian³⁵ ti⁰ sən¹¹ i³⁵ ie⁵⁵ zue²¹³ lai⁰ zue²² xau⁵⁵〕

慢慢地,〔man³³ man³³ ti⁰〕

秦老汉的积蓄就越来越多。〔tɕʰin³¹ lau³⁴ xan³⁵ ti⁰ tɕi²² ɕiəu²¹³ tɕiəu³³ zue²¹³ lai⁰ zue²² to¹¹〕

并且盖起了几间房,〔pin³⁵ tɕʰie⁵⁵ kai³⁵ tɕʰi⁵⁵ liau⁰ tɕi⁵⁵ tɕian¹¹ faŋ³¹〕

为他的儿接了个媳妇,〔uei³³ tʰa¹¹ ti⁰ ər³¹ tɕie²¹³ le⁰ ko⁰ ɕi²¹³ fu⁰〕

还得了个孙子。〔xai³¹ te²¹³ le⁰ ko⁰ sən¹¹ tsʅ⁰〕得:得到

一家人吃喝都不愁。〔i²² tɕia¹¹ zuən³¹ tɕʰi²² xo²¹³ təu¹¹ pu²² tsʰəu³¹〕

日子过得很好。〔ər²¹³ tsʅ⁰ ko³⁵ te⁰ xən³⁴ xau⁵⁵〕

有一天,他的儿媳妇正在用,〔iəu⁵⁵ i⁰ tʰian¹¹, tʰa¹¹ ti⁰ ər³¹ ɕi²¹³ fu⁰ tʂən³⁵ tsai³³ zoŋ³³〕

提潲水喂猪,〔tʰi³¹ sau³⁵ ʂuei⁵⁵ uei³⁵ tʂu¹¹〕潲水:泔水

突然来了一个白胡子老头儿,［tʰəu²² zʯan³¹ lai³¹ liau⁰ i²² ko⁰ pe²² fu³¹ tsʅ⁰ lau⁵⁵ tʰər⁰］
他说:"大姐,［tʰa¹¹ ʂųe²¹³ : ta³³ tɕie⁵⁵］
这杏花村的酒好不好啊?"［tʂe³⁵ ɕin³⁵ fa¹¹ tsʰən¹¹ ti⁰ tɕiəu⁵⁵ xau⁵⁵ pu⁰ xau⁵⁵ a⁰］
年轻的儿媳妇说,酒倒是很好,［nian³¹ tɕʰin¹¹ ti⁰ ər³¹ ɕi³¹ fu⁰ ʂųe²¹³, tɕiəu⁵⁵ tau³⁵ ʂʅ³³ xən³⁴ xau⁵⁵］
但是可惜的是,冇得酒糟喂猪。［tan³⁵ ʂʅ³³ kʰo³⁴ ɕi²¹³ ti⁰ ʂʅ³³, mau³³ te⁰ tɕiəu³⁴ tsau¹¹ uei³⁵ tʂų¹¹］冇得:没有

老头儿一听,百事冇说,［lau⁵⁵ tʰər⁰ i²² tʰin³⁵, pe²² ʂʅ³³ mau³³ ʂųe²¹³］百事:什么事
转身就走了。［tʂųan³⁴ ʂən¹¹ tɕiəu³³ tsəu⁵⁵ liau⁰］
当天半夜,［taŋ¹¹ tʰian¹¹ pan³⁵ ie³³］
秦老头儿子再从井里打出来的水不再香,［tɕʰin³¹ lau⁵⁵ tʰəu⁰ ər³¹ tsʅ⁰ tsai³⁵ tsʰoŋ³¹ tɕin⁵⁵ li⁰ ta⁵⁵ tʂʰų²¹³ lai⁰ ti⁰ ʂųei⁵⁵ pu²² tsai³⁵ ɕiaŋ¹¹］
喝一口也不是,没得酒的味道,［xo²¹³ i⁰ kʰəu⁵⁵ ie⁵⁵ pu²² ʂʅ³³, me³³ te⁰ tɕiəu⁵⁵ ti⁰ uei³³ tau³³］没得:没有
跟平时的白水一样的。［kən¹¹ pʰin³¹ ʂʅ³¹ ti⁰ pe²² ʂųei⁵⁵ i²² iaŋ³³ ti⁰］
迾一家人都非常奇怪,［le³⁵ i²² tɕia¹¹ zʯan³¹ təu¹¹ fei¹¹ tʂʰaŋ³¹ tɕʰi³¹ kuai³⁵］
老头儿想起了杜老头儿的话,［lau⁵⁵ tʰər⁰ ɕiaŋ⁵⁵ tɕʰi⁵⁵ liau⁰ təu³³ lau⁵⁵ tʰəur⁰ ti⁰ xua³³］
就问他的家人,儿子和媳妇:［tɕiəu³³ uən³³ tʰa¹¹ ti⁰ tɕia¹¹ zʯən³¹, ər³¹ tsʅ⁰ xo³¹ ɕi²¹³ fu⁰］
"白天你们见过其他的么什人冇?［pe³³ tʰian¹¹ ni⁵⁵ mən⁰ tɕian³⁵ ko⁰ tɕʰi³¹ tʰa¹¹ ti⁰ mo³⁴ ʂʅ³³ zʯən³¹ mau⁰］
说了么什话冇?"［ʂųe²¹³ le⁰ mo³⁴ ʂʅ³³ fa³³ mau³³］
于是,他的迾个儿媳妇,［zʯ³¹ ʂʅ³³, tʰa¹¹ ti⁰ le³⁵ ko⁰ ər³¹ ɕi²¹³ fu⁰］
把自己在白天遇到白胡子老头儿这个事对他的老头子,［pa⁵⁵ tsʅ³³ tɕi⁵⁵ tsai³³ pe²² tʰian¹¹ zʯ³³ tau³⁵ pe²² xu³¹ tsʅ⁰ lau⁵⁵ tʰər⁰ tʂe³⁵ ko⁰ ʂʅ³³ tei³⁵ tʰa¹¹ ti⁰ lau⁵⁵ tʰəu³¹ tsʅ⁰］老头子:岳父
对秦老汉说了一下,［tei³⁵ tɕʰin³¹ lau³⁴ xan³⁵ ʂųe²¹³ le⁰ i⁰ ɕia³³］
秦老汉明白了是么意思,［tɕʰin³¹ lau³⁴ xan³⁵ min³¹ pe³³ le⁰ ʂʅ³³ mo³⁴ i³⁵ sʅ⁰］么意思:什么意思
就叹了一口气,［tɕiəu³³ tʰan³⁵ le⁰ i²² kʰəu⁵⁵ tɕʰi³⁵］
说:"人心不足,［ʂųe²¹³ : zʯən³¹ ɕin¹¹ pu²² tsəu³¹］
莫把水变成酒。"［mo²² pa³⁴ ʂųei⁵⁵ pian³⁵ tʂʰən³¹ tɕiəu⁵⁵］莫:不要
从那以后啊,［tsʰoŋ³¹ la³³ i³⁴ xəu³³ a⁰］
迾口井再也没有出过美酒了。［le³⁵ kʰəu⁵⁵ tɕin⁵⁵ tsai³⁵ ie⁵⁵ mei³¹ iəu⁵⁵ tʂʰų²¹³ ko⁰ mei³⁴

tɕiəu⁵⁵le⁰]

据说当年投店的老头儿,[tʂʅ³⁵ʂuɛ²¹³taŋ¹¹nian³¹tʰəu³¹tian³⁵ti⁰lau⁵⁵tʰər⁰]

就是酒的神仙杜康。[tɕiəu³³ʂʅ³³tɕiəu⁵⁵ti⁰sən³¹ɕian¹¹təu³³kʰaŋ¹¹]

从此以后,[tsʰoŋ³¹tsʰʅ⁵⁵i³⁴xəu³³]

杏花村酒店的迦个故事啊,[ɕin³⁵fa¹¹tsʰən¹¹tɕiəu³³tian³⁵ti⁰le³⁵ko⁰ku³⁵sʅ³³a⁰]

就一直往下传。[tɕiəu³³i²²tʂʅ²¹³uaŋ⁵⁵ɕia³³tʂʰuan³¹]

今天,[tɕin¹¹tʰian¹¹]

杏花村村头的那口井还在那下儿,[ɕin³⁵fa¹¹tsʰən¹¹tsʰən¹¹tʰəu⁰ti⁰la³³kʰəu⁵⁵tɕin⁵⁵xai³¹tsai³³la³⁵xar³³]那下儿:那里

只是井中的水确实要非常清甜。[tʂʅ²²sʅ³³tɕin³⁴tʂoŋ¹¹ti⁰ʂuei⁵⁵tɕʰio²²sʅ³³iau³⁵fei¹¹tʂʰaŋ³¹tɕʰin¹¹tʰian³¹]

每天早上的时候,井里的水很浅,[mei³⁴tʰian¹¹tsau⁵⁵ʂaŋ⁰ti⁰sʅ³¹fu⁰,tɕin⁵⁵li⁰ti⁰ʂuei⁵⁵xən³⁴tɕʰian⁵⁵]

还可以看得到,[xai³¹ko⁵⁵i⁰kʰan³⁵te⁰tau³⁵]

当年杜康送他的那一块石头。[taŋ¹¹nian³¹təu³³kʰaŋ¹¹soŋ³⁵tʰa¹¹ti⁰la³³i⁰kʰuai³⁵sʅ³³tʰəu⁰]

迦就是当年的那个杏花村的故事。[le³⁵tɕiəu³³sʅ³³taŋ¹¹nian³¹ti⁰la³³ko⁰ɕin³⁵fa¹¹tsʰən¹¹ti⁰ku³⁵sʅ³³]

意译:今天我来跟大家讲一个红安的故事,这个故事的名字叫做杏花村。很久很久以前,在我们县里东边两里外的地方,有个叫做杏花村的村庄,它是我们这一块儿远近闻名的客店。客店的主人是一个老的和一个少的父子两个人。村旁边长着七八棵大杏树,这棵杏树非常大,七八个人都抱不过来。每年春季的时候,杏花一开,很远就看到红霞霞的一片,这给小小的客店增添了很多姿色。客店北面院墙外,有一片草坪,拉脚的脚夫们如果是晚上休息的话,常常把一些驴子系在草坪上过夜。到了半夜的时候,要有小偷想偷驴子,这些驴子就又踢又咬又叫,叫声传得非常远。这些小偷做贼心虚,就给那个地方取名叫做"驴坪",而且这"驴坪"也再没有被人偷走一头驴子。

这个客店来来往往的,人非常多,很热闹。按道理说,小店有这么好的生意,应该早就发财了,但是店主秦老汉非常耿直,心地非常善良。他总是对他的儿子说:"金钱如粪土,脸面值千金。"所以周围的穷人家没有哪一家没受过他们的帮助的。他的儿子暗地里叫苦,又不敢明着说。因此呢,小店生意虽然非常兴隆,但是没什么存款,马马虎虎能够糊口儿过日子。有一年雨水非常好,杏花比往年开得好。秦老汉跟儿子商量,准备今年好好地干一年,多存点钱,为他的儿

子接个媳妇。

  有一天下午，店里来了一个六七十岁老头儿，胡子白花花的。只见他额头烂了，眼睛很红，留着鼻涕，露着肩膀，露着大腿，看着非常可怜啊！他的儿子不是很高兴，认为这个老汉付不起钱，不想让他住下。秦老汉呢，也不管他的儿子的情绪，就把那个穷老汉留了下来。到了半夜，客房里传出来哀叫的声音，一声比一声惨，终于把秦老汉父子两个人吵醒了。秦老汉披着衣服下了床，儿子把他扯住，叫他不要管，并且说："看他这个样子的话，身体不好，肯定是要长期吃药。"正在这个时候，房间里的呻吟声，惨叫声更大了。秦老汉实在听不下去了，就披着衣服到老汉的房间看了一下。看到这老头啊，脸色很难看，并且在床上直打滚。秦老汉就端来一碗糖水，扶起这个老汉坐起来，慢慢地喂他喝。经询问才知道老汉姓杜，是从河南开封过来的。老汉有三个儿子，但是都不孝顺，看到老汉病了都不愿意花钱给他治病，还把这个老汉赶出去了。老汉本想投靠他的一位亲戚，但是没想到病情到了半夜里就复发了。秦老汉就问这个老头儿，以前是不是医生也给他开过药，让他把药方子拿出来。杜老头说："药方是有的，就是抓药太贵了，要花好多钱，所以他的儿子啊，就把他赶出来了。"所以，这个杜老头现在就只能流浪在外。秦老汉赶过来给这个老头披上衣服，并且说："是的，看你这个样子，病得也不轻，恐怕这个病一时半刻儿也治不好。"并且说："要是只能吃药救的话，就不能见死不救。"经过秦老汉的再三询问，杜老儿才说出了这个药方，药方里面都是一些红参啊等名贵的药材。秦老汉就拿着药方，二话没说去抓了药，仅仅是抓了三剂药就花去了他的全部的存款。但这个药非常见效，杜老头喝了药以后，病就像被抓掉了一样，整个精神状态都好了很多。杜老头就把秦老汉叫到旁边儿，跟他说："早就听说你这个店主心肠好，今天见了，果真是名不虚传。你们知道我穷得叮当响，还救了我的命，是我的救命恩人，我没有什么报答你的，送你一点小小的东西以表示我的心意。"说完，就从他的包袱里面拿出来一块几斤重的石头。告诉他，如果把这个石头丢到井底去，到了半夜鸡和狗都不叫的时候，拿着桶到井里去打水，水就会变成酒。

  儿子打起了一桶水，一闻，没有酒气，一尝也没有酒的味道，于是就骂这个杜老儿是骗人的。秦老汉却相信杜老头不会骗人，他自己也打起了另外一桶，刚刚放下水桶，就闻到一股非常浓的酒香，并且再用碗盛了一碗，果真是上等的好酒。这个时候，秦老汉的儿子才笑了，并且一口气喝了好几碗。秦老汉突然想到杜老头肯定不是一般的人，等到他赶到客房去说感谢的时候，那个杜老头早就消失无踪了。从此，杏花村这个客店就改成了杏花村酒店。这里的酒不是一般的那种白色的酒，而是有点青色，就像树上发了青的杏子一样，喝起来非常香，口感非常好，比湖北的其他的各种名酒都要好。

久而久之，杏花村酒店就远近闻名了，小店的生意也越来越好。慢慢地，秦老汉的积蓄也越来越多。并且盖起了几间房，为他儿子接了个媳妇，还有了一个孙子，一家人吃喝都不愁，日子过得很好。有一天，他的儿媳妇正在提潲水喂猪，突然来了一个白胡子老头儿，他说："大姐，这杏花村的酒好不好啊？"年轻的儿媳妇说，酒倒是很好，但是可惜的是没有酒糟喂猪。老头儿一听，什么都没说，转身就走了。当天半夜，秦老头儿子再从井里打出来的水就不再香了，喝一口也不是酒的味道，跟平时的白水一样的。一家人都非常奇怪。秦老汉想起了杜老头的话，就问他的家人："白天你们见过其他的什么人了吗？说了什么话没有？"于是，他的那个儿媳妇把自己在白天遇到白胡子老头这个事对她的岳父，也就是秦老汉说了。秦老汉突然明白了这是什么意思，就叹了一口气说："人心不足，不要把水变成酒。"

从此，这口井里再也没有出过美酒了。据说当年投店的老头儿就是酒的神仙杜康。从此以后，杏花村酒店这个故事就一直往下传。今天，杏花村头的那口井还在那儿，井中水确实清甜。每天早上，井里的水很浅的时候，还可以看到当年杜康送给他的那一块石头。这就是那个杏花村的故事。

四　自选条目

0031 自选条目

中时放牛西山上，下昼放牛东山脚。[tʂoŋ¹¹ ʂʅ³¹ faŋ³⁵ niəu³¹ ɕi¹¹ san¹¹ ʂaŋ³³，xa³³ tʂəu³³ faŋ³⁵ niəu³¹ toŋ¹¹ san¹¹ tɕio²¹³] 中时：上午。下昼：下午。

意译：上午在西山上放牛，下午在东山脚放牛。

0032 自选条目

清明要明，谷雨要淋。[tɕʰin¹¹ min³¹ iau³⁵ min³¹，ku²² ʐ̩⁵⁵ iau³⁵ lin³¹]

意译：清明最好是晴天，谷雨最好下点雨。

0033 自选条目

有钱难买五月旱，六月连阴吃饱饭。[iəu⁵⁵ tɕʰian³¹ lan³¹ mai⁵⁵ u³⁴ z̩ʮe²² xan³³，ləu²² z̩ʮe²² lian³¹ in¹¹ tɕʰi²¹³ pau⁵⁵ fan³³]

意译：农历五月天晴有利于夏收，六月多雨有利于秋作物生长。

0034 自选条目

一层麻布抵层风,十层麻布过个冬。[i²² tsʰən³¹ ma³¹ pu³⁵ ti⁵⁵ tsʰən³¹ foŋ¹¹, ʂɻ̩³³ tsʰən³¹ ma³¹ pu³⁵ ko³⁵ ko⁰ toŋ¹¹]

意译:一层麻布不太挡风,十层麻布就可以度过一个冬天。

0035 自选条目

儿不嫌母丑,狗不嫌家贫。[ər³¹ pu²² ɕian³¹ moŋ⁵⁵ tʂʰəu⁵⁵, kəu⁵⁵ pu²² ɕian³¹ tɕia¹¹ pʰin³¹]

意译:儿子不嫌母亲长得丑,狗不嫌自己的家很贫穷。

0036 自选条目

冬吃萝卜夏吃姜,不劳医生开药方。[toŋ¹¹ tɕʰi²¹³ lo³¹ po⁰ ɕia³³ tɕʰi²² tɕiaŋ¹¹, pu²² lau³¹ i¹¹ sən¹¹ kʰai¹¹ io²² faŋ¹¹]

意译:冬天吃萝卜夏天吃姜,就不劳烦医生开药方了。

0037 自选条目

明人不用细说,响鼓不用重捶。[min³¹ ʐu̯ən³¹ pu²² ʐoŋ³³ ɕi³⁵ ʂɥe²¹³, ɕiaŋ³⁴ ku⁵⁵ pu²² ʐoŋ³³ tʂoŋ³³ tʂʰɥei³¹]

意译:明白人不用细致地说,很响的鼓不需要重重地捶。

0038 自选条目

此路不通,去找毛泽东。[tsʰɻ̩³⁴ ləu³³ pu²² tʰoŋ¹¹, tɕʰi³⁵ tʂau⁵⁵ mau³¹ tse²² toŋ¹¹]

意译:此路不通,去找毛泽东。

0039 自选条目

政策正,一呼百应;[tʂən³⁵ tsʰe²¹³ tʂən³⁵, i²² fu¹¹ pe²² in³⁵]

政策歪,鞭打不来。[tʂən³⁵ tsʰe²¹³ uai¹¹, pian¹¹ ta⁵⁵ pu²² lai³¹]

意译:政策好,一呼百应;政策不好,用鞭子抽打,也没有人愿意来做。

0040 自选条目

董必武,郑位三,[toŋ⁵⁵ pi²² u⁵⁵, tʂən³³ uei³³ san¹¹]

领导工农把身翻。[lin³⁴ tau⁵⁵ koŋ¹¹ loŋ³¹ pa⁵⁵ ʂən¹¹ fan¹¹]

意译：董必武，郑位三，领导工农群众翻身做主。

0041 自选条目

懒人抽长线——一针耽过两针半。[lan³⁴ zʯən³¹ tʂʰəu¹¹ tʂʰaŋ³¹ ɕian³⁵——i²² tsən¹¹ tan¹¹ ko⁰ liaŋ³⁴ tsən¹¹ pan³⁵] 耽过：当作

意译：懒人缝线用很长的线——缝一针当作两针。喻做事投机取巧。

0042 自选条目

腌菜打蒿粑——有盐（言）在先。[ian¹¹ tsʰai³⁵ ta⁵⁵ kau¹¹ pa¹¹——iəu³⁴ ian³¹ tsai³³ ɕian¹¹] 蒿粑：艾叶饼

意译：用腌菜做咸菜粑粑的时候——腌菜里面已经有了盐，指开门见山，有言在先。

0043 自选条目

黄泥巴掉裤裆——不是屎也是屎。[xuaŋ³¹ i³¹ pa⁰ tiau³⁵ kʰu³⁵ taŋ¹¹——pu²² ʂʯ³³ ʂʯ⁵⁵ ie³⁴ ʂʯ³³ ʂʯ⁵⁵]

意译：黄泥巴掉在裤裆里面——虽不是屎，但颜色看上去跟屎一样，指有理说不清。

0044 自选条目

叫花子走夜路——假忙。[kau³⁵ fa⁰ tsʯ⁰ tsəu⁵⁵ ie³³ ləu³³——tɕia³⁴ maŋ³¹] 叫花子：乞丐

意译：乞丐走夜路——装着很忙的样子，指装装样子。

0045 自选条目

老鼠拉锹把——大头在后。[lau³⁴ ʂʯ⁵⁵ la³⁵ ɕian¹¹ pa⁰——ta³³ tʰəu³¹ tsai³³ xəu³³] 锹把：晾晒谷物用的木锹的柄

意译：老鼠拉着木锹的把——木锹的头在后面，指关键的在后面。

0046 自选条目

扬叉打兔子——登空儿的过了。[iaŋ³¹ tsʰa¹¹ ta⁵⁵ tʰəu³⁵ tsʯ⁰——tən¹¹ kʰor³⁵ ti⁰ ko³⁵ liau⁰] 扬叉：Y形农具，用来翻扬谷草等

意译：用插禾草的农具扬叉来打兔子——兔子会从扬叉的缝隙中溜走。喻工

具或方法不对，只会徒劳无功。

0047 自选条目
冲担高头挑便壶——枪（腔）不像枪（腔），铫（调）不像铫（调）。[tsʰoŋ¹¹ tan³⁵ kau¹¹ tʰəu³¹ tʰiau³¹ pian³³ fu³¹——tɕʰiaŋ¹¹ pu²² ɕiaŋ³³ tɕʰiaŋ¹¹，tiau³³ pu²² ɕiaŋ³³ tiau³³]冲担：尖头扁担，用以挑捆好的柴草

意译：尖头扁担上面挑便壶——枪（腔）不像枪（腔），铫（调）不像铫（调），喻不伦不类。

0048 自选条目
娘把女叫亲家——冇么什做卦搭。[niaŋ³¹ pa⁵⁵ ny⁵⁵ tɕiau³⁵ tɕʰin³⁵ ka⁰——mau³³ mo³⁴ sʅ³³ tsəu³⁵ kue³³ ta²¹³]冇么什：没有什么事情。卦搭：搭话

意译：妈妈把女儿当亲家——没什么事情说（指没话找话说）。

0049 自选条目
清明断雪，谷雨断霜。[tɕʰin¹¹ min³¹ tan³³ ɕie²¹³——ku²² zʅ⁵⁵ tan³³ saŋ¹¹]

意译：过了清明节就不会再下雪，过了谷雨节就不会再有霜。

0050 自选条目
一九二九，冰上走；[i²² tɕiəu⁵⁵ ər³³ tɕiəu⁵⁵，pin¹¹ ʂaŋ³³ tsəu⁵⁵]

三九四九，尖刀不入土；[san¹¹ tɕiəu⁵⁵ sʅ³⁵ tɕiəu⁵⁵，tɕian¹¹ tau¹¹ pu²¹³ zʅ²² tʰəu⁵⁵]

五九六九，沿河看柳；[u⁵⁵ tɕiəu⁵⁵ ləu²² tɕiəu⁵⁵，ian³¹ xo³¹ kʰan³⁵ liəu⁵⁵]

七九河开，八九雁来；[tɕʰi²² tɕiəu⁵⁵ xo³¹ kʰai¹¹，pa²² tɕiəu⁵⁵ ian³⁵ lai³¹]

九九加一九，耕牛遍地走。[tɕiəu³⁴ tɕiəu⁵⁵ tɕia¹¹ i²² tɕiəu⁵⁵，kən¹¹ ioŋ³¹ pʰian³⁵ ti³³ tsəu⁵⁵]

意译：一九二九，在冰上走；三九四九，冻土连尖刀都插不进去了；五九六九，沿着河看柳树；七九冰河解冻；八九大雁从南方飞来；九九加一九，耕牛就可以满地干活了。

0051 自选条目
短阳寿。[tan⁵⁵ iaŋ³¹ ʂəu³³]

意译：短命。

0052 自选条目

骷髅盖子。［kʰu¹¹ləu³¹kai³⁵tsʅ⁰］

意译：去死。

英　山

一　歌谣

0001 歌谣

红鸡公，［xoŋ⁵⁵tɕi³¹koŋ³¹］鸡公：公鸡

尾巴拖。［uei²⁴pa⁰tʰo³¹］

红鸡公，［xoŋ⁵⁵tɕi³¹koŋ³¹］

尾巴拖，［uei²⁴pa⁰tʰo³¹］

三岁伢儿会唱歌儿。［san³¹ɕi³⁵ŋar⁵⁵xuei³³tʂʰaŋ³⁵ko³¹ɚ⁰］伢儿：孩子

不是爷娘教给我，［pu²¹³ʂʅ³³ie⁵⁵ȵiaŋ⁵⁵tɕiau³¹kei²⁴ŋo²⁴］爷娘：爸妈

自家聪明摇来的歌儿。［tsʅ³³ka³¹tsʰoŋ³¹min⁰iau⁵⁵lai⁰ti⁰ko³¹ɚ⁰］自家：自己

意译：红公鸡，尾巴拖。红公鸡，尾巴拖，三岁孩子会唱歌。不是爸妈教给我，自己聪明摇来的歌。

0002 歌谣

亮火虫儿满天飞，［liaŋ³³xo²⁴tʂʰoŋ⁵⁵ŋɚ⁰man²⁴tʰian³¹fei³¹］亮火虫：萤火虫

妈妈叫我捉乌龟。［ma³¹ma⁰tɕiau⁰ŋo²⁴tso²¹³u³¹kuei³¹］

乌龟冇长毛，［u³¹kuei³¹mau³³tʂaŋ²⁴mau⁵⁵］冇：没、没有

叫我摘葡萄。［tɕiau³⁵ŋo²⁴tse²¹³pʰu⁵⁵tʰau⁵⁵］

葡萄冇开花儿，［pʰu⁵⁵tʰau⁵⁵mau³³kʰai³¹xuar³¹］

叫我摘南瓜。［tɕiau³⁵ŋo²⁴tse²¹³lan⁵⁵kua³¹］

南瓜抱不动，［lan⁵⁵kua³¹pau²⁴pu²²toŋ³³］

尔那伢儿好大用。［n̩²⁴la³¹ŋar⁵⁵xau²⁴ta³³ioŋ³³］尔：你。好大用：没啥用（反语）

意译：萤火虫儿满天飞，妈妈叫我捉乌龟。乌龟没长毛，叫我摘葡萄。葡萄没开花，叫我摘南瓜。南瓜抱不动，你这孩子没出息。

0003 歌谣

花大姐，做花鞋，［xua³¹ta³³tɕie²⁴，tsəu³⁵xua³¹xai⁵⁵］

公一双，婆一双。[koŋ³¹ i²² ʂuaŋ³¹，pʰo⁵⁵ i²² ʂuaŋ³¹]

细姑细叔两大筐，[ɕi³⁵ ku³¹ ɕi³⁵ ʂəu²¹³ liaŋ²⁴ ta³³ kʰuaŋ³¹] 细：小

尖嘴姑儿她冇得，[tɕian³¹ tɕi²⁴ ku³¹ ɚ⁰ tʰa³¹ mau³³ te²¹³] 尖嘴：长嘴，喻搬弄是非。冇得：没有

躲到门角儿哭一场。[to²⁴ tau³⁵ mən⁵⁵ ko²¹³ ɚ⁰ kʰu²¹³ i²² tʂʰaŋ⁵⁵]

意译：花大姐，做花鞋，公公一双，婆婆一双，小姑小叔两大筐，长嘴的姑姑她没有，躲到门角哭一场。

0004 歌谣

又哭又笑，[iəu³³ kʰu²¹³ iəu³³ ɕiau³⁵]

猫儿舔灶。[mau³⁵ ɚ⁰ tʰian²⁴ tsau³⁵] 猫儿：猫

大猫冇舔干净，[ta³³ mau³⁵ mau³³ tʰian²⁴ kan³¹ tɕin³³] 冇：没、没有

细猫儿舔二道。[ɕi³⁵ mau³⁵ ɚ⁰ tʰian²⁴ ɚ³³ tau³⁵] 细：小。二道：第二遍

意译：又哭又笑，猫儿舔灶。大猫没舔干净，小猫舔第二遍。

0005 歌谣：

磨大麦，做大粑。[mo³³ ta³³ me²¹³，tsəu³⁵ ta³³ pa³¹]

磨大麦，[mo³³ ta³³ me²¹³]

做大粑儿，[tsəu³⁵ ta³³ par³¹]

大伢儿吃大粑儿，[ta³³ ŋar⁵⁵ tɕʰi²¹³ ta³³ par³¹] 伢儿：孩子

细伢儿吃细粑儿。[ɕi³⁵ ŋar⁵⁵ tɕʰi²¹³ ɕi³⁵ par³¹] 细：小

大伢儿坐圆椅儿，[ta³³ ŋar⁵⁵ tso³³ ʐuan⁵⁵ i²⁴ ɚ⁰]

细伢儿坐碓杈。[ɕi³⁵ ŋar⁵⁵ tso³³ ti³⁵ tʂʰa³¹] 碓杈：碓臼的杈棍

碓杈冇坐稳，[ti³⁵ tʂʰa³¹ mau³³ tso³³ uən²⁴] 冇：没、没有

跶了个细伢儿的颈。[ta²¹³ liau⁰ ko⁰ ɕi³⁵ ŋar⁵⁵ ti⁰ tɕin²⁴] 跶：摔跤。颈：脖子

意译：磨大麦，做大粑。磨大麦，做大粑，大孩子吃大粑，小孩子吃小粑。大孩子坐圆椅子，小孩子坐碓杈。碓杈没坐稳，摔了小孩子的脖子。

0006 歌谣

光头儿光，嗍冰棒，[kuaŋ³⁵ tʰər⁵⁵ kuaŋ³⁵，so²¹³ pin³¹ paŋ³⁵] 嗍：吮吸

冰棒甜，到苏联，[pin³¹ paŋ³⁵ tʰian³¹，tau³⁵ səu³¹ lian³¹]

苏联苏，到广州，[səu³¹ lian³¹ səu³¹，tau³⁵ kuaŋ²⁴ tʂəu³¹]

广州广，到铁港，[kuaŋ²⁴ tʂəu³¹ kuaŋ²⁴，tau³⁵ tʰie²² kaŋ²⁴]

铁港铁，到湖北，[tʰie²² kaŋ²⁴ tʰie²¹³, tau³⁵ xu⁵⁵ pe²¹³]
湖北湖，到肖湖，[xu⁵⁵ pe²¹³ xu³¹, tau³⁵ ɕiau³¹ xu⁵⁵]
肖湖肖，抬花轿，[ɕiau³¹ xu⁵⁵ ɕiau³¹, tʰai⁵⁵ xua³¹ tɕiau³³]
花轿花，打糍粑，[xua³¹ tɕiau³³ xua³¹, ta²⁴ tsʰʅ⁵⁵ pa³¹] 打：做
糍粑冇打熟，[tsʰʅ⁵⁵ pa³¹ mau³³ ta²⁴ ʂəu³³] 冇：没、没有
驮棍子去打尔大舅。[tʰo³¹ kuən³⁵ tsʅ⁰ tɕʰi³⁵ ta²⁴ n̩²¹³ ta³³ tɕiəu³³] 驮：扛；拿。尔：你
意译：光头儿光，吃冰棒，冰棒甜，到苏联，苏联苏，到广州，广州广，到铁港，铁港铁，到湖北，湖北湖，到肖湖，肖湖肖，抬花轿，花轿花，做糍粑，糍粑没做熟，扛着棍子去打你大舅。

0007 歌谣
英山的风，霍山的雪，[in³¹ san³¹ ti⁰ foŋ³¹, xo²² san³¹ ti⁰ ɕie²¹³]
罗田的泡颈黑乎黑。[lo³¹ tʰian³¹ ti⁰ pʰau³⁵ tɕin²⁴ xe²² xu⁵⁵ xe²¹³] 泡颈：大脖子病。黑乎黑：形容非常多
意译：英山的风，霍山的雪，罗田的大脖子多得数不过来。

0008 歌谣
扇子借不得。[ʂan³⁵ tsʅ⁰ tɕie³⁵ pu²² te²¹³] 不得：不能
扇子扇轻风儿，[ʂan³⁵ tsʅ⁰ ʂan³⁵ tɕʰin³¹ foŋ³¹ ŋə⁰]
时时在手中，[ʂʅ⁵⁵ ʂʅ⁵⁵ tsai³³ ʂəu²⁴ tʂoŋ³¹]
有人来借扇，[iəu²⁴ zən³¹ lai³¹ tɕie³⁵ ʂan³⁵]
要问大相公。[iau³⁵ uən³³ ta³³ ɕiaŋ³⁵ koŋ³¹] 大相公：对他人儿子的尊称或戏称
大相公说扇子借不得，[ta³³ ɕiaŋ³⁵ koŋ³¹ ʂue²¹³ ʂan³⁵ tsʅ⁰ tɕie³⁵ pu²² te²¹³]
尔热我也热。[n̩²⁴ zue²¹³ ŋo²⁴ ie²⁴ zue²¹³]
意译：扇子不能借。扇子扇轻风，时时在手中，有人来借扇，要问大相公。大相公说扇子不能借，你热我也热。

0009 歌谣
大月亮，细月亮，[ta³³ zue²² liaŋ³³, ɕi³⁵ zue²² liaŋ³³]
哥儿在房的做篾匠，[ko³¹ ɚ⁰ tsai³³ faŋ⁵⁵ ti⁰ tsəu³⁵ mie²² tɕiaŋ³³] 房的：房子里
嫂儿在房的舂糯米。[sau²⁴ ɚ⁰ tsai³³ faŋ⁵⁵ ti⁰ tʂoŋ³¹ lo³³ mi²⁴]
糯米香，换生姜；[lo³³ mi²⁴ ɕiaŋ³¹, xuan³³ sən³¹ tɕiaŋ³¹]
生姜辣，换菩萨；[sən³¹ tɕiaŋ³¹ la²¹³, xuan³³ pʰu⁵⁵ sa⁰]

菩萨恶，换菱角儿；[pʰu⁵⁵ sa⁰ ŋo²¹³，xuan³³ lin⁵⁵ kor²¹³]
菱角儿尖，换上天；[lin⁵⁵ kor²¹³ tɕian³¹，xuan³³ ʂaŋ³³ tʰian³¹]
天又高，换把刀；[tʰian³¹ iəu³³ kau³¹，xuan³³ pa²⁴ tau³¹]
刀又快，好切菜；[tau³¹ iəu³³ kʰuai³⁵，xau²⁴ tɕʰie²² tsʰai³⁵]
菜又甜，好过年；[tsʰai³⁵ iəu³³ tʰian⁵⁵，xau²⁴ ko³⁵ n̠ian⁵⁵]
年又远，换把伞；[n̠ian⁵⁵ iəu³³ zʮan²⁴，xuan³³ pa²⁴ san²⁴]
伞冇得柄，换杆秤；[san²⁴ mau³³ te⁰ pin³⁵，xuan³³ kan²⁴ tʂʰən³⁵] 冇得：没有
秤冇得砣，打面锣；[tʂʰən³⁵ mau³³ te⁰ tʰo⁵⁵，ta²⁴ mian³³ lo⁵⁵]
锣冇得底，换个细伢儿好哭嘴。[lo⁵⁵ mau³³ te⁰ ti²⁴，xuan³³ ko⁰ ɕi³⁵ ŋar⁵⁵ xau³⁵ kʰu²² tɕi²⁴] 细伢儿：小孩子。哭嘴：哭鼻子

意译：大月亮小月亮，哥哥在房里做篾匠，嫂子在房里舂糯米。糯米香，换生姜；生姜辣，换菩萨；菩萨恶，换菱角；菱角尖，换上天；天又高，换把刀；刀又快，好切菜；菜又甜，好过年；年又远，换把伞；伞没有柄，换杆秤；秤没有砣，打面锣；锣没有底，换个小孩子好哭鼻子。

0010 歌谣：

一二三四五，[i²¹³ ɚ³³ san³¹ sɿ³⁵ u²⁴]
上山打老虎，[ʂaŋ³³ san³¹ ta²⁴ lau²⁴ xu²⁴]
老虎不吃人，[lau²⁴ xu²⁴ pu²¹³ tɕʰi²² zən⁵⁵]
上山打敌人，[ʂaŋ³³ san³¹ ta²⁴ ti²² zən⁵⁵]
敌人不说话，[ti²² zən⁵⁵ pu²¹³ ʂuɤ²² xua³³]
上山打电话，[ʂaŋ³³ san³¹ ta²⁴ tian³³ xua³³]
电话打不通，[tian³³ xua³³ ta²⁴ pu²¹³ tʰoŋ³¹]
上山打鸡公，[ʂaŋ³³ san³¹ ta²⁴ tɕi³¹ koŋ³¹]
鸡公不生蛋，[tɕi³¹ koŋ³¹ pu²¹³ sən³⁵ tan³³]
上山打鸡蛋，[ʂaŋ³³ san³¹ ta²⁴ tɕi³¹ tan³³]
鸡蛋不好吃，[tɕi³¹ tan³³ pu²¹³ xau²⁴ tɕʰi²¹³]
上山打靛笔，[ʂaŋ³³ san³¹ ta²⁴ tian³³ pi²¹³] 靛笔：钢笔
靛笔不好写，[tian³³ pi²¹³ pu²¹³ xau²⁴ ɕie²⁴]
上山打小姐，[ʂaŋ³³ san³¹ ta²⁴ ɕiau²⁴ tɕie²⁴]
小姐不看儿，[ɕiau²⁴ tɕie²⁴ pu²¹³ kʰan³¹ ɚ⁵⁵] 看儿：生孩子
生个细脚盆儿。[sən³¹ ko⁰ ɕi³⁵ tɕio²² pʰər⁵⁵] 细：小

意译：一二三四五，上山打老虎，老虎不吃人，上山打敌人，敌人不说话，

上山打电话，电话打不通，上山打公鸡，公鸡不下蛋，上山打鸡蛋，鸡蛋不好吃，上山打钢笔，钢笔不好写，上山打小姐，小姐不生孩子，生个小脚盆儿。

二 规定故事

0021 牛郎和织女

今昼我来跟尔得说个故事，[tɕin³¹ təu⁰ ŋo²⁴ lai⁵⁵ kən³¹ n̩²⁴ te⁰ ʂųe²¹³ ko⁰ ku³⁵ sŋ³³] 今昼：今天。尔得：你们

呃故事的名字叫牛郎织女。[e⁰ ku³⁵ sŋ³³ ti⁰ min⁵⁵ tsŋ⁰ tɕiau³⁵ ɲiəu⁵⁵ laŋ⁵⁵ tsŋ²² m̩ʅ²⁴]

往时候儿啊有个细男伢儿，[uaŋ²⁴ sŋ⁵⁵ xər⁰ a⁰ iəu²⁴ ko⁰ ɕi³⁵ lan⁵⁵ ŋar⁵⁵] 往时候：过去。细男伢儿：小男孩儿

娘老子下不在了，[ɲiaŋ⁵⁵ lau²⁴ tsŋ⁰ xa³³ pu²² tsai³³ liəu⁰] 娘老子：父母。下：都

一个人[不晓得]几伤心儿。[i²² ko³⁵ zən⁵⁵ pʰie²² tɕi²⁴ ʂaŋ³¹ ɕiər³¹] [不晓得]：不知道。几：多么

屋里百事又冇得，[u²¹³ li⁰ pe²² sŋ³³ iəu³³ mau³³ te²¹³] 百事：什么。冇得：没有

只有一头牛，[tʂŋ²¹³ iəu²⁴ i²² tʰəu⁵⁵ ɲiəu⁵⁵]

人家都曰他咧牛郎。[zən⁵⁵ ka⁰ təu³¹ zųe³⁵ tʰa³¹ lie⁰ ɲiəu⁵⁵ laŋ⁵⁵] 曰：叫

牛郎别的做不倒，[ɲiəu⁵⁵ laŋ⁵⁵ pie³³ ti⁰ tsəu³⁵ pu⁰ tau²⁴] 做不倒：不会做

主要是靠这头老牛啊，[tʂʅ²⁴ iau⁵⁵ sŋ³³ kʰau³⁵ te³⁵ tʰəu⁵⁵ lau²⁴ ɲiəu⁵⁵ a⁰]

犁地谋生。[li⁵⁵ ti³³ mau⁵⁵ sən³¹]

老牛实际上是哪个咧？[lau²⁴ ɲiəu⁵⁵ sŋ²² tɕi³⁵ ʂaŋ⁰ sŋ³³ la²⁴ ko⁰ lie⁰]

它是天上的金牛星下凡的，[tʰa³¹ sŋ³³ tʰian³¹ ʂaŋ⁰ ti⁰ tɕin³¹ ɲiəu⁵⁵ ɕin³¹ ɕia³³ fan⁵⁵ ti⁰]

看到牛郎个样的情况，[kʰan³⁵ tau⁰ ɲiəu⁵⁵ laŋ⁵⁵ ko²⁴ iaŋ³³ ti⁰ tɕʰin⁵⁵ kʰuaŋ³⁵] 个样：这样

又[不晓得]几善良，[iəu³³ pʰie²¹³ tɕi²⁴ ʂan³³ liaŋ⁵⁵]

它就想倒要下来帮下儿他，[tʰa³¹ tɕiəu³³ ɕiaŋ²⁴ tau⁰ iau³⁵ xa³³ lai⁰ paŋ³¹ xar³³ tʰa³¹] 倒：着。下儿：一下子

帮他成个家儿。[paŋ³¹ tʰa³¹ tʂʰən⁵⁵ ko⁰ tɕia³¹ ɚ⁰]

有一天，[iəu²⁴ i²² tʰian³¹]

这个金牛星呃晓得了啊，[te³⁵ ko⁰ tɕin³¹ ɲiəu⁵⁵ ɕin³¹ e⁰ ɕiau²⁴ te⁰ liau⁰ a⁰]

天上的仙女儿，[tʰian³¹ ʂaŋ⁰ ti⁰ ɕian³¹ m̩ʅ²⁴ ɚ⁰]

要到牛郎他得村儿的，[iau³⁵ tau⁰ ɲiəu⁵⁵ laŋ⁵⁵ tʰa³¹ te⁰ tsʰər³¹ ti⁰] 他得：他们

东边的个山脚下的，[toŋ³¹ pian⁰ ti⁰ ko⁰ san³¹ tɕio²¹³ xa⁰ ti⁰] 个：那个

塘里面啊去洗澡玩。[tʰaŋ⁵⁵ li²⁴ mian³³ a⁰ tɕʰi³⁵ ɕi²⁴ tsau²⁴ uan⁵⁵]

他就流时托个梦给倒牛郎，[tʰa³¹ tɕiəu³³ liəu⁵⁵ sŋ⁰ tʰo²¹³ ko⁰ moŋ³³ kei²⁴ tau⁰ ɲiəu⁵⁵ laŋ⁵⁵]流时：赶紧

呃，说要牛郎第二天，[e⁰, ʂue²¹³ iau³⁵ ȵiəu⁵⁵ laŋ⁵⁵ ti³³ ɚ³³ tʰian³¹]

早晨到塘边上去，[tsau²⁴ tʂʰən⁵⁵ tau³⁵ tʰaŋ⁵⁵ pian⁰ ʂaŋ⁰ tɕʰi⁰]

趁仙女儿得洗澡的时候儿啊，[tʂʰən³⁵ ɕian³¹ ɱʯ²⁴ ɚ⁰ te⁰ ɕi²⁴ tsau²⁴ ti⁰ ʂʯ⁵⁵ xər⁰ a⁰]仙女儿得：仙女们

阴倒把她的挂在树上的，[in³¹ tau²⁴ pa²⁴ tʰa³¹ ti⁰ kua³⁵ tsai³³ ʂʯ³³ ʂaŋ⁰ ti⁰]阴倒：偷偷地

那个衣裳捞⁼倒跑倒，[n̩³⁵ ko⁰ i³¹ ʂaŋ⁰ lau³⁵ tau⁰ pʰau⁵⁵ tau⁰]捞⁼：偷

莫往后头看，[mo³³ uaŋ³¹ xəu³³ tʰəu⁰ kʰan³⁵]

直径往回跑，[tʂʯ³⁵ tɕin⁰ uaŋ³¹ xuei⁵⁵ pʰau⁵⁵]直径：一直、不停地

个样的就能让这个仙女儿咧，[ko²⁴ iaŋ³³ ti⁰ tɕiəu³³ lən⁵⁵ zʯaŋ³³ te³⁵ ko⁰ ɕian³¹ ɱʯ²⁴ ɚ⁰ lie⁰]个样：这样

做他的媳妇儿。[tsəu³⁵ tʰa³¹ ti⁰ ɕi²² fər⁰]

第二天早晨，[ti³³ ɚ³³ tʰian³¹ tsau²⁴ tʂʰən⁵⁵]

牛郎他有点儿信，[ȵiəu⁵⁵ laŋ⁵⁵ tʰa³¹ iəu²⁴ tiər²⁴ ɕin³⁵]信：相信

又不是个信咧，[iəu³³ pu²² ʂʯ³³ ko²⁴ ɕin³⁵ lie⁰]个：这么

他就把眼睛个一蒙倒啊，[tʰa³¹ tɕiəu³³ pa²⁴ ŋan²⁴ tɕin⁰ ko²⁴ i²¹³ moŋ⁵⁵ tau⁰ a⁰]蒙倒：蒙住

往那个山脚下个的走。[uaŋ³¹ n̩³⁵ ko⁰ san³¹ tɕio²¹³ xa⁰ ko²⁴ ti⁰ tsəu²⁴]

天还是蒙蒙亮儿，[tʰian³¹ xai⁵⁵ ʂʯ³³ moŋ⁵⁵ moŋ⁵⁵ liaŋ³³ ɚ⁰]

他本看到，[tʰa³¹ pən²⁴ kʰan³⁵ tau⁰]本：果真

仙女儿在塘里屎玩水儿，[ɕian³¹ ɱʯ²⁴ ɚ⁰ tsai³³ tʰaŋ⁵⁵ li²⁴ təu⁰ uan⁵⁵ ʂʯ²⁴ ɚ⁰]里屎：里面

流时往树上呃，[liəu⁵⁵ ʂʯ⁰ uaŋ³¹ ʂʯ³³ ʂaŋ⁰ e⁰]

捏一件粉色的衣裳啊，[ȵie²¹³ i²² tɕian³³ fən²⁴ se²¹³ ti⁰ i³¹ ʂaŋ⁰ a⁰]捏：拿

直径往回跑，[tʂʯ³⁵ tɕin⁰ uaŋ³¹ xuei⁵⁵ pʰau⁵⁵]

然后，[zʯan⁵⁵ xəu³³]

牛郎把衣裳抢走的仙女儿咧，[ȵiəu⁵⁵ laŋ⁵⁵ pa²⁴ i³¹ ʂaŋ⁰ tɕʰiaŋ²⁴ tsəu²⁴ ti⁰ ɕian³¹ ɱʯ²⁴ ɚ⁰ lie⁰]

就是织女。[tɕiəu³³ ʂʯ³³ tʂʯ²² ɱʯ²⁴]

那天夜晚她就轻轻儿地，[la³³ tʰian³¹ ie³³ uan²⁴ tʰa³¹ tɕiəu³³ tɕʰin³¹ tɕʰiər³¹ ti⁰]

到牛郎屋去敲门，[tau³⁵ ȵiəu⁵⁵ laŋ⁵⁵ u²¹³ tɕʰi⁰ kʰau³¹ mən⁵⁵]

牛郎看到真是来的个仙女儿啊，[ȵiəu⁵⁵ laŋ⁵⁵ kʰan³⁵ tau⁰ tʂən³¹ ʂʯ³³ lai⁵⁵ ti⁰ ko⁰ ɕian³¹ ɱʯ²⁴ ɚ⁰ a⁰]

心下[不晓得]几润，[ɕin³¹ xa⁰ pʰie²¹³ tɕi²⁴ zʯən³⁵]润：高兴

要这个仙女儿做他的媳妇儿。[iau³⁵ te³⁵ ko⁰ ɕian³¹ ɳʯ²⁴ ɚ⁰ tsəu³⁵ tʰa³¹ ti⁰ ɕi²² fɚ⁰]

呃过后对这个仙女咧,[e⁰ ko³⁵ xəu³³ ti³⁵ te³⁵ ko⁰ ɕian³¹ ɳʯ²⁴ ɚ⁰ lie⁰]

也[不晓得]几好,[ie²⁴ pʰie²¹³ tɕi²⁴ xau²⁴]

两个人一个白天就出去犁地,[liaŋ²⁴ ko⁰ zən⁵⁵ i²² ko⁰ pe³³ tʰian³¹ tɕiəu³³ tʂʰʯ²² tɕʰi⁰ li⁵⁵ ti³³]

一个就在屋的织布,[i²² ko⁰ tɕiəu³³ tsai³³ u²² ti⁰ tʂʅ²² pu³⁵]

日子过得那也好幸福。[ɚ²² tsʅ⁰ ko³⁵ te⁰ la³³ ie²⁴ xau²⁴ ɕin³³ fu²¹³]

一划〓下儿过去了三年,[i²² xua²¹³ xar⁰ ko³⁵ tɕʰi⁰ liau⁰ san³¹ ȵian⁵⁵] 一划〓下儿:一晃、转眼

牛郎跟织女生了一个胖儿,[ȵiəu⁵⁵ laŋ⁵⁵ kən³¹ tʂʅ²² ɳʯ²⁴ sən³¹ liau⁰ i²² ko⁰ pʰaŋ³⁵ ɚ⁵⁵]

跟一个好齐整的女儿,[kən³¹ i²² ko⁰ xau²⁴ tɕʰi⁵⁵ tʂən²⁴ ti⁰ ɳʯ²⁴ ɚ⁰] 齐整:漂亮

一屋的人日子过得也好润。[i²² u²¹³ ti⁰ zən⁵⁵ ɚ²¹³ tsʅ⁰ ko³⁵ te⁰ ie²⁴ xau²⁴ zʮən³⁵] 一屋的人:一家人

不晓得么儿地,[pu²¹³ ɕiau²⁴ te⁰ mər²⁴ ti³³] 么儿:怎么

织女阴倒下凡的事啊,[tʂʅ²² ɳʯ²⁴ in³¹ tau⁰ ɕia³³ fan⁵⁵ ti⁰ sʅ³³ a⁰] 阴倒:偷偷地

让玉皇大帝晓得了。[zʮaŋ³³ zʮ²² xuaŋ³³ ta³³ ti³⁵ ɕiau²⁴ te⁰ liau⁰]

有一天哪,[iəu²⁴ i²² tʰian³¹ la⁰]

天上又掣霍又打雷的,[tʰian³¹ ʂaŋ³³ iəu³³ tʂʰe²² xo²¹³ iəu³³ ta²⁴ li⁵⁵ ti⁰] 掣霍:闪电

刮[不晓得]几大的风,[kua²¹³ pʰie²¹³ tɕi²⁴ ta³³ ti⁰ foŋ³¹]

还落了大雨。[xai⁵⁵ lo²² liau⁰ ta³³ zʮ²⁴] 落:下

个么早儿的时候儿,[ko²⁴ mo²⁴ tsau²⁴ ɚ⁰ ti⁰ ʂʅ⁵⁵ xər⁰] 个,这个。么早儿:时候儿

织女就冇看到了,[tʂʅ²² ɳʯ²⁴ tɕiəu³³ mau³³ kʰan⁵⁵ tau⁰ liau⁰]

两个伢儿就急得哭了,[liaŋ²⁴ ko⁰ ŋar⁵⁵ tɕiəu³³ tɕi²⁴ te⁰ kʰu²¹³ liau⁰]

非要找他妈。[fei³¹ iau³⁵ tsau²⁴ tʰa³¹ ma³¹]

牛郎也是着急得冇得解,[ȵiəu⁵⁵ laŋ⁵⁵ ie²⁴ sʅ³³ tʂo²² tɕi²¹³ te⁰ mau³³ te⁰ kai²⁴] 冇得解:没有办法

不晓得么样搞法子。[pu²¹³ ɕiau²⁴ te²¹³ mo²⁴ iaŋ³³ kau²⁴ fa²¹³ tsʅ⁰] 么样搞法子:怎么办

这个时候儿,[te³⁵ ko⁰ ʂʅ⁵⁵ xər⁰]

那头老牛无故儿说话了:[la³³ tʰəu⁵⁵ lau²⁴ ȵiəu⁵⁵ u⁵⁵ ku³⁵ ɚ⁰ ʂʯe²² xua³³ liau⁰] 无故儿:无缘无故

"牛郎,尔莫伤心儿,[ȵiəu⁵⁵ laŋ⁵⁵, n̩²⁴ mo³³ ʂaŋ³³ ɕiər³¹]

尔把我的角端下来,[n̩²⁴ pa²⁴ ŋo²⁴ ti⁰ ko²¹³ tan³¹ xa³³ lai⁰] 端:拿

变倒两个箩筐,[pian³⁵ tau⁰ liaŋ²⁴ ko⁰ lo⁵⁵ kʰuaŋ³¹] 变倒:变成

呃,把这两个伢儿,[e⁰, pa²⁴ te³⁵ liaŋ²⁴ ko⁰ ŋar⁵⁵]

往里屡个一栋˭，[uaŋ³¹ li²⁴ təu⁰ ko²⁴ i²² toŋ³⁵] 里屡：里面。栋˭：放

挑倒到天上去找尔媳妇儿。[tʰiau³¹ tau⁰ tau³⁵ tʰian³¹ ʂaŋ⁰ tɕʰi⁰ tʂau²⁴ n̩²¹³ ɕi²¹³ fər⁰]

牛郎在那里扪˭想，[ȵiəu⁵⁵ laŋ⁵⁵ tsai³³ la³³ li⁰ mən³¹ ɕiaŋ²⁴] 扪˭：不停地

呃么个蹊跷啊，[e⁰ mo²⁴ ko²⁴ tɕʰi⁵⁵ tɕʰiau³¹ a⁰] 么：怎么

牛么儿无缘无故儿说倒话啊，[ȵiəu⁵⁵ mər²⁴ u⁵⁵ zɥan⁵⁵ u⁵⁵ ku³⁵ ə⁰ ʂɥe²¹³ tau²⁴ xua³³ a⁰]
么儿：怎么。说倒：会说

个么早儿的时候儿，[ko²⁴ mo⁰ tsau²⁴ ə⁰ ti⁰ ʂʅ⁵⁵ xər⁰]

那个牛角就落到地上去了，[n̩³⁵ ko⁰ ȵiəu⁵⁵ ko²¹³ tɕiəu³³ lo²² tau⁰ ti³³ ʂaŋ⁰ tɕʰi⁰ liau⁰]

还真变成了两个箩筐。[xai⁵⁵ tʂən³¹ pian³⁵ tʂʰən⁵⁵ liau⁰ liaŋ²⁴ ko⁰ lo⁵⁵ tɕʰiaŋ³¹]

牛郎把两个伢儿，[ȵiəu⁵⁵ laŋ⁵⁵ pa²⁴ liaŋ²⁴ ko⁰ ŋar⁵⁵]

流时往那个箩筐里屡个一栋˭，[liəu⁵⁵ ʂʅ⁰ uaŋ³¹ n̩³⁵ ko⁰ lo⁵⁵ tɕʰiaŋ³¹ li²⁴ təu⁰ ko²⁴ i²² toŋ³⁵]

呃用扁担挑倒啊往身上啊，[e⁰ ioŋ³³ pian²⁴ tan⁰ tʰiau³¹ tau⁰ a⁰ uaŋ³¹ ʂən³¹ ʂaŋ⁰ a⁰]

哐倒一阵风就出来了，[kʰuaŋ²⁴ tau⁰ i²² tʂən³³ foŋ³¹ tɕiəu³³ tʂʰu²¹³ lai⁵⁵ liau⁰] 哐倒：突然

箩筐就跟长了翅膀儿样的，[lo⁵⁵ tɕʰiaŋ³¹ tɕiəu³³ kən³¹ tʂaŋ²⁴ liau⁰ tʂʰʅ³⁵ par²⁴ iaŋ³³ ti⁰]

直径往云里屡雾里屡赱飞。[tʂʅ³⁵ tɕin⁰ uaŋ³¹ zɥan⁵⁵ li²⁴ təu⁰ u³³ li²⁴ təu⁰ tʂʰo³⁵ fei³¹] 直经：一直、不停地。赱：疾行

飞来飞去的时候儿，[fei³¹ lai⁵⁵ fei³¹ tɕʰi³⁵ ti⁰ ʂʅ⁵⁵ xər⁰]

牛郎看到织女了，[ȵiəu⁵⁵ laŋ⁵⁵ kʰan³⁵ tau⁰ tʂʅ²² m̩²⁴ liau⁰]

呃想到么儿样的追他的媳妇儿了。[e⁰ ɕiaŋ²⁴ tau⁰ mər²⁴ iaŋ³³ ti⁰ tʂɥei³¹ tʰa²² ti⁰ ɕi²² fər⁰ liau⁰] 么儿样：怎样

正说要抻手啊，[tʂən³⁵ ʂɥe²¹³ iau³⁵ tʂən³¹ ʂəu²⁴ a⁰] 抻手：伸手

去把她个一扯拉转来，[tɕʰi³⁵ pa²⁴ tʰa³¹ ko²⁴ i²² tʂʰe²⁴ la³¹ tʂɥan²⁴ lai⁰] 转来：回来

这个时候儿，[te³⁵ ko⁰ ʂʅ⁵⁵ xər⁰]

王母娘娘无故儿把看到了。[uaŋ⁵⁵ mo²⁴ ȵiaŋ⁵⁵ ȵiaŋ⁰ u⁵⁵ ku³⁵ ə⁰ pa²⁴ kʰan³⁵ tau⁰ liau⁰]
无故：无意中。把：给

她流时从头上扯一根金钗儿，[tʰa³¹ liəu⁵⁵ ʂʅ⁰ tsʰoŋ⁵⁵ tʰəu⁵⁵ ʂaŋ⁰ tʂʰe²⁴ i²² kən³¹ tɕin³¹ tsʰai³¹ ə⁰]

在牛郎跟织女的中间个一划，[tsai³³ ȵiəu⁵⁵ laŋ⁵⁵ kən³¹ tʂʅ²² m̩²⁴ ti⁰ tʂoŋ³¹ tɕian³¹ ko²⁴ i²² xua³³] 个：这么

就变成了一条 [不晓得] 几宽的大河，[tɕiəu³³ pian³⁵ tʂʰən⁵⁵ liau⁰ i²² tʰiau⁵⁵ pʰie²¹³ tɕi²⁴ kʰuan³¹ ti⁰ ta³³ xo⁵⁵]

根本就望不到对面，[kən³¹ pən²⁴ tɕiəu³³ uaŋ³³ pu²² tau⁰ ti³⁵ mian³³]

就个样的把两个人哪，[tɕiəu³³ ko²⁴ iaŋ³³ ti⁰ pa²⁴ liaŋ²⁴ ko⁰ zən⁵⁵ la⁰]

硬隔开了。[ŋən³³ ke²² kʰai³¹ liau⁰]

喜鹊儿看到牛郎跟织女，[ɕi²⁴ tɕio²¹³ ɚ⁰ kʰan³⁵ tau⁰ ȵiəu⁵⁵ laŋ⁵⁵ kən³¹ tʂʅ²² m̩ʐ²⁴]

个样地伤心儿，[ko²⁴ iaŋ³³ ti⁰ ʂan³¹ ɕiɚ³¹]

又看不到对方，[iəu³³ kʰan³⁵ pu⁰ tau⁰ ti³³ faŋ³¹]

[不晓得]几同情他得。[pʰie²¹³ tɕi²⁴ tʰoŋ⁵⁵ tɕʰin⁵⁵ tʰa²¹³ te⁰] 他得：他们

年年的老历七月初七啊，[ȵian⁵⁵ ȵian⁵⁵ ti⁰ lau²⁴ li²¹³ tɕʰi²² zɥe²¹³ tsʰəu³¹ tɕʰi²¹³ a⁰] 老历：农历

就呃[不晓得]几多的喜鹊儿呃，[tɕiəu³³ e⁰ pʰie²¹³ tɕi²⁴ to³¹ ti⁰ ɕi²⁴ tɕʰio²¹³ ɚ⁰ e⁰]

就邀倒一阵，[tɕiəu³³ iau³¹ tau⁰ i²² tʂən³³] 一阵：一起

全部都飞到天河上去，[tɕʰian⁵⁵ pu³³ təu³¹ fei³¹ tau⁰ tʰian³¹ xo⁵⁵ ʂaŋ⁰ tɕʰi⁰]

只怕儿有上万把只儿，[tʂʅ²² par⁰ iəu²⁴ ʂaŋ³³ uan³³ pa⁰ tʂʅ²¹³ ɚ⁰] 只怕儿：恐怕

那有个多。[la³³ iəu²⁴ ko²⁴ to³¹]

这一只把那一只的尾巴儿衔倒，[te³⁵ i²² tʂʅ³¹ pa²⁴ la³³ i²² tʂʅ³¹ ti⁰ uei²⁴ par⁰ xan⁵⁵ tau⁰] 衔倒：衔着

从这一头啊到那一头，[tsʰoŋ⁵⁵ te³⁵ i²² tʰəu⁵⁵ a⁰ tau³⁵ la³³ i²² tʰəu⁵⁵]

就搭起了一座[不晓得]几[tɕiəu³³ ta²² tɕʰi¹ liau⁰ i²² tso³³ pʰie²² tɕi²⁴]

[不晓得]几长的鹊桥，[pʰie²² tɕi²⁴ tʂʰaŋ⁵⁵ ti⁰ tɕʰio²² tɕʰiau⁵⁵]

让牛郎跟织女咧，[zɥaŋ³³ ȵiəu⁵⁵ laŋ⁵⁵ kən³¹ tʂʅ²² m̩ʐ²⁴ lie⁰]

每一年七月初七的时候儿，[mi²⁴ i²² ȵian⁵⁵ tɕʰi²² zɥe²¹³ tsʰəu³¹ tɕʰi²¹³ ti⁰ ʂʅ⁵⁵ xɚ⁰]

在一地岸儿，[tsai³³ i²² ti²¹³ ŋɚ⁰] 一地岸儿：一块儿

两个人互相看下儿，[liaŋ²⁴ ko⁰ zən⁵⁵ xu³³ ɕiaŋ³¹ kʰan³⁵ xar⁰]

看下儿伢儿，[kʰan³⁵ xar⁰ ŋa⁵⁵ ɚ⁰]

搭下儿嘴儿，[ta²¹³ xar⁰ tɕi²⁴ ɚ⁰] 搭下儿嘴儿：聊聊天儿

呃问下儿他好不好，[e⁰ uən³³ xar⁰ tʰa³¹ xau²⁴ pu⁰ xau²⁴]

在屋的啊一定要把日子过好。[tsai³³ u²¹³ ti⁰ a⁰ i²² tin³³ iau³⁵ pa²⁴ ɚ²¹³ tsʅ⁰ ko³⁵ xau²⁴]

织女啊叫牛郎莫着急她，[tʂʅ²² m̩ʐ²⁴ a⁰ tɕiau³⁵ ȵiəu⁵⁵ laŋ⁵⁵ mo³³ tʂo²² tɕi²¹³ tʰa³¹]

把她的两个伢儿看好，[pa²⁴ tʰa³¹ ti⁰ liaŋ²⁴ ko⁰ ŋar⁵⁵ kʰan³¹ xau²⁴] 看：养育

呃两个伢儿要尔看得好好儿的咧，[e⁰ liaŋ²⁴ ko⁰ ŋar⁵⁵ iau³⁵ n̩²⁴ kʰan³⁵ te⁰ xau²⁴ xaur²⁴ ti⁰ lie⁰]

让他成人，[zɥaŋ³³ tʰa³¹ tsʰən⁵⁵ zən⁵⁵]

她就心下就放心，[tʰa³¹ tɕiəu³³ ɕin³¹ xa⁰ tɕiəu³³ faŋ³⁵ ɕin³¹] 心下：心里

就抻敨了。[tɕiəu³³ tʂʰən³¹ tʰəu⁰ liau⁰] 敨：无牵挂；清爽、利落

牛郎说："织女，尔莫着急，[ȵiəu⁵⁵ laŋ⁵⁵ ʂɥe²¹³，tʂʅ²² n̩ʅ²⁴，n̩²⁴ mo³³ tʂo²² tɕi²¹³]
呃我肯定会把两个伢儿看好的，[e⁰ ŋo²⁴ kʰən²⁴ tin³³ xuei³³ pa²⁴ liaŋ²⁴ ko⁰ ŋar⁵⁵ kʰan³¹ xau²⁴ ti⁰]
尔在天上也要把自家照顾好，[n̩²⁴ tsai³³ tʰian³¹ ʂaŋ⁰ ie²⁴ iau³⁵ pa²⁴ tsʅ³³ ka³¹ tʂau³⁵ ku³⁵ xau²⁴] 自家：自己
把身体嗯把自家，[pa²⁴ ʂən³¹ tʰi²⁴ ən⁰ pa²⁴ tsʅ³³ ka³¹]
看得白白胖胖儿的。"[kʰan³¹ te⁰ pe³³ pe³³ pʰaŋ³⁵ pʰaŋ³⁵ ə⁰ ti⁰]
嗯我跟尔得说的，[ən⁰ ŋo²⁴ kən³¹ n̩²⁴ te⁰ ʂɥe²¹³ ti⁰] 尔得：你们
这个牛郎织女的故事啊，[te³⁵ ko⁰ ȵiəu⁵⁵ laŋ⁵⁵ tʂʅ²² n̩ʅ²⁴ ti⁰ ku³⁵ sʅ³³ a⁰]
呃就是说到这里了，[e⁰ tɕiəu³³ sʅ³³ ʂɥe²¹³ tau⁰ te³⁵ li⁰ liau⁰]
下回再跟尔得继续说。[ɕia³³ xuei⁵⁵ tsai³⁵ kən³¹ n̩²⁴ te⁰ tɕi³⁵ ɕiəu³³ ʂɥe²¹³]

意译：今天我来跟你们讲个故事，故事的名字叫牛郎织女。从前有个小男孩儿，父母都不在了，一个人很可怜。家里什么都没有，只有一头牛，人家都叫他呢牛郎。牛郎别的什么都不会，主要是靠这头老牛啊犁地谋生。这头老牛实际上是谁呢？它是天上的金牛星下凡的，看到牛郎家里这样的情况，人又很善良，他就想到要下来帮下儿他，帮他成个家。

有一天金牛星得知天上的仙女，要到牛郎他们村子东边的那个山脚下的塘里去洗澡玩。他就赶快托梦给牛郎，哎说要牛郎第二天早晨到塘边上去，趁仙女们洗澡时，偷偷地把她挂在树上的那个衣服偷来，然后跑回去，不要回头看，一直往回跑，这样就能让仙女做他的媳妇。第二天早晨牛郎半信半疑，他蒙着眼睛朝山脚下走。天还蒙蒙亮，他果真看到仙女们在塘里戏水，于是赶紧从树上拿了一件粉色的衣裳一直往家里跑，然后被牛郎抢走衣裳的那个仙女就是织女。那天夜晚她就去了牛郎家轻轻地敲门。牛郎看到来的真是一个仙女，心里别提有多高兴，就要这个仙女做了他的媳妇。以后牛郎对这个仙女也非常好，两个人一个白天出去犁地，一个在家里织布，日子过得很幸福。

一转眼三年过去了，牛郎和织女生了一个胖儿子和一个很漂亮的女儿，一家人过得很快乐。不知怎地织女偷偷下凡的事让玉皇大帝知道了，有一天，天上又闪电又打雷，突然刮起了大风，还下起了大雨。就在这时织女一下子就不见了，两个孩子就急得哭起来了，非要找他妈。牛郎也是急得没有办法，不知该如何是好。这时，那头老牛突然开口说话了"牛郎，你别伤心，你把我的角拿下来，变成两个箩筐，呃，把这两个孩子往里面一放，挑着到天上去找你媳妇儿。"牛郎正在使劲地琢磨着，怎么这么蹊跷啊，牛怎么无缘无故会说话啊。就在这时，那个牛角就突然落到地上去了，还真变成了两个箩筐。牛郎把两个孩子赶紧往箩筐

里一放，呃用扁担挑着往身上啊，突然一阵风就出来了，箩筐就跟长了翅膀似地不停地在云里雾里疾飞。正飞来飞去时，牛郎看见了织女，呃想着怎样追上他的媳妇。呃正说要伸手啊去把她拉回来，这时被王母娘娘看到了。王母娘娘赶紧从头上拔下一根金钗，在牛郎和织女中间一划，就变成了一条很宽的大河，根本就望到不对面，就这样的把两人哪硬是隔开了。

喜鹊看到牛郎和织女这么伤心，彼此又看不到对方，很同情他们。于是每年农历七月初七，有非常多非常多的喜鹊就邀着一起，全部都飞到天河上去，恐怕有上万只，那有这么多，这一只把那一只的尾巴衔着，从这一头到那一头啊，就搭起了一座非常长非常长的鹊桥。让牛郎和织女呢每年七月初七的时候儿，在一块儿两个人互相看一眼，看下孩子，聊聊天儿，呃问下他好不好，在家里呀一定要把日子过好。织女啊叫牛郎不要为她担心，要把她的两个孩子养好，让他们成人，这样她就放心，就没有牵挂了。牛郎说："织女，你别担心，我肯定会把两个孩子养好的，你在天上也要把自己照顾好，把身体呢把自己养得白白胖胖的。"嗯我跟你们讲的牛郎织女的故事啊，呃就讲到这里了，下回再跟你们继续讲。

三 其他故事

0022 其他故事

今昼跟尔得来说一个传说，[tɕin³¹ təu⁰ kən³¹ n̩²⁴ te⁰ lai⁵⁵ ʂue²¹³ i²¹³ ko⁰ tʂʰuan⁵⁵ ʂue²¹³]
今昼：今天。尔得：你们

箩子石的传说。[ləu⁵⁵ tsɿ⁰ ʂɿ³³ ti⁰ tʂʰuan⁵⁵ ʂue²¹³]

箩子石啊，[ləu⁵⁵ tsɿ⁰ ʂɿ³³ a⁰]

是我得英山的八大景之一，[ʂɿ³³ ŋo²⁴ te⁰ in³¹ san³¹ ti⁰ pa²² ta³³ tɕin²⁴ tsɿ³¹ i²¹³] 我得：我们

"仙人挑担箩子石"，[ɕian³¹ zən⁵⁵ tʰiau³¹ tan³⁵ ləu⁵⁵ tsɿ⁰ ʂɿ³³]

这个传说咧，[te³⁵ ko⁰ tʂʰuan⁵⁵ ʂue²¹³ lie⁰]

在大别山这块粑儿，[tsai³³ ta³³ pie³³ san³¹ te³⁵ kʰuai³⁵ pa³¹ ɚ⁰] 粑儿：本指面食种类之一，这里喻小地方

那是家家户户下晓得的。[la³³ ʂɿ³³ tɕia³¹ tɕia⁰ xu³³ xu³³ xa³³ ɕiau²⁴ te⁰ ti⁰] 下：都

在英山跟安徽的金寨，[tsai³³ in³¹ san³¹ kən³¹ ŋan³¹ xuei³¹ ti⁰ tɕin³¹ tsai³³]

挨倒这个场儿啊，[ŋai³¹ tau⁰ te³⁵ ko⁰ tʂʰaŋ²⁴ ɚ⁰ a⁰] 挨倒：挨着。场儿：地方

有一个[不晓得]几高的山，[iəu²⁴ i²² ko⁰ pʰie²² tɕi²⁴ kau³¹ ti⁰ san³¹] [不晓得]：不知道。几：多么

山顶上有两块儿，[san³¹ tin²⁴ ʂaŋ⁰ iəu²⁴ liaŋ²⁴ kʰuar³⁵]

［不晓得］几［不晓得］几［不晓得］几大的石头，［pʰie²²tɕi²⁴pʰie²²tɕi²⁴pʰie²²tɕi²⁴ta³³ti⁰ʂʅ³³tʰəu⁵⁵］

那跟个巨人个样的个大。［la³³kən³¹ko⁰tʂʅ³³zən⁵⁵ko⁰iaŋ³³ti⁰ko²⁴ta³³］个：这、这么

那两块儿石头的形状咧，［la³³liaŋ²⁴kuai³⁵ʂʅ³³tʰəu⁵⁵ti⁰ɕin⁵⁵tsaŋ³³lie⁰］

像个篓儿，［tɕiaŋ³³ko⁰lər²⁴］

有边儿有角儿的，［iəu²⁴piər³¹iəu²⁴ko²²ɚ⁰ti⁰］

就跟人工加工过一样的。［tɕiəu³³kən³¹zən⁵⁵koŋ³¹tɕia³¹koŋ³¹ko⁰i²¹³iaŋ³³ti⁰］

两个石篓儿中间哪，［liaŋ²⁴ko⁰ʂʅ³³lər²⁴tʂoŋ³¹kan³¹la⁰］

还有一根断了的石头儿，［xai⁵⁵iəu²⁴i²²kən³¹tan³³liau⁰ti⁰ʂʅ³³tʰər⁰］

在那个中间个一横倒。［tsai³³n̩³⁵ko⁰tʂoŋ³¹kan³¹ko²⁴i²¹³xuan⁵⁵tau⁰］

蹊跷的是么什咧，［tɕʰi⁵⁵tɕʰiau³¹ti⁰ʂʅ³³mo²⁴sʅ³³lie⁰］么什：什么

嗯那个断面儿的另外一个场儿啊，［ən⁰n̩³⁵ko⁰tan³³miər³³ti⁰lin³³uai²¹³ko⁰tʂʰaŋ²⁴ŋɚ⁰a⁰］

它是一个弯倒的，［tʰa³¹ʂʅ³³i²¹³ko⁰uan³¹tau⁰ti⁰］

就跟那个山上，［tɕiəu³³kən³¹n̩³⁵ko⁰san³¹ʂaŋ⁰］

那个农民用的扁担样的，［n̩³⁵ko⁰loŋ⁵⁵min⁵⁵ioŋ³³ti⁰pian²⁴tan³⁵iaŋ³³ti⁰］

山里屡的人哪说，［san³¹li²⁴tʰəu⁰ti⁰zən⁵⁵la⁰ʂue²¹³］里屡：里面

"仙人挑担篓子石"，［ɕian³¹zən⁵⁵tʰiau³¹tan³⁵ləu⁵⁵tsʅ⁰ʂʅ³³］

就是这个处儿，［tɕiəu³³ʂʅ³³te³⁵ko⁰tʂʰuʅ³⁵ɚ⁰］处儿：地方

听说这个场儿啊，［tʰin³⁵ʂue²¹³te³⁵ko⁰tʂʰaŋ²⁴ŋɚ⁰a⁰］

还流传了个［不晓得］几动人的故事。［xai⁵⁵liəu⁵⁵tʂʰyan⁵⁵liau⁰ko⁰pʰie²²tɕi²⁴toŋ³³zən⁵⁵ti⁰ku³⁵ʂʅ³³］

呃听说在往时儿啊，［e³³tʰin³⁵ʂue²¹³tsai³³uaŋ²⁴ʂʅ⁵⁵ɚ⁰a⁰］往时：过去

［不晓得］几多年以前，［pʰie²²tɕi²⁴to³¹nian⁵⁵i²⁴tɕʰian⁵⁵］

有一个［不晓得］几善良，［iəu²⁴i²²ko⁰pʰie²²tɕi²⁴ʂan³³liaŋ⁵⁵］

又仁慈的一个神仙哪，［iəu³³zən⁵⁵tsʰʅ⁵⁵ti²¹³ko⁰ʂən⁵⁵ɕian³¹la⁰］

看到我得的祖先过倒，［kʰan³⁵tau⁰ŋo⁰te⁰ti⁰tsəu²⁴ɕian³¹ko³⁵tau⁰］我得：我们。倒：着

就是吃草为生哪，［tɕiəu³³ʂʅ³³tɕʰi²²tsʰau²⁴uei⁵⁵sən³¹la⁰］

个样的日子，［ko²⁴iaŋ³³ti⁰ɚ²¹³tsʅ⁰］

叶儿做衣裳穿，［ie²¹³ɚ⁰tsəu³⁵i³¹ʂaŋ⁰tʂʰyan³¹］

那是［不晓得］几吃苦，［la³³ʂʅ³³pʰie²²tɕi²⁴tɕʰi²²kʰu²⁴］

呃他心下啊不好过，［e³³tʰa³¹ɕin³¹xa⁰a⁰pu²¹³xau²⁴ko³⁵］心下：心里。不好过：不舒服、

难受

  他想到这大个天下，[tʰa³¹ ɕiaŋ²⁴ tau⁰ te³⁵ ta³³ ko⁰ tʰian³¹ ɕia³³]

  尽是个穷山恶水儿，[tɕin³³ ʂʅ³³ ko²⁴ tɕʰioŋ⁵⁵ san³¹ ŋo²² ʂuei²⁴ ɚ⁰]

  呃个生态个样的凄凉的个场儿啊，[e³³ ko²⁴ sən³¹ tʰai³⁵ ko²⁴ iaŋ³³ ti⁰ tɕʰi³¹ liaŋ⁵⁵ ti⁰ ko⁰ tʂʰaŋ²⁴ ŋɚ⁰ a⁰]

  他说他呃心下有点儿恻隐之心，[tʰa³¹ ʂue²¹³ tʰa³¹ e⁰ ɕin³¹ xa⁰ iəu²⁴ tiər²⁴ tsʰe²² in²⁴ tʂʅ³¹ ɕin³¹]

  他想到啊，[tʰa³¹ ɕiaŋ²⁴ tau⁰ a⁰]

  要呃冒犯下儿这个天规，[iau³⁵ e³³ mau³⁵ fan³³ xar³³ te³⁵ ko⁰ tʰian³¹ kuei³¹]

  他想到凡间来，[tʰa³¹ ɕiaŋ²⁴ tau³⁵ fan⁵⁵ tɕian³¹ lai⁵⁵]

  准备将这个已经往长江流去的，[tʂuən²⁴ pi³³ tɕiaŋ³¹ te³⁵ ko⁰ i²⁴ tɕin³¹ uaŋ³¹ tʂʰaŋ⁵⁵ tɕiaŋ³¹ liəu⁵⁵ tɕʰy³⁵ ti⁰]

  哦已经往东边流的这个长江啊，[o³¹ i²⁴ tɕin³¹ uaŋ³¹ toŋ³¹ pian³¹ liəu⁵⁵ ti⁰ te³⁵ ko⁰ tʂʰaŋ⁵⁵ tɕiaŋ³¹ a⁰]

  他要把它堵倒，[tʰa³¹ iau³⁵ pa²⁴ tʰa³¹ təu²⁴ tau⁰] 堵倒：堵住

  他要让这个长江的水往回流，[tʰa³¹ iau³⁵ zuaŋ³³ te³⁵ ko⁰ tʂʰaŋ⁵⁵ tɕiaŋ³¹ ti⁰ ʂuei²⁴ uaŋ³¹ xuei⁵⁵ liəu⁵⁵]

  往南边流，[uaŋ³¹ lan⁵⁵ pian³¹ liəu⁵⁵]

  流倒经过英山，[liəu⁵⁵ tau³⁵ tɕin³¹ ko³⁵ in³¹ san³¹]

  要把这个场儿啊，[iau³⁵ pa²⁴ te³⁵ ko⁰ tʂʰaŋ²⁴ ŋɚ⁰ a⁰]

  变成美丽，[pian³⁵ tʂʰən³¹ mi²⁴ li³³]

  呃又[不晓得]几富裕的一个鱼乡，[e³³ iəu³³ pʰie²² tɕi²⁴ fu³⁵ zʅ²¹³ ti⁰ i²² ko⁰ zʅ⁵⁵ ɕiaŋ³¹]

  鱼米之乡，[zʅ⁵⁵ mi²⁴ ʂʅ³¹ ɕiaŋ³¹]

  让这个场儿的，[zuaŋ³³ te³⁵ ko⁰ tʂʰaŋ²⁴ ŋɚ⁰ ti⁰]

  这些呃老百姓哪，[te³⁵ ɕie⁰ e³³ lau²⁴ pe²² ɕin³⁵ la⁰]

  把日子也过好着儿。[pa²⁴ ɚ²¹³ tsʅ²⁴ ie⁰ ko³⁵ xau²⁴ tʂɚ²⁴] 好着儿：好点儿

  他有这个想法儿之后，[tʰa³¹ iəu²⁴ te³⁵ ko⁰ ɕiaŋ²⁴ far²⁴ tʂʅ³¹ xəu³³]

  有一天哪，[iəu²⁴ i²² tʰian³¹ la⁰]

  他就选择了一个，[tʰa³¹ tɕiəu³³ ɕian²⁴ tse²¹³ liəu⁰ i²² ko⁰]

  乌漆抹黑的个夜晚，[u³¹ tɕʰi²¹³ ma²² xe²¹³ ti⁰ ko⁰ ie³³ uan²⁴] 乌漆抹黑：形容非常黑

  他挑一担篓儿啊，[tʰa³¹ tʰiau³¹ i²² tan³⁵ lər²⁴ a⁰]

  篓儿大得出奇，[lər²⁴ ta³³ te⁰ tʂʰy²² tɕʰi⁵⁵]

他往这个大别山这一块粑儿咧，[tʰa³¹ uaŋ³¹ te³⁵ ko⁰ ta³³ pie³³ san³¹ te³⁵ i²² kʰuai³⁵ par³¹ lie⁰]

个些山顶上个一散，[ko²⁴ ɕie⁰ san³¹ tin²⁴ ʂaŋ⁰ ko²⁴ i²² san³⁵] 个：这、这么

就跟一个小山包儿，[tɕiəu³³ kən³¹ i²² ko⁰ ɕiau³⁵ san³¹ par³¹]

下收集起来了，[xa³³ ʂəu³¹ tɕi³³ tɕʰi²⁴ lai⁵⁵ liau⁰] 下：都

往那个篓儿里面个一装，[uaŋ³¹ n̩³⁵ ko⁰ lər²⁴ li⁰ ko²⁴ i²² tʂaŋ³¹]

过后他一担儿又一担儿地去挑，[ko³⁵ xəu³³ tʰa³¹ i²² tar³⁵ iəu³³ i²² tar³⁵ ti⁰ tɕʰi³⁵ tʰiau³¹]
过后：接着、然后

挑到往那个长江里面去填，[tʰiau³¹ tau⁰ uaŋ³¹ n̩³⁵ ko⁰ tʂʰaŋ⁵⁵ tɕiaŋ³¹ li²⁴ mian³³ tɕʰi³³ tʰian⁵⁵]

他想把长江堵倒。[tʰa³¹ ɕiaŋ²⁴ pa²⁴ tʂʰaŋ⁵⁵ tɕiaŋ³¹ təu²⁴ tau⁰]

可长江呃它的水呀，[ko²⁴ tʂʰaŋ⁵⁵ tɕiaŋ³¹ e³³ tʰa³¹ ti⁰ ʂuei²⁴ ia⁰]

流倒[不晓得]几急，[liəu⁵⁵ tau⁰ pʰie²² tɕi²⁴ tɕi²¹³]

它又长又宽，[tʰa³¹ iəu³³ tʂʰaŋ⁵⁵ iəu³³ kʰuan³¹]

水又流得急，[ʂɿ²⁴ iəu³³ liəu⁵⁵ te⁰ tɕi²¹³]

尔要把它堵住啊，[n̩²⁴ iau³⁵ pa²⁴ tʰa³¹ təu²⁴ tʂɿ³³ a⁰]

那个一般的个人，[la³³ ko²⁴ i²² pan³¹ ti⁰ ko⁰ zən⁵⁵] 个一般：这么一般

那是一着儿益都冇得。[la³³ ʂɿ³³ i²² tʂər²⁴ i²¹³ təu³¹ mau³³ te²¹³] 一着儿益：一点儿作用。冇得：没有

夜晚慢慢儿地来了，[ie³³ uan²⁴ mar³³ mar³³ ti⁰ lai⁵⁵ liau⁰]

天色呀也暗了哈。[tʰian³¹ se²¹³ ia⁰ ie²⁴ ŋan³⁵ liau⁰ xa⁰]

远处儿咧，[zuan²⁴ tʂʰɿ³⁵ ə˞⁰ lie⁰]

传来了呃鸡叫声，[tʂʰuan⁵⁵ lai³³ liəu⁰ e³³ tɕi³¹ tɕiau³⁵ ʂən³¹]

到了五更的时候儿，[tau³⁵ liəu⁰ u²⁴ kən³¹ ti⁰ ʂɿ⁵⁵ xər⁰]

天快亮了啊，这个神仙，[tʰian³¹ kʰuai³⁵ liaŋ³³ liau⁰ a³¹, te³⁵ ko⁰ ʂən⁵⁵ ɕian³¹]

他心里屡[不晓得]几着急。[tʰa³¹ ɕian³¹ li²⁴ təu⁰ pʰie²² tɕi²⁴ tʂo²² tɕi²¹³] 里屡：里面

他想到啊，[tʰa³¹ ɕiaŋ²⁴ tau⁰ a³¹]

哎哟鸡叫了，[ai³¹ io⁰ tɕi³¹ tɕiau³⁵ liau⁰]

呃那第二天一下儿又来了，[e³³ la³³ ti³³ ə˞³³ tʰian³¹ i²² xar³³ iəu³³ lai⁵⁵ liau⁰]

那我这长江还冇堵倒，[la³³ ŋo²⁴ te³³ tʂʰaŋ⁵⁵ tɕiaŋ³¹ xai⁵⁵ mau³³ təu²⁴ tau⁰]

么地搞法儿的咧？[mo²⁴ ti³³ kau²⁴ far²¹³ ti⁰ lie⁰] 么地：怎么

他就流时啊，[tʰa³¹ tɕiəu³³ liəu⁵⁵ ʂɿ⁵⁵ a⁰] 流时：赶紧

呃他就流时把这个仙袍儿，[e³³ tʰa³¹ tɕiəu³³ liəu⁵⁵ ʂɿ⁵⁵ pa²⁴ te³⁵ ko⁰ ɕian³¹ pʰar⁵⁵]

把这个袖子个一卷，［pa²⁴ te³⁵ ko⁰ ɕiəu³³ tsʅ⁰ ko²⁴ i²² tsʯan²⁴］

直径往山上个地跑，［tsʅ³⁵ tɕin⁰ uaŋ³¹ san³¹ ʂaŋ⁰ ko²⁴ ti⁰ pʰau⁵⁵］直径：一直、不停地

那一下儿也不敢呃耽误。［la³³ i²² xar³³ ie²⁴ pu²² kan²⁴ e³³ tan³¹ u³³］

一下儿的功夫，［i²² xar³³ ti⁰ koŋ³¹ fu⁰］

一根烟的功夫啊，［i²² kən³¹ ian³¹ ti⁰ koŋ³¹ fu⁰ a⁰］

他就跑到这个山顶儿上去了。［tʰa³¹ tɕiəu³³ pʰau⁵⁵ tau⁰ te³⁵ ko⁰ san³¹ tiər²⁴ ʂaŋ⁰ tɕʰi³⁵ liau⁰］

就在这个时候儿，［tɕiəu³³ tsai³³ te³⁵ ko⁰ ʂʅ⁵⁵ xər⁰］

"呼"倒一声响啊，［poŋ³¹ tau⁰ i²² ʂən³¹ ɕiaŋ²⁴ a⁰］

这个山震得，［te³⁵ ko⁰ san³¹ tʂən³⁵ te⁰］

呃那跟那个地震个样的，［e³³ la³³ kən³¹ n̩³⁵ ko⁰ ti³³ tʂən³⁵ ko²⁴ iaŋ³³ ti⁰］

扁担也压断了，［pian²⁴ tan⁰ ie²⁴ ia²² tan³³ liau⁰］

两个篓儿啊，［liaŋ²⁴ ko⁰ lər²⁴ a⁰］

就扎严儿扎儿，［tɕiəu³³ tsa²² ŋər⁵⁵ tsa²¹³ ə⁰］扎严儿扎儿：严丝合缝，形容刚好

稳当地落在那个山顶上。［uən²⁴ taŋ³¹ ti⁰ lo²¹³ tsai³³ n̩³⁵ ko⁰ san³¹ tin²⁴ ʂaŋ⁰］

扁担，呃它另外一头儿啊，［pian²⁴ tan⁰，e³³ tʰa³¹ lin³³ uai³³ i²² tʰər⁵⁵ a⁰］

就在那个两个篓儿中间，［tɕiəu³³ tsai³³ n̩³⁵ ko⁰ liaŋ²⁴ ko⁰ lər²⁴ tʂoŋ³¹ kan³¹］

竟然就个地飞走了，［tɕin³⁵ zʯan⁵⁵ tɕiəu³³ ko²⁴ ti⁰ fei³¹ tsəu⁰ liau⁰］

慢儿慢儿地在远处儿的，［mər³³ mər³³ ti⁰ tsai³³ zʯan²⁴ tʂʰʯ³⁵ ə⁰ ti⁰］

那个西山边儿的那个山顶上啊，［n̩³⁵ ko⁰ ɕi³¹ san³¹ piər³¹ ti⁰ n̩³⁵ ko⁰ san³¹ tin²⁴ ʂaŋ⁰ a⁰］

慢儿慢儿地就坠倒两个石头，［mər³³ mər³³ ti⁰ tɕiəu³³ tʂuei³⁵ tau⁰ liaŋ²⁴ ko⁰ ʂʅ³³ tʰəu⁵⁵］

落倒那个石镇哪，［lo²¹³ tau⁰ n̩³⁵ ko⁰ ʂʅ³³ tʂən³⁵ la⁰］

石头咀镇街上了。［ʂʅ³³ tʰəu⁵⁵ tɕi²⁴ tʂən³⁵ kai³¹ ʂaŋ⁰ liau⁰］

尔莫说尔不信，［n̩²⁴ mo³³ ʂuɛ²¹³ n̩²⁴ pu²² ɕin³⁵］

尔到石镇街上去个一看，［n̩²⁴ tau³⁵ ʂʅ³³ tʂən³⁵ kai³¹ ʂaŋ⁰ tɕʰi³⁵ ko²⁴ i²² kʰan³⁵］

在离石镇街上那个上边儿，［tsai³³ li⁵⁵ ʂʅ³³ tʂən³⁵ kai³¹ ʂaŋ⁰ n̩³⁵ ko⁰ ʂaŋ³³ piər³¹］

一个一公里个个处儿咧，［i²² ko⁰ i²² koŋ³¹ li²⁴ ko²⁴ ko⁰ tʂʰʯ³⁵ ə⁰ lie⁰］个个：这么个

到现在，［tau³⁵ ɕian³³ tsai³³］

还有个扁担铺儿，［xai⁵⁵ iəu²⁴ ko⁰ pian²⁴ tan⁰ pʰu³⁵ ə⁰］

呃，尔不信尔还可以去看下儿。［e³¹，n̩²⁴ pu²² ɕin³⁵ n̩²⁴ xai⁵⁵ ko²⁴ i⁰ tɕʰi³⁵ kʰan³⁵ xar⁰］

自从那一回过后啊，［tsʅ³³ tsʰoŋ⁵⁵ n̩³⁵ i²² xuei⁵⁵ ko³⁵ xəu³³ a⁰］

每年到了清明节个样的时候儿，［mi²⁴ ȵian⁵⁵ tau³⁵ liau⁰ tɕʰin³¹ min⁵⁵ tɕie²¹³ ko²⁴ iaŋ³³ ti⁰ ʂʅ⁵⁵ xər⁰］

那就有人哪杀猪，[la³³ tɕiəu³³ iəu²⁴ zən⁵⁵ la⁰ sa²² tʂʅ³¹]
呃，把羊也宰了，[e³³, pa²⁴ iaŋ⁵⁵ ie²⁴ tsai²⁴ liau⁰]
到山上去祭奠。[tau³⁵ san³¹ ʂaŋ⁰ tɕʰi³⁵ tɕi³⁵ tian³³]
仙人挑担篓子石，[ɕian³¹ zən⁵⁵ tʰiau²¹ tan³⁵ ləu²⁴ tsʅ⁰ ʂʅ³³]
这个个样的个传说呀，[te³⁵ ko⁰ ko²⁴ iaŋ³³ ti⁰ ko⁰ tʂʰuan⁵⁵ ʂue²¹³ ia⁰]
就个样地传开了。[tɕiəu³³ ko²⁴ iaŋ³³ ti⁰ tʂʰuan⁵⁵ kʰai³¹ liau⁰]
呃我得今昼跟尔说的这个，[e³³ ŋo²⁴ te⁰ tɕin³¹ təu⁰ kən³¹ n̩²⁴ ʂue²¹³ ti⁰ te³⁵ ko⁰]
仙人挑担篓子石，[ɕian³¹ zən⁵⁵ tʰiau²¹ tan³⁵ ləu²⁴ tsʅ⁰ ʂʅ³³]
这个传说就跟尔说到这里，[te³⁵ ko⁰ tʂʰuan⁵⁵ ʂue²¹³ tɕiəu³³ kən³¹ n̩²⁴ ʂue²¹³ tau⁰ te³⁵ li⁰]
呃下回再跟尔接倒往下说。[e³¹ ɕia³³ xuei⁵⁵ tsai³⁵ kən³¹ n̩²⁴ tɕie²² tau⁰ uaŋ²⁴ xa³³ ʂue²¹³]

意译：今天跟你们来讲一个传说，篓子石的传说。篓子石啊，是我们英山的八景之一，"仙人挑担篓子石"，这个传说呢，在大别山这个地方，那是家家户户都知道的。在英山与安徽的金寨县挨着这个地方啊，有一个很高的山，山顶上有两块儿非常非常非常大的石头，那跟一个巨人样的这么大。那两块状石头的形状呢，像个篓子，有边有角的，就像人工加工过一样的。两个石篓儿中间哪，还有还有一根断石，在那中间这么一横着。蹊跷的是什么呢，那个断面的，另一个地方啊，它是一个弯着的，就像那个山上那个农民用的扁担一样的。山里人哪说，"仙人挑担篓子石"就是这里，听说这个地方，还流传了一个非常动人的故事。

听说在过去啊，不知多少年以前，有一个很善良又仁慈的神仙哪，看到我们的祖先哪过着食草为生哪这样的日子，树叶当衣服穿，那是非常吃苦。他心里很难受，他就想，这么大个天下，尽是穷山恶水，呃这里的生态像这样凄凉的一个地方，他说他心里有点恻隐之心，他想到啊要呃冒犯下这个天规，他要到凡间来，准备将已经往长江流去的，哦已经往东边流去的长江啊，他要把它堵截住，他想要让这长江的水往回流，往南边流，流经英山，他要把这个地方啊，变成美丽，呃又非常富裕的一个鱼乡，鱼美之乡，让这个地方的，这些呃老百姓哪，把日子也过好点儿。他有了这个想法之后，有一天哪，他就选择了一个漆黑的夜晚，他挑着一担篓子，篓子大得出奇，他将大别山这个地方，这么多山顶就这么一散，就把一个小山包儿都收集起来了，把山包的土往篓中这么一装，然后他一担接一担地去挑，挑着去填长江，他想把长江堵住。可是长江的水流得非常急。它又长又宽，水又流得急，你要把它堵住啊，那光靠普通的人是一点作用都没有。

夜晚慢慢来临，天色也暗下来了。远处呢，传来了鸡叫声，到了五更的时候啊，这个神仙哪，他心里不知有多着急。他想到啊，哎哟鸡叫了，呃那第二天一下子又来了，那我这长江还没堵住，怎么弄的呢？他就赶紧啊，呃他就赶紧把这个仙袍子，把这个袖子这么一卷，一直往山上跑，一点儿也不敢耽误。一会儿的功夫，就一根烟的功夫啊，他就跑到这个山顶上去了。就在这个时候，"呼"地一声巨响啊，这个山震得呃跟那个地震一样的，扁担也压断了，两个篓子啊，就刚好稳稳当当地落在那个山顶上。扁担呢它的另外一头啊，就在那个两个篓子中间，竟然就这样飞走了，慢慢儿地在远处的，那个西山边的山顶上啊，慢慢儿地就坠下两个石头，落倒那个石镇哪，石头咀镇街上了。

你别说你不相信，你到石镇街上去这么一瞧，在离石镇街上那个上边一公里处的地方呢，到现在，还有一个扁担铺子，哎，你不信你还可以去看一下。自从那一回之后啊，每年到了清明节这个时候儿，那就有人杀猪，呃，把羊也宰了，到山上去祭奠。仙人挑担篓子石，这个传说啊就这样传开了。呃我们今天跟你说的这个仙人挑担篓子石，这个传说就说到这里，呃下回再跟你接着往下说。

0023 其他故事

今天，我跟尔得说下儿，[tɕin³¹ tʰian³¹，ŋo²⁴ kən³¹ n̩²⁴ te⁰ ʂʯ²² xar³³] 尔得：你们

我得英山的一位余老先生，[ŋo²⁴ te⁰ in³¹ san³¹ ti⁰ i²² uei³³ zʯ⁵⁵ lau²⁴ ɕian³¹ sən³¹] 我得：我们

他是我得英山毛坳儿的人。[tʰa³¹ ʂɻ³³ ŋo²⁴ te⁰ in³¹ san³¹ mau⁵⁵ ŋar³⁵ ti⁰ zən⁵⁵]

这位余老先生哪，[te³⁵ uei³³ zʯ⁵⁵ lau²⁴ ɕian³¹ sən³¹ la⁰]

[不晓得]几有才华，[pʰie²² tɕi²⁴ iəu²⁴ tsʰai⁵⁵ xua⁵⁵] [不晓得]不知道。几：多少

读了好多书，呃，[təu³³ liəu⁰ xau²⁴ to³¹ ʂʯ³¹，e³³]

他最擅长的就是对对子。[tʰa³¹ tsei³⁵ ʂan³³ tʂʰaŋ⁵⁵ ti⁰ tɕiəu³³ ʂɻ³³ ti³⁵ ti³⁵ tsɻ⁰] 对子：对联

这有一年的正月初啊，[te³⁵ iəu⁴ i²² nian⁵⁵ ti⁰ tʂən³¹ zʯ²¹³ tsʰəu³¹ a⁰]

外地的一个秀才，[uai³³ ti³³ ti⁰ i²¹³ ko⁰ ɕiəu³⁵ tsʰai⁵⁵]

听说呃 [tʰin³⁵ ʂʯ²¹³ e³³]

余老先生有个深的学问，[zʯ⁵⁵ lau²⁴ ɕian³¹ sən³¹ iəu²⁴ ko²⁴ ʂən³¹ ti⁰ ɕio³³ uən³³] 个：这、这么

他不个相信哪，[tʰa³¹ pu²² ko²⁴ ɕiaŋ³¹ ɕin³⁵ la⁰]

他就想上门拜访下儿。[tʰa³¹ tɕiəu³³ ɕiaŋ²⁴ ʂaŋ³³ mən⁵⁵ pai³⁵ faŋ²⁴ xar³³]

喝酒的这个呃中间的时候咧，[xo³¹ tɕiəu²⁴ ti⁰ te³⁵ ko⁰ e⁰ tʂoŋ³¹ kan³¹ ti⁰ ʂɻ⁵⁵ xər⁵⁵ lie⁰]

那秀才，[n̩³⁵ ɕiəu³⁵ tsʰai⁵⁵]

他总想试探下儿这个余老先生，[tʰa³¹ tsoŋ²⁴ ɕiaŋ²⁴ ʂɻ³⁵ tʰan³⁵ xar³³ te³⁵ ko⁰ zʯ⁵⁵ lau²⁴ ɕian³¹ sən³¹]

看下儿余老先生，[kʰan³⁵ xar³³ zʯ⁵⁵ lau²⁴ ɕian³¹ sən³¹]

是不是真的会对对子，[ʂʯ³³ pu⁰ ʂʯ³³ tʂən³¹ ti⁰ xuei³³ ti³⁵ ti³⁵ tʂʯ⁰]

呃是不是跟民间流传的咧，[e³³ ʂʯ³³ pu⁰ ʂʯ³³ kən³¹ min⁵⁵ tɕian³¹ liəu⁵⁵ tʂʰuan⁵⁵ ti⁰ lie⁰]

说的个样地高个样地神法儿的，[ʂue²¹³ ti⁰ ko²⁴ iaŋ³³ ti⁰ kau³¹ ko²⁴ iaŋ³³ ti⁰ ʂən⁵⁵ far²¹³ ti⁰] 神：神奇

那个秀才说呀：[n̩³⁵ ko⁰ ɕiəu³⁵ tsʰai⁵⁵ ʂue²¹³ ia⁰]

"呃老先生，[e³³ lau²⁴ ɕian³¹ sən³¹]

呃我早就听说，[e⁰ ŋo²⁴ tsau²⁴ tɕiəu³³ tʰin³⁵ ʂue²¹³]

尔对对子是非常厉害的，[n̩²⁴ ti³⁵ ti³⁵ tʂʯ⁰ ʂʯ³³ fei³¹ tʂʰaŋ⁵⁵ li³³ xai³³ ti⁰]

[不晓得]几有名的，[pʰie²² tɕi²⁴ iəu²⁴ min⁵⁵ ti⁰]

我今昼想拜访下儿尔，[ŋo²⁴ tɕin³¹ təu⁰ ɕiaŋ²⁴ pai³⁵ faŋ³³ xar³³ n̩²⁴] 今昼：今天。下儿：下子

想跟尔学下儿。"[ɕiaŋ²¹³ kən³¹ n̩²⁴ ɕio³³ xar³³]

呃那个余老先生说：[e³³ n̩³⁵ ko⁰ zʯ⁵⁵ lau²⁴ ɕian³¹ sən³¹ ʂue³¹]

"那要得，冇得问题。[la³³ iau³³ te⁰，mau³³ te²¹³ uən³³ tʰi⁵⁵] 要得：可以。冇得：没有

呃，尔出一个，尔先来，[e³¹，n̩² tʂʰʯ²¹³ i²² ko⁰，n̩²⁴ ɕian³¹ lai⁵⁵]

尔说一个看下儿我对得上不。"[n̩²⁴ ʂue²¹³ i²² ko⁰ kʰan³⁵ xar³³ ŋo²⁴ ti³⁵ te⁰ ʂaŋ³³ pu⁰]

那个秀才说："要得，[n̩³⁵ ko⁰ ɕiəu³⁵ tsʰai⁵⁵ ʂue²¹³：iau³⁵ te⁰]

那我就先说了。"[la³³ ŋo²⁴ tɕiəu³³ ɕian³¹ ʂue²¹³ liau⁰]

他说："小子过年，[tʰa³¹ ʂue²¹³：ɕiau²⁴ tsʯ⁰ ko³⁵ n̩ian⁵⁵]

红衣红鞋儿红辫儿线。"[xoŋ⁵⁵ i³¹ xoŋ⁵⁵ xar⁵⁵ xoŋ⁵⁵ piər³³ ɕian³⁵]

呃，余老先生把酒掇起来，[e³¹，zʯ⁵⁵ lau²⁴ ɕian³¹ sən³¹ pa²⁴ tɕiəu²⁴ to²² tɕʰi²⁴ lai⁰] 掇：端、拿

抿了一口，[min²⁴ liau⁰ i²² kʰəu²⁴]

他不慌不忙地说：[tʰa³¹ pu²² xuaŋ³¹ pu²² maŋ⁵⁵ ti⁰ ʂue²¹³]

"将军出阵，[tɕiaŋ³¹ tʂuən³¹ tʂʰʯ²² tʂən³³]

白盔白甲白刀枪。"[pe³³ kʰuei³¹ pe³³ tɕia²¹³ pe³³ tau³¹ tɕʰiaŋ³¹]

秀才说："余老先生，[ɕiəu³⁵ tsʰai⁵⁵ ʂue²¹³ zʯ⁵⁵ lau²⁴ ɕian³¹ sən³¹]

尔确实高，[n̩²⁴ tɕʰio²² ʂʯ³³ kau³¹]

那我这里还有一个，[la³³ ŋo²⁴ te³⁵ li⁰ xai⁵⁵ iəu²⁴ i²² ko⁰]

呃不晓得老先生，[e³³ pu²¹³ ɕiau⁵⁵ te²¹³ lau²⁴ ɕian³¹ sən³¹]

我是当说不当说？"[ŋo²⁴ ʂʯ³³ taŋ³¹ ʂue²¹³ pu²¹³ taŋ³¹ ʂue²¹³] 当：应当

老先生说：[lau²⁴ ɕian³¹ sən³¹ ʂue²¹³]

"尔尽管说，不碍的。"[n̩²⁴ tɕin³³ kuan²⁴ ʂue²¹³，pu²² ŋai³³ ti⁰] 不碍：没关系

秀才就说："船哪载石，［ɕiəu³⁵ tsʰai⁵⁵ tɕiəu³³ ʂuɛ²¹³：tʂʰuan⁵⁵ la⁰ tsai³⁵ ʂʅ³³］
船轻石重，轻载重。"［tʂʰuan⁵⁵ tɕʰin³¹ ʂʅ³³ tʂoŋ³³，tɕʰin³¹ tsai³⁵ tʂoŋ³³］
余老先生想都不想，［zʅ⁵⁵ lau²⁴ ɕian³¹ sən³¹ ɕiaŋ²⁴ təu³¹ pu⁰ ɕiaŋ²⁴］
马上就说：［ma²⁴ ʂaŋ³³ tɕiəu³³ ʂuɛ²¹³］
"那个杆儿，秤杆儿啊，［n̩³⁵ ko⁰ kər²⁴，tʂʰən³⁵ kər²⁴ a⁰］
杆儿啊量地，［kər²⁴ a⁰ liaŋ³³ ti³³］
杆儿短地长，短量长。"［kər²⁴ tan²⁴ ti³³ tʂʰaŋ⁵⁵，tan²⁴ liaŋ³³ tʂʰaŋ⁵⁵］
当时那个秀才呀，［taŋ³¹ ʂʅ⁵⁵ n̩³⁵ ko⁰ ɕiəu³⁵ tsʰai⁵⁵ ia⁰］
那就是［不晓得］几佩服，［la³³ tɕiəu³³ ʂʅ³³ pʰie²² tɕi²⁴ pʰi³⁵ fu²¹³］
他笔直佩服得五体投地。［tʰa³¹ pi²² tʂʅ³³ pʰi³⁵ fu²¹³ te⁰ u²⁴ tʰi²⁴ tʰəu⁵⁵ ti³³］笔直：简直；不停地
呃，自从这个余老先生，［e³³，tsʅ³³ tsʰoŋ⁵⁵ te³⁵ ko⁰ zʅ⁵⁵ lau²⁴ ɕian³¹ sən³¹］
把这个对子下对出来，［pa²⁴ te³⁵ ko⁰ ti³⁵ tsʅ⁰ xa³³ ti³⁵ tʂʰuɛ²² lai⁰］下：都
而且是个样的有学问，［ɚ⁵⁵ tɕʰie²⁴ ʂʅ³³ ko²⁴ iaŋ³³ ti⁰ iəu²⁴ ɕio³³ uən³³］
有水平之后啊，［iəu²⁴ ʂuei²⁴ pʰin⁵⁵ tʂʅ³¹ xəu³³ a⁰］
那秀才说，［n̩³⁵ ɕiəu³⁵ tsʰai⁵⁵ ʂuɛ²¹³］
想跟余老先生结成好友，［ɕiaŋ²⁴ kən³¹ zʅ⁵⁵ lau²⁴ ɕian³¹ sən³¹ tɕie²² tʂʰən⁵⁵ xau²⁴ iəu²⁴］
呃以后想呃经常跟他切磋下儿，［e³³ i²⁴ xəu³³ ɕiaŋ²⁴ e⁰ tɕin³¹ tʂʰaŋ⁵⁵ kən³¹ tʰa³¹ tɕʰie³¹ tsʰo³¹ xar³³］
跟他这个探讨下儿这个学问。［kən³¹ tʰa³¹³ te³⁵ ko⁰ tʰan³⁵ tʰau²⁴ xar³³ te³⁵ ko⁰ ɕio³³ uən³³］
余老先生自家，［zʅ⁵⁵ lau²⁴ ɕian³¹ sən³¹ tsʅ³³ ka³¹］自家：自己
虽说个样的有学问哪，［ɕi³¹ ʂuɛ²¹³ ko²⁴ iaŋ³³ ti⁰ iəu²⁴ ɕio³³ uən³³ la⁰］
他从来冇考上，［tʰa³¹ tsʰoŋ⁵⁵ lai⁵⁵ mau⁰ kʰau²⁴ ʂaŋ⁰］
呃冇考上举人，［e³¹ mau³³ kʰau²⁴ ʂaŋ⁰ tɕy²⁴ zən⁵⁵］
他的学生倒是听说呃，［tʰa³¹ ti⁰ ɕio³³ sən³¹ tau³⁵ ʂʅ³³ tʰin³⁵ ʂuɛ²¹³ e⁰］
考上的［不晓得］几多。［kʰau²⁴ ʂaŋ⁰ ti⁰ pʰie²² tɕi²⁴ to³¹］
有一次，［iəu²⁴ i²² tsʰʅ³⁵］
一位考上举人的这个学生哪，［i²² uei³³ kʰau²⁴ ʂaŋ³³ tɕy²⁴ zən⁵⁵ ti⁰ te³⁵ ko⁰ ɕio³³ sən³¹ la⁰］
请余老先生去喝酒。［tɕʰin²⁴ zʅ⁵⁵ lau²⁴ ɕian³¹ sən³¹ tɕʰi³⁵ xo²² tɕiəu²⁴］
喝酒的中间儿，［xo²² tɕiəu²⁴ ti⁰ tʂoŋ³¹ kər³¹］
呃一个陪吃的一个老秀才，［e³³ i²¹³ ko⁰ pʰi⁵⁵ tɕʰi²¹³ ti⁰ i²¹³ ko⁰ lau²⁴ ɕiəu³⁵ tsʰai⁵⁵］
把杯儿掇倒说：［pa²⁴ pei³¹ ɚ⁰ to²¹³ tau⁰ ʂuɛ²¹³］

"徒中师不中。" [tʰəu⁵⁵ tʂoŋ³¹ sɿ³¹ pu²¹³ tʂoŋ³¹]

余老先生哪，[zʮ⁵⁵ lau²⁴ ɕian³¹ sən³¹ la⁰]

举杯呃沉沉地说了句：[tʂʮ²⁴ pei³¹ e⁰ tʂʰən⁵⁵ tʂʰən⁵⁵ ti⁰ ʂᵿe²¹³ liau⁰ tɕʮ³⁵]

"人能命不能。" [zən⁵⁵ lən⁵⁵ min³³ pu²² lən⁵⁵]

虽然如此啊，[ɕi³¹ zuan⁵⁵ zʮ⁵⁵ tsʰɿ²⁴ a⁰]

虽然这个老先生，[ɕi³¹ zuan⁵⁵ te³⁵ ko⁰ lau²⁴ ɕian³¹ sən³¹]

他自家冇考中举人哪，[tʰa³¹ tsɿ³³ ka³¹ mau³³ kʰau²⁴ tʂoŋ³⁵ tɕʮ²⁴ zən⁵⁵ la⁰]

他能把他的学生，[tʰa³¹ lən⁵⁵ pa²⁴ tʰa³¹ ti⁰ ɕio³³ sən³¹]

培养出来个多个优秀的，[pʰi⁵⁵ iaŋ²⁴ tʂʰʮ⁰ lai⁰ ko²⁴ to³¹ ko⁰ iəu³¹ ɕiəu³⁵ ti⁰]

那也是呃[不晓得]儿，[la³³ ie²⁴ sɿ³³ e⁰ pʰie²² tɕi²⁴]

我觉得他也是[不晓得]儿优秀、[ŋo²⁴ tɕio²¹³ te⁰ tʰa³¹ ie²⁴ sɿ³³ pʰie²² tɕi²⁴ iəu³¹ ɕiəu³⁵]

[不晓得]儿难得的。[pʰie²² tɕi²⁴ lan⁵⁵ te²¹³ ti⁰]

我得村儿里面哪，[ŋo²⁴ te⁰ tsʰər⁰ li⁰ mian³³ la⁰]

那倒是冇得一个人是不佩服他的。[la³³ tau³⁵ sɿ³³ mau³³ te²¹³ i²² ko³⁵ zən⁵⁵ sɿ³³ pu²¹³ pʰi³⁵ fu²¹³ tʰa³¹ ti⁰]

意译：今天，我跟你们说下我们英山的一位余老先生，他是我们英山毛坳儿的人。这位余老先生哪，很有才华，读了很多书，呃，他最擅长的就是对对联。

有一年正月初啊，外地的一位秀才听说余老先生有很深的学问，他不怎么相信，就想上门拜访一下。喝酒的时候，这个秀才总想试探一下余老先生，看看余老先生是不是真的会对对联，是不是跟民间传说的那样地高明那样地神奇。那个秀才说："呃老先生，我早就听说你对对联是非常厉害非常有名的，我今天想拜访下儿你，想跟你学学。"余老先生说："可以，没问题。呃，你出一个，你先来，你说一个，看看我能不能对上。"那个秀才说："好的，那我就先说了。"他说："小子过年，红衣红鞋儿红辫儿线。"呃，余老先生把酒端起来抿了一口，他不慌不忙地说："将军出阵，白盔白甲白刀枪。"秀才说："余老先生，你确实高明，那我这里还有一个，呃不知老先生，我是当说不当说？"老先生说："你尽管说，没关系的。"秀才就说："船哪载石，船轻石重，轻载重。"余老先生想都不想，马上就说："那个杆儿，秤杆儿啊，杆儿啊量地，杆儿短地长，短量长。"当时那个秀才呀，对余老先生那是不知有多佩服，他简直佩服得五体投地。呃，自从这个余老先生把这个对联都对出来了，而且是这样的有学问有水平之后啊，那个秀才说想跟余老先生结成好友，呃以后想经常跟他切磋下，跟他探讨下学问。

余老先生自己虽说这么有学问哪，但他从未考上，呃没考上举人，他的学生倒是听说呃考上的有很多。有一次，一位考上举人的这个学生哪，请余老先生去喝酒。喝酒的中间儿，呃一个陪吃的老秀才，把杯子端着说："徒中师不中。"余老先生哪举起酒杯，哎，沉稳地说了句："人能命不能。"虽然如此啊，这个老先生他自己未考中举人，但他能把他的学生培养得这么多这么优秀，那也是啊非常，我觉得他也是非常优秀、非常难得的。我们村儿里面哪，那倒是没有一个人是不佩服他的。

四　自选条目

0031 自选条目

春风送暖到襄阳，［tṣʰuən³¹ foŋ³¹ soŋ³⁵ luan²⁴ tau³⁵ ɕiaŋ³¹ iaŋ⁵⁵］
西窗独坐倍凄凉，［ɕi³¹ tṣʰuaŋ³¹ təu³³ tso³³ pei³³ tɕʰi³¹ liaŋ⁵⁵］
亲生母早年逝世仙乡去，［tɕʰin³¹ sən³¹ mo²⁴ tsau²⁴ nian⁵⁵ ʂʅ³⁵ ʂʅ³⁵ ɕian³¹ ɕiaŋ³¹ tɕʰy³⁵］
撇下了素珍女无限惆怅，［pʰie³³ ɕia³³ liau⁰ su³⁵ tṣən³¹ ly²⁴ u⁵⁵ ɕian³³ tṣʰəu⁵⁵ tṣʰaŋ³⁵］
继母娘宠亲生恨我兄妹，［tɕi³⁵ mo²⁴ niaŋ⁵⁵ tṣʰoŋ²⁴ tɕʰin³¹ sən³¹ xən³³ ŋo²⁴ ɕioŋ²² mei³³］
老爹爹听信了谗言，［lau²⁴ tie³¹ tie⁰ tʰin³⁵ ɕin³⁵ liau⁰ tṣʰan⁵⁵ ian⁵⁵］
也变了心肠，［ie²⁴ pian³⁵ liau⁰ ɕin³¹ tṣʰaŋ⁵⁵］
我兄长被逼走，［ŋo²⁴ ɕioŋ²² tṣaŋ²⁴ pei³³ pi²² tsəu²⁴］
把舅父投靠，［pa²⁴ tɕiəu³³ fu³³ tʰəu⁵⁵ kʰau³⁵］
上京都已八载，［ʂaŋ³³ tɕin³¹ tu³¹ i²⁴ pa²² tsai²⁴］
也无有音信回乡。［ie²⁴ u⁵⁵ iəu²⁴ in³¹ ɕin³⁵ xuei⁵⁵ ɕiaŋ³¹］
心烦欲把琴弦理，［ɕian³¹ fan⁵⁵ y²² pa²⁴ tɕʰin⁵⁵ ɕian⁵⁵ li²⁴］
又不知李郎我那［iəu³³ pu²² tṣʅ³¹ li²⁴ laŋ⁵⁵ ŋo²⁴ la³³］
知音人现在何方，［tṣʅ³¹ in³¹ zən⁵⁵ ɕian³³ tsai³³ xo⁵⁵ faŋ³¹］
现在何方。［ɕian³³ tsai³³ xo⁵⁵ faŋ³¹］
绣起鸳鸯难成对，［ɕiəu³⁵ tɕʰi²⁴ zyan³¹ iaŋ³¹ lan⁵⁵ tṣʰən⁵⁵ tuei³⁵］
何日里能与他比翼飞翔。［xo⁵⁵ zʅ²² li⁰ lən⁵⁵ y⁵⁵ tʰa³¹ pi i³⁵ fei³¹ ɕiaŋ⁵⁵］
忽听李郎投亲来，［xu³³ tʰin³⁵ li²⁴ laŋ⁵⁵ tʰəu⁵⁵ tɕʰin³¹ lai⁵⁵］
怎不叫人喜开怀。［tsən²⁴ pu²¹³ tɕiau³⁵ zən⁵⁵ ɕi²⁴ kʰai³¹ xuai⁵⁵］
任凭紫燕成双对，［zən³³ pʰin⁵⁵ tsʅ²⁴ ian³⁵ tṣʰən⁵⁵ ʂuaŋ³¹ tuei³⁵］
任凭红花并蒂开。［zən³³ pʰin⁵⁵ xoŋ⁵⁵ xua³¹ pin³⁵ ti³⁵ kʰai³¹］
我与他情深似海，［ŋo²⁴ y⁵⁵ tʰa³¹ tɕʰin⁵⁵ ʂən³¹ sʅ³³ xai²⁴］
莫奈何男女有别咫尺天涯。［mo³³ lai³³ xo⁵⁵ lan⁵⁵ ly²⁴ iəu²⁴ pie³³ tsʅ²⁴ tṣʰʅ²¹³ tʰian³¹ ia⁵⁵］
意译：春风送暖到襄阳，西窗独坐倍凄凉，亲生母早年逝世仙乡去，撇下了素珍女无限惆怅，继母娘宠亲生恨我兄妹，老爹爹听信了谗言也变了心肠，我兄长被逼走把舅父投靠，上京都已八载也无有音信回乡。心烦欲把琴弦理，又不知李郎我那知音人现在何方。绣起鸳鸯难成对，何日里能与他比翼飞翔。忽听李郎投亲来，怎不叫人喜开怀。任凭紫燕成双对，任凭紫燕成双对，任凭红花并蒂开。我与他情深似海，莫奈何男女有别咫尺天涯。

0032 自选条目

清明要晴，谷雨要沛。[tɕʰin³¹ min⁵⁵ iau³⁵ tɕʰin⁵⁵, ku²² ʐʅ²⁴ iau³⁵ tsʰa³³] 沛：淋

意译：清明要晴，谷雨要淋。

0033 自选条目

先雷后雨雨不久，[ɕian³¹ li⁵⁵ xəu³³ ʐʅ²⁴ ʐʅ²⁴ pu²² tɕiəu²⁴]

先雨后雷水长流。[ɕian³¹ ʐʅ²⁴ xəu³³ li⁵⁵ ʂʅ²⁴ tsʰaŋ⁵⁵ liəu⁵⁵]

意译：先打雷后下雨雨下不长久，先下雨后打雷雨水能长流。

0034 自选条目

烟不出屋，皇天要哭；[ian³¹ pu²¹³ tʂʰʅ²² u²¹³, xuaŋ⁵⁵ tʰian³¹ iau³⁵ kʰu²¹³]

烟向下沉，细雨纷纷。[ian³¹ ɕiaŋ³⁵ ɕia³³ tʂʰən⁵⁵, ɕi³⁵ ʐʅ²⁴ fən³¹ fən³¹] 细：小

意译：烟不出屋，天要下雨；烟向下沉，小雨纷纷。

0035 自选条目

春罩晴，夏罩热；[tʂʰuən³¹ tsau³⁵ tɕʰin⁵⁵, ɕia³³ tsau³⁵ ʐye²¹³] 罩：雾

秋罩凉风冬罩雪。[tɕʰiəu³¹ tsau³⁵ liaŋ⁵⁵ foŋ³¹ toŋ³¹ tsau³⁵ ɕie²¹³]

意译：春天起雾天要晴，夏天起雾天要热，秋天起雾天要凉，冬天起雾要下雪。

0036 自选条目

东掣三五日，南掣火门开，[toŋ³¹ tʂʰe²¹³ san³¹ u²⁴ ɚ²¹³, lan⁵⁵ tʂʰe²¹³ xo²⁴ mən⁵⁵ kʰai³¹]

掣：闪电

西掣老不雨，北掣连夜来。[ɕi³¹ tʂʰe²¹³ lau²⁴ pu²¹³ ʐʅ²⁴, pe²¹³ tʂʰe²¹³ lian⁵⁵ ie³³ lai⁵⁵]

意译：东边闪电大晴三五天，南边闪电晴天来临，西边闪电天不下雨，北边闪电连夜雨来。

0037 自选条目

小满不满，长工开赶；[ɕiau²⁴ man²⁴ pu²² man²⁴, tʂaŋ⁵⁵ koŋ³¹ kʰai³¹ kan²⁴]

立夏不下，犁耙高挂。[li²² ɕia³³ pu²² ɕia³³, li⁵⁵ pa³³ kau³¹ kua³⁵]

意译：小满雨水少，长工不用雇；立夏不下雨，犁耙高高挂。

0038 自选条目

日头当中现，[ɚ²² tʰəu⁰ taŋ³¹ tʂoŋ³¹ ɕian³⁵] 日头：太阳

三天看不见。[san³¹ tʰian³¹ kʰan³⁵ pu⁰ tɕian³⁵]

意译：太阳若正中午突然出现，则接连三天都看不见太阳。

0039 自选条目

天上钩钩云，地上雨里沥沥；[tʰian³¹ ʂaŋ⁰ kəu³¹ kəu⁰ zu̞ən⁵⁵, ti³³ ʂaŋ⁰ zu̞³²⁴ li⁰ tsʰa³³ tsʰa³³]

天上瓦块云，地上晒死人。[tʰian³¹ ʂaŋ⁰ ua²⁴ kʰuai³⁵ zu̞ən⁵⁵, ti³³ ʂaŋ⁰ sai³⁵ sɿ²⁴ zən⁵⁵]

意译：天上出现钩钩云，地上就会雨淋淋；天上出现瓦块云，地上就会晒死人。

0040 自选条目

初一月明初二阴，[tsʰəu³¹ i²¹³ zu̞e²² min⁵⁵ tsʰəu³¹ ɚ³³ in³¹]

初三初四雨沥沥。[tsʰəu³¹ san³¹ tsʰəu³¹ sɿ³⁵ zu̞²⁴ tsʰa³³ tsʰa³³] 沥：淋

意译：初一月明初二阴天，初三初四雨水淋淋。

0041 自选条目

过了立夏四十二天忙，[ko³⁵ liau⁰ li²² ɕia³³ sɿ³⁵ sɿ³³ ɚ³³ tʰian³¹ maŋ⁵⁵]

一天要备九天粮。[i²² tʰian³¹ iau³⁵ pi³³ tɕiəu²⁴ tʰian³¹ liaŋ⁵⁵]

意译：过了立夏接连要忙四十二天，一天需要准备九天干粮。

0042 自选条目

云掩中秋月，[zu̞ən⁵⁵ ian²⁴ tʂoŋ³¹ tɕʰiəu³¹ zu̞e²¹³]

雨洒上元灯。[zu̞²⁴ sa²⁴ ʂaŋ³³ zu̞an⁵⁵ təŋ³¹]

意译：云层遮住中秋月，雨水淋湿元宵灯。

0043 自选条目

芒种不见苗，[maŋ⁵⁵ tʂoŋ³⁵ pu²¹³ tɕian³⁵ miau⁵⁵]

到老不结桃。[tau³⁵ lau²⁴ pu²¹³ tɕie²² tʰau⁵⁵] 桃：泛指籽实

意译：芒种不下秧苗，到老都不会结籽实。

0044 自选条目

春打六九头，[tʂʰuən³¹ ta²⁴ ləu²¹³ tɕiəu²⁴ tʰəu⁵⁵]

一边做一边愁；[i²² pian³¹ tsəu³⁵ i²² pian³¹ tsʰəu⁵⁵]

春打五九末，[tʂʰuən³¹ ta²⁴ u²⁴ tɕiəu²⁴ mo²¹³]

有吃又有喝。[iəu²⁴ tɕʰi²¹³ iəu³³ iəu²⁴ xo²¹³]

意译：立春在六九的第一天，一边做一边愁；立春在五九的最后一天，有吃又有喝。

0045 自选条目

清明不明，谷雨不雨，[tɕʰin³¹ min⁵⁵ pu²² min⁵⁵，ku²² ʐʅ²⁴ pu²² ʐʅ²⁴]

非旱即涝，收成见少。[fei³¹ xan³³ tɕi²¹³ lau⁵⁵，ʂəu³¹ tʂʰən⁵⁵ tɕian³⁵ ʂau²⁴]

意译：清明天不晴朗，谷雨天不下雨，非旱即涝，收成减少。

0046 自选条目

瞎子吃汤圆儿——心里有数。[xa²¹³ tsʅ⁰ tɕʰi²¹³ tʰaŋ³¹ ʐuɑr⁵⁵——ɕin³¹ li⁰ iəu²⁴ səu³⁵]

意译：瞎子吃汤圆——心里有数。喻做事心里有数。

0047 自选条目

驼子睏碓臼——扎合适。[tʰo⁵⁵ tsʅ⁰ kʰuən³⁵ ti³⁵ tɕiəu³³——tsa²¹³ xo³³ ʂʅ³⁵] 睏：睡。扎：刚好

意译：驼背的人睡碓臼——刚好合适。形容正合适。

0048 自选条目

瞎子赶夜路儿——假个盲（忙）。[xa²¹³ tsʅ⁰ kan²⁴ ie³³ lər³³——tɕia²⁴ ko²⁴ maŋ⁵⁵]

个：这、这么

意译：瞎子夜晚赶路——假盲（谐音"忙"，喻做事只图表现，假积极）。

0049 自选条目

大姑娘坐花轿——头一回。[ta³³ku³¹ȵiaŋ⁰tso³³xua³¹tɕiau³³——tʰəu⁵⁵i²²xuei⁵⁵]

意译：大姑娘坐花轿——头一回。指第一次体验或经历。

0050 自选条目

铁匠与石匠开亲——硬对硬。[tʰie²²tɕiaŋ³³ʐʅ⁵⁵ʂʅ³³tɕiaŋ³³kʰai³¹tɕʰin³¹——ŋən³³ti³⁵ŋən³³]

意译：铁匠与石匠开亲——硬对硬。形容对着硬干。

0051 自选条目

阎王开饭店——鬼都不上门。[ian⁵⁵uaŋ⁵⁵kʰai³¹fan³³tian³⁵——kuei²⁴təu³¹pu²¹³ʂaŋ³³mən⁵⁵]

意译：阎王开饭店——鬼都不上门。形容没人敢光顾。

0052 自选条目

染匠送礼——抻不出手来。[ʐuan²⁴tɕiaŋ³³soŋ³⁵li²⁴——tʂʰən³¹pu²²tʂʰʅ²¹³ʂəu²⁴lai⁰] 抻：伸

意译：染匠送礼——伸不出手来（喻礼物过于轻微拿不出手）。

0053 自选条目

张家的锣鼓——各打各的。[tʂaŋ³¹ka³¹ti⁰lo⁵⁵ku²⁴——ko²⁴ta²⁴ko²⁴ti⁰]

意译：张家的锣鼓——各打各的。喻各作盘算、各自行动，不听安排。

0054 自选条目

石万山的细姑——娇气。[ʂʅ³³uan³³san³¹ti⁰ɕi³⁵ku³¹——tɕiau³¹tɕʰi⁰]

意译：石万山的细姑——娇气。形容经不起折腾。

0055 自选条目

杨四老爷的胡子——安不上。[iaŋ⁵⁵sʅ³⁵lau²⁴ie⁰ti⁰xu⁵⁵tsʅ⁰——ŋan³¹pu⁰ʂaŋ³³]

意译：杨四老爷的胡子——安不上。指不合适、对不上。

0056 自选条目

王小二的辫子——反一扭倒。[uaŋ⁵⁵ɕiau²⁴ɚ·³³ti⁰pian³³tsʅ⁰——fan²⁴i²¹³ȵiəu²⁴ tau⁰]

意译：王小二的辫子——反一扭着。喻不配合、对着干。

0057 自选条目

乌龟吃亮壳虫儿——心里是明白的。[u³¹ kuei³¹ tɕʰi²¹³ liaŋ³³ kʰo²² tʂʰoŋ⁵⁵ ŋər⁰ —— ɕin³¹ li⁰ ʂɻ³³ min⁵⁵ pe³³ ti⁰] 亮壳虫：萤火虫

意译：乌龟吃萤火虫——心里是明白的。指做事心里有数。

蕲 春

一 歌谣

0001 歌谣

前拍拍，后拍拍，[tɕʰian³¹ pʰa²¹ pʰa²¹ ，xou²¹² pʰa²¹ pʰa²¹]

我乜洗澡不着吓。[ŋo³⁴ miɛ²⁵ ɕi³⁴ tsau³⁴ pu²¹ tʂʰo²¹ xa²¹] 乜：长辈对晚辈的昵称，多用于大人泛称小孩儿。着吓：受惊吓

意译：前拍拍，后拍拍，我的小宝宝洗澡不受惊吓。

0002 歌谣

黄鸡公儿尾巴儿拖，[xuɑŋ³¹ tɕi⁴² koŋ⁴² ŋə⁰ uei³⁴ pɒr⁴² tʰo⁴²] 鸡公：公鸡

三岁伢儿会唱歌，[san⁴² ɕi²⁵ ŋɒr³¹ xuei²¹² tʂʰaŋ²⁵ ko⁴²] 伢儿：小孩子

黄鸡公儿尾巴儿翘，[xuɑŋ³¹ tɕi⁴² koŋ⁴² ŋə⁰ uei³⁴ pɒr⁴² tɕʰiau²⁵]

我爷看我现世报。[ŋo³⁴ iɛ³¹ kʰan⁴² ŋo³⁴ ɕian²² ʂɻ²⁵ pau²⁵] 爷：爸。看：养

意译：黄公鸡儿尾巴儿拖，三岁孩子会唱歌，黄公鸡儿尾巴儿翘，我爸养我现世报。

0003 歌谣

一二三四五，上山打老虎，[i²¹ ɚ²¹² san⁴² ʂɻ²⁵ u³⁴ ，ʂaŋ²¹² san⁴² ta³⁴ lau³⁴ xu³⁴]

老虎不吃人，山上有敌人；[lau³⁴ xu³⁴ pu²¹ tɕʰi²¹ zən³¹ ，san⁴² ʂaŋ²¹² iou³⁴ ti²¹ zən³¹]

敌人不讲话，山上有电话，[ti²¹ zən³¹ pu²¹ tɕiaŋ³⁴ xuɒ²¹² ，san⁴² ʂaŋ²¹² iou³⁴ tian²¹ xuɒ²¹²]

电话摇不通，山上有鸡公；[tian²¹ xuɒ²¹² iau³¹ pu²¹ tʰoŋ⁴² ，san⁴² ʂaŋ²¹² iou³⁴ tɕi⁴² koŋ⁴²] 鸡公：公鸡

鸡公不生蛋，山上有鸭蛋，［tɕi⁴²koŋ⁴²pu²¹sən²⁵tan²¹²，ʂan⁴²ʂaŋ²¹²iou³⁴ŋɒ²¹tan²¹²］

生蛋：下蛋

鸭蛋不好吃，山上有靛笔；［ŋɒ²¹tan²¹²pu²¹xau³⁴tɕʰi²¹，ʂan⁴²ʂaŋ²¹²iou³⁴tian²¹²pi²¹］

靛笔：钢笔

靛笔不好写，山上有小姐。［tian²¹²pi²¹pu²¹xau³⁴ɕiɛ³⁴，ʂan⁴²ʂaŋ²¹²iou³⁴ɕiau³⁴tɕiɛ³⁴］

意译：一二三四五，上山打老虎，老虎不吃人，山上有敌人；敌人不讲话，山上有电话，电话摇不通，山上有公鸡。公鸡不下蛋，山上有鸭蛋，鸭蛋不好吃，山上有钢笔；钢笔不好写，山上有小姐。

0004 歌谣

某某的头，像皮球，［mau³⁴mau³⁴ti⁰tʰou³¹，ɕiaŋ²¹²pʰi³¹tɕʰiou³¹］

一脚踢到黄鹤楼。［i²¹tɕio²¹tʰi²¹tau²⁵xuaŋ³¹xo²¹lou³¹］

黄鹤楼，没人要，［xuaŋ³¹xo²¹lou³¹，mɛ²¹zən²¹iau²⁵］

一脚踢到臭粪窖。［i²¹tɕio²¹tʰi²¹tau²⁵tʂʰou²⁵fən²⁵kau²⁵］ 粪窖：粪坑

意译：某某的头像皮球，一脚踢到黄鹤楼。黄鹤楼，没人要，一脚踢到臭粪坑。

0005 歌谣

唐僧骑马咚得儿咚，［tʰaŋ³¹sən⁴²tɕʰi³¹mɒ³⁴toŋ⁴²tər⁰toŋ⁴²］

后面跟着孙悟空；［xou²¹²mian²¹²kən⁴²tʂo⁰sən⁴²u³⁴kʰoŋ⁴²］

孙悟空，跑得快，［sən⁴²u³⁴kʰoŋ⁴²，pʰau³⁴ta²¹kʰuai²⁵］

后面跟着猪八戒；［xou²²mian²¹²kən⁴²tʂo⁰tʂʅ⁴²pɒ²¹kai²⁵］

猪八戒，鼻子长，［tʂʅ⁴²pɒ²¹kai²⁵，pi²²tsʅ⁰tʂʰaŋ³¹］

后面跟着沙和尚；［xou²²mian²¹²kən⁴²tʂo⁰ʂɒ⁴²xo³¹saŋ⁰］

沙和尚，挑担萝，［ʂɒ⁴²xo³¹saŋ⁰，tʰiau⁴²tan²⁵lo³¹］

后面跟着老妖婆。［xou²¹²mian²¹²kən⁴²tʂo⁰lau³⁴iau⁴²pʰo³¹］

意译：唐僧骑马咚得儿咚，后面跟着孙悟空；孙悟空跑得快，后面跟着猪八戒；猪八戒，鼻子长，后面跟着沙和尚；沙和尚，挑担萝，后面跟着老妖婆。

0006 歌谣

一哩哭，一哩笑，［i²¹li²¹²kʰu²¹，i²¹li²¹²ɕiau²⁵］ 一哩：一会儿

蛤蟆给尔搭个灶。［kɛ²¹mɒ⁰kei³⁴ŋ̍³⁴tɒ²¹ko⁰tsau²⁵］ 蛤蟆：青蛙。尔：你

一哩哭，一哩奢，[i²¹li²¹²kʰu²¹，i²¹li²¹²sɛ⁴²] 奢：笑

蛤蟆给尔推花车。[kɛ²¹mɒ⁰kei³⁴n̩³⁴tʰi⁴²xuɒ⁴²tsʰɛ⁴²]

意译：一会儿哭，一会儿笑。青蛙给你搭个灶。一会儿哭，一会儿笑，青蛙给你推花车。

0007 歌谣

胖子胖，吃冰棒，[pʰɑŋ²⁵tsŋ⁰pʰɑŋ²⁵，tɕʰi²¹pin⁴²pɑŋ²⁵]

冰棒甜，到苏联，[pin⁴²pɑŋ²⁵tʰian³¹，tau²⁵sou⁴²lian³¹]

苏联苏，到蕲州，[sou⁴²lian³¹sou⁴²，tau²⁵tɕʰi³¹tʂou⁴²]

蕲州蕲，到黄梅，[tɕʰi³¹tʂou⁴²tɕʰi³¹，tau²⁵xuɑŋ³¹mi³¹]

黄梅黄，到汉阳，[xuɑŋ³¹mi³¹xuɑŋ³¹，tau²⁵xan²⁵iɑŋ³¹]

汉阳汉，到武汉，[xan²⁵iɑŋ³¹xan²⁵，tau²⁵u³⁴xan²⁵]

武汉武，到蒙古，[u³⁴xan²⁵u³⁴，tau²⁵moŋ³¹ku³⁴]

蒙古蒙，到大同，[moŋ³¹ku³⁴moŋ³¹，tau²⁵tɒ²²tʰoŋ³¹]

大同大，到北大，[tɒ²²tʰoŋ³¹tɒ²¹²，tau²⁵pa²¹tɒ²¹²]

北大北，到中国。[pa²¹tɒ²¹²pa²¹，tau²⁵tʂoŋ⁴²kua²¹]

意译：胖子胖，吃冰棒，冰棒甜，到苏联，苏联苏，到蕲州，蕲州蕲，到黄梅，黄梅黄，到汉阳，汉阳汉，到武汉，武汉武，到蒙古，蒙古蒙，到大同，大同大，到北大，北大北，到中国。

0008 歌谣

划轮船哪哟儿哟，[xuɒ³¹lən³¹tʂʰuan³¹lɒ⁰io⁴²ɚ⁰io⁴²]

两头尖哪呀下儿嘿，[liɑŋ³⁴tʰou³¹tɕian⁴²lɒ⁰iɒ³¹xɒɹ⁰xei⁰]

妹坐中间哟儿哟，[mei²²tso²¹²tʂoŋ⁴²tɕian⁴²io⁴²ɚ⁰io⁴²]

帅哥前倒花儿多，[ʂuai²⁵ko⁴²tɕʰian³¹tau⁰xuɒ⁴²ɚ⁰to⁴²] 前倒：前面

哟儿哟呀下儿嘿，[io⁴²ɚ⁰io⁴²iɒ³¹xɒɹ⁰xei⁰]

帅哥前倒花儿多。[ʂuai²⁵ko⁴²tɕʰian³¹tau⁰xuɒ⁴²ɚ⁰to⁴²]

划轮船哪哟儿哟，[xuɒ³¹lən³¹tʂʰuan³¹lɒ⁰io⁴²ɚ³¹io⁴²]

拜新年哪花儿多，[pai²⁵ɕin⁴²nian³¹lɒ⁰xuɒ⁴²ɚ⁰to⁴²]

只愿大家哟儿哟，[tʂŋ²¹yan²¹²tɒ²²tɕiɒ⁴²io⁴²ɚ³¹io⁴²]

年胜年哪花儿多。[nian³¹ʂən²⁵nian³¹lɒ⁰xuɒ⁴²ɚ⁰to⁴²]

哟儿哟呀下儿嘿，[io⁴²ɚ⁰io⁴²iɒ³¹xɒɹ⁰xei⁰]

年胜年哪花儿多。[nian³¹ʂən²⁵nian³¹lɒ⁰xuɒ⁴²ɚ⁰to⁴²] 年胜年：一年胜似一年

意译：划轮船哪哟儿哟，两头尖哪呀下儿嘿，妹坐中间哟儿哟，帅哥前面花儿多，哟儿哟呀下儿嘿，帅哥前面花儿多。划轮船哪哟儿哟，拜新年哪花儿多，只愿大家哟儿哟，年胜年哪花儿多。哟儿哟呀下儿嘿，一年胜似一年哪花儿多。

二　规定故事

0021 牛朗和织女

相传，天上有个织女星，[ɕiaŋ⁴² tʂʰuan³¹，tʰian⁴² ʂaŋ⁰ iou³⁴ ko⁰ tʂʅ²¹ ɱu³⁴ ɕin⁴²]

还有一个牵牛星，[xai³¹ iou³⁴ i²¹ ko⁰ tɕʰian⁴² ȵiou³¹ ɕin⁴²]

织女和牵牛情投意合，[tʂʅ²¹ ɱu³⁴ xo³¹ tɕʰian⁴² ȵiou³¹ tɕʰin³¹ tʰou²¹ i²⁵ xo²¹²]

心心相印，[ɕin⁴² ɕin⁴² ɕiaŋ⁴² in²⁵]

可是呃天条的戒令欸是不允许欸，[kʰo³⁴ ʂʅ²¹² ɛ⁰ tʰian⁴² tʰiau³¹ ti⁰ kai²⁵ lin²¹² ei⁰ ʂʅ²¹² pu²¹ ʉn³⁴ ɕy³⁴ ei⁰]

男欢女爱，私自恋爱。[lan³¹ xuan⁴² ɱu³⁴ ŋai²⁵，ʂʅ⁴² tʂʅ²¹² lian²² ŋai²⁵]

织女是王母娘娘的孙女儿，[tʂʅ²¹ ɱu³⁴ ʂʅ²¹² uaŋ³¹ mo³⁴ ȵiaŋ³¹ ȵiaŋ⁰ ti⁰ sən⁴² ɱu³⁴ ə⁰]

王母娘娘呃就将欸，[uaŋ³¹ mo³⁴ ȵiaŋ³¹ ȵiaŋ⁰ ɛ⁰ tɕiou²¹² tɕiaŋ³¹ ei⁰]

牵牛贬下尘间，[tɕʰian⁴² ȵiou³¹ pian³⁴ ɕiɛ²¹² tʂʰən³¹ tɕian⁴²]

让织女儿咧不停地织云锦，[zaŋ²¹² tʂʅ²¹ ɱu³⁴ ə⁰ liɛ⁰ pu²¹ tʰin³¹ ti⁰ tʂʅ²¹ ʉn³¹ tɕin³⁴]

表示惩罚。[piau³⁴ ʂʅ²¹² tsʰən³⁴ fɒ²¹²]

自从牵牛被贬到凡间以后呃，[tsʅ²² tsʰoŋ³¹ tɕʰian⁴² ȵiou³¹ pei²¹² pian³⁴ tau²⁵ fan³¹ tɕian⁴² i³⁴ xou²¹² ɛ⁰]

织女儿每天呃愁眉不展，[tʂʅ²¹ ɱu³⁴ ə⁰ mei³⁴ tʰian⁴² ɛ⁰ tʂʰou³¹ mei³¹ pu²¹ tʂan³⁴]

呃非常思念牵牛。[ɛ⁰ fei⁴² tʂʰaŋ³¹ sʅ⁴² ȵian²¹² tɕʰian⁴² ȵiou³¹]

她坐在织布机的旁边，[tʰɒ⁴² tso²² tsai²¹² tʂʅ²¹ pu²⁵ tɕi⁴² ti⁰ pʰaŋ³¹ pian³¹]

不停地织着云锦，[pu²¹ tʰin³¹ ti⁰ tʂʅ²¹ tso⁰ ʉn³¹ tɕin³⁴]

想呃王母娘娘能够大发慈悲，[ɕiaŋ³⁴ ɛ⁰ uaŋ³¹ mo³⁴ ȵiaŋ³¹ ȵiaŋ⁰ lən³¹ kou²⁵ tɒ²² fɒ²¹ tsʅ³¹ pei⁴²]

有一天嘞，[iou³⁴ i²¹ tʰian⁴² lei⁰]

能够把牵牛召回天上。[lən³¹ kou²⁵ pɒ³⁴ tɕʰian⁴² ȵiou³¹ tʂau⁴² xuei³¹ tʰian⁴² ʂaŋ⁰]

一天呃，几个仙女儿嘞，[i²¹ tʰian⁴² ɛ⁰，tɕi³⁴ ko⁰ ɕian⁴² ɱu³⁴ ə⁰ lei⁰]

在王母娘娘那里去要求，[tsai²¹² uaŋ³¹ mo³⁴ ȵiaŋ³¹ ȵiaŋ⁰ lɒ²¹² li⁰ tɕʰi²⁵ iau⁴² tɕʰiou³¹]

到人间的碧莲池游一游。[tau²⁵ zən³¹ tɕian⁴² ti⁰ pi²¹ lian³¹ tʂʰʅ³¹ iou³¹ i⁰ iou³¹]

王母娘娘那一天嘞心情非常好，[uaŋ³¹ mo³⁴ ȵiaŋ³¹ ȵiaŋ⁰ lɒ²¹² i²¹ tʰian⁴² lei⁰ ɕin⁴² tɕʰin³¹ fei⁴² tʂʰaŋ³¹ xau³⁴]

就答应了她们的请求。[tɕiou²¹² tɒ²¹ in²⁵ liau⁰ tʰɒ⁴² mən⁰ ti⁰ tɕʰin³⁴ tɕʰiou⁴²]

她们看到织女整天非常苦闷，[tʰɒ⁴² mən⁰ kʰan²⁵ tau⁰ tʂʅ²¹ n̩ʯ³⁴ tʂən³⁴ tʰian⁴² fei⁴² tʂʰaŋ³¹ kʰu³⁴ mən²¹²]

就一起儿向王母娘娘请求，[tɕiou²¹² i²¹ tɕʰi³⁴ ɚ⁰ ɕiaŋ²⁵ uaŋ³¹ mo³⁴ n̠iaŋ³¹ n̠iaŋ⁰ tɕʰin³⁴ tɕʰiou³¹]

让织女呃也一起儿去，[zaŋ²¹² tʂʅ²¹ n̩ʯ³⁴ ɛ⁰ iɛ³⁴ i²¹ tɕʰi³⁴ ɚ⁰ tɕʰi²⁵]

王母娘娘呃，[uaŋ³¹ mo³⁴ n̠iaŋ³¹ n̠iaŋ⁰ ɛ⁰]

也心疼她的那个孙女儿，[iɛ³⁴ ɕin⁴² tʰoŋ²⁵ tʰɒ⁰ ti⁰ lɒ²² ko⁰ sən⁴² n̩ʯ³⁴ ɚ⁰]

就答应了她们，[tɕiou²¹² tɒ²¹ in²⁵ liau⁰ tʰɒ⁴² mən⁰]

让她们嘚快去快回。[zaŋ²¹² tʰɒ⁴² mən⁰ lei⁰ kʰuai²⁵ tɕʰi²⁵ kʰuai²⁵ xuei³¹]

再来说下儿嘚，[tsai²⁵ lai³¹ ʂua²¹ xɒɚ⁰ lei⁰]

牵牛被贬到凡间以后呃，[tɕʰian³¹ n̠iou³¹ pei²¹² pian³⁴ tau⁰ fan³¹ tɕian⁴² i³⁴ xou²¹² ɛ⁰]

出生在一个农民的家里面，[tʂʰʯ sən⁴² tsai²¹² i²¹ ko⁰ loŋ³¹ min³¹ ti⁰ tɕiɒ³¹ li³⁴ mian²¹²]

迾个人屋啊家穷得叮当儿响，[liɛ²⁵ ko⁰ zən³¹ u²¹ ɒ⁰ tɕiɒ⁴² tɕʰioŋ³¹ ta⁰ tin⁴² taŋ⁴² ɚ⁰ ɕiaŋ³⁴] 迾：这

他父母很早就过世了，[tʰɒ⁴² fu²² mo³⁴ xən³⁴ tsau³⁴ tɕiou²¹² ko²⁵ ʂʅ²⁵ liou⁰] 过世：去世

就跟着他哥哥，[tɕiou²¹² kən⁴² tʂo⁰ tʰɒ⁴² ko⁴² ko⁰]

还有他嫂子呃过日子。[xai³¹ iou³⁴ tʰɒ⁴² sau³⁴ tsʅ⁰ ɛ⁰ ko²⁵ ɚ²¹ tsʅ⁰]

他哥哥跟他嫂两人嘚，[tʰɒ⁴² ko⁴² ko⁰ kən⁴² tʰɒ⁴² sau³⁴ liaŋ³⁴ zən³¹ lei⁰]

也嫌弃他，[iɛ³⁴ ɕian³¹ tɕʰi²⁵ tʰɒ³¹]

就要跟他分家，于是呃，[tɕiou²² iau²⁵ kən³¹ tʰɒ⁴² fən⁴² tɕiɒ⁴², ʯ³¹ ʂʅ²¹² ɛ⁰]

呃，就把分了一把那个，[ɛ⁴², tɕiou²¹² pɒ³⁴ fən⁴² liou⁰ i²¹ pɒ³⁴ lɒ²² ko⁰]

老牛屋里一头老牛，[lau³⁴ n̠iou³¹ u²¹ li⁰ i²¹ tʰou¹ lau³⁴ n̠iou³¹]

还有一辆破车子呃给什他。[xai³¹ iou³⁴ i²¹ liaŋ³⁴ pʰo²⁵ tʂʰɛ⁴² tsʅ⁰ ɛ⁰ kei³⁴ ʂʅ⁰ tʰɒ⁴²] 给什：给

从此以后喂，[tsʰoŋ³¹ tsʅ³⁴ i³⁴ xou²¹² uei⁰]

牛郎就跟倒老牛呃，[n̠iou³¹ laŋ³¹ tɕiou²¹² kən⁴² tau⁰ lau³⁴ n̠iou³¹ ɛ⁰] 倒：着

相依为命，[ɕiaŋ⁴² i⁴² uei³¹ min²¹²]

他们嘚住倒牛棚儿里面的，[tʰɒ⁴² mən⁰ lei⁰ tʂʯ²² tau⁰ n̠iou³¹ pʰoŋ³¹ ɚ⁰ li³⁴ mian⁰ ti⁰] 倒：在

在荒地上嘚，[tsai²¹² xuaŋ⁴² ti²² saŋ⁰ lei⁰]

呃搁些茅草喂盖的个细屋儿，[ɛ⁰ ko²¹ ɕiɛ⁰ mau³¹ tsʰau³⁴ uei⁰ kai²⁵ ti⁰ ko⁰ ɕi²⁵ u²¹ ɚ⁰]

搁：放。细：小

一两年以后呃，［i²¹liaŋ³⁴ȵian³¹i³⁴xou²²ɛ⁰］

日子慢慢儿过得还可以了，［ɚ²¹tsʅ⁰man²²mɚr²¹²ko²⁵tɐ⁰xai³¹kʰo³⁴i³⁴liou⁰］

但是呃除了能够跟那头，［tan²²ʂʅ²¹²ɛ⁰tʂʰʯ¹²liou⁰lən³¹kou²⁵kən⁴²lɒ²²tʰou³¹］

不会说话的老牛呃以外，［pu²¹xuei²¹²ʂɥa²¹xuɒ²¹²ti⁰lau³⁴ȵiou³¹ɛ⁰i³⁴uai²¹²］

再没有其他人了，［tsai²⁵mei²¹iou³⁴tɕʰi³¹tʰɒ⁴²zən³¹liou⁰］

所以感到非常地寂寞。［so³⁴i³⁴kan³⁴tau⁰fei⁴²tʂaŋ³¹ti⁰tɕi²¹mo²¹］

牛郎呃并不晓得这头老牛，［ȵiou³¹laŋ³¹ɛ⁰pin²⁵pu²¹ɕiau³⁴ta⁰tsɛ²⁵tʰou³¹lau³⁴ȵiou³¹］

晓得：知道

其实就是天上的金牛星，［tɕʰi³¹ʂʅ²¹tɕiou²²ʂʅ²¹²tʰian⁴²ʂaŋ⁰ti⁰tɕin⁴²ȵiou³¹ɕin⁴²］

有一天哪老牛突然嘞就说话了，［iou³⁴i²¹tʰian⁴²lɒ⁰lau³⁴ȵiou³¹tʰou²¹ʯan³¹lei⁰ tɕiou²¹²ʂɥa²¹xuɒ²¹²liɑu］

他对牛郎说："牛郎啊，［tʰɒ⁴²tei²⁵ȵiou³¹laŋ³¹ʂɥa²¹：ȵiou³¹laŋ³¹ɒ⁰］

明天早上呃，［min³¹tʰian⁴²tsau³⁴ʂaŋ⁰ɛ⁰］

尔到碧莲池那下儿去一趟儿，［n̩³⁴tau²⁵pi²¹lian³¹tʂʰʅ³¹lɒ²²xɒr⁰tɕʰi²⁵i²¹tʰaŋ²⁵ɚ⁰］

尔：你。那下儿：那里

明昼儿嘞那有一些仙女儿咧，［mən³¹tɚr⁰lei⁰lɒ²¹²iou³⁴i²¹ɕiɛ²¹²ɕian⁴²ȵʯ³⁴ɚ⁰liɛ⁰］**明昼：明天**

会在那里面嘞洗澡，［xuei²²tsai²¹²lɒ²¹²li³⁴mian⁰lei⁰ɕi³⁴tsau³⁴］

那么尔就拿起里面嘞，［lɒ²²mo⁰n̩³⁴tɕiou²¹²lɒ³¹tɕʰi⁰li³⁴mian²¹²lei⁰］

一件红色的仙女儿的衣服，［i²¹tɕian²¹²xoŋ²¹sa²¹ti⁰ɕian⁴²ȵʯ³⁴ɚ⁰ti⁰i⁴²fu⁰］

然后那个穿红色衣服的那个仙女，［ʯan³¹xou²¹²lɒ²⁵ko⁰tʂʰʯan⁴²xoŋ³¹sa²¹i⁴²fu⁰ti⁰ lɒ²²ko⁰ɕian⁴²ȵʯ³⁴］

她就会跟尔做老婆。"［tʰɒ⁴²tɕiou²²xuei²¹²kən³⁴n̩³⁴tsou²⁵lau³⁴pʰo⁰］

牛郎看到老牛呃说话呃，［ȵiou³¹laŋ³¹kʰan²⁵tau⁰lau³⁴ȵiou³¹ɛ⁰ʂɥa²¹xuɒ²¹²ɛ⁰］

感到很惊奇，他就问：［kan³⁴tau⁰xən³⁴tɕin⁴²tɕʰi³¹，tʰɒ⁴²tɕiou²²uən²¹²］

"尔真的会说话么牛大哥？［n̩³⁴tʂən⁴²ti⁰xuei²¹²ʂɥa²¹xuɒ²¹²mo⁰ȵiou³¹tɒ²²ko⁴²］

尔说的是不是真的呀？"［n̩³⁴ʂɥa²¹ti⁰ʂʅ²¹²pu⁰ʂʅ²¹²tʂən⁴²ti⁰iɒ⁰］

老牛呃点了点头说：［lau³⁴ȵiou³¹ɛ⁰tian³⁴liɑu⁰tian³⁴tʰou³¹ʂɥa²¹］

"是真的，［ʂʅ²²tʂən⁴²ti⁰］

尔明天早上呃，呃去看下儿。"［n̩³⁴min³¹tʰian⁴²tsau³⁴ʂaŋ⁰ɛ⁰，ɛ⁴²tɕʰi²⁵kʰan²⁵xɒr⁰］

第二天早晨嘞牛郎呃，［ti²²ɚ²²tʰian⁴²tsau³⁴tʂʰən³¹lei⁰ȵiou³¹laŋ³¹ɛ⁰］

呃老真就信老牛的话，［ɛ⁴²lau³⁴tʂən⁴²tɕiou²¹²ɕin²⁵lau³⁴ȵiou³¹ti⁰xuɒ²¹²］**老真：果真**

一大早就跑到池莲，［i²¹tɒ²²tsau³⁴tɕiou²¹²pʰau³¹tau⁰tʂʰʅ³¹lian³¹］

碧莲池旁边的一个茅草里面，［pi²¹lian³¹tʂʰʅ³¹pʰaŋ³¹pian⁴²ti⁰i²¹ko⁰mau³¹tsʰau³⁴li³⁴ mian²¹²〕

个一躲倒。〔ko³⁴ i²¹ tʰo³⁴ tau⁰〕个：这样

过了一下儿呃，〔ko²⁵ liau⁰ i²¹ xɒɹ²¹² ɛ⁰〕

一大群仙女儿，〔i²¹ tɒ²² tʂʰuən³¹ ɕiɑn⁴² mʯ³⁴ ɚ⁰〕

她们就呃从天上飞下来，〔tʰɒ⁴² mən⁰ tɕiou²¹² ɛ⁰ tsʰoŋ³¹ tʰian⁴² ʂaŋ⁰ fei⁴² ɕiɒ²¹² lai⁰〕

把衣服脱到岸边儿的，〔pɒ³⁴ i⁴² fu⁰ tʰo²¹ tau⁰ ŋan²² piar⁴² ti⁰〕

跑到池子里面去游泳。〔pʰau³¹ tau⁰ tʂʰʅ³¹ tsʅ⁰ li³⁴ mian²¹² tɕʰi²⁵ iou³¹ ʯən²⁵〕

牛郎就赶快跑出来，〔ȵiou³¹ laŋ³¹ tɕiou²¹² kan³⁴ kʰuai²⁵ pʰau³¹ tʂʰuʅ²¹ lai⁰〕

拿了里面的一件嘞，〔lɒ³¹ liou⁰ li³⁴ mian²¹² ti⁰ i²¹ tɕian²¹² lei⁰〕

呃红色的衣服，〔ɛ⁴² xoŋ³¹ sa²¹ ti⁰ i⁴² fu⁰〕

就跑了。〔tɕiou²¹² pʰau³¹ liau⁰〕

仙女儿们看到呃有人来了，〔ɕian⁴² mʯ³⁴ ɚ⁰ mən⁰ kʰan²⁵ tau⁰ ɛ⁰ iou³⁴ ʐən³¹ lai³¹ liau⁰〕

就下跑到池子上面来，〔tɕiou²¹² xɒ²² pʰau³¹ tau²⁵ tʂʰʅ³¹ tsʅ⁰ ʂaŋ²² mian²¹² lai⁰〕下：都

把衣服穿好，〔pɒ³⁴ i⁴² fu⁰ tʂʰuan⁴² xau³⁴〕

又飞走了。〔iou²² fei⁴² tsou³⁴ liau⁰〕

只剩下呃一个仙女呃没衣服，〔tʂʅ²¹ ʂən²² ɕiɒ⁰ ɛ⁰ i²¹ ko⁰ ɕian⁴² mʯ³⁴ ɛ⁰ mɛ²¹ i⁴² fu⁰〕

在那儿呃又怕丑呃又着急，〔tsai²² lɒɹ²¹² ɛ⁰ iou²² pʰɒ²⁵ tʂʰou³⁴ ɛ⁰ iou²² tʂʰo²¹ tɕi²¹〕怕丑：害羞

看到有一个小伙子来了啊，〔kʰan²⁵ tau⁰ iou³⁴ i²¹ ko⁰ ɕiau³⁴ xo³⁴ tsʅ⁰ lai³¹ liau⁰ ɒ⁰〕

她就去问他要衣服。〔tʰɒ⁴² tɕiou²² tɕʰi²⁵ uən²² tʰɒ⁴² iau²⁵ i⁴² fu⁰〕

牛郎就对她说：〔ȵiou³¹ laŋ³¹ tɕiou²¹² tei²⁵ tʰɒ⁴² ʂuɑ²¹〕

"如果尔给我做老婆，〔ʯ³¹ ko³⁴ n̩³⁴ kei⁰ ŋo³⁴ tsou²⁵ lau³⁴ pʰo³¹〕

我就把衣服给什尔。"〔ŋo³⁴ tɕiou²¹² pɒ³⁴ i⁴² fu⁰ kei³⁴ sʅ⁰ n̩³⁴〕

织女儿作他个一瞄啊，〔tʂʅ²¹ mʯ³⁴ ɚ⁰ tso²¹ tʰɒ⁴² ko³⁴ i²¹ miau³¹ ɒ⁰〕作：朝。个：这、这么。瞄：看

原来他就是呃自己呃，〔ʯan³¹ lai³¹ tʰɒ⁴² tɕiou²² sʅ²¹² ɛ⁰ tsʅ²² tɕi³⁴ ɛ⁰〕

朝思暮想日夜思念的牵牛，〔tsau⁴² sʅ⁴² mo²² ɕiaŋ³⁴ ɚ²¹ iɛ²¹² sʅ⁴² ȵian²¹² ti⁰ tɕʰian⁴² ȵiou³¹〕

于是就答应了他。〔ʯ³¹ sʅ²¹² tɕiou²¹² tɒ²¹ in²⁵ liau⁰ tʰɒ⁴²〕

这样呃，〔tʂɛ²⁵ iaŋ²¹² ɛ⁰〕

织女儿就做了牛郎的老婆。〔tʂʅ²¹ mʯ³⁴ ɚ⁰ tɕiou²¹² tsou²⁵ liau⁰ ȵiou³¹ laŋ³¹ ti⁰ lau³⁴ pʰo³¹〕

他们结婚以后，〔tʰɒ⁴² mən⁰ tɕiɛ²¹ xuən⁴² i³⁴ xou²¹²〕

男耕女织，〔lan³¹ kən⁴² mʯ³⁴ tʂʅ²¹〕

相亲相爱，[ɕiaŋ⁴²tɕʰin⁴²ɕiaŋ⁴²ŋai²⁵]

日子过得非常的好。[ɚ²¹tsʅ⁰ko²⁵ta⁰fei⁴²tʂʰaŋ³¹ti⁰xau³⁴]

不久呃他们生下了一个儿，[pu²¹tɕiou³⁴ɛ⁰tʰɒ⁴²mən⁰sən⁴²ɕiɒ²¹²liau⁰i²¹ko⁰ɚ³¹]

一个女儿，[i²¹ko⁰n̠ʮ³⁴ɚ⁰]

长倒非常好。[tʂaŋ³⁴tau⁰fei⁴²tʂʰaŋ³¹xau³⁴] 长倒：长得

牛郎织女呃满以为能够啊，[n̠iou³¹laŋ³¹tsʅ²¹n̠ʮ³⁴ɛ⁰man³⁴i³⁴uei³¹lən³¹kou²⁵ɒ⁰] 满以为：原先料想

终身相守，[tʂoŋ⁴²sən⁴²ɕiaŋ⁴²ʂou³⁴]

白头到老。[pa²¹tʰou³¹tau²⁵lau³⁴]

可是王母娘娘知道这件事之后，[kʰo³⁴sʅ²¹²uaŋ³¹mo³⁴n̠iaŋ³¹n̠iaŋ⁰tsʅ⁴²tau²¹²tʂɛ²⁵tɕian²¹²sʅ²¹²tsʅ⁴²xou²¹²]

就派天上的天兵天将，[tɕiou²¹²pʰai²⁵tʰian⁴²ʂaŋ⁰ti⁰tʰian⁴²pin⁴²tʰian⁴²tɕiaŋ²⁵]

到凡间来捉织女回去。[tau²⁵fan³¹tɕian⁴²lai³¹tso²¹tsʅ²¹n̠ʮ³⁴xuei³¹tɕʰi⁰]

迥一天嘞，[lɛ²⁵i²¹tʰian⁴²lei⁰]

织女正在屋里呃做饭，[tsʅ²¹n̠ʮ³⁴tʂən²⁵tsai²¹²u²¹li⁰tsou²⁵fan²¹²]

牛郎呃匆匆地回来，[n̠iou³¹laŋ³¹ɛ⁰tsʰoŋ⁴²tsʰoŋ⁴²ti⁰xuei³¹lai⁰]

眼睛红肿倒，[ŋan³⁴tɕin⁰xoŋ³¹tʂoŋ³⁴tau⁰] 倒：着

就告诉织女说："牛大哥死了，[tɕiou²¹²kau²⁵sou²⁵tsʅ²¹n̠ʮ³⁴ʂua²¹：n̠iou³¹tɒ²²ko⁴²sʅ³⁴liɛ⁰]

他临死的时候跟我说，[tʰɒ⁴²lin³¹sʅ³⁴ti⁰sʅ³¹xou²¹²kən⁴²ŋo³⁴ʂua²¹]

要我在它死以后，[iau²⁵ŋo³⁴tsai²¹²tʰɒ⁴²sʅ³⁴i³⁴xou²¹²]

把它的牛皮剥下来放好，[pɒ³⁴tʰɒ⁴²ti⁰n̠iou³¹pʰi³¹po²¹ɕiɒ²¹²lai⁰faŋ²⁵xau³⁴]

呃有一天哪披上它，[ɛ⁴²iou³⁴i²¹tʰian⁴²lɒ⁰pʰi⁴²ʂaŋ⁰tʰɒ⁴²]

就能够飞到天上去。"[tɕiou²¹²lən³¹kou²⁵fei⁴²tau⁰tʰian⁴²ʂaŋ⁰tɕʰi⁰]

织女一心一听哪，[tsʅ²¹n̠ʮ³⁴i²¹ɕin⁴²i²¹tʰin²⁵lɒ⁰]

心里面呃就打闷头鼓儿，[ɕin³⁴li³⁴mian²¹²ɛ⁰tɕiou²¹²tɒ³⁴mən²⁵tʰou³¹ku³⁴ɚ⁰] 打闷头鼓：纳闷

她晓得，[tʰɒ⁴²ɕiau³⁴ta⁰]

老牛就是天上的金牛星，[lau³⁴n̠iou³¹tɕiou²²sʅ²¹²tʰian⁴²ʂaŋ⁰ti⁰tɕin⁴²n̠iou³¹ɕin⁴²]

当时呃因为呃替贬下凡间的，[taŋ⁴²sʅ³¹ɛ⁰in⁴²uei⁰ɛ⁰tʰi²⁵pian³⁴ɕiɒ²¹²fan³¹tɕian⁴²ti⁰]

牵牛说了几句公道话儿，[tɕʰian⁴²n̠iou³¹ʂua²¹liau⁰tɕi³⁴tsʅ²⁵koŋ⁴²tau²¹²xuɒr²¹²]

就呃也被贬下凡间，[tɕiou²¹²ɛ⁰iɛ³⁴pei²¹²pian³⁴ɕiɒ²¹²fan³¹tɕian⁴²]

他怎么可能会死呃？[tʰɒ⁴²tsən⁰mo⁰kʰo⁰lən³¹xuei²¹²sʅ³⁴ɛ⁰]

织女儿就让牛郎剥下牛皮，[tʂʅ²¹ ny̨³⁴ ɚ⁰ tɕiou²¹² zaŋ²¹² n̠iou³¹ laŋ³¹ po²¹ ɕiɒ⁰ n̠iou³¹ pʰi³¹]

把老牛好好儿地安葬。[pɒ³⁴ lau³⁴ n̠iou³¹ xau³⁴ xau³⁴ ɚ⁰ ti⁰ ŋan⁴² tsaŋ²⁵]

正在迥个时候呃天上呃，[tʂən²⁵ tsai²¹² liɛ²⁵ ko⁰ ʂʅ³¹ xou²¹² ɛ⁰ tʰian⁴² ʂaŋ⁰ ɛ⁰]

就又打雷又掣霍，[tɕiou²¹² iou²¹² tɒ³⁴ li³¹ iou²¹² tʂʰa²¹ xo²¹] 掣霍：闪电

一群天兵天将，[i²¹ tʂʰyən³¹ tʰian⁴² pin⁴² tʰian⁴² tɕiaŋ²⁵]

就从天上呃下来，[tɕiou²¹² tsʰoŋ³¹ tʰian⁴² ʂaŋ⁰ ɛ⁰ ɕiɒ²² lai³¹]

二话不说，[ɚ²² xuɒ²¹² pu²¹ ʂųa²¹]

就呃把织女儿押倒飞上天了。[tɕiou²¹² ɛ⁰ pɒ³⁴ tʂʅ²¹ ny̨³⁴ ɚ⁰ iɒ²¹ tau⁰ fei⁴² ʂaŋ⁰ tʰian⁴² liau⁰]

织女儿呃跟着天兵天将呃，[tʂʅ²¹ ny̨³⁴ ɚ⁰ ɛ⁰ kən⁴² tʂo⁰ tʰian⁴² pin⁴² tʰian⁴² tɕiaŋ²⁵ ɛ⁰]

欻快回到天庭的时候，[ei⁴² kʰuai²⁵ xuei³¹ tau⁰ tʰian⁴² tʰin³¹ ti⁰ ʂʅ³¹ xou⁰]

就听到后面嘞牛郎的喊声：[tɕiou²¹² tʰin²⁵ tau⁰ xou²² mian²¹² lei⁰ n̠iou³¹ laŋ³¹ ti⁰ xan³⁴ ʂən⁴²]

"织女儿等，等等我，[tʂʅ²¹ ny̨³⁴ ɚ⁰ tən³⁴, tən³⁴ tən⁰ ŋo³⁴]

等一下儿啊。"[tən³⁴ i²¹ xɒr²¹² ɒ⁰]

织女儿往后个一瞄呃，[tʂʅ²¹ ny̨³⁴ ɚ⁰ uaŋ³⁴ xou²¹² ko³⁴ i²¹ miau³¹ ɛ⁰]

就看到牛郎用一担箩筐，[tɕiou²¹² kʰan²⁵ tau⁰ n̠iou³¹ laŋ³¹ ioŋ²¹² i²¹ tan²⁵ lo³¹ tɕʰiaŋ⁴²]

挑着他的呃儿跟他女儿两个人，[tʰiau⁴² tʂo⁰ tʰɒ⁴² ti⁰ ɛ⁰ ɚ³¹ kən⁴² tʰɒ⁴² ny̨³⁴ ɚ⁰ liaŋ³⁴ ko⁰ zən³¹]

披着个牛皮呃就赶上来了。[pʰi⁴² tʂo⁰ ko⁰ n̠iou³¹ pʰi³¹ ɛ⁰ tɕiou²¹² kan³⁴ ʂaŋ⁰ lai³¹ liau⁰]

看到呃，[kʰan²⁵ tau⁰ ɛ⁰]

他们之间的距离越来越近了，[tʰɒ⁴² mən⁰ tʂʅ⁴² tɕian⁴² ti⁰ tɕy²² li³¹ ya²¹ lai⁰ ya²¹ tɕin²¹² liau⁰]

织女还可以看见她儿跟她女儿，[tʂʅ²¹ ny̨³⁴ xai³¹ kʰo³⁴ i³⁴ kʰan²⁵ tɕian²⁵ tʰɒ⁴² ɚ³¹ kən⁴² tʰɒ⁴² ny̨³⁴ ɚ⁰]

两人的那个样子，[liaŋ³⁴ zən³¹ ti⁰ lɒ²² ko⁰ iaŋ²² tsʅ⁰]

孩子们嘞也张开了双手，[xai³¹ tsʅ⁰ mən⁰ lei⁰ iɛ³⁴ tʂaŋ⁴² kʰai⁴² liau⁰ ʂuaŋ⁴² ʂou³⁴]

大声地叫他姨。[tɒ²² ʂən⁴² ti⁰ tɕiau²⁵ tʰɒ⁴² i²¹²] 姨：妈

眼看嘞，[ian³⁴ kʰan²⁵ lei⁰]

牛郎跟织女就要在一起儿了，[n̠iou³¹ laŋ³¹ kən⁴² tʂʅ²¹ ny̨³⁴ tɕiou²² iau²⁵ tsai²¹² i²¹ tɕʰi³⁴ ɚ⁰ liau⁰]

这个时候儿王母娘娘呃来了，[tʂɛ²⁵ ko⁰ ʂʅ³¹ xɚr⁰ uaŋ⁴² mo³⁴ n̠iaŋ³¹ n̠iaŋ⁰ ɛ⁰ lai³¹ liau⁰]

她拔下她头上的金簪子，[tʰɒ⁴² pɒ²² ɕiɒ⁰ tʰɒ⁴² tʰou³¹ ʂaŋ⁰ ti⁰ tɕin⁴² tsan⁴² tsʅ⁰]

在他们中间个一划，[tsai²¹² tʰɒ⁴² mən⁰ tʂoŋ⁴² tɕian⁴² ko³⁴ i²¹ xuɒ²¹²] 个：这么

呀，一下儿啊，[iɒ⁰, i²¹ xɒɹ²² ɒ⁰]

一条大格＝么宽的个河，[i²¹ tʰiɑu³¹ tɒ²¹² ka²¹ mo⁰ kʰuan⁴² ti⁰ ko⁰ xo³¹] 大格＝么宽：非常宽

就横在了，[tɕiou²¹² xuən³¹ tsai²² liɑu⁰]

就横在了织女跟牛郎的中间，[tɕiou²¹² xuən³¹ tsai²² liɑu⁰ tʂʅ²¹ ɳʯ³⁴ kən⁴² ɳiou³¹ laŋ³¹ ti⁰ tʂoŋ⁴² tɕian⁴²]

非常宽，[fei⁴² tʂʰaŋ³¹ kʰuan⁴²]

简直就是飞不过去。[tɕian³⁴ tʂʅ²¹ tɕiou²¹² ʂʅ²¹² fei⁴² pu²¹ ko²⁵ tɕʰi²⁵]

织女就看着天河对面的牛郎，[tʂʅ²¹ ɳʯ³⁴ tɕiou²¹² kʰan²⁵ tʂo⁰ tʰian⁴² xo³¹ tei²⁵ mian²¹² ti⁰ ɳiou³¹ laŋ³¹]

还有她的两个伢儿，[xai³¹ iou³⁴ tʰɒ⁴² ti⁰ liaŋ³⁴ ko⁰ ŋɒɹ³¹]

哭得呃死去活来，[kʰu²¹ ta⁰ ɛ⁰ sʅ³⁴ tʂʰʯ²⁵ xo²² lai³¹]

牛郎跟孩子们嘞也呃，[ɳiou³¹ laŋ³¹ kən⁴² xai³¹ tsʅ⁰ mən⁰ lei⁰ iɛ³⁴ ɛ⁰]

痛哭流涕。[tʰoŋ²⁵ kʰu²¹ liou³¹ tʰi³¹]

一声声地"姨呀"，[i²¹ ʂən⁴² ʂən⁴² ti⁰ i²¹² iɒ⁰] 姨：妈妈，有些地方出于迷信（相克），用其他亲属称谓转称母亲

呃那痛苦的喊声嘞，[ɛ⁴² lɒ²¹² tʰoŋ²⁵ kʰu³⁴ ti⁰ xan³⁴ ʂən⁴² lei⁰]

当时，[taŋ⁴² ʂʅ³¹]

就让在旁边的[tɕiou²² zaŋ²¹² tsai²¹² pʰaŋ³¹ pian⁴² ti⁰]

一些天兵天将们，[i²¹ ɕiɛ⁰ tʰian⁴² pin⁴² tʰian⁴² tɕiaŋ²⁵ mən⁰]

都觉得心里很难过。[tou⁴² tɕio²¹ ta⁰ ɕin⁴² li⁰ xən³⁴ lan³¹ ko²⁵]

王母娘娘听了之后，[uaŋ⁴² mo³⁴ ɳiaŋ³¹ ɳiaŋ⁰ tʰin²⁵ liɑu⁰ tʂʅ⁴² xou²¹²]

心里面也呃非常感动，[ɕin⁴² li³⁴ mian⁰ iɛ³⁴ ɛ⁰ fei⁴² tʂʰaŋ³¹ kan³⁴ toŋ²¹²]

也动了恻隐之心，[iɛ³⁴ toŋ²² liɑu⁰ tsʰa²¹ in³⁴ tʂʅ⁴² ɕin⁴²]

就同意牛郎跟孩子们 [tɕiou²¹² tʰoŋ³¹ i²⁵ ɳiou³¹ laŋ³¹ kən⁴² xai³¹ tsʅ⁰ mən⁰]

都留倒天上。[tou⁴² liou³¹ tɑu⁰ tʰian⁴² ʂaŋ⁰]

让喜鹊儿去传话，[zaŋ²¹² ɕi³⁴ tɕʰio²¹ ɚ⁰ tɕʰi²⁵ tʂʰʯan³¹ xuɒ²¹²]

让他们每年呃每隔七天嘞，[zaŋ²¹² tʰɒ⁴² mən⁰ mei³⁴ ɳian³¹ ɛ⁰ mei³⁴ ka²¹ tɕʰi²¹ tʰian⁴² lei⁰]

可以见一次面。[kʰo³⁴ i⁰ tɕian²⁵ i²¹ tsʰʅ²⁵ mian²¹²]

哪晓得呃喜鹊儿把话听错了，[lɒ³⁴ ɕiɑu³⁴ ta⁰ ɛ⁰ ɕi³⁴ tɕʰio²¹ ɚ⁰ pɒ³⁴ xuɒ²¹² tʰin²⁵ tsʰo²⁵ liɑu⁰]

说成了每年七月初七 [ʂua²¹tʂʰən³¹liau⁰mei³⁴nian³¹tɕʰi²¹ya²¹tsʰou⁴²tɕʰi²¹]
相见一次。[ɕiaŋ⁴²tɕian²⁵i²¹tsʰɿ²⁵]
于是王母就罚喜鹊儿，[y³¹ʂɿ²¹²uaŋ³¹mo³⁴tɕiou²¹²fa²¹²ɕi³⁴tɕʰio²¹ɚ⁰]
呃，每年呃搭桥，[ɛ⁰，mei³⁴nian³¹⁰ɛ⁰ta²¹tɕʰiau³¹]
让他们相会。[zaŋ²¹²tʰɒ⁴²mən⁰ɕiaŋ⁴²xuei²¹²]
从此牛郎和孩子们 [tsʰoŋ³¹tsʰɿ³⁴niou³¹laŋ³¹xo³¹xai³¹tsɿ⁰mən⁰]
就住在天上，[tɕiou²¹²tʂu²²tsai²¹²tʰian⁴²ʂaŋ⁰]
跟织女儿隔着一条河，[kən⁴²tʂɿ²¹mu³⁴ɚ⁰ka²¹tʂo⁰i²¹tʰiau³¹xo³¹]
遥遥想望。[iau³¹iau³¹ɕiaŋ⁴²uaŋ²¹²]
在秋天的夜里，[tsai²¹²tɕʰiou⁴²tʰian⁴²ti⁰iɛ²¹²li⁰]
我们可以看到银河两边，[ŋo³⁴mən⁰kʰo³⁴i³⁴kʰan²⁵tau⁰in³¹xo³¹liaŋ³⁴pian³¹]
有两颗较大的星星，[iou³⁴liaŋ³⁴kʰo⁴²tɕiau²⁵ta²¹²ti⁰ɕin⁴²ɕin⁰]
那就是织女星和牵牛星，[la²¹²tɕiou²²ʂɿ²¹²tʂɿ²¹mu³⁴ɕin⁴²xo³¹tɕʰian⁴²niou³¹ɕin⁴²]
在牵牛星的旁边，[tsai²¹²tɕʰian⁴²niou³¹ɕin⁴²ti⁰pʰaŋ³¹pian⁴²]
还有两个小星星，[xai³¹iou³⁴liaŋ³⁴ko⁰ɕiau³⁴ɕin⁴²ɕin⁰]
那就是牛郎织女他们的儿和女儿。[la²¹²tɕiou²²ʂɿ²¹²niou³¹laŋ³¹tʂɿ²¹mu³⁴tʰɒ⁴²mən⁰ti⁰ɚ·³¹xo³¹mu³⁴ɚ⁰]

意译：相传，天上有个织女星，还有一个牵牛星，织女和牵牛情投意合，心心相印。可是天庭的戒令不允许男欢女爱，私自恋爱。织女是王母娘娘的孙女儿，王母娘娘就把牵牛贬到尘间，让织女不停地织云锦，以此表示惩罚。自从牵牛被贬到尘间以后呢，织女每天愁眉不展，非常思念牵牛。她坐在织布机的旁边不停地织着云锦，就想王母娘娘能够大发慈悲，有一天哪能够把牵牛召回天上。一天，几个仙女儿啊到王母娘娘那里去，请求到人间的碧莲池去游一游。王母娘娘那一天哪，心情非常好，就答应了她们的请求。仙女们看见织女整天非常苦闷，就一起去向王母娘娘请求，想让织女啊也跟她们一起儿去。王母娘娘也心疼她的那个孙女儿，就答应了她们，让她们哪快去快回。

再来说下牵牛被贬到凡间以后呢，出生在一个农民的家庭里。这个人家里穷得叮当儿响，他父母很早就去世了，他就跟着他哥哥还有嫂子一起生活。他哥和他嫂子两人都嫌弃他，就想要跟他分家，于是啊就把一头老牛和一辆破车子分给了他。从此以后呢，牛郎就跟着老牛相依为命，他们呢住在牛棚儿里，在荒地上啊，放些茅草盖了间小屋子。一两年以后，他们的日子慢慢儿过得还可以了，但是除了能够跟那头不会说话的老牛以外，牛郎身边再没有其他人了，所以他就感到非常地寂寞。

牛郎并不知道这头老牛其实就是天上的金牛星。有一天，老牛突然就说话了，他对牛郎说："牛郎啊，明天早上你到碧莲池那儿去一趟，明早有一些仙女儿会在那里洗澡，那么你就拿起里面一件红色的仙女儿穿的衣服，然后那个穿红色衣服的仙女就会给你做老婆。"牛郎看到老牛说话了，感到非常惊奇。他就问："你真的会说话吗，牛大哥？你说的是不是真的呀？"老牛呢点了点头说："是真的，你明天早上啊去看下子。"第二天早晨呢牛郎啊，哎果真就相信老牛的话，一大早就跑到池莲，跑到碧莲池旁边的一个茅草堆里面躲着。过了一会儿，只见一大群仙女啊就从天上飞下来，她们把衣服脱在岸边上，然后跑到池子里面去游泳。牛郎就赶快跑出来，拿起里面一件红色的衣服，就跑开了。仙女儿们看到啊有人来了，就都跑到池子上面来，把衣服穿好，一下子又飞走了。这时只剩下呢，一个仙女啊没有衣服，她在那儿呢又怕丑啊又着急，突然看到有一个小伙子来了啊，她就跑去问他要衣服。牛郎就对她说："如果你给我做老婆，我就把衣服给你。"织女儿朝他一看啊，原来他就是啊自己朝思暮想日夜思念的牵牛，于是就答应了他，这样织女就做了牛郎的老婆。他们结婚以后，男耕女织，相亲相爱，日子过得非常的好。不久呢，他们生下了一个儿子一个女儿，长得非常好。

　　牛郎织女啊原本以为他们能够终身相守，白头到老。可是王母娘娘知道这件事之后，就派天上的天兵天将到凡间来捉织女回去。这一天呢，织女正在家里做饭，牛郎匆匆地跑回来，两眼红肿着，告诉织女说："牛大哥死了，他临死时跟我说，要我把它的皮剥下来放好，哎有一天披上它就能够飞到天上去。"织女一听哪，心里直纳闷。她知道，老牛就是天上的金牛星，当时因为替贬下凡间的牵牛说了几句公道话，也被贬下凡间。他怎么可能会死呢？织女就让牛郎剥下牛皮，把老牛好好儿地安葬下去。正在个时候呢，天上呢，就又打雷又闪电，一群天兵天将就从天上呢飞下来，二话不说，就把织女儿押着飞上天了。织女呢跟着天兵天将快回到天庭的时候，就听到后面牛郎追赶的喊声："织女等等我，等一下儿啊。"织女往后一看，就看到牛郎用一担箩筐，挑着他的儿子跟他的女儿两个人，披着牛皮就追上来了。

　　看到他们之间的距离越来越近了，织女甚至还可以看见她儿子跟她女儿两人的那个样子。孩子们也张开了双手，大声地叫她妈妈。眼看牛郎跟织女就要聚在一起了，就在这时，王母娘娘来了。她拔下她头上的金簪子，在他们中间一划。呀，一下子一条非常宽的天河，就横在了织女跟牛郎的中间，非常宽，根本就飞不过去。织女就看着天河对面的牛郎，还有他的两个孩子，哭得死去活来。牛郎跟孩子们呢，也痛哭流涕，一声声地"妈妈呀"，那痛苦的喊声哪，当时就让旁边的那些天兵天将们都觉得心里很难受。王母娘娘听了之后，心里也非常感动，就动了恻隐之心，同意牛郎跟孩子们都留在天上。于是让喜鹊儿去传话，告诉牛郎织女，他们每年每隔七天可以见一次面。哪知喜鹊儿把话听错了，说成了每年七月初七相见一次。于是王母就罚喜鹊儿，哎，每年啊搭桥，让牛郎织女相会。从此牛郎和孩子们就住在天上，跟织女隔着一条河，遥遥想望。

在秋天的夜里，我们可以看到银河两边有两颗较大的星星，那就是织女星和牵牛星，在牵牛星的旁边还有两个小星星，那就是牛郎织女他们的儿子和女儿。

三　其他故事

0022 其他故事

今天我们来讲一个蕲春，[tɕin⁴² tʰian⁴² ŋo³⁴ mən⁰ lai³¹ tɕiaŋ³⁴ i²¹ ko²⁵ tɕʰi³¹ tʂʰuən⁴²]

家喻户晓的人物陈细怪儿的故事。[tɕiɒ⁴² ʐ̩²¹² xu²¹² ɕiau³⁴ ti⁰ zən³¹ u²¹ tʂʰən³¹ ɕi²⁵ kuar²⁵ ti⁰ ku²⁵ ʂ̩²¹²] 细：小

陈细怪儿咧，[tʂʰən³¹ ɕi²⁵ kuar²⁵ liɛ⁰]

是蕲春阿凡提式的人物，[ʂ̩²¹² tɕʰi³¹ tʂʰuən⁴² ɒ⁴ fan³¹ tʰi³¹ ʂ̩²⁵ ti⁰ zən³¹ u²¹]

他本来不叫陈细怪儿，[tʰɒ⁴² pən³⁴ lai³¹ pu²¹² tɕiau²⁵ tʂʰən³¹ ɕi²⁵ kuar²⁵]

叫陈璞，[tɕiau²⁵ tʂʰən³¹ pʰu³⁴]

字仰瞻。[tṣ̩²¹² iaŋ³⁴ tṣan⁴²]

这个人嘞有些鬼点子，[tʂɛ²⁵ ko⁰ zən³¹ lei⁰ iou³⁴ ɕiɛ⁰ kuei³⁴ tian³⁴ tṣ̩⁰]

小聪明，[ɕiau³⁴ tsʰoŋ⁴² min⁰]

很多人都说陈细怪儿的鬼点子多，[xən³⁴ to⁴² zən³¹ tou⁴² ʂua²¹ tʂʰən³¹ ɕi²⁵ kuar²⁵ ti⁰ kuei³⁴ tian³⁴ tṣ̩⁰ to⁴²]

就连陈细怪儿的父亲，[tɕiou²¹² lian³¹ tʂʰən³¹ ɕi²⁵ kuar²⁵ ti⁰ fu²² tɕʰin⁴²]

"大怪儿"都晓得，[tɒ²² kuar²⁵ tou⁴² ɕiau³⁴ tɛ⁰]

大家都个的说。[tɒ²² tɕiɒ⁴² tou⁴² ko³⁴ ti⁰ ʂua²¹] 个：这、这么

有一天哪，[iou³⁴ i²¹ tʰian⁴² lɒ⁰]

大怪儿就给细怪儿一个铜钱，[tɒ²² kuar²⁵ tɕiou²⁵ kei³⁴ ɕi kuar²⁵ i²¹ ko⁰ tʰoŋ³¹ tɕʰian³¹]

叫他到街上呃，[tɕiau²⁵ tʰɒ⁴² tau²⁵ kai⁰ ʂaŋ⁰ ɛ⁰]

最小气的个老板，[tsei²⁵ ɕiau³⁴ tɕʰi⁰ ti⁰ ko⁰ lau³⁴ pan³⁴] 个：那个

那里去买点儿油，[lɒ²² li⁰ tɕʰi²⁵ mai³⁴ tiər³⁴ iou³¹]

想用迥呃来考下儿，[ɕiaŋ³⁴ ioŋ²¹² liɛ²⁵ ɛ⁰ lai³¹ kʰau³⁴ xar⁰] 迥：这。下儿：一下

看陈细怪儿到底有没么什法儿。[kʰan²⁵ tʂʰən³¹ ɕi²⁵ kuar²⁵ tau²⁵ ti³⁴ iou³⁴ mɛ²¹ mo³⁴ ʂ̩²¹² fɒr²¹] 么什：什么。法儿：办法

陈细怪儿嘞拿了钱之后，[tṣʰən³¹ ɕi²⁵ kuar²⁵ lei⁰ lɒ³¹ liɛ⁰ tɕʰian³¹ tṣʅ⁴² xou²¹²]

就提倒个空油瓶儿，[tɕiou²¹² tʰi³¹ tau⁰ ko⁰ kʰoŋ²⁵ iou³¹ pʰiər³¹]

就对那个老板说：[tɕiou²¹² tei²⁵ lɒ²² ko⁰ lau³⁴ pan³⁴ ʂua²¹]

"老板嘞，我来买一斤油。"[lau³⁴ pan³⁴ lei⁰，ŋo³⁴ lai³¹ mai³⁴ i²¹ tɕin⁴² iou³¹]

老板嘞，[lau³⁴ pan³⁴ lei⁰]

在陈细怪儿的油瓶儿里面，[tsai²¹² tṣʰən³¹ ɕi²⁵ kuar²⁵ ti⁰ iou³¹ pʰiər³¹ li³⁴ mian⁰]

就打了一斤油，[tɕiou²¹² tɒ³⁴ liau⁰ i²¹ tɕin⁴² iou³¹]

然后，[ʐan³¹ xou²¹²]

就叫陈细怪儿把钱给他。[tɕiou²¹² tɕiau²⁵ tṣʰən³¹ ɕi²⁵ kuar²⁵ pɒ³⁴ tɕʰian³¹ kei³⁴ tʰɒ⁴²]

陈细怪儿嘞在身上摸来摸去，[tṣʰən³¹ ɕi²⁵ kuar²⁵ lei⁰ tsai²¹² ʂən⁴² ʂaŋ⁰ mo²¹ lai⁰ mo²¹ tɕʰi²⁵]

最后喂大声地个说：[tsei²⁵ xou²¹² uei⁰ tɒ²² ʂən⁴² ti⁰ ko³⁴ ʂua²¹] 个：这么

"哎哟，我今昼儿来得太快，[ai⁴² io⁴²，ŋo³⁴ tṣən⁴² tṣar⁴² lai³¹ tɛ⁰ tʰai²⁵ kʰuai²⁵] 今昼儿：今天

太匆忙了，[tʰai²⁵ tsʰoŋ⁴² maŋ³¹ liau⁰]

把钱搞忘记冇带来。"[pɒ³⁴ tɕʰian³¹ kau³⁴ uaŋ²² tɕi⁰ mau²¹² tai²⁵ lai⁰] 冇：没、没有

接着就对老板说："老板哪，[tɕiɛ²¹ tʂo⁰ tɕiou²¹² tei²⁵ lau³⁴ pan³⁴ ʂua²¹：lau³⁴ pan³⁴ lɒ⁰]

迣油我今昼儿买不成了，[lɛ²⁵ iou³¹ ŋo³⁴ tṣən⁴² tṣar⁰ mai³⁴ pu⁰ tṣʰən³¹ liau⁰]

那等我回去拿钱再来。"[lɒ²¹² tən³⁴ ŋo³⁴ xuei³¹ tɕʰi⁰ lɒ³¹ tɕʰian³¹ tsai²⁵ lai³¹]

老板嘞没办法，[lau³⁴ pan³⁴ lei⁰ mɛ²¹ pan²² fɒ²¹]

只好把油又倒倒油坛子里面去了，[tṣʅ²¹ xau³⁴ pɒ³⁴ iou³¹ iou²¹² tau²⁵ tau⁰ iou³¹ tʰan³¹ tsʅ⁰ li³⁴ mian⁰ tɕʰi²⁵ liau⁰] 倒倒：倒在

陈细怪儿就提倒个空油瓶儿，[tṣʰən³¹ ɕi²⁵ kuar²⁵ tɕiou²¹² tʰi³¹ tau⁰ ko⁰ kʰoŋ²⁵ iou³¹ pʰiər³¹] 倒：着

回家了。[xuei³¹ tɕiɒ⁴² liau⁰]

回到屋里呀，[xuei³¹ tau⁰ u²¹ li⁰ iɒ⁰]

他就曰他父亲陈大怪儿，[tʰɒ⁴² tɕiou²¹² ʐɛ⁴² tʰɒ⁴² fu²² tɕʰin⁴² tṣʰən³¹ tɒ²² kuar²⁵] 曰：叫、喊

陈大怪儿跑出来个一看哪，[tṣʰən³¹ tɒ²² kuar²⁵ pʰau³¹ tṣʰʅ²¹ lai⁰ ko³⁴ i²¹ kʰan²⁵ lɒ⁰]

欸，油瓶儿的内壁上面就沾满了油，[ei⁴²，iou³¹ pʰiər³¹ ti⁰ lei²² pi²² ʂaŋ²² mian²¹² tɕiou²¹² tṣan⁴² man³⁴ liau⁰ iou³¹]

都慢慢地流到那个瓶底儿，[tou⁴² man²² man²¹² ti⁰ liou³¹ tau⁰ lɒ²² ko⁰ pʰin³¹ ti³⁴ ɚ⁰]

可能有啊一两左右。[kʰo³⁴ lən³¹ iou³⁴ ɒ⁰ i²¹ liaŋ³⁴ tso³⁴ iou²¹²]

他呃就自言自语地个说：[tʰɒ⁴² ε⁰ tɕiou²¹² tsʅ²² ian³¹ tsʅ²² ʮ³⁴ ti⁰ ko³⁴ ʂɥa²¹]

"怪不得别个人下说我是大怪儿，[kuai²⁵ pu⁰ tε⁰ piε²² ko⁰ zən³¹ xɒ²² ʂɥa²¹ ŋo³⁴ ʂʅ²¹² tɒ²² kuar²⁵]下：都

看来儿子啊现在是胜过老子了，[kʰan²⁵ lai³¹ ɚ³¹ tsʅ³⁴ ɒ⁰ ɕian²² tsai²¹² ʂʅ²¹² ʂən²⁵ ko⁰ lɑu³⁴ tsʅ⁰ liɑu⁰]

真是个细怪儿啊。"[tsən⁴² ʂʅ²¹² ko⁰ ɕi²⁵ kuar²⁵ ɒ⁰]

从此以后，[tsʰoŋ³¹ tsʰʅ³⁴ i³⁴ xou²¹²]

细怪儿的名字啊，[ɕi²⁵ kuar²⁵ ti⁰ min³¹ tsʅ⁰ a⁰]

就在民间嘞传开了。[tɕiou²² tsai²¹² min³¹ tɕian⁴² lei⁰ tsʰɥan³¹ kʰai⁴² liɑu⁰]

要过年了，[iɑu²⁵ ko²⁵ ȵian³¹ liɑu⁰]

陈细怪儿和他的父亲嘞陈大怪儿，[tʂʰən³¹ ɕi²⁵ kuar²⁵ xo³¹ tʰɒ⁴² ti⁰ fu²² tɕʰin⁴² lei⁰ tʂʰən³¹ tɒ²² kuar²⁵]

一起儿到株林街上去买些年货。[i²¹ tɕʰi³⁴ ɚ⁰ tau²⁵ tʂʅ⁴² lin³¹ kai⁴² ʂaŋ⁰ tɕʰi²⁵ mai³⁴ ɕiε⁰ ȵian³¹ xo²⁵]

他家里呃非常穷，[tʰɒ⁴² tɕiɒ⁴² li⁰ ε⁰ fei⁴² tsʰaŋ³¹ tɕʰioŋ³¹]

没钱买肉，[mε²¹ tɕʰian³¹ mai³⁴ zou²¹]

就买了副呃猪下水，[tɕiou²¹² mai³⁴ liɑu⁰ fu²¹ ε⁰ tʂʅ⁴² ɕiɒ²² ʂɥei³⁴]

用一根草绳儿个一绨倒。[ioŋ²¹² i²¹ kən⁴² tsʰau³⁴ ʂɚ³¹ ko³⁴ i²¹ tʰi²¹ tau⁰]绨：系

没钱嘞买鱼呃，[mε²¹ tɕʰian³¹ lei⁰ mai³⁴ ʮ³¹ ε⁰]

又买了些虾子，[iou²¹² mai³⁴ liɑu⁰ ɕiε⁰ xɒ⁴² tsʅ⁰]

找不倒东西装呃，[tʂau³⁴ pu⁰ tau⁰ toŋ⁴² ɕi⁰ tʂɥaŋ⁴² ε⁰]倒：着

大怪儿就把袜子呃脱下来，[tɒ²² kuar²⁵ tɕiou²¹² pɒ³⁴ uɒ²¹ tsʅ⁰ ε⁰ tʰo²¹ ɕiɒ²² lai⁰]

放倒那个袜子筒儿里面。[faŋ²⁵ tau⁰ lɒ²² ko⁰ uɒ²¹ tsʅ⁰ tʰoŋ³¹ ɚ⁰ li³⁴ mian⁰]倒：在

没钱买豆腐，[mε²¹ tɕʰian³¹ mai³⁴ tou²² fu⁰]

他就又买了一些豆渣，[tʰɒ⁴² tɕiou²¹² iou²¹² mai³⁴ liɑu⁰ i²¹ ɕiε⁰ tou²² tsɒ⁴²]

陈细怪儿就把头上个帽子拿下来，[tʂʰən³¹ ɕi²⁵ kuar²⁵ tɕiou²¹² pɒ³⁴ tʰou³¹ ʂaŋ⁰ ko⁰ mau²² tsʅ⁰ lɒ³¹ ɕiɒ²² lai⁰]

把它装到帽子里面。[pɒ³⁴ tʰɒ⁴² tʂɥaŋ⁴² tau⁰ mau²² tsʅ⁰ li³⁴ mian⁰]

买了下水呃，[mai³⁴ liɑu⁰ ɕiɒ²² ʂɥei³⁴ ε⁰]

买了虾子又买了豆渣，[mai³⁴ liɑu⁰ xɒ⁴² tsʅ⁰ iou²² mai³⁴ liɑu⁰ tou²² tsɒ⁴²]

过年嘞也可以做几个菜儿，[ko²⁵ ȵian³¹ lei⁰ iε³⁴ kʰo³⁴ i³⁴ tsou²⁵ tɕi³⁴ ko⁰ tsʰai²⁵ ɚ⁰]

爷儿两个就高高兴兴往屋走。[iɚ³¹ ɚ⁰ liaŋ³⁴ ko⁰ tɕiou²¹² kau⁴² kau⁰ ɕin²⁵ ɕin²⁵ uaŋ³⁴ u²¹ tsou³⁴]屋：家里

走在回来的路上呃，[tsou³⁴tsai²¹²xuei³¹lai⁰ti⁰lou²²ʂaŋ⁰ɛ⁰]

路上有一段儿山路，[lou²²ʂaŋ⁰iou³⁴i²¹tər²¹²ʂan⁴²lou²¹²]

大怪儿感觉有些吃力，[tɒ²²kuar²⁵kan³⁴tɕio²¹iou³⁴ɕiɛ⁰tɕʰi²¹li²¹]

就说："上山五里当十里。"[tɕiou²²ʂua²¹：ʂaŋ²²ʂan⁴²u³⁴li³¹taŋ²⁵ʂʅ²²li³⁴]

陈细怪儿提着个猪下水，[tʂʰən³¹ɕi²⁵kuar²⁵tʰi³¹tʂo⁰ko⁰tʂʅ⁴²ɕiɒ²²ʂyei³⁴]

就说欸："下水两斤折一斤。"[tɕiou²²ʂua²¹ei⁰：ɕiɒ²²ʂyei³liaŋ³⁴tɕin⁴²tʂa²¹i²¹tɕin⁴²]

折：折合

大怪儿又把装虾子的两个袜子筒儿嘞，[tɒ²²kuar²⁵iou²²pɒ³⁴tʂuaŋ⁴²xɒ⁴²tsʅ⁰ti⁰liaŋ³⁴ko⁰uɒ²¹tsʅ¹tʰoŋ³¹ɚ⁰lei⁰]

抖了两下子，[tou³⁴liau⁰liaŋ³⁴xɒ²²tsʅ⁰]

说："按结两袜脚儿。"[ʂua²¹：ŋan²⁵tɕiɛ²¹liaŋ³⁴uɒ²¹tɕio²¹ɚ⁰] 按结：压结实

陈细怪儿又把装豆渣的个帽子，[tʂʰən³¹ɕi²⁵kuar²⁵iou²²pɒ³⁴tʂuaŋ⁴²tou²²tʂɒ⁴²ti⁰ko⁰mɑu²²tsʅ⁰]

托了托，说：[tʰo²¹liɛ⁰tʰo²¹，ʂua²¹]

"拍满一帽头儿。"[pʰa²¹man³⁴i²¹mɑu²²tʰər³¹] 拍满：拍得满满的

大怪儿看买的东西呃钱不多，[tɒ²²kuar²⁵kʰan²⁵mai⁴²ti⁰toŋ³¹ɕi⁰ɛ⁰tɕʰian³¹pu²¹to⁴²]

就说："细细弄弄过年。"[tɕiou²²ʂua²¹：ɕi²⁵ɕi²⁵loŋ²²loŋ²¹²ko²⁵ȵian³¹] 细细弄弄：形容很节俭

陈细怪儿却有些不在乎地说：[tʂʰən³¹ɕi²⁵kuar²⁵tɕʰio²¹iou³⁴ɕiɛ⁰pu²¹tsai²²xu⁰ti⁰ʂua²¹]

"大大方方欠债。"[tɒ²²tɒ²¹²faŋ⁴²faŋ⁴²tɕʰian²⁵tsai²⁵]

大怪儿和细怪儿就是个的呃，[tɒ²²kuar²⁵xo³¹ɕi²⁵kuar²⁵tɕiou²²ʂʅ²¹²ko³⁴ti⁰ɛ⁰]

尔一句儿我一句儿用对联儿讲话。[ŋ̍³⁴i²¹tʂʅ²⁵ɚ⁰ŋo³⁴i²¹tʂʅ²⁵ɚ⁰ioŋ²¹²tei²⁵liar³¹tɕiaŋ³⁴xuɒ²¹²] 尔：你

有一次呃，陈细怪儿和几个考生，[iou³⁴i²¹tsʰʅ²⁵ɛ⁰，tʂʰən³¹ɕi²⁵kuar²⁵xo³¹tɕi³⁴ko⁰kʰau³⁴sən⁴²]

坐木船到黄州去参加府试。[tso²¹²mo²¹tʂʰuan³¹tau²⁵xuaŋ³¹tʂou⁴²tɕʰi²⁵tsan⁴²tɕiɒ⁴²fu³⁴ʂʅ²⁵]

俗话说：[sou²²²xuɒ²¹²ʂua²¹]

"三个屠夫走到一起儿说猪，[san⁴²ko²⁵tʰou³¹fu⁴²tsou³⁴tau⁰i²¹tɕʰi³⁴ɚ⁰ʂua²¹tʂʅ⁴²]

三个秀才呃走到一起儿说书。"[san⁴²ko²⁵ɕiou²⁵tsʰai³¹ɛ⁰tsou³⁴tau⁰i²¹tɕʰi³⁴ɚ⁰ʂua²¹ʂʅ⁴²]

船上的考生嘞，[tʂʰuan³¹ʂaŋ⁰ti⁰kʰau³⁴sən⁴²lei⁰]

就自然而然地摇头晃脑儿啊，[tɕiou²¹²tsʅ²²uan³¹ɚ³¹uan³¹ti⁰iau²¹tʰou³¹xuaŋ²²lar³⁴ ɒ⁰]

有的在念诗，[iou³⁴ti⁰tsai²¹²ȵian²²ʂʅ⁴²]

有的在对对联儿。[iou³⁴ti⁰tsai²¹²tei²⁵tei²⁵liar³¹]

快到巴河的时候，[kʰuai²⁵tau⁰pɒ⁴²xo³¹ti⁰ʂʅ³¹xou⁰]

有一个富人屋的个呃子弟欸，[iou³⁴i²¹ko⁰fu²⁵zən³¹u²¹ti⁰ko⁰ɛ²tsʅ³⁴ti²¹²ei⁰]

就看到陈细怪儿一同上船的，[tɕiou²¹²kʰan²⁵tau⁰tʂʰən³¹ɕi²⁵kuar²⁵i²¹tʰoŋ³¹ʂaŋ²²tʂʰuan³¹ti⁰]

那个穷书生的脸上有块疤子，[lɒ²²ko⁰tɕʰioŋ³¹ʂu⁴²ʂən⁴²ti⁰lian³⁴ʂaŋ⁰iou³⁴kʰuai²⁵pɒ⁴²tsʅ⁰] 疤子：疤痕

就指着巴河中的一只渡船，[tɕiou²¹²tʂʅ³⁴tʂo⁰pɒ⁴²xo³¹tʂoŋ⁴²ti⁰i²¹tsʅ²¹tou²²tʂʰuan³¹]

就笑他说：[tɕiou²¹²ɕiau²⁵tʰɒ⁰ʂua²¹] 笑：嘲笑

"我在这边儿有半边儿，[ŋo³⁴tsai²¹²tʂɛ²⁵piər⁴²iou⁰pan²⁵piər⁴²]

我这里有半边儿对联儿，[ŋo³⁴tʂɛ²⁵li⁰iou³⁴pan²⁵piər⁴²tei²⁵liar³¹]

不晓得尔这个疤大哥呃，[pu²¹ɕiau³⁴tɛ⁰n̩³⁴tɛ²⁵ko⁰pɒ⁴²tɒ²²ko⁴²ɛ⁰]

对不对得上来？"[tei²⁵pu⁰tei²⁵tɛ⁰ʂaŋ²²lai⁰]

接着他就念出了上联儿：[tɕiɛ²¹tʂo⁰tʰɒ⁴²tɕiou²¹²ȵian²²tʂʰu²¹liau⁰ʂaŋ²²liar³¹]

"巴河疤哥摆巴渡。"[pɒ⁴²xo³¹pɒ⁴²ko⁴²pai³⁴pɒ⁴²tou²¹²]

这个脸上有疤的穷书生嘞，[tɛ²⁵ko⁰lian³⁴ʂaŋ⁰iou³⁴pɒ⁴²ti⁰tɕʰioŋ³¹ʂu⁴²ʂən⁴²lei⁰]

怎么也对不上来，[tsən³⁴mo⁰iɛ³⁴tei²⁵pu⁰ʂaŋ²²lai³¹]

心里面就非常着急，[ɕin³⁴li⁰mian²¹²tɕiou²¹²fei⁴²tʂʰaŋ³¹tʂo²¹tɕi²¹]

脸上的疤子就显得更红了，[lian³⁴ʂaŋ⁰ti⁰pɒ⁴²tsʅ⁰tɕiou²¹²ɕian³⁴tɛ⁰kən²⁵xoŋ³¹liɛ⁰]

那几个富家啊子弟呃就笑他。[lɒ²¹²tɕi³⁴ko⁰fu²⁵tɕia⁴²ɒ⁰tsʅ³⁴ti²¹²ɛ⁰tɕiou²¹²ɕiau²⁵tʰɒ⁴²]

陈细怪儿看了以后，[tʂʰən³¹ɕi²⁵kuar²⁵kʰan²⁵liɛ⁰i³⁴xou²¹²]

心里面就非常恼火，[ɕin³⁴li⁰mian²¹²tɕiou²¹²fei⁴²tʂʰaŋ³¹lau³⁴xo³⁴]

他认得这个富家子弟，[tʰɒ⁴²ʐən²²tɛ²¹tɛ²⁵ko⁰fu²⁵tɕiɒ⁴²tsʅ³⁴ti²¹²]

也晓得呃迾伢儿他娘，[iɛ³⁴ɕiau³⁴tɛ⁰ɛ³¹lɛ²⁵ŋɒr³¹tʰɒ⁴²ȵiaŋ³¹] 伢儿：孩子

刚好脸上有几个麻子。[kaŋ⁴²xau³⁴lian³⁴ʂaŋ⁰iou³⁴tɕi⁴²ko⁰mɒ³¹tsʅ⁰]

于是他就向远处儿个一指，[u³¹ʂʅ²¹²tʰɒ⁴²tɕiou²¹²ɕiaŋ²⁵yan³⁴tʂʰu²⁵ɚ⁰ko³⁴i²¹tsʅ³⁴] 个：这样

他说："欸，[tʰɒ²⁵ʂua²¹：ei⁴²]

那下儿不是麻桥吗？[lɒ²²xər²⁵pu²¹ʂʅ²¹²mɒ³¹tɕʰiau³¹mɒ⁰] 那下儿：那里

迾个对子我对得上来。"[lɛ²⁵ko⁰tei²⁵tsʅ⁰ŋo³⁴tei²⁵tɛ⁰ʂaŋ²¹²lai⁰]

然后呃他就念出了下联：[ɤan³¹ xou²¹² ɛ⁰ tʰɒ⁴² tɕiou²¹² n̠ian²¹² tʂʰʅ²¹ liau⁰ ɕiɒ²² lian³¹]
"麻桥麻姐卖麻花儿。"[mɒ³¹ tɕʰiau³¹ mɒ³¹ tɕiɛ³⁴ mai²¹² mɒ³¹ xuɒr⁴²]
这样下来呃，[tsɛ²⁵ iɑŋ²¹² ɕiɒ²² lai³¹ ɛ⁰]
把那个富家的那个子弟呃，[pɒ³⁴ lɒ²² ko⁰ fu²⁵ tɕiɒ⁴² ti⁰ lɒ²² ko⁰ tsʅ³⁴ ti²¹² ɛ⁰]
就气死了，[tɕiou²¹² tɕʰi²⁵ sʅ³⁴ liɛ⁰]
他气冲冲地就问陈细怪儿：[tʰɒ⁴² tɕʰi²⁵ tʂʰoŋ⁴² tʂʰoŋ⁴² ti⁰ tɕiou²¹² uən²¹² tʂʰən³¹ ɕi²⁵ kuar²⁵]
"凭尔迵个个穷酸的样子呃，[pʰin³¹ n̠³⁴ lɛ²⁵ ko⁰ ko⁰ tɕʰioŋ³¹ san⁴² ti⁰ iaŋ²² tsʅ⁰ ɛ⁰]迵个：这个。个：这么
尔嘞想跟我对对联儿，[n̠³⁴ lei⁰ ɕiaŋ³⁴ kən⁴² ŋo³⁴ tei²⁵ tei²⁵ liar³¹]
现在我就要请教请教尔。"[ɕian²² tsai²¹² ŋo³⁴ tɕiou²¹² iau²⁵ tɕʰin³⁴ tɕiau²⁵ tɕʰin³⁴ tɕiau²⁵ n̠³⁴]
旁边，[pʰɑŋ³¹ pian⁴²]
一个不服气儿的一个富家子弟呃，[i²¹ ko⁰ pu²¹ fu²¹ tɕʰi²⁵ ɚ⁰ ti⁰ i²¹ ko⁰ fu²⁵ tɕiɒ⁴² tsʅ³⁴ ti²¹² ɛ⁰]
就把欸那个古书上面的一些诗句呃，[tɕiou²² pɒ³⁴ ei⁰ lɒ²² ko⁰ ku³⁴ ʂʅ⁴² ʂɑŋ²² mian²¹² ti⁰ i²¹ ɕiɛ⁴² tʂʅ²⁵ ɛ⁰]
个一拼倒，[ko³⁴ i²¹ pʰin⁴² tau⁰]拼倒：拼凑着
又拟了一个上联儿，[iou²¹² n̠i³⁴ liau⁰ i²¹ ko⁰ ʂɑŋ²² liar³¹]
他说："两岸青山夹绿水。"[tʰɒ⁴² ʂua²¹：liaŋ³⁴ ŋan²¹² tɕʰin⁴² san⁴² tɕiɒ²¹ lou²¹ ʂuei³⁴]
陈细怪儿听了以后啊，[tʂʰən³¹ ɕi²⁵ kuar²⁵ tʰin²⁵ liau⁰ i³⁴ xou²¹² ɒ⁰]
快流时呃，[kʰuai²⁵ liou³¹ ʂʅ³¹ ɛ⁰]流时：赶紧
拉倒旁边那个穷书生，[lɒ⁴² tau⁰ pʰɑŋ³¹ pian⁴² lɒ²² ko²⁵ tɕʰioŋ³¹ ʂʅ⁴² ʂən⁴²]倒：着
那个呃，[lɒ²² ko⁰ ɛ⁰]
脸上有疤子的那个穷书生，[lian³⁴ ʂɑŋ⁰ iou³⁴ pɒ⁴² tsʅ⁰ ti⁰ lɒ²² ko²⁵ tɕʰioŋ³¹ ʂʅ⁴² sən⁴²]
就曰船夫，[tɕiou²² ɥɛ⁴² tʂʰɤan³¹ fu⁴²]
他说："等下儿等下儿啊，[tʰɒ⁴² ʂua²¹：tən³⁴ xɒr²¹² tən³⁴ xɒr²¹² ɒ⁰]
我要下船了。"[ŋo³⁴ iau²⁵ ɕiɒ²² tʂʰɤan³¹ liɛ⁰]
一船的富家子弟，[i²¹ tsʰɤan³¹ ti⁰ fu²⁵ tɕiɒ⁴² tsʅ³⁴ ti²¹²]
以为他对不倒迥个对联儿，[i³⁴ uei³¹ tʰɒ⁴² tei²⁵ pu⁰ tau⁴² lɛ²⁵ ko⁰ tei²⁵ liar³¹]对不倒：对不上
欸认输了，[ei⁴² ɤən²² ʂʅ⁴² liɛ⁰]
想一走算了。[ɕiaŋ³⁴ i²¹ tsou³⁴ san²⁵ liau³⁴]
船嘞刚停在岸边儿，[tʂʰan³¹ lei⁰ kaŋ⁴² tʰin³¹ tsai²¹² ŋan²² piər⁴²]

陈细怪儿嘞，[tṣʰən³¹ ɕi²⁵ kuar²⁵ lei⁰]

就把那个有疤的书生嘞，[tɕiou²² pɒ³⁴ lɒ²² ko⁰ iou³⁴ pɒ⁴² tiº ʂʅ⁴² sən⁴² leiº]

拉下了船，[lɒ⁴² ɕiɒ²¹² liɛº tṣʰʮan³¹]

然后指着船上所有的人说：[ʮan³¹ xou²¹² tʂʅ³⁴ tʂoº tṣʰʮan³¹ ʂaŋº so³⁴ iou³⁴ tiº zən³¹ ʂua²¹]

"尔们听好啊，[n̩³⁴ mənº tʰin²⁵ xau³⁴ ɒº]

迓下联儿我对得倒。"[lɛ²⁵ ɕiɒ²² liar³¹ ŋo³⁴ tei²⁵ teº tauº]

他故意把声音嘞拖得长长的，[tʰɒ⁴² ku²⁵ i²⁵ pɒ³⁴ ʂən⁴² in⁴² leiº tʰo⁴² tɛº tṣʰaŋ³¹ tṣʰaŋ³¹ tiº]

然后就念道：[ʮan³¹ xou²¹² tɕiou²¹² n̩ian²² tauº]

"一船黑炭上黄州。"[i²¹ tṣʰʮan³¹ xa²¹ tʰan²⁵ ʂaŋ²¹² xuaŋ³¹ tʂou⁴²]

意译：今天我们来讲一个蕲春家喻户晓的人物——陈细怪儿的故事。陈细怪儿是蕲春阿凡提式的人物，他本来不叫陈细怪儿，叫陈璞，字仰瞻。这个人有些鬼点子，小聪明，很多人都说陈细怪儿的点子多，就连陈细怪儿的父亲"大怪儿"都知道，大家都这么说。有一天哪，大怪儿给了细怪儿一个铜钱，叫他到街上一个最小气的老板那里去买点儿油，想用这个呢来考下他，看他到底有没有什么办法。陈细怪儿拿了钱后，就提着个空油瓶儿，对那个老板说："老板哪，我来买一斤油。"老板呢在陈细怪儿的油瓶儿里打了一斤油，然后让陈细怪儿把钱给他。陈细怪儿在身上摸来摸去，最后大声地说："哎哟，我今天来得太匆忙了，搞忘了带钱来。"接着就对老板说："老板哪，这油我今天买不成了，等我回去拿钱再来。"老板哪没办法，只好把油又倒进油坛子里面去了，陈细怪儿就提着个空油瓶儿回家了。一回到家，他就叫他父亲。陈大怪儿跑出来一看，油瓶儿的内壁上面沾满了油，都慢慢地流到瓶底，可能有啊一两左右。他自言自语地说："怪不得别个人说我是大怪儿，看来儿子现在是胜过老子了，真是个细怪儿啊。"从此，细怪儿的名字就在民间呢传开了。

要过年了，陈细怪儿和他的父亲陈大怪儿一块儿到株林街上去买些年货。他家里呀非常穷，没钱买肉，就买了副猪下水，用一根草绳儿系着。没钱买鱼，买了些虾子，大怪儿把袜子呀脱下来，把虾子装进了袜筒里。没钱买豆腐，他就又买一些豆渣，把它装到帽子里面。买了下水哎，买了虾子又买了豆渣，爷儿俩高高兴兴往回走。走在回家的路上啊，路上有一段山路，大怪儿感觉有些吃力，就说："上山五里当十里。"陈细怪儿提着猪下水，就回应说："下水两斤折一斤。"大怪儿又把装虾子的两个袜子筒儿抖了两下子，说："按结两袜脚儿。"陈细怪儿也把装豆渣的那个帽子托了托，应对说："拍满一帽头儿。"大怪儿看买的东西钱不多，就说："细细弄弄过年。"陈细怪儿却有些不在乎地说："大大方方欠债。"大怪儿和细怪儿就这样你一句儿我一句，都用对联来说话。

有一次啊，陈细怪儿和几个考生坐木船到黄州去参加府试。俗话说："三个屠夫走到一块说猪，三个秀才走到一块儿说书。"船上的考生哪就自然而然地摇头晃脑儿啊，有的在念诗，有的在对对联。快到巴河的时候，有一个富人家的子弟，就看到跟陈细怪儿一同上船的那个穷书生脸上有块疤子。于是，就指着巴河中的一只渡船，嘲笑他说："我在这边儿有半边儿，我这里有半边儿对联儿，不知道你这个疤大哥呀对不对得上？"接着他就念出了上联儿："巴河疤哥摆巴渡。"这个脸上有疤的穷书生哪怎么也对不上来，心里非常着急，脸上的疤子更红了，那几个富家子弟啊就取笑他。陈细怪儿看了后，心里就非常恼火，他认识这个富家子弟，还知道这小伙子他娘的脸上刚好有两颗麻子。于是他就向远处一指，说道："哎，那儿不是麻桥吗？这个对联我对得上来。"然后，他就念出了下联："麻桥麻姐卖麻花儿。"这样对下来呀，把那个富家子弟气死了。富家子弟气冲冲地问陈细怪儿："就凭你这么个穷酸的样子啊，你想跟我对对联儿，现在我就要请教请教你。"旁边的一个不服气的富家子弟，就把古书上的诗句拼凑在一起，拟了一个上联："两岸青山夹绿水。"陈细怪儿听了之后，赶紧拉着旁边那个穷书生，拉着那个脸上有疤的穷书生，就喊船夫，说："等下等下呀，我要下船了。"一船的富家子弟都以为他对不上这个对联，认输了，打算一走了事。船刚一停靠在岸边儿，陈细怪儿就把那个有疤的书生啊拉下了船。然后，陈细怪儿指着船上所有的人说："你们听好啊，这个下联儿我会对。"他故意把声音拖得长长的，然后就念道："一船黑炭上黄州。"

0023 其他故事

刚才我们讲了陈细怪儿呃，[kaŋ⁴²tsʰai³¹ ŋo³⁴mən⁰tɕiaŋ³⁴lɛ⁰tʂʰən³¹ɕi²⁵kuar²⁵ɛ⁰]

细：小

对对联儿，[tei²⁵tei²⁵liar³¹]

他很有才，[tʰɒ⁴²xən³⁴iou³⁴tsʰai³¹]

其实有时候，[tɕʰi³¹ʂʅ²¹iou³⁴ʂʅ³¹xou²¹²]

他也喜欢戏弄一些小人，[tʰɒ⁴²iɛ³⁴ɕi³⁴xuan⁴²ɕi²⁵loŋ²¹²i²¹ɕiɛ⁰ɕiau³⁴zən³¹]

下面我就讲一个呃，[ɕiɒ²¹²mian²¹²ŋo³⁴tɕʰiou²¹²tɕiaŋ³⁴i²¹ko⁰ɛ⁰]

他戏弄小人的故事。[tʰɒ⁴²ɕi²⁵loŋ²¹²ɕiau³⁴zən³¹ti⁰ku²⁵ʂʅ²¹²]

从前有一个张三，[tsʰoŋ³¹tɕʰian³¹iou³⁴i²¹ko²⁵tʂaŋ⁴²san⁴²]

还有一个王四，[xai³¹iou³⁴i²¹ko⁰uaŋ³¹ʂʅ²⁵]

㖇两个在别人，[lɛ²¹²liaŋ³⁴ko²⁵tsai²¹²pʰiɛ²¹zən³¹] 㖇：这

都把他当作呃是无赖。[tou⁴²pɒ³⁴tʰɒ⁴²taŋ⁴²tso⁰ɛ⁰ʂʅ²¹²u³¹lai²¹²]

有一次呃，[iou³⁴i²¹tsʅ²⁵ɛ⁰]

他们两个人就想呃，[tʰɒ⁴²mən⁰liaŋ³⁴ko²⁵zən³¹tɕiou²¹²ɕiaŋ³⁴ɛ⁰]

到附近的一个做豆酱的人屋去呃，[tau²⁵fu²¹²tɕin²¹²ti⁰i²¹ko⁰tsou²⁵tou²¹²tɕiaŋ²⁵ti⁰zən³¹u²¹tɕʰi²⁵ɛ⁰]

偷点儿豆酱回来吃。[tʰou⁴²tiar³⁴tou²¹²tɕiaŋ²⁵xuei³¹lai³¹tɕʰi²¹]

但是他们又怕喂被人捉倒，[tan²¹²ʂʅ²¹²tʰɒ⁴²mən⁰iou²¹²pʰɒ²⁵uei⁰pei²¹²zən³¹tso²¹tau⁰] 捉倒：捉住

然后呃，他就呃，[ɣan³¹xou²¹²ɛ⁰，tʰɒ⁴²tɕiou²¹²ɛ⁰]

呃他两人，[ɛ⁴²tʰɒ⁴²liaŋ³zən³¹]

就把陈细怪儿个一捉倒，[tɕiou²¹²pɒ³⁴tʂʰən³¹ɕi²⁵kuar²⁵ko³⁴i²¹tso²¹tau⁰] 个：这、这么

叫陈细怪儿带他们去。[tɕiau²⁵tʂʰən³¹ɕi²⁵kuar²⁵tai²⁵tʰɒ⁴²mən⁰tɕʰi²⁵]

他们就想呃，[tʰɒ⁴²mən⁰tɕiou²¹²ɕiaŋ³⁴ɛ⁰]

如果说呃捉在了，[ɹ̍³¹ko³⁴ʂɥa²¹ɛ⁰tso²¹tsai²¹²liɛ⁰] 捉在：捉住

就先把陈细怪儿捉倒。[tɕiou²¹²ɕian⁴²pɒ³⁴tʂʰən³¹ɕi²⁵kuar²⁵tso²¹tau⁰]

陈细怪那个时候儿，[tʂʰən³¹ɕi²⁵kuar²⁵lɒ²²ko⁰ʂʅ³¹xər⁰]

还是个细伢儿，[xai³¹ʂʅ²¹²ko⁰ɕi²⁵ŋɒr⁰] 细伢儿：小孩子

呃又怕他们打他，[ɛ⁴²iou²¹²pʰɒ²⁵tʰɒ⁴²mən⁰tɒ³⁴tʰɒ⁴²]

所以，[so³⁴i³⁴]

只好就跟他们一路去了。[tʂʅ²¹xau³⁴tɕiou²¹²kən⁴²tʰɒ⁴²mən⁰i²¹lou²¹²tɕʰi²⁵liɛ⁰] 一路：一起

陈细怪儿嘞，[tʂʰən³¹ɕi²⁵kuar²⁵lei²¹]

走倒前面，[tsou³⁴tsau⁰tɕʰian³¹mian²¹²] 倒：在

呃走倒走倒，[ɛ²⁵tsou³⁴tau⁰tsou³⁴tau⁰] 倒：着

看到呃前头呃，[kʰan²⁵tau⁰ɛ⁰tɕʰian³¹tʰou⁰ɛ⁰] 前头：前面

晚上前头黑乎乎的，[uan³⁴ʂaŋ⁰tɕʰian³¹tʰou⁰xa²¹xu⁴²xu⁴²ti⁰]

看又看不个清楚，[kʰan²⁵iou²¹²kʰan²⁵pu⁰ko³⁴tɕʰin⁴²tsʰou³⁴] 个：这、这么

他看到前头地上，[tʰɒ⁴²kʰan²⁵tau⁰tɕʰian³¹tʰou⁰ti²¹²ʂaŋ⁰]

有一团黑乎乎的东西，[iou³⁴i²¹tʰan³¹xa²¹xu⁴²xu⁴²ti⁰toŋ⁴²ɕi⁰]

他以为是一顶帽子，[tʰɒ⁴²i³⁴uei³¹ʂʅ²¹²i²¹tin³⁴mau²¹²tsʅ⁰]

他就猴⁼下去准备捡起来，[tʰɒ⁴²tɕiou²¹²xou²⁵ɕiɒ²¹²tɕʰi²⁵tʂʅɥən³⁴pei²¹²tɕian³⁴tɕʰi³⁴lai⁰] 猴⁼：弯腰

个一瞄喂，看到是一泡牛屎，[ko³⁴ i²¹ miau³¹ uei⁰，kʰan²⁵ tau⁰ ʂɿ²¹² i²¹ pʰau²⁵ ȵiou³¹ ʂɿ³⁴] 个：这么。瞄：看

他就快流时呃，[tʰɒ⁴² tɕiou²¹² kʰai²⁵ liou³¹ ʂɿ³¹ ɛ⁰] 流时：赶紧

又怕他们笑他，[iou²¹² pʰɒ²⁵ tʰɒ⁴² mən⁰ ɕiau²⁵ tʰɒ⁴²] 笑：嘲笑

他就快流时呃，[tʰɒ⁴² tɕiou²¹² kʰai²⁵ liou³¹ ʂɿ³¹ ɛ⁰]

他就想戏弄下儿后面的张三跟王四儿。[tʰɒ⁴² tɕiou²¹² ɕiaŋ³⁴ ɕi²⁵ loŋ²¹² xɒr²¹² xou²¹² mian²¹² ti⁰ tʂaŋ⁴² san⁴² kən⁴² uaŋ³¹ sɿ²⁵ ɚ⁰]

他就说："那一顶帽子太破了，[tʰɒ⁴² tɕiou²¹² ʂua²¹：lɛ²⁵ i²¹ tin³⁴ mau²² tsɿ⁰ tʰai²⁵ pʰo²⁵ liɛ⁰]

算了，我懒要得。"[san²⁵ liɑu³⁴，ŋo³⁴ lan³⁴ iau²⁵ tɛ⁰] 懒要得：懒得要

那张三嘞，[lɒ²⁵ tʂaŋ⁴² san⁴² lei⁰]

听到呃，[tʰin⁴² tau⁰ ɛ⁰]

陈细怪儿说是一顶帽子，[tʂʰən³¹ ɕi²⁵ kuar²⁵ ʂua²¹ ʂɿ²¹² i²¹ tin³⁴ mau²¹² tsɿ⁰]

就快流时跑过来，[tɕiou²¹² kʰai²⁵ liou³¹ ʂɿ³¹ pʰau³¹ ko²⁵ lai³¹]

"呃帽子破了，[ɛ²² mau²¹² tsɿ⁰ pʰo²⁵ liɑu⁰]

补一下儿还是戴，[pu³⁴ i²¹ xɒr²¹² xai³¹ ʂɿ²¹² tai²⁵]

尔不要我要。"[n̩³⁴ pu²¹ iau²⁵ ŋo³⁴ iau²⁵] 尔：你

他伸手去个一抓啊，[tʰɒ⁴² ʂən⁴² ʂou³⁴ tɕʰi²⁵ ko³⁴ i²¹ tʂuɒ⁴² ɒ⁰] 个：这么

哪晓得抓一把牛屎，[lɒ³⁴ ɕiau³⁴ tɛ²¹ tʂuɒ⁴² i²¹ pɒ³⁴ ȵiou³¹ ʂɿ³⁴] 晓得：知道

他又怕呃，[tʰɒ⁴² iou²¹² pɒ²⁵ ɛ⁰]

王四儿跟陈细怪儿两个人笑他，[uaŋ³¹ sɿ²⁵ ɚ⁰ kən⁴² tʂʰən³¹ ɕi²⁵ kuar²⁵ liaŋ³⁴ ko⁰ zən³¹ ɕiau²⁵ tʰɒ⁴²]

他就不做声，[tʰɒ⁴² tɕiou²¹² pu²¹ tsou²⁵ ʂən⁴²]

也特为说：[iɛ³⁴ tʰi²¹² uei²¹² ʂua²¹] 特为：故意

"这顶帽子太破了啊，[lɛ²⁵ tin³⁴ mau²¹² tsɿ⁰ tʰai²⁵ pʰo²⁵ liɛ⁰ ɒ⁰]

我也不要。"[ŋo³⁴ iɛ³⁴ pu²¹ iau²⁵]

那王四儿嘞跑上来，[lɒ²¹² uaŋ³¹ sɿ²⁵ ɚ⁰ lɛ⁰ pʰau³¹ ʂaŋ²¹² lai³¹]

他说："太破了，[tʰɒ⁴² ʂua²¹：tʰai²⁵ pʰo²⁵ liɛ⁰]

那拿回去拆开呀，[lɒ²¹² lɒ³¹ xuei³¹ tɕʰi²⁵ tsʰa²¹ kʰai⁴² iɒ⁰]

还可以做个抹布儿。"[xai³¹ kʰo³⁴ i³⁴ tsou²⁵ ko⁰ mɒ²¹ pu²⁵ ɚ⁰]

王四儿赶快个一捡倒，[uaŋ³¹ sɿ²⁵ ɚ⁰ kan³⁴ kʰuai²⁵ ko³⁴ i²¹ tɕian³⁴ tau⁰] 个：这、这么。倒：着

也抓一把牛屎。[iɛ³⁴ tʂuɒ⁴² i²¹ pɒ³⁴ ȵiou³¹ ʂɿ³⁴]

被陈细怪儿戏弄了，[pei²¹² tʂən³¹ ɕi²⁵ kuar²⁵ ɕi²⁵ loŋ²¹² liau⁰]

又怕大家晓得笑啊，[iou²¹² pʰɒ²⁵ tɒ²¹² tɕin⁴² ɕiau³⁴ tɛ⁰ ɕiau²⁵ ɒ⁰] 晓得：知道

所以也呃在心里面不做声。[so³⁴ i³⁴ iɛ³⁴ ɛ⁰ tsai²¹² ɕin⁴² li³⁴ mian²¹² pu²¹ tsou²⁵ ʂən⁴²]

然后啊三个人就来那个呃，[ʐan³¹ xou²¹² ɒ⁰ san⁴² ko²⁵ zən³¹ tɕiou²¹² lai³¹ lɒ²¹² ko⁰ ɛ⁰]

豆酱的那个人屋院子外面，[tou²¹² tɕiaŋ²⁵ ti⁰ lɒ²¹² ko⁰ zən³¹ u²¹ tʂʅan²¹² tsʅ⁰ uai²¹² mian²¹²]

他两人就该陈细怪儿先进去，[tʰɒ⁴² liaŋ³⁴ zən³¹ tɕiou²¹² kai⁴² tʂən³¹ ɕi²⁵ kuar²⁵ ɕian⁴² tɕin²⁵ tɕʰi⁰]

他说呃心想个进去捉，[tʰɒ⁴² ʂuɑ²¹ ɛ⁰ ɕin⁴² ɕiaŋ³⁴² ko³⁴ tɕin²⁵ tɕʰi²⁵ tso²¹] 个：这样

捉了，陈细怪儿，[tso²¹ liɛ⁰，tʂən³¹ ɕi²⁵ kuar²⁵]

就该陈细怪儿翻墙跑进去。[tɕiou²¹² kai⁴² tʂən³¹ ɕi²⁵ kuar²⁵ fan⁴² tɕʰiaŋ³¹ pʰau³¹ tɕin²⁵ tɕʰi²⁵]

陈细怪儿呃他就从墙啊，[tʂən³¹ ɕi²⁵ kuar³¹ ɛ⁰ tʰɒ⁴² tɕiou²¹² tsʰoŋ³¹ tɕʰiaŋ³¹ ɒ⁰]

个一翻过去个一瞄啊，[ko³⁴ i²¹ fan⁴² ko²⁵ tɕʰi⁰ ko³⁴ i²¹ miau⁴² ɒ⁰] 个一瞄：这么一瞧

豆酱呃豆酱池子在南边，[tou²¹² tɕiaŋ²⁵ ɛ⁰ tou²¹² tɕiaŋ²⁵ tsʰʅ³¹ tsʅ⁰ tsai²¹² lan³¹ pian⁴²]

粪池子在北边。[fən²⁵ tsʰʅ³¹ tsʅ⁰ tsai²¹² pa²¹ pian⁴²]

然后陈细怪儿就曰：[ʐan³¹ xou²¹² tʂən³¹ ɕi²⁵ kuar²⁵ tɕiou²¹² ʯɛ⁴²] 曰：叫、喊

"呃，豆酱北边儿，[ɛ⁴²，tou²¹² tɕiaŋ²⁵ pa²¹ piar⁴²]

豆酱北边儿"，[tou²¹² tɕiaŋ²⁵ pa²¹ piar⁴²]

然后呃张三嘞听见了后，[ʐan³¹ xou²¹² ɛ⁰ tsaŋ⁴² san⁴² lɛ⁰ tʰin²⁵ tɕian²⁵ liɛ⁰ xou²¹²]

就快流时从北边墙往下个一跳，[tɕʰiou²¹² kʰuai²⁵ liou³¹ sʅ³¹ tsʰoŋ³¹ pa²¹ pian⁴² tɕʰiaŋ³¹ uaŋ³⁴ xɒ²¹² ko³⁴ i²¹ tʰiau²⁵] 个：这么

一下子就跳到粪窖里面，[i²¹ xɒ²¹² tsʅ⁰ tɕiou²¹² tʰiau²⁵ tau⁰ fən²⁵ kau²⁵ li³⁴ mian²¹²] 粪窖：粪坑

糊一身臭屎。[xu³¹ i²¹ ʂən⁴² tsʰou²⁵ sʅ³⁴]

当时呃怕王四儿笑他，[taŋ⁴² sʅ³¹ ɛ⁰ pʰɒ²⁵ uaŋ³¹ sʅ²⁵ ɚ⁰ ɕiau²⁵ tʰɒ⁴²]

所以他也大声地喊：[so³⁴ i³⁴ tʰɒ⁴² iɛ³⁴ tɒ²² ʂən⁴² ti⁰ xan³⁴]

"好酱啊，好酱啊。"[xau³⁴ tɕiaŋ²⁵ ŋɒ⁰，xau³⁴ tɕiaŋ²⁵ ŋɒ⁰]

王四儿在外面听到之后啊，[uaŋ³¹ sʅ²⁵ ɚ⁰ tsai²¹² uai²¹² mian²¹² tʰin²⁵ tau⁰ tsʅ⁴² xou²¹² ɒ⁰]

也往下个一跳，[iɛ³⁴ uaŋ³⁴ xɒ²¹² ko³⁴ i²¹ tʰiau²⁵]

去抢酱。[tɕʰi²⁵ tɕʰiaŋ³⁴ tɕiaŋ²⁵]

结果啊，[tɕiɛ²¹ ko³⁴ ɒ⁰]

两个人下在粪池子里面啊，[liaŋ³⁴ ko⁰ zən³¹ xɒ⁴² tsai²¹² fən²⁵ tsʰʅ³¹ tsʅ⁰ li³⁴ mian²¹² ɒ⁰]

下：都

  身上糊倒邋死了。[ʂən⁴² ʂaŋ⁰ xu³¹ tau⁰ lai²¹² sʅ³⁴ liɛ⁰] 邋死：很脏

  陈细怪儿等在那里呀，[tsʰən³¹ ɕi²⁵ kuar²⁵ tən³⁴ tsai²¹² lɒ²¹² li⁰ iɒ⁰]

  心里面哪呃不禁好笑，[ɕin⁴² li³⁴ mian²¹² lɒ⁰ ɛ⁴² pu²¹ tɕin⁴² xau³⁴ ɕiau²⁵]

  特为又拿倒个石头子儿，[tʰi²² uei²¹² iou²¹² lɒ³¹ tau⁰ ko⁰ ʂʅ²² tʰou³¹ tsʅ³⁴ ɚ⁰] 倒：着

  对粪池子里面个一掷⁼，[ti²⁵ fən²⁵ tʂʰʅ³¹ tsʅ⁰ li³⁴ mian²¹² ko³⁴ i²¹ tsan²¹²] 对：往。个：这么

  说："有人来了，[ʂɥa²¹ : iou³⁴ zən³¹ lai³¹ liau⁰]

  来了人呀。"[lai³¹ liɛ⁰ zən³¹ iɒ⁰]

  他快流时翻墙跑出去了，[tʰɒ⁴² kuai²⁵ liou³¹ sʅ³¹ fan⁴² tɕʰiaŋ³¹ pʰau³¹ tʂʰʅ²¹ tɕʰi²⁵ liɛ⁰]

  那两个人咧听到有人来了，[lɒ²¹ liaŋ³⁴ ko²⁵ zən³¹ liɛ⁰ tʰin²⁵ tau²⁵ iou³⁴ zən³¹ lai³¹ liɛ⁰]

  顾不上身上的屎臭呃，[ku²⁵ pu²¹ ʂaŋ²¹² ʂən⁴² ʂaŋ²¹² ti³⁴ tʂʰou²⁵ ɛ⁰]

  一气儿爬起来，[i²¹ tɕʰiɚ²⁵ ɚ⁰ pʰɒ³¹ tɕʰi³⁴ lai³¹] 一气儿：一下子

  从墙呃往外就跑。[tsʰoŋ³¹ tɕʰiaŋ³¹ ɛ⁰ uaŋ³⁴ uai²¹² tɕiou² pʰau³¹]

  迾就是陈细怪儿的故事。[lɛ²⁵ tɕiou²² sʅ²¹² tsʰən³¹ ɕi²⁵ kuar²⁵ ti⁰ ku²⁵ sʅ²¹²]

  意译：刚才我们讲了陈细怪儿啊对对联儿，他很有才。其实有时候啊，他也很喜欢戏弄小人。下面我就讲一个他戏弄小人的故事。

  从前有一个张三，还有一个王四，这两个人，别人都把他当作是无赖。有一次啊，他们两个人就想到附近的一个做豆酱的人屋里去，偷点豆酱回来吃。但他们又怕啊被人捉住，然后，他们两个人就把陈细怪儿一把抓住，叫陈细怪儿带他们去。他们就想啊，如果说捉住了，就先把陈细怪儿捉住。陈细怪儿那个时候还是个小孩子，很怕他们打他，所以只好就跟他们一起去了。陈细怪儿呢，走在前面，走着，走着，看到前头，晚上看到前头啊黑乎乎的，看不很清楚，看到前头地上有一个黑乎乎的东西。他以为是一顶帽子，他就弯下腰去准备捡起来，这一看哪，发现是一泡牛屎。他就赶紧，又怕他们笑他，他就赶紧啊，他就想去戏弄一下后面的张三和王四儿。于是他就说："那一顶帽子太破了，算了，我懒得要。"那张三呢，听到陈细怪说是一顶帽子，就赶紧跑过来："帽子破了，补一下还是可以戴，你不要我要。"他伸手去一抓，哪知抓了一泡牛屎。他又怕王四儿和陈细怪儿两个人笑他，于他就也不作声，故意说："这顶帽子太破了啊，我也不要。"那王四儿呢跑上来，他说："太破了，拿回去拆开来，还可以做个抹布。"王四儿就赶快捡起来，结果也抓了一把牛屎。被陈细怪儿戏弄了，又怕大家知道后笑他，也在心里面不做声。

  然后三个人就来到那个啊豆酱的那户人家的院子外面，他们就让陈细怪儿先进去，他说哎心想着，这样进去要是捉住，捉住了，那就是陈细怪儿，于是就让

陈细怪儿翻墙进去。陈细怪儿从墙头翻过去一看,豆酱池子在南边,粪池子在北边。然后陈细怪儿就说:"豆酱北边,豆酱北边。"张三听见之后就赶紧从北边墙头往下一跳,一下子就跳到粪窖里面,糊了一身臭屎。当时怕王四儿笑他,所以张三也大声地喊:"好酱呀,好酱呀。"王四在外面听到之后啊,也往下一跳,赶紧去抢酱。结果啊两个人都掉进了粪池子里,身上弄得脏死了。陈细怪还等在那里呀,心里面不禁觉得好笑。他故意拿着个石头子儿往粪池里一扔,说:"有人来了,来了人呀。"然后他迅速地翻墙跑出去了。那两个人呢,听到有人来了,也顾不上身上的屎臭了,一下子爬起来,从墙头往外翻,掉头就跑。

这就是陈细怪儿的故事。

四 自选条目

0031 自选条目

今昼儿我到街上去买双解放鞋,[tʂən⁴² tər²⁵ ŋo³⁴ tau²⁵ kai⁴² ʂaŋ²¹² tɕʰi⁰ mai³⁴ ʂɥaŋ⁴² kai³⁴ faŋ²⁵ xai³¹] 今昼儿:今天

走倒路上,兀撩儿咧一掣霍,[tsou³⁴ tau⁰ lou²¹² ʂaŋ²¹², u²⁵ liaur³¹ liɛ⁰ i²¹ tʂʰa²¹ xo²¹] 倒:在。兀撩儿:突然。掣霍:闪电

吓了我一跳,扑倒一跤,[xa²¹ lɛ⁰ ŋo³⁴ i²¹ tʰiau²⁵,pʰu²¹² tau⁰ i²¹ kau⁴²] 扑倒:扑倒在地

膝蒂波⁼儿跶得血个飚。[sa²¹ ti²⁵ po⁴² ər⁰ tɤ²¹ tɛ⁰ ɕiɛ²¹ ko³⁴ piau⁴²] 膝蒂波⁼:膝盖。跶:摔跤。个:这、这么。飚:喷、溅

意译:今天上午我到街上去买双解放鞋,走在路上,突然一个闪电,吓了我一跳,扑通摔了一跤,膝盖摔得鲜血直流。

0032 自选条目

今昼儿我到街上去,[tʂən⁴² tər²⁵ ŋo³⁴ tau²⁵ kai⁴² ʂaŋ⁰ tɕʰi²⁵] 今昼儿:今天

碰到一群游子哥儿。[pʰoŋ²⁵ tau⁰ i²¹ tʂʰɥən³¹ iou³¹ tsɿ⁰ ko⁴² ɚ⁰] 游子哥儿:混混儿

意译:今天我到街上去,碰到了一群混混儿。

0033 自选条目

有福同享,有难同当。[iou³⁴ fu²¹ tʰoŋ³¹ ɕiaŋ³⁴,iou³⁴ lan²¹² tʰoŋ³¹ taŋ⁴²]

意译:有福大家一同享受,有难大家共承当。

0034 自选条目

老乡见老乡,两眼泪汪汪。[lau³⁴ ɕiaŋ⁴² tɕian²⁵ lau³⁴ ɕiaŋ⁴²,liaŋ³⁴ ian³⁴ lei²¹² uaŋ⁴² uɑŋ⁴²]

意译：老乡见老乡，两眼泪汪汪。指同乡在异地相逢，感到特别亲切。

0035 自选条目

机不可失，失不再来。[tɕi⁴² pu²¹ kʰo³⁴ ʂʅ²¹，ʂʅ²¹ pu²¹ tsai²⁵ lai³¹]

意译：机不可失，失不再来。指时机难得，必须抓紧，不可错过。

0036 自选条目

无事不登三宝殿。[u³¹ ʂʅ²¹² pu²¹ tən⁴² san⁴² pɑu³⁴ tian²¹²]

意译：无事不登三宝殿。喻没有事情不找上门。

0037 自选条目

三百六十行，行行出状元。[san⁴² pa²¹ lou²¹ ʂʅ²² xɑŋ³¹，xɑŋ³¹ xɑŋ³¹ tʂʰu²¹ tsʅuɑŋ²¹² ʯan³¹]

意译：三百六十行，行行出状元。喻不论干哪一行，只要热爱本职工作，都能做出优异的成绩。

0038 自选条目

饭来张口，衣来伸手。[fan²¹² lai³¹ tʂɑŋ⁴² kʰou³⁴，i⁴² lai³¹ ʂən⁴² ʂou³⁴]

意译：饭来张口，衣来伸手。喻非常懒惰的人。

0039 自选条目

当面是人，背后是鬼。[tɑŋ⁴² mian²¹² ʂʅ²¹² zən³¹，pei²⁵ xou³¹ ʂʅ²¹² kuei³⁴]

意译：当面是人，背后是鬼。形容两面三刀。

0040 自选条目

庄稼一枝花，全靠粪当家。[tʂuɑŋ⁴² tɕiɒ²⁵ i²¹ tʂʅ⁴² xuɒ⁴²，tɕʰian³¹ kʰau²⁵ fən²⁵ tɑŋ⁴² tɕiɒ⁴²]

意译：庄稼一枝花，全靠粪当家。意思是要想庄稼长得好，要有足够的肥料。

0041 自选条目

饭后百步走，活到九十九。[fan²² xou²¹² pa²¹ pu²¹² tsou³⁴，xo²¹² tau²⁵ tɕiou³⁴ ʂʅ²² tɕiou³⁴]

意译：饭后百步走，活到九十九。指饭后多走动，利于健康。

0042 自选条目

笑一笑十年少；愁一愁白了头。［ɕiau²⁵ i⁰ ɕiau²⁵ ʂʅ²² nian³¹ ʂau²⁵；tʂʰou³¹ i⁰ tʂʰou³¹ pa²¹ liau⁰ tʰou³¹］

意译：笑一笑十年少；愁一愁白了头。指忧愁苦恼能使人容颜衰老，乐观开朗则使人年轻有活力。

0043 自选条目

竹篮打水——一场空。［tʂou²¹ lan³¹ tɒ³⁴ ʂyɕi³⁴——i²¹ tʂʰɑŋ³¹ kʰoŋ⁴²］

意译：竹篮打水——一场空。形容白干了。

0044 自选条目

猪八戒照镜子——里外不是人。［tʂʅ⁴² pɒ²¹ kai²⁵ tʂau²⁵ tɕin²⁵ tsʅ⁰——li³⁴ uai²¹² pu²¹ ʂʅ²¹² zən³¹］

意译：猪八戒照镜子——里外不是人。指难以做到两面都讨好。

0045 自选条目

打开天窗——说亮话。［tɒ³⁴ kʰai⁴² tʰian⁴² tʂʰuɑŋ⁴²——ʂua²¹ liaŋ²² xuɒ²¹²］

意译：打开天窗——说亮话。形容敞开了直说。

0046 自选条目

芝麻开花——节节高。［tʂʅ⁴² mɒ⁰ kʰai⁴² xuɒ⁴²——tɕiɛ²¹ tɕiɛ²¹ kau⁴²］

意译：芝麻开花——节节高。喻生活事业节节拔高。

0047 自选条目

偷鸡不成——找把儿米。［tʰou⁴² tɕi⁴² pu²¹ tʂʰən³¹——tsau³⁴ pɒɻ³⁴ mi³⁴］

意译：偷鸡不成——蚀把米。形容没占着便宜反而折了本。

0048 自选条目

肉包子打狗——有去无回。［zou²¹ pau⁴² tsʅ⁰ tɒ³⁴ kou³⁴——iou³⁴ tɕʰi²⁵ u³¹ xuei³¹］

意译：肉包子打狗——有去无回。喻白白付出，没有收获。

0049 自选条目

瞎子吃汤圆儿——心里有数儿。[xɒ²¹ tsʅ⁰ tɕʰi²¹ tʰɑŋ⁴² ʯar³¹——ɕin⁴² li⁰ iou³⁴ sər²⁵]

意译：瞎子吃汤圆——心里有数。喻做事心里明白。

0050 自选条目

大姑娘上轿——头一回儿。[tɒ²¹² ku⁴² ɲiaŋ⁰ ʂaŋ²² tɕiau²¹²——tʰou⁴² i⁰ xuei³¹ ɚ⁰]

意译：大姑娘上轿——头一回。指第一次体验或经历。

0051 自选条目

和尚打伞——无发（法）无天。[xo³¹ ʂaŋ⁰ tɒ³⁴ san³⁴——u³¹ fɒ²¹ u³¹ tʰian⁴²]

意译：和尚打伞——无法无天。指做事不讲规矩、不讲礼数。

武 穴

一 歌谣

0001 歌谣

昆仑发脉祝家庄啊，[kʰun⁵⁵ lən³¹ fa²² me¹³ tsu²² tɕia⁵⁵ tsaŋ⁵⁵ a⁰]
二十四向啊面朝南，[ɚ²² sʅ²² sʅ²² ɕiaŋ²² a⁰ miɛn²² tsʰau³² lan³¹]
白鹤仙人啊来看地啊，[pe²² xo¹³ ɕiɛn⁵⁵ in³¹ a⁰ lai³² kʰɛn³⁵ ti²² a⁰]
青龙白虎引凤凰，[tɕʰin⁵⁵ lən³¹ pe²² xu³³ in³³ fəŋ²² xuaŋ³¹]
口口夸的耶祝家庄。[kʰeu³³ kʰeu³³ kʰua⁵⁵ ti⁰ ie⁰ tseu²² tɕia⁵⁵ tsaŋ⁵⁵]
门前啊江水白茫茫啊，[mən³² tɕʰien³¹ a⁰ tɕiaŋ⁵⁵ ʂui³³ pe²² maŋ³² maŋ³¹ a⁰]
上通湖广啊下通江，[ʂaŋ²² tʰəŋ⁵⁵ xu³² kuaŋ³³ a⁰ ɕia²² tʰəŋ⁵⁵ tɕiaŋ⁵⁵]
也有官船啊来上下，[ie³² iu³³ kuæn⁵⁵ tʂʰuɛn³¹ a⁰ lai³¹ ʂaŋ²² xa²²]
也有啊客人下苏杭，[ie³³ iu³³ a⁰ kʰe²² in³¹ xa²² seu⁵⁵ xaŋ³¹]
也有米船来运公粮。[ie³³ iu³³ mi³³ tʂʰuɛn³¹ lai³¹ ʯn²² kəŋ⁵⁵ liaŋ³¹]
好一个越州管南阳，[xau³³ i⁵⁵ ko³⁵ ʯe²² tseu⁵⁵ kuæn³³ nan³² iaŋ³¹]
好个大户啊祝家庄。[xau³³ ko⁰ ta²² xu²² a⁰ tseu²² tɕia⁵⁵ tsaŋ⁵⁵]
不出朝官啊并宰相，[pu²² tʂʰu¹³ tsʰau³² kuæn⁵⁵ a⁰ pin²² tsai³³ ɕiaŋ²²]
早出才子啊女娇娘，[tsau³³ tʂʰʅ¹³ tsʰai³¹ tsʅ⁰ a⁰ ɲʯ³³ tɕiau⁵⁵ ɲiaŋ³¹]
一支龙脉来正相当。[i²² tsʅ⁵⁵ lən³² me¹³ lai³¹ tsən³⁵ ɕiaŋ⁵⁵ taŋ⁵⁵]

祝家有个女裙衩啊，[tseu²² tɕia⁵⁵ iu³³ ko⁰ ɳy³³ tsʰʮɛn³² tsʰai⁵⁵ a⁰]
取名叫做啊祝英台，[tɕʰi³³ min³¹ tɕiau³⁵ tseu³⁵ a⁰ tseu²² in⁵⁵ tʰai³¹]
聪明啊伶俐多乖巧，[tsʰəŋ⁵⁵ min³¹ a⁰ lin³² li²² to⁵⁵ kuai⁵⁵ tɕʰiau³³]
绣花啊犹如对过来，[ɕiu³⁵ xua⁵⁵ a⁰ iu³² ʮ³¹ ti³⁵ ko³⁵ lai³¹]
好个仙女耶下凡来。[xau³³ ko⁰ ɕiɛn⁵⁵ ɳy³¹ ie⁰ ɕia²² fan³² lai³¹]
九姐房中啊绣花纹啊，[tɕiu³³ tɕie³³ faŋ³² tsəŋ⁵⁵ a⁰ ɕiu³⁵ xua⁵⁵ un³¹ a⁰]
五颜六色细毛绒，[u³³ iɛn³¹ leu²² se¹³ ɕi³⁵ mau³¹ iəŋ³¹]
先绣啊天地并日月，[ɕiɛn⁵⁵ ɕiu³⁵ a⁰ tʰiɛn⁵⁵ ti²² pin³⁵ ɚ²² ʮɛ¹³]
后绣啊南北和寿星，[xeu²² ɕiu³⁵ a⁰ nan³² pe²² xo³¹ seu²² ɕin⁵⁵]
又绣青天耶起浮云。[iu²² ɕiu³⁵ tɕʰin⁵⁵ tʰiɛn⁵⁵ ie⁰ tɕʰi³³ feu³² ʮn³¹]
一绣啊大佛坐高堂啊，[i⁵⁵ ɕiu³⁵ a⁰ ta²² fu³¹ tso²² kau⁵⁵ tʰaŋ³¹ a⁰]
二绣诸仙列两旁，[ɚ²² ɕiu³⁵ tsʮ⁵⁵ ɕiɛn⁵⁵ lie²² liaŋ³³ pʰaŋ³¹]
三绣啊观音莲台坐，[san⁵⁵ ɕiu³⁵ a⁰ kuɛn⁵⁵ in⁵⁵ liɛn³² tʰai³¹ tso²²]
四绣啊童子拜烧香，[sɿ³⁵ ɕiu³⁵ a⁰ tʰəŋ³¹ tsɿ⁰ pai³⁵ sau⁵⁵ ɕiaŋ⁵⁵]
五绣罗汉啊笑洋洋，[u³³ ɕiu³⁵ lo³² xɛn³⁵ a⁰ ɕiau³⁵ iaŋ³² iaŋ³¹]
六绣猫儿似虎狼啊，[leu²² ɕiu³⁵ mau⁵⁵ ɚ⁰ sɿ²² xu³³ laŋ³¹ a⁰]
七绣老鼠啊倒爬墙。[tɕʰi²² ɕiu³⁵ lau³³ ʂʮ³³ a⁰ tau²² pʰa³² tɕʰiaŋ³¹]
八绣啊鸿雁天边叫，[pa⁵⁵ ɕiu³⁵ a⁰ xəŋ³² iɛn³⁵ tʰiɛn⁵⁵ piɛn⁵⁵ tɕiau³⁵]
九绣啊鲜鱼奔大江，[tɕiu³³ ɕiu³⁵ a⁰ ɕiɛn³³ ɳy³¹ pən⁵² ta²² tɕiaŋ⁵⁵]
十绣乌鸦哎引凤凰。[sɿ²² ɕiu³⁵ u⁵⁵ ia⁵⁵ e⁰ in³³ fəŋ³⁵ xuaŋ³¹]
又绣啊紫荆满树香，[iu²² ɕiu³⁵ a⁰ tsɿ⁵⁵ tɕin⁵⁵ mɛn³³ ʂʮ²² ɕiaŋ⁵⁵]
又绣金鸡叫高堂，[iu²² ɕiu³⁵ tɕin⁵⁵ tɕi⁵⁵ tɕiau³⁵ kau⁵⁵ tʰaŋ³¹]
又绣啊池塘栽白藕，[iu²² ɕiu³⁵ a⁰ tsʰɿ³² tʰaŋ³¹ tsai⁵⁵ pe²² ŋeu³³]
又绣啊莲花满池塘，[iu²² ɕiu³⁵ a⁰ liɛn³² xua⁵⁵ mɛn³³ tsʰɿ³² tʰaŋ³¹]
又绣莲蓬哎叶内藏，[iu²² ɕiu³⁵ liɛn³² pʰəŋ³¹ e⁰ ie²² ni²² tsʰaŋ³¹]
又绣啊四海并九州啊，[iu²² ɕiu³⁵ a⁰ sɿ³⁵ xai³³ pin³⁵ tɕiu⁵⁵ tsu⁵⁵ a⁰]
又绣老君啊骑牤牛，[iu²² ɕiu³⁵ lau⁵⁵ tsʮən⁵⁵ a⁰ tsʰi³¹ maŋ⁵⁵ ȵiu³¹]
又绣啊八仙来庆寿，[iu²² ɕiu³⁵ a⁰ pa⁵⁵ ɕiɛn⁵⁵ lai³¹ tɕʰin³⁵ seu³³]
又绣啊海马水上游，[iu²² ɕiu³⁵ a⁰ xai³³ ma³³ ʂʮi³³ saŋ²² iu³¹]
又绣狮子哎滚绣球。[iu²² ɕiu³⁵ sɿ⁵⁵ tsɿ⁰ e⁰ kun³³ ɕiu³⁵ tɕʰiu³¹]
二十四绣绣完成啊，[ɚ²² sɿ²² sɿ³⁵ ɕiu³⁵ ɕiu³⁵ uɛn³² tsən³¹ a⁰]
轻移莲步啊出房门，[tɕʰin⁵⁵ i³¹ liɛn³¹ pu²² a⁰ tsʰʮ²² faŋ³² mən³¹]
樱桃啊小口儿微微笑，[in⁵⁵ tʰau³¹ a⁰ ɕiau³³ kʰer³³ ui²² ui⁵⁵ ɕiau³⁵]

白带包花到高庭，［pe²² tai³⁵ pau⁵⁵ xua⁵⁵ tau³⁵ kau⁵⁵ tʰin³¹］
双手捧上哎二双亲。［saŋ⁵⁵ seu³³ pʰəŋ³³ saŋ²² e⁰ ɚ²² saŋ⁵⁵ tɕʰin⁵⁵］
爹娘接花笑洋洋啊，［tie⁵⁵ ȵiaŋ³¹ tɕie²² xua⁵⁵ ɕiau³⁵ iaŋ³² iaŋ³¹ a⁰］
我儿绣花啊果然强，［ŋo³³ ɚ³¹ ɕiu⁵⁵ xua⁵⁵ a⁰ ko³³ iɛn³¹ tɕʰiaŋ³¹］
若是一个男子汉啊，［io²² sɿ²² i¹³ ko⁰ nan³¹ tsɿ⁰ xɛn³⁵ a⁰］
送到杭州读文章，［səŋ³⁵ tau³⁵ xaŋ³² tseu⁵⁵ teu²² un³² tsaŋ⁵⁵］
后来必中耶状元郎。［xeu²² lai³¹ pi²² tsəŋ³⁵ e⁰ tsaŋ²² ʯɛn³² laŋ³¹］
英台听说起了心啊，［in⁵⁵ tʰai³¹ tʰin³⁵ ʂʯe²² tɕʰi³³ liau⁰ ɕin⁵⁵ a⁰］
向前禀告二双亲，［ɕiaŋ³⁵ tɕʰiɛn³¹ pin³³ kau³⁵ ɚ²² saŋ⁵⁵ tɕʰin⁵⁵］
只要啊爹娘亲口准啊，［tsɿ³³ iau³⁵ a⁰ tie⁵⁵ ȵiaŋ³¹ tɕʰin⁵⁵ kʰeu³³ tʂuŋ³³ a⁰］
儿到杭州读书文，［ɚ³¹ tau³⁵ xaŋ³² tseu⁵⁵ teu²² ʂʯ⁵⁵ un³¹］
女扮男装耶往学行。［ȵʯ³³ pʰan³⁵ nan³² tsaŋ⁵⁵ e⁰ uaŋ³³ ɕio²² ɕin³¹］
爹娘就把八褂相啊，［tie⁵⁵ ȵiaŋ³¹ tɕiu²² pa³³ pa²² kua³⁵ ɕiaŋ²² a⁰］
三个铜钱跑得忙，［san⁵⁵ ko³⁵ tʰəŋ³² tɕʰiɛn³¹ pʰau³³ te⁰ maŋ³¹］
此卦占得百大吉啊，［tsʰɿ³³ kua³⁵ tsan⁵⁵ te⁰ pe²² ta²² tɕi¹³ a⁰］
青龙白虎带成双，［tɕʰin⁵⁵ ləŋ³¹ pe²² xu³³ tai²² tsʰən³¹ saŋ⁵⁵］
两个贵人在中央。［liaŋ³³ ko⁰ kui³⁵ in³¹ tsai²² tsəŋ⁵⁵ iaŋ⁵⁵］
九姐房中改男装啊，［tɕiu³³ tɕie³³ faŋ³² tsəŋ⁵⁵ kai³³ nan³² tsaŋ⁵⁵ a⁰］
柏木煎水洗衣裳，［pe²² mu¹³ tɕiɛn⁵⁵ ʂʯi³³ si³³ i⁵⁵ saŋ⁵⁵］
沉香煎水来洗澡啊，［tsʰən³² ɕiaŋ⁵⁵ tɕiɛn⁵⁵ ʂʯi³³ lai³¹ si³³ tsau³³ a⁰］
头上金钗付于娘，［tʰeu³² saŋ²² tɕin⁵⁵ tsʰai⁵⁵ fu³⁵ ʯ⁰ ȵiaŋ³¹］
梳头只把啊水来光。［seu⁵⁵ tʰeu³¹ tsɿ³³ pa³³ a⁰ ʂʯi³³ lai³¹ kuaŋ⁵⁵］
英台打扮出绣房啊，［in⁵⁵ tʰai³¹ ta³³ pan³⁵ tʂʰʯ²² ɕiu³⁵ faŋ³¹ a⁰］
龙行虎步到高堂，［ləŋ³² ɕin³¹ xu³³ pu²² tau³⁵ kau⁵⁵ tʰaŋ³¹］
一家大小哈哈笑啊，［i²² tɕia⁵⁵ ta²² ɕiau³³ xa⁵⁵ xa⁵⁵ ɕiau²² a⁰］
九姐变成祝九郎。［tɕiu³³ tɕie³³ piɛn³⁵ tsʰən³¹ tseu²² tɕiu³³ laŋ³¹］
杭州读书啊状元郎，［xaŋ³² tseu⁵⁵ teu²² ʂʯ⁵⁵ a⁰ tsaŋ²² ʯɛn³² laŋ³¹］
嫂嫂旁边笑盈盈啊，［sau³³ sau⁰ pʰaŋ³² piɛn⁵⁵ ɕiau³⁵ in³² in³¹ a⁰］
恭喜姑娘往杭城，［kəŋ⁵⁵ ɕi³³ ku⁵⁵ ȵiaŋ³¹ uaŋ³³ xaŋ³² tsʰən³¹］
你今本是闺阁女啊，［ni³³ tɕin⁵⁵ pən³³ sɿ²² kui⁵⁵ ko²² ȵʯ³¹ a⁰］
读书之事不可行，［teu²² ʂʯ⁵⁵ tsɿ⁵⁵ sɿ²² pu²² ko³³ ɕin³¹］
莫怪为嫂啊阻路程。［mo²² kuai³⁵ ui²² sau³³ a⁰ tsu³³ neu²² tsʰən³¹］ 莫：不要
英台当时恨在心啊，［in⁵⁵ tʰai³¹ taŋ⁵⁵ sɿ³¹ xən²² tsai²² ɕin⁵⁵］

嫂嫂何必啊阻路程，[sau³³ sau⁰ xo³² pi¹³ a⁰ tseu³³ neu²² tsʰən³¹]
女扮男装啊去杭城啊，[ȵy³³ pan³⁵ nan³² tsaŋ⁵⁵ a⁰ tʂʰu³⁵ xaŋ³² tsʰən⁵⁵ a⁰]
哪个认得假和真，[la³³ ko⁰ in²² te⁰ tɕia³³ xo³¹ tsən⁵⁵]
不要管我耶闲事情。[pu²² iau³⁵ kuɛn³³ ŋo³³ e⁰ ɕiɛn³² sɿ²² tɕʰin³¹]
姑娘不必气冲天啊，[ku⁵⁵ ȵiaŋ³¹ pu²² pi¹³ tɕʰi³⁵ tsʰən⁵⁵ tʰiɛn⁵⁵ a⁰]
莫把好言啊当恶言，[mo²² pa³³ xau³³ iɛn³¹ a⁰ taŋ⁵⁵ ŋo²² iɛn³¹]
学中男女啊不方便啊，[ɕio²² tsaŋ⁵⁵ nan³² ȵy³³ a⁰ pu²² faŋ⁵⁵ piɛn²² a⁰]
识破机关不周全，[sɿ²² pʰo³⁵ tɕi⁵⁵ kuɛn⁵⁵ pu²² tsu⁵⁵ tsʰyɛn³¹]
月里嫦娥哎爱少年。[ye²² li⁰ tsʰaŋ³² ŋo³¹ e⁰ ŋai³⁵ sau³⁵ ȵiɛn³¹]
嫂嫂说话冇来由啊，[sau³³ sau⁰ ʂye²² xua²² mau²² lai³¹ iu³¹ a⁰] 冇：没有
莫把杭州啊作汴州，[mo²² pa³³ xaŋ³² tseu⁵⁵ a⁰ tseu³⁵ piɛn³⁵ tseu⁵⁵]
不怕深山藏猛虎啊，[pu²² pʰa³⁵ sən⁵⁵ san⁵⁵ tsʰaŋ³¹ məŋ³³ xu³³ a⁰]
奴家不是下贱流，[leu³² tɕia⁵⁵ pu²² sɿ²² ɕia²² tɕiɛn³⁵ liu³¹]
贱婆莫对耶我担忧。[tɕiɛn³⁵ pʰo³¹ mo¹³ ti³⁵ e⁰ ŋo³³ tan⁵⁵ iu⁵⁵]
姑娘不必强来争啊，[ku⁵⁵ ȵiaŋ³¹ pu²² pi¹³ tɕʰiaŋ³² lai³¹ tsən⁵⁵ a⁰]
你往杭州啊应了征，[ni³³ uaŋ³³ xaŋ³² tseu⁵⁵ a⁰ in²² liau⁰ tsən⁵⁵]
一去一归男子汉啊，[i²² tʂʰu³⁵ i²² kui⁵⁵ nan³¹ tsɿ⁰ xɛn³⁵ a⁰]
一去一见是女人，[i²² tʂʰu³⁵ i²² tɕiɛn³⁵ sɿ²² ȵy³³ in³¹]
怕你后来哎有骂名。[pʰa³⁵ ni³³ xeu²² lai³¹ e⁰ iu³³ ma²² min³¹]
英台当时气身正啊，[in⁵⁵ tʰai³¹ taŋ⁵⁵ sɿ²² tɕʰi³⁵ sən⁵⁵ tsən³⁵ a⁰]
要与贱人啊把话名，[iau³³ y³³ tɕiɛn³⁵ in³¹ a⁰ pa³³ xua²² min³¹]
古语皆云算集账啊，[ku³³ y³³ tɕie⁵⁵ yən³¹ san³⁵ tsi³² tsaŋ³⁵ a⁰]
叩你失了姑嫂情，[kʰeu³⁵ ni³³ sɿ⁵⁵ liau⁰ ku⁵⁵ sau³³ tɕʰin³¹]
二人打赌耶做证明。[ɚ²² in³¹ ta³³ teu³³ e⁰ tseu³⁵ tsən³⁵ min³¹]
姑娘与我把事梦啊，[ku⁵⁵ ȵiaŋ³¹ y³³ ŋo³³ pa³³ sɿ²² məŋ²² a⁰]
姑嫂打赌啊失了情，[ku⁵⁵ sau³³ ta³³ teu³³ a⁰ sɿ²² liau³³ tɕʰin³¹]
尔到杭州哎不失节，[n̩³² tau²² xaŋ³² tseu⁵⁵ e⁰ pu²² sɿ²² tɕie¹³]
为嫂与你顶香盆，[ui³² sau³³ y³³ ni³³ tin³³ ɕiaŋ⁵⁵ pʰən³¹]
三步一拜耶接进门。[san⁵⁵ pu²² i²² pai³⁵ e⁰ tɕie²² tɕin³⁵ mən³¹]
英台听说泪淋淋啊，[in⁵⁵ tʰai³¹ tʰin³⁵ ʂye¹³ li²² lin³² lin³¹ a⁰]
可惜贱人贱我身，[kʰo³³ ɕi¹³ tɕiɛn²² in³¹ tɕiɛn²² ŋo³³ sən⁵⁵]
我若杭州啊不失节啊，[ŋo³³ io¹³ xaŋ³² tsu⁵⁵ a⁰ pu²² sɿ²² tɕie¹³ a⁰]
就要贱人顶香盆，[tɕiu²² iau²² tɕiɛn³⁵ in³¹ tin³³ ɕiaŋ⁵⁵ pʰən³¹]

回来与你耶说分明。[xui³²lai³¹ ɲy̠³³ ni³³ a⁰ ʂɥɛ²² fən⁵⁵ min³¹]

姑娘不必太啰嗦啊，[ku⁵⁵ȵiaŋ³¹ pu²² pi¹³ tʰai³⁵ lo⁵⁵ so⁵⁵ a⁰]

妇人心中啊也难摸，[fu²² in³¹ ɕin⁵⁵ tsəŋ⁵⁵ a⁰ ie³³ nan³² mo⁵⁵]

不怕啊抽刀不入鞘啊，[pu²² pʰa³⁵ tsʰu⁵⁵ tau⁵⁵ pu²² ʉ̠¹³ tɕʰiau³⁵ e⁰]

不怕开花结果多，[pu²² pʰa³⁵ kʰai⁵⁵ xua⁵⁵ tɕie²² ko³³ to⁵⁵]

叫我哥哥耶送罗果。[tɕiau³⁵ ŋo³³ ko⁵⁵ ko⁰ e⁰ səŋ³⁵ lo³² ko³³]

意译：昆仑发脉祝家庄啊，二十四向啊面朝南，白鹤仙人啊来看地啊，青龙白虎引来凤凰，口口夸的也是祝家庄。门前啊江水白茫茫啊，上通湖广啊下通江，也有官船啊来上下，也有啊客人下苏杭，也有米船来运公粮。好一个越州管南阳，好个大户啊祝家庄，不出朝官啊并宰相，早出才子啊女娇娘，一支龙脉来正相当。祝家有个女裙衩啊，取名叫做啊祝英台，聪明啊伶俐多乖巧，绣花啊犹如对过来，好个仙女耶下凡来。九姐房中啊绣花纹啊，五颜六色细毛绒，先绣啊天地并日月，后绣啊南北和寿星，又绣青天耶起浮云。一绣啊大佛坐高堂啊，二绣诸仙列两旁，三绣啊观音莲台坐，四绣啊童子拜烧香，五绣罗汉啊笑洋洋，六绣猫儿似虎狼啊，七绣老鼠啊倒爬墙，八绣啊鸿雁天边叫，九绣啊鲤鱼奔大江，十绣乌鸦哎引凤凰。又绣啊紫荆满树香，又绣金鸡叫高堂，又绣啊池塘栽白藕，又绣啊莲花满池塘，又绣莲蓬哎叶里藏，又绣啊四海并九州啊，又绣老君啊骑牤牛，又绣啊八仙来庆寿，又绣啊海马水上游，又绣狮子哎滚绣球。二十四绣绣完成啊，轻移莲步啊出房门，樱桃啊小口儿微微笑，白带包花到高庭，双手捧上哎二双亲。爹娘接花笑洋洋啊，我儿绣花啊果然强，若是一个男子汉啊，送到杭州读文章，后来必中耶状元郎。英台听说起了心啊，向前禀告二双亲，只要啊爹娘亲口准啊，儿到杭州读书文，女扮男装耶往学行。爹娘就把八褂相啊，三个铜钱跑得忙，此卦占得百大吉啊，青龙白虎带双对，两个贵人在中央。九姐房中改男装啊，柏木煎水洗衣裳，沉香煎水来洗澡啊，头上金钗交给娘，梳头只把啊水来光。英台打扮出绣房啊，龙行虎步到高堂，一家大小哈哈笑，九姐变成祝九郎，杭州读书啊状元郎。嫂嫂旁边笑盈盈，恭喜姑娘往杭城，你今本是闺阁女啊，读书之事不可行，不要怪为嫂啊阻路程。英台当时恨在心啊，嫂嫂何必啊阻路程，女扮男装啊去杭城啊，哪个认得假和真，不要管我耶闲事情。姑娘不必气冲天啊，不要把好语啊当恶言，学中男女啊不方便啊，识破机关不周全，月里嫦娥哎爱少年。嫂嫂说话没有来由啊，不要把杭州啊作汴州，不怕深山藏猛虎啊，奴家不是下贱流，贱婆莫对耶我担忧。姑娘不必强来争啊，你往杭州啊应了征，一去一归男子汉啊，一去一见是女人，怕你后来哎有骂名。英台当时气身正啊，要与贱人啊把话名，古语皆云算集账啊，叩你失了姑嫂情，二人打赌耶做证明。姑娘与我把事梦啊,姑嫂打赌啊失了情,你若杭州哎不失节,为嫂与你顶香盆,三步一拜耶接进门。英台听说泪淋淋啊,可惜贱人贱我身。我若杭州啊不失节啊,就要贱人顶香盆,回来与你耶说分明。姑娘不必太啰嗦啊,妇人心中啊也难摸,不怕啊抽刀不入鞘啊,不怕开花结果多,叫我哥哥耶送罗果。

0002 歌谣

驼背驮,驮伢儿换酒喝。[tʰo³²pi³⁵tʰo³¹,tʰo³²ŋar³¹xuɛn²²tɕiu³³xo¹³] 伢儿:孩子

喝三盅,走软了脚,[xo¹³san⁵⁵tsəŋ⁵⁵,tseu³³ʋɛn³³le⁰tɕio¹³]

看尔哪喝不喝。[kʰɛn³⁵ŋ̍⁵⁵na⁰xo¹³pu⁰xo¹³] 尔:你

不喝,不喝,再不喝。[pu²²xo¹³,pu²²xo¹³,tsai²²pu²²xo¹³]

意译:驼背驮,驮着孩子去换酒喝。喝了三盅,就走得脚发软,看你呀还喝不喝。不喝,不喝,再也不喝了。

0003 歌谣

哦哎哦哎,我儿要睏醒哪。[o³¹e⁰o³¹e⁰,ŋo³³ɚ³¹iau³⁵kʰun³⁵ɕin³³na⁰] 睏醒:睡觉

哦哎哦哎,哦哎哦哎,[o³¹e⁰o³¹e⁰,o³¹e⁰o³¹e⁰]

我的儿要睏醒哪,[ŋo³³ti⁰ɚ³¹iau³⁵kʰun³⁵ɕin³³na⁰]

哦哎哦哎。[o³¹e⁰o³¹e⁰]

意译:哦哎哦哎,我的儿子要睡觉。哦哎哦哎,哦哎哦哎,我的儿子要睡觉啊,哦哎哦哎。

0004 歌谣

汽车来,我不怕,[tɕʰi³⁵tsʰe⁵⁵lai³¹,ŋo³³pu²²pʰa³⁵]

我和汽车打一架,[ŋo³³xo³¹tɕʰi³⁵tsʰe⁵⁵ta³³i⁰ka³⁵]

汽车说我好大胆,[tɕʰi³⁵tsʰe⁵⁵ʂue²²ŋo³³xau³³tai²²tan³³]

我说汽车烂屁眼。[ŋo³³ʂue¹³tɕʰi³⁵tsʰe⁵⁵lan²²pʰi³⁵ŋan³³]

意译:汽车来了我不怕,我和汽车打一架,汽车说我好大胆,我说汽车是烂屁股眼。

0005 歌谣

哎嘿嘿,三天不吃青,[e⁵⁵xe⁵⁵xe⁵⁵,san⁵⁵tʰiɛn⁵⁵pu²²tɕʰi¹³tɕʰin⁵⁵] 青:青菜

两眼冒金星。[liaŋ³³iɛn³³mau²²tɕin⁵⁵ɕin⁵⁵]

哎嘿嘿,宁可食无肉,[e⁵⁵xe⁵⁵xe⁵⁵,ɲin³¹kʰo³³sɿ²²u³²iu¹³]

不可饭无汤。[pu²² kʰo³³ fan²² u³² tʰaŋ⁵⁵]

哎嘿嘿，吃面多喝汤，[e⁵⁵ xe⁵⁵ xe⁵⁵, tɕʰi²² miɛn²² to⁵⁵ xo²² tʰaŋ⁵⁵]

免得开药方。[miɛn³³ tɛ⁰ kʰai⁵⁵ io²² faŋ⁵⁵]

哎嘿嘿，体弱病欺人，[e⁵⁵ xe⁵⁵ xe⁵⁵, tʰi³³ ȵio¹³ pin²² tɕʰi⁵⁵ in³¹]

体强人欺病。[tʰi³³ tɕʰiaŋ³¹ in³¹ tɕʰi⁵⁵ pin²²]

哎嘿嘿，寒从脚上起，[e⁵⁵ xe⁵⁵ xe⁵⁵, xɛn³¹ tsʰəŋ³¹ tɕio²² saŋ²² tɕʰi³³]

病从口中入。[pin²² tsʰəŋ³¹ kʰeu³³ tsəŋ⁵⁵ ʅ¹³]

哎嘿嘿，萝卜出了蒂，[e⁵⁵ xe⁵⁵ xe⁵⁵, lo³¹ po⁰ tʂʰʅ¹³ liau⁰ ti³⁵]

郎中冇注意。[laŋ³² tsəŋ⁵⁵ mau²² tʂʅ³⁵ i³⁵] 冇：没有

哎嘿嘿，人说苦瓜苦，[e⁵⁵ xe⁵⁵ xe⁵⁵, in³¹ ʂuɛ¹³ kʰu³³ kua⁵⁵ kʰu³³]

我说苦瓜甜。[ŋo³³ ʂuɛ¹³ kʰu³³ kua⁵⁵ tʰiɛn³¹]

哎嘿嘿，吃了十月茄，[e⁵⁵ xe⁵⁵ xe⁵⁵, tɕʰi¹³ liau⁰ sʅ²² ʮɛ¹³ tɕʰie³¹]

饿死郎中爷。[ŋo²² sʅ³³ laŋ³² tsəŋ⁵⁵ ie³¹]

哎嘿嘿，大蒜是个宝，[e⁵⁵ xe⁵⁵ xe⁵⁵, ta²² son³⁵ sʅ²² ko³⁵ pau³³]

常吃身体好。[tsʰaŋ³² tɕʰi¹³ sən⁵⁵ tʰi³³ xau³³]

哎嘿嘿，一日两苹果，[e⁵⁵ xe⁵⁵ xe⁵⁵, i²² ɚ¹³ liaŋ³³ pʰin³² ko³³]

毛病绕道过。[mau³² pin²² iau³³ tau²² ko³⁵]

哎嘿嘿，吃药不禁嘴，[e⁵⁵ xe⁵⁵ xe⁵⁵, tɕʰi²² io¹³ pu²² tɕin³⁵ tsi³³] 禁嘴：忌口

跑断医生腿。[pʰau³³ ton²² i⁵⁵ sən⁵⁵ tʰi³³]

哎嘿嘿，多喝凉白开，[e⁵⁵ xe⁵⁵ xe⁵⁵, to⁵⁵ xo¹³ liaŋ³² pe²² kʰai⁵⁵]

健康自然来。[tɕiɛn²² kʰaŋ⁵⁵ tsʅ²² iɛn³¹ lai³¹]

哎嘿嘿，白水沏茶喝，[e⁵⁵ xe⁵⁵ xe⁵⁵, pe²² fuʅ³³ tɕʰi²² tsʰa³¹ xo¹³]

能活一百多。[nən³² xo²² i²² pe¹³ to⁵⁵]

哎嘿嘿，饮了空腹茶，[e⁵⁵ xe⁵⁵ xe⁵⁵, in³³ liau⁰ kʰəŋ⁵⁵ fu²² tsʰa³¹]

疾病身外爬。[tɕi²² pin²² sən⁵⁵ uai²² pʰa³¹]

哎嘿嘿，喝茶不洗杯，[e⁵⁵ xe⁵⁵ xe⁵⁵, xo²² tsʰa³¹ pu²² si³³ pi⁵⁵]

阎王把命催。[iɛn³² uaŋ³¹ pa³³ min²² tsʰi⁵⁵]

哎嘿嘿，尽量少喝酒，[e⁵⁵ xe⁵⁵ xe⁵⁵, tɕin³³ liaŋ²² sau³³ xo²² tɕiu³³]

病魔绕道走。[pin²² mo³¹ iau²² tau²² tseu³³]

哎嘿嘿，饭后一支烟，[e⁵⁵ xe⁵⁵ xe⁵⁵, fan²² xeu²² i²² tsʅ⁵⁵ iɛn⁵⁵]

害处大无边。[xai²² tsʰʅ³⁵ ta²² u³² piɛn⁵⁵]

哎嘿嘿，若要不失眠，[e⁵⁵ xe⁵⁵ xe⁵⁵, io²² iau³⁵ pu²² sʅ²² miɛn³¹]

煮粥加白莲。[tʂʅ³³ tsu¹³ tɕia⁵⁵ pe²² liɛn³¹]

意译：哎嘿嘿，三天不吃青菜，两眼冒金星。哎嘿嘿，宁可食无肉，不可饭无汤。哎嘿嘿，吃面多喝汤，免得开药方。哎嘿嘿，体弱病欺人，体强人欺病。哎嘿嘿，寒从脚上起，病从口中入。哎嘿嘿，萝卜长出了蒂，郎中没有注意。哎嘿嘿，人说苦瓜苦，我说苦瓜甜。哎嘿嘿，吃了十月茄子，饿死郎中爷。哎嘿嘿，大蒜是个宝，常吃身体好。哎嘿嘿，一日两个苹果，毛病绕道过。哎嘿嘿，吃药不忌口，跑断医生腿。哎嘿嘿，多喝凉白开，健康自然来。哎嘿嘿，白水沏茶喝，能活一百多。哎嘿嘿，饮了空腹茶，疾病身外爬。哎嘿嘿，喝茶不洗杯，阎王把命催。哎嘿嘿，尽量少喝酒，病魔绕道走。哎嘿嘿，饭后一支烟，害处大无边。哎嘿嘿，若要不失眠，煮粥加白莲。

二　规定故事

0021 牛郎和织女

古时候，有个伢儿，[ku³³ ʂʅ³² xeu²², iu³³ ko³⁵ ŋar³¹] 伢儿：孩子

父母老早就去世啰，[fu³³ mo³³ lau³³ tsau³³ tɕiu²² tʂʰʅ³⁵ ʂʅ³⁵ lo⁰]

孤苦伶仃的。[ku⁵⁵ kʰu³³ lin³¹ tin⁵⁵ ti⁰]

家里呢，只有一头老牛。[tɕia⁵⁵ li³³ ne⁰, tsʅ²² iu³³ i²² tʰeu³¹ lau³³ ȵiu³¹]

大家喂，都叫他叫牛郎。[ta²² tɕia⁵⁵ ui²², teu⁵⁵ tɕiau³⁵ tʰa⁵⁵ tɕiau³⁵ ȵiu³¹ laŋ³¹]

牛郎喂，就跟老牛，[ȵiu³¹ laŋ³¹ ui⁰, tɕiu²² kən⁵⁵ lau³³ ȵiu³¹]

靠老牛耕地为生，[kʰau³⁵ lau³³ ȵiu³¹ kən⁵⁵ ti²² ui³¹ sən⁵⁵]

与老牛相依为命。[ʮ³³ lau³³ ȵiu³¹ ɕiaŋ⁵⁵ i⁵⁵ ui³¹ min²²]

老牛其实是天上的新牛，[lau³³ ȵiu³¹ tɕʰi³¹ ʂʅ¹³ ʂʅ²² tʰiɛn⁵⁵ saŋ²² ti⁰ ɕin⁵⁵ niu³¹]

金牛星。[tɕin⁵⁵ niu³¹ ɕin⁵⁵]

他很喜欢牛郎勤劳善良，[tʰa⁵⁵ xən³³ ɕi³³ xuɛn⁵⁵ niu³² laŋ³¹ tɕʰin³¹ lau³¹ sɛn²² liaŋ³¹]

就想跟他成个家，[tɕiu²² ɕiaŋ³³ kən⁵⁵ tʰa⁵⁵ tsʰən³¹ ko⁰ tɕia⁵⁵]

有一天，[iu³³ i⁰ tʰiɛn⁵⁵]

金牛星得知天上的仙女来，[tɕin⁵⁵ niu³¹ ɕin⁵⁵ te²² tsʅ⁵⁵ tʰiɛn⁵⁵ saŋ²² ti⁰ ɕiɛn⁵⁵ ȵʮ³³ lai³¹]

来城东边的一个山脚下的湖里洗澡，[lai³¹ tsʰən³¹ təŋ⁵⁵ piɛn⁵⁵ ti⁰ san⁵⁵ tɕio¹³ xa²² ti⁰ xu³¹ li⁰ si³³ tsau³³]

他就托梦给牛郎，[ta⁵⁵ tɕiu²² tʰo²² məŋ²² kei³³ ȵiu³² laŋ³¹]

叫他第二天到城东边去，[tɕiau³⁵ tʰa⁵⁵ ti²² ə²² tʰiɛn⁵⁵ tau³⁵ tsʰən³¹ təŋ⁵⁵ piɛn⁵⁵ tɕʰi³⁵]

那个仙女们的洗澡时候，[na²² ko³⁵ ɕiɛn⁵⁵ ȵʮ⁰ men⁰ ti⁰ si³³ tsau³³ ʂʅ³² xeu²²]

冇得衣裳，[mau²² te¹³ i⁵⁵ saŋ³¹] 冇得：没有

他就把挂在树上的那件衣裳驮走，[tʰa⁵⁵ tɕiu²² pa³³ kua³⁵ tsai²² fʅ²² saŋ²² ti⁰ na²² tɕiɛn²² i⁵⁵ saŋ³¹ tʰo³¹ tseu³³] 驮：拿

驮走，就后来叫头莫回，[tʰo³¹ tseu³³, tɕʰiu²² xeu²² lai³¹ tɕiau³⁵ tʰeu³¹ mo²² xui³¹] 莫：不要

就往屋里跑。[tɕiu²² uaŋ³³ u¹³ li⁰ pʰau³¹]

跑回家的时候莫回头看。[pʰau³¹ xui³¹ tɕia⁵⁵ ti⁰ sʅ³² xeu²² mo¹³ xui³² tʰeu³¹ kʰan³⁵]

牛郎就过后呢，[ɲiu³² laŋ³¹ tɕiu²² ko³⁵ xeu²² ne⁰]

就听老牛的话，老牛，[tɕiu²² tʰin³⁵ lau³³ ɲiu³¹ ti⁰ xua²², lau³³ niu³¹]

果然就跑到那个村头湖边儿一看，[ko³³ iɛn³¹ tɕiu²² pʰau³¹ tau³⁵ na²² ko⁰ tsʰən⁵⁵ tʰeu³¹ xu³¹ piɛr⁵⁵ i²² kʰan³⁵]

七个美女在这儿洗澡。[tɕʰi²² ko³⁵ mi³³ ŋʅ³³ tsai²² tser³⁵ si³³ tsau³³]

他就把这个树上挂的一件衣裳，[tʰa⁵⁵ tɕiu²² pa³³ tse²² ko⁰ fʅ²² saŋ²² kua³⁵ ti⁰ i²² tɕiɛn²² i⁵⁵ saŋ³¹]

就扯去啰，[tɕiu²² tsʰe³³ tɕʰi³⁵ lo⁰]

扯去啰，就头也不回，[tsʰe³³ tɕi³⁵ lo⁰, tɕiu²² tʰeu³¹ iɛ³³ pu²² xui³¹]

往家里跑，跑得以后喂，[uaŋ³³ tɕia⁵⁵ li³³ pʰau³¹, pʰau³¹ te¹³ i³³ xeu²² ui⁰]

这天这个织女就把衣裳驮去啰，[tse³⁵ tʰiɛn⁵⁵ tse³⁵ ko⁰ tsʅ³³ ŋʅ³³ tɕiu²² pa³³ i⁵⁵ saŋ³¹ tʰo³¹ tɕʰi³⁵ lo⁰]

就冇得衣裳，[tɕiu²² mau²² te¹³ i⁵⁵ saŋ³¹]

就半夜里那一天就夜里敲门，[tɕiu²² pɛn³⁵ ia²² li⁰ na²² i⁰ tʰiɛn⁵⁵ tɕiu²² ia²² li³³ tɕʰiau⁵⁵ mən³¹]

就把牛郎的门叫开啰，[tɕiu²² pa³³ ɲiu³² laŋ³¹ ti⁰ mən³¹ tɕʰiau³⁵ kʰai⁵⁵ lo⁰]

两个人喂，[liaŋ³³ ko³⁵ in³¹ ui⁰]

就成为啰夫妻，蛮好哩。[tɕiu²² tsʰən³¹ ui³¹ lo⁰ fu⁵⁵ tɕʰi⁵⁵, man³¹ xau³³ li⁰] 蛮：很

到啰一转眼三年过去啰，[tau³⁵ lo⁰ i¹³ tʂuɛn³³ iɛn³³ san⁵⁵ niɛn³¹ ko³⁵ tɕʰi³⁵ lo⁰]

牛郎织女生了一男一女两个孩子，[ɲiu³² laŋ³¹ tsʅ¹³ ŋʅ³³ sən⁵⁵ liau⁰ i²² nan³¹ i²² ŋʅ³³ liaŋ³³ ko³⁵ xai³² tsʅ³³]

一家人过得蛮开心的，蛮好的。[i²² tɕia⁵⁵ in³¹ ko³⁵ te⁰ man³¹ kʰai⁵⁵ ɕin⁵⁵ ti⁰, man³¹ xau³³ ti⁰]

但是，[tan²² sʅ²²]

织女是私自下凡离开啰玉皇大帝，[tsʅ²² ŋʅ³³ sʅ²² sʅ⁵⁵ tsʅ²² ɕia²² fan³¹ li³¹ kʰai⁵⁵ lo⁰ ŋʅ¹³ xuaŋ³¹ ta²² ti³⁵]

大帝知道了，[ta²² ti³⁵ tsʅ⁵⁵ tau²² liau⁰]

有一天，天上雷电闪闪，[iu³³ i¹³ tʰiɛn⁵⁵，tʰiɛn⁵⁵ saŋ²² li³¹ tiɛn²² san³³ san³³]
风雨，起啰很大的风，[fəŋ⁵⁵ ɱʯ³³，tɕʰi³³ lo⁰ xən³³ ta²² ti⁰ fəŋ⁵⁵]
下起啰大雨，[ɕia²² tɕʰi³³ lo⁰ ta²² ɱʯ³³]
织女突然不见啰，[tsʯ²² ɱʯ³³ tʰu²² iɛn³¹ pu²² tɕiɛn³⁵ lo⁰]
两个孩子呢，哭得要妈妈，[liaŋ³³ ko³⁵ xai³¹ tsʯ⁰ ne⁰，kʰu¹³ te⁰ iau³⁵ ma⁵⁵ ma⁰]
后来牛郎就到这个时候，[xeu²² lai³² ȵiu³¹ laŋ³¹ tɕiu²² tau³⁵ tse³⁵ ko³⁵ sʯ³¹ xeu²²]
就不晓得么样办。[tɕiu²² pu¹³ ɕiau³³ te⁰ mo³³ iaŋ²² pan²²] 晓得：知道。么样：怎么
这时，老牛就开口啰，[tse³⁵ sʯ³¹，lau³³ ȵiu tɕiu²² kʰai⁵⁵ kʰeu³³ lo⁰]
它说："尔莫难过，[tʰa⁵⁵ fʮe¹³：n̩³³ mo¹³ nan³² ko³⁵] 尔：你
尔把我的牛角拿下来，[n̩³³ pa³³ ŋo³³ ti⁰ niu³¹ ko¹³ na³¹ xa²² lai³¹]
变成两个箩筐，[piɛn³⁵ tsʰən³¹ liaŋ³³ ko⁰ lo³² kʰuaŋ⁵⁵]
装上两个孩子，[tsaŋ⁵⁵ saŋ²² liaŋ³³ ko⁰ xai³¹ tsʯ⁰]
就可以到天上去找织女啰。"[tɕʰiu²² kʰo³³ i³³ tau³⁵ tʰiɛn⁵⁵ saŋ²² tɕʰi³⁵ tsau³³ tsʯ²² ɱʯ³³ lo⁰]
牛郎正很奇怪，[ȵiu³² laŋ³¹ tsən³⁵ xən³³ tɕʰi³² kuai³⁵]
说的时候，[fʮe¹³ ti⁰ sʯ³² xeu²²]
牛角就真的掉到地上啰，[ȵiu ko¹³ tɕiu²² tsən⁵⁵ ti⁰ tiau³⁵ tau³⁵ ti²² saŋ²² lo⁰]
真的变成啰两个箩筐。[tsən⁵⁵ ti⁰ piɛn³⁵ tsʰən³¹ lo⁰ liaŋ³³ ko⁰ lo³² kʰuaŋ⁵⁵]
牛郎就把两个孩子装到了箩筐，[ȵiu³² laŋ³¹ tɕiu²² pa³³ liaŋ³³ ko⁰ xai³¹ tsʯ⁰ tsaŋ⁵⁵ tau³⁵ le⁰ lo³² kʰuaŋ⁵⁵]
就用扁担挑起来，[tɕiu²² iəŋ²² piɛn³³ tan³⁵ tʰiau⁵⁵ tɕʰi³³ lai³¹]
只觉得一阵清风吹过，[tsʯ³³ tɕio¹³ te¹³ i¹³ tsən²² tɕʰin⁵⁵ fəŋ⁵⁵ tʂʰʮi⁵⁵ ko³⁵]
箩筐像长啰翅膀一样，[lo³² kʰuaŋ⁵⁵ ɕiaŋ²² tsaŋ³³ lo⁰ tsʯ³⁵ paŋ³³ i²² iaŋ²²]
突然飞啰起来，[tʰu²² iɛn³¹ fʮi⁵⁵ lo⁰ tɕʰi³³ lai³¹]
腾云驾雾地飞上天去，[tʰən³² ʯɛn³¹ tɕia³⁵ u²² ti⁰ fʮi⁵⁵ saŋ²² tʰiɛn⁵⁵ tɕʰi³⁵]
飞呀，飞呀，[fʮi⁵⁵ ia⁰，fʮi⁵⁵ ia⁰]
眼看就要追上啰织女，[iɛn³³ kʰan³⁵ tɕiu²² iau³⁵ tʂʮi⁵⁵ saŋ²² lo⁰ tsʯ¹³ ɱʯ³³]
就被王母娘娘发现啰。[tɕiu²² pi²² uaŋ³² mu³³ ȵiaŋ³² ȵiaŋ³¹ fa²² ɕiɛn³⁵ lo⁰]
王母娘娘就从头上拔下一根金钗，[uaŋ³² mu³³ ȵiaŋ³² ȵiaŋ³¹ tɕiu²² tsʰən³¹ tʰeu³² saŋ²² pa²² ɕia²² i²² kən⁵⁵ tɕin⁵⁵ tsʰai⁵⁵]
在牛郎和织女中间一划。[tsai²² ȵiu³² laŋ³¹ xo³¹ tsʯ¹³ ɱʯ³³ tsəŋ⁵⁵ tɕiɛn⁵⁵ i¹³ xua²²]
立刻出现啰一条波浪滔滔的天河，[li²² kʰe¹³ tsʰʯ²² ɕiɛn³⁵ lo⁰ i²² tʰiau³¹ po⁵⁵ laŋ²² tʰau⁵⁵ tʰau⁵⁵ ti⁰ tʰiɛn⁵⁵ xo³¹]

看呢，望不到对岸，[kʰan³⁵le⁰, uaŋ²²pu¹³tau³⁵ti³⁵ŋɛn²²]
把小鸟儿就隔开啰。[pa³³ɕiau³³ɲiar³³tɕiu²²ke²²kʰai⁵⁵lo⁰]
喜鹊非常同情牛郎织女，[ɕi³³tɕʰio¹³fi⁵⁵saŋ²²tʰən³¹tɕʰin³¹ɲiu³²laŋ³¹tsɿ²²ȵy³³]
每年农历七月初七，[mi³³niɛn³¹nəŋ³²li¹³tɕʰi²²ɥe¹³tsʰu⁵⁵tɕʰi¹³]
成千上万的喜鹊都在天河上，[tsʰən³¹tɕʰiɛn⁵⁵saŋ²²uɛn²²ti⁰si³¹tɕʰio¹³teu⁵⁵tsai²²tʰiɛn⁵⁵xo³¹saŋ²²]
一只衔着另一只的尾巴。[i²²tsɿ¹³ɕiɛn³¹tso⁰lin²²i²²tsɿ¹³ti⁰ui³³pa⁵⁵]
搭起啰一座长长的鹊桥，[ta¹³tɕʰi³³lo⁰i¹³tso²²tsʰaŋ³²tsʰaŋ³¹ti⁰tɕʰio²²tɕʰiau³¹]
让牛郎和织女相会。[iaŋ²²ɲiu³²laŋ³¹xo³¹tsɿ²²ȵy³³ɕiaŋ⁵⁵xui²²]

意译：古时候，有个孩子，父母早就去世了，孤苦伶仃的。家里只有一头老牛。大家都叫他牛郎。牛郎跟老牛，靠老牛耕地为生，与老牛相依为命。老牛其实是天上的金牛星。他很喜欢牛郎勤劳善良，就想给他成个家。

有一天，金牛星得知天上的仙女来城东边的一个山脚下的湖里洗澡，他就托梦给牛郎，叫他第二天到城东边去，趁仙女们洗澡的时候，让他把仙女挂在树上的衣裳拿走，然后赶紧往家里跑，不要回头看。牛郎听到老牛的话，果然就跑到那个村头湖边儿一看，七个美女在这儿洗澡。他就把挂在树上一件衣裳扯下来，往家里跑。这个织女没有衣裳，就半夜里来牛郎家敲门。后来，牛郎和仙女两个人从此就成为了夫妻。

一转眼三年过去了，牛郎织女生了一男一女两个孩子，一家人过得很开心。但是，织女是私自下凡的，玉皇大帝知道了。有一天，天上电闪雷鸣，刮起了很大的风，下起了大雨，织女突然不见了，两个孩子呢，哭着找妈妈，这时老牛就开口了，它说："你别难过，你把我的牛角拿下来变成两个箩筐，装上两个孩子，就可以到天上去找织女了。"牛郎正奇怪，这时，老牛的牛角就真的掉到地上变成了两个箩筐。牛郎就把两个孩子装到了箩筐里，用扁担挑起来，只觉得一阵清风吹过，箩筐像长了翅膀一样，突然飞了起来，腾云驾雾地飞到天上去了。飞呀，飞呀，眼看就要追上织女了。这时，就被王母娘娘发现了。王母娘娘拔下头上的一根金钗，在牛郎和织女中间一划。立刻，两人中间出现了一条波浪滔滔的天河，一眼看不到对岸。天上的喜鹊非常同情牛郎织女，每年农历七月初七，天河上成千上万只喜鹊聚在一起，一只衔着另一只的尾巴，搭起了一座长长的鹊桥，让牛郎和织女相会。

三 其他故事

0022 其他故事

从前呀，[tsʰən³¹tɕʰiɛn³¹ia⁰]

有个娘老儿，[iu³³ ko⁰ ȵiaŋ³² lau³³ ɚ⁰] 娘老儿：老父母（老儿指父亲，娘指母亲）

看了两个伢儿。[kʰuɛn⁵⁵ le⁰ liaŋ³³ ko⁰ ŋar³¹] 看：生。伢儿：孩子

两个伢儿呢，就娘老儿呢，[liaŋ³³ ko⁰ ŋar³¹ ne⁰，tɕiu²² liaŋ³² lau³³ ɚ⁰ ne⁰]

娘有病，老早就去世啰。[ȵiaŋ³¹ iu³³ pin²²，lau³³ tsau³³ tɕiu³⁵ tʂʰʅ³⁵ sʅ³⁵ lo⁰] 老早：很早

这就老儿呢，[tse³⁵ tɕiu²² lau³³ ɚ⁰ ne⁰]

把两个伢儿抚养大啰。[pa³³ liaŋ³³ ko⁰ ŋar³¹ fu³³ iaŋ³³ ta²² lo⁰]

长大以后呢，就有点儿懒。[tsaŋ³³ ta²² i³³ xeu²² ne⁰，tɕiu²² iu³³ tiɚ³³ lan³³]

那一年夏天呢，热天的里，[ne³⁵ i⁰ ȵiɛn³¹ ɕia²² tʰiɛn⁵⁵ ne⁰，ʋe³⁵ tʰiɛn⁵⁵ ti⁰ li³³] 热天的里：正大热天

就叫两个伢儿出去，[tɕiu²² tɕiau³⁵ liaŋ³³ ko⁰ ŋar³¹ tʂʰʅ²² tɕʰi³⁵]

到地里去干活。[tau³⁵ ti²² li⁰ tɕʰi⁰ kan³⁵ xo³¹]

地里去干活儿呢，[ti²² li⁰ tɕʰi⁰ kan³⁵ xor³¹ ne⁰]

渠就说再起来啊，[xe⁵⁵ tɕiu²² ʂʋe¹³ tsai³⁵ tɕʰi³³ lai³¹ a⁰] 渠：他

清早再起来啊，[tɕʰin⁵⁵ tsau³³ tsai³⁵ tɕʰi³³ lai³¹ a⁰]

起来到地里去把那行事做了。[tɕʰi³³ lai³¹ tau³⁵ ti²² li⁰ tɕʰi³⁵ pa³³ ne³⁵ xaŋ³² sʅ³³ tseu³⁵ liau⁰] 那行事：那点事

渠就告诉爷：[xe⁵⁵ tɕiu²² kau³⁵ su³⁵ ie³¹] 爷：父亲；爸

"爷，清早要睏醒，[ie³¹，tɕʰin⁵⁵ tsau³³ iau³³ kʰun³⁵ ɕin³³] 睏醒：睡觉

到中时赶点儿紧。"[tau³⁵ tsəŋ⁵⁵ sʅ³¹ kuɛn³³ tiɚ³³ tɕin³³] 中时：中午

爷就看见，[ie³¹ tɕiu²² kʰan³⁵ tɕiɛn³⁵]

心疼两个儿，[ɕin⁵⁵ tʰəŋ³⁵ liaŋ³³ ko⁰ ɚ³¹]

就不要渠去做，[tɕiu²² pu²² iau³⁵ xe⁵⁵ tɕʰi³⁵ tseu³⁵]

就说让渠睏一下，[tɕiu²² ʂʋe¹³ iaŋ²² xe⁵⁵ kʰun³⁵ i⁰ xa²²]

让渠睏一下。[iaŋ²² xe⁵⁵ kʰun³⁵ i⁰ xa²²]

后来两个儿就睏，[xeu²² lai³¹ liaŋ³³ ko⁰ ɚ³¹ tɕiu²² kʰun³⁵]

睏了到中时的时候呢，[kʰun³⁵ le⁰ tau³⁵ tsəŋ⁵⁵ sʅ³¹ ti⁰ sʅ³² xeu²² ne⁰]

渠老儿又来叫渠，说：[xe⁵⁵ lau³³ ɚ⁰ iu²² lai³¹ tɕiau³⁵ xe⁵⁵，ʂʋe⁵⁵]

"再可以去做啰啵？[tsai³⁵ kʰo³³ i³³ tɕʰi³⁵ tseu³⁵ lo⁰ po⁰]

再到中时去啰，[tsai³⁵ tau³⁵ tsəŋ⁵⁵ sʅ³¹ tɕʰi³³ lo⁰]

还不可以去做啊。"[xai³² pu²² kʰo³³ i³³ tɕʰi³⁵ tseu³⁵ a⁰]

两个伢儿就起来啰，[liaŋ³³ ko⁰ ŋar³¹ tɕiu²² tɕʰi³³ lai⁰ lo⁰]

起来啰就跑地里去，[tɕʰi³³ lai⁰ lo⁰ tɕiu²² pʰau³¹ ti²² li⁰ tɕʰi⁰]

咿呀！热天里，[i⁵⁵ ia⁵⁵！ʋe²² tʰiɛn⁵⁵ li⁰]

热天里，好热，[ȵe²² tʰiɛn⁵⁵ li⁰，xau³³ ȵe¹³]
又跟爷说："爷，[iu²² kɛn⁵⁵ ie³¹ ʂȵe¹³：ie³¹]
中时有点儿热，[tsəŋ⁵⁵ sɿ³¹ iu³³ tiɛr³³ ȵe¹³]
再下夜里再摸点儿黑。"[tsai³⁵ xa²² ia²² li⁰ mo⁵⁵ tiɛr³³ xe¹³] 下夜：晚上
老儿当时就停一下，[lau³³ ɚ⁰ taŋ⁵⁵ sɿ³¹ tɕiu²² tʰin³¹ i⁰ xa²²]
说中时也是有点儿热，[ʂȵe¹³ tsəŋ⁵⁵ sɿ³¹ ia³³ sɿ²² iu³³ tiɛr³³ ȵe¹³]
那就只有下夜去，[ne³⁵ tɕiu²² tsɿ²² iu³³ xa²² ia²² tɕʰi³⁵]
再去做，[tsai³⁵ tɕʰi³⁵ tseu³⁵]
下昼边儿再去做。[xa²² tseu³⁵ piɛr⁵⁵ tsai³⁵ tɕʰi³⁵ tseu³⁵] 下昼边儿：傍晚
结果渠又回来啰，[tɕie²² ko³³ xe⁵⁵ iu²² xui³¹ lai⁰ lo⁰]
回来又到床上睏倒。[xui³¹ lai⁰ iu²² tau³⁵ tsʰaŋ³² saŋ²² kʰun³⁵ tau⁰] 睏倒：睡着
后来，到啰下昼边儿，[xeu²² lai³¹，tau³⁵ lo⁰ xa²² tseu³⁵ piɛn⁵⁵ ɚ⁰]
两个伢儿在床上睏倒，[liaŋ³³ ko⁰ ŋar³¹ te²² tsʰaŋ³¹ saŋ⁰ kʰun³⁵ tau⁰]
老儿就跑倒来，渠说：[lau³³ ɚ⁰ tɕiu²² pʰau³³ tau⁰ lai³¹，xe⁵⁵ ʂȵe¹³] 倒：着
"再，再下昼边儿啰，[tsai³⁵，tsai³⁵ xa²² tseu²² piɛn⁵⁵ ɚ⁰ lo⁰]
再去，再可以去做吧！"[tsai³⁵ tɕʰi³⁵，tsai³⁵ kʰo³³ i³³ tɕʰi³⁵ tseu³⁵ pa⁰]
两个伢儿就去啰，[liaŋ³³ ko⁰ ŋar³¹ tɕiu²² tɕʰi³⁵ lo⁰]
去啰就说：[tɕʰi³⁵ lo⁰ tɕiu²² ʂȵe¹³]
"咿呀！好厚的蚊虫，[i⁵⁵ ia⁵⁵！xau³³ xeu³³ ti⁰ un³² tsʰəŋ³¹] 好厚：好多。蚊虫：蚊子
蚊虫咬人。"[un³² tsʰəŋ³¹ ŋau³³ in³¹]
结果又跟爷说，[tɕie²² ko³³ iu²² kɛn⁵⁵ ie³¹ ʂȵe¹³]
说："爷，下夜蚊虫咬，[ʂȵe¹³：ie³¹，xa²² ia²² un³² tsʰəŋ³¹ ŋau³³]
看明早摸点儿黑。"[kʰan³⁵ mən³² tsau³³ mo⁵⁵ tiɛr³³ xe¹³]
渠再就打两个伢儿，[xe⁵⁵ tsai³⁵ tɕiu²² ta³³ liaŋ³³ ko⁰ ŋar³¹]
说："尔两个桶，[ʂȵe¹³：n̩³³ liaŋ³³ ko⁰ tʰəŋ³³] 桶：饭桶
清早呀，要睏醒，[tɕʰin⁵⁵ tsau³³ ia⁰，iau³⁵ kʰun³⁵ ɕin³³]
说中时赶点儿紧，[ʂȵe¹³ tsəŋ⁵⁵ sɿ³¹ kuɛn³³ tiɛr³³ tɕin³³]
中时说有点儿热吧，[tsəŋ⁵⁵ sɿ³¹ ʂȵe¹³ iu³³ tiɛr³³ ȵe¹³ pa⁰]
说下昼，下昼再说，[ʂȵe¹³ xa²² tseu³⁵，xa²² tseu³⁵ tsai³⁵ ʂȵe¹³]
下昼怕蚊虫咬吧，[xa²² tseu³⁵ pʰa³⁵ un³² tsʰəŋ³¹ ŋau³³ pa⁰]
就说明早儿起点儿早。"[tɕiu²² ʂȵe¹³ mən³² tsar³³ tɕʰi³³ tiɛr³³ tsau³³]
再就老儿就说：[tsai³⁵ tɕiu²² lau⁵⁵ ɚ⁰ tɕiu²² ʂȵe¹³]
"两个伢儿明早起点儿早，[liaŋ³³ ko⁰ ŋar³¹ mən³² tsau³³ tɕʰi³³ tiɛr³³ tsau³³]

去去去，睏醒。"［tɕʰi³⁵ tɕʰi³⁵ tɕʰi³⁵, kʰun³⁵ ɕin³³］

睏倒第二天清早，［kʰun³⁵ tau⁰ ti²² ɚ⁰ tʰiɛn⁵⁵ tɕʰin⁵⁵ tsau³³］

有一个收破烂的说：［iu³³ i¹³ ko⁰ seu⁵⁵ pʰo³⁵ lan²² ti⁰ ʂue¹³］

"收破烂啊，收破烂啊！［seu⁵⁵ pʰo³⁵ lan²² a⁰, seu⁵⁵ pʰo³⁵ lan²² a⁰］

卖废铁呀！"［mai²² fei³⁵ tʰie¹³ a⁰］

那老儿就把门打开，［ne³⁵ lau³³ ɚ⁰ tɕiu²² pa³³ mən³¹ ta⁵⁵ kʰai⁵⁵］

渠就说："尔收破烂收废铁啊。"［xe⁵⁵ tɕiu²² ʂue¹³：n̩³³ seu⁵⁵ pʰo³⁵ lan²² seu⁵⁵ fei³⁵ tʰie¹³ a⁰］

渠就欸。［xe⁵⁵ tɕiu²² ei⁰］

渠说："我屋里有两个废铁啊，［xe⁵⁵ ʂue¹³：ŋo³³ u¹³ li⁰ iu³³ liaŋ³³ ko⁰ fei³⁵ tʰie¹³ a⁰］

尔要啵？"［n̩³³ iau³⁵ po⁰］

渠说："尔有废铁，［xe⁵⁵ ʂue¹³：n̩³³ iu³³ fei³⁵ tʰie¹³］

我肯定要，［ŋo³³ kʰən³³ tin²² iau³⁵］

我么不要呢？"［ŋo³³ mo⁰ pu²² iau³⁵ ne⁰］么：为什么

再收破烂的就给门打开，［tsai³⁵ seu⁵⁵ pʰo³⁵ lan²² ti⁰ tɕiu²² kei³³ mən³¹ ta⁵⁵ kʰai⁵⁵］

渠就说："废铁在哪地啊？"［xe⁵⁵ tɕiu²² ʂue¹³：fei³⁵ tʰie¹³ te²² la³³ te²² a⁰］哪地：哪里

渠说："废铁在哪地？"［xe⁵⁵ ʂue¹³：fei³⁵ tʰie¹³ te²² la³³ te²²］

"在床上啰啵。"［te²² tsʰaŋ³¹ saŋ⁰ lo⁰ po⁰］

一看，是两个伢儿。［i²² kʰan³⁵, sɿ²² liaŋ³³ ko⁰ ŋar³¹］

两个伢儿睏床上，［liaŋ³³ ko⁰ ŋar³¹ kʰun³⁵ tsʰaŋ³¹ saŋ²²］

那个收破烂的就说：［ne³⁵ ko⁰ seu⁵⁵ pʰo³⁵ lan²² ti⁰ tɕiu²² ʂue¹³］

"尔老儿好玩，［n̩³³ lau³³ ɚ⁰ xau³³ uɛn³¹］

自家两个多大儿，［tsɿ²² ka⁵⁵ liaŋ³³ ko⁰ to⁵⁵ ta²² ɚ³¹］自家：自己。多大：这么大

还做废铁卖。"［xai³¹ tseu³⁵ fei³⁵ tʰie¹³ mai²²］做：当作

那个收破烂的当时笑倒就走啰。［ne³⁵ ko⁰ seu⁵⁵ pʰo³⁵ lan²² ti⁰ taŋ⁵⁵ sɿ³¹ ɕiau³⁵ tau⁰ tɕiu²² tseu³³ lo⁰］

意译：从前，有对老夫妻生了两个孩子。两个孩子呢，就他们老夫妻呢，母亲有病，很早就去世了。这就老头儿呢，把两个孩子抚养大。孩子长大以后有点儿懒，有一年夏天，天气很热，他让两个孩子起床到地里去干活。孩子们就告诉父亲说："爸，清早要睡觉，到中午再抓紧点儿做吧！"父亲心疼两个孩子，就没有让他们去做，让他们多睡一下儿。后来两个儿子就真的去睡了，一直睡到中午的时候。他的父亲又来叫他们说："现在可以去做了吧，已经到中午了。"

两个儿子就起来跑地里去。"哎呀，夏天好热！"又跟父亲说："爸，中午有

点儿热,晚上再摸黑去做吧!"父亲当时停一下,觉得中午确实有点儿热,那就让他们晚上再去做吧。结果孩子们又回到家开始睡觉。到了晚上,两个孩子还在床上睡觉,父亲就跑过来叫道:"已经是晚上,现在可以去做吧!"两个孩子起来后就到地里去了,去了以后又回来说:"哎呀!蚊子好多呀!蚊子咬人!"又跑去跟父亲说:"爸,晚上蚊子咬,明早再起早点儿去做吧!"

父亲听完就要打两个孩子,说:"你们两个懒货,早上要睡觉说中午做,中午说太热了晚上做,晚上又说蚊子太多,要明天早上再起早做!"等到第二天清早,有一个收破烂的叫喊道:"收破烂啊!收破烂啊!卖废铁呀!"那个父亲就把门打开,问道:"你收破烂,收废铁啊?"收破烂的回答说是,父亲说:"我屋里有两个废铁啊,你要吗?"收破烂的回答道:"你有废铁,我肯定要,我怎么会不要呢?"收破烂的指着门里问:"废铁在哪里呀?"父亲说:"废铁在哪里?在床上呢!"收破烂的一看,原来是他的两个儿子。两个孩子还睡在床上,那个收破烂的就说:"你这老头儿真好玩,自己有两个这么大的儿子,还当作废铁卖。"然后就笑着离开了。

四 自选条目

0031 自选条目

尔那个充军的。[ṇ³³ la²² ko⁰ tsʰən⁵⁵ tʂuən⁵⁵ ti⁰] 尔:你

尔那个剁头的。[ṇ³³ la²² ko⁰ to³⁵ tʰeu³¹ ti⁰]

一脚踢死尔。[i²² tɕio¹³ tʰi²² sʅ³³ ṇ³³]

操尔屋里祖宗八代。[tsʰau⁵⁵ ṇ³³ u¹³ li⁰ tseu³³ tsən⁵⁵ pa⁵⁵ tai²²] 屋里:家

多大个死麻伤。[to⁵⁵ tai²² ko⁰ sʅ³³ ma³² saŋ⁵⁵] 死麻伤:对人的贬称

寻死尔。[tɕʰin³¹ sʅ³³ ṇ³³] 寻死:找死

尔个摊尸的。[ṇ³³ ko⁰ tʰan⁵⁵ sʅ⁵⁵ ti⁰] 摊尸:尸体一样摊在床上

尔个坐床的。[ṇ³³ ko⁰ tso²² tsʰaŋ³¹ ti⁰]

辗八代的。[ȵiɛn³³ pa²² tai²² ti⁰]

意译:你那个被派去充军的。你那个要被杀头的。一脚踢死你。操你祖宗八代。这么大个人。你找死。你像尸体一样摊在床上。你个坐床的。不讲理的。

0032 自选条目

范强女啊,在哎后院啊,[fan²² tɕʰiaŋ³² ŋɥ³³ a⁰, tsai²² e⁰ xeu²² ɥɛn²² a⁰]

把客料啊哎理哎。[pa³³ kʰe¹³ a⁰ liau²² e⁰ li³³ e⁰] 料理:照顾

思一啊，思哎，想哎一想啊，[sɿ⁵⁵i¹³a⁰，sɿ⁵⁵e⁰，ɕiaŋ³³e⁰i²²ɕiaŋ³³]

自己耶解危。[tsɿ²²tɕi³³ie⁰kai³³ui⁵⁵]

上不哇得能哎与爹娘争口旱气，[saŋ²²pu¹³ua⁰te¹³lən³¹e⁰ʮ³³tie⁵⁵ȵiaŋ³¹tsən⁵⁵kʰeu³³xɛn²²tɕʰi³⁵]

夏历不能生儿育女哎接待耶祖姨，[ɕia²²li¹³pu²²lən³¹sən⁵⁵ɚ⁰ʮ²²ŋʮ³³e⁰tɕie²²tai²²ie⁰tseu³³i³¹]

石板嘞上哎栽啊的花不能成气啊，[sɿ²²pan³³le⁰saŋ²²e⁰tsai⁵⁵a⁰ti⁰xua⁵⁵pu⁰lən³¹tsʰən³¹tɕʰi³⁵a⁰]

笼中呀喂放出来咿耶收不回。[ləŋ³¹tsəŋ⁵⁵a⁰ui²²faŋ³⁵tʂʰʮ²²lai³¹i⁰ie⁵⁵seu⁵⁵pu²²xui³¹]

悔不该哎将相公留在耶院里啊，[xui³³pu⁰kai⁵⁵e⁰tɕiaŋ⁵⁵ɕiaŋ³⁵kəŋ⁵⁵liu³¹tsai²²ie⁰ʮɛn²²li⁰a⁰]

耽搁了吴相公啊七年哎生意。[tan⁵⁵ko⁰liau⁰u³¹ɕiaŋ²²kəŋ⁵⁵a⁰tɕʰi²²ȵiɛn³¹e⁰sən⁵⁵i³⁵]

二盼哎别人有听得人声哎叫起啊，[ɚ²²pʰan³⁵e⁰pʰie²²in³¹iu³³tʰin³⁵te⁰in³²sən⁵⁵ai⁰tɕiau³⁵tɕʰi³³a⁰]

该么时哎上下的客要你喂奉陪。[kai⁵⁵mo³³sɿ³¹e⁰saŋ²²ɕia²²ti⁰kʰe¹³iau³⁵ni³³ui²²fəŋ³⁵pʰi³¹]

曼金连到前院观看仔细啊！[man²²tɕin⁵⁵liɛn³²tau³⁵tɕʰiɛn³²ʮɛn²²kuɛn⁵⁵kʰɛn³⁵tsɿ³³ɕi³⁵a⁰]

啊啊，觉得院士耶我吴相公啊，[a⁰a⁰，tɕʰio¹³te⁰ʮɛn²²sɿ²²ie⁰ŋo³³u³²ɕiaŋ³⁵kəŋ⁵⁵a⁰]

打坐哎院前。[ta³³tso²²e⁰ʮɛn²²tɕʰiɛn³¹]

往日里哎哥姐欢迎笑脸，[uaŋ³³ɚ⁰li³³e⁰ko⁵⁵tɕie³³xuɛn⁵⁵in³¹ɕiau³⁵liɛn³³]

今日里为什么脸带愁眉？[tɕin⁵⁵ɚ⁰li⁰ui²²sən³¹mo⁰liɛn³³tai³⁵tsʰeu³²mi³¹]

端一把学生椅子挨哥座起啊，[tan⁵⁵i²²pa³³ɕio²²sən⁵¹³sɿ⁰ŋai⁵⁵ko⁵⁵tso²²tɕʰi³³a⁰]

我的哥哇心哎腹哎事向你哇来表哎，[ŋo³³ti⁰ko⁵⁵ua⁰ɕin⁵⁵e⁰fu¹³e⁰sɿ²²ɕiaŋ³⁵ni³³ua⁰lai²¹piau³³e⁰]

表哎，提哎。[piau³³e⁰，tʰi³¹e⁰]

意译：范强这个女人，在后院招待客人，思来想去，只好自己安慰自己。又不能给爹娘争口气，在夏天生儿育女来报答祖宗，但石板上栽不出花来，笼中的鸟放出来了就收不回了。现在后悔不该把相公留在家里，耽误了吴相公七年的前程。又盼着别人听到你的声音能够叫你，客人们都要你来招呼。到前院仔细看了一下，我的吴相公还在那儿打坐。以前哥哥姐姐都是笑脸相迎，今天却一脸愁容呢？搬了一把学生椅子挨着哥哥坐着，让我把自己的心里的事情给你好好地说说。

0033 自选条目

好汉是武松欤，［xau³³ xɛn³⁵ sɿ²² u⁵⁵ səŋ⁵⁵ ei⁰］

好汉是武松欤。［xau³³ xɛn³⁵ sɿ²² u⁵⁵ səŋ⁵⁵ ei⁰］

景欤阳欤冈，［tɕin³³ ei⁰ iaŋ³¹ ei⁰ kaŋ³³］

打了虎村里称英雄欤，［ta³³ le⁰ xu³³ tsʰən⁵⁵ li⁰ tsʰən⁵⁵ in⁵⁵ ɕiəŋ³¹ ei⁰］

家里住欤在，［tɕia⁵⁵ li⁰ tʂʅ²² ei⁰ tsai²²］

阳嘞谷儿县，［iaŋ³¹ le⁰ ku³³ ɚ³¹ ɕiɛn²²］

好汉子为民啊，［xau³³ xɛn³⁵ tsɿ⁰ ui²² min³¹ ia⁰］

山中欤哟。［san⁵⁵ tsəŋ⁵⁵ ei⁰ io⁰］

家里住欤在，［tɕia⁵⁵ li⁰ tʂʅ²² ei⁰ tsai²²］

阳嘞谷儿县，［iaŋ³¹ le⁰ ku³³ ɚ³¹ ɕiɛn²²］

好汉子为民啊，［xau³³ xɛn³⁵ tsɿ⁰ ui²² min³¹ ia⁰］

山中欤哟。［san⁵⁵ tsəŋ⁵⁵ ei⁰ io⁰］

意译：好汉是武松欤，好汉是武松欤。景欤阳儿冈，打了虎，村里人称他英雄欤，家里住欤在，阳嘞谷儿县，好汉子为民啊，山中欤哟。家里住欤在，阳嘞谷儿县，好汉子为民啊，山中欤哟。

黄　梅

一　歌谣

0001 歌谣

搭钵嘞，洗碗嘞。［ta⁴² po²¹ ne⁰，ɕi¹¹ uan¹³ ne⁰］嘞：小称标志

拿筷子，端饭吃哟。［na⁵⁵ kʰuai³⁵ tsɿ⁰，ton²¹ fan³³ tɕʰi⁴² io⁰］

意译：拿着饭钵，洗一下小饭碗。拿起筷子，端碗吃饭。

0002 歌谣

一二三四五，上山打老虎。［i⁴² ər³³ san²¹ sɿ³⁵ u¹³，saŋ³³ san²¹ ta¹³ lau¹¹ xu¹³］

老虎打不成，山上有敌人。［lau¹¹ xu¹³ ta¹³ pu⁴² tsʰən⁵⁵，san²¹ saŋ⁰ ieu¹³ ti⁵⁵ ɿn⁵⁵］

敌人不说话，机枪码起来射。[ti⁵⁵ ȵin⁵⁵ pu⁴² ɕyæ³³ xua³³，tɕi²¹ tɕʰiaŋ¹¹ ma¹³ tɕʰi¹³ lai⁰ se³³] 码：架

意译：一二三四五，上山打老虎。老虎打不了，山上有敌人。敌人不说话，架起机枪来射击。

0003 歌谣

正月十五敲破瓢，[tsən²¹ ɥæ⁴² sɹ̩³³ u¹³ tɕʰiau²¹ pʰo³⁵ pʰiau⁵⁵]

老鼠下儿不长毛。[lau¹¹ ɕʅ¹³ ɕia³³ ər⁵⁵ pu⁴² tsaŋ¹³ mau⁵⁵]

正月十五敲破钵，[tsən²¹ ɥæ⁴² sɹ̩³³ u¹³ tɕʰiau²¹ pʰo³⁵ po²¹]

老鼠下儿不长脚。[lau¹¹ ɕʅ¹³ ɕia³³ ər⁵⁵ pu⁴² tsaŋ¹³ tɕio⁴²]

意译：正月十五敲破瓢，老鼠生的小崽不长毛。正月十五敲破钵，老鼠生的小崽不长脚。

0004 歌谣

舅母娘舅，炒蚕豆，[tɕieu³³ mo¹³ ȵiaŋ⁵⁵ tɕieu³³，tsʰau¹³ tsʰon⁵⁵ teu³³] 舅母娘舅：舅母

炒一升，不够分。[tsʰau¹³ i⁴² sən²¹，pu⁴² keu³⁵ fən²¹]

手一抖，炮了手，[seu¹³ i⁴² teu¹³，pʰau³⁵ liau⁰ seu¹³] 炮：烫

手一甩，炮了奶，[seu¹³ i⁴² ɕuei¹³，pʰau³⁵ liau⁰ nai¹³] 奶：乳房

舅母娘舅说蚕豆要钱买，[tɕieu³³ mo¹³ ȵiaŋ⁵⁵ tɕieu³³ ɕyæ⁴² tsʰon⁵⁵ teu³³ iau³⁵ tɕʰiɛn⁵⁵ mai¹³]

你说舅母娘舅拐不拐。[ȵi¹³ ɕyæ⁴² tɕieu³³ mo¹³ ȵiaŋ⁵⁵ tɕieu³³ kuai¹³ pu⁰ kuai¹³] 拐：坏

意译：舅妈炒蚕豆，炒一升，不够分。手一抖烫了手，手一甩烫了乳房，舅妈说蚕豆要花钱买，你说舅妈坏不坏。

0005 歌谣

城门城门几丈高，[tsʰən⁵⁵ mən⁵⁵ tsʰən⁵⁵ mən⁵⁵ tɕi¹³ tsaŋ³³ kau²¹]

三十六丈高。[san²¹ sɹ̩³³ leu⁴² tsaŋ³³ kau²¹]

骑白马，挎腰刀，[tɕʰi⁵⁵ pæ⁴² ma¹³，kʰua³⁵ iau²¹ tau¹¹]

走进城门吃一刀，[tseu¹³ tɕin³⁵ tsʰən⁵⁵ mən⁵⁵ tɕʰi⁴² i⁴² tau²¹]

先吃橘嘞，后吃香蕉，[ɕiɛn²¹ tɕʰi⁴² tɕy⁴² ne⁰，xeu³³ tɕʰi⁴² ɕiaŋ²¹ tɕiau¹¹]

前脑壳长个大元宝，[tɕʰiɛn⁵⁵ nau¹³ kʰo⁰ tsaŋ¹³ ko⁰ ta³⁵ ɥen⁵⁵ pau¹³] 脑壳：脑袋

后脑壳生个大脓包。[xeu³³ nau¹³ kʰo⁰ sən²¹ ko⁰ ta³³ noŋ⁵⁵ pau²¹]

意译：城门城门几丈高，三十六丈高。骑白马，挎腰刀，走进城门挨一刀，

先吃橘子，后吃香蕉，脑袋前边长个大元宝，脑袋后边生个大脓包。

0006 歌谣

亮月公公跟我走，[liaŋ³³ ɣæ⁴² koŋ²¹ koŋ¹¹ kən²¹ ŋo¹³ tsʰeu¹³] 亮月：月亮

我到南京买刷帚。[ŋo¹³ tau³³ nan⁵⁵ tɕin²¹ mai¹³ ɕʅa⁴² tseu¹³] 刷帚：洗碗用的竹制条状用具

剃头刀嘞割韭菜，[tʰi³⁵ tʰeu⁵⁵ tau²¹ ne⁰ ko⁴² tɕieu¹³ tsʰai³⁵] 嘞：小称标志

萝卜角嘞胜宴酒，[lo⁵⁵ po³³ ko⁴² ne⁰ sən³⁵ iɛn³⁵ tɕieu¹³]

今昼不吃明昼吃。[tɕin²¹ tseu³⁵ pu⁴² tɕʰi⁴² mən⁵⁵ tseu³⁵ tɕʰi⁴²] 今昼：今天。明昼：明天

意译：月亮公公跟我走，我到南京买刷帚。剃头刀割韭菜，萝卜角儿胜过酒席上的美酒佳肴，今天不吃留着明天吃。

0007 歌谣

我有一分钱，骑马到苏联。[ŋo¹³ ieu¹³ i⁴² fən²¹ tɕʰiɛn⁵⁵，tɕʰi⁵⁵ ma¹³ tau³⁵ seu²¹ liɛn⁵⁵]

苏联老大哥，把我送到莫斯科。[seu²¹ liɛn⁵⁵ lau¹³ ta³³ ko²¹，pa¹³ ŋo¹³ soŋ³⁵ tau³⁵ mo³³ sʅ²¹ kʰo²¹]

意译：我有一分钱，骑马到苏联。苏联老大哥，把我送到莫斯科。

0008 歌谣

小朋友，握握手。[ɕiau¹³ pʰoŋ⁵⁵ ieu¹³，o⁴² o⁴² seu¹³]

搭洋船，到汉口。[ta⁴² iaŋ⁵⁵ tɕʰyɛn⁵⁵，tau³⁵ xan³⁵ kʰeu¹³]

尔结媠妈，我喝酒。[n̩¹³ tɕie⁴² ma¹³ ma⁰，ŋo¹³ xo²¹ tɕieu¹³] 尔：你。媠妈：媳妇、妻子

意译：小朋友，握握手。搭轮船，到汉口。你结婚娶媳妇儿，我喝喜酒。

0009 歌谣

点兵点将，点到哪个，[tiɛn¹³ pin²¹ tiɛn¹³ tɕiaŋ³⁵，tiɛn¹³ tau³⁵ na¹³ ko⁰]

哪个就是我的兵。[na¹³ ko⁰ tɕieu³³ sʅ³³ ŋo¹³ ti⁰ pin²¹]

意译：点兵点将，点到哪个，哪个就是我的兵。

0010 歌谣

老表老表，河沿洗澡。[lau¹¹ piau¹³ lau¹¹ piau¹³，xo⁵⁵ iɛn⁵⁵ ɕi¹¹ tsau¹³] 老表：表亲

团鱼咬角，乌龟咬屌。[tʰon⁵⁵ n̩⁵⁵ ŋau¹³ ko⁴²，u²¹ kuei¹¹ ŋau¹³ tiau¹³] 团鱼：甲鱼。屌：雄性生殖器

意译：老表老表，在河里洗澡。甲鱼咬角，乌龟咬屌。

0011 歌谣

尔热我也热，扇子借不得。[n̩¹³ ȵæ⁴² ŋo¹³ ie¹³ ȵæ⁴², sɛn³⁵ tsŋ⁰ tɕie³⁵ pu⁴² tæ⁴²] 尔：你

尔要来借扇，除非下大雪。[n̩¹³ iau³⁵ lai⁵⁵ tɕie³⁵ sɛn³⁵, tɕʰu̯⁵⁵ fei²¹ ɕia³³ ta³³ ɕiæ⁴²]

意译：你热我也热，扇子不能借给别人。如果你要来借扇，除非等到下大雪的时候。

0012 歌谣

扇子扇清风，时刻在手中。[sɛn³⁵ tsŋ⁰ sɛn³⁵ tɕʰin²¹ foŋ¹¹, sŋ⁵⁵ kʰæ⁴² tsai³³ seu¹³ tsoŋ²¹]

有人来借扇，等到明年冬。[ieu¹³ ən⁵⁵ lai⁵⁵ tɕie³⁵ sɛn³⁵, tən¹³ tau³⁵ min⁵⁵ ȵiɛn⁵⁵ toŋ²¹]

意译：扇子扇凉风，时刻在手中。有人要借扇，除非等到明年冬天。

0013 歌谣

胖子胖，打麻将。[pʰaŋ³⁵ tsŋ⁰ pʰaŋ³⁵, ta¹³ ma⁵⁵ tɕiaŋ³⁵]

麻将打不稳，打的胖子往外滚。[ma⁵⁵ tɕiaŋ³⁵ ta¹³ pu⁴² uən¹³, ta¹³ ti⁰ pʰaŋ³⁵ tsŋ⁰ uaŋ¹³ uai³³ kuən¹³]

意译：胖子胖，打麻将。麻将打不稳，打得胖子往外滚。

0014 歌谣

中央大天晴，湖北起乌云。[tsoŋ²¹ iaŋ¹¹ ta³³ tʰiɛn²¹ tɕʰin⁵⁵, xu⁵⁵ pæ⁴² tɕʰi¹³ u²¹ ȵn⁵⁵]

黄冈下大雨，黄梅淹死人。[xuaŋ⁵⁵ kaŋ²¹ ɕia³³ ta³³ ȵ¹³, xuaŋ⁵⁵ mei⁵⁵ ŋan²¹ sŋ¹³ ən⁵⁵]

意译：北京地区大天晴，湖北却起了乌云。如果黄冈地区下起了大雨，那么黄梅县的雨水就会淹死人，形容各地天气情况各不相同。

0015 歌谣

娘屋近，跑成病。[ȵiaŋ⁵⁵ u⁴² tɕin³³, pʰau⁵⁵ tsʰən⁵⁵ pin³³] 娘屋：娘家

活到九十九，娘屋还有一只手。[xo⁵⁵ tau⁰ tɕieu¹³ sŋ³³ tɕieu¹³, ȵiaŋ⁵⁵ u⁴² xai⁵⁵ ieu¹³ i⁴² tsŋ⁴² seu¹³]

意译：娘家隔婆家比较近，就会经常不由自主地跑到娘家去。活到九十九岁，娘家都是出嫁的女儿的坚强后盾，都会帮助女儿。

二 规定故事

0021 牛郎和织女

大家好，[ta³³tɕia²¹xau¹³]

今天我给大家讲一个，[tɕin²¹tʰiɛn¹¹ŋo¹³ke¹³ta³³tɕia²¹tɕiaŋ¹³i⁴²ko⁰]

牛郎与织女的故事。[ȵieu⁵⁵laŋ⁵⁵ʯ¹³tsʅ⁴²n̩ʯ¹³ti⁰ku³⁵sʅ³³]

古诗十九首有那样一句诗：[ku¹³sʅ²¹sʅ³³tɕieu¹³seu¹³ieu¹³ne³⁵iaŋ³³i⁴²tɕʯ³⁵sʅ²¹]

"迢迢牵牛星，皎皎河汉女。"[tʰiau⁵⁵tʰiau⁵⁵tɕʰiɛn²¹ȵieu⁵⁵ɕin²¹, tɕiau¹¹tɕiau¹³xo⁵⁵xan³⁵n̩ʯ¹³]

诗中说的牛郎与织女两个人物，[sʅ²¹tsoŋ²¹ɕʯæ⁴²ti⁰ȵieu⁵⁵laŋ⁵⁵ʯ¹³tsʅ⁴²n̩ʯ¹³liaŋ¹³ko⁰ʯn̩⁵⁵u⁴²]

牛郎仂，他是一个穷小伙子，[ȵieu⁵⁵laŋ⁵⁵le⁰, tʰa²¹sʅ³³i⁴²ko⁰tɕʰioŋ⁵⁵ɕiau¹¹xo¹³tsʅ⁰]

仂：语气词

自幼父母就去世了，[tsʅ³³ieu³⁵fu³⁵mo¹³tɕieu³³tɕʰʯ³⁵sʅ³⁵tiau⁰]

他与意ᵉ头老黄牛相依为伴，[tʰa²¹ʯ¹³i³⁵tʰeu⁵⁵lau¹³xuaŋ⁵⁵ȵieu⁵⁵ɕiaŋ²¹i¹¹uei³³pan³⁵]

意ᵉ：那

日出而作，日落而息。[ər⁴²tɕʰʯ⁴²ər⁵⁵tso⁴², ər⁴²lo⁴²ər⁵⁵ɕi⁴²]

那头老黄牛，[ne³⁵tʰeu⁵⁵lau¹³xuaŋ⁵⁵ȵieu⁵⁵]

其实是天上的金牛星，[tɕʰi⁵⁵sʅ⁵⁵sʅ³³tʰiɛn²¹saŋ⁰ti⁰tɕin²¹ȵieu⁵⁵ɕin²¹]

挺有灵性的。[tʰin¹¹ieu¹³lin⁵⁵ɕin³⁵ti⁰]

他为牛郎的勤奋、善良所感动，[tʰa²¹uei³³ȵieu⁵⁵laŋ⁵⁵ti⁰tɕʰin⁵⁵fən³⁵、sɛn³³liaŋ⁵⁵so¹³kan¹³toŋ³³]

于是想帮牛郎组立一个家庭。[ʯ⁵⁵sʅ³³ɕiaŋ¹³paŋ²¹ȵieu⁵⁵laŋ⁵⁵tseu¹³li⁴²i⁴²ko⁰tɕia²¹tʰin⁵⁵]

一天，那个老牛得到一个消息，[i⁴²tʰiɛn²¹, ne³⁵ko⁰lau¹³ȵieu⁵⁵tæ⁴²tau³⁵i⁴²ko⁰ɕiau²¹ɕi⁴²]

天上的七仙女要到人间去澡，[tʰiɛn²¹saŋ³³ti⁰tɕʰi⁴²ɕiɛn²¹n̩ʯ¹³iau³⁵tau³⁵ʯn⁵⁵tɕiɛn²¹tɕʰi³³ɕi¹¹tsau¹³]

于是，它托梦给牛郎，[ʯ⁵⁵sʅ³³, tʰa²¹tʰo⁴²moŋ³³ke¹³ȵieu⁵⁵laŋ⁵⁵]

让他第二天早上到河边去，[ʯaŋ³³tʰa²¹ti³³ər³³tʰiɛn²¹tsau¹³saŋ⁰tau³⁵xo⁵⁵piɛn²¹tɕʰi³³]

将会发现有，将会，[tɕiaŋ²¹xuei³³fa⁴²ɕiɛn³³ieu¹³, tɕiaŋ²¹xuei³³]

拿走树上的一件衣服，[na⁵⁵ tseu¹³ ɕʅ³³ saŋ³³ ti⁰ i⁴² tɕiɛn³⁵ i²¹ fu⁵⁵]

赶紧回到家中，[kan¹¹ tɕin¹³ xuei⁵⁵ tau³⁵ tɕia²¹ tsoŋ¹¹]

将会有一位美丽的仙女，[tɕiaŋ²¹ xuei³³ ieu¹³ i³³ uei³³ mei¹³ li¹³ ti⁰ ɕiɛn²¹ ȵʅ¹³]

成为他的妻子。[tsʰən⁵⁵ uei³³ tʰa²¹ ti⁰ tɕʰi²¹ tsʅ⁰]

牛郎仍，将信将疑，[ȵieu⁵⁵ laŋ⁵⁵ le⁰，tɕiaŋ²¹ ɕin³⁵ tɕiaŋ²¹ ȵi⁵⁵]

第二天早上来到湖边，[ti³³ ər³³ tʰiɛn²¹ tsau¹³ saŋ⁰ lai⁵⁵ tau³⁵ xu⁵⁵ piɛn²¹]

果然看到七个仙女在湖里嬉戏打闹。[ko¹³ ʐɛn⁵⁵ kʰan³⁵ tau³⁵ tɕʰi⁴² ko⁰ ɕiɛn²¹ ȵʅ¹³ tsai³³ xu⁵⁵ li⁰ ɕi²¹ ɕi³⁵ ta¹³ nau³³]

于是，他趁倒仙女不注意的时候，[ʅ⁵⁵ sʅ³³，tʰa²¹ tsʰən³⁵ tau⁰ ɕiɛn²¹ ȵʅ¹³ pu⁴² tɕʅ³⁵ i³⁵ ti⁰ sʅ⁵⁵ xeu³³]

拿走了树上一件粉红色衣服，[na⁵⁵ tseu¹³ liau⁰ ɕʅ³³ saŋ³³ i⁴² tɕiɛn³⁵ fən¹³ xoŋ⁵⁵ sæ⁴² i²¹ fu⁵⁵]

赶紧跑到屋里。[kan¹¹ tɕin¹³ pʰau⁵⁵ tau⁰ u⁴² li⁰] 屋里：家里

织女洗完澡后，[tsʅ⁴² ȵʅ¹³ ɕi⁰ uan⁵⁵ tsau¹³ xeu³³]

发现自己的衣服不见了，[fa³³ ɕiɛn³³ tsʅ³³ tɕi¹³ ti⁰ i²¹ fu⁵⁵ pu⁴² tɕiɛn³⁵ liau⁰]

很着急，于是她找啊找，[xən¹³ tsʰo³³ tɕi⁴²，ʅ⁵⁵ sʅ³³ tʰa²¹ tsau¹³ a⁰ tsau¹³]

终于找到了牛郎的家中，[tsoŋ²¹ ʅ⁵⁵ tsau¹³ tau³⁵ liau⁰ ȵieu⁵⁵ laŋ⁵⁵ ti⁰ tɕia²¹ tsoŋ¹¹]

相聚之后仍，[ɕiaŋ²¹ tɕʅ³⁵ tsʅ²¹ xeu³³ le⁰]

她和牛郎产生啦感情，[tʰa²¹ xo⁵⁵ ȵieu⁵⁵ laŋ⁵⁵ tsʰan¹³ sən²¹ la⁰ kan¹³ tɕʰin⁵⁵]

于是他们做了恩爱夫妻。[ʅ⁵⁵ sʅ³³ tʰa²¹ mən⁰ tseu³⁵ liau⁰ ən²¹ ŋai³⁵ fu²¹ tɕʰi¹¹]

时间很快地过去了，[sʅ⁵⁵ tɕiɛn²¹ xən¹³ kʰuai³⁵ ti⁰ ko³⁵ tɕʰi³³ tiau⁰]

他们在一起已生了一男一女，[tʰa²¹ mən⁰ tsai³³ i⁴² tɕʰi¹³ i¹³ sən²¹ liau⁰ i⁴² nan⁵⁵ i⁴² ȵʅ¹³]

男伢像牛郎，胖呼呼的，[nan⁵⁵ ŋa⁵⁵ ɕiaŋ³³ ȵieu⁵⁵ laŋ⁵⁵，pʰaŋ³⁵ xu⁵⁵ xu²¹ ti⁰] 伢：小孩子

女伢像织女，水灵灵的。[ȵʅ¹³ ŋa⁵⁵ ɕiaŋ³³ tsʅ⁴² ȵʅ¹³，ɕʅ¹³ lin⁵⁵ lin⁵⁵ ti⁰]

他们在一起生活很活络，[tʰa²¹ mən⁰ tsai³³ i⁴² tɕʰi¹³ sən²¹ xo⁵⁵ xən¹³ xuei⁵⁵ lo³³] 活络：幸福

很美好，但是，好景不长，[xən¹³ mei¹¹ xau¹³，tan³³ sʅ³³，xau¹¹ tɕin¹³ pu⁴² tsʰaŋ⁵⁵]

织女私自下凡的事情，[tsʅ⁴² ȵʅ¹³ sʅ²¹ tsʅ³³ ɕia⁴² fan⁵⁵ ti⁰ sʅ³³ tɕʰin⁵⁵]

被意=个王母娘娘知道了。[pei³³ i³⁵ ko⁰ uaŋ⁵⁵ mo¹³ ȵiaŋ⁵⁵ ȵiaŋ⁰ tsʅ²¹ tau³³ liau¹³]

王母娘娘大发雷霆，[uaŋ⁵⁵ mo¹³ ȵiaŋ⁵⁵ ȵiaŋ⁰ ta³³ fa⁴² lei⁵⁵ tʰin⁵⁵]

派遣天兵天将到人间去将织女捉拿归案。[pʰai³⁵ tɕʰiɛn¹³ tʰiɛn²¹ pin¹¹ tʰiɛn²¹ tɕiaŋ³⁵ tau³⁵ ʐən⁵⁵ tɕiɛn²¹ tɕʰi³³ tɕiaŋ²¹ tsʅ⁴² ȵʅ¹³ tso⁴² na⁵⁵ kuei²¹ ŋan³⁵]

突然有一天，织女突然不见了，[tʰeu⁴² ʐɛn⁵⁵ ieu¹³ i⁴² tʰiɛn²¹，tsʅ⁴² ȵʅ¹³ tʰeu⁴² ʐɛn⁵⁵ pu⁴² tɕiɛn³⁵ tiau⁰]

牛郎正在田里劳作回来,[n̠ieu⁵⁵ laŋ⁵⁵ tsən³⁵ tsai³³ tʰiɛn⁵⁵ li⁰ lau⁵⁵ tso⁴² xuei⁵⁵ lai⁵⁵]

发现两个伢在地下地上嚎啕大哭,[fa³³ ɕiɛn³³ liaŋ¹³ ko⁰ ŋa⁵⁵ tsai³³ ti³³ xa³³ ti³³ saŋ³³ xau⁵⁵ tʰau⁵⁵ ta³³ kʰu⁴²]

他也非常着急,[tʰa²¹ ie¹³ fei²¹ tsʰaŋ⁵⁵ tsʰo³³ tɕi⁴²]

这时候,老牛突然张口说话了,[tai³⁵ sʅ⁵⁵ xeu³³, lau¹³ n̠ieu⁵⁵ tʰeu⁴² ʯɛn⁵⁵ tsaŋ²¹ kʰeu¹³ ɕʯæ⁴² xua³³ liau⁰]

它说,它对牛郎说:[tʰa²¹ ɕʯæ⁴², tʰa²¹ tei³⁵ n̠ieu⁵⁵ laŋ⁵⁵ ɕʯæ⁴²]

"尔不要着急,我即将死去,[n̠¹³ pu⁴² iau³⁵ tsʰo³³ tɕi⁴², ŋo¹³ tɕi⁴² tɕiaŋ²¹ sʅ¹³ tɕʰʯ³⁵]

尔:你

然后我头上的两个角,[ʯɛn⁵⁵ xeu⁵⁵ ŋo¹³ tʰeu⁵⁵ saŋ⁰ ti⁰ liaŋ¹³ ko⁰ ko⁴²]

会变成两个箩筐。[xuei³³ piɛn³⁵ tsʰən⁵⁵ liaŋ¹³ ko⁰ lo⁵⁵ kʰuaŋ²¹]

我死之后,[ŋo¹³ sʅ¹³ tsʅ²¹ xeu³³]

尔将两个伢放在箩筐里面,[n̠¹³ tɕiaŋ²¹ liaŋ¹³ ko⁰ ŋa⁵⁵ faŋ³⁵ tsai³³ lo⁵⁵ kʰuaŋ²¹ li¹³ miɛn³³]

用扁担挑起来,[ioŋ³³ piɛn¹³ tan³⁵ tʰiau²¹ tɕʰi¹³ lai⁵⁵]

尔将会飞向天空能追上织女。"[n̠¹³ tɕiaŋ²¹ xuei³³ fei²¹ ɕiaŋ³⁵ tʰiɛn²¹ kʰoŋ¹¹ nən⁵⁵ tɕʯei²¹ saŋ³³ tsʅ⁴² n̠ʯ¹³]

牛郎赶紧照做了,[n̠ieu⁵⁵ laŋ⁵⁵ kan¹¹ tɕin¹³ tsau³⁵ tseu³⁵ liau⁰]

果然,牛郎就像腾云驾雾一样,[ko¹³ ʯɛn⁵⁵, n̠ieu⁵⁵ laŋ⁵⁵ tɕieu¹³ ɕiaŋ³³ tʰən⁵⁵ ʯn⁵⁵ tɕia³⁵ u³³ i³³ iaŋ³³]

挑起箩筐飞向天空,[tʰiau²¹ tɕʰi¹³ lo⁵⁵ kʰuaŋ²¹ fei²¹ ɕiaŋ³⁵ tʰiɛn²¹ kʰoŋ¹¹]

眼看就要追上织女了,[iɛn¹³ kʰan³⁵ tɕieu³³ iau³⁵ tɕʯei²¹ saŋ³³ tsʅ⁴² n̠ʯ¹³ liau⁰]

但是不好的事情发生了,[tan³³ sʅ³³ pu⁴² xau¹³ ti⁰ sʅ³³ tɕʰin⁵⁵ fa⁴² sən²¹ liau⁰]

王母娘娘发现了,[uaŋ⁵⁵ mo¹³ n̠iaŋ⁵⁵ n̠iaŋ⁰ fa³³ ɕiɛn³³ liau⁰]

于是她用,[ʯ⁵⁵ sʅ³³ tʰa²¹ ioŋ³³]

拿起发夹头上的一根金钗,[na⁵⁵ tɕʰi¹³ fa⁴² tɕia⁴² tʰeu⁵⁵ saŋ⁰ ti⁰ i⁴² kən²¹ tɕin²¹ tsʰai¹¹]

在牛郎与织女中间一划,[tsai³³ n̠ieu⁵⁵ laŋ⁵⁵ ʯ¹³ tsʅ⁴² n̠ʯ¹³ tsoŋ²¹ kan¹¹ i³³ xua³³]

顿时一条波涛汹涌的天河产生了,[tən³⁵ sʅ⁵⁵ i⁴² tʰiau⁵⁵ po²¹ tʰau¹¹ ɕioŋ²¹ ioŋ¹³ ti⁰ tʰiɛn²¹ xo⁵⁵ tsʰan¹³ sən²¹ tiau⁰]

把他们两个人隔开了,[pa¹³ tʰa²¹ mən⁰ liaŋ¹³ ko⁰ ən⁵⁵ kæ⁴² kʰai²¹ liau⁰]

最终仍,[tsei³⁵ tsoŋ²¹ le⁰]

王母娘娘还是被那个牛郎和织女之间的爱情所感动,[uaŋ⁵⁵ mo¹³ n̠iaŋ⁵⁵ n̠iaŋ⁰ xai⁵⁵ sʅ³³ pei³³ ne³⁵ ko⁰ n̠ieu⁵⁵ laŋ⁵⁵ xo⁵⁵ tsʅ⁴² n̠ʯ¹³ tsʅ²¹ tɕiɛn¹¹ ti⁰ ŋai³⁵ tɕʰin⁵⁵ so¹³ kan¹³ toŋ³³]

于是同意他们每年的七月初七，[ʅ⁵⁵ sʅ³³ tʰoŋ⁵⁵ i³⁵ tʰa²¹ mən⁰ mei¹³ ɲiɛn⁵⁵ tiº tɕʰi⁴² ɥæ⁴² tsʰeu²¹ tɕʰi⁴²]

在七月初七那一天再相会，[tsai³³ tɕʰi⁴² ɥæ⁴² tsʰeu²¹ tɕʰi⁴² na³⁵ i⁴² tʰiɛn²¹ tsai³³ ɕiaŋ²¹ xuei³³]

再认相会。[tsai³³ ən³⁵ ɕiaŋ²¹ xuei³³]

喜鹊也非常同情他们两个的遭遇，[ɕi¹³ tɕʰio⁴² ie¹³ fei²¹ tsʰaŋ⁵⁵ tʰoŋ⁵⁵ tɕʰin⁵⁵ tʰa²¹ mən⁰ liaŋ¹³ koº tiº tsau²¹ ɥ³⁵]

于是每年七月初七这一天，[ʅ⁵⁵ sʅ³³ mei¹³ ɲiɛn⁵⁵ tɕʰi⁴² ɥæ⁴² tsʰeu²¹ tɕʰi⁴² tæ³⁵ i⁴² tʰiɛn²¹]

为他们搭起一座长长的鹊桥，[uei³³ tʰa²¹ mən⁰ ta⁴² tɕʰi¹³ i⁴² tso³⁵ tsʰaŋ⁵⁵ tsʰaŋ⁵⁵ tiº tɕʰio⁴² tɕʰiau⁵⁵]

以方便他们两人相会，[i¹³ faŋ²¹ piɛn³³ tʰa²¹ mən⁰ liaŋ¹³ ən⁵⁵ ɕiaŋ²¹ xuei³³]

这就是意一个七夕节的来历。[tai³⁵ tɕieu⁵⁵ sʅ³³ i³⁵ koº tɕʰi⁴² ɕi⁴² tɕiæ⁴² tiº lai⁵⁵ li⁴²]

意译：大家好，今天我给大家讲一个牛郎与织女的故事。"古诗十九首"里有这样一句诗："迢迢牵牛星，皎皎河汉女。"诗中说的就是牛郎与织女这两个人物。牛郎，是一个穷小伙子，自幼父母双亡，他与家里的那头老黄牛相依为伴，日出而作，日落而息。那头老黄牛其实是天上的金牛星，很有灵性，他被牛郎的勤奋善良所感动，想帮牛郎成一个家。

一天，老黄牛得到一个消息，天上的七位仙女要到人间来洗澡，于是托梦给牛郎，让他第二天早上到河边去，他将会发现有一群仙女在河里洗澡，让牛郎拿走树上的一件衣服，拿走衣服后赶紧回家，将会有一位美丽的仙女成为他的妻子。

牛郎梦醒后将信将疑。第二天早上来到湖边，果然看到有七个仙女在湖里嬉戏游玩，于是他趁仙女不注意的时候，拿走了树上一件粉红色的衣服，赶紧跑回家里，织女洗完澡后，发现自己的衣服不见了，很着急，于是四处寻找，终于找到了牛郎家中，相见之后，织女和牛郎一见钟情，于是他们就结成了夫妻。时间过得很快，他们在一起生了一儿一女，男孩儿长得像牛郎，胖呼呼的，女孩儿长得像织女，水灵灵的，他们在一起生活得很幸福、很美好。

但是，好景不长，织女私自下凡的事情被王母娘娘知道了，王母娘娘大发雷霆，派天兵天将到人间，要将织女捉回天庭。突然有一天，织女不见了，牛郎正从田间劳动归来，回到家看见两个小孩儿在地下嚎啕大哭，他非常着急，这时家里的老黄牛突然开口说话了，老黄牛对牛郎说："你不要着急，我马上就要死了，我头上的两个牛角会变成两个箩筐，我死之后，你将两个小孩子放在箩筐里边，用扁担挑起来，你将会飞向天空，就能追上织女了。"牛郎赶紧照着做了，果然，牛郎就像腾云驾雾一样，挑起箩筐就飞向天空，追着追着，眼看就要追上织女了，但是不好的事情却突然发生了。

王母娘娘发现牛郎快要追上织女的这个情况，于是她拿起发夹上的一根金钗，在牛郎与织女中间一划，顿时一条波涛汹涌的天河出现了，隔断了牛郎与织女。最终，王母娘娘还是被牛郎与织女之间的爱情所感动，同意他们两人每年在七月初七这一天，可以相会、见面。喜鹊也非常同情牛郎与织女两人的遭遇，于是每年七月初七这一天，为他们搭起一座长长的鹊桥，以方便他们两人相会，这就是七夕节的来历。

三　其他故事

0022 其他故事

我讲个黄梅县的五祖寺，［ŋo¹³ tɕiaŋ¹³ ko⁰ xuaŋ⁵⁵ mi⁵⁵ ɕiɛn³³ ti⁰ u¹¹ tseu¹³ tsʅ³³］

黄梅有五祖寺，还有个四祖寺。［xuaŋ⁵⁵ mi⁵⁵ ieu¹³ u¹¹ tseu¹³ tsʅ³³，xan⁵⁵ ieu¹³ ko⁰ sʅ³⁵ tseu¹³ tsʅ³³］

佛教是"一祖传二祖，［fu⁴² tɕiau³⁵ sʅ³³ i⁴² tseu¹³ tɕʰuɛn⁵⁵ ər³³ tseu¹³］

二祖传三祖，［ər³³ tseu¹³ tɕʰuɛn⁵⁵ san²¹ tseu¹³］

三祖传四祖，［san²¹ tseu¹³ tɕʰuɛn⁵⁵ sʅ³⁵ tseu¹³］

四祖传五祖，［sʅ³⁵ tseu¹³ tɕʰuɛn⁵⁵ u¹¹ tseu¹³］

五祖传六祖，［u¹¹ tseu¹³ tɕʰuɛn⁵⁵ leu⁴² tseu¹³］

六祖人不传的"说法。［leu⁴² tseu¹³ ən⁵⁵ pu⁴² tɕʰuɛn⁵⁵ ti⁰ ɕuæ⁴² fa⁰］

一祖是中国的菩提达摩，［i⁴² tseu¹³ sʅ³³ tsoŋ²¹ kuæ⁴² ti⁰ pʰu³³ tʰi⁵⁵ ta⁴² mo⁵⁵］

来中国建一祖，［lai⁵⁵ tsoŋ²¹ kuæ⁴² tɕiɛn³⁵ i⁴² tseu¹³］

传到黄梅就是四祖。［tɕʰuɛn⁵⁵ tau³⁵ xuaŋ⁵⁵ mi⁵⁵ tɕieu³³ sʅ³³ sʅ³⁵ tseu¹³］

四祖仂，黄冈的意˭个道信，［sʅ³⁵ tseu¹³ le⁰，xuaŋ⁵⁵ kaŋ²¹ ti⁰ i⁴² ko⁰ tau³³ ɕin³⁵］仂：语气词。意˭：那

道信仂，最欢喜的徒弟是五祖。［tau³³ ɕin³⁵ le⁰，tsei³⁵ xuan²¹ ɕi¹³ ti⁰ tʰeu⁵⁵ ti³³ sʅ³³ u¹¹ tseu¹³］

比五祖还年长些、年纪大一些的，［pi¹³ u¹¹ tseu¹³ xan⁵⁵ ɲiɛn⁵⁵ tsaŋ¹³ ɕie²¹、ɲiɛn⁵⁵ tɕi³⁵ tai³³ i⁴² ɕie²¹ ti⁰］

还有威望些的是哪个呢？［xan⁵⁵ ieu¹³ uei²¹ uaŋ³³ ɕie²¹ ti⁰ sʅ³³ nai¹³ ko³⁵ ne⁰］

是达代高僧，［sʅ³³ ta⁴² tai³³ kau²¹ sən¹¹］

按道理说仂，四祖传到道信，［ŋan³⁵ tau³³ li¹³ ɕuæ⁴² le⁰，sʅ³⁵ tseu¹³ tɕʰuɛn⁵⁵ tau⁰ tau³³ ɕin³⁵]

传位应传给达代，[tɕʰyɛn⁵⁵ uei³³ in³⁵ tɕʰyɛn⁵⁵ tɕi⁴² ta⁴² tai³³]

但渠冇传给达代。[tan³³ kʰæ⁵⁵ mau³³ tɕʰyɛn⁵⁵ tɕi⁴² ta⁴² tai³³] 渠：他。冇：没

渠觉得五祖人品或悟性高些。[kʰæ⁵⁵ tɕio⁴² tæ⁰ u¹¹ tseu¹³ ən⁵⁵ pʰin¹³ xuæ⁴² u³⁵ ɕin³⁵ kau²¹ ɕie¹¹]

说五祖仇，这个故事就不得了。[ɕyæ⁴² u¹¹ tseu¹³ le⁰，tai³⁵ ko⁰ ku³⁵ sʅ³³ tɕieu³³ pu⁴² tæ⁰ liau⁰]

为么什不得了呢？[uei³³ mo¹³ sʅ³³ pu⁴² tæ⁰ liau⁰ ne⁰] 为么什：为什么

达代就说："尔传袭五祖，[ta⁴² tai³⁵ tɕieu³³ ɕyæ⁴²：n̩¹³ tɕʰyɛn⁵⁵ ɕi⁴² u¹¹ tseu¹³] 尔：你

不传我，那不行。"[pu⁴² tɕʰyɛn⁵⁵ ŋo¹³，na³⁵ pu⁴² ɕin⁵⁵]

正在传袭衣钵给五祖的时候，[tsen³⁵ tsai³³ tɕʰyɛn⁵⁵ ɕi⁴² i²¹ po¹¹ tɕi¹³ u¹¹ tseu¹³ ti⁰ sʅ⁵⁵ xeu³³]

正是唐朝武则天当皇帝。[tsən³⁵ sʅ³³ tʰaŋ⁵⁵ tsʰau⁵⁵ u¹³ tsæ⁴² tʰiɛn²¹ taŋ²¹ xuaŋ⁵⁵ ti³³]

武则天当皇帝以后唉，[u¹³ tsæ⁴² tʰiɛn²¹ taŋ²¹ xuaŋ⁵⁵ ti³³ i¹³ xeu³³ e⁰]

对佛教比较重视。[ti³⁵ fu⁴² tɕiau³³ pi¹³ tɕiau³³ tsoŋ³⁵ sʅ³³]

为么什几重视呢？[uei³³ mo¹³ sʅ³³ tɕi¹³ tsoŋ³⁵ sʅ³³ ne⁰] 几：很、非常

因为渠在冇当皇帝之前，[in²¹ uei³³ kʰæ⁵⁵ tsai³³ mau³³ taŋ²¹ xuaŋ⁵⁵ ti³³ tsʅ²¹ tɕʰiɛn⁵⁵]

在一个寺院里做尼姑，[tsai³³ i⁴² ko⁰ tsʅ³³ yɛn³³ li⁰ tseu³⁵ ȵi⁵⁵ ku²¹]

所以渠为了把个人历史、[so¹³ i¹³ kʰæ⁵⁵ uei³⁵ liau⁰ ma¹³ ko⁰ ən⁵⁵ li⁴² sʅ¹³]

个人的经历宏扬一下，[ko³⁵ ən⁵⁵ ti⁰ tɕin²¹ li⁴² xoŋ⁵⁵ iaŋ⁵⁵ i⁴² xa⁰]

所以就建了很多寺庙。[so¹³ i¹³ tɕieu³³ tɕiɛn³⁵ liau⁰ xən²¹ to²¹ tsʅ³³ miau³³]

传袭五祖以后，达代就不得了，[tɕʰyɛn⁵⁵ ɕi⁴² u¹¹ tseu¹³ i¹³ xeu³³，ta⁴² tai³³ tɕieu³³ pu⁴² tæ⁰ liau⁰]

不远万里就跑到京城，[pu⁴² yɛn¹³ uan³³ li¹³ tɕieu³³ pʰau⁵⁵ tau⁰ tɕin²¹ tsʰən⁵⁵]

就向武则天，武皇告人家的状。[tɕieu³³ ɕiaŋ³⁵ u¹³ tsæ⁴² tʰiɛn²¹，u¹³ xuaŋ⁵⁵ kau³⁵ ən⁵⁵ ka⁰ ti⁰ tsaŋ³³]

说："道信四祖传五祖，[ɕyæ⁴²：tau³³ ɕin³⁵ sʅ³⁵ tseu¹³ tɕʰyɛn⁵⁵ u¹¹ tseu¹³]

把衣钵传给渠啦。"[ma¹³ i²¹ po¹¹ tɕʰyɛn⁵⁵ tɕi¹³ kʰæ⁵⁵ la⁰]

说："渠是个私伢嘞。[ɕyæ⁴²：kʰæ⁵⁵ sʅ³³ ko⁰ sʅ²¹ ŋa⁵⁵ ne⁰] 私伢：私生子

把那个衣钵传给一个私伢嘞啦！[ma¹³ na³⁵ ko⁰ i²¹ po¹¹ tɕʰyɛn⁵⁵ tɕi¹³ i⁴² ko⁰ sʅ²¹ ŋa⁵⁵ ne⁰ la⁰]

那佛教都信啦！朝廷里那光彩呀？"[na³⁵ fu⁴² tɕiau³⁵ teu²¹ ɕin³⁵ la⁰！tsʰau⁵⁵ tʰin⁵⁵ li⁰ na³⁵ kuaŋ²¹ tsʰai¹³ ia⁰]

武则天一听后，也很贴心。[u¹³ tsæ⁴² tʰiɛn²¹ i⁴² tʰin³⁵ xeu³³, ie¹³ xən¹³ tʰiæ⁴² ɕin²¹]
达代心里默下：[ta⁴² tai³³ ɕin²¹ li⁰ mæ⁴² xa⁰] 默：想
"这下武皇我搞定了，[tai³⁵ xa⁰ u¹³ xuaŋ⁵⁵ ŋo¹³ kau¹³ tin³³ liau⁰]
道信仈，传给渠不传给我，[tau³³ ɕin¹³ le⁰, tɕʰʯɛn⁵⁵ tɕi¹³ kʰæ⁵⁵ pu⁴² tɕʰʯɛn⁵⁵ tɕi¹³ ŋo¹³]
我那下搞定了吧!"[ŋo¹³ na³⁵ xa⁰ kau¹³ tin³³ liau⁰ pa⁰] 下：全部
这武则天听了后，[tai³⁵ u¹³ tsæ⁴² tʰiɛn²¹ tʰin³⁵ liau⁰ xeu³³]
合眼一笑，为么什咧？[xo⁵⁵ ŋan¹³ i⁴² ɕiau³⁵, uei³³ mo¹³ sʅ³³ lie⁰]
渠想到冇当皇帝之前，[kʰæ⁵⁵ ɕiaŋ¹³ tau⁰ mau³³ taŋ²¹ xuaŋ⁵⁵ ti³³ tsʅ²¹ tɕʰiɛn⁵⁵]
在寺庙里当尼姑的经历。[tsai³³ tsʅ³³ miau³³ li⁰ taŋ²¹ ɲi⁵⁵ ku²¹ ti⁰ tɕin²¹ li⁴²]
武则天仈，对男女之事非常放荡。[u¹³ tsæ⁴² tʰiɛn²¹ le⁰, ti³⁵ nan⁵⁵ ɲʯ¹³ tsʅ²¹ sʅ³³ fei²¹ tsʰaŋ⁵⁵ faŋ³⁵ taŋ³³]
按现在话就是几开放，气不过。[ŋan³⁵ ɕiɛn³³ tsai³³ xua³³ tɕieu³³ sʅ³³ tɕi¹³ kʰai²¹ faŋ³⁵, tɕʰi³⁵ pu⁴² ko³⁵] 几：很
私伢嘞，无父生子啊，是圣母。[sʅ²¹ ŋa⁵⁵ ne⁰, u⁵⁵ fu³⁵ sən²¹ tsʅ¹³ a⁰, sʅ³³ sən³⁵ mo¹³]
这不得了，这个冇得参看的伢。[tai³⁵ pu⁴² tæ⁴² liau⁰, tai³⁵ ko⁰ mau³³ tæ⁴² tie²¹ kʰuan²¹ ti⁰ ŋa⁵⁵] 看：养育
那个母还是圣母，把达代赶走啦。[na³⁵ ko⁰ mo¹³ xan⁵⁵ sʅ³³ sən³⁵ mo¹³, ma¹³ ta⁴² tai³³ kuan¹³ tseu¹³ la⁰]
为么什说五祖是私伢呢？[uei³³ mo¹³ sʅ³³ ɕʯæ⁴² u¹¹ tseu¹³ sʅ³³ sʅ²¹ ŋa⁵⁵ ne⁰]
这有个故事，五祖是哪里人？[tai³⁵ ieu¹³ ko⁰ ku³⁵ sʅ³³, u¹¹ tseu¹³ sʅ³³ na¹³ li⁰ ən⁵⁵]
是黄梅县濯港人，[sʅ³³ xuaŋ⁵⁵ mi⁵⁵ ɕiɛn³³ tseu⁴² kaŋ¹³ ən⁵⁵]
渠姆妈姓周，[kʰæ⁵⁵ m̩¹³ ma²¹ ɕin³⁵ tseu²¹] 姆妈：母亲
冇得伢嘞做姑娘伢嘞的时候，[mau³³ tæ⁴² ŋa⁵⁵ ne⁰ tseu³⁵ ku²¹ ɲiaŋ⁵⁵ ŋa⁵⁵ ne⁰ ti⁰ sʅ⁵⁵ xeu³³]
有一天到河边去洗米洗菜。[ieu¹³ i⁴² tʰiɛn²¹ tau³⁵ xo⁵⁵ piɛn²¹ tɕʰi³³ ɕi¹¹ mi¹³ ɕi¹³ tsʰai³⁵]
看见意=个水里边，[kan³⁵ tɕiɛn³⁵ i³ ko⁰ ɕʯ¹³ li⁰ piɛn²¹]
从屪下往上漂个桃嘞，[tsʰoŋ⁵⁵ teu³³ xa³³ uaŋ¹³ saŋ³³ pʰiau²¹ ko⁰ tʰau⁵⁵ ne⁰] 屪：底部
意=个桃嘞往上走，[i³⁵ ko⁰ tʰau⁵⁵ ne⁰ uaŋ¹³ saŋ³³ tseu¹³]
渠觉得好奇怪，[kʰæ⁵⁵ tɕio⁴² tæ⁰ xau¹³ tɕʰi⁵⁵ kuai³⁵]
顺手就把个桃嘞摘了，[ɕʯn³³ seu¹³ tɕieu³³ ma¹³ ko⁰ tʰau⁵⁵ ne⁰ tsæ⁴² liau⁰]
咬了一口，咦，是真桃嘞。[ŋau¹³ liau⁰ i⁴² kʰeu¹³, i⁰, sʅ³³ tsən²¹ tʰau⁵⁵ ne⁰]
渠吃了一口，就把桃嘞丢了。[kʰæ⁵⁵ tɕʰi⁴² liau⁰ i⁴² kʰeu¹³, tɕieu³³ ma¹³ tʰau⁵⁵ ne⁰ tieu²¹ liau⁰]

这吃一口不得了，[tai³⁵ tɕʰi⁴² i⁴² kʰeu¹³ pu⁴² tæ⁴² liau⁰]

这是仙桃，吃了一口，[tai³⁵ sʅ³³ ɕiɛn²¹ tʰau⁵⁵, tɕʰi⁴² liau⁰ i⁴² kʰeu¹³]

慢慢地肚子大了。[man³³ man³³ ti⁰ teu³³ tsʅ⁰ tai³³ liau⁰]

肚子大了以后，[teu³³ tsʅ⁰ tai³³ liau⁰ i¹³ xeu³³]

这一村的人就说："这得了，[tai³⁵ i⁴² tsʰən²¹ ti⁰ ən⁵⁵ tɕieu³³ ɕyæ⁴²：tai³⁵ tæ⁴² liau⁰]

尔姑娘伢还没出阁，[n̩¹³ ku²¹ n.iaŋ⁵⁵ ŋa⁵⁵ xan⁵⁵ mau³³ tɕʰʯ⁴² ko⁴²] 出阁：出嫁

还没找老板，肚子大了。"[xan⁵⁵ mau³³ tsau¹³ lau¹¹ pan¹³, teu³³ tsʅ⁰ tai³³ liau⁰] 老板：丈夫

渠姆妈就搬了，[kʰæ⁵⁵ m̩¹³ ma²¹ tɕieu³³ pan²¹ liau⁰]

渠姆妈就跑到那山里边去。[kʰæ⁵⁵ m̩¹³ ma²¹ tɕieu³³ pʰau⁵⁵ tau⁰ na³⁵ san²¹ li⁰ piɛn²¹ tɕʰi³³]

就采野草采野菜嘞，[tɕieu³³ tsʰai¹³ ie¹¹ tsʰau¹³ tsʰai¹³ ie¹³ tsʰai³⁵ ne⁰]

就慢慢地把这个伢看倒。[tɕieu³³ man³³ man³³ ti⁰ ma¹³ tai³⁵ ko⁰ ŋa⁵⁵ kʰuan²¹ tau⁰]

在深山老林里看倒。[tsai³³ sən²¹ san¹¹ lau¹³ lin⁵⁵ li⁰ kʰuan²¹ tau⁰]

看到七岁，说话不倒。[kʰuan²¹ tau⁰ tɕʰi⁴² ɕi³⁵, ɕyæ³³ xua³³ pu⁴² tau¹³]

有一天，就在地里捡麦，[ieu¹³ i⁴² tʰiɛn²¹, tɕieu³³ tsai³³ ti⁰ li⁰ tɕiɛn¹³ mæ⁴²]

捡麦以后伢，[tɕiɛn¹³ mæ⁴² i¹³ xeu³³ le⁰]

五祖开口说话以后，[u¹¹ tseu¹³ kʰai²¹ kʰeu¹³ ɕyæ⁴² xua³³ i¹³ xeu³³]

跟渠姆妈一路捡麦讨米。[ken²¹ kʰæ⁵⁵ m̩¹³ ma²¹ i⁴² leu³³ tɕiɛn¹³ mæ⁴² tʰau¹¹ mi¹³] 一路：一起

渠姆妈不开口吃，渠也不吃。[kʰæ⁵⁵ m̩¹³ ma²¹ pu⁴² kʰai¹³ kʰeu¹³ tɕʰi⁴², kʰæ⁵⁵ ie¹³ pu⁴² tɕʰi⁴²]

细伢嘞起名叫宏忍，[ɕi³⁵ ŋa⁰ ne⁰ tɕʰi¹³ min⁵⁵ tɕiau³⁵ xoŋ⁵⁵ ən¹³]

渠姆妈就捡麦度日，[kʰæ⁵⁵ m̩¹³ ma²¹ tɕieu³³ tɕiɛn¹³ mæ⁴² teu³³ ər⁴²]

但不忘记教宏忍做人，[tan³³ pu⁴² uaŋ³³ tɕi³⁵ tɕiau³⁵ xoŋ⁵⁵ ən¹³ tseu³⁵ ən⁵⁵]

要好好地行善，好心有好报，[iau³⁵ xau¹¹ xau¹³ ti⁰ ɕin⁵⁵ sɛn³³, xau¹³ ɕin²¹ ieu¹³ xau¹³ pau³³]

要做好事，不要做坏事。[iau³⁵ tseu³⁵ xau¹³ sʅ³³, pu⁴² iau³⁵ tseu³⁵ xuai¹³ sʅ³³]

慢慢地以后伢，[man³³ man³³ ti⁰ i¹³ xeu³³ le⁰]

这个讨米就在四祖道信看到渠了，[tæ³⁵ ko⁰ tʰau¹¹ mi¹³ tɕieu³³ tsai³³ sʅ³⁵ tseu¹³ tau³³ ɕin³⁵ kʰan³⁵ tau³⁵ kʰæ⁵⁵ liau⁰]

就把渠收下来做徒弟。[tɕieu³³ ma¹³ kʰæ⁵⁵ seu²¹ xa³³ lai⁵⁵ tseu³⁵ tʰeu⁵⁵ ti³³]

所以说伢，[so¹¹ i¹³ ɕyæ⁴² le⁰]

因为道信非常爱这个伢嘞，[in²¹ uei³³ tau³³ ɕin³⁵ fei²¹ tsʰaŋ⁵⁵ ŋai³⁵ tai³⁵ ko³⁵ ŋa⁵⁵ ne⁰]

就把这个衣钵真传，[tɕieu³³ma¹³tai³⁵ko⁰i²¹po¹¹tsən²¹tɕʰʮɛn⁵⁵]

传给了宏忍。[tɕʰʮɛn⁵⁵tɕi¹³liau⁰xoŋ⁵⁵ən¹³]

宏忍仂，[xoŋ⁵⁵ən¹³le⁰]

把这个正经的袈裟带倒了，[ma¹³tai³⁵ko⁰tsən³⁵tɕin²¹ti⁰tɕia²¹sa¹¹tai³⁵tau⁰liau⁰] 带倒：带着

就到黄梅县的东山。[tɕieu³³tau³⁵xuaŋ⁵⁵mi⁵⁵ɕiɛn³³ti⁰toŋ²¹san¹¹]

就做个庙，起名叫五祖寺。[tɕieu³³tseu³⁵ko⁰miau³³，tɕʰi¹³min⁵⁵tɕiau³⁵u¹¹tseu¹³tsʅ³³]

因为在做庙后仂，[in²¹uei³³tsai³³tseu³⁵miau³³xeu³³le⁰]

朝廷武则天早说了，[tsʰau⁵⁵tʰin⁵⁵u¹³tsæ⁴²tʰiɛn²¹tsau¹³tɕieu³³ɕʮæ⁴²liau⁰]

无父生子是圣母，[u⁵⁵fu³⁵sən²¹tsʅ¹³sʅ³³sən³⁵mo¹³]

这圣旨就传到黄梅来啦。[tai³⁵sən³⁵tsʅ¹³tɕieu³³tɕʰʮɛn⁵⁵tau⁰xuaŋ⁵⁵mi⁵⁵lai⁵⁵la⁰]

老百姓就说："这不得了啊，[lau¹³pæ⁴²ɕin³⁵tɕieu³³ɕʮæ⁴²：tai³⁵pu⁴²tæ⁴²liau⁰a⁰]

皇帝封了五祖宏忍的姆妈，[xuaŋ⁵⁵ti³³foŋ²¹liau⁰u¹¹tseu¹³xoŋ⁵⁵ən¹³ti⁰m̩¹³ma²¹]

是圣母啊，[sʅ³³sən³⁵mo¹³a⁰]

几高兴啊，这是黄梅的荣耀啊。"[tɕi¹³kau²¹ɕin³⁵a⁰，tai³⁵sʅ³³xuaŋ⁵⁵mi⁵⁵ti⁰ioŋ⁵⁵iau³⁵a⁰]

五祖的和尚，[u¹¹tseu¹³ti⁰xo⁵⁵saŋ³³]

就到四路里化砖化瓦，[tɕieu³³tau³⁵sʅ³⁵leu³⁵li⁰xua³⁵tɕʮɛn²¹xua³⁵ua¹³] 四路：四处、到处。化：化缘

那能挑，挑到山上去。[na³⁵nən⁵⁵tʰiau²¹，tʰiau²¹tau⁰san²¹saŋ³³tɕʰi³³] 那：非常

就在五祖寺的旁边做个圣母殿。[tɕieu³³tsai³³u¹¹tseu¹³tsʅ³³ti⁰pʰaŋ⁵⁵piɛn²¹tseu³⁵ko⁰sən³⁵mo¹³tiɛn³³]

五祖寺圣母殿，[u¹¹tseu¹³tsʅ³³sən³⁵mo¹³tiɛn³³]

现在香火非常旺盛。[ɕiɛn³³tsai³³ɕiaŋ²¹xu¹³fei²¹tsʰaŋ⁵⁵uaŋ³³sən³³]

包括印度、日本，好多国家，[pau²¹kʰuæ⁴²in³⁵teu³⁵、ər⁴²pən¹³，xau¹³to²¹kuæ⁴²tɕia²¹]

包括华侨，[pau²¹kʰuæ⁴²xua⁵⁵tɕʰiau⁵⁵]

每年定期下到五祖寺朝拜，[mi¹³ȵiɛn⁵⁵tin³³tɕʰi²¹xa³³tau³⁵u¹¹tseu¹³tsʅ³³tsʰau⁵⁵pai³⁵] 下：全部、都

香火非常旺盛。[ɕiaŋ²¹xu¹³fei²¹tsʰaŋ⁵⁵uaŋ³³sən³³]

这就是黄梅县五祖寺。[tai³⁵tɕieu³³sʅ³³xuaŋ⁵⁵mi⁵⁵ɕiɛn³³u¹¹tseu¹³tsʅ³³]

意译：我讲个黄梅县五祖寺的故事。黄梅县除有个五祖寺，还有个四祖寺。佛教有"一祖传二祖，二祖传三祖，三祖传四祖，四祖传五祖，五祖传六祖，六

祖人不传"的说法。一祖是中国的菩提达摩来中国建一祖，传到黄梅就是四祖。

四祖就是道信，道信最喜欢的徒弟是五祖。比五祖还年长些、年纪大一些的、还有威望些的是达代高僧。按道理说，四祖传到道信，道信应传位给达代，但他没有传给达代。他觉得五祖的人品或悟性比达代要更高一些。

说起五祖，这个故事就很有传奇色彩了。当时达代就说："道信传袭五祖不传袭我，那可不行。"当时正是唐朝武则天当皇帝的时候，对佛教比较重视。为什么重视呢？因为武则天在没当皇帝之前，在一个寺院里做尼姑，所以武则天为了把她个人的经历宏扬一下，就修建了很多寺庙宇。

四祖传袭五祖以后，达代不服，不远万里跑到京城，就向武则天告四祖的状。说："四祖道信传五祖把衣钵传给五祖了。"还说："五祖是个私生子。这么重要的事情，怎么能把佛教的衣钵传给一个私生子呢？那佛教还有人相信啊！朝廷也不光彩呀！"

武则天听后也很贴心，达代心里想："这下我搞定了武皇，四祖肯定要传袭我了。"武则天听了后，合眼一笑，她想到没当皇帝之前，在寺庙里当尼姑的经历，她对男女之事也看得比较开，宏忍是无父生子啊，她的母亲是圣母。为什么说五祖是私生子呢？这里边有个故事。

五祖是黄梅县濯港人，他的母亲姓周，当时还没出嫁，还是小姑娘的时候，有一天到河边去洗米洗菜。看见水里边从下往上漂来一个桃子，那个桃子逆水往上漂，她觉得好奇怪，顺手就把这个桃子抓到手里吃了一口，还是一个真桃子，吃了一口就把桃子丢了。这下不得了，这可是一个仙桃，慢慢地她的肚子居然大了，于是村里的人就开始说闲话了，说："你家闺女还没出嫁，还没有找老公，怎么肚子就大了，以后怎么有脸生活？"她没办法，只好搬到深山里边挖野菜生活，将孩子生了下来并养育这个小孩子。这个小孩子也很奇怪，一直到七岁都不会说话，一直跟他妈妈靠捡麦讨米为生，而且非常孝顺，讨来的米，他妈妈不吃，这小孩子绝不先吃。

后来四祖道信看到这个小孩子了，就把他收下来做了徒弟。四祖道信非常喜欢这个小孩子，就把衣钵传给了宏忍。宏忍就把真传的袈裟带到了黄梅县的东山，建了一个庙，取名叫五祖寺。之后，因为武则天说过无父生子是圣母，并将圣旨传到黄梅，当时黄梅老百姓非常高兴，就说皇帝封了五祖宏忍的母亲是圣母，这是黄梅的荣耀！于是五祖的和尚们就四处去化缘、化砖、化瓦，非常卖力，亲自挑到山上去，在五祖寺的旁边做了一个圣母殿。

五祖寺圣母殿，现在香火非常旺盛。印度、日本等好多国家，包括华侨，每年定期都到五祖寺朝拜，就是黄梅县五祖寺的传说故事。

四 自选条目

0031 自选条目

春风起耶啵，［tɕʰyn foŋ tɕʰi ie po］

秋水也落河哇，［tɕʰieu ɕy ie lo xo ua］落河：退水

三阳天啰，春光好，［san iaŋ tʰiɛn lo, tɕʰyn kuaŋ xau］

百鸟真多，曾记得，［pæ ȵiau tsən to, tsʰən tɕi tæ］

去采桑是母女两个喂，［tɕʰy tsʰai saŋ sɿ mo ȵy liaŋ ko ue］

在桑园收留了，［tsai saŋ yɛn seu lieu liau］

保同啊大哥哇，［pau tʰoŋ a ta ko ua］

保同哥哎，［pau tʰoŋ ko æ］

生得好有才有学哇，［sən tæ xau ieu tsʰai ieu ɕio ua］

但不知到后来，［tan pu tsɿ tau xeu lai］

得中喔哪个哇，［tæ tsoŋ o na ko ua］

奴心想哎，［neu ɕin ɕiaŋ æ］奴：古代女子的自称

与大哥何时同床睡卧，［y ta ko xo sɿ tʰoŋ tsʰaŋ ɕyei o］

但中间缺少了，［tan tsoŋ tɕiɛn tɕʰyæ sau liau］

说话的媒婆喂。［ɕyæ xua ti mei pʰo uæ］

意译：黄梅采茶戏《送香茶》唱词。春风起来了啊，秋水也退水了哇，阳春三月天啊，春光好，百鸟真多。曾记得，去采桑是母女两个人喂，在桑园收留了，保同啊大哥哇，保同哥哎，生得好有才有学哇，但不知到后来，得中喔哪个哇，我心想哎，与大哥何时同床睡卧，但中间缺少了，说话的媒婆喂。

0032 自选条目

劝小姐莫悲伤，［tɕʰyɛn ɕiau tɕie mo pei saŋ］

暂且忍受心宽放，［tsan tɕʰie ən seu ɕin kʰuan faŋ］

待等打退金寇贼，［tai tən ta tʰi tɕin kʰeu tse］

我们一道回故乡。［ŋo mən i tau xuei ku ɕiaŋ］

我与爹爹也逃散，［ŋo y tie tie ie tʰau san］

独自落魄到钱江，［teu tsɿ lo pʰo tau tɕʰiɛn tɕiaŋ］

认下义父朱老十，［ən ɕia i fu tɕy lau sɿ］

他在那清坡门内开油坊。［tʰa tsai na tɕʰin po mən nei kʰai ieu faŋ］

我起早歇晚挑油卖呀，[ŋo tɕʰi tsau ɕie uan tʰiau ieu mai ia]
人人都叫我卖油郎啊，[ən ən teu tɕiau ŋo mai ieu laŋ a]
正因为我把爹爹访，[tsən in uei ŋo pa tie tie faŋ]
却好似大海捞针渺茫茫。[tɕʰio xau sʅ ta xai lau tsən miau maŋ maŋ]
去年经过西湖塘，[tɕʰy nien tɕin ko ɕi xu tʰaŋ]
正巧遇见女红妆，[tsən tɕʰiau ʯ tɕien ny xoŋ tsaŋ]
看你好像辛小姐。[kʰan ni xau ɕiaŋ ɕin ɕiau tɕie]
又恐认错太荒唐，[ieu kʰoŋ ən tsʰo tʰai xuaŋ tʰaŋ]
打听你名叫花魁，[ta tʰin ni min tɕiau xua kʰuei]
会你一面要银十两，[xuei ni i mien iau in sʅ liaŋ]
从此我一天积蓄银三分，[tsʰoŋ tsʰʅ ŋo i tʰien tɕi ɕy in san fən]
我一年积蓄银十两，[ŋo i nien tɕi ɕy in sʅ liaŋ]
好容易那夜会你面啊，[xau ioŋ i na ie xuei ni mien a]
又偏遇你吃醉了酒，[ieu pʰien ʯ ni tɕʰi tsei liau tɕieu]
我等到天光。[ŋo tən tau tʰien kuaŋ]天光：天明、天亮
若不是今日雪塘来相会，[ʯæ pu sʅ tɕin ər ɕiæ tʰaŋ lai ɕiaŋ xuei]
再想见你难上难。[tsai ɕiaŋ tɕien ni nan saŋ nan]

意译：黄梅戏《卖油郎》唱词。劝小姐莫悲伤，暂且忍受心宽放，待等打退金寇贼，我们一起回故乡。我与爹爹也逃散，独自落魄到钱江，认下义父朱老十，他在那清坡门内开油坊。我起早歇晚挑油卖呀，人人都叫我卖油郎啊，正因为我把爹爹访，却好似大海捞针渺茫茫。去年经过西湖塘，正巧遇见女红妆，看你好像辛小姐。又恐认错太荒唐，打听你名叫花魁，会你一面要银十两，从此我一天积蓄银三分，我一年积蓄银十两，好容易那夜会你面啊，又偏遇你吃醉了酒，我只好等到天明。若不是今日雪塘来相会，再想见你难上难。

0033 自选条目

春争日，夏争时，[tɕʰyn²¹ tsən²¹ ər⁴², ɕia³³ tsən²¹ sʅ⁵⁵]
百事宜早不宜迟。[pæ⁴² sʅ³³ ȵi⁵⁵ tsau¹³ pu⁴² ȵi⁵⁵ tsʰʅ⁵⁵]

意译：春天要争取多利用阳光，夏季要多争取时间，无论什么事都宜早不宜迟。

0034 自选条目

早一天割不得，晏三天割不彻。[tsau¹³ i⁴² tʰien²¹ ko⁴² pu⁴² tæ⁰, ŋan³⁵ san²¹ tʰien²¹ ko³³ pu³³tsʰæ³³] 晏：晚。彻：及时

意译：早一天不能收割，晚三天就来不及收割（不违农时）。

0035 自选条目

五月不热，五谷不结。[u¹³ɣæ⁴²pu⁴²ɣæ⁴², u¹³ku⁴²pu⁴²tɕiæ⁴²] 五谷：泛指农作物

意译：农历五月要是天气不热，那么全年都不会有好收成。

0036 自选条目

只有扯筋的人，冇得扯筋的事。[tsɿ⁴²ieu¹³tsʰe¹³tɕin²¹ti⁰ɿn⁵⁵, mau³³tæ⁴²tsʰe¹³tɕin²¹ti⁰ sɿ³³] 扯筋：扯皮。冇得：没有

意译：让人互相扯皮的只有人，没有什么事会让人扯皮。

0037 自选条目

好心有得好报，烧香惹鬼叫。[xau¹³ɕin²¹ieu¹³tæ⁰xau¹³pau³⁵, sau¹¹ɕiaŋ²¹ɣæ¹³kuei¹³tɕiau³⁵]

意译：好心才有好报，烧香却惹鬼叫。

0038 自选条目

买鱼的吃鱼王，打鱼的吃鱼肠。[mai¹³nʏ⁵⁵ti⁰tɕʰi⁴²nʏ⁵⁵uaŋ⁵⁵, ta¹³nʏ⁵⁵ti⁰tɕʰi⁴²nʏ⁵⁵tsʰaŋ⁵⁵]

意译：有钱人不打鱼却能吃到很好的鱼，没钱的渔民却只能吃没人要的鱼杂（不公平的社会现象）。

0039 自选条目

铁匠无样，边打边像。[tʰiæ⁴²tɕiaŋ³³u⁵⁵iaŋ³³, pien²¹ta¹³pien²¹tɕiaŋ³³]

意译：优秀的铁匠，打铁事先是没有具体的样子的，一边打一边琢磨，根据实际情况打制成最佳成品。

0040 自选条目

一个人打水不浑。[i⁴²ko⁰ɿn⁵⁵ta¹³ɕʏ¹³pu⁴²xuən²¹] 浑：浑浊

意译：一个人打水，水不会变浑浊（个人的影响甚微）。

0041 自选条目

一物伏一物，青菜服盐腌。[i⁴²u⁴²fu³³i⁴²u⁴², tɕʰin²¹tsʰai³⁵fu⁴²iɛn⁵⁵iɛn²¹]

意译：一物降一物，新鲜的青菜只有用盐腌，才能成为好吃的咸菜（喻万物相生相克）。

0042 自选条目

千人共只脚。[tɕʰiɛn²¹ ȵn⁵⁵ koŋ³⁵ tsʅ⁴² tɕio⁴²]

意译：千人共一只脚（只有团结才能成事）。

0043 自选条目

牛头不塞，塞牛屁股。[ȵieu⁵⁵ tʰeu⁵⁵ pu⁴² sæ⁴²，sæ⁴² ȵieu⁵⁵ pʰi³⁵ ku¹³]

意译：牛头不塞，塞牛屁股（喻做事没找准问题的关键，做了无用功）。

0044 自选条目

勾起舌头说话。[keu²¹ tɕʰi¹³ se³³ tʰeu⁰ ɕʯæ³³ xua³³]

意译：勾起舌头说话（说话拐弯抹角，让人听不明白）。

0045 自选条目

告花子佮不得讨米的。[kau³⁵ xua²¹ tsʅ⁰ ko⁴² pu⁴² tæ⁴² tʰau¹³ mi¹³ ti⁰] 佮：容忍、相处

意译：告花子容不下讨米的（同行是冤家，没有合作意识）。

0046 自选条目

操台一响，穿靴戴网。[tsʰau²¹ tʰai⁵⁵ i⁴² ɕiaŋ¹³，tɕʰyɛn²¹ ɕʯa²¹ tai³⁵ uaŋ¹³] 操台：戏曲行业语，戏台

意译：唱戏时，后台锣鼓家什等伴奏乐器一响，演员就要开始整理唱戏的服装行头，作好演出前的最后准备，以免误戏。

0047 自选条目

男怕《访友》，女怕《辞店》。[nan⁵⁵ pʰa³⁵《faŋ¹¹ ieu¹³》，ȵʯ¹³ pʰa³⁵《tsʰʅ⁵⁵ tiɛn³⁵》]

意译：黄梅戏班子唱戏时，唱生行的演员最怕唱《山伯访友》这一出戏，唱旦角儿的演员最怕唱《小辞店》这一出戏，因为这两出戏唱词多，唱腔复杂，不易唱好。

0048 自选条目

不怕班子丑，就怕合不久。[pu⁴² pʰa³⁵ pan²¹ tsʅ⁰ tsʰeu¹³，tɕieu³³ pʰa³⁵ xo⁵⁵ pu⁴² tɕieu¹³]

意译：组班唱戏，不怕戏班子道具服装破旧，就怕演员心不齐、互相拆台。

0049 自选条目

唱熟梁山伯，其它都好说。[tsʰaŋ³⁵ seu⁴² liaŋ⁵⁵ san²¹ pæ⁴², tɕʰi⁵⁵ tʰa²¹ teu²¹ xau¹³ ɕyæ⁴²]

意译：黄梅戏演员把《梁山伯与祝英台》这出戏唱好了，再唱其它的戏就容易多了。

0050 自选条目

师傅请进门，修行在各人。[sʅ²¹ fu⁰ tɕʰin¹³ tɕin³⁵ mən⁵⁵，ɕieu²¹ ɕin⁵⁵ tsai³³ ko⁴² ʯn⁵⁵]

意译：师傅请进门，修行在各人（强调个人的主观奋斗与努力）。

0051 自选条目

来不《访友》，去不《辞店》。[lai⁵⁵ pu⁴²《faŋ¹¹ ieu¹³》，tɕʰʅ³⁵ pu⁴²《tsʰʅ⁵⁵ tiɛn³⁵》]

意译：黄梅戏班子到一个地方去唱戏，首场剧目不演《山伯访友》，离开时不演《小辞店》。

0052 自选条目

报了戏码，死也没法。[pau³⁵ liau⁰ ɕi³⁵ ma¹³，sʅ¹³ ie¹³ mæ⁵⁵ fa⁴²] 戏码：演出剧目

意译：戏班子演戏要讲诚信，演出剧目一旦公布不能随意改换剧目。

0053 自选条目

芭茅山的土地佬嘞——管过了界。[pa²¹ mau⁵⁵ san²¹ ti⁰ tʰeu¹³ ti³³ lau¹³ ne⁰——kuan¹³ ko³⁵ liau⁰ kai³⁵]

意译：芭茅山的土地佬——管过了界（多管闲事）。

0054 自选条目

五祖寺的菩萨——应远不应近。[u¹¹ tseu¹³ tsʅ³³ ti⁰ pʰu³³ sa⁰——in³⁵ ʯɛn¹³ pu⁴² in³⁵ tɕin³³]

意译：五祖寺的菩萨——应远不应近（敬而远之）。

0055 自选条目

五祖寺的大锅——烧啦三年不得滚，滚啦三年不得冷。[u¹¹ tseu¹³ tsʅ³³ ti⁰ ta³³ o²¹——sau²¹ la⁰ san²¹ ȵiɛn⁵⁵ pu⁴² tæ⁴² kuan¹³，kuan¹³ la⁰ san²¹ ȵiɛn⁵⁵ pu⁴² tæ⁴² lən¹³] 滚：水烧开

意译：五祖寺的大锅——烧了三年都难把水烧开，烧开了的水三年也很难冷下来（形容五祖寺的规模宏大，香火旺盛）。

0056 自选条目

吃萝卜——吃一矬剥一矬。[tɕʰi⁴² lo⁵⁵ pʰo⁰——tɕʰi⁴² i⁴² tsʰo³⁵ po⁴² i⁴² tsʰo³⁵] 矬：节

意译：吃萝卜——吃一节剥一节（只顾眼前的利益，没有长远打算）。

0057 自选条目

乌龟打架——光听到壳响。[u²¹ kuei¹¹ ta¹³ tɕia³⁵——kuaŋ²¹ tʰin³⁵ tau⁰ kʰo⁴² ɕiaŋ¹³]

意译：乌龟打架——光听到壳响（形容做事动静大，效果却不佳）。

0058 自选条目

半升米换碗粥——图个琐撇。[pan³⁵ sən²¹ mi¹³ xuan³⁵ uan¹³ tseu⁴²——tʰeu⁵⁵ ko⁰ so⁴² pʰie⁰] 琐撇：方便

意译：半升米换一碗粥——图个方便。

0059 自选条目

闻沟的日头——光晒扒佬。[uən⁵⁵ keu²¹ ti⁰ ər⁴² tʰeu⁰——kuaŋ²¹ sai³⁵ pʰa⁵⁵ lau¹³] 日头：太阳。扒佬：扒灰工人

意译：闻沟村的太阳——光晒扒灰佬（黄梅县杉木乡闻沟村，村民以烧石灰为生，石灰烧成后，要趁天晴出窑，因为太热，工人只能光着身体将石灰扒出窑外，还要忍受太阳的暴晒）。

0060 自选条目

狗嚼的。[keu¹³ tɕʰio⁴² ti⁰]

意译：詈语，瞎说话。

0061 自选条目

狗戳的。[keu¹³ tsʰo⁵⁵ ti⁰]

意译：詈语，狗日的。